AF559503

Kundeneigene Erweiterungen mit ABAP®

SAP PRESS ist eine gemeinschaftliche Initiative von SAP SE und der Rheinwerk Verlag GmbH. Ziel ist es, Anwendern qualifiziertes SAP-Wissen zur Verfügung zu stellen. SAP PRESS vereint das fachliche Know-how der SAP und die verlegerische Kompetenz von Rheinwerk. Die Bücher bieten Expertenwissen zu technischen wie auch zu betriebswirtschaftlichen SAP-Themen.

Thomas Schneider, Werner Wolf
Erweiterungen für SAP S/4HANA – Das Praxishandbuch
2018, 510 Seiten, geb.
ISBN 978-3-8362-6204-0

Renzo Rolle, Ralf Dentzer, Jan Hrastnik
Core Data Services für ABAP
2018, 443 Seiten, geb.
ISBN 978-3-8362-5902-6

Jörg Brandeis
SQLScript für SAP HANA
2018, 430 Seiten, geb.
ISBN 978-3-8362-6208-8

Felix Roth, Stefan Stöhr
BOPF – Business-Objekte mit ABAP entwickeln
2018, 364 Seiten, geb.
ISBN 978-3-8362-5972-9

Felix Roth
ABAP Objects. Das umfassende Handbuch
2017, 1.056 Seiten, geb.
ISBN 978-3-8362-4270-7

Aktuelle Angaben zum gesamten SAP PRESS-Programm finden Sie unter *www.sap-press.de*.

Felix Roth

Kundeneigene Erweiterungen mit ABAP®

Das umfassende Handbuch

Liebe Leserin, lieber Leser,

vielen Dank, dass Sie sich für ein Buch von SAP PRESS entschieden haben.

Bücher zur Erweiterung des SAP-Systems sind schon lange ein wichtiger Teil des SAP-PRESS-Programms. In der Regel widmen sie sich der Erweiterung einer speziellen Komponente mit einer bestimmten Technologie. Über die Jahre hat SAP jedoch immer wieder neue Systeme auf den Markt gebracht und im Zuge dessen auch die Möglichkeiten, diese Systeme zu erweitern, immer wieder verbessert und modernisiert. Zuletzt geschah dies etwa für SAP S/4HANA.

Dieses umfassende Handbuch stellt die verschiedenen Erweiterungstechnologien gegenüber, beleuchtet deren Vor- und Nachteile und zeigt deren Anwendung an praktischen Beispielen. Sie können es immer dann konsultieren, wenn Sie neue Erweiterungen vornehmen oder mit bestehendem Erweiterungscode umgehen müssen. Nicht nur in Entwicklungsprojekten, sondern auch bei Upgrades oder dem Umstieg auf SAP S/4HANA werden Sie dieses Nachschlagewerk sicher zu schätzen wissen.

Wir freuen uns stets über Lob, aber auch über kritische Anmerkungen, die uns helfen, unsere Bücher zu verbessern. Scheuen Sie sich nicht, sich bei mir zu melden. Ihr Feedback ist jederzeit willkommen.

Ihre Janina Karrasch
Lektorat SAP PRESS

janina.karrasch@rheinwerk-verlag.de
www.rheinwerk-verlag.de
Rheinwerk Verlag · Rheinwerkallee 4 · 53227 Bonn

Auf einen Blick

Wir hoffen, dass Sie Freude an diesem Buch haben und sich Ihre Erwartungen erfüllen. Ihre Anregungen und Kommentare sind uns jederzeit willkommen. Bitte bewerten Sie doch das Buch auf unserer Website unter **www.rheinwerk-verlag.de/feedback**.

An diesem Buch haben viele mitgewirkt, insbesondere:

Lektorat Janina Karrasch
Korrektorat Annette Lennartz, Bonn
Herstellung Nadine Preyl
Typografie und Layout Vera Brauner
Einbandgestaltung Silke Braun
Coverbild iStock: 486787834 © v_alex
Satz Typographie & Computer, Krefeld
Druck Beltz Grafische Betriebe, Bad Langensalza

Dieses Buch wurde gesetzt aus der TheAntiquaB (9,35/13,7 pt) in FrameMaker. Gedruckt wurde es auf chlorfrei gebleichtem Offsetpapier (90 g/m²). Hergestellt in Deutschland.

Bibliografische Information der Deutschen Nationalbibliothek:
Die Deutsche Nationalbibliothek verzeichnet diese Publikation in der Deutschen Nationalbibliografie; detaillierte bibliografische Daten sind im Internet über *http://dnb.d-nb.de* abrufbar.

ISBN 978-3-8362-6549-2

1. Auflage 2019

Informationen zu unserem Verlag und Kontaktmöglichkeiten finden Sie auf unserer Verlagswebsite **www.rheinwerk-verlag.de**. Dort können Sie sich auch umfassend über unser aktuelles Programm informieren und unsere Bücher und E-Books bestellen.

Inhalt

TEIL I Klassische Erweiterungstechniken

TEIL II Erweiterungstechniken des Enhancement Frameworks

TEIL III Erweiterbarkeit neuer Entwicklungstechnologien

14 Erweiterung von CDS Views 299

15 Erweiterung von ABAP Managed Database Procedures 319

16 Erweiterung von Geschäftsobjekten 325

Einleitung

Einer der Hauptgründe, weshalb SAP in den letzten Jahrzehnten so erfolgreich geworden ist, ist die Flexibilität des SAP-ERP-Systems. Während es in den 1970er Jahren im Unternehmensumfeld noch üblich war, sich ein individuelles System durch ein Systemhaus entwickeln zu lassen oder selbst zu entwickeln, hatte SAP eine andere, revolutionäre Idee: SAP stellte eine Standardsoftware bereit, die alle wichtigen Grundprozesse eines Unternehmens (vom Einkauf bis zum Verkauf – auch *logistische Kette* genannt) abbildet. Diese Standardsoftware ließ sich über Customizing-Tabellen und damit Tausende von Einstellungen an das jeweilige Unternehmen anpassen. In der Tat basiert so gut wie alles in einem SAP-ERP-System auf Datenbanktabellen. So finden sich in einem Standardsystem bis zu 150.000 Datenbanktabellen, die neben den Geschäftsdaten insbesondere die Einstellungen für die Programme vorhalten.

Integrierte Entwicklungsumgebung

Zusätzlich zu dieser Möglichkeit der Anpassung ging SAP noch einen Schritt weiter und bot für das System eine integrierte Entwicklungsumgebung an, mit der sich neue Programme und neue Datenbanktabellen in das bestehende SAP-ERP-System integrieren ließen. Diese Entwicklungen wurden mit der Programmiersprache ABAP durchgeführt und mussten dank der integrierten Entwicklungsumgebung nicht in einem separaten System vorgenommen werden. Über diese integrierte Entwicklungsumgebung ließen sich auf Bedarf auch Änderungen und Erweiterungen am originalen SAP-Quellcode durchführen, wenn der von SAP modellierte Standardgeschäftsprozess nicht ausreichte oder ein Fehlverhalten korrigiert werden musste. Dies war möglich, da der Quellcode des Systems öffentlich und einsehbar war.

Erweiterungstechnologien

SAP erkannte jedoch früh, dass solche direkten Anpassungen am Standardquellcode – auch *Modifikation* genannt – mit der Zeit zu erheblichen Folgeaufwänden bei Upgrades führen können, und entwickelte daher über die Jahrzehnte hinweg immer wieder spezielle Erweiterungstechnologien, um ihren Kunden Anpassungen in einer kontrollierten Art und Weise zu ermöglichen und damit den Folgeaufwand bei Upgrades zu reduzieren.

Da SAP immer nur neue Technologien zum System hinzufügt, aber niemals alte Technologien entfernt, sind es über die Jahre sehr viele Erweiterungstechnologien geworden, die sich im System vorfinden. Ein ABAP-Entwickler sollte diese Technologien beherrschen. Aber gerade durch die Einführung des neuen ERP-Systems *SAP S/4HANA* (der Nachfolger von SAP ERP), befindet sich die ABAP-Entwicklung gerade in einer Umbruchphase, ähnlich wie es sie schon beim Wechsel von SAP R/2 auf SAP R/3 gab. Neue Technologien, eine neue Entwicklungsumgebung in Eclipse, eine neue Datenbank namens *SAP HANA*, eine neue Oberfläche namens *SAP Fiori* und ein damit verbundenes neues Programmierparadigma (*Code to Data*) sind in den letzten Jahren entstanden. Auch die auf diesen neue Technologien beruhenden Anwendungen müssen unter Umständen wieder erweitert werden, um sie individuell an die Kundenanforderungen anzupassen.

Dieses Buch behandelt die vielen verschiedenen Technologien zur Erweiterung des SAP-Systems – alte wie neue. Ich erkläre jede einzelne Erweiterungstechnologie, zeige Ihnen deren Anwendung an einem Praxisbeispiel und gebe Ihnen alle wichtigen Informationen zum Umgang mit dieser Technologie an die Hand. Damit sind die gewappnet, um das ERP-System – sei es SAP R/3, SAP ERP oder SAP S/4HANA – erfolgreich zu erweitern.

Aufbau dieses Buches

Im Folgenden gebe ich Ihnen einen kurzen Überblick über die Teile des vor Ihnen liegenden Buches. Einen vollständigen Überblick über alle Erweiterungstechniken und die Kapitel, in denen diese behandelt werden, erhalten Sie in **Kapitel 1**, »Erweiterungstechniken von SAP im Überblick«. Dieses Einstiegskapitel sollten Sie insbesondere zur Einordnung der einzelnen Technologien konsultieren und um das große Ganze zu verstehen.

Teil I, »Klassische Erweiterungstechniken«, beschreibt alle Erweiterungstechniken, die im Rahmen von SAP R/2 und SAP R/3 eingeführt wurden. Dazu gehören insbesondere die User Exits und Customer Exits sowie die klassischen Business Add-ins (BAdIs).

Teil II, »Erweiterungstechniken des Enhancement Frameworks«, handelt von den neuen Erweiterungstechniken, die 2004 im Rahmen vom SAP ERP Central Component (SAP ECC) eingeführt wurden und eine neue Flexibilität des Systems bewirkten. Hierzu gehören insbesondere die impliziten und expliziten Erweiterungsoptionen, unter anderem mit den neuen BAdIs.

Teil III, »Erweiterbarkeit neuer Entwicklungstechnologien«, zeigt Ihnen, wie Sie alle neuen Technologien erweitern können. Dazu gehören Core Data Services (CDS Views), Geschäftsobjekte des Business Object Processing Frameworks (BOPF), ABAP Managed Database Procedures (AMDP) und SAP Fiori. Diese Technologien werden gerade im Umfeld von SAP S/4HANA im nächsten Jahrzehnt eine entscheidende Rolle spielen. Zusammen mit den Erweiterungsmöglichkeiten aus Buchteil II bilden die in diesem Teil beschriebenen Erweiterungsmöglichkeiten das Rückgrat moderner SAP-

Erweiterungen. Sie werden uns im Programmieralltag immer wieder begleiten.

Teil IV, »Weiterführende Themen«, behandelt alle Themen, die im Rahmen von Erweiterungen immer wieder auf der Tagesordnung stehen und deren Kenntnis Ihnen den Programmieralltag erleichtern kann. Dazu gehören beispielsweise die Erweiterbarkeit von Web-Dynpro-Anwendungen, IDocs, Business Application Programming Interfaces (BAPIs) und des Quelltextanalysewerkzeugs Code Inspector. Von besonderer Bedeutung ist in diesem Teil Kapitel 19, in dem ich Ihnen erläutere, wie Sie Erweiterungsmöglichkeiten für Ihre eigenen Entwicklungen anbieten können. Dies ist für alle Unternehmen von Bedeutung, die eigene Produkte mit ABAP entwickeln und an Kunden vertreiben.

Informationskästen

In hervorgehobenen Informationskästen sind in diesem Buch Inhalte zu finden, die wissenswert und hilfreich sind, aber etwas außerhalb der eigentlichen Erläuterung stehen. Damit Sie die Informationen in den Kästen sofort einordnen können, haben wir die Kästen mit Symbolen gekennzeichnet:

- Die mit diesem Symbol gekennzeichneten *Tipps* geben Ihnen spezielle Empfehlungen, die Ihnen die Arbeit erleichtern können. [+]
- In Kästen, die mit dem Pfeilsymbol gekennzeichnet sind, finden Sie Informationen zu *weiterführenden Themen* oder wichtigen Inhalten, die Sie sich merken sollten. [«]
- *Beispiele*, durch dieses Symbol kenntlich gemacht, weisen auf Einsatzbeispiele aus der Praxis hin. [zB]
- Dieses Symbol weist Sie auf *Besonderheiten* hin, die Sie beachten sollten. Es *warnt* Sie außerdem vor häufig gemachten Fehlern oder Problemen, die auftreten können. [!]

Codebeispiele zum Herunterladen

Die Codebeispiele aus diesem Buch finden Sie als Kopiervorlage zum Herunterladen auf der Webseite *http://www.sap-press.de/4728* auf der Registerkarte **Materialien zum Buch**.

Zum Abschluss dieser Einleitung bleibt mir, Ihnen viel Erfolg und Spaß bei der Lektüre dieses Buches zu wünschen. Ich hoffe, es hilft Ihnen bei den kleinen und großen Herausforderungen im Umgang mit der Erweiterung des SAP-Systems. Der Inhalt dieses Buches orientiert sich an meiner Tätigkeit als ABAP-Entwickler und -Architekt und basiert vor allem auf meinen Erfahrungen als Trainer. Der Dank gilt also insbesondere denen, die in meinen Kursen immer eine Frage mehr gestellt und mir somit neue Sichtweisen aufgezeigt haben. So gesehen ist das vorliegende Buch ein Gemeinschaftswerk von und für angehende ABAPer. Ich freue mich daher über jeden Kommentar, der dazu beiträgt, das Buch weiter zu verbessern und abzurunden.

Schreiben Sie mir dazu gerne unter der E-Mail-Adresse *abap.felix.roth@gmail.com*.

In diesem Sinne: `COMMIT WORK`!

Felix Roth

Kapitel 1
Erweiterungstechniken von SAP im Überblick

In diesem Kapitel gebe ich Ihnen einen Überblick über alle im ERP-System vorhandenen ABAP-Erweiterungstechniken.

Dieses Kapitel fasst die Themen des gesamten Buches zusammen und stellt das Gesamtbild dar. Sie sollten dieses Kapitel am besten vor und nach der Lektüre des Buches lesen, zunächst, um einen ersten Überblick zu erhalten, und anschließend, um Ihr gewonnenes Verständnis für die Erweiterungen eines SAP-Systems zu prüfen. Nach der Lektüre des Buches werden Sie mit den Themen jedes Abschnitts dieses Kapitels vertraut sein und sollten mit der Beantwortung der in jedem Abschnitt gestellten Kontrollfragen keine Schwierigkeiten haben. Sie werden über fundierte Kenntnisse der Erweiterbarkeit eines SAP-Systems verfügen. Die Antworten auf die Kontrollfragen finden Sie in Anhang D, »Fragen und Antworten zum Verständnis dieses Buches«.

Aufbau der folgenden Abschnitte

In den folgenden Abschnitten stelle ich jede in diesem Buch behandelte Erweiterungstechnik kurz vor und beantworte dabei immer die folgenden Fragen:

- Name der Technologie
- Was kann damit erweitert werden?
- Mit welchen Transaktionen/Werkzeugen können die Erweiterungen vorgenommen werden?
- Wie können Sie solche Erweiterungen finden?

Darüber hinaus ergänze ich themenabhängig noch weitere Fragen zum Verständnis wichtiger Punkte. Zusätzlich verweise ich immer auf das Kapitel im Buch, das detaillierte Informationen zu dem jeweiligen Thema bereitstellt.

1.1 Modifikationen

Änderungen an originalen SAP-Objekten

Modifikationen sind direkte Änderungen an originalen SAP-Entwicklungsobjekten (d. h. Änderungen des Quelltextes, des ABAP-Dictionarys etc.). Diese können Sie direkt über den Änderungsmodus der ABAP Workbench durchführen. Ziel der Modifikationen ist es, Korrekturen oder Erweiterung durchzuführen. Sie sollten jedoch, wenn möglich, vermieden werden, denn nach einem Upgrade müssen Modifikationen über die Transaktion SPDD für Dictionary-Objekte bzw. SPAU für alle restlichen Entwicklungsobjekte abgeglichen werden.

Das Thema Modifikationen behandle ich in Kapitel 3.

Nach der Lektüre des Buches sollten Sie folgende Verständnisfragen beantworten können:

- Warum sollten Modifikationen vermieden werden?
- Sollten Sie den Modifikationsassistenten ausschalten?

1.2 User Exits

Unterprogramme für Modifikationen

User Exits sind spezielle Unterprogramme (d. h., sie folgen dem Aufbau `FORM ... ENDFORM`). Ihre Namen beginnen mit `USEREXIT_`. Sie können innerhalb eines Programms in der Objekthierarchie im Unterordner **Unterprogramme** gefunden werden. In diesen Programmen können Sie den Quelltext über eine Modifikation erweitern.

Diese Unterprogramme müssen von SAP explizit im Programm hinterlegt worden sein. Sehr häufig sind solche User Exits beispielsweise in der Vertriebskomponente SD (Sales and Distribution) zu finden. Auch beim Implementieren dieser Unterprogramme sollten Sie immer den Modifikationsassistenten benutzen. In der Regel fügen Sie dabei ein kundeneigenes Include (*Z-Include*) ein, in das Sie Ihren hinzugefügten Quelltext auslagern.

Die einzigen in diesem Unterprogramm zur Verfügung stehenden Daten sind die lokalen und globalen Variablen des übergeordneten Programms. Zusätzliche Daten müssen über den Zwischenspeicher (z. B. über die Anweisung `IMPORT MEMORY`, also ein *Dirty Assign*) importiert werden. Anleitungen hierzu finden Sie in Anhang A, »Beschaffung von Daten: Arbeitsspeicher«, und in Anhang B, »Beschaffung von Daten: Dirty Assign«.

User Exits behandle ich ebenfalls in Kapitel 3, »Modifikationen«.

Nach der Lektüre des Buches sollten Sie folgende Verständnisfragen beantworten können:

- Sind User Exits Modifikationen?
- Sollten User Exits weiterhin verwendet werden?

1.3 Customer Exits

Weiterentwicklung von User Exits

Customer Exits sind eine Weiterentwicklung von User Exits. Sie ermöglichen nicht nur die Erweiterung von Quelltext, sondern auch von Menüs und Oberflächen. Alle so erweiterbaren Stellen müssen von SAP vorgesehen und im Standardquelltext platziert worden sein. Dazu werden Funktionsbausteine bereitgestellt, die im SAP-Namensraum liegen. Diese Funktionsbausteine enthalten ein Z-Include im Kundennamensraum, das Sie anlegen und ausimplementieren können.

Customer Exits lassen sich in der Transaktion SMOD analysieren und über die Transaktion CMOD implementieren und aktivieren. Sie können die Customer Exits über eine klassischen Textsuche nach der Anweisung `CALL CUSTOMER-FUNCTION` im Quelltext finden. Außerdem können Sie nach »+ENH« in den GUI-Status suchen. Von besonderer Bedeutung ist hier die Tabelle `MODSAP`, die alle Arten von Customer Exits aufführt. Auch in dieser Tabelle können Sie also nach den im System vorhandenen Customer Exits suchen.

Die einzigen in User Exits zur Verfügung stehenden Daten sind die Parameter des jeweiligen Funktionsbausteins (und die globalen Daten der dahinterliegenden Funktionsgruppe). Zusätzliche Daten müssen Sie über den Zwischenspeicher (z. B. über die Anweisung `IMPORT MEMORY`, also ein Dirty Assign) importiert werden.

Customer Exits behandle ich in Kapitel 4.

Nach der Lektüre des Buches sollten Sie folgende Verständnisfragen beantworten können:

- Sind Customer Exits Modifikationen?
- Wird ein Customer Exit in jedem Fall vom System ausgeführt?

1.4 Klassische Business Add-ins

Objektorientierte Erweiterung von Customer Exits

Klassische Business Add-ins (BAdIs) sind die objektorientierte Erweiterung von Customer Exits. Anstatt Funktionsbausteine zu verwenden, werden dabei Methoden aufgerufen. Für jedes definierte BAdI gibt es genau ein BAdI-Interface, das die Methoden der Erweiterung definiert. Diese Methoden müssen von einer von Ihnen anzulegenden Klasse implementiert werden.

Auch mit klassischen BAdIs lässt sich nicht nur Quelltext erweitern, sondern auch Menüs und Oberflächen. Alle erweiterbaren Stellen müssen von SAP vorgesehen und im Standardquelltext platziert worden sein.

Klassische BAdIs lassen sich über die Transaktion SE18 analysieren und über die Transaktion SE19 implementieren. Neben einer klassischen Textsuche können Sie klassische BAdIs finden, indem Sie einen Breakpoint in der Methode `GET_INSTANCE` der Klasse `CL_EXITHANDLER` setzen.

Die meisten klassischen BAdIs wurden bereits in *neue BAdIs* migriert. Bei der Anzeige eines BAdIs in der Transaktion SE18 werden Sie auf eine eventuelle Migration hingewiesen. In einem solchen Fall sollten Sie immer das neue BAdI anstelle der klassischen Version implementieren.

Klassische BAdIs behandle ich in Kapitel 5.

Nach der Lektüre des Buches sollten Sie folgende Verständnisfragen beantworten können:

- Wird ein klassisches BAdI in jedem Fall vom System ausgeführt?
- Was ist der Unterschied zu Customer Exits?
- Was ist der Unterschied zu den neuen BAdIs?

1.5 Business Transaction Events

Erweiterungen für das Finanzwesen

Business Transaction Events (BTEs) sind speziell für die Finanzwesenkomponente FI entwickelte Erweiterungen. Sie existieren bereits seit dem Release SAP R/3 4.0. Daher werden Ihnen BTEs auch häufig unter der Bezeichnung *Open FI* begegnen. Ziel der BTEs ist das Anbieten von Quelltexterweiterungen entlang der FI-Transaktionen. Das Erweitern von Oberflächen und Menüs wird nicht unterstützt.

Ein BTE ist ein im SAP-Standardquelltext platzierter Aufruf mit einer von SAP fest vordefinierten Schnittstelle. Sie als Anwender haben die Möglichkeit, Funktionsbausteine mit exakt derselben Schnittstelle für diese Aufrufe anzulegen. Hierfür existieren Musterfunktionsbausteine, die Sie für Ihre Implementierung kopieren können.

Es werden *Prozess-BTEs* und *Publish-&-Subscribe-BTEs* (Zeitpunkt-BTEs) unterschieden. Prozess-BTEs dienen der Erweiterung von Logik, Publish-&-Subscribe-BTEs informieren über das Eintreten bestimmter Ereignisse.

Die Haupttransaktion zur Arbeit mit BTEs ist FIBF. Zusätzlich werden die Transaktion BERP für BTE-Prozess-Schnittstellen und die Transaktion BERE für BTE-Publish-&-Subscribe-Schnittstellen benötigt. Außerdem benötigen

Sie Transaktion BF24, um ein Kundenprodukt anzulegen, und die Transaktion BF44, um Prozess-BTEs für den Aufruf Ihres Funktionsbausteins zu registrieren. Publish-&-Subscribe-Schnittstellen registrieren Sie mit Transaktion BF34.

BTEs behandle ich in Kapitel 6.

Nach der Lektüre des Buches sollten Sie folgende Verständnisfragen beantworten können:

- Ist der Aufruf eines BTEs immer aktiv?
- Können Prozess-BTEs und Publish-&-Subscribe-BTEs dieselben Nummern haben?
- Handelt es sich bei BTEs um Modifikationen?

1.6 Enhancement Framework

Neue Erweiterungstechnologien

Das *Enhancement Framework* wurde mit dem Release SAP NetWeaver 7.0 im Jahr 2004 eingeführt. Es stellt für mehrere neue modifikationsfreie Erweiterungstechnologien eine Reihe von Transaktionen bereit. Zur besseren Übersicht wurde eine Organisationsstruktur eingeführt, um die systemübergreifenden Erweiterungsoptionen (und Ihre Implementierungen) verwalten zu können. So können Sie beispielsweise auf Anhieb entwicklungsobjektübergreifende Erweiterungen erkennen und diese direkt im System dokumentieren.

Die Haupttransaktion zur Arbeit mit dem Enhancement Framework ist SE20. Ich behandle das Enhancement Framework und seine Komponenten in Teil II dieses Buches.

Nach der Lektüre sollten Sie folgende Verständnisfragen beantworten können:

- Mit welchen Funktionen aktivieren und deaktivieren Sie den Erweiterungsmodus?
- Woran können Sie erkennen, dass für ein SAP-Entwicklungsobjekt eine Erweiterung im Rahmen des Enhancement Frameworks angeboten wird?
- Werden Erweiterungsimplementierungen immer durchlaufen?
- Können Sie für Ihre eigenen Entwicklungen eigene BAdIs und Erweiterungsoptionen anlegen, damit Ihre Kunden Ihre Produkte erweitern können?
- Sehen Sie die Implementierungen zu einer Erweiterung im Debugger?

1.6.1 Explizite Erweiterungspunkte

Stellen zur Erweiterung

Bei *expliziten Erweiterungspunkten* handelt es sich wie bei User Exits und den Quelltexterweiterungen von User Exits um Stellen zur Erweiterung, die SAP im Quelltext vorgesehen hat. Diese sind modifikationsfrei und werden durch die Anweisung `ENHANCEMENT-POINT` eingeleitet. Im Rahmen einer *Erweiterungsimplementierung* können Sie nach einer solchen Anweisung eigenen Quelltext hinzufügen.

Explizite Erweiterungspunkte behandle ich in Kapitel 10, »Explizite Erweiterungsoptionen«.

Nach der Lektüre dieses Buches sollten Sie folgende Verständnisfragen beantworten können:

- Wie können Sie einen expliziten Erweiterungspunkt implementieren?
- Wie können Sie eine Erweiterungsimplementierung zu einem expliziten Erweiterungspunkt wieder entfernen?
- Kann ein expliziter Erweiterungspunkt mehrfach implementiert werden?

1.6.2 Explizite Erweiterungssektionen

Ersetzung von Quellcode

Bei *expliziten Erweiterungssektionen* handelt es sich um von SAP vorgesehene Stellen im Quelltext, an denen der originale Quelltext ersetzt werden kann. Der zu ersetzende Quelltext wird dazu von den Anweisungen `ENHANCEMENT-SECTION` und `END-ENDENHANCEMENT-SECTION` eingeschlossen.

Durch eine an dieser Stelle eingefügte Erweiterungsimplementierung wird der originale Quelltext nicht mehr ausgeführt (auch wenn dieser nicht auskommentiert wurde). Stattdessen wird der durch die Erweiterungsimplementierung hinzugefügte Quelltext ausgeführt.

Explizite Erweiterungssektionen behandle ich ebenfalls in Kapitel 10, »Explizite Erweiterungsoptionen«.

Nach der Lektüre dieses Buches sollten Sie folgende Verständnisfrage beantworten können:

- Kann eine explizite Erweiterungssektion mehrfach implementiert werden?

1.6.3 Implizite Erweiterungspunkte

Nicht vorgesehene Erweiterungsstellen

Implizite Erweiterungspunkte sind Erweiterungspunkte, die die Möglichkeit bieten, Erweiterungen an von SAP nicht (explizit) vorgesehen Stellen durchzuführen. Zu diesen Stellen zählen insbesondere der Kopf- und Fußteil folgender Definitionen:

- Funktionsbausteine (`FUNCTION ... ENDFUNCTION`)
- Methoden (`METHOD ... ENDMETHOD`)
- Formroutinen (`FORM ... ENDFORM`)
- Includes (`INCLUDE`, nur am Ende)
- lokale Typangaben (`TYPES: BEGIN OF` bzw. `DATA: BEGIN OF`, nur am Ende)
- Erweiterungspunkte und Erweiterungssektionen (auch Erweiterungen können nochmals erweitert werden)

Zusätzlich gibt es für lokale Klassen spezielle Stellen am Ende jedes Sichtbarkeitsbereichs sowie vor den Methodendefinitionen und am Ende einer lokalen Klasse.

Neben diesen Stellen lassen sich aber auch globale Klassen und Interfaces, Funktionsbausteine und Web-Dynpro-Komponenten erweitern. Bei globalen Klassen und Interfaces betrifft dies die Attribute, Interfaces, Ereignisse und die verwendeten Typen. Bei Funktionsbausteinen haben Sie zumindest die Möglichkeit, die Schnittstelle um neue Parameter zu erweitern.

In Web Dynpro ABAP gehen die Erweiterungsmöglichkeiten noch einen Schritt weiter: Hier können Sie jegliche Stellen, wie z. B. Controller oder den dazugehörigen Context, erweitern. Aber auch bestehende Oberflächen können Sie komplett modifizieren, also z. B. Elemente entfernen oder hinzufügen.

Implizite Erweiterungspunkte behandle ich in Kapitel 9, während die Erweiterung von Web-Dynpro-Komponenten in Kapitel 20 beschrieben wird.

Nach der Lektüre dieses Buches sollten Sie folgende Verständnisfragen beantworten können:

- Wie können Sie sich die impliziten Erweiterungspunkte im Quelltext anzeigen lassen?
- Worauf müssen Sie achten, wenn Sie einen Funktionsbaustein erweitern möchten?
- Wie können Sie die Methoden einer globalen Klasse erweitern?
- Warum sollten Sie sparsam mit impliziten Erweiterungen umgehen?
- Wann sollten Sie zusammengesetzte Erweiterungsimplementierungen einsetzen?

1.6.4 Neue Business Add-ins

Überarbeitung der klassischen BAdIs

Mit der Einführung des Enhancement Frameworks wurden auch die klassischen BAdIs komplett überarbeitet und in die neue Architektur eingebettet. BAdIs sind nun keine losgelösten Erweiterungen mehr, sondern werden als explizite Erweiterungsoption immer einem *Erweiterungsspot* zugeordnet. Einem Erweiterungsspot können auch mehrere BAdIs zugeordnet sein (aber ausschließlich BAdIs und keine Erweiterungspunkte).

An der grundlegenden Funktionsweise der BAdIs hat sich dagegen nicht viel geändert: Die neuen BAdIs sind, wie klassische BAdIs auch, bereits an festen Stellen der Standardanwendungen vorgegeben und wurden objektorientiert realisiert. Sie können damit sowohl Quelltext als auch Menüs und Oberflächen erweitern.

Die Beschaffung eines BAdIs wird im Quelltext durch die Anweisung `GET BADI` realisiert, während die BAdI-Methoden mit der Anweisung `CALL BADI` aufgerufen werden. Durch die Suche nach diesen Anweisungen können Sie die dazugehörigen BAdIs finden und anhand des Typs der verwendeten Referenzvariablen identifizieren.

Die wesentlichen Transaktionen zur Arbeit mit BAdIs sind SE18 (BAdI-Builder: Definitionen) und SE19 (BAdI-Builder: Implementierungen). Neue BAdIs behandle ich in Kapitel 4, »Customer Exits«.

Nach der Lektüre dieses Buches sollten Sie folgende Verständnisfragen beantworten können:

- Können Sie jedes BAdI implementieren?
- Können Sie BAdIs mehrfach implementieren?

1.6.5 Switch Framework

Sichtbarkeit von Repository-Objekten

Das *Switch Framework* ergänzt das Enhancement Framework und dient der Steuerung der Sichtbarkeit von Repository-Objekten, d. h. insbesondere von Erweiterungen. Diese Technologie wird vor allem für die SAP-Branchenlösungen (Industry Solutions) und die Enhancement Packages (EHPs) verwendet. Diese Komponenten werden zwar bereits mit dem Standardsystem ausgeliefert, aber zunächst nicht angeschaltet. Sie sind damit anfangs noch nicht verwendbar. Als SAP-Kunde können Sie diese Komponenten bei Bedarf aktivieren und somit neue Funktionalität im System verwenden.

Die Entwicklungsobjekte werden dazu im Switch Framework gruppiert und einem Schalter zugeordnet. Je nach Schalterstellung sind die Entwicklungsobjekte sichtbar oder unsichtbar.

Bei der Arbeit mit Standard-SAP-Erweiterungen hat dieses Framework für Sie praktisch keine Bedeutung. Sie haben aber die Möglichkeit, es für eigene Erweiterungen einzusetzen und so Ihre eigenen Erweiterungen schaltbar zu machen.

Ich behandle das Switch Framework in Kapitel 12.

Nach der Lektüre dieses Buches sollten Sie folgende Verständnisfragen beantworten können:

- Wofür kann das Switch Framework eingesetzt werden?
- Können Sie einen Schalter im Switch Framework direkt aktivieren oder deaktivieren?

1.7 Abgleich von Erweiterungen

Abgleich nach einem Upgrade

Nach jedem Upgrade müssen Sie einen Abgleich der Erweiterungen und Modifikationen mit dem Standardcode durchführen und schauen, ob die von SAP geänderten Originalstellen weiterhin zu Ihren Erweiterungen und Modifikationen passen. Je neuer die eingesetzte Technologie ist, desto umfassender findet dieser Abgleich (halb-)automatisiert statt. Durch die Verwendung neuerer Erweiterungstechnologien können Sie den manuellen Aufwand für den Abgleich also deutlich reduzieren.

Für den Abgleich stehen für die alten Erweiterungstechnologien die Transaktionen SPDD und SPAU zur Verfügung (siehe Abschnitt 3.4, »Abgleich von Modifikationen und Erweiterungen«) und für die neuen Technologien die Transaktion SPAU_ENH (siehe Kapitel 13, »Erweiterungen mit Transaktion SPAU_ENH abgleichen«).

Nach der Lektüre dieses Buches sollten Sie folgende Verständnisfragen beantworten können:

- Werden alle ABAP-Dictionary-Objekte in der Transaktion SPDD aufgeführt?
- Warum ist ein Abgleich so schwierig?

1.8 Vererbung und Redefinition von Klassen

Erben von Standardklassen

Eine kundeneigene Klasse kann von jeder (Standard-)Klasse erben, solange diese Klasse nicht in ihren Eigenschaften als *final* definiert ist. In der erbenden Klasse können Sie jede geschützte und öffentliche Methode redefinieren, d. h. mit einer neuen Implementierung versehen. Dieses Vorgehen ist für die Erweiterung immer dann von Bedeutung, wenn Sie die Geschäftslogik von Standardanwendungen erweitern wollen. In diesem Fall würden Sie die entsprechenden Standardklassen identifizieren, diese über eine kundeneigene Klasse ableiten und die gewünschten Methoden redefinieren und mit Ihrer erweiterten Geschäftslogik versehen.

Dieses Thema wird in Kapitel 7, »Vererbung von Klassen«, behandelt.

- Nach der Lektüre dieses Buches sollten Sie folgende Verständnisfragen beantworten können:
- Wie können Sie die geerbte Logik erweitern und nicht nur komplett überschreiben?
- Können Sie Konstruktoren redefinieren?

1.9 CDS Views erweitern

Zusätzliche Felder

Für die Erweiterung von Core Data Services Views (kurz CDS Views) stehen Ihnen zwei Techniken zur Verfügung:

- CDS-Erweiterungs-Views
- CDS-Metadaten-Erweiterungen

Mit *CDS-Erweiterungs-Views* können Sie die Selektionsliste und die Assoziationen bestehender CDS Views erweitern. Das heißt, Sie können zusätzliche Spalten selektieren, die Sie für Ihre Anwendungen brauchen. Dazu gehören in erster Linie neue kundeneigene Felder, die über klassische Append-Strukturen den originalen SAP-Tabellen hinzugefügt werden. Zusätzlich bietet SAP spezielle *Extension Include Views* an, die eine stabile Erweiterung von CDS-Stacks ermöglichen sollen.

Mit *CDS-Metadaten-Erweiterungen* können Sie die vorhandenen Annotationen eines CDS Views um weitere Annotationen erweitern bzw. diese überdefinieren.

Die Erweiterung von CDS Views behandle ich in Kapitel 14.

Nach der Lektüre dieses Buches sollten Sie folgende Verständnisfragen beantworten können:

- Können CDS-Erweiterungs-Views aufeinander aufbauen?
- Können Sie mit CDS-Erweiterungs-Views mehr als die Selektionsliste erweitern?
- Können Sie CDS Views erweitern, die eine `GROUP-BY`- oder `UNION`-Klausel enthalten?
- Was sollte beachtet werden, wenn ein CDS View erweitert werden soll, der Bestandteil eines CDS-View-Stacks ist?

1.10 Geschäftsobjekte erweitern

Erweiterungsobjekte

Geschäftsobjekte im Rahmen des *Business Object Processing Frameworks* (BOPF) können Sie mithilfe von *Erweiterungsobjekten* erweitern. Diese erben alle bestehenden Bestandteile des originalen Geschäftsobjekts. In diesen Erweiterungsobjekten können Sie neue Knoten anlegen und diesen (und bereits bestehenden Knoten) neue Knotenfunktionen hinzufügen. Zu den Knotenfunktionen gehören:

- alternative Schlüssel
- Assoziationen
- Abfragen
- Aktionen
- Validierungen
- Ermittlungen

Im einfachsten Fall können Sie ein Geschäftsobjekt auch ohne ein Erweiterungsobjekt erweitern, indem Sie beispielsweise die Struktur eines bestehenden Knotens mit einer Append-Struktur erweitern. Dies werden Sie immer dann machen, wenn Sie beispielsweise eine Datenbanktabelle um ein neues Feld erweitert haben (und vielleicht auch den darauf aufbauenden CDS View) und Sie dieses Feld in die Anwendungslogik des Geschäftsobjekts durchschleifen wollen.

Die Erweiterung von Geschäftsobjekten behandle ich in Kapitel 16.

Nach der Lektüre dieses Buches sollten Sie folgende Verständnisfragen beantworten können:

- Warum sollte in einem Geschäftsobjekt für jeden angelegten Knoten auch eine transiente Struktur definiert sein?
- Kann jedes Standardgeschäftsobjekt erweitert werden?

1.11 ABAP Managed Database Procedures erweitern

SQLScript-Prozeduren

ABAP Managed Database Procedures (AMDP) sind spezielle ABAP-Klassen, in deren Methoden mit SQLScript anstelle von ABAP programmiert werden kann. Beim Ausführen dieser Methoden werden AMDP auf der SAP-HANA-Datenbank angelegt und ausgeführt. SAP HANA ist aktuell die einzige Datenbank, die von AMDP unterstützt wird.

AMDP-BAdIs

Ab ABAP 7.40 SP08 können Sie diese AMDP über spezielle AMDP-BAdIs erweitern. Mit diesen BAdIs können Sie eine eigene Implementierung für die definierten Methoden angeben. AMDP-BAdIs sind BAdIs, bei denen die Eigenschaft **AMDP BAdI** aktiviert ist.

Diese speziellen BADIs weisen folgende Besonderheiten auf:

- Sie können keine Filter verwenden.
- Sie müssen eine Fallback-BAdI-Implementierungsklasse angeben.
- Sie können nur Methoden verwenden, die AMDP-Prozedurimplementierungen enthalten.
- Sie können nur Methoden verwenden, die für das gleiche Datenbanksystem (SAP HANA) implementiert sind.

Die Erweiterung von AMDP behandle ich in Kapitel 15.

Nach der Lektüre dieses Buches sollten Sie folgende Verständnisfragen beantworten können:

- Wo müssen die Methoden der AMDP-BAdIs aufgerufen werden?
- Wie können Sie die zugehörigen Aufrufstellen im Quelltext finden?

1.12 OData-Services erweitern

Neue OData-Service-Projekte

OData-Services werden nicht direkt erweitert. Stattdessen wird ein neues OData-Projekt angelegt, indem die Definition der Bestandteile des originalen OData-Service überschrieben wird. So können neue Entitätsmengen, Funktionsimporte und Assoziationen hinzugefügt werden. Es können aber auch neue Felder bestehenden Entitätsmengen hinzugefügt werden. Dazu müssen – falls vorhanden – die hinter den Entitätstypen liegenden Strukturen mithilfe von Append-Strukturen erweitert werden, damit diese anschließend in die Eigenschaften importiert werden können.

Auf CDS Views basierende OData-Services

Um auf CDS Views basierende OData-Services zu erweitern, können Sie den betreffenden CDS View mithilfe eines CDS-Erweiterungs-Views erweitern. Nach dem Hinzufügen der neuen Felder werden diese automatisch im OData-Service nachgetragen.

Das neue OData-Projekt muss nicht separat veröffentlicht werden. Stattdessen können Sie beim Generieren der Laufzeitobjekte zu dem neuen OData-Projekt eine Umleitung vom originalen OData-Service auf die neue Implementierung aktivieren. Diese Umleitung kann nachträglich in der Transaktion /IWBEP/REG_SERVICE geändert werden.

Da die Data-Provider-Klassen (DPC-Klassen) direkt von den DPC-Klassen des Originals erben, können Sie die Implementierung durch eine Redefinition der jeweiligen Methoden in ihrer DPC_EXT-Klasse überschreiben.

Die Erweiterung von OData-Services behandle ich in Kapitel 17.

Nach der Lektüre dieses Buches sollten Sie folgende Verständnisfragen beantworten können:

- Welche Möglichkeiten existieren, um OData-Services zu erweitern?
- Müssen Sie einen in Transaktion SEGW erweiterten OData-Service jedes Mal neu als eigenständigen Service veröffentlichen?

1.13 Fiori-Apps erweitern

Programmatische Erweiterung

Fiori-Apps lassen sich programmatisch erweitern, indem Sie die App in die SAP Web IDE laden und die vorhandenen expliziten Erweiterungspunkte implementieren. Außerdem können Sie Views und Controller beliebig erweitern oder ersetzen. Schließlich ist auch das Ersetzen der OData-Services möglich, über die die Fiori-Apps auf die Daten des SAP-Systems zugreifen, sowie die Änderung von Übersetzungen. Eine so erweiterte App muss anschließend auf dem Frontendserver deployt und in das SAP Fiori Launchpad eingebunden werden.

[«]

Fiori-Apps, die auf CDS Views aufbauen

Wenn eine Fiori-App auf einen OData-Service zugreift, der auf einem CDS View basiert, in dem Annotationen für die Oberfläche (@UI) enthalten sind, können Sie die Oberfläche der Fiori-App erweitern, indem Sie die Annotationen des CDS Views mithilfe einer CDS-Metadaten-Erweiterung anpassen.

Alle Erweiterungspunkte müssen von SAP vorgesehen und im Standardquelltext platziert worden sein. In der *SAP Fiori Apps Library* sind für jede Fiori-App alle möglichen Erweiterungsoptionen dokumentiert.

Neue Erweiterungsfunktionen

Im Kontext von Erweiterungen von SAP S/4HANA werden Ihnen die folgenden Begriffe begegnen:

- Side-by-Side-Erweiterungen
- In-App-Erweiterungen

Bei *Side-by-Side-Erweiterung* handelt es sich um einen Kunstbegriff, der die Entwicklung neuer eigener Apps bzw. Add-ons beschreibt, die neben den

Standard-Fiori-Apps koexistieren können. Diese Apps können mithilfe von SAPUI5 entwickelt werden, doch mittlerweile bietet die SAP Cloud Platform deutlich mehr Technologien, wie z. B. eine Java-Laufzeitumgebung an. Seit Mitte 2018 existiert für die SAP Cloud Platform auch eine ABAP-Laufzeitumgebung.

Dagegen bezeichnet der Begriff *In-App-Erweiterung* die Erweiterung von Standardtransaktionen und Standard-Fiori-Apps mithilfe von Bordmitteln. Diese Erweiterungen lassen sich unterteilen in:

- **In-App-Erweiterungen mit klassischen Entwicklungswerkzeugen**
  Damit sind alle Erweiterungen des SAP GUI, wie z. B. mithilfe von User Exits, Customer Exits, BAdIs und dem Enhancement Framework, gemeint.
- **In-App-Erweiterungen mit webbasierten Werkzeugen**
  Im Rahmen der On-Premise- und Cloud-Version von SAP S/4HANA gibt es einen im SAP Fiori Launchpad eingebetteten Anpassungsmodus für SAP-Fiori-Oberflächen. Dieser ist insbesondere für Power-User ohne Programmierkenntnisse gedacht. In diesem Modus lassen sich z. B. Felder neu positionieren, umbenennen oder ausblenden.

  Es lassen sich aber auch die Standardoberflächen um neue Gruppen oder neue Felder erweitern. Diese Felder können bereits bestehende Felder eines Standard-OData-Service sein, die initial nicht angezeigt werden. Sie haben über den Anpassungsmodus aber auch die Möglichkeit, SAP-Geschäftsobjekte (im Rahmen des BOPF) mit eigenen Feldern zu erweitern. Die so hinzugefügten Felder werden beim Aktivieren automatisch mit in die Strukturen der Tabellen und der CDS Views aufgenommen.

Die Erweiterung von Fiori-Apps behandle ich in Kapitel 18.

Nach der Lektüre dieses Buches sollten Sie folgende Verständnisfragen beantworten können:

- Können Sie eine Fiori-App beliebig anpassen, oder sind die Erweiterungsmöglichkeiten eingeschränkt?
- Welche Wege existieren, um eine Fiori-App anzupassen?

1.14 BAPI-Funktionsbausteine erweitern

Erweiterungsstrukturen

Viele BAPI-Funktionsbausteine (BAPI = Business Application Programming Interface) können Sie erweitern, da in den Parametern eine `EXTENSIONIN`- und eine `EXTENSIONOUT`-Struktur angeboten wird. BAPI-Funktionsbausteine kapseln wichtige Grundfunktionalität des SAP-Systems nach außen und stellen diese als Application Programming Interface (API) bereit. So können Sie über den BAPI-Funktionsbaustein BAPI_SALES_ORDERCREATEFROMDAT2 beispielsweise einen Verkaufsauftrag für die Vertriebskomponente Sales and Distribution (SD) anlegen.

Diese Strukturen erlauben es, kundeneigene Felder der dahinterliegenden Datenbanktabellen (z. B. durch Append-Strukturen) zu verarbeiten, also z. B. zu ändern oder zu speichern.

Die Erweiterung von BAPI-Funktionsbausteinen behandle ich in Kapitel 22.

Nach der Lektüre dieses Buches sollten Sie folgende Verständnisfrage beantworten können:

- Woher erhalten Sie die notwendigen Informationen, wie Sie diese Struktur befüllen müssen und welche Strukturen Sie erweitern müssen?

1.15 IDocs erweitern

Intermediate Documents (IDocs) können über eine IDoc-Erweiterung erweitert werden, die Sie in Transaktion WE30 anlegen können. Diese erlaubt es, ein Standard-IDoc um neue Kundensegmente zu erweitern, was Sie in der Transaktion WE31 erledigen können. Die neuen Kundensegmente, die die Standard-IDocs erweitern, können dabei eine beliebige Struktur haben.

Neue Kundensegmente

Anschließend muss durch Customizing dafür gesorgt werden, dass der ursprüngliche Nachrichtentyp und der dahinterliegende Funktionsbaustein Kenntnis von dieser IDoc-Erweiterung haben. Diese Zuordnung können Sie für den Nachrichtentyp in der Transaktion WE82 und für den Funktionsbaustein in der Transaktion WE57 vornehmen.

Die Erweiterung von IDocs behandle ich in Kapitel 24.

Nach der Lektüre dieses Buches sollten Sie folgende Verständnisfragen beantworten können:

- Verarbeitet der dahinterliegende Funktionsbaustein die dem IDoc hinzugefügte Struktur automatisch?
- Kann das System automatisch das erweiterte IDoc empfangen?

1.16 Zusammenfassung

In diesem Kapitel habe ich Ihnen einen Überblick über alle Erweiterungstechnologien gegeben, die für Sie als ABAP-Entwickler wichtig sind, und damit über den Inhalt dieses Buches. Dazu gehören insbesondere:

- Modifikationen
- User Exits
- Customer Exits
- klassische Business Add-ins (BAdIs)
- Business Transaction Events (BTEs)
- explizite Erweiterungspunkte
- implizite Erweiterungspunkte
- neue Business Add-ins (BAdIs)
- Vererbung von Klassen und Redefinition von Methoden
- CDS-View-Erweiterungen
- CDS-Metadaten-Erweiterungen
- Geschäftsobjekterweiterungen
- AMDP-BAdIs
- Erweiterung von OData-Services
- Erweiterung von Fiori-Apps
- Erweiterung von BAPI-Funktionsbausteinen
- IDoc-Erweiterungen

Nutzen Sie dieses Kapitel zur Selbstkontrolle und als Querreferenz zu den einzelnen Buchkapiteln. So wird es Ihnen leichter fallen, das »große Ganze« im Auge zu behalten.

TEIL I

Klassische Erweiterungstechniken

Im ersten Teil dieses Buches stelle ich Ihnen alle klassischen Erweiterungstechnologien vor. Obwohl diese inzwischen durch neue Technologien abgelöst werden, müssen Sie sie weiterhin beherrschen. Das liegt daran, dass sie in vielen alten Komponenten verwendet werden und somit auch in Zukunft weiterhin gewartet werden müssen. Die besagten Komponenten sind beispielsweise auch noch im neuen SAP-S/4HANA-System vorhanden.

Kapitel 2

Erweiterung des ABAP Dictionarys

In diesem Kapitel zeige ich Ihnen, wie Sie Strukturen, Tabellen, Suchhilfen, Indizes und Domänen im Rahmen des ABAP Dictionarys modifikationsfrei erweitern können.

Wie können Sie (Standard-)Entwicklungsobjekte des ABAP Dictionarys (modifikationsfrei) erweitern? Dazu benötigen Sie die wichtigste Erweiterungsart von allen: die *Append-Struktur*, die ich in Abschnitt 2.1 behandle. Diese dient der Erweiterung von Strukturen und damit auch von Datenbanktabellen. Damit bildet diese Erweiterungsform die Grundlage für die folgenden zu erweiternden Standardgeschäftsprozesse:

- das Anbieten neuer Eingabefelder auf der Oberfläche
- das Verarbeiten dieser Eingabefelder im ABAP-Quellcode
- das Abspeichern dieser Eingaben in Standarddatenbanktabellen

Die folgenden Abschnitte beschäftigen sich dann insbesondere damit, diese neu hinzugefügten Felder sowie bestehende Felder zu verarbeiten. Dazu gehört das Anbieten dieser Felder in bestehenden Suchhilfen (siehe Abschnitt 2.2), das Hinzufügen dieser Felder zu einem bestehenden Index einer Datenbanktabelle (in Abschnitt 2.3) sowie das Hinterlegen neuer Festwerte in existierenden Domänen (siehe Abschnitt 2.4, »Einzelwerterweiterung«).

[«]

Erweiterung durch Modifikationen

Dieses Kapitel behandelt die standardmäßige modifikationsfreie Erweiterung des ABAP Dictionarys. Sämtliche Objekte des ABAP Dictionarys lassen sich auch modifizieren. Wie man dabei vorgeht, beschreibe ich in Kapitel 3, »Modifikationen«.

2.1 Strukturerweiterungen

Erweiterungskategorie

Vielleicht ist Ihnen bei der Anlage einer Struktur in Transaktion SE11 schon einmal aufgefallen, dass Sie wie in Abbildung 2.1 dazu aufgefordert werden, die *Erweiterungskategorie* einzustellen. Mit dieser Einstellung steuern Sie, ob für die angelegte Struktur eine Erweiterung mithilfe einer Append-Struktur erstellt werden kann.

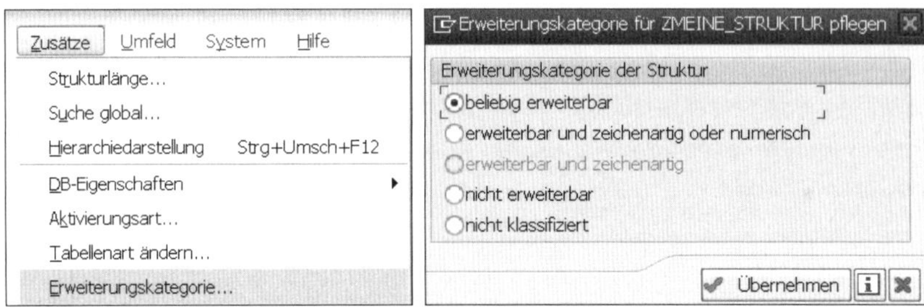

Abbildung 2.1 Erweiterungskategorie einer Struktur

Sie wählen hier aus den folgenden Optionen aus:

- **beliebig erweiterbar**
- **erweiterbar und zeichenartig oder numerisch**
- **erweiterbar und zeichenartig**
- **nicht klassifiziert**

Ist die Option **nicht erweiterbar** ausgewählt, so ist eine Erweiterung mit einer Append-Struktur nicht möglich. Eine solche Append-Struktur ermöglicht es Ihnen, neue Felder der ursprünglichen Struktur hinzuzufügen. Dies funktioniert sowohl für Ihre eigenen Strukturen als auch für Standardstrukturen von SAP.

Datenbanktabelle erweitern

Da Tabellen im ABAP Dictionary auf Strukturen basieren, ist die Anlage einer Append-Struktur auch in Tabellen möglich. Das heißt, Sie können eine SAP-Standarddatenbanktabelle um weitere Felder erweitern, falls es die Erweiterungskategorie zulässt. Diese Erweiterung erfolgt ebenfalls im Rahmen des Enhancement Frameworks und kann damit später auch über das Switch Framework geschaltet werden. Zur Anlage einer solchen Append-Struktur müssen Sie lediglich in Transaktion SE11 die Tabelle aufrufen, die Sie erweitern möchten, z. B. die in Abbildung 2.2 gezeigte Tabelle `MARA` (die Materialtabelle des SAP-Systems). Gehen Sie dann wie folgt vor:

1. Klicken Sie auf die Schaltfläche **Append-Struktur...** in der Funktionsleiste (siehe Abbildung 2.2).
2. In dem sich öffnenden Pop-up-Fenster (siehe Abbildung 2.3) klicken Sie auf die Schaltfläche **Append anlegen** (🗋).
3. Nun können Sie, wie in Abbildung 2.4 dargestellt, einen Namen für Ihre Append-Struktur vergeben.

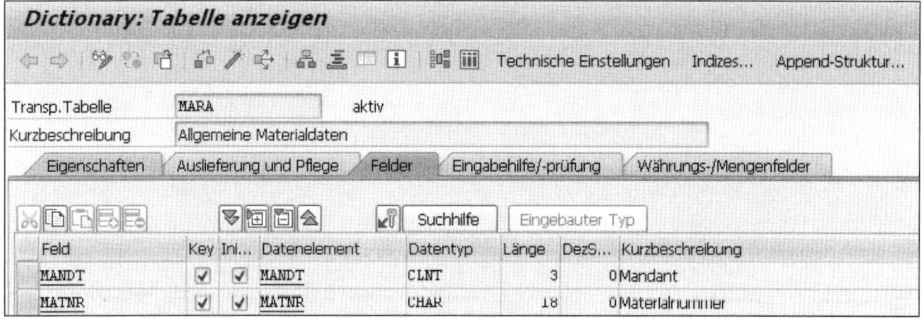

Abbildung 2.2 Anlage einer Append-Struktur

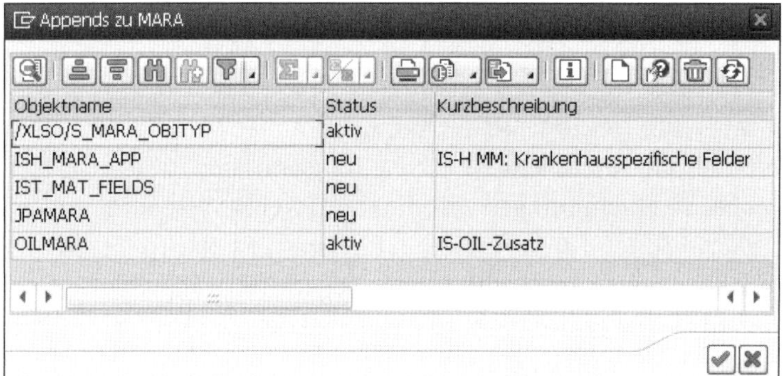

Abbildung 2.3 Anzeige vorhandener Struktur-Appends

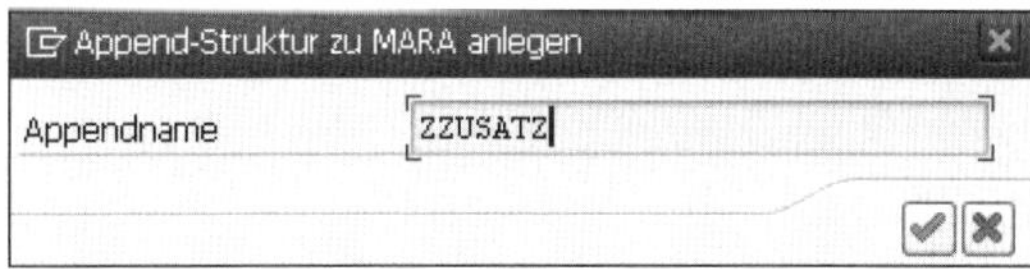

Abbildung 2.4 Vergeben eines Append-Namens

Standard-Append-Strukturen

Das Pop-up-Fenster in Abbildung 2.3 zeigt bereits vorhandene Append-Strukturen zu der Tabelle MARA an. Wie Sie sehen, nutzt SAP diese Append-Strukturen also selbst, um Datenbanktabellen zu erweitern. Letztlich bilden diese erweiterten Tabellen die Anforderungen der verschiedenen Branchenlösungen (und deren jeweils benötigten Zusatzfelder) ab.

4. Wenn Sie Ihre Eingabe mit **Weiter** (✔) bestätigen, wird die neue Append-Struktur angelegt, die Sie nun genau wie eine normale Struktur ausprägen können. In Abbildung 2.5 wurde beispielsweise ein neues Feld ZZUSATZ für die Datenbanktabelle MARA definiert.

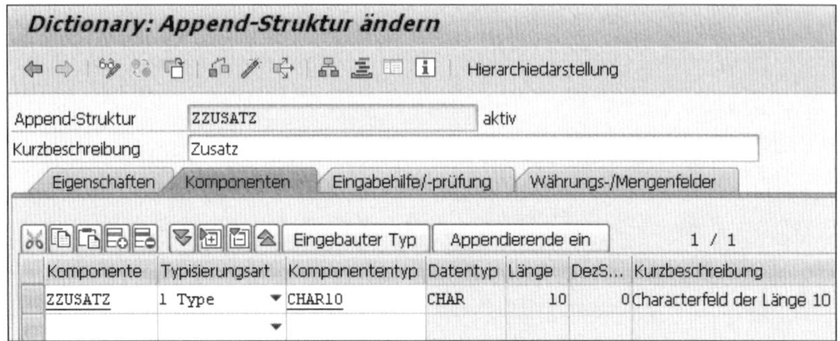

Abbildung 2.5 Ausprägen der neu angelegten Append-Struktur

5. Durch das **Aktivieren** (▨) der Append-Struktur werden die neuen Spalten der Datenbanktabelle hinzugefügt.

Erweiterung aktivieren

Je nach Größe der Tabelle kann das Aktivieren einige Minuten in Anspruch nehmen. Falls Sie eine solche Änderung transportieren, stellen Sie sicher, dass Sie dies zu einem ruhigen Zeitpunkt mit wenig Systemlast erledigen, da die Tabelle während dieser Zeit nicht erreichbar ist. Nach dem Aktivieren können Sie die neuen Felder der Tabelle beliebig verwenden. Unter anderem können Sie die Felder mithilfe von SQL-Befehlen (`UPDATE`, `INSERT` oder `MODIFY`) mit neuen Werten befüllen.

Damit haben Sie erfolgreich eine Standarddatenbanktabelle um neue Felder erweitert. Wie eingangs erwähnt, ist dies eine Grundfunktion, die Sie sehr häufig verwenden werden.

Neuen Pflege-View anlegen

Wurde zu der Tabelle ein Pflege-View generiert, werden die neuen Zusatzfelder dort nicht automatisch angezeigt. Wenn es sich bei dem Pflege-View um ein SAP-Entwicklungsobjekt handelt, haben Sie auch nicht die Möglichkeit, diesen erneut zu generieren. In einem solchen Fall bietet es sich an, einen komplett neuen View für die erweiterte Datenbanktabelle anzulegen und für diesen den Pflege-View-Generator erneut auszuführen.

2.2 Suchhilfenerweiterungen

Suche nach neuen Feldern

Auch (Standard-)Suchhilfen können Sie mit einer *Append-Suchhilfe* erweitern und damit dafür sorgen, dass der Anwender nach den über die Append-Struktur ergänzten Feldern suchen kann. Diese Erweiterung erfolgt ebenfalls im Rahmen des Enhancement Frameworks und kann damit später auch über das Switch Framework geschaltet werden.

Abbildung 2.6 zeigt die erweiterte Sammelsuchhilfe S_MAT1 für die Materialnummer der Transaktionen MM02 (Material ändern) und MM03 (Material anzeigen). Die Registerkarte **Suchhilfe für Zusatzfelder** ist hier neu und wurde durch eine Append-Suchhilfe hinzugefügt. Auf dieser Registerkarte kann der Anwender nach Werten des in Abschnitt 2.1, »Strukturerweiterungen«, hinzugefügten Feldes ZZUSATZ der Tabelle MARA suchen.

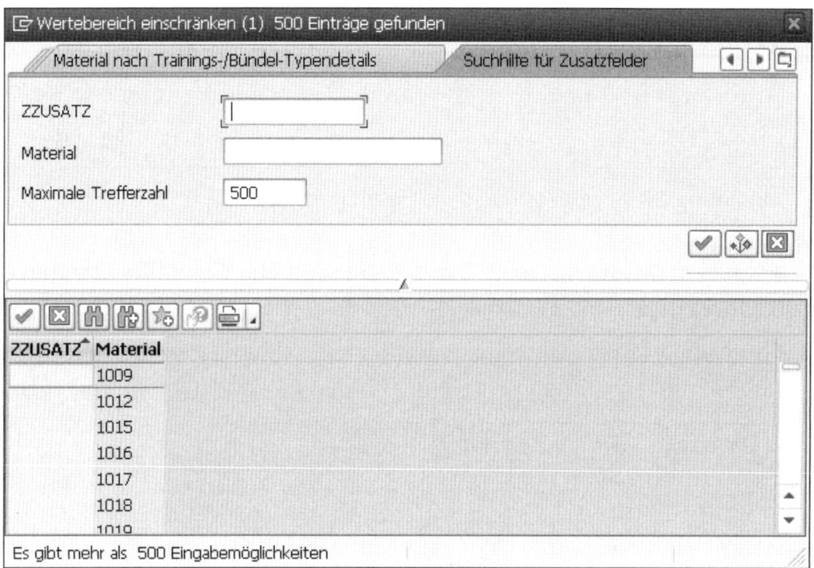

Abbildung 2.6 Eine erweiterte Standardsuchhilfe

Append-Suchhilfe anlegen

Zur Anlage einer Append-Suchhilfe zu einer Sammelsuchhilfe gehen Sie wie folgt vor:

1. Rufen Sie die Sammelsuchhilfe auf (hier S_MAT1), und wählen Sie **Springen • Append-Suchhilfe...** im Hauptmenü, wie in Abbildung 2.7 dargestellt.

Abbildung 2.7 Anlegen einer Append-Suchhilfe

2. Klicken Sie in dem sich öffnenden Pop-up-Fenster (siehe Abbildung 2.8) auf die Schaltfläche **Append anlegen** (☐).

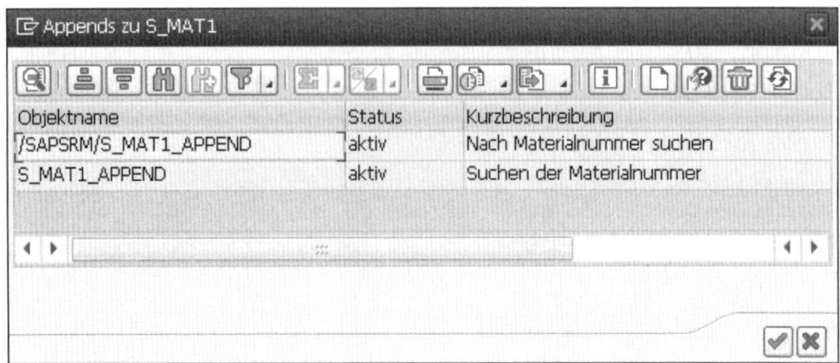

Abbildung 2.8 Anzeige vorhandener Suchhilfen-Appends

3. Vergeben Sie einen Namen für die neue Append-Suchhilfe. Bestätigen Sie Ihre Eingabe mit **Weiter** (✔).
4. Sie gelangen zu der Oberfläche, die Sie in Abbildung 2.9 sehen. Hier können Sie nun eine Kurzbeschreibung für die Append-Suchhilfe vergeben.

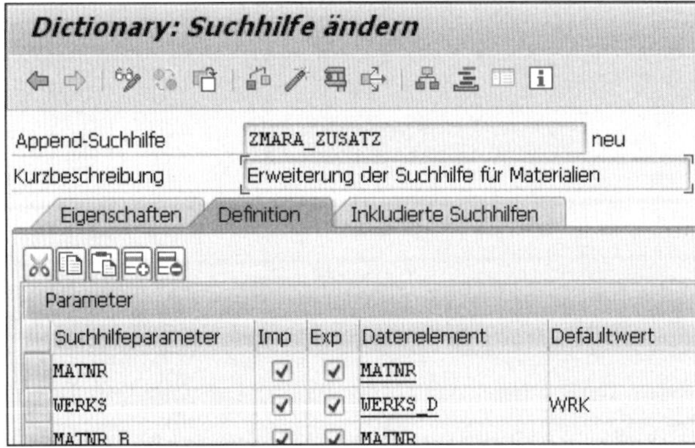

Abbildung 2.9 Ausprägen der neu angelegten Append-Suchhilfe

5. Danach können Sie, wie in Abbildung 2.10 dargestellt, auf der Registerkarte **Inkludierte Suchhilfen** eine elementare Suchhilfe eintragen, die die eigentliche Definition der Suchhilfe enthält.
6. Eine solche elementare Suchhilfe müssen Sie selbst in Transaktion SE11 anlegen. Abbildung 2.11 zeigt die elementare Suchhilfe, die ich in Abbildung 2.10 eingetragen habe. Sie haben hier die Möglichkeit, Felder der originalen Suchhilfe mit aufzunehmen (hier z. B. das Feld `MATNR`).

Abbildung 2.10 Inkludieren einer Suchhilfe zu einer Append-Suchhilfe

Abbildung 2.11 Anlegen einer elementaren Suchhilfe

7. Die Felder Ihrer Suchhilfe können Sie anschließend über die Schaltfläche **Parameterzuordnung** (siehe Abbildung 2.10) verknüpfen.
8. Dadurch öffnet sich das Pop-up-Fenster, das Sie in Abbildung 2.12 sehen. Hier können Sie die eventuell unterschiedlich benannten Felder der Suchhilfe denen der Struktur zuordnen (Mapping). In unserem Beispiel ist dies nicht nötig, da die Felder gleichnamig sind. Wir müssen lediglich

das Feld MATNR hinzufügen. Dies bewirkt, dass der Wert des Feldes von der Append-Suchhilfe an die ursprüngliche Suchhilfe übertragen wird.

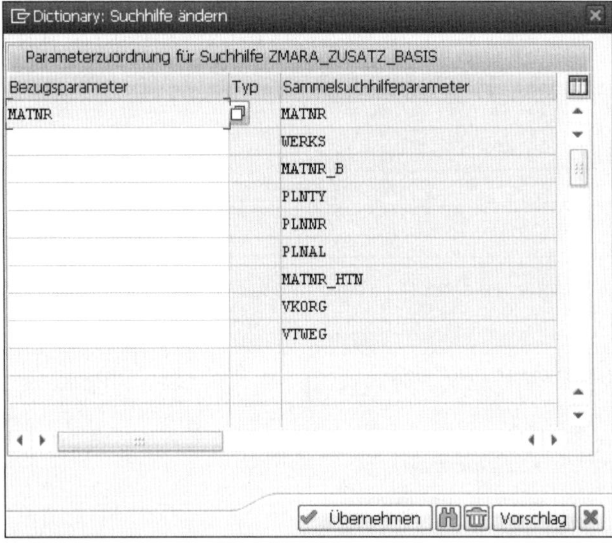

Abbildung 2.12 Zuordnung der Parameter für die Suchhilfe

9. **Aktivieren** (✎) Sie abschließend Ihre Append-Suchhilfe.

Suchhilfen-erweiterung testen

Sie können die Suchhilfenerweiterung testen, indem Sie zurück in die Standardsammelsuchhilfe navigieren und diese ausführen. Dadurch öffnet sich das Pop-up-Fenster, das Sie in Abbildung 2.13 sehen.

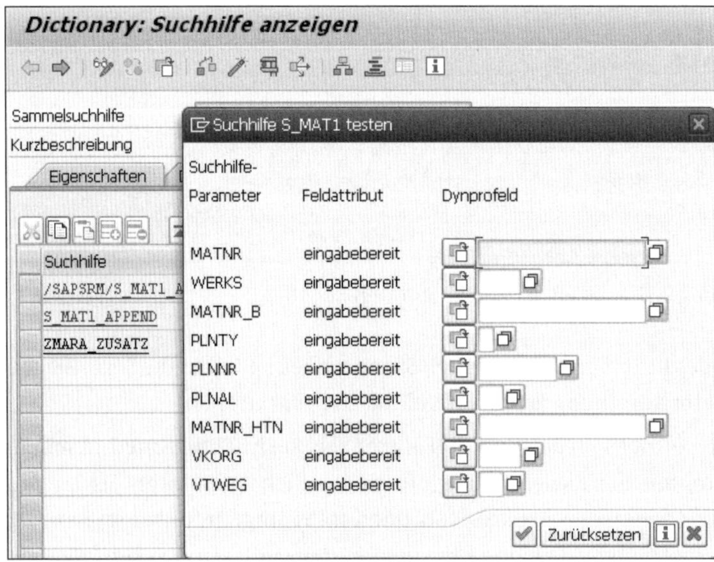

Abbildung 2.13 Testen der Suchhilfe

Rufen Sie hier die Suchhilfe für das Eingabefeld **Material** mit [F4] auf, öffnet sich die fertige Suchhilfe aus Abbildung 2.6. Ihre durch die Append-Suchhilfe hinzugefügte Suchhilfe wird hierbei auf einer neuen Registerkarte angezeigt.

Damit haben Sie erfolgreich eine Standardsammelsuchhilfe mittels einer Suchhilfenerweiterung erweitert.

[«]

Erweiterung von elementaren Suchhilfen

Die Erweiterung durch Append-Suchhilfen funktioniert nur für Sammelsuchhilfen und nicht für elementare Suchhilfen. Hängt also an einem Standarddatenelement eine elementare Suchhilfe, können Sie diese nicht erweitern, sondern müssen sie kopieren, entsprechend anpassen und dann diese kopierte Suchhilfe an ein eigenes Datenelement hängen (bzw. in einem Selektionsbildschirm die Anweisung `MATCHCODE OBJECT` zum Verknüpfen verwenden).

2.3 Indexerweiterungen

Extension-Index

Mit einem *Extension-Index* können Sie einen zusätzlichen Index für eine Standardtabelle anlegen. Diese Erweiterung erfolgt ebenfalls im Rahmen des Enhancement Frameworks und kann damit später auch über das Switch Framework geschaltet werden.

Gehen Sie wie folgt vor, um einen Extension-Index anzulegen:

1. Rufen Sie die Tabelle, deren Index Sie erweitern wollen, in Transaktion SE11 auf, und klicken Sie in der Funktionsleiste auf die Schaltfläche **Indizes ...**
2. Klicken Sie anschließend in dem in Abbildung 2.14 dargestellten Pop-up-Fenster auf die Schaltfläche **Neu** (). Wählen Sie dann aus dem Untermenü den Eintrag **Extension-Index anlegen**.

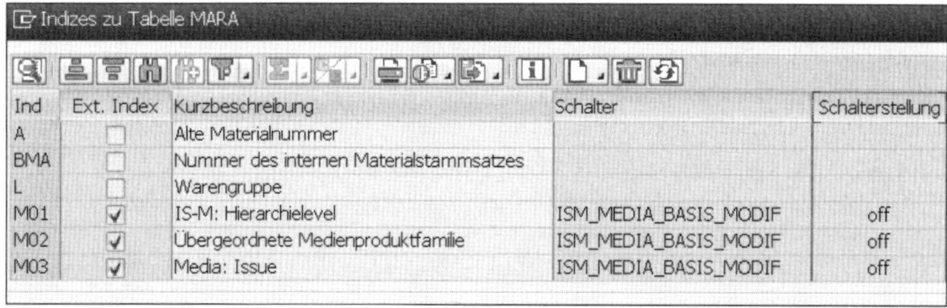

Indizes zu Tabelle MARA

Ind	Ext. Index	Kurzbeschreibung	Schalter	Schalterstellung
A	☐	Alte Materialnummer		
BMA	☐	Nummer des internen Materialstammsatzes		
L	☐	Warengruppe		
M01	☑	IS-M: Hierarchielevel	ISM_MEDIA_BASIS_MODIF	off
M02	☑	Übergeordnete Medienproduktfamilie	ISM_MEDIA_BASIS_MODIF	off
M03	☑	Media: Issue	ISM_MEDIA_BASIS_MODIF	off

Abbildung 2.14 Anzeige von Indizes zu Tabelle MARA

3. Tragen Sie einen Namen aus Ihrem Kundennamensraum ein, und bestätigen Sie Ihre Eingabe mit einem Klick auf **Weiter** ().

Anschließend können Sie den Extension-Index wie einen normalen Index ausprägen.

Bestehende Indizes umwandeln

Um einen bestehenden Index in eine Indexerweiterung umzuwandeln, um beispielsweise eine Modifikation zurückzubauen, klicken Sie in dem Pop-up-Fenster aus Abbildung 2.14 mit der rechten Maustaste auf einen Index, und wählen Sie im Kontextmenü den Eintrag **Index in XINX umwandeln** aus. XINX ist der technische Typ für eine Indexerweiterung.

2.4 Einzelwerterweiterung

Festwert-Appends

Auch den Wertebereich einer Standarddomäne können Sie um beliebige Werte erweitern. Dazu nutzen Sie ein *Festwert-Append*. Zu den Werten, die Sie auf diese Weise hinzufügen können, gehören auch Festwertintervalle. Solche Festwertintervalle sind besonders hilfreich, wenn die Wertehilfen der Eingabefelder, die an die Domäne gebunden sind, um neue Werte erweitert werden sollen. Diese Erweiterung erfolgt ebenfalls im Rahmen des Enhancement Frameworks und kann damit später auch über das Switch Framework geschaltet werden.

Abbildung 2.15 zeigt eine so erweiterte Domäne. Hier wurde der Wert **D** mit der Kurzbeschreibung **verschoben** ergänzt.

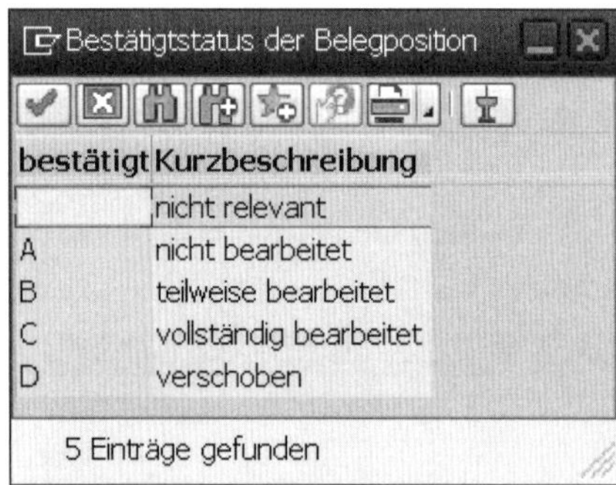

Abbildung 2.15 Eine F4-Hilfe auf Basis von Festwerten einer Domäne

Wertebereich einer Domäne erweitern

Gehen Sie wie folgt vor, um den Wertebereich einer Domäne zu erweitern:

1. Rufen Sie die gewünschte Domäne in Transaktion SE11 auf, und wählen Sie im Hauptmenü **Springen • Festwert-Append**.
2. Geben Sie im sich öffnenden Pop-up-Fenster einen Namen für das Festwert-Append ein, und bestätigen Sie Ihre Eingabe mit **Weiter** (✔).

3. Fügen Sie auf der Registerkarte **Wertebereich** Ihre neuen Werte hinzu:
   - Einzelwerte fügen Sie im Bereich **Einzelwerte** hinzu (siehe Abbildung 2.16). Über die Schaltfläche **Domänenwerte einblenden** können Sie die originalen Werte einblenden lassen.

Abbildung 2.16 Hinzufügen von neuen Festwerten

   - Festwertintervalle fügen Sie im Bereich **Intervalle** hinzu, wie in Abbildung 2.17 gezeigt.

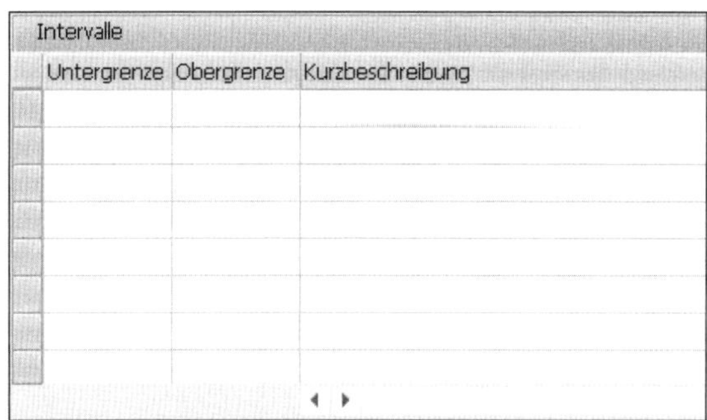

Abbildung 2.17 Hinzufügen von neuen Festwertintervallen

4. **Aktivieren** (✎) Sie das Festwert-Append abschließend.

Wertetabellen

Das Hinzufügen bzw. das Austauschen von Wertetabellen ist durch ein solches Festwert-Append nicht möglich. Ist also zu einer Standarddomäne keine Wertetabelle angegeben, können Sie auch nachträglich keine Wertetabelle hinzufügen. Hierfür müssten Sie diese Domäne in den Kundennamensraum kopieren und entsprechend anpassen. Ist für die Domäne eine

Wertetabelle eingetragen, können Sie diese freilich um neue Werte erweitern (durch einen eventuell existierenden Pflege-View bzw. per ABAP-Programmierung).

2.5 Zusammenfassung

In diesem Kapitel habe ich Ihnen gezeigt, wie Sie das ABAP Dictionary modifikationsfrei erweitern können. Hierfür stehen Ihnen die folgenden Erweiterungsoptionen zur Verfügung:

- Strukturerweiterungen zum Erweitern von Strukturen und damit auch Datenbanktabellen um neue Felder
- Suchhilfenerweiterung zum Anbieten einer neuen Registerkarte innerhalb einer Sammelsuchhilfe
- Indexerweiterungen zum Hinzufügen von neuen Indizes für eine Datenbanktabelle
- Einzelwerterweiterungen zum Erweitern der Festwerte und Intervalle von Domänen

Kapitel 3
Modifikationen

In diesem Kapitel zeige ich Ihnen, wie man Modifikationen im System vornimmt, den Modifikationsassistenten verwendet und die Modifikationen nach einem Upgrade abgleicht.

Modifikationen sind direkte Anpassungen der originalen SAP-Entwicklungsobjekte. Vorneweg: Vermeiden Sie solche Modifikationen, wo es nur geht! In vielen Entwicklungsrichtlinien von SAP-Entwicklungsabteilungen sind Modifikationen untersagt und benötigen eine Ausnahmegenehmigung. Sie sind das letzte Mittel der Erweiterung und sollten nur in Spezialfällen verwendet werden. Denkbar ist beispielsweise der Fall, dass ein SAP-Standardprogramm fehlerhaft ist und mit einem Laufzeitfehler abbricht, SAP dafür allerdings keine Korrektur als SAP-Hinweis oder in Form eines Support Packages bereitstellt. Ziel einer Modifikation sollte daher immer nur eine Fehlerbehebung, nicht die klassische Erweiterung eines Geschäftsprozesses sein.

Anpassung von SAP-Entwicklungsobjekten

Sie können jedes Entwicklungsobjekt über eine Modifikation ändern. Die Anpassung von Quelltext beschreibe ich in Abschnitt 3.1 und die Anpassung von ABAP-Dictionary-Objekten in Abschnitt 3.2.

User Exits

Die Aussage, dass Modifikationen ausschließlich zur Fehlerbehebung verwendet werden sollten, steht im Kontrast zur Idee der User Exits, die ebenfalls mit einer Modifikation implementiert werden müssen. Sie wurden von SAP als spezielle Unterprogramme eingeführt, in denen Sie als Kunde den Geschäftsprozess erweitern können. Auf diese User Exits gehe ich gezielt in Abschnitt 3.3 ein.

Abgleich von Modifikationen

Abschnitt 3.4 beschäftigt sich zum Abschluss dieses Kapitels mit dem Abgleich von Modifikationen nach einem Upgrade, d. h. nach dem Einspielen eines Support Packages oder eines Enhancement Packages (EHP). Genau das ist die große Kehrseite von Anpassungen an Standardentwicklungsobjekten: Nach jedem Upgrade auf eine neue SAP-Version müssen Sie alle Modifikationen einzeln durchgehen und prüfen, ob diese in Konflikt mit den von SAP geänderten Entwicklungsobjekten stehen. Daraufhin können Sie Ihre Modifikation entweder übernehmen oder müssen den Standard wiederherstellen. Es handelt sich dabei um einen manuellen Folgeaufwand von Modifikationen, der sich nur schwer beziffern lässt. Aufgrund der Komplexität des SAP-Systems gehört ein solcher Abgleich zu den herausforderndsten Aufgaben eines ABAP-Entwicklers.

3.1 Modifikationen am Quelltext

Formroutine erweitern

Mithilfe von Modifikationen können Sie jeglichen Quelltext der SAP-Systeme anpassen. Dazu müssen Sie lediglich die gewünschte Stelle im ABAP Editor aufrufen. In Abbildung 3.1 sehen Sie beispielsweise die Formroutine `USEREXIT_READ_DOCUMENT` im SAP-Programm `MV45AFZZ`.

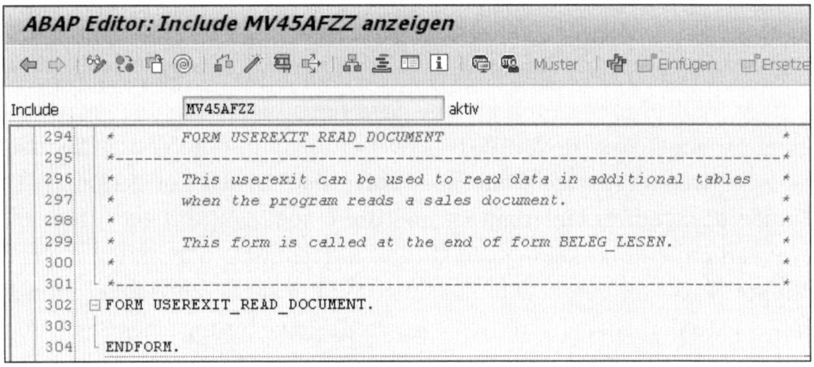

ABAP Editor: Include MV45AFZZ anzeigen

Muster | Einfügen | Ersetze

Include MV45AFZZ aktiv

```
*       FORM USEREXIT_READ_DOCUMENT                                    *
*----------------------------------------------------------------------*
*       This userexit can be used to read data in additional tables   *
*       when the program reads a sales document.                       *
*                                                                      *
*       This form is called at the end of form BELEG_LESEN.            *
*                                                                      *
*----------------------------------------------------------------------*
FORM USEREXIT_READ_DOCUMENT.

ENDFORM.
```

Abbildung 3.1 Standard-SAP-Quelltext

Um diesen Code anzupassen, gehen Sie wie folgt vor:

1. Wechseln Sie über die Schaltfläche **Anzeigen <-> Ändern** () in der Funktionsleiste in den Änderungsmodus.
2. Ihnen wird das Pop-up-Fenster angezeigt, das Sie in Abbildung 3.2 sehen. Darin werden Sie aufgefordert, einen Zugangsschlüssel einzugeben. Dies müssen Sie immer dann tun, wenn Sie eine Modifikation am Standardcode vornehmen. Diesen Zugangsschlüssel können Sie über das SAP Support Portal anfordern. Klicken Sie dazu auf den im Kopfbereich des Fensters angegebenen Link. In der Regel kommt diese Aufgabe in einem Unternehmen der SAP-Basis-Abteilung zu.
3. Das gesamte Entwicklungsobjekt, dessen Code Sie anpassen möchten, wir nun (einmalig) registriert, in diesem Beispiel das Include `MV45AFZZ`.
4. Nach dem Eintragen des Zugangsschlüssels und einem Klick auf **Weiter** wird Ihnen die folgende Meldung angezeigt:

   »Führen Sie nur Reparaturen in fremden Namensräumen durch.«

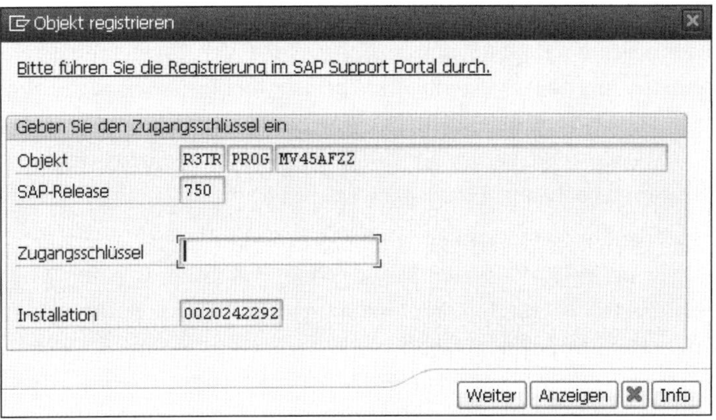

Abbildung 3.2 Registrieren eines Objekts zur Modifikation

Dies bedeutet, dass Sie SAP-Standardprogramme nicht mithilfe einer Modifikation um neue Funktionalität erweitern sollten, sondern nur dringende Reparaturen durchführen sollten. Wie erwähnt, trifft dies nur zu, wenn der Standard nicht funktioniert und beispielsweise einen Laufzeitfehler verursacht und SAP noch keinen entsprechenden SAP-Hinweis anbietet.

Modifikationsassistent

SAP schränkt in vielen Fällen die Modifikation des Standardobjekts durch den *Modifikationsassistenten* ein. In diesem Fall wird Ihnen die Info-Meldung angezeigt, die Sie in Abbildung 3.3 sehen. Durch den Modifikationsassistenten werden die meisten Editor-Funktionen, die Sie normalerweise benutzen können, deaktiviert.

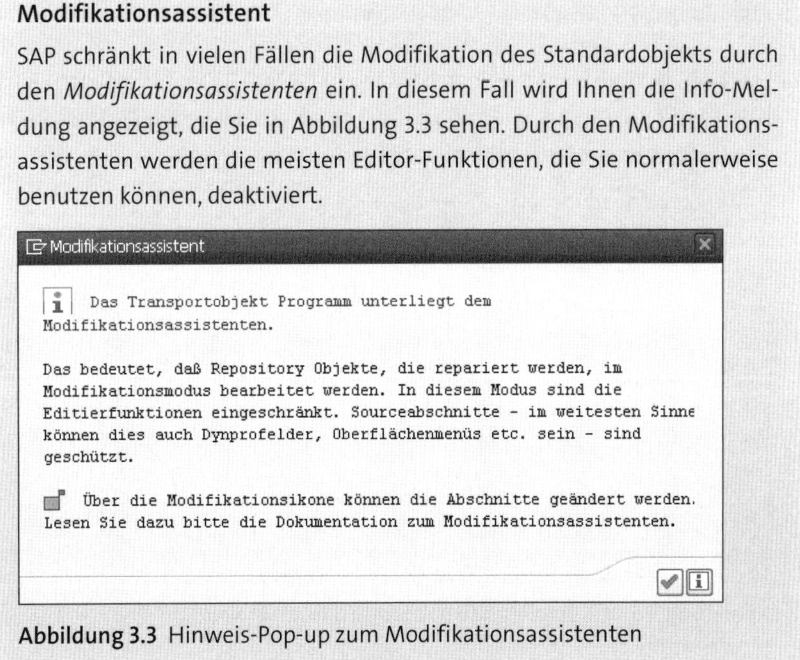

Abbildung 3.3 Hinweis-Pop-up zum Modifikationsassistenten

Ist der Modifikationsassistent nach der Bestätigung dieser Meldung aktiv, werden Sie bei einem Upgrade und dem anschließenden Abgleich eine (teil-)automatische Unterstützung erhalten. Wird die Modifikation dagegen ohne den Modifikationsassistenten durchgeführt, müssen Sie die betroffenen Stellen manuell über die *Versionsverwaltung* vergleichen und beurteilen, ob die Modifikation nach einem Upgrade weiter lauffähig und notwendig ist.

Brauchen Sie mehr Editor-Funktionen für Ihre Modifikation, als der Modifikationsassistent zulässt, können Sie den Modifikationsassistenten jederzeit über den Pfad **Bearbeiten • Modifikationsoperationen • Assistent ausschalten** im Hauptmenü deaktivieren.

5. Nach dem Bestätigen der Info-Meldung aus Schritt 4 mit **Weiter** () wird der Quelltext (wenn der Modifikationsassistent aktiv ist) nicht direkt zur Bearbeitung freigegeben. Stattdessen müssen Sie, wie in Abbildung 3.4 gezeigt, auf eine Zeile im Code klicken (hier die Zeile 655) und dann in der Funktionsleiste die Schaltfläche **Einfügen** wählen.

```
654 FORM USEREXIT_READ_DOCUMENT.
655
656
657
658
659
660
661 ENDFORM.
```

Abbildung 3.4 Aktivierter Modifikationsmodus

6. Dadurch wird in der markierten Zeile ein `INSERT`-Block eingefügt, wie in Abbildung 3.5 dargestellt. Innerhalb dieses Blocks können Sie jetzt Ihren Quellcode zur Fehlerbehebung einfügen.

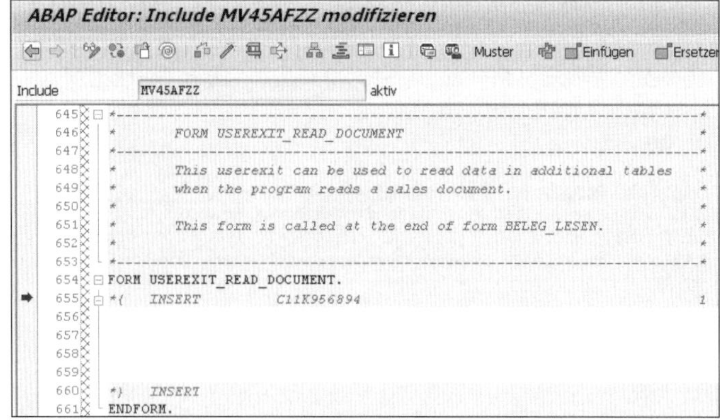

Abbildung 3.5 Mit dem Modifikationsassistenten eingefügter Modifikationsblock

7. Abschließend müssen Sie diese Modifikation nur noch **Aktivieren** ().

3

> **Änderungen ohne Modifikationsassistent**
> Wäre der Modifikationsassistent nicht aktiv, könnten Sie an dieser Stelle den Quellcode direkt editieren.

Funktionen des Modifikationsassistenten

Neben der soeben gezeigten **Einfügen**-Funktion zeigt sich die Aktivierung des Modifikationsassistenten auch an den folgenden Funktionen, die Sie in der Funktionsleiste finden:

- **Modifikationsübersicht**
  Die Modifikationsübersicht zeigt Ihnen, wie in Abbildung 3.6 dargestellt, alle im Quelltext hinzugefügten Modifikationen an. Durch einen Doppelklick auf eine Modifikation gelangen Sie zur jeweiligen Quelltextstelle.

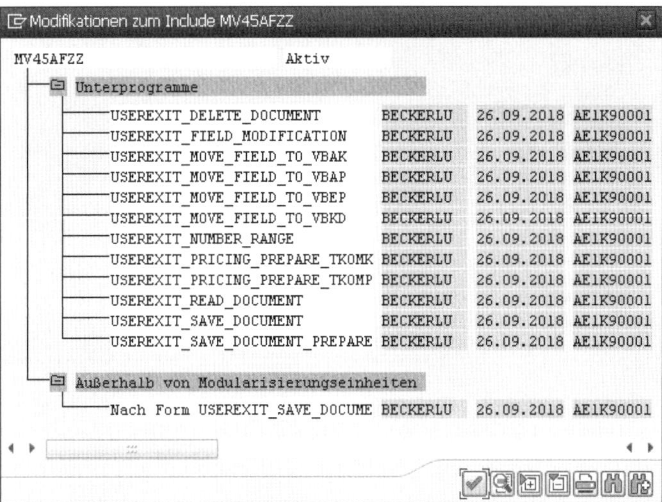

Abbildung 3.6 Übersicht über alle Modifikationen im Entwicklungsobjekt – hier die Modifikationen eines Includes

- **Ersetzen**
  Sie können SAP-Quelltext ersetzen, indem Sie diesen markieren und anschließend auf die Funktion **Ersetzen** klicken.
- **Löschen**
  Sie können SAP-Quelltext löschen, indem Sie diesen markieren und anschließend auf diese Funktion klicken.
- **Zurücknehmen**
  Die Funktion **Zurücknehmen** nimmt die Modifikation (Einfügen, Ersetzen, Löschen) zurück, die Sie gerade mit dem Mauszeiger ausgewählt haben, und stellt den originalen Quelltext wieder her.

Durch den Modifikationsassistenten haben Sie also jederzeit die Möglichkeit, wieder zum Originalquelltext zurückzukehren. Wenn Sie ohne diesen Modifikationsassistenten arbeiten, können Sie zwar jede Stelle beliebig abändern, müssen aber immer mit der Versionsverwaltung arbeiten, um im Nachhinein festzustellen, welche Stellen sich geändert haben.

3.2 Modifikationen an ABAP-Dictionary-Objekten

Neben der in Kapitel 2, »Erweiterung des ABAP Dictionarys«, beschriebenen modifikationsfreien Erweiterung von ABAP-Dictionary-Objekten (z. B. durch Struktur-Appends) können Sie mithilfe von Modifikationen alle anderen Anpassungen an ABAP-Dictionary-Objekten vornehmen und so beispielsweise eine Reparatur herbeiführen.

ABAP-Dictionary-Objekte

Zu den ABAP-Dictionary-Objekten gehören:

- Datenbanktabellen
- Strukturen
- Tabellentypen
- Datenelemente (über den Modifikationsassistenten)
- Domänen
- Views
- Suchhilfen
- Typgruppen
- Sperrobjekte

Modifikation vornehmen

Um eine Modifikation an einem dieser Objekte vorzunehmen, rufen Sie das jeweilige Objekt in Transaktion SE11 auf, und wechseln Sie über die Schaltfläche **Anzeigen <-> Ändern** () in den Änderungsmodus. Auch an dieser Stelle wird Sie das System wieder nach einem Zugangsschlüssel fragen (siehe Abbildung 3.7).

Nach der Eingabe dieses Schlüssels wird Ihnen das SAP-Standardobjekt zur Bearbeitung freigegeben, wie Sie es von eigenen Entwicklungsobjekten in Transaktion SE11 her gewöhnt sind. Abbildung 3.8 zeigt die zur Änderung bereite Tabelle `MARA`. Sie können nun beispielsweise neue Felder hinzufügen, Fremdschlüsselbeziehungen definieren oder die technischen Einstellungen der Tabelle anpassen (z. B. die Pufferung).

Abbildung 3.7 Registrieren eines Objekts zur Modifikation

Dictionary: Tabelle ändern

Technische Einstellungen | Indizes... | Append-Struktu

Transp.Tabelle: MARA aktiv

Kurzbeschreibung: Allgemeine Materialdaten

Eigenschaften | Auslieferung und Pflege | Felder | Eingabehilfe/-prüfung | Währungs-/Mengenfelder

Suchhilfe | Eingebauter Typ

Feld	Key	Ini...	Datenelement	Datentyp	Länge	DezS...	Kurzbeschreibung
MANDT	☑	☑	MANDT	CLNT	3	0	Mandant
MATNR	☑	☑	MATNR	CHAR	18	0	Materialnummer
.INCLUDE	☐	☐	EMARA	STRU	0	0	Datenteil MARA
.APPEND	☐	☐	/SUP/TP_ENH_MAR...	STRU	0	0	inconso Transport add-ons: Erweiterungen MARA
.APPEND	☐	☐	IST_MAT_FIELDS	STRU	0	0	IS-T: Benutzereigene Materialstammfelder
.APPEND	☐	☐	YW4_APP_WASTE_M...	STRU	0	0	Kundenerweiterung MARA
.APPEND	☐	☐	ZAMARA	STRU	0	0	ALBA Zusatzfelder

Abbildung 3.8 Die änderbare Standarddatenbanktabelle MARA

[!]

Nur erweitern

Achten Sie darauf, dass Sie das originale SAP-Entwicklungsobjekt nicht zerstören. Dies könnte mitunter dazu führen, dass ganze Transaktionen nicht mehr funktionieren. Neben der bereits erwähnten Faustregel, Modifikationen zur Reparatur zu verwenden, sollten Sie die Regel beachten, niemals Felder zu entfernen. Fügen Sie immer nur Felder hinzu. In jedem Fall sollten Sie danach die Funktionsweise der auf dem geänderten Objekt aufbauenden Transaktionen prüfen. Prüfen Sie insbesondere, ob das Speichern weiterhin funktioniert.

Datenelemente anpassen

Die Ausnahme stellen die Datenelemente dar, die nicht direkt bearbeitet werden können, sondern die über den Modifikationsassistenten behandelt werden. Wählen Sie ein Datenelement zur Modifikation aus, wird der Editor nicht komplett freigegeben, sondern jede Änderung muss manuell über die Funktion **Teilobjekt ändern** des Modifikationsassistenten durchgeführt werden.

Hintergrund ist der, dass der Modifikationsassistent einen automatischen Abgleich bei einem Upgrade ermöglichen soll. Es wird dabei automatisch geprüft, ob die Modifikation, die Sie an einem Datenelement durchgeführt haben, weiterhin zum geänderten SAP-Standard passt. Das reduziert den manuellen Abgleichaufwand nach einem Upgrade deutlich.

Abbildung 3.9 zeigt den Aufruf des Datenelements `MATNR` im Änderungsmodus. Dessen Eingabefelder sind trotz dieses Modus nicht eingabebereit.

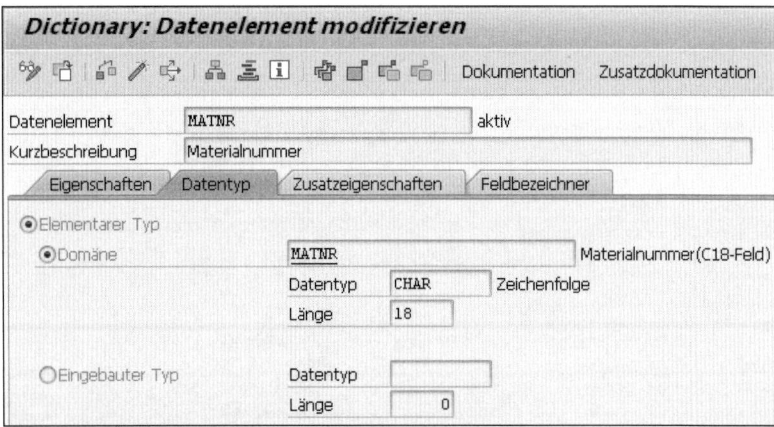

Abbildung 3.9 Ein Datenelement im Änderungsmodus

Um das Datenelement zu ändern, müssen Sie die Eigenschaft, die Sie anpassen möchten, anklicken und anschließend in der Funktionsleiste auf **Teilobjekt ändern** (▣) klicken. Abbildung 3.10 stellt dies am Beispiel der Suchhilfe für das Datenelement `MATNR` dar. Der Mauszeiger steht hier auf dem Feld **Name** im Bereich **Suchhilfe**. Mit der Funktion **Teilobjekt ändern** (▣) öffnen Sie das Pop-up-Fenster **Attribut ändern**, in das Sie die neue Suchhilfe eintragen können. Bestätigen Sie Ihre Änderung mit **Weiter** (✔). Abschließend müssen Sie Ihre Änderung noch **Aktivieren** (✎).

Die neu eingetragene Suchhilfe wird nun, wie in Abbildung 3.11 erkennbar, durch die blaue Schrift im Eingabefeld **Name** gekennzeichnet. Dies deutet an, dass es sich hier um eine Modifikation handelt. Dieses Vorgehen können Sie für jede andere Eigenschaft des Datenelements wiederholen.

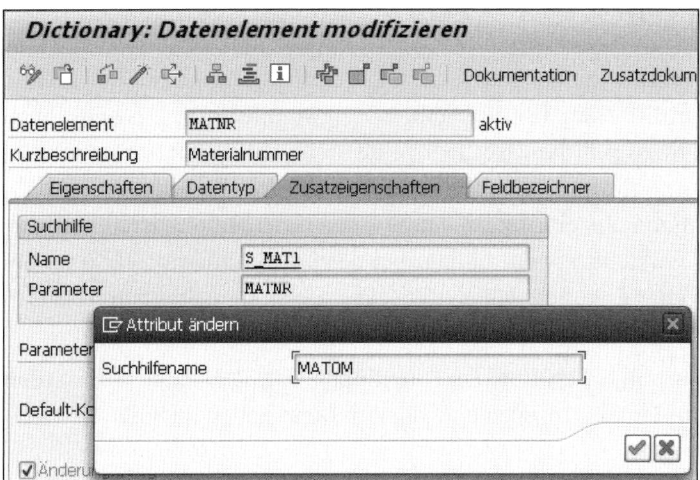

Abbildung 3.10 Eigenschaft eines Datenelements mithilfe des Modifikationsassistenten ändern

Datenelement MATNR modifiziert /inaktiv(überarbeitet)
Kurzbeschreibung Materialnummer
Eigenschaften | Datentyp | Zusatzeigenschaften | Feldbezeichner
Suchhilfe
Name MATOM
Parameter MATNR
Parameter-Id MAT

Abbildung 3.11 Modifizierte Suchhilfe eines Datenelements

Neben der eben benutzten Funktion **Teilobjekt ändern** (▣) bietet der Modifikationsassistent noch die folgenden Funktionen für Datenelemente, die Sie in der Funktionsleiste finden:

- **Modifikationsübersicht** (▣)
  In der Modifikationsübersicht wird Ihnen eine Liste aller geänderten Eigenschaften angezeigt.
- **Original Teilobjekt anzeigen** (▣)
  Wenn Sie auf eine mit blauer Schrift gekennzeichnete geänderte Eigenschaft und anschließend auf diese Schaltfläche klicken, wird Ihnen in einem Pop-up-Fenster der ursprüngliche Wert für dieses Feld angezeigt.
- **Modifikation zurücknehmen** (▣)
  Diese Funktion nimmt die markierte Modifikation zurück und stellt das Original wieder her.

3.3 User Exits

User Exits gehören zu den klassischen Erweiterungstechniken und gelten, da sie sich im SAP-Namensraum befinden, als Modifikation. Das heißt, auch wenn SAP Ihnen mit den User Exits eine Stelle zur Erweiterung anbietet, ändern Sie mit dieser Erweiterung aktiv ein SAP-Standardentwicklungsobjekt. Alle anderen Erweiterungstechnologien, die ich Ihnen im Rahmen dieses Buches vorstelle, erweitern dagegen das SAP-Standardobjekt über ein neu hinzugefügtes kundeneigenes Objekt, das mit dem Standard lediglich verlinkt wird.

Hinzufügen von Quellcode

User Exits ermöglichen nur das Hinzufügen von Quellcode. Sie werden über vordefinierte Formroutinen realisiert. Diese haben folgende Syntax:

```
FORM userexit_name.
...
ENDFORM.
```

Die speziellen Formroutinen für einen User Exit werden wie normale Formroutinen mit der Anweisung PERFORM aufgerufen. Die Namen der Formroutinen beginnen immer mit dem Präfix USEREXIT_.

Die in einem User Exit zur Verfügung stehenden Daten sind die lokalen und globalen Variablen des Programms. Zusätzliche Daten müssen über den Zwischenspeicher (z. B. über die Anweisung IMPORT MEMORY) importiert werden. Mehr Informationen hierzu können Sie in Anhang A, »Beschaffung von Daten: Arbeitsspeicher«, und in Anhang B, »Beschaffung von Daten: Dirty Assign«, finden.

Nachfolgetechnologien

Mittlerweile gibt es eine Reihe von Nachfolgetechnologien, die Sie User Exits immer vorziehen sollten. Verwenden Sie lieber einen migrierten Nachfolger, z. B. ein BAdI oder einen expliziten Erweiterungspunkt, falls angeboten. Falls diese nicht vorhanden sind, nutzen Sie einen (modifikationsfreien) impliziten Erweiterungspunkt am Kopf oder Fuß der Formroutine.

Mit der Zeit hat SAP alle User Exits in Customer Exits, BAdIs oder Erweiterungspunkte migriert. Suchen Sie daher immer zuerst nach der neusten Technologie.

User Exit verwenden

Wie ein User Exit verwendet wird, zeige ich Ihnen im Folgenden anhand eines Beispiels. Vor dem Speichern eines Kundenauftrags in Transaktion

VA01 (Kundenauftrag anlegen) bzw. Transaktion VA02 (Kundenauftrag ändern) soll der Anwender Überprüfungen und Änderungen an den Standardfeldern bzw. zusätzlichen Kundenfeldern vornehmen können. Nehmen wir an, Sie haben von einem Kollegen den Tipp bekommen, dass es dafür einen User Exit gibt, der den Namensbestandteil SAVE hat. Das können Sie wie folgt überprüfen:

1. Öffnen Sie Transaktion VA01, die Sie wie beschrieben anpassen möchten, und wählen Sie **System • Status** im Hauptmenü, um sich den Status des aktuellen Programms anzeigen zu lassen.
2. In dem sich öffnenden Dialog klicken Sie im Feld **Programm(Dynpro)** doppelt auf den Namen des Programms, das von dieser Transaktion ausgeführt wird (siehe Abbildung 3.12).

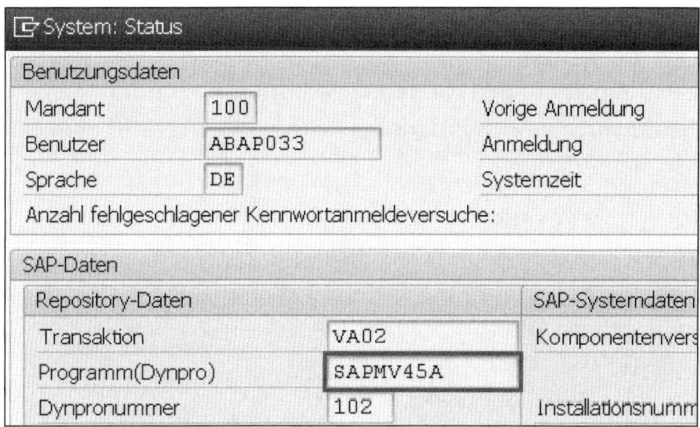

Abbildung 3.12 Status der Transaktion VA02 abfragen

3. Dadurch gelangen Sie in den ABAP Editor, in dem Sie sich alle Unterprogramme (Formroutinen) zu dem ausgewählten Programm anzeigen lassen können. Klicken Sie hierzu in der Funktionsleiste auf die Schaltfläche **Objektliste anzeigen**.
4. Wie Sie in Abbildung 3.13 sehen, wird dadurch auf der linken Seite ein Navigationsbereich geöffnet, in dem das Programm SAPMV45A vorausgewählt ist.
5. Öffnen Sie den Ordner **Unterprogramme**, und scrollen Sie in der Liste der Unterprogramme so lange nach unten, bis Sie zum Buchstaben »U« wie USEREXIT_ kommen. Aus Platzgründen ist die Liste der Unterprogramme in Abbildung 3.13 in zwei Blöcken nebeneinander dargestellt. Sie sehen jetzt alle User Exits in dem ausgewählten Programm. Einer davon ist das Unterprogramm USEREXIT_SAVE_DOCUMENT.

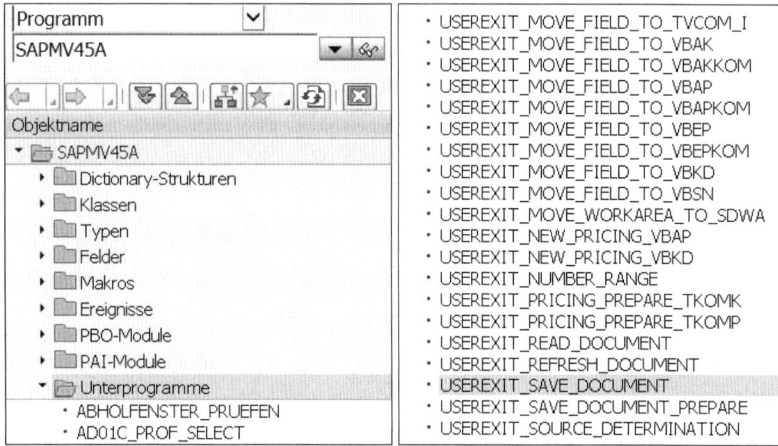

Abbildung 3.13 User Exits im Ordner »Unterprogramme« finden

6. Klicken Sie doppelt auf den Namen dieses Unterprogramms. Sie gelangen zu der entsprechenden Programmstelle im ABAP Editor. Den Quellcode sehen Sie in Listing 3.1.

```
FORM USEREXIT_SAVE_DOCUMENT.
  * Example:
  * CALL FUNCTION 'ZZ_EXAMPLE'
  *       IN UPDATE TASK
  *       EXPORTING
  *            ZZTAB = ZZTAB.
ENDFORM.
```

Listing 3.1 Eine User-Exit-Formroutine

Dieses Unterprogramm befindet sich im SAP-Namensraum. Das Ändern dieses Unterprogramms ist daher eine Modifikation an einem SAP-Standardobjekt. Um dieses Unterprogramm für Ihre Anforderungen auszuprogrammieren, müssen Sie den originalen SAP-Quelltext anpassen. SAP schlägt den Aufruf des Funktionsbausteins `ZZ_EXAMPLE` vor.

7. Wenn Sie nun versuchen, über die Schaltfläche **Anzeigen <-> Ändern** (icon) in den Änderungsmodus zu wechseln, werden Sie wieder nach einem Zugangsschlüssel gefragt.
8. Nach der Registrierung des Entwicklungsobjekts und der Eingabe des Zugangsschlüssels können Sie den User Exit ausprogrammieren. Häufig wird hier der zusätzliche Quelltext in einem Z-Include abgebildet. Obwohl es sich dabei um ein kundeneigenes Include handelt, ändert dies nichts an der Tatsache, dass das Hinzufügen des Z-Includes eine Modifikation darstellt.

Aufrufstelle des User Exits

Um herauszufinden, an welchen Stellen im Standardquellcode dieser User Exit durchlaufen wird und welche Daten Ihnen innerhalb des Unterprogramms zur Verfügung stehen, können Sie einen Breakpoint innerhalb des Unterprogramms setzen (wie in Zeile 302 in Abbildung 3.14 geschehen) und anschließend die Standardtransaktion aufrufen. Das Unterprogramm `USEREXIT_SAVE_DOCUMENT` wird beispielsweise aufgerufen, wenn Sie innerhalb der Transaktion VA01 oder VA02 einen Verkaufsauftrag ändern (und tatsächlich auch Daten geändert werden).

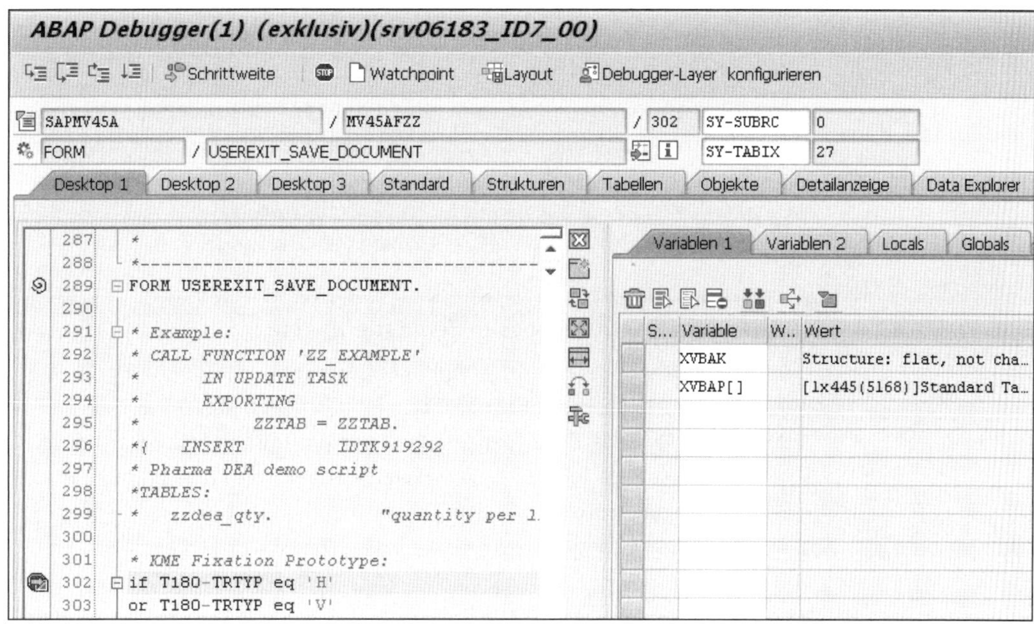

Abbildung 3.14 Breakpoint in einem User Exit setzen

Neue Erweiterungstechnologien bevorzugen

Wie eingangs erwähnt, sollten Sie an dieser Stelle den User Exit nicht direkt durch eine Modifikation implementieren. Ihr Ansatz sollte es immer sein, einen entsprechenden Customer Exit, ein BAdI oder einen expliziten Erweiterungspunkt als Alternative zu finden. Falls diese nicht angeboten werden, verwenden Sie stattdessen die impliziten Erweiterungspunkte. Die modifikationsfreie Umsetzung dieses Beispiels zeige ich Ihnen in Abschnitt 9.1, »Erweiterungen am Kopf und Fuß von Entwicklungsobjekten«. Beachten Sie aber, dass der Abgleichaufwand nach einem Upgrade nicht zwangsläufig sinkt, nur weil Sie eine Modifikation vermieden haben. Auch die neuen Erweiterungspunkte müssen innerhalb der neuen Transaktion SPAU_ENH abgeglichen werden. Sie bieten aber neben der klassischen Modifikation noch eine Gruppierungs- und Dokumentationsfunktion und lassen sich deutlich schneller im System wiederfinden.

3.4 Abgleich von Modifikationen und Erweiterungen

Transaktionen für den Abgleich

Der Abgleich von Modifikationen (und von klassischen Erweiterungen) findet nach einem Update oder Upgrade im Rahmen der folgenden Transaktionen statt:

- Transaktion SPDD für ABAP-Dictionary-Objekte (d. h. Datenelemente, Strukturen und Datenbanktabellen)
- Transaktion SPDD für alle anderen Entwicklungsobjekte

Versionsunterschiede

Ab SAP NetWeaver Application Server (AS) ABAP 7.50 wurden die Oberflächen der Transaktionen SPDD und SPAU komplett überarbeitet. Die hier beschriebene Vorgehensweise zum Abgleich von Modifikationen können Sie dennoch auch ist auch in älteren Releases so umsetzen.

Abgleich von Erweiterungsimplementierungen

Der Abgleich von Erweiterungsimplementierungen, also aller neuen Erweiterungsarten des Enhancement Frameworks, findet in der neuen Transaktion SPAU_ENH statt. Den Prozess zum Abgleich dieser Implementierungen beschreibe ich in Kapitel 13, »Erweiterungen mit Transaktion SPAU_ENH abgleichen«.

3.4.1 Abgleich von ABAP-Dictionary Objekten mit Transaktion SPDD

Nach einem Update oder Upgrade können Sie mithilfe der Transaktion SPDD alle ABAP-Dictionary-Objekte der alten Version mit den Objekten der neuen Version abgleichen. Hierbei gilt es zu prüfen, ob die Modifikationen weiterhin zu dem neuen SAP-Standard passen.

Notwendigkeit des Abgleichs

Ein Abgleich mit Transaktion SPDD ist nur notwendig, wenn Sie Modifikationen an bestehenden ABAP-Dictionary-Objekten (Domänen, Datenelementen, Tabellen oder Strukturen) vorgenommen haben. Dazu zählen auch Einstellungen an diesen Objekten. Alle anderen ABAP-Dictionary-Objekte, wie z. B. Tabellentypen, Views und Suchhilfen, werden in Transaktion SPAU behandelt, da Änderungen an diesen Objekten nicht zu einem Datenverlust führen können.

Liste aller Modifikationen

Um die Liste aller abzugleichenden ABAP-Dictionary-Modifikationen zu sehen, öffnen Sie Transaktion SPDD und führen sie ohne Änderung aus (siehe Abbildung 3.15).

Abbildung 3.15 Startoberfläche der Transaktion SPDD

Dadurch gelangen Sie zu der Oberfläche, die Sie in Abbildung 3.16 sehen. Hier sind die Modifikationen wie folgt gruppiert (diese können gegebenenfalls ausgeblendet sein):

- **Mit Modifikationsassistent**
  Dieser Knoten enthält alle Modifikationen, die mithilfe des Modifikationsassistenten durchgeführt wurden und für die ein Modifikationslog geschrieben wurde. In diese Gruppe fallen alle Änderungen an Datenelementen.
- **Ohne Modifikationsassistent**
  Dieser Knoten enthält alle anderen Modifikationen an ABAP-Dictionary-Objekten, für die kein Modifikationsassistent genutzt wurde, d. h. Änderungen an Datenbanktabellen, Strukturen und Domänen.
- **Hinweiskorrekturen**
  Hier werden alle obsoleten oder neu zu implementierenden SAP-Hinweise angezeigt.
  - *Obsolet*: Der SAP-Hinweis ist Teil der mit dem Upgrade ausgelieferten Inhalte und kann deshalb wieder ausgebaut werden.

  - *Neu zu implementieren*: Durch ein Update kann es vorkommen, dass von einem SAP-Hinweis geänderte ABAP-Dictionary-Objekte erneut geändert werden, da der SAP-Hinweis nicht im Update enthalten ist. In diesem Fall muss der SAP-Hinweis erneut eingespielt werden, damit die ursprüngliche Korrektur wiederhergestellt wird.
- **Gelöschte Objekte**
  Listet alle von SAP in der neuen Version entfernten ABAP-Dictionary-Objekte auf, an denen in Ihrem Ausgangsrelease eventuell Modifikationen durchgeführt wurden.

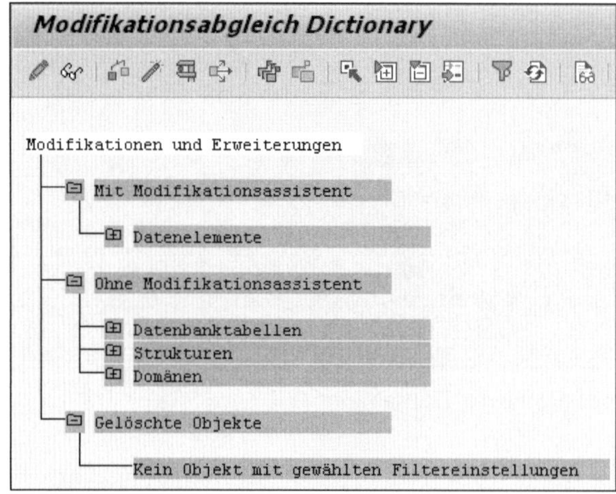

Abbildung 3.16 Abzugleichende Modifikationen in der Transaktion SPDD

Abgleich durchführen

Im Rahmen des Abgleichs haben Sie nun die Aufgabe, jedes einzelne aufgeführte ABAP-Dictionary-Objekt durchzugehen und über einen Versionsvergleich herauszufinden, was für eine Modifikation Sie oder Ihre Kollegen an diesem Objekt vorgenommen hatten.

In welcher Form Sie den Abgleich vornehmen müssen, wird in der Liste der ABAP-Dictionary-Objekte anhand von Ampelsymbolen gekennzeichnet:

- **Grün** ()
  Für Objekte, für die ein grünes Ampelsymbol angezeigt wird, konnte bereits ein automatischer Abgleich vorgenommen werden. SAP hat das betreffende Entwicklungsobjekt erfolgreich angepasst. Es gibt keine Konflikte mit Ihrer Modifikation. Ihre Aufgabe ist es nur, sicherzustellen, dass die Modifikation auch semantisch weiterhin zu der Änderung passt, die durch das Upgrade vorgenommen wurde.

[zB]

3

Kontext der Anpassung prüfen

Sie haben eine Struktur mit einer Modifikation um ein neues Feld STATUS erweitert. SAP fügt mit dem Update ebenfalls ein neues Feld STATUS ein. In diesem Fall müssen Sie prüfen, ob das zusätzliche Feld von Ihnen im Rahmen eines SAP-Hinweises und einer manuellen Korrektur eingespielt wurde (dann können Sie die Modifikation zurücknehmen) oder ob Sie es eingefügt haben, weil Sie es für eine Eigenentwicklung benötigten (in diesem Fall sollten Sie das Feld innerhalb des Kundennamensraumes umbenennen).

- Gelb ()
  In diesem Fall kann ein halbautomatischer Abgleich erfolgen, d.h., SAP schlägt Ihnen eine alternative Erweiterung des ABAP-Dictionary-Objekts vor.

  Für eine Struktur, die Sie mithilfe einer Modifikation um ein neues Feld erweitert haben, schlägt SAP z.B. vor, eine Append-Struktur zu nutzen, die Modifikation zu entfernen und die Struktur in den Originalzustand zurückzusetzen.
- Rot ()
  Für Objekte, die mit einem roten Ampelsymbol markiert sind, müssen Sie die neue und die alte Version manuell in Transaktion SE11 vergleichen. Klicken Sie dazu mit der rechten Maustaste auf das Objekt, und wählen Sie im Kontextmenü den Eintrag **Versionsverwaltung**. Anschließend müssen Sie entscheiden, ob die Modifikation erneut durchgeführt werden soll.
- Grau ()
  Ihre Modifikation (bzw. ein SAP-Hinweis) wird nicht länger benötigt (ist obsolet), da diese damit ausgeführte Fehlerkorrektur von SAP in der neuen Version bereits berücksichtigt wird. Prüfen Sie in diesem Fall, ob das von Ihnen modifizierte Objekt zufällig durch das Upgrade angepasst wurde oder ob die durch das Upgrade vorgenommene Änderung wirklich Ihrer ursprünglichen Modifikation entspricht.

Prinzipiell haben Sie also immer zwei Möglichkeiten:

Modifikationen übernehmen oder verwerfen

- die Modifikation übernehmen (**Modifikationen übernehmen**)
- die Modifikation entfernen und den Originalzustand des Entwicklungsobjekts wiederherstellen (**Rücksetzen auf Original**)

Beide Aktionen können Sie, wie in Abbildung 3.17 gezeigt, über den Hauptmenüeintrag **Modifikationen** ausführen.

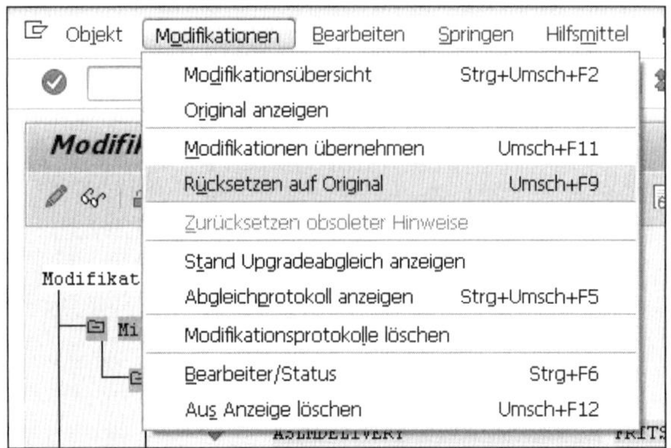

Abbildung 3.17 Bearbeiten einer Modifikation

Status des Abgleichs

Wenn Sie das ABAP-Dictionary-Objekt anschließend Ihrem SPDD-Transportauftrag hinzufügen (den Sie zuvor erst anlegen müssen), wird das Objekt in der Liste als abgeglichen dargestellt, d. h. mit einem grünen Haken () markiert.

Abbildung 3.18 zeigt die Statusanzeige am Beispiel des Datenelements `ASLMDELIVERY`. Der Abgleich für dieses Objekt ist noch unvollständig (bzw. noch zu bestätigen), was durch das rote Kreuz () angezeigt wird. Zusätzlich deutet hier ein Kommentar eines anderen Entwicklers an, dass er sich beim Abgleich unsicher war.

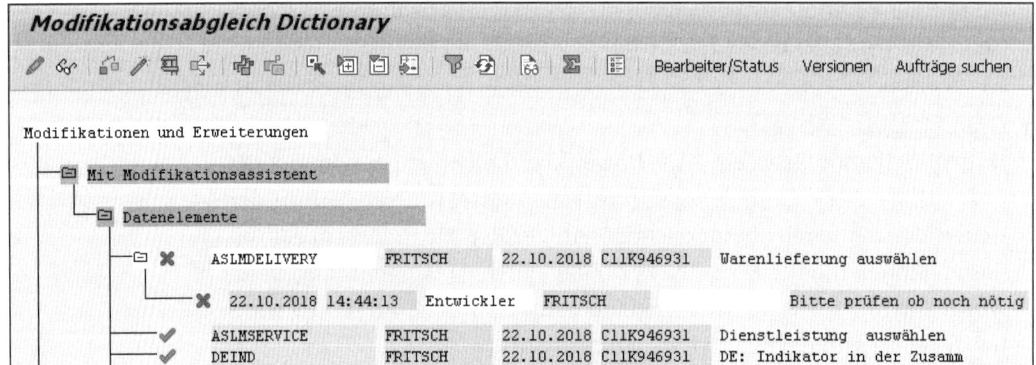

Abbildung 3.18 Abzugleichende Modifikation eines Datenelements

Über die Schaltfläche **Bearbeiter/Status** in der Funktionsleiste haben Sie die Möglichkeit, den Abgleich zu bestätigen und die Übernahme des Datenelements auf **Erledigt** zu setzen (über einen Haken in der gleichnamigen Spalte). Abbildung 3.19 zeigt dies beispielhaft. Ihr Benutzername wird dabei als **Bearbeiter** festgehalten. Den zuvor zugewiesenen Transportauftrag sehen Sie in der Spalte **Auftrag**. Klicken Sie anschließend auf **Übernehmen**.

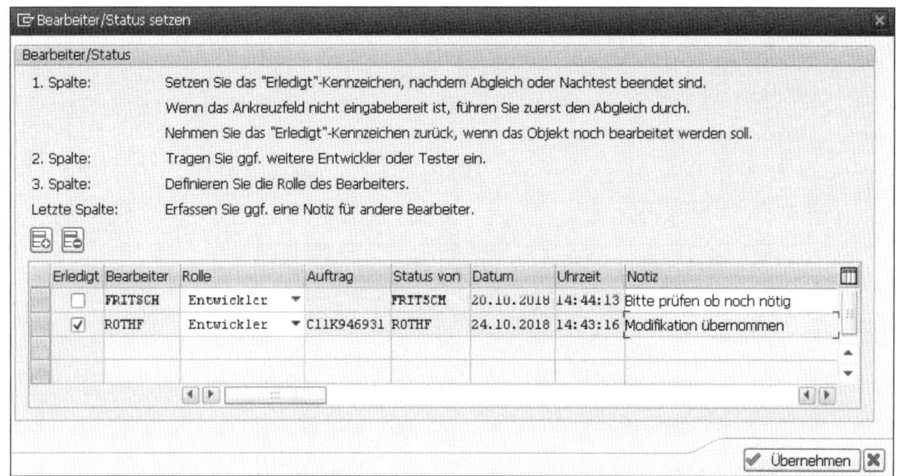

Abbildung 3.19 Setzen des Bearbeiters und des Abgleichstatus

Durch das Übernehmen des Status und die Zuordnung des Transportauftrags wird das Datenelement auf den Status **Objekt abgeglichen** (grüner Haken ✔) gesetzt, wie in Abbildung 3.20 gezeigt.

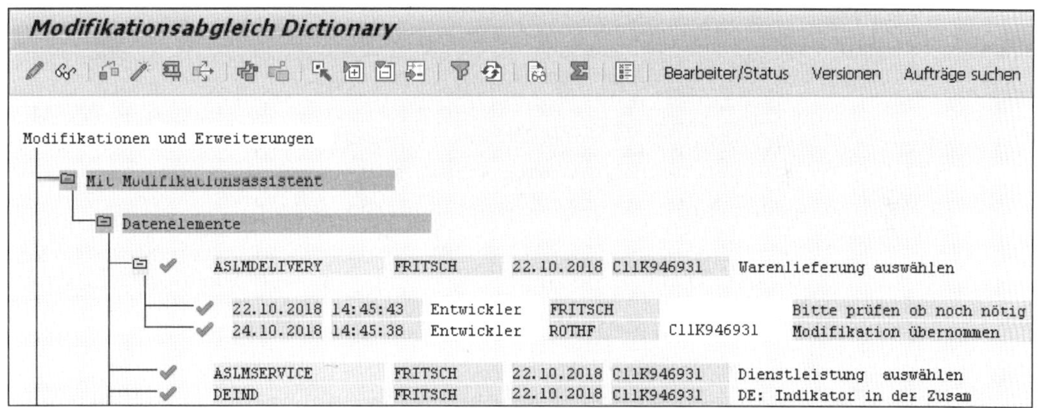

Abbildung 3.20 Abgeglichene Modifikation eines Datenelements

Setzen Sie dagegen die Modifikation auf das Original zurück, wird dies durch den Status **Auf Original zurückgesetzt** (▣) angezeigt. Der Abgleich ist abgeschlossen, wenn alle Modifikationen übernommen oder zurückgesetzt wurden.

3.4.2 Abgleich von Entwicklungsobjekten mit Transaktion SPAU

Nach einem Upgrade können Sie außerdem mithilfe der Transaktion SPAU alle Entwicklungsobjekte der alten Version mit der neuen Version abgleichen. Hierbei gilt es zu prüfen, ob die Modifikationen und Erweiterungen der Erweiterungsobjekte weiterhin mit dem neuen SAP-Standard zusammenpassen.

Liste aller Erweiterungsobjekte

Um die Liste aller abzugleichenden Erweiterungsobjekte zu sehen, rufen Sie Transaktion SPAU auf und führen die Transaktion ohne Änderung aus (siehe Abbildung 3.21).

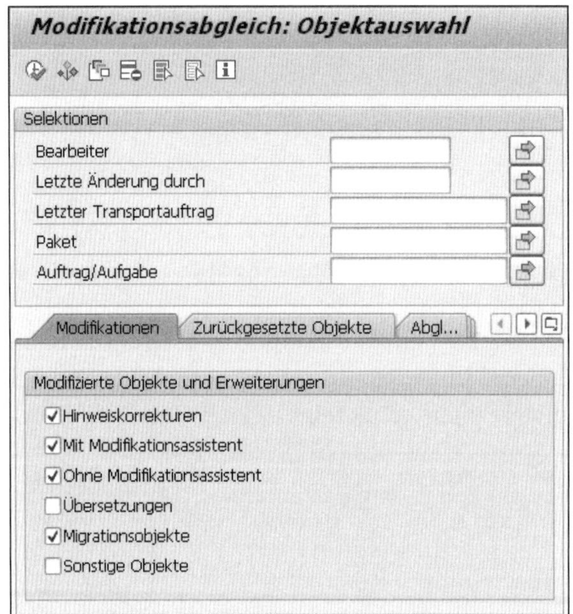

Abbildung 3.21 Startoberfläche der Transaktion SPAU

Dadurch gelangen Sie zu der Oberfläche, die Sie in Abbildung 3.22 sehen. Hier sind die Objekte in folgende Knoten gruppiert:

- **Mit Modifikationsassistent**
  Dieser Knoten enthält alle Modifikationen an Entwicklungsobjekten, die mithilfe des Modifikationsassistenten durchgeführt wurden und für die ein Modifikationslog geschrieben wurde.
- **Ohne Modifikationsassistent**
  Dieser Knoten enthält alle anderen Modifikationen an Entwicklungsobjekten, für die kein Modifikationsassistent genutzt wurde.
- **Hinweiskorrekturen**
  Hier werden alle obsoleten oder neu zu implementierenden SAP-Hinweise angezeigt.
  - *Obsolet*: Der SAP-Hinweis wurde in den Umfang des Upgrades integriert und wird deshalb als obsolet angesehen. Über die Funktion

Zurücksetzen obsoleter Hinweise in der Funktionsleiste werden alle obsoleten Hinweise automatisch über einen Batch-Job (SCWB_NOTE_PREP_AND_OBS_NOTE_RST) zurückgenommen. Sie müssen also nicht einzeln zurückgenommen werden.

– *Neu zu implementieren*: Durch ein Update kann es vorkommen, dass von einem SAP-Hinweis geänderte Entwicklungsobjekte erneut geändert werden, da der SAP-Hinweis nicht im Update enthalten ist. In diesem Fall muss der SAP-Hinweis erneut eingespielt werden, damit die ursprüngliche Korrektur wiederhergestellt wird.

- **Gelöschte Objekte**
  Listet alle von SAP in der neuen Version entfernten Entwicklungsobjekte auf, an denen eventuell Modifikationen durchgeführt wurden.
- **Migrationen**
  Betrifft alle migrierten Customer Exits und klassischen BAdIs. Die Implementierungen dieser Erweiterungen müssen Sie entsprechend in die neueren Erweiterungsobjekte migrieren, also z. B. als neues BAdI implementieren.
- **Übersetzungen**
  Betrifft eventuell notwendige Übersetzungen, die Sie zuvor eigenhändig durchgeführt hatten und für die SAP nun selbst eine Übersetzung in die Zielsprache anbietet.

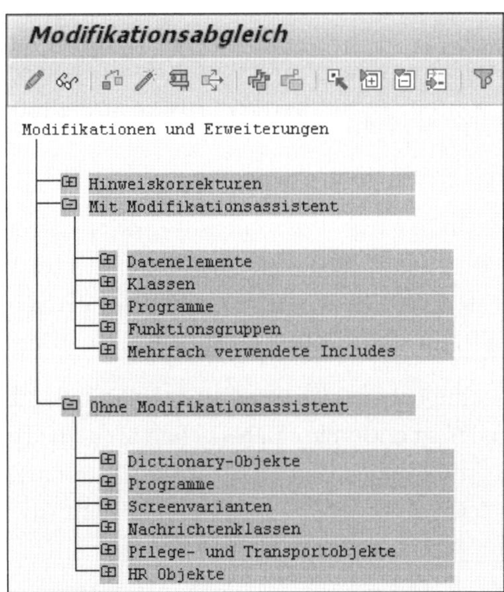

Abbildung 3.22 Abzugleichende Modifikationen in der Transaktion SPAU

Abgleich durchführen

Sie haben nun im Rahmen des Abgleichs die Aufgabe, jedes einzelne aufgeführte Entwicklungsobjekt durchzugehen und über einen Versionsvergleich herauszufinden, was für eine Modifikation Sie oder Ihre Kollegen an diesem Objekt vorgenommen hatten. Welche Art von Abgleich Sie vornehmen müssen, wird Ihnen anhand von Ampelsymbolen neben den einzelnen Objekten angezeigt:

- **Grün** ()
  Der Abgleich ist automatisch erfolgt, d. h., SAP hat den Standardquelltext erfolgreich angepasst. Es gibt keine Konflikte mit Ihrer Erweiterung. Ihre Aufgabe ist es nur sicherzustellen, dass die Erweiterung weiterhin semantisch zu Ihrer Änderung passt.
- **Gelb** ()
  Der Abgleich kann halbautomatisch erfolgen. Dabei unterstützt Sie ein Split-Screen-Editor, der den Code vor und nach dem Upgrade vergleicht. SAP hat den Standardquelltext in diesem Fall zwar erfolgreich angepasst, aber es sind weitere manuelle Anpassungen durch Sie nötig. Das gelbe Ampelsymbol wird z. B. immer dann angezeigt, wenn SAP neue Attribute oder Methoden einer Klasse oder einem Interface hinzugefügt hat, die den gleichen Namen wie Ihre hinzugefügten Komponenten haben.
- **Rot** ()
  Wird ein rotes Ampelsymbol angezeigt, müssen Sie einen manuell Vergleich der neuen und alten Version durchführen. Dies ist beispielsweise bei Syntaxfehlern der Fall, denn in diesem Fall kann das Entwicklungsobjekt nicht aktiviert werden. Auch wenn Sie eine Methode um einen Parameter erweitert haben, der von der SAP entfernt wurde, wird die rote Ampel angezeigt.
- **Grau** ()
  Ist die Ampel grau, wird Ihre Modifikation (bzw. ein SAP-Hinweis) nicht länger benötigt, da sie von SAP in der neuen Version berücksichtigt wird. In diesem Fall müssen Sie prüfen, ob die von SAP vorgenommene Änderung wirklich Ihrer ursprünglichen Modifikation entspricht.

Auch bei den Entwicklungsobjekten haben Sie wieder die Möglichkeit, die Modifikation zu übernehmen oder zu entfernen. Dabei gehen Sie genauso vor, wie in Abschnitt 3.4.1 für die Modifikationen an ABAP-Dictionary-Objekten beschrieben. Der Abgleich ist abgeschlossen, wenn alle Entwicklungsobjekte übernommen oder zurückgesetzt wurden.

3.5 Zusammenfassung

In diesem Kapitel habe ich Ihnen die Modifikationen vorgestellt, also letztlich die Möglichkeit, jedes beliebige SAP-Entwicklungsobjekt im Rahmen der ABAP Workbench und des ABAP Dictionarys frei zu ändern. Diese Möglichkeit sollten Sie nur für Korrekturen und Notfälle nutzen, da eine Änderung an Originalobjekten immer einen hohen Aufwand bei Upgrades nach sich zieht. Sie sollten daher, wenn es geht, auf Modifikationen verzichten und stattdessen auf moderne Erweiterungstechnologien setzen.

Nach der Lektüre dieses Kapitels sollten Sie verstanden haben, was Modifikationen sind, wie Sie diese unter anderem mithilfe des Modifikationsassistenten durchführen können und wie Sie Modifikationen im Rahmen eines Upgrades in den Transaktionen SPDD und SPAU abgleichen können.

Kapitel 4
Customer Exits

In diesem Kapitel zeige ich Ihnen, wie Sie mit Customer Exits arbeiten können. Zu dieser Arbeit gehören die Erweiterung von Standardquelltext sowie die Erweiterung von Menüs und Oberflächen.

Customer Exits sind eine logische Weiterentwicklung der in Kapitel 3, »Modifikationen«, vorgestellten User Exits (Unterprogramme). Sie sind die Vorgänger der in Kapitel 5, »Klassische Business Add-ins«, vorgestellten objektorientierten Business Add-ins (BAdIs).

Bei einem Customer Exit muss der Kunde keine Modifikation am SAP-Standardobjekt vornehmen, um beispielsweise ein eigenes Z-Include in eine USEREXIT-Formroutine zu hinterlegen. Stattdessen wird ein von SAP bereitgestellter Funktionsbaustein aufgerufen, der bereits ein solches Z-Include enthält. Wie Sie einen Customer Exit implementieren, zeige ich Ihnen in Abschnitt 4.1.

Customer Exits bieten nicht nur die Möglichkeit, den Quelltext zu erweitern, sondern auch Menüs und Oberflächen. Diese beiden Varianten stelle ich Ihnen in Abschnitt 4.3, »Menüerweiterungen«, und Abschnitt 4.4, »Screenerweiterungen«, vor.

4.1 Customer Exits implementieren

Funktions-Exit

Abbildung 4.1 zeigt einen solchen Funktionsbaustein (der im Rahmen von Customer Exits auch *Funktions-Exit* genannt wird) mit dem bereits enthaltenen Include ZXVVAU04.

Dieses Z-Include wird zwar eingebunden, existiert im System aber noch nicht. Der Kunde kann es durch einen Doppelklick anlegen und darin anschließend die gewünschte Zusatzlogik programmieren. Dadurch arbeitet der Kunde im Kundennamensraum Z, und es findet keine Modifikation des SAP-Standards statt. Die zusätzliche Logik wird durch den Standardfunktionsbaustein aufgerufen (hier EXIT_SAPMV45A_002).

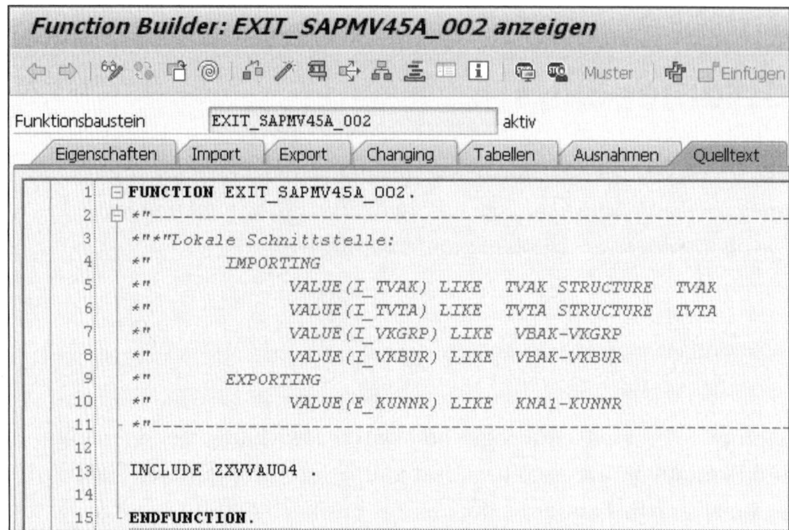

Abbildung 4.1 Ein Customer-Exit-Funktionsbaustein

Aufruf eines Customer Exits

Die Funktions-Exits werden über die Anweisung CALL CUSTOMER-FUNCTION aufgerufen. Der Funktionsbaustein wird dabei über eine dreistellige Nummer identifiziert.

Wie bei einem Funktionsbaustein üblich, werden IMPORTING-, EXPORTING-, CHANGING- und TABLES-Parameter bereitgestellt. SAP stellt über diese Schnittstellen die Datenobjekte aus den Standardtransaktionen bereit, auf die Sie in Ihrer Erweiterung zugreifen und die Sie gegebenenfalls manipulieren können. Listing 4.1 stellt die Syntax eines solchen Customer-Exit-Aufrufes dar.

```
CALL CUSTOMER-FUNCTION 'XXX'
  [EXPORTING ...]
  [IMPORTING ...]
  [CHANGING ...]
  [TABLES ...]
  [EXCEPTIONS ...].
```

Listing 4.1 Aufruf eines Customer Exits

Der Funktionsbaustein wird nach dem folgenden Schema benannt: EXIT_<Programmname>_<3stelligeZahl>. Der Aufruf funktioniert jedoch nur, wenn die dahinterliegende Erweiterung auch implementiert und aktiviert wurde. Ein nicht aktivierter Customer Exit wird nicht aufgerufen. Sie als Entwickler auf Kundenseite müssen sich daher darum kümmern, den jeweiligen Customer Exit zu aktivieren.

Transaktionen

Für die Arbeit mit Customer Exits stehen Ihnen zwei Transaktionen zur Verfügung:

- **Transaktion SMOD (SAP-Erweiterungen)**
  Diese Transaktion wird von SAP genutzt, um Customer Exits anzulegen. Sie können die Transaktion benutzen, um Erweiterungen zu finden, die Komponenten der Erweiterungen zu sehen und zu analysieren.
- **Transaktion CMOD (Projektverwaltung von SAP-Erweiterungen)**
  Mit dieser Transaktion können Sie die Erweiterungen und ihre Komponenten in einem Projekt implementieren und die Erweiterung aktivieren.

Beispiel: Transaktion VA01 erweitern

In diesem Abschnitt zeige ich Ihnen, wie Sie mithilfe dieser beiden Transaktionen einen herkömmlichen Customer Exit für eine Quelltexterweiterung implementieren können. Im Folgenden soll bei der Anlage eines Kundenauftrags (Transaktion VA01, Kundenauftrag anlegen) der Auftraggeber vorbelegt werden. Abbildung 4.2 stellt das Ergebnis dieser Erweiterung dar: Direkt nach dem Aufruf der Bestellanlage steht im Feld **Auftraggeber** bereits der Wert »123456«.

Abbildung 4.2 Vorbelegung eines Standardfeldes mithilfe eines Customer Exits

Erweiterung anzeigen

Um dies umzusetzen, müssen Sie die Erweiterung V45A0002 implementieren. Diese Erweiterung können Sie sich in Transaktion SMOD anzeigen lassen. Tragen Sie hierzu, wie in Abbildung 4.3 gezeigt, den Namen der Erweiterung auf der Startoberfläche von Transaktion SMOD ein, und klicken Sie anschließend auf die Schaltfläche **Anzeigen**.

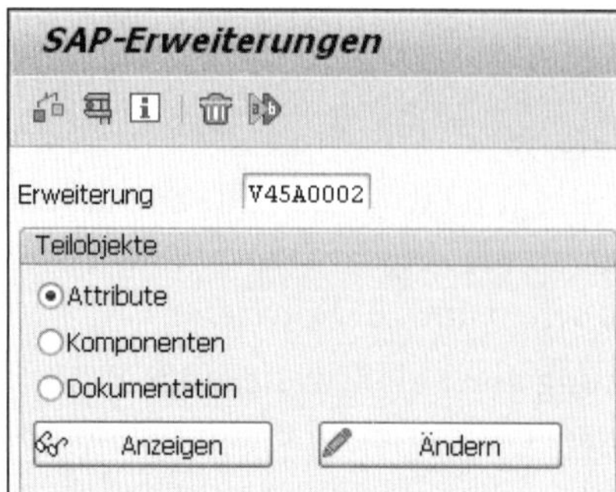

Abbildung 4.3 Transaktion SMOD

Sie gelangen nun zu der Detailsicht, die Sie in Abbildung 4.4 sehen. In dieser stehen nicht viele Informationen, in der Regel gibt Ihnen hier nur der **Kurztext** Auskunft darüber, wozu die Erweiterung verwendet werden kann. In diesem Beispiel deutet der Kurztext darauf hin, dass diese Erweiterung der Vorbelegung eines Auftraggebers in einem Verkaufsbeleg dient.

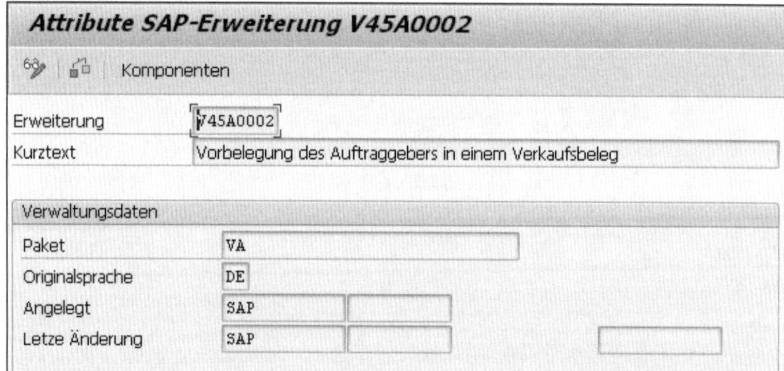

Abbildung 4.4 Attribute einer SAP-Erweiterung in der Transaktion SMOD

[»]

Migrierte Customer Exits

Wenn Sie einen Customer Exit öffnen, kann es vorkommen, dass Sie wie in Abbildung 4.5 direkt die folgende Meldung erhalten:

»Die Erweiterung ... wurde bereits in die BAdI-Definition ... migriert.«

Dies sehen Sie auch daran, dass in den Eigenschaften der Status **migriert** steht. In einem solchen Fall sollten Sie nicht den Customer Exit, sondern das BAdI verwenden.

Über die Transaktion SE18 können Sie dieses BAdI öffnen. Wie Sie es implementieren können, beschreibe ich in Kapitel 5, »Klassische Business Add-ins«.

Attribute SAP-Erweiterung AD010006

Komponenten

Erweiterung AD010006

Kurztext Menüexit: DP-Werte ändern

Verwaltungsdaten

Paket AD01

Originalsprache DE

Angelegt SAP

Letze Änderung SAP migriert

Die Erweiterung AD010006 wurde bereits in die BAdI-Definition SMOD_AD010006 migriert

Abbildung 4.5 In ein klassisches BAdI migrierter Customer Exit

Komponenten der Erweiterung

Interessant sind an dieser Stelle vor allem die Komponenten der Erweiterung, also die Information, was die Erweiterung eigentlich anbietet. Zur Ansicht der Komponenten wechseln Sie, indem Sie auf die Schaltfläche **Komponenten** in der Menüleiste klicken. In unserem Beispiel bietet die Erweiterung lediglich einen Funktions-Exit (`EXIT_SAPMV45A_002`) an, wie Sie in Abbildung 4.6 sehen. Es werden von ihr keine Funktionscodes für Menüerweiterungen, keine Dynpro-Bereiche für Screenerweiterungen und auch keine Includes (für die Erweiterung von Datenbanktabellen) angeboten. Das heißt, mit dieser Erweiterung können Sie lediglich den Quelltext über den angebotenen Funktions-Exit erweitern.

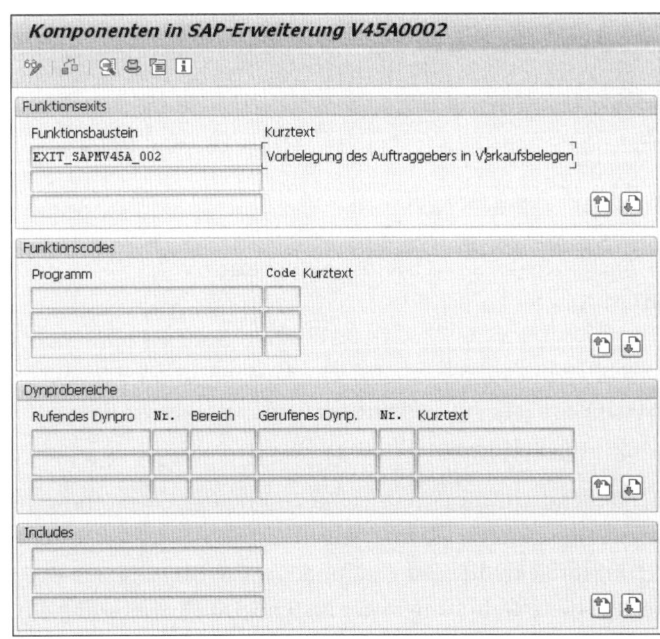

Abbildung 4.6 Anzeige der Komponenten eines Customer Exits

In Transaktion SMOD können Sie Erweiterungen nur finden und sich die Komponenten und die Dokumentation der Erweiterung anzeigen lassen. Wie an diesem Beispiel veranschaulicht, haben aber nicht alle Erweiterungen eine Dokumentation.

Erweiterung implementieren

Das Implementieren einer solchen Erweiterung findet dagegen in Transaktion CMOD statt. Folgende Schritte sind hierfür notwendig:

1. Anlage eines neuen Erweiterungsprojekts und Zuordnen einer Kurzbeschreibung
2. Zuweisen des Customer Exits, das innerhalb des Erweiterungsprojekts implementiert werden soll
3. Implementierung der Komponenten des zugewiesenen Customer Exits
4. Aktivieren des Erweiterungsprojekts

Erweiterungsprojekt anlegen

Wir beginnen mit der Anlage eines Erweiterungsprojekts:

1. Wechseln Sie in die Transaktion CMOD, und geben Sie auf der in Abbildung 4.7 dargestellten Startoberfläche einen Namen für ein neues Erweiterungsprojekt ein (hier »ZSD_VA«). Den Namen können Sie frei wählen, auch außerhalb Ihres Kundennamensraumes.

Abbildung 4.7 Anlage eines neuen Erweiterungsprojekts in Transaktion CMOD

2. Klicken Sie anschließend auf die Schaltfläche **Anlegen**, und vergeben Sie auf der nächsten Oberfläche im Feld **Kurztext** eine Kurzbeschreibung für das Erweiterungsprojekt (siehe Abbildung 4.8).

Erweiterung zuordnen

Klicken Sie anschließend auf die Schaltfläche **Zuordnung Erweiterung** in der Funktionsleiste. Hier können Sie nun, wie in Abbildung 4.9 dargestellt, diesem Erweiterungsprojekt die eben gefundene Erweiterung V45A0002 zuordnen. Tragen Sie die Erweiterung in der ersten Spalte **Erweiterung** ein, und bestätigen Sie die Eingabe mit [↵].

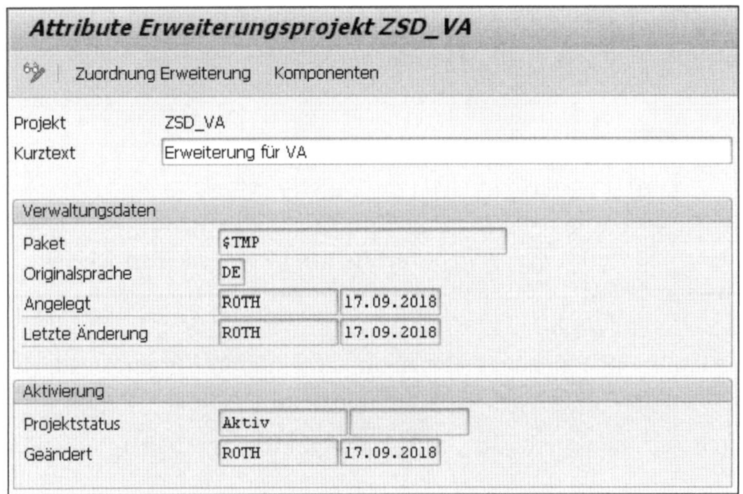

Abbildung 4.8 Anzeige der Attribute eines Erweiterungsprojekts

SAP-Erweiterungen in Erweiterungsprojekt ZSD_VA
Erweiterung Komponenten

Erweiterung	Kurztext
V45A0002	Vorbelegung des Auftraggebers in einem Verkaufsbeleg

Abbildung 4.9 Zuordnen des Customer Exits zum Erweiterungsprojekt

[«]

Zuordnen von Erweiterungen

Sie können beliebig viele Customer Exits auf diese Weise einem Erweiterungsprojekt zuordnen, um zusammengehörige Implementierungen zu sammeln. Sie haben aber natürlich auch die Möglichkeit, für jedes Customer Exit ein neues Erweiterungsprojekt anzulegen.

Komponenten implementieren

Nun können Sie die Komponenten der Erweiterung implementieren:

1. Wechseln Sie über die Schaltfläche **Komponenten** (siehe Abbildung 4.9) in die Komponenten der zugeordneten Erweiterungen. Wie Sie in Abbildung 4.10 sehen können, ist für unser Beispiel nur der Funktions-Exit `EXIT_SAPMV45A_002` aufgelistet, also der Funktions-Exit, der für die Vorbelegung des Auftraggebers in einem Verkaufsbeleg zuständig ist. Stellt ein Customer Exit mehrere Funktions-Exits oder sogar Menü- und Screenerweiterungen bereit, sähen Sie diese hier ebenfalls aufgelistet.

ZSD_VA anzeigen

Zuordnung Erweiterung | Erweiterung

Projekt				ZSD_VA Erweiterung für VA
Erweiterung	Impl		Bsp	V45A0002 Vorbelegung des Auftraggebers in einem Verkaufsbeleg
Funktionsexit				EXIT_SAPMV45A_002

Abbildung 4.10 Auflistung der implementierbaren Komponenten in einem Erweiterungsprojekt

2. Diesen Funktions-Exit gilt es jetzt zu implementieren. Klicken Sie hierzu doppelt auf den Namen des Funktionsbausteins (EXIT_SAPMV45A_002).
3. Dadurch gelangen Sie in den in Abbildung 4.11 dargestellten Function Builder.

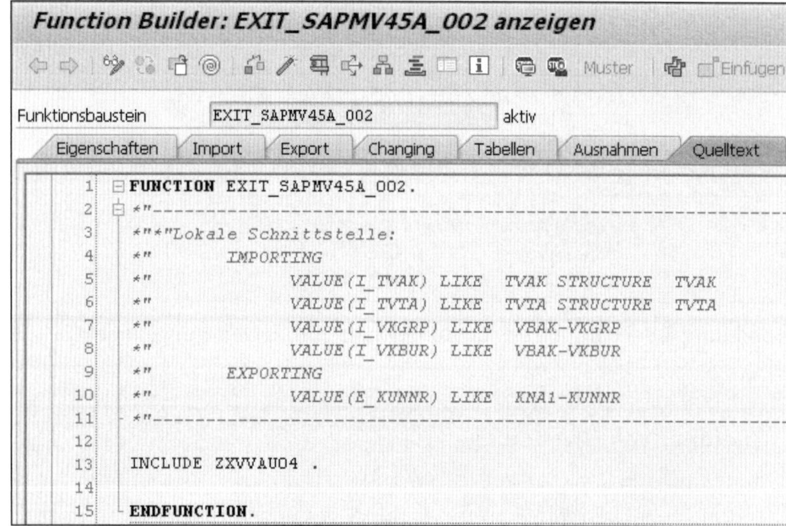

Abbildung 4.11 Der Funktions-Exit mit dem enthaltenen Z-Include

4. Klicken Sie hier doppelt auf den Namen des Includes in Zeile 13 (hier ZXVVAU04).
5. Bestätigen Sie die folgende Warnung (je nach Systemeinstellung als Pop-up-Fenster oder Meldung in der Statusleiste) mit [↵]:

   »Programmnamen ZX... sind für Includes v. Exit-Funktionsgruppen reserviert«
6. Dadurch wird das Include angelegt (siehe Abbildung 4.12). Innerhalb des Includes können Sie nun Ihre zusätzliche Logik programmieren.

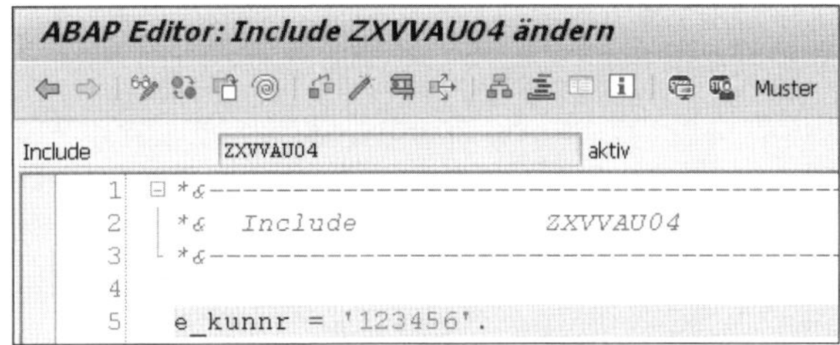

Abbildung 4.12 Implementiertes Include für den Funktions-Exit

7. In Abbildung 4.12 wird zur Demonstration der Funktionsweise der Auftraggeber »123456« als Wert für den Export-Parameter E_KUNNR vorbelegt. Natürlich können Sie hier auch eine komplexe Ermittlungslogik implementieren.
8. **Aktivieren** (☐) Sie das Include, und wechseln Sie anschließend zurück in die Erweiterung. In der Anzeige der Komponenten finden Sie nun hinter dem Funktions-Exit einen grünen Haken (☐, siehe Abbildung 4.13) vor. Für die Erweiterung selbst wird allerdings darüber noch eine rote Ampel angezeigt. Dies bedeutet, dass die Erweiterung nicht aktiviert ist und daher auch nicht ausgeführt wird.

ZSD_VA anzeigen

Zuordnung Erweiterung | Erweiterung

Projekt		●		ZSD_VA Erweiterung für VA
Erweiterung	Impl	●	Bsp	V45A0002 Vorbelegung des Auftraggebers in einem Verkaufsbeleg
Funktionsexit	✔			EXIT_SAPMV45A_002

Abbildung 4.13 Anzeige des implementierten Funktions-Exits in der Komponentenliste des Erweiterungsprojekts

Im nächsten Schritt müssen Sie das Erweiterungsprojekt aktivieren. Wechseln Sie hierfür über die Schaltfläche **Anzeigen <-> Ändern** (☐) in den Änderungsmodus, und klicken Sie anschließend auf **Aktivieren** (☐). Alternativ können Sie, wie in Abbildung 4.14 gezeigt, auch zurück zum Startbildschirm der Transaktion CMOD wechseln, Ihr Projekt angeben und dieses über das entsprechende Icon (☐) in der Funktionsleiste aktivieren.

Erweiterungsprojekt aktivieren

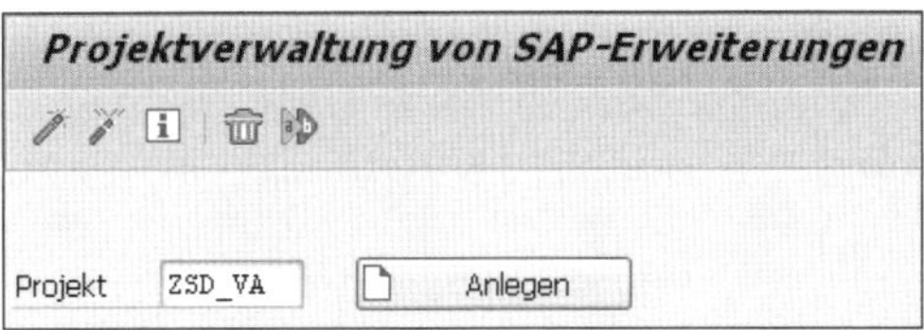

Abbildung 4.14 Aktivieren und Deaktivieren eines Customer Exits

Aktivieren und deaktivieren

Sie können den Customer Exit über **Projekt deaktivieren** ( ) jederzeit wieder inaktiv setzen. Dadurch wird die Erweiterung nicht durchlaufen, und der Standard ist wiederhergestellt. Dies sollten Sie auch immer tun, bevor Sie die Implementierung des Customer Exits ändern, um eventuellen Datenschiefstand oder Programmabbrüche zu vermeiden.

Wenn Sie nun zurück in die Komponentenanzeige des Erweiterungsprojekts wechseln, werden Sie sehen, dass ein grünes Ampelsymbol für die Erweiterung angezeigt wird (siehe Abbildung 4.15). Dies bedeutet, dass diese Erweiterung jetzt beim Durchlaufen des Standardcodes aufgerufen wird.

ZSD_VA anzeigen

Zuordnung Erweiterung   Erweiterung

Projekt				ZSD_VA Erweiterung für VA
Erweiterung	Impl		Bsp	V45A0002 Vorbelegung des Auftraggebers in einem Verkaufsbeleg
Funktionsexit	✔			EXIT_SAPMV45A_002

Abbildung 4.15 Anzeige einer aktiven Erweiterung in der Komponentenliste des Erweiterungsprojekts

Erweiterung testen

Sie können die Erweiterung testen, indem Sie die Transaktion VA01 aufrufen. Wenn Sie hier einen Auftrag anlegen, wird, wie in Abbildung 4.2 dargestellt, der Wert »123456« im Feld **Auftraggeber** vorbelegt sein.

Das Durchlaufen der Erweiterung können Sie auch nachvollziehen, indem Sie einen Breakpoint in der Zeile mit dem Include setzen (siehe Abbildung 4.16) und anschließend den Debugger starten. Lassen Sie sich hier die lokalen Variablen und Parameter über die Registerkarte **Locals** anzeigen. Hier können Sie genauer erfahren, welche Daten an den Funktionsbaustein übertragen werden, und gegebenenfalls Werte ändern, um die Funktionsweise der Transaktion besser zu verstehen.

Damit haben Sie erfolgreich ein Customer Exit mit einem Funktions-Exit implementiert und aktiviert. Die hier vorgestellte Vorgehensweise ist für alle Customer Exits dieselbe. Für Menüerweiterungen und Screenerweiterungen ist sie allerdings etwas umfangreicher, wie Sie in Abschnitt 4.3 und Abschnitt 4.4 feststellen werden.

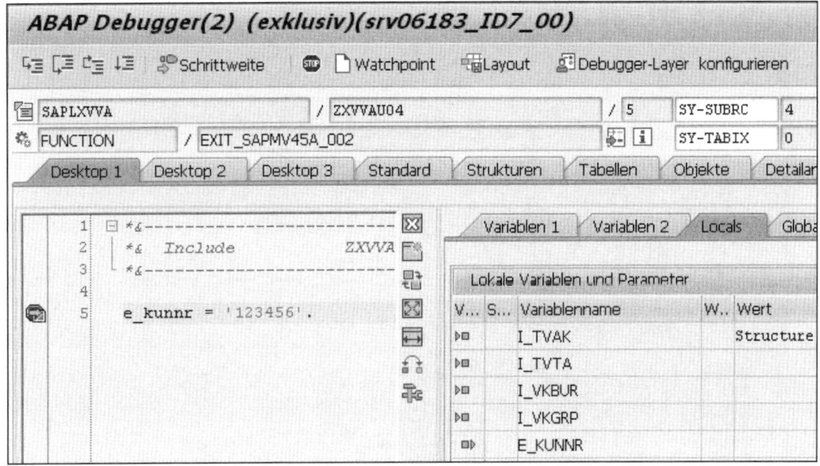

Abbildung 4.16 Anzeige des Funktions-Exits im Debugger

4.2 Funktions-Exits finden

Funktions-Exits von Customer Exits, über die Sie Quelltexterweiterungen durchführen können, können Sie im System auf unterschiedlichen Wegen finden. Dazu gehören folgende Möglichkeiten:

- Tabelle MODSAP
- [F4]-Hilfe in Transaktion SMOD (anhand der Kurzbeschreibung oder gegebenenfalls der Dokumentation)

Aufrufstelle im Programm

Um den in Abschnitt 4.1 vorgestellten Customer Exit zur Vorbelegung des Auftraggebers in der Tabelle MODSAP zu finden, müssen Sie zuerst die Aufrufstelle in dem Programm finden, das von der zu erweiternden Transaktion VA02 ausgeführt wird. Welches Programm das ist, können Sie wie folgt herausfinden:

1. Öffnen Sie Transaktion VA02, und wechseln Sie über den Pfad **System • Status** im Hauptmenü in die Statussicht dieser Transaktion (siehe Abbildung 4.17).
2. Mit einem Doppelklick auf das Feld **Programm(Dynpro)** gelangen Sie in das Programm SAPMV45A im Editor.
3. Rufen Sie hier die Suchen-Funktion (🔍) aus der Funktionsleiste auf.
4. Über das Fenster **Suchen/Ersetzen** durchsuchen Sie den Quelltext nach dem Begriff »CALL CUSTOMER-FUNCTION« (siehe Abbildung 4.18). Sie können diese Suche global im Programm oder auch global im Rahmenprogramm durchführen.

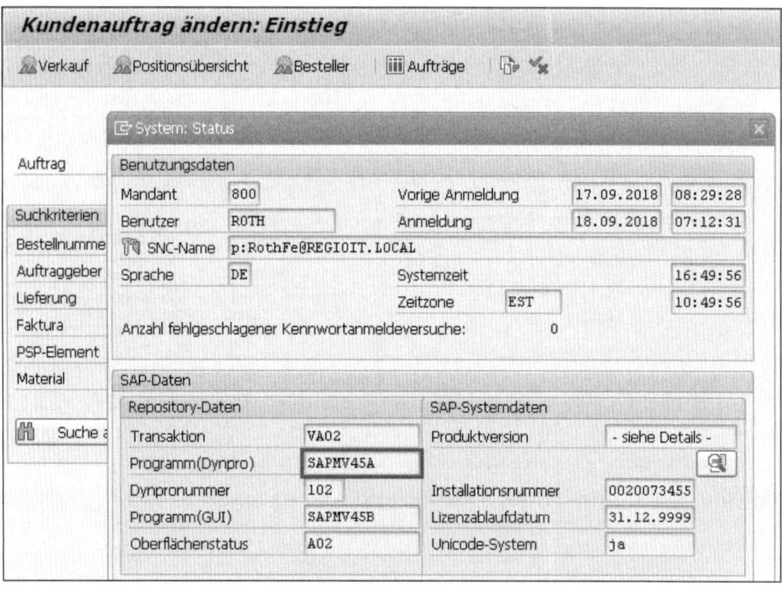

Abbildung 4.17 Ermitteln des Programms im Status einer Transaktion

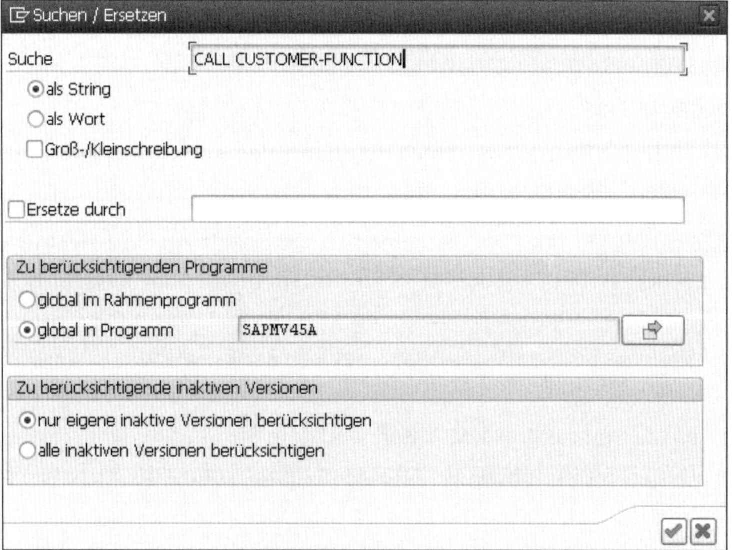

Abbildung 4.18 Suche nach Customer Exits im Quelltext

5. In der Ergebnisliste, die Sie in Abbildung 4.19 sehen, stoßen Sie auf den Aufruf im Include `MV45AF0A_AG_VORSCHLAGEN`. Das klingt ganz so, als könnten Sie sich damit den Auftraggeber (AG) vorschlagen lassen.

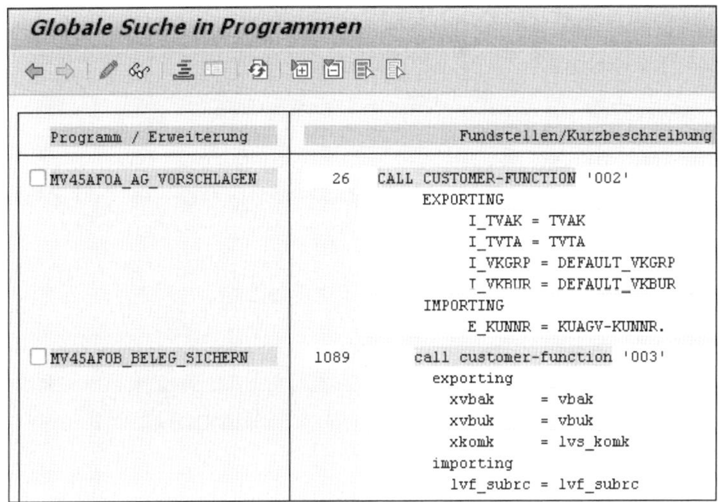

Abbildung 4.19 Gefundene Aufrufstellen von Customer Exits

Funktionsbaustein ableiten

Wie Sie in Abbildung 4.19 sehen können, gibt der Aufruf nur eine Nummer »002« vor (und nicht den tatsächlichen Namen des Funktionsbausteins). Nun gilt es, von dieser Nummer den Namen der Erweiterung und des Funktionsbausteins abzuleiten. Um dies zu bewerkstelligen, hilft es zu wissen, dass sich der Name des Funktionsbausteins aus dem Präfix `EXIT_`, gefolgt vom Namen des Hauptprogramms und der Nummer des Aufrufes zusammensetzt. In diesem Beispiel lautet der Name des Funktionsbausteins also `EXIT_SAPMV45A_002`.

Tabelle MODSAP

Diesen Funktionsbaustein könnten Sie nun in der Transaktion SE37 suchen und über die Dokumentation des Funktionsbausteins den Namen des zugehörigen Customer Exits herausfinden. Allerdings sind diese Dokumentationen meistens nicht gepflegt. In diesem Fall können Sie wie folgt vorgehen, um den Namen der Erweiterung herauszufinden:

1. Rufen Sie Transaktion SE11 (oder SE16N) und im Anschluss die Datenbanktabelle `MODSAP` auf.
2. Tragen Sie im dritten Feld **Erweiterung** (nicht im gleichnamigen ersten Feld) den Namen des Funktionsbausteins »EXIT_SAPMV45A_002« ein, wie in Abbildung 4.20 gezeigt.
3. Starten Sie die Suche über die Schaltfläche **Ausführen** (⊕).
4. In der Ergebnisanzeige steht in der einzigen Zeile im ersten Feld nun der Name der Erweiterung (siehe Abbildung 4.21). In unserem Beispiel ist das die Erweiterung `V45A0002`. Wichtig ist hier auch der Typ der Komponente. Suchen Sie nach dem Typ »E« für Funktions-Exits (in der Spalte **Typ Komponente**).

Allgemeine Tabellenanzeige

Hintergrund Anzahl Einträge Alle Eingaben

Tabelle	MODSAP	SAP-Erweiterungen
Texttabelle	MODSAPT	Ohne Texte
Anzeigevariante		
Maximale Trefferzahl	500	Einträge pflegen

Selektionskriterien

Feldname	O.	Von-Wert	Bis-Wert	Mehr	Ausgabe	Technischer Name
Erweiterung					☑	NAME
Typ Komponente					☑	TYP
Erweiterung		EXIT_SAPMV45A_002			☑	MEMBER
Kurztext					☑	MODTEXT

Abbildung 4.20 Suche nach Customer Exits in der Tabelle MODSAP

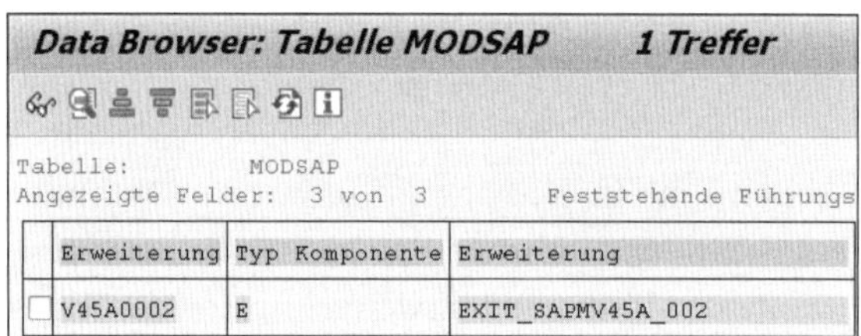

Abbildung 4.21 Gefundene Customer Exits in der Tabelle MODSAP

F4-Hilfe

Auch über die [F4]-Hilfe in Transaktion SMOD haben Sie die Chance, den passenden Customer Exit zu finden. Öffnen Sie dazu die Transaktion SMOD, und geben Sie im Eingabefeld **Erweiterung** einen Teil des Programmnamens ein, in unserem Beispiel »VA45*« für das Programm `SAPMV45A` (siehe Abbildung 4.22). Diese Suche wird nicht immer zu eindeutigen Ergebnissen führen. Es fangen z. B. sehr viele Programme mit `M*` an (zweithäufigster Anfang eines Programmnamens nach `SAP*`).

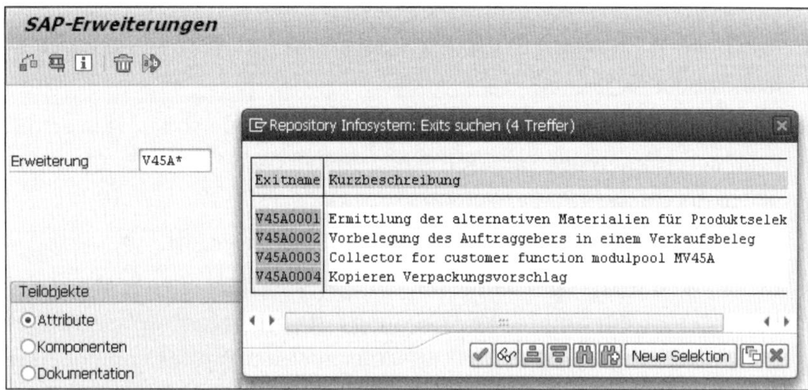

Abbildung 4.22 Suche nach Customer Exits in Transaktion SMOD

Repository-Infosystem

Eine höhere Chance haben Sie in der Regel über das Eingabefeld **Kurztext** im Repository-Infosystem. Dieses rufen Sie auf, indem Sie auf die Schaltfläche **Neue Selektion** in dem Ergebnisfenster aus Abbildung 4.22 klicken. Im Repository-Infosystem können Sie sich sogar noch mehr Selektionsfelder einblenden lassen, indem Sie in dem in Abbildung 4.23 dargestellten Pop-up-Fenster auf die Schaltfläche **Alle Selektionen** (▣) in der Funktionsleiste unten klicken. Abbildung 4.23 zeigt die Ansicht mit allen Selektionsparametern für Customer Exits. Über diese Selektionsparameter können Sie jetzt anhand von Schlagwörtern, z.B. »Verkaufsbeleg«, nach einem zu Ihrer Transaktion passenden Customer Exit suchen.

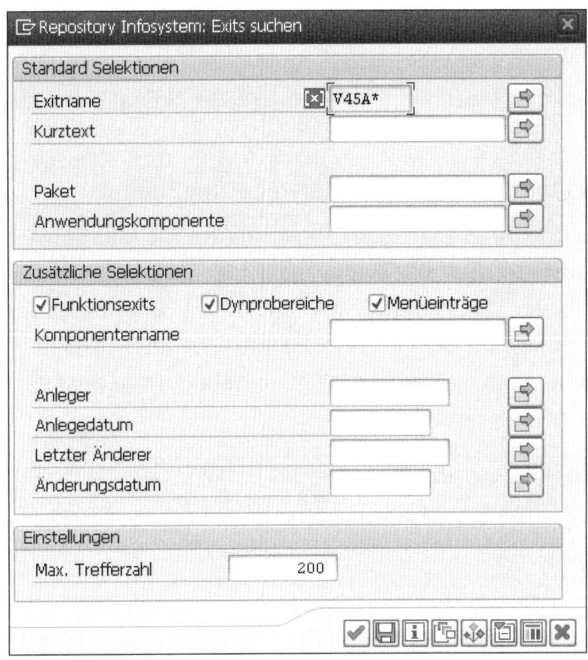

Abbildung 4.23 Suche nach Customer Exits im Repository-Infosystem

4.3 Menüerweiterungen

GUI-Status erweitern

Das Ziel von Menüerweiterungen ist es, den GUI-Status eines Dynpros um neue, eigene Funktionseinträge zu erweitern. Der GUI-Status definiert alle Menüs und alle Funktionen, die sich auf einem Dynpro in der Funktionsleiste finden. Er ordnet jeder Funktion einen Funktionscode zu, auf den Sie im PAI-Modul eines Dynpros (PAI = Process After Input, also das durch eine Benutzeraktion ausgelöste Ereignis) reagieren können.

Abbildung 4.24 zeigt einen so erweiterten Status der Transaktion VC01 (Kontrakte anlegen). Die Funktion **Meine Funktion** im Menü **Informationen** wurde hier mithilfe des Menü-Exits eines Customer Exits hinzugefügt.

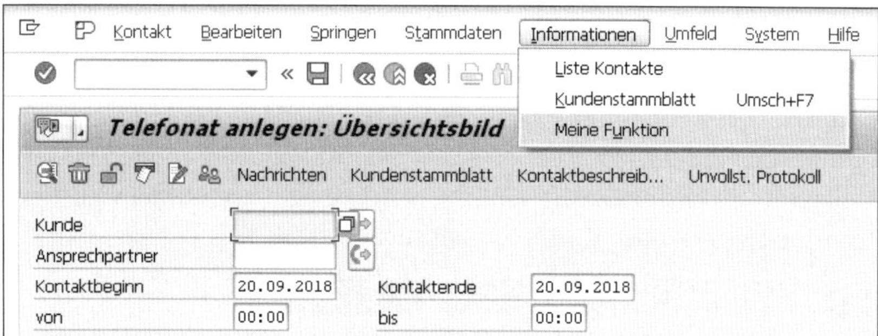

Abbildung 4.24 Eine implementierte Menüerweiterung in der Transaktion VC01

4.3.1 Funktionscode und Status der Menüerweiterung finden

Funktionscodes

Wenn innerhalb eines Customer Exits Funktionscodes für die Menüerweiterung definiert wurden, werden diese innerhalb der Komponentenanzeige der Erweiterung in der Transaktion SMOD im Bereich **Funktionscodes** angezeigt. Sind keine Funktionscodes innerhalb eines Customer Exits definiert, so werden Ihnen hier auch keine angezeigt. In Abbildung 4.25 ist dies für die Erweiterung V43A5X1 dargestellt.

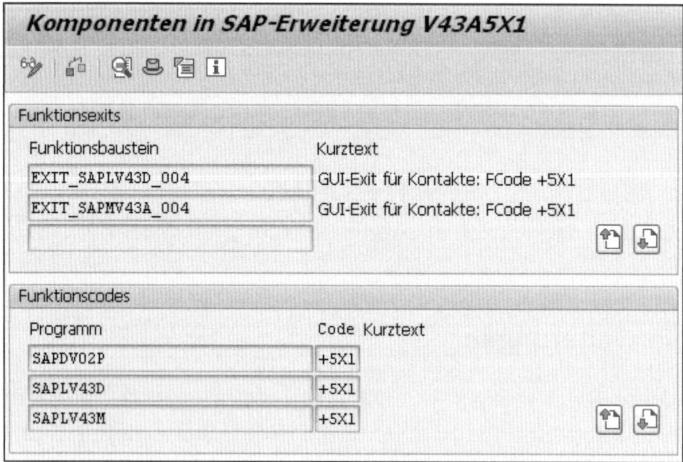

Abbildung 4.25 Funktionscodes in der Komponentenliste eines Customer Exits

Über solche Funktionscodes können Sie die aufgerufene erweiterte Funktion identifizieren. Wenn der Benutzer in der erweiterten Transaktion auf die Menüerweiterung klickt, wird der für diese Funktion definierte Funktionscode in das Systemfeld SY-UCOMM geschrieben. Dieses können Sie letztlich in den bereitgestellten Funktionen des Customer Exits auswerten und darauf reagieren.

Insgesamt definiert diese Erweiterung vier Funktionscodes. Es werden allerdings nur drei in der Liste angezeigt. Über einen Klick auf die Schaltfläche **Ab** (⎘) können Sie sich den vierten anzeigen lassen (siehe Abbildung 4.26).

Abbildung 4.26 Ein weiterer definierter Funktionscode

Streng genommen ist hier nur ein Funktionscode (hier +5X1) definiert, der allerdings übergreifend in insgesamt vier Programmen verwendet wird. Alle Funktionscodes fangen mit »+« an, was andeutet, dass es sich um Platzhalter handelt, die durch Ihre eigenen Funktionen ersetzt werden können. Dazu ist es zunächst wichtig herauszufinden, wo im Status der einzelnen Programme diese Funktionscodes eigentlich vorkommen.

Funktionscodes lokalisieren

Dies können Sie herausfinden, indem Sie doppelt auf einen Funktionscodeeintrag klicken (beispielsweise auf den Eintrag in Abbildung 4.26). Dadurch gelangen Sie zum Menu Painter, den Sie in Abbildung 4.27 sehen. Hier können Sie unterhalb des Knotens **Status** sehen, in welchen GUI-Status der Funktionscode +5X1 definiert ist.

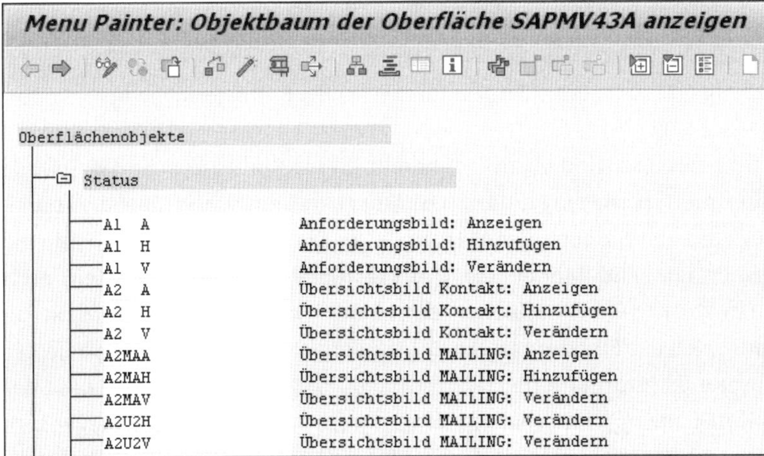

Abbildung 4.27 Anzeige der GUI-Status, in denen der Funktionscode +5X1 im Programm SAPMV43A definiert ist

Der Funktionscode in unserem Beispiel ist in deutlich mehr als einem GUI-Status definiert. Die hinter den einzelnen Status angezeigten Kurzbeschreibungen lassen einen oft schon erahnen, auf welcher Oberfläche (und damit in welcher Transaktion) der Funktionscode verwendet wird.

Richtigen Status auswählen

In diesem Kontext ist es wichtig zu wissen, welche Oberfläche (also welches Dynpro) in welcher Transaktion Sie erweitern wollen. Wollen Sie beispielsweise den Hauptbildschirm der Transaktion VC01 bearbeiten, können Sie den zugehörigen Status herausfinden, indem Sie diesen Bildschirm aufrufen und die Statusübersicht über den Menüpfad **System • Status** aufrufen. Hier finden Sie den **Oberflächenstatus** im Bereich **SAP-Daten • Repository-Daten**. In unserem Beispiel müssen wir also den GUI-Status **A1 H** anpassen (siehe Abbildung 4.28).

Abbildung 4.28 Der Status der Transaktion VC01 (Kontrakte anlegen)

Um nun herauszufinden, wo innerhalb dieses Status der Funktionscode +5X1 definiert ist, öffnen Sie die Detailsicht zu diesem Status über einen Doppelklick auf den Namen (hier **A1 H**). In dieser Detailsicht können Sie nun die einzelnen Bereiche (**Menüleiste**, **Drucktastenleiste**, **Funktionstasten**) nach dem Funktionscode +5X1 durchsuchen (siehe Abbildung 4.29). In diesem Fall befindet sich der Funktionscode +5X1 im Bereich **Menüleiste** unterhalb des Hauptmenüs **Informationen**. Damit haben Sie herausgefunden, dass der Funktionscode +5X1 innerhalb der Erweiterung V43A5X1 für den zu ergänzenden Eintrag unter dem Hauptmenü **Informationen** zuständig ist.

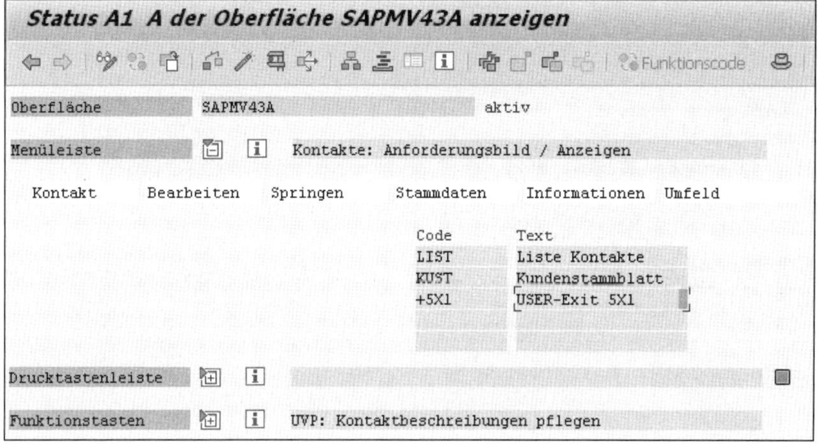

Abbildung 4.29 Der hinterlegte Funktionscode +5X1 im Status der Oberfläche

Wenn Sie die anderen Bereiche durchsuchen, werden Sie unter dem Hauptmenü **Springen** auch den Funktionscode +3X1 und unter dem Hauptmenü **Umfeld** den Funktionscode +6X1 finden (siehe Abbildung 4.30). Auch diese sind an dem Pluszeichen als Platzhalter für eigene Funktionen zu erkennen.

	Springen		Umfeld
Code	Text	Code	Text
TEXT	Texte	IAEN	Änderungen
PART	Partner	KOHI	Belegfluß
NACH	Nachrichten		Potentialdaten >
		+6X1	User Exit 6X1
ORGA	Organisationsdaten..		
	Folgeaktivitäten >		
KTAB	Kontaktbeschreib...		
+3X1	USER-Exit 3X1		
BACE	Zurück		

Abbildung 4.30 Weitere definierte Menüerweiterungen in einem Status

Sie sind allerdings nicht in dem gleichen Customer Exit definiert, wie in Abbildung 4.31 zu erkennen, sondern in Customer Exits mit ähnlichen Namen (die jeweils die Nummer des Funktionscodes enthalten).

Diese klare Trennung kann für andere Transaktionen aber auch anders ausschauen. So kann mitunter auch ein Customer Exit existieren, der mehrere Funktionscodes für mehrere verschiedene Transaktionen enthält. Einen solchen Menü-Exit gilt es nun zu implementieren. Die einzelnen Schritte der Implementierung zeige ich Ihnen im folgenden Abschnitt.

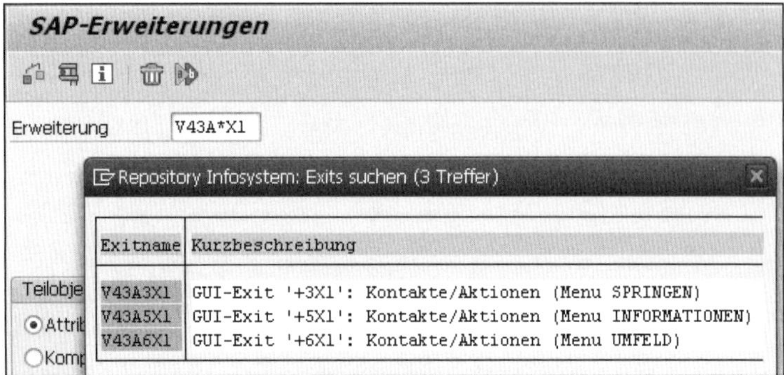

Abbildung 4.31 Ein Customer Exit für jeden Menü-Exit

4.3.2 Menüerweiterungen implementieren

Neue Funktion hinzufügen

In diesem Abschnitt zeige ich Ihnen, wie Sie den Funktionscode +5X1 der im vorangegangenen Abschnitt vorgestellten Erweiterung V43A5X1 für die Transaktion VC01 implementieren, um die Funktion **Meine Funktion** im Menü anzuzeigen (siehe Abbildung 4.24). Wenn ein Anwender diese Funktion auswählt, soll das Programm darauf reagieren.

1. Rufen Sie dazu die Transaktion CMOD auf, und legen Sie ein neues Erweiterungsprojekt an. Den Namen des Projekts können Sie frei wählen, in diesem Beispiel nenne ich es »ZVC_MENU«.
2. Geben Sie einen **Kurztext** zur Beschreibung des Projekts ein, und klicken Sie anschließend auf die Schaltfläche **Zuordnung Erweiterung** in der Funktionsleiste (siehe Abbildung 4.32).

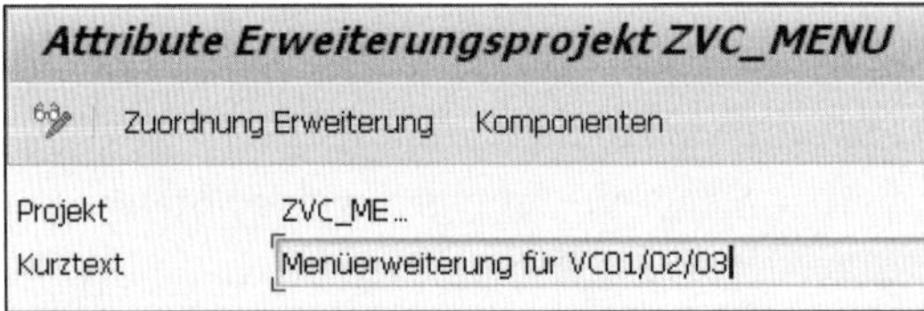

Abbildung 4.32 Attribute des angelegten Erweiterungsprojekts ZVC_MENU

3. Tragen Sie, wie in Abbildung 4.33 gezeigt, die Erweiterung »V43A5X1« in die Liste der Erweiterungszuordnungen ein, und bestätigen Sie Ihre Eingabe mit [↵].
4. Wechseln Sie danach über die Schaltfläche **Komponenten** in der Menüleiste in die in Abbildung 4.34 dargestellte Komponentenansicht.
5. Klicken Sie hier im Bereich **Menüexit** doppelt auf den Eintrag +5X1 für das Programm SAPMV43A.

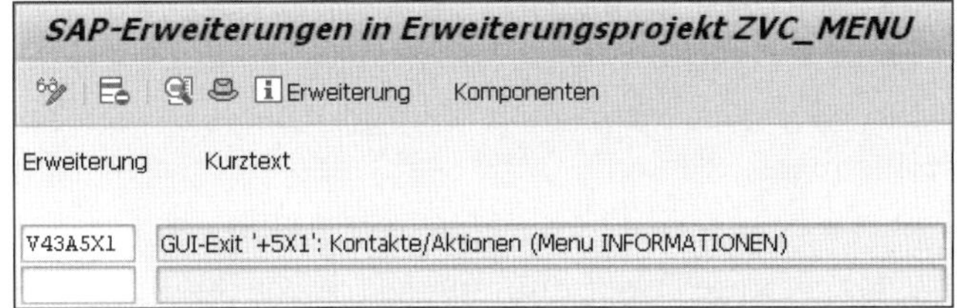

Abbildung 4.33 Zuordnen der Erweiterung für die Menüerweiterung

ZVC_MENU ändern

Zuordnung Erweiterung | Erweiterung

Projekt				ZVC_MENU Menüerweiterung für VC01/02/03	
Erweiterung	Impl		Bsp	V43A5X1 GUI-Exit '+5X1': Kontakte/Aktionen (Menu INFORMATIONEN)	
Funktionsexit				EXIT_SAPLV43D_004 EXIT_SAPMV43A_004	
Menüexit				SAPDV02P SAPLV43D SAPLV43M SAPMV43A	+5X1 +5X1 +5X1 +5X1

Abbildung 4.34 Anzeige der Menü-Exits in der Komponentenliste

6. Dadurch erscheint das Pop-up-Fenster aus Abbildung 4.35, in dem Sie nun einen **Funktionstext** für den Funktionscode vergeben können, in unserem Beispiel »Meine Funktion«. Dieser Text wird im Menü angezeigt.
7. Nach einem Klick auf **Übernehmen** haben Sie den Funktionscode +5X1 für das Programm SAPMV43A erfolgreich aktiviert.

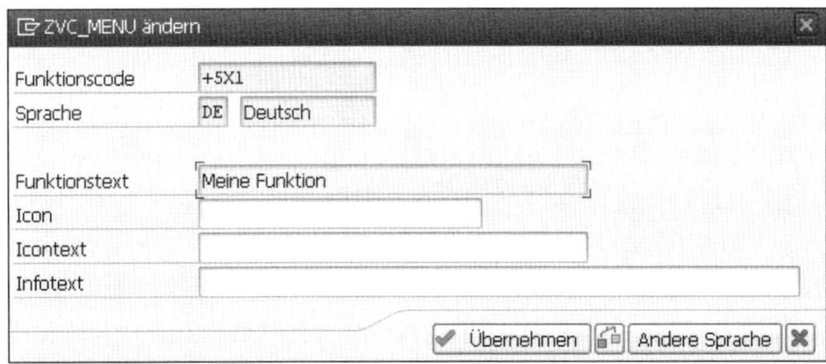

Abbildung 4.35 Vergeben eines Funktionstextes für einen Funktionscode

Icon hinzufügen

Die Angabe des Funktionstextes ist die Minimalanforderung, um einen Funktionscode zu aktivieren. Sie können aber zusätzlich noch ein Standard-Icon im Feld **Icon** hinterlegen sowie einen Text, der zu diesem Icon als

Tooltip angezeigt werden soll (Feld **Icontext**). Nutzen Sie hier zur Auswahl die [F4]-Hilfe, in der Ihnen alle verfügbaren Icons angezeigt werden. Die so hinterlegten Icons werden allerdings nur in der Funktionsleiste angezeigt und nicht im Hauptmenü.

8. Aktivieren Sie das gesamte Erweiterungsprojekt, indem Sie auf das Icon **Aktivieren** () in der Funktionsleiste klicken (siehe Abbildung 4.34).

Menüerweiterung testen

Nach dem Aktivieren können Sie die Transaktion VC02 aufrufen, einen Kontrakt auswählen und schauen, ob Ihre neue Funktion dem Hauptmenü **Informationen** hinzugefügt wurde.

Programmlogik implementieren

Nun müssen Sie noch definieren, wie die Transaktion bei einem Klick auf diese neue Funktion reagieren soll. Dazu dient der Funktions-Exit `EXIT_SAPMV43A_004` innerhalb der Erweiterung. Auch diesen sehen Sie in der Komponentenliste in Abbildung 4.34. Anhand der Beschreibung des Funktionsbausteins (»GUI-Exit '+5X1': Kontakte/Aktionen«) in Abbildung 4.34 wird deutlich, dass dieser Funktionsbaustein ausschließlich für den Funktionscode `+5X1` aufgerufen wird. Das muss auch so sein, da kein Importparameter den ursprünglich ausgelösten Funktionscode mitgibt (und das Systemfeld `sy-ucomm` leer ist). Dies kann bei anderen Erweiterungen allerdings unterschiedlich sein. So kann es für mehrere Funktionscodes einen Funktionsbaustein geben, in dem der aktuell ausgelöste Funktionscode als Importparameter mit übergeben wird.

Für diese Erweiterung reicht es aus, das Include `ZXV43U04` in dem Funktionsbaustein `EXIT_SAPMV43A_004` wie bei einer normalen Erweiterungsimplementierung anzulegen (siehe Abschnitt 4.1, »Customer Exits implementieren«) und mithilfe der mitgegeben Importparameter zu implementieren.

Funktionsaufruf testen

Um den Aufruf der Funktion zu testen, können Sie einen Breakpoint im Include hinzufügen. So sehen Sie, welche Daten Sie innerhalb des Funktions-Exits zur Verfügung haben. Auf diese Art und Weise können Sie auch überprüfen, ob die Vermutung stimmt, dass dieser Funktions-Exit diesen Funktionscode behandelt. Tut der Funktions-Exit dies nicht, wird er beim Auswählen des neuen Menüeintrags in Transaktion VC01 auch nicht aufgerufen.

Abbildung 4.36 zeigt diesen Funktions-Exit im Debugger. So wird z. B. im Funktions-Exit über den Importparameter `FAKTYP` der Bearbeitungsmodus der Transaktion mitgegeben (mit dem Wert »V« für die Aktion **Bearbeiten/Anlegen** und dem Wert »A« für eine **Anzeige**). Diese Parameter können Sie nun nutzen, um die Logik Ihrer Menüerweiterung nach Belieben zu programmieren.

Abbildung 4.36 Der Funktions-Exit für die Menüerweiterung im Debugger

Damit haben Sie erfolgreich eine Menüerweiterung über einen Customer Exit implementiert.

4.3.3 Menüerweiterungen finden

Tabelle MODSAP

Neben dem klassischen Weg herauszufinden, ob eine Transaktion eine Menüerweiterung hat, den ich in Abschnitt 4.2, »Funktions-Exits finden«, beschrieben habe (Suche über die F4-Hilfe in Transaktion SMOD), ist Folgendes der einfachste Weg:

1. Öffnen Sie die Tabelle MODSAP mit Transaktion SE11 oder SE16N.
2. Geben Sie als Typ »C« an.
3. Tragen Sie den Programmnamen in das Feld **MEMBER** (Erweiterung) ein, gefolgt von einer Wildcard (*). Abbildung 4.37 zeigt die Eingaben anhand des Beispiels aus Abschnitt 4.3.2, »Menüerweiterungen implementieren«, also für das Programm SAPMV43A.

Data Browser: Tabelle MODSAP: Selektionsbild

Anzahl Einträge

NAME bis
TYP C bis
MEMBER SAPMV43A* bis

Breite der Ausgabeliste 250
Maximale Trefferzahl 200

Abbildung 4.37 Die Tabelle MODSAP zur Suche von Menüerweiterungen

4. Führen Sie die Suche über das entsprechende Symbol in der Funktionsleiste (🔍) aus.
5. Ihnen wird das Ergebnis wie in Abbildung 4.38 angezeigt.

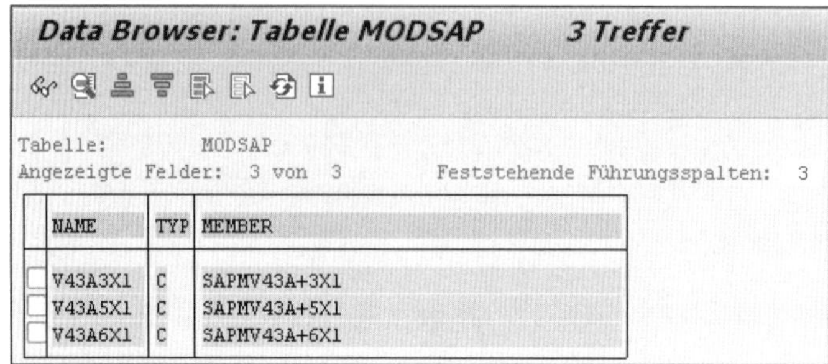

Abbildung 4.38 Ergebnisliste zur Suche nach Menüerweiterungen in der Tabelle MODSAP

Insgesamt drei Funktionscodes sind innerhalb des Programms SAPMV43A definiert. Die erste Spalte (**NAME**) zeigt den Namen der Erweiterung an, die Sie nun in der Transaktion SMOD analysieren und, falls gewünscht, in den in Abschnitt 4.3.2, »Menüerweiterungen implementieren«, beschriebenen Schritten implementieren können.

4.4 Screenerweiterungen

Erweiterung der Oberfläche

Bei Screenerweiterungen geht es um die Erweiterung der Oberfläche von Standardtransaktionen. Hierbei dreht es sich immer um einen vordefinierten *Subscreenbereich* auf einem Dynpro innerhalb dieser Standardtransaktionen. In einem solchen Subscreenbereich kann zur Laufzeit ein von Ihnen frei definiertes Dynpro geladen werden. Bei Customer Exits sind diese Dynpros bereits mit einer Nummer vordefiniert und können von Ihnen angelegt werden.

Erweiterungen eines Dynpro-Bereichs

Ob ein Customer Exit solche Dynpro-Bereiche enthält, können Sie herausfinden, indem Sie sich die Komponentenansicht für die Erweiterung in der Transaktion SMOD anzeigen lassen. Abbildung 4.39 zeigt dies für die Erweiterung MM06E005. Mit dieser Erweiterung können Sie neue Registerkarten in den Transaktionen ME21N, ME22N und ME23N (Kundendaten) anlegen.

Im Bereich **Dynprobereiche** finden Sie die hinterlegten Screenerweiterungen. In dieser Erweiterung werden beispielsweise das Dynpro 0101 für den Kopf der Bestellung und das Dynpro 0111 für die Position einer Bestellung angeboten. Daneben gibt es weitere Subscreens, deren Liste Sie mit den Schaltflächen **Auf** (⬆) und **Ab** (⬇) durchblättern können.

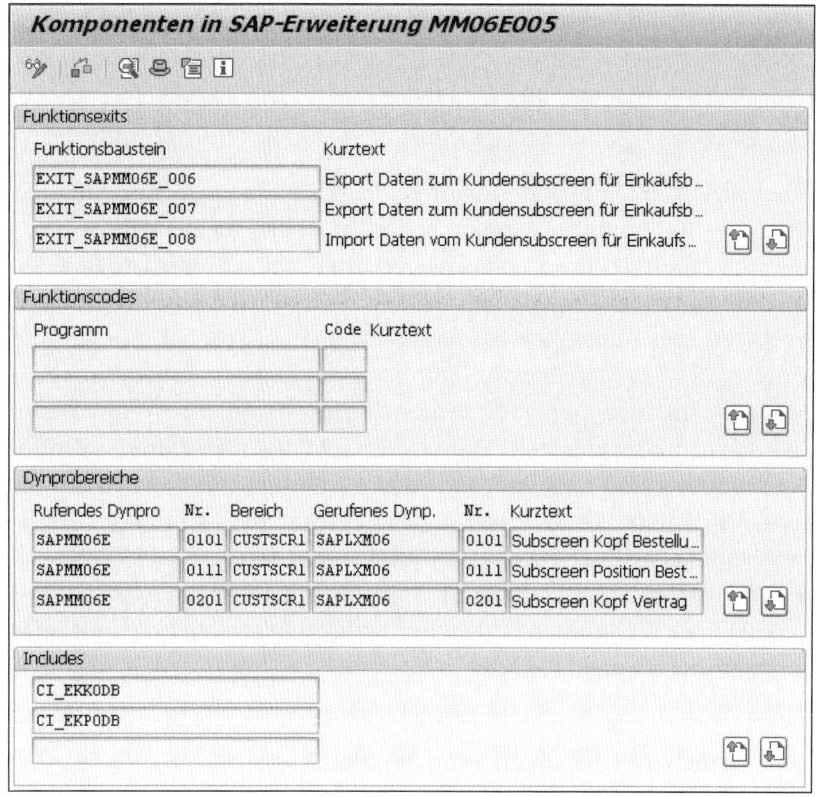

Abbildung 4.39 Komponenten der Erweiterung MM06E005

Funktions-Exits

Für jeden Subscreenbereich gibt es außerdem Funktions-Exits, die sich darum kümmern, die Daten zu dem jeweiligen Bereich zu transportieren und letztlich auch wieder auszulesen. Die Zuordnung dieser Funktions-Exits ist in Transaktion SMOD nur über den Kurztext ersichtlich. In der Erweiterung MM06E005 gehören beispielsweise die folgenden Funktions-Exits zu dem Dynpro 0101 für den Kopf der Bestellung:

- EXIT_SAPMM06E_006
- EXIT_SAPMM06E_007
- EXIT_SAPMM06E_008

Zu dem Dynpro 0111 für die Positionsebene bei Bestellungen gehören dagegen die folgenden Funktions-Exits:

- EXIT_SAPMM06E_016
- EXIT_SAPMM06E_017
- EXIT_SAPMM06E_018

Append-Strukturen

Zusätzlich stellt der Customer Exit zwei bereits vorbereitete Append-Strukturen bereit:

- CI_EKKODB zur Erweiterung der Tabelle EKKO für den Bestellkopf
- CI_EKPODB zur Erweiterung der Tabelle EKPO für die Bestellpositionen

Den Umgang mit Append-Strukturen habe ich Ihnen in Abschnitt 2.1, »Strukturerweiterungen«, gezeigt. In der Tat ist dies meiner Ansicht nach eines der besten Features von Screenerweiterungen: Es werden die Standardstrukturen der Datenbanktabellen verwendet, die automatisch von der SAP-Verarbeitungslogik der betreffenden Transaktionen gelesen und geändert werden. Dieselben Strukturen stehen Ihnen innerhalb der Funktions-Exits im Customer Exit als Parameter zur Verfügung. Wenn Sie also ein Feld auf der Datenbank erweitern, bedeutet dies, dass dieses Feld automatisch bis in den Customer Exit durchgereicht wird. Befüllen Sie die zusätzlichen Felder im Customer Exit mit einem Wert, kümmert sich die Verarbeitungslogik der Transaktion automatisch darum, diesen Wert auch in der Datenbank zu speichern. Sie müssen sich also nicht extra um das Speichern der zusätzlichen Felder kümmern. Im folgenden Abschnitt zeige ich Ihnen dies an einem Beispiel.

4.4.1 Screenerweiterungen implementieren

In diesem Abschnitt zeige ich Ihnen die Implementierung eines Subscreenbereichs an einem Beispiel. Abbildung 4.40 zeigt den fertig implementierten Customer Exit MM06E005, mit dem eine neue Registerkarte **Kundendaten** auf Kopfebene einer Bestellung in der Transaktion ME22N (Ändern einer Bestellung) angelegt wurde. Jede Eingabe, die ein Anwender auf dieser Registerkarte im Feld **Zusatzfeld** tätigt, wird beim Speichern automatisch auch in der Datenbanktabelle EKKO gespeichert, die die Köpfe aller Bestellungen enthält.

Abbildung 4.40 Hinzugefügte Registerkarte und Zusatzfeld in Transaktion ME21N

Implementierungsschritte

Bevor ich Ihnen Schritt für Schritt zeige, wie Sie eine solche Screenerweiterung für einen Customer Exit implementieren können, gebe ich Ihnen einen Überblick über die benötigten Schritte:

1. Erweiterungsprojekt in der Transaktion CMOD anlegen und die Erweiterung dem Erweiterungsprojekt zuordnen
2. Datenbanktabelle `EKKO` über das in der Erweiterung angegebene Include `CI_EKKODB` erweitern
3. Dynpro 0101 für den Kopf anlegen und als Subscreen definieren
4. Felder im Layout des Subscreens mit Verweis auf die Erweiterungsstruktur `CI_EKKODB` hinzufügen
5. Funktions-Exit `EXIT_SAPMM06E_006` zum Transport der Daten auf den Subscreen anlegen und implementieren
6. Funktions-Exit `EXIT_SAPMM06E_008` zum Auslesen der Daten vom Subscreen anlegen und implementieren
7. Steuerung der Eingabefähigkeit des Zusatzfeldes anhand des Bearbeitungsmodus (Anzeige oder Ändern) implementieren

Erweiterungsprojekt anlegen

Zunächst legen Sie das Erweiterungsprojekt an und ordnen diesem die Erweiterung zu:

1. Öffnen Sie dazu Transaktion SMOD, geben Sie einen Namen für Ihr neues Erweiterungsprojekt an, z. B. »ZMM_ME«, und klicken Sie auf die Schaltfläche **Anlegen** (siehe Abbildung 4.41).

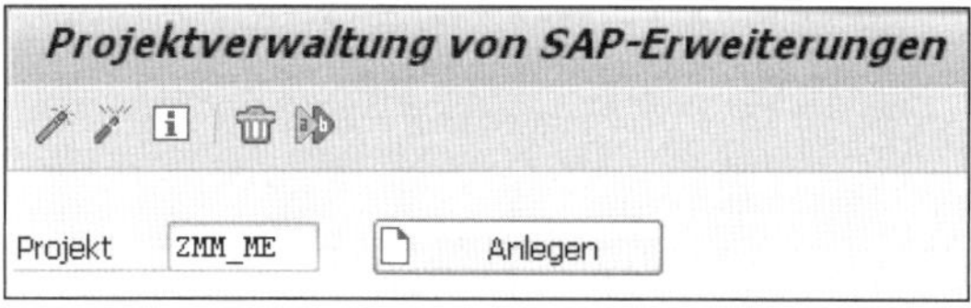

Abbildung 4.41 Anlage eines neuen Erweiterungsprojekts

2. Geben Sie auf der nächsten Oberfläche einen Kurztext für das neue Erweiterungsprojekt ein, und wechseln Sie über die Schaltfläche **Zuordnung Erweiterung** zu der Oberfläche, die Sie in Abbildung 4.42 sehen.

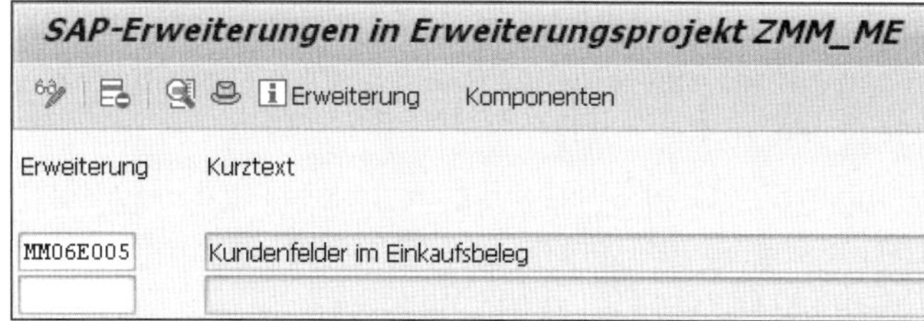

Abbildung 4.42 Zuordnen der Erweiterung zum Erweiterungsprojekt

3. Tragen Sie die Erweiterung »MM06E005« in die Liste ein, und bestätigen Sie Ihre Eingabe mit [↵]. Dadurch werden alle Komponenten dieser Erweiterung in Ihr Erweiterungsprojekt übernommen.

Komponentenübersicht

Diese Komponenten können Sie sehen, wenn Sie über die Schaltfläche **Komponenten** zu der Komponentenansicht in Abbildung 4.43 wechseln. Sie finden hier dieselben Komponenten wie in Transaktion SMOD (siehe Abbildung 4.39), mit dem Unterschied, dass Sie sie über diese Übersicht direkt implementieren können.

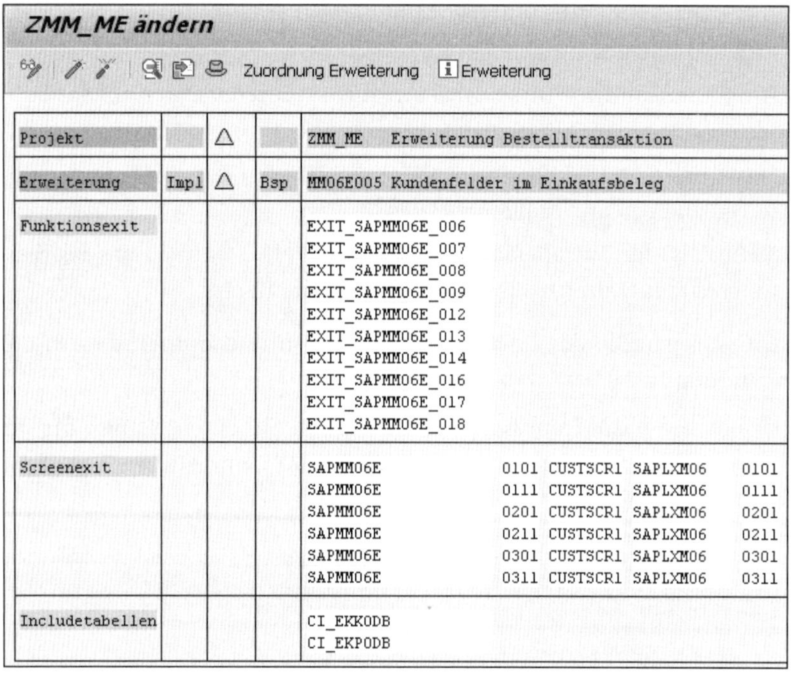

ZMM_ME ändern

Zuordnung Erweiterung | Erweiterung

Projekt		△		ZMM_ME Erweiterung Bestelltransaktion
Erweiterung	Impl	△	Bsp	MM06E005 Kundenfelder im Einkaufsbeleg
Funktionsexit				EXIT_SAPMM06E_006 EXIT_SAPMM06E_007 EXIT_SAPMM06E_008 EXIT_SAPMM06E_009 EXIT_SAPMM06E_012 EXIT_SAPMM06E_013 EXIT_SAPMM06E_014 EXIT_SAPMM06E_016 EXIT_SAPMM06E_017 EXIT_SAPMM06E_018
Screenexit				SAPMM06E 0101 CUSTSCR1 SAPLXM06 0101 SAPMM06E 0111 CUSTSCR1 SAPLXM06 0111 SAPMM06E 0201 CUSTSCR1 SAPLXM06 0201 SAPMM06E 0211 CUSTSCR1 SAPLXM06 0211 SAPMM06E 0301 CUSTSCR1 SAPLXM06 0301 SAPMM06E 0311 CUSTSCR1 SAPLXM06 0311
Includetabellen				CI_EKKODB CI_EKPODB

Abbildung 4.43 Die implementierbaren Komponenten des Erweiterungsprojekts

Tabelle EKKO erweitern

Im ersten Schritt erweitern wir die Datenbanktabelle EKKO (Kopfdaten zur Bestellung) um ein neues Feld. Dieses soll auf der neuen Registerkarte **Kundendaten** zur Eingabe angeboten werden.

1. Für diese Erweiterung bietet der Customer Exit im Bereich **Includetabellen** der Komponentenübersicht das Include CI_EKKODB an. Klicken Sie doppelt auf den Namen dieses Includes, und bestätigen Sie die Frage, ob dieses angelegt werden soll, mit **Ja**.
2. Dadurch gelangen Sie zu der Oberfläche zur Anpassung einer ABAP-Dictionary-Struktur, die Sie in Abbildung 4.44 sehen. Fügen Sie hier ein neues Feld »ZZUSATZ« vom Typ CHAR10 hinzu.

3. **Aktivieren** Sie diese Struktur anschließend über das Icon in der Funktionsleiste (). Das Aktivieren kann mitunter einige Minuten dauern, da die Tabelle EKKO ebenfalls neu aktiviert werden muss.

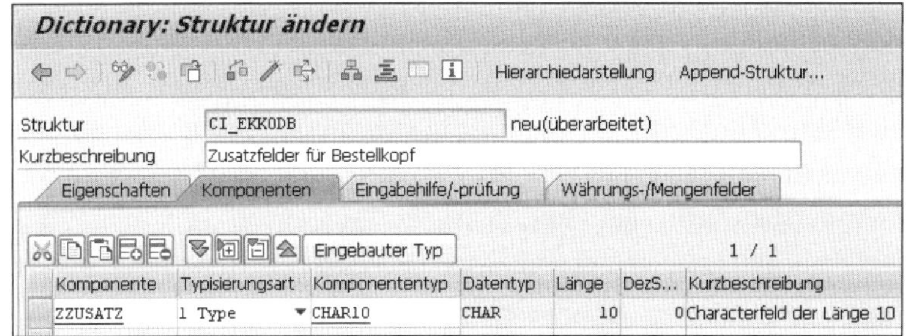

Abbildung 4.44 Erweitern der Struktur CI_EKKODB

Z-Include für komplexe Erweiterungen

Für komplexere Erweiterungen bietet es sich an, innerhalb einer CI-Struktur (hier CI_EKKODB) ein weiteres Z-Include anzulegen, in dem Sie Ihre Zusatzfelder definieren. Dies hat den Vorteil, dass Sie so das ursprüngliche Z-Include an mehreren Stellen (z. B. für das Erweitern von BAPI-Funktionsbausteinen und anderen Strukturen) verwenden können und die Felder nicht immer wieder einzeln neu hinzufügen müssen. Wird später beispielsweise die Struktur CI_EKKODB um ein neues Feld erweitert, müssen Sie selbst daran denken, alle anderen Implementierungsstellen um dasselbe Zusatzfeld zu erweitern.

Wie Abbildung 4.45 zeigt, hat SAP die Struktur CI_EKKODB als Include in der Datenbanktabelle EKKO hinzugefügt. Durch das Aktivieren der Struktur haben Sie also die Standardtabelle EKKO um ein neues Feld erweitert.

Dictionary: Tabelle anzeigen

Technische Einstellungen | Indizes... | Append-

Transp.Tabelle: EKKO aktiv
Kurzbeschreibung: Einkaufsbelegkopf

Eigenschaften | Auslieferung und Pflege | Felder | Eingabehilfe/-prüfung | Währungs-/Mengenfelder

Suchhilfe | Eingebauter Typ

Feld	Key	Ini...	Datenelement	Datentyp	Länge	DezS...	Kurzbeschreibung
RELOC_ID	☐	☐	/ISDFPS/RELOC_ID	CHAR	10	0	ID der Verlegung
RELOC_SEQ_ID	☐	☐	/ISDFPS/RELOC_S...	CHAR	4	0	Verlegeschritt-ID
SOURCE_LOGSYS	☐	☐	LOGSYS	CHAR	10	0	Logisches System
.INCLUDE	☐	☐	CI_EKKODB	STRU	0	0	
.APPEND	☐	☐	FPIA_A_INT	STRU	0	0	
.INCLUDE	☐	☐	FPIA_S_INTEREST	STRU	0	0	

Abbildung 4.45 Die erweiterte Datenbanktabelle EKKO

Dynpro anlegen Im nächsten Schritt geht es nun darum, das Dynpro anzulegen, das als neue Registerkarte in der Bestelltransaktion angezeigt werden soll und das eben angelegte Feld zur Eingabe anbieten soll:

1. Wechseln Sie dazu zurück in die Komponentenanzeige der Erweiterung. Wie in Abbildung 4.46 zu erkennen, sind im Bereich **Screenexit** mehrere Dynpros angegeben. Das Dynpro für den Kopf ist das Dynpro 0101. Dies können Sie nur der Kurzbeschreibung in Transaktion SMOD entnehmen (siehe aus Abbildung 4.39). Diese Kurzbeschreibung wird in der Komponentenübersicht nicht mehr angezeigt.

Screenexit				SAPMM06E	0101	CUSTSCR1	SAPLXM06	0101
				SAPMM06E	0111	CUSTSCR1	SAPLXM06	0111
				SAPMM06E	0201	CUSTSCR1	SAPLXM06	0201
				SAPMM06E	0211	CUSTSCR1	SAPLXM06	0211
				SAPMM06E	0301	CUSTSCR1	SAPLXM06	0301
				SAPMM06E	0311	CUSTSCR1	SAPLXM06	0311

Abbildung 4.46 Die definierten Screen-Exits in der Komponentenliste

2. Klicken Sie hier doppelt auf die Zeile mit dem Dynpro 0101, um es anzulegen.
3. Sie erhalten die Meldung, dass das Dynpro 0111 zum Programm `SAPLXM06` angelegt wird. Bestätigen Sie diese Meldung mit [↵].
4. Sie gelangen dadurch zur Pflege des Dynpros in den Screen Painter (siehe Abbildung 4.47). Geben Sie hier eine **Kurzbeschreibung** für das neue Dynpro ein, und wählen Sie **Subscreen** als **Dynprotyp** aus.

Abbildung 4.47 Anlage des Subscreens für die Screenerweiterung

[!]

Dynpro-Typ »Subscreen«

Wenn Sie vergessen, den Dynpro-Typ **Subscreen** auszuwählen, werden Sie beim Aufruf der neuen Registerkarte in der Bestelltransaktion einen Laufzeitfehler mit der Meldung erhalten, dass das Dynpro falsch definiert ist oder bereits verwendet wird.

5. Wechseln Sie anschließend über die Schaltfläche **Layout** in den Layout-Editor.
6. Legen Sie dort ein Eingabefeld mit dem Namen »EKKO_CI-ZZUSATZ« an, wie in Abbildung 4.48 gezeigt.
7. Ergänzen Sie dazu noch ein Label mit dem Text »Zusatzfeld«, um das Eingabefeld zu beschriften. Hier bietet es sich an, die Eigenschaft **Groß- und Kleinschreibung** zu aktivieren, damit die Eingabe des Anwenders nicht immer automatisch in Großbuchstaben umgewandelt wird.

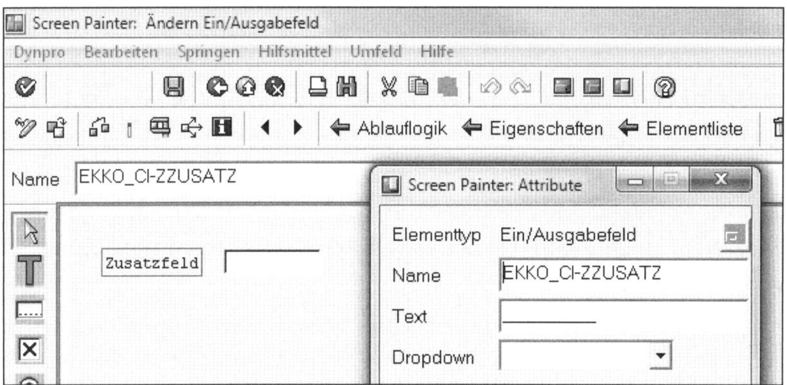

Abbildung 4.48 Hinzufügen des Eingabefeldes auf dem Subscreen

[!]

Bezug auf die Include-Struktur EKKO_CI

Achten Sie darauf, dass Ihr Dynpro-Feld sich über den Namen auf die Include-Struktur `EKKO_CI`, und nicht auf die Datenbanktabelle `EKKO` bezieht. Andernfalls kann später die Bestelltransaktion den eingetragenen Wert nicht verarbeiten, da das SAP-System einen Bezug auf die Struktur `EKKO_CI` erwartet. Die korrekte Benennung des Eingabefeldes ist daher sehr wichtig.

8. **Aktivieren** (🖉) Sie das neu angelegte Dynpro, und wechseln Sie anschließend zurück zur Komponentenansicht aus Abbildung 4.49.

9. Hier können Sie testen, ob die neue Registerkarte **Kundendaten** in der Bestelltransaktion bereits angezeigt wird. Aktivieren Sie hierzu die Erweiterung, indem Sie in der Funktionsleiste der Komponentenansicht auf die Schaltfläche **Aktivieren** (/) klicken.

Vor den einzelnen Erweiterungskomponenten wird nun jeweils ein grünes Ampelsymbol angezeigt (siehe Abbildung 4.49). Ihr Erweiterungsprojekt wurde damit erfolgreich aktiviert.

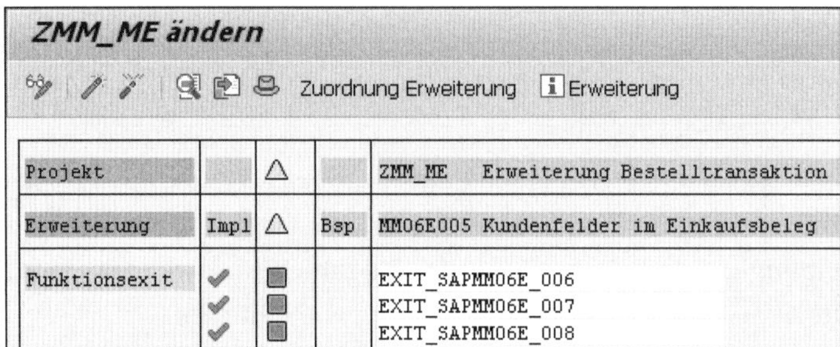

Abbildung 4.49 Die aktivierten Komponenten des Customer Exits

Screenerweiterung testen

Wenn Sie jetzt in die Transaktion ME22N wechseln, werden Sie auf der Kopfebene bereits die Registerkarte **Kundendaten** sehen können (siehe Abbildung 4.50). Auch wenn noch keine Bestellung ausgewählt ist (oder Sie sich im Anzeigemodus befinden), kann ein Wert in das neue Eingabefeld **Zusatzfeld** eingetragen werden. Dies müssen wir in einem späteren Schritt noch unterbinden.

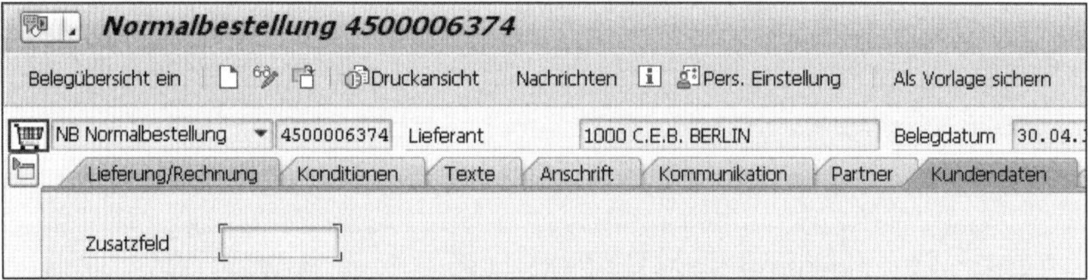

Abbildung 4.50 Hinzugefügte Registerkarte und Zusatzfeld in Transaktion ME21N

Datenverarbeitung implementieren

Im nächsten Schritt geht es jedoch erst einmal darum, den auf der Oberfläche eingegebenen Wert an die Datenbanktabelle EKKO in das Zusatzfeld ZZUSATZ zu übertragen und auch wieder auslesen zu können. Zur Realisierung dieser Anforderung stellt der Customer Exit die folgenden beiden Funktions-Exits bereit:

- EXIT_SAPMM06E_006 für den Export der Daten zum Kundensubscreen für den Einkaufsbelegkopf (PBO = Process Before Output, also vor Anzeige des Kundensubscreens)
- EXIT_SAPMM06E_008 für den Import der Daten aus dem Kundensubscreen für den Einkaufsbelegkopf (PAI, also nach der Anzeige des Kundensubscreens)

Gehen Sie wie folgt vor, um diese Datenverarbeitung zu implementieren:

1. Wechseln Sie wieder in die Komponentenansicht des Customer Exits aus Abbildung 4.49, und klicken Sie doppelt auf den Funktions-Exit EXIT_SAPMM06E_006.
2. Sie gelangen zur Anzeige des Funktionsbausteins im ABAP Editor (Transaktion SE37, siehe Abbildung 4.51).

Funktionsbaustein EXIT_SAPMM06E_006 aktiv

Eigenschaften | Import | Export | Changing | Tabellen | Ausnahmen | Quelltext

```
1  FUNCTION EXIT_SAPMM06E_006.
2  *"----------------------------------------------------------------------
3  *"*"Lokale Schnittstelle:
4  *"       IMPORTING
5  *"             VALUE(I_EKKO) LIKE  EKKO STRUCTURE  EKKO
6  *"             VALUE(I_TRTYP)
7  *"             VALUE(I_CI_EKKO) LIKE  EKKO_CI STRUCTURE  EKKO_CI
8  *"             VALUE(I_BSTYP) LIKE  EKKO-BSTYP
9  *"             VALUE(I_NO_SCREEN)
10 *"             VALUE(I_LFA1) LIKE  LFA1 STRUCTURE  LFA1
11 *"             VALUE(I_LFM1) LIKE  LFM1 STRUCTURE  LFM1
12 *"             VALUE(I_KEKKO) LIKE  EKKO STRUCTURE  EKKO
13 *"             VALUE(I_AEKKO) LIKE  EKKO STRUCTURE  EKKO
14 *"             VALUE(I_REKKO) LIKE  EKKO STRUCTURE  EKKO
15 *"             VALUE(I_EKKO_OLD) LIKE  EKKO STRUCTURE  EKKO OPTIONAL
16 *"             VALUE(I_VORGA) LIKE  T160-VORGA
17 *"       TABLES
18 *"              TEKPO STRUCTURE  BEKPO OPTIONAL
19 *"              TEKET STRUCTURE  BEKET OPTIONAL
20 *"              TEKKN STRUCTURE  EKKNU OPTIONAL
21 *"              TKOMV STRUCTURE  KOMV OPTIONAL
22 *"----------------------------------------------------------------------
23
24   INCLUDE ZXM06U36 .
25
26 ENDFUNCTION.
```

Abbildung 4.51 Der Funktions-Exit EXIT_SAPMM06E_006 zum Export der Daten auf die Screenerweiterung des Belegkopfes

3. Klicken Sie hier doppelt auf den Include-Namen ZXM06U36 (in Abbildung 4.51 in Zeile 24).
4. Bestätigen Sie die folgende Warnung (je nach Systemeinstellung nicht in einem Pop-up-Fenster) mit [↵]:

   »Programmnamen ZX... sind für Includes v. Exit-Funktionsgruppen reserviert«

5. Programmieren Sie das Include ZXM06U36 mit dem Quellcode aus Listing 4.2. Die zweite Zeile sorgt dafür, dass das Zusatzfeld aus der Datenbanktabelle EKKO in die Erweiterung übertragen wird.

   ```
   gv_trtyp        = i_trtyp. "Übernahme des Bearbeitungsmodus
   ekko_ci-zzusatz = i_ekko-zzusatz.
   ```

   Listing 4.2 Implementierung des Exports der Daten zum Kundensubscreen

   Aktivieren können Sie dieses Include erst später, da das Feld GV_TRTYP noch unbekannt ist.

6. Wechseln Sie zurück in die Komponentenansicht, und wiederholen Sie die vorangegangenen Schritte für den Funktions-Exit EXIT_SAPMM06E_008, in dem Sie das Include ZXM06U37 anlegen. Programmieren Sie dieses Include mit dem Quellcode aus Listing 4.3. Hier sorgt die erste Zeile dafür, dass der vom Benutzer eingegebene Wert an die Standardimplementierung übergeben wird.

   ```
   e_ci_ekko = ekko_ci.
   e_ci_update = 'X'.
   "Wichtig, da ansonsten der eingegebene Wert nicht
   "gespeichert wird!
   ```

   Listing 4.3 Implementierung des Imports der Daten vom Kundensubscreen

7. Nun gilt es noch, das Top-Include anzulegen, in dem das Feld GV_TRTYP definiert wird. Dieses Feld wird später den Bearbeitungsmodus der Transaktion enthalten (den Wert »A« für die Anzeige und den Wert »V« für das Ändern oder die Anlage einer Bestellung). Rufen Sie hierzu in Transaktion SE80 die Funktionsgruppe **XM06** auf, wie in Abbildung 4.52 gezeigt.

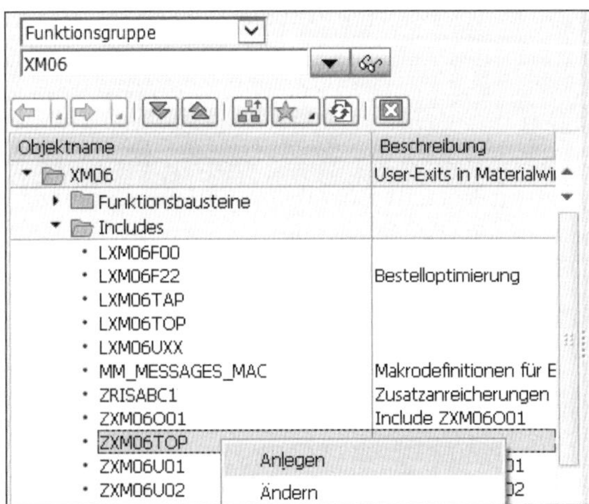

Abbildung 4.52 Anlegen des Top-Includes für die Screenerweiterung

8. Suchen Sie dort im Ordner **Includes** das Include `ZXM06TOP`, klicken Sie es mit der rechten Maustaste an, und legen Sie es über das Kontextmenü an.
9. Fügen Sie in dem so angelegten Include die folgende Zeile ein:

```
DATA : gv_trtyp(1) TYPE c.
```

10. **Aktivieren** (🖉) Sie alle angelegten Includes anschließend. Achten Sie darauf, dass Sie wirklich alle inaktiven Entwicklungsobjekte aktivieren.

Steuerung des Eingabefeldes

Im letzten Arbeitsschritt geht es nur noch darum, dass das Eingabefeld über den Bearbeitungsmodus gesteuert wird:

1. Hierzu müssen Sie über die Komponentenliste aus Abbildung 4.46 zurück in das vorhin angelegte Dynpro 0101 wechseln.
2. Wechseln Sie innerhalb des Dynpros auf die Registerkarte **Ablauflogik**, die Sie in Abbildung 4.53 sehen.
3. Entfernen Sie hier das Kommentarzeichen in Zeile 2 (`MODULE STATUS_0101`) für das PBO-Modul.
4. Klicken Sie anschließend doppelt auf diese Zeile, und lassen Sie das Modul im angegebenen Include `ZXM06001` anlegen.

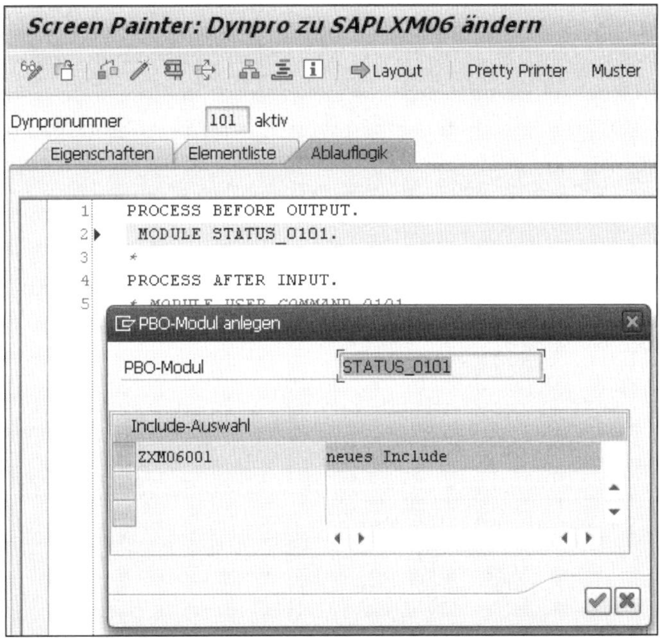

Abbildung 4.53 Anlage des PBO-Moduls für das Dynpro 101

5. Prägen Sie das Modul mit dem Quellcode aus Listing 4.4 aus. Wenn das Feld `GV_TRTYP` den Wert »A« enthält, befindet sich die Bestelltransaktion

im Anzeigemodus. Deshalb müssen die hinzugefügten Zusatzfelder über `screen-input = 0` auf den Status »nicht eingabebereit« gesetzt werden.

```
MODULE status_0101 OUTPUT.
  IF gv_trtyp = 'A'.
    LOOP AT SCREEN.
      screen-input = 0.
      MODIFY SCREEN.
    ENDLOOP.
  ELSE.
    LOOP AT SCREEN.
      screen-input = 1.
      MODIFY SCREEN.
    ENDLOOP.
  ENDIF.
ENDMODULE.
```

Listing 4.4 Steuerung der Eingabefähigkeit des Zusatzfeldes abhängig vom Bearbeitungsmodus

6. **Aktivieren** () Sie die Änderungen anschließend.

Erweiterung testen

Damit ist die Implementierung des Customer Exits zur Erweiterung des Bestellkopfes erfolgreich abgeschlossen. Wenn Sie jetzt erneut in die Transaktion ME22N wechseln, eine Bestellung auswählen und diese ändern, können Sie in dem neuen Eingabefeld einen Wert »Zusatzwert« eintragen und abschließend speichern.

Wenn Sie die Bestellung erneut aufrufen oder über die Transaktion SE11 oder SE16N in Tabelle `EKKO` nachschauen, werden Sie feststellen, dass der eingegebene Wert wie in Abbildung 4.54 erfolgreich gespeichert wurde.

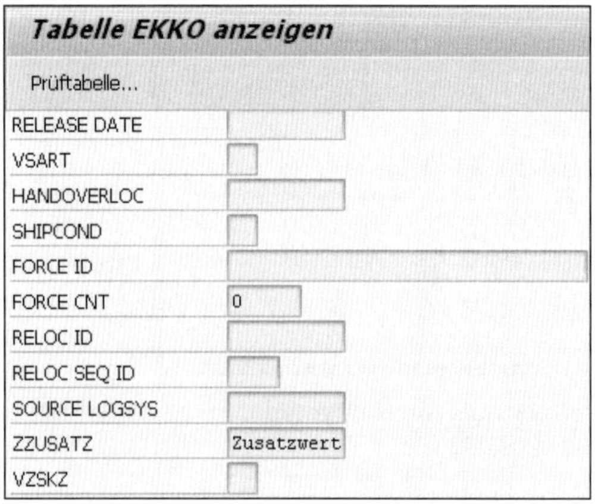

Tabelle EKKO anzeigen

Prüftabelle...

RELEASE DATE	
VSART	
HANDOVERLOC	
SHIPCOND	
FORCE ID	
FORCE CNT	0
RELOC ID	
RELOC SEQ ID	
SOURCE LOGSYS	
ZZUSATZ	Zusatzwert
VZSKZ	

Abbildung 4.54 Eingetragener Wert für das Zusatzfeld ZZUSATZ in der Tabelle EKKO

Damit haben Sie erfolgreich die Bestelltransaktion mit einem Customer Exit um eine neue Registerkarte mit einem neuen Feld erweitert. Dieses Feld wird verarbeitet, und die Daten werden in der Bestellkopftabelle EKKO gespeichert. Beim Anzeigen einer Bestellung werden sie auch wieder ausgelesen und angezeigt.

4.4.2 Screenerweiterungen finden

Suche in Tabelle MODSAP

Neben der in Abschnitt 4.2, »Funktions-Exits finden«, beschriebenen Suche nach einem Customer Exit über die [F4]-Hilfe der Transaktion SMOD ist der im Folgenden beschriebene Weg der einfachste, um herauszufinden, ob eine Transaktion Screenerweiterungen vorsieht:

1. Öffnen Sie die Tabelle MODSAP in Transaktion SE11 oder SE16N. Geben Sie als Typ »S« (Screens) an.
2. Tragen Sie zusätzlich den Namen des hinter der zu erweiternden Transaktion liegenden Programms in das Feld **MEMBER** ein, gefolgt von einer Wildcard (*). Abbildung 4.55 zeigt die Eingabe anhand des Beispiels aus Abschnitt 4.4.1, »Screenerweiterungen implementieren«, für das Programm SAPMM06E.
3. Führen Sie anschließend die Suche aus (⊕).

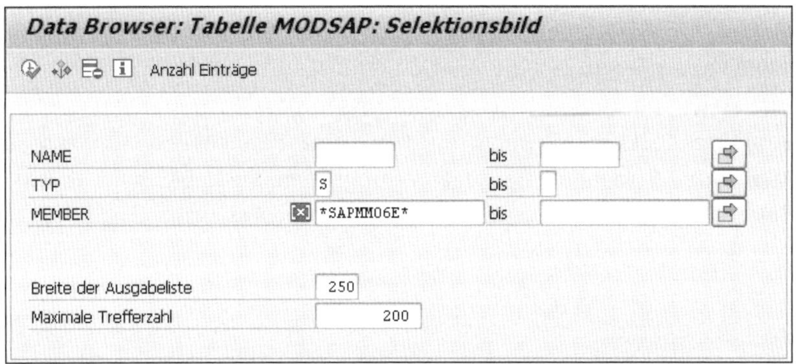

Abbildung 4.55 Screenerweiterungen in der Tabelle MODSAP suchen

4. Das Ergebnis wird Ihnen wie in Abbildung 4.56 ausgegeben. In unserem Beispiel sind insgesamt sechs Screenerweiterungen innerhalb des Programms definiert. Die erste Spalte (**NAME**) zeigt den Namen der Erweiterung an, die Sie nun in Transaktion SMOD analysieren können, um herauszufinden, wo genau der Subscreen eingebettet worden ist.

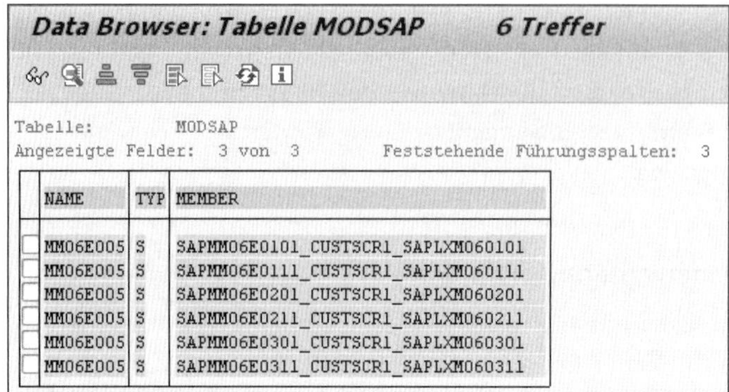

Abbildung 4.56 Ergebnisliste für die Suche nach Screenerweiterungen

Falls gewünscht, können Sie diese Screenerweiterungen implementieren, wie in Abschnitt 4.4.1, »Screenerweiterungen implementieren«, beschrieben.

4.5 Zusammenfassung

In diesem Kapitel habe ich Ihnen mit den Customer Exits eine weitere modifikationsfreie Erweiterungstechnologie vorgestellt. Sie sollten nach der Lektüre des Kapitels wissen, wie Sie Customer Exits in der Transaktion SMOD analysieren und sie über die Transaktion CMOD implementieren und aktivieren. Sie sollten außerdem wissen, dass Customer Exits nicht nur Funktions-Exits zur Erweiterung von Logik bereitstellen, sondern auch Menü- und Screenerweiterungen ermöglichen. Sie haben gelernt, wie Sie diese im System beispielsweise über die Tabelle `MODSAP` finden können.

Kapitel 5
Klassische Business Add-ins

In diesem Kapitel zeige ich Ihnen, wie Sie mit klassischen BAdIs arbeiten können. Zu dieser Arbeit gehört ebenso die Erweiterung von Standardquelltext wie die Erweiterung von Menüs und Oberflächen.

Mit dem Release SAP NetWeaver 4.6d (d. h. im Jahr 2000) wurde mit den *klassischen Business Add-ins* (BAdIs genannt) eine neue Erweiterungsmöglichkeit nach den User und Customer Exits eingeführt. Im Vergleich zu den älteren Technologien geben die BAdIs einen objektorientierten Rahmen für die Erweiterungen vor. Dadurch können mehrere Implementierungen einer Erweiterung gleichzeitig (als Instanzen einer Klasse) aktiv sein. Diese Implementierungen werden entweder nacheinander durchlaufen, oder es wird durch einen Filtermechanismus diejenige Implementierung bestimmt, die tatsächlich ausgeführt werden soll.

Diese klassischen BAdIs boten zum ersten Mal auch Unternehmen, die eigene ABAP-Entwicklungen vertreiben, die Möglichkeit, eigene Erweiterungspunkte für ihre Kunden anzubieten. Sie konnten also bei Bedarf eigene BAdIs anlegen, mit denen man die Nicht-SAP-Entwicklungen erweitern konnte.

Aufbau eines BAdIs

Ein BAdI besteht nicht wie ein Customer Exit aus einem Funktionsbaustein, sondern aus einem *Interface* und einer *Adapterklasse*, die dieses Interface implementiert. Neben dem Interface kann ein BAdI auch Funktionscodes für Menüerweiterungen sowie Screenerweiterungen enthalten (wie Sie es von Customer Exits her kennen). Die Aufgabe der Adapterklasse ist es, die Ausführung der Erweiterung zu steuern, d. h., sie sorgt z. B. dafür, dass die zur Laufzeit aktive Implementierung aufgerufen wird.

In Abschnitt 5.1, »Ein klassisches BAdI implementieren«, zeige ich Ihnen die grundlegende Vorgehensweise zur Implementierung eines normalen BAdIs für Quelltexterweiterungen. Diese Vorgehensweise werden Sie bei jedem BAdI anwenden, das Sie implementieren möchten. Ihre Beherrschung ist daher Voraussetzung für die erfolgreiche Arbeit mit BAdIs. Unter anderem zeige ich Ihnen in diesem Abschnitt auch, wie ein solches BAdI im Quelltext hinterlegt ist.

In Abschnitt 5.4 führe ich Sie in die Filtersteuerung von BAdIs ein, während ich in Abschnitt 5.5 danach auf Menüerweiterungen und in Abschnitt 5.6 auf Screenerweiterungen eingehe.

Die Migration klassischer BAdIs nach neuen BAdIs behandle ich nicht in diesem Kapitel, sondern in Abschnitt 11.5. Sie ist für Sie allerdings nur dann wichtig, wenn Sie eigene BAdIs für Ihre Kunden auf den neuesten Stand der Technik bringen wollen. Die Anlage eigener BAdIs beschreibe ich im Rahmen von Abschnitt 19.4, »Neue Business Add-ins bereitstellen«.

5.1 Ein klassisches BAdI implementieren

Beispiel: Materialtransaktionen erweitern

In diesem Abschnitt zeige ich Ihnen anhand eines Beispiels, wie Sie ein klassisches BAdI implementieren. Anforderung in diesem Beispiel ist es, eine zusätzliche Prüfung für die Eingabe von Materialdaten in Transaktion MM01 (Material anlegen) und in Transaktion MM02 (Material ändern) zu implementieren. Konkret soll geprüft werden, ob im Eingabefeld **Berechtigungsgruppe** die Gruppe `ALT` verwendet wurde. Ist dies der Fall, soll beim Speichern des Materials eine Fehlermeldung ausgegeben werden, dass diese Berechtigungsgruppe veraltet ist und nicht mehr verwendet werden soll. Abbildung 5.1 zeigt dieses Endergebnis der Implementierung.

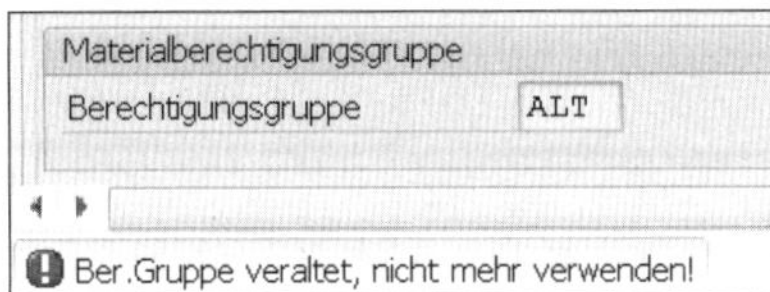

Abbildung 5.1 Implementierte Fehlermeldung in Transaktion MM02 zur Pflege von Materialien

BAdI analysieren

Das dabei verwendete BAdI heißt `BADI_MATERIAL_CHECK`. Dieses BAdI können Sie in Transaktion SE18 daraufhin untersuchen, welche Funktionalitäten es anbietet. Tragen Sie hierzu, wie in Abbildung 5.2 gezeigt, den Namen des BAdIs in das Feld **BAdI-Name** ein, und klicken Sie anschließend auf die Schaltfläche **Anzeigen**.

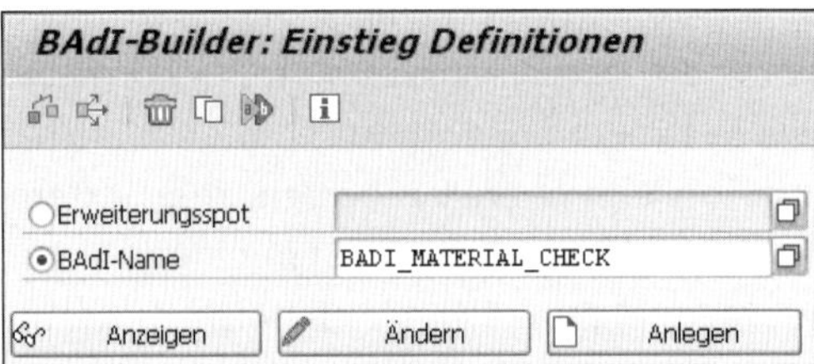

Abbildung 5.2 Anzeige der Definition eines klassischen BAdIs

Dadurch rufen Sie direkt die Eigenschaften der BAdI-Definition auf, die Sie in Abbildung 5.3 sehen können.

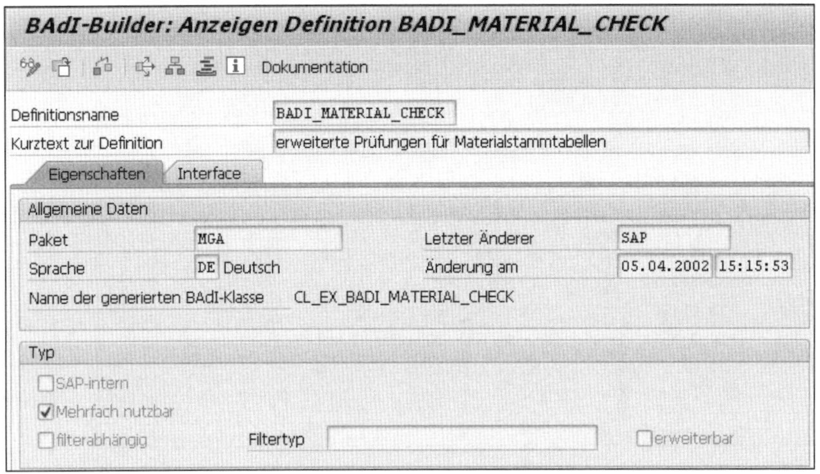

Abbildung 5.3 Eigenschaften eines klassischen BAdIs

BAdI-Eigenschaften

Die wichtigsten drei Eigenschaften, über die ein klassisches BAdI definiert werden kann, sind folgende:

- **SAP-intern**
  Dies bedeutet, dass Sie keine Implementierung für das BAdI anlegen dürfen, sondern dies ausschließlich SAP vorbehalten ist.
- **Mehrfach nutzbar**
  Ist diese Option markiert, können mehrere Implementierungen für das BAdI aktiv sein.
- **Filterabhängig**
  Ist diese Eigenschaft aktiviert, erfolgt die Bestimmung der richtigen Implementierung anhand von Filterwerten, die Sie in der Implementierung angeben müssen. Die Funktion der Filter erläutere ich Ihnen in Abschnitt 5.4, »Filtersteuerung«.

BAdI-Methoden

Wichtig ist außerdem, welche Methoden das BAdI für Sie zur Implementierung bereitstellt. Dies geschieht über das BAdI-Interface, das Sie über die Registerkarte **Interface** aufrufen können (siehe Abbildung 5.4).

Die exakten Aufrufstellen dieser Methoden können Sie über einen Verwendungsnachweis nicht finden. In der Praxis hat es sich daher bewährt, in jeder dieser Methoden einen Breakpoint zu implementieren, um zu schauen, ob die Methoden beispielsweise bei einem Klick auf **Speichern** in der Haupttransaktion durchlaufen werden.

Abbildung 5.4 Interface-Methoden eines klassischen BAdIs

Möglichkeiten der Implementierung

Eine Implementierung für die BAdI-Definition können Sie auf zwei Wegen anlegen:

- in Transaktion SE18 über den Pfad **Implementierung • Anlegen** im Hauptmenü (siehe Abbildung 5.2)
- in Transaktion SE19, indem Sie im Bereich **Implementierung anlegen** den Namen des BAdIs eintragen und auf die Schaltfläche **Impl. Anlegen** klicken (siehe Abbildung 5.5)

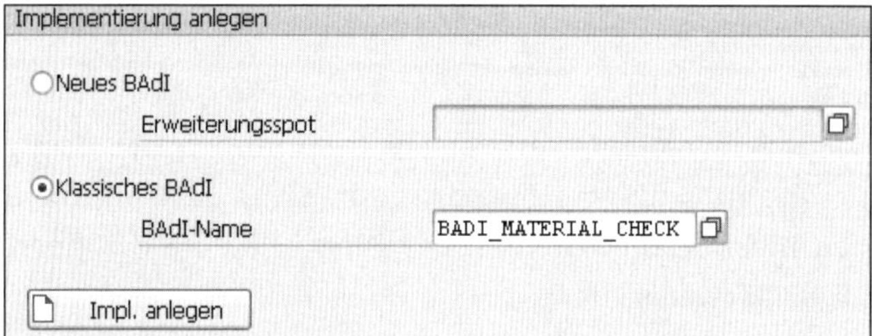

Abbildung 5.5 Transaktion SE19 zur Anlage von BAdI-Implementierungen

Bei beiden Wegen müssen Sie im nächsten Schritt, wie in Abbildung 5.6 gezeigt, einen Namen für die BAdI-Implementierung angeben und diese Eingabe mit **Weiter** (✔) bestätigen.

Dadurch gelangen Sie direkt zur BAdI-Implementierung im BAdI-Builder, wie Sie sie in Abbildung 5.7 sehen. Hier müssen Sie noch einen **Kurztext zur Implementierung** im entsprechenden Eingabefeld angeben.

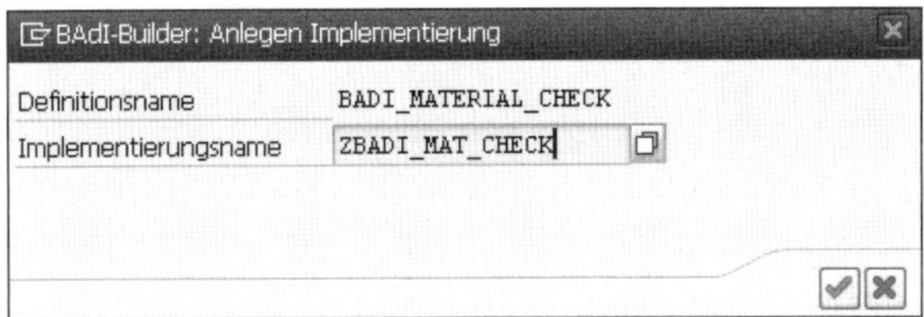

Abbildung 5.6 Anlegen einer BAdI-Implementierung für ein klassisches BAdI

BAdI-Builder: Ändern Implementierung ZBADI_MAT_CHECK

Definitions-Doku Dokumentation

Implementierungsname	ZBADI_MAT_CHECK	inaktiv
Kurztext zur Implementierung	Prüfungen zum Material	
Definitionsname	BADI_MATERIAL_CHECK	
Laufzeitverhalten	Implementierung wird nicht aufgerufen	

Eigenschaften | Interface

Interface-Name	IF_EX_BADI_MATERIAL_CHECK
Name der implementierenden Klasse	ZCL_IM_BADI_MAT_CHECK

Methode	Implemen...	Beschreibung
CHECK_DATA	ABAP AB...	für Prüfungen + begrenztes Ändern v
CHECK_CHANGE_MARA_MEINS	ABAP AB...	Prüfung auf Änderung des Basismeng
CHECK_CHANGE_PMATA	ABAP AB...	Prüfung auf Änderung des Preismateri
CHECK_DATA_RETAIL	ABAP AB...	Check Additional Retail Data
FRE_SUPPRESS_MARC_CHECK	ABAP AB...	Gewisse MARC-Prüfungen für F&R-Anb
CHECK_MASS_MARC_DATA	ABAP AB...	Prüfungen innerhalb FB MATERIAL_CH

Abbildung 5.7 Ändern der BAdI-Implementierung eines klassischen BAdIs

Interface-Methoden implementieren

Wenn Sie auf die Registerkarte **Interface** wechseln, werden Sie feststellen, dass für das BAdI-Interface IF_EX_BADI_MATERIAL_CHECK automatisch die implementierende Klasse ZCL_IM_BADI_MAT_CHECK angelegt wurde. Stellt eine BAdI-Definition mehr als eine Quelltexterweiterung bereit, werden Sie hier noch weitere Registerkarten vorfinden.

Hier gilt es jetzt, die gewünschten Methoden zu implementieren. Für unser Beispiel müssen wir die Methode CHECK_DATA implementieren, die vom SAP-System vor dem Speichern aufgerufen wird. In dieser Methode können Sie zusätzliche Prüfungen implementieren. Klicken Sie dazu doppelt auf den Namen der Methode in der Liste der Methoden aus Abbildung 5.7, und implementieren Sie die Methode, wie in Listing 5.1 gezeigt.

```
METHOD if_ex_badi_material_check~check_data.
  IF wmara-begru = 'ALT'.
    MESSAGE 'Ber.-gruppe veraltet, nicht mehr verwenden!'
      TYPE 'E'.
  ENDIF.
ENDMETHOD.
```

Listing 5.1 Implementierung der Methode CHECK_DATA

Dadurch ist die Implementierung dieses BAdIs bereits abgeschlossen. Sie müssen sie nur noch über das entsprechende Icon in der Funktionsleiste () aktivieren. War die Aktivierung erfolgreich, ist dies anhand des Textes »Implementierung wird aufgerufen« im Feld **Laufzeitverhalten** erkenntlich (siehe Abbildung 5.8).

Abbildung 5.8 Anzeige des Laufzeitverhaltens in einem klassischen BAdI

BAdI-Implementierung testen

Wenn Sie jetzt Transaktion MM01 oder MM02 aufrufen und im Feld **Berechtigungsgruppe** den Wert »ALT« eintragen, werden Sie beim Speichern die in Listing 5.1 definierte Meldung erhalten (siehe auch Abbildung 5.1):

»Ber.-gruppe veraltet, nicht mehr verwenden!«

Sie können Ihre Implementierung über Transaktion SE19 erneut aufrufen, um sie zu einem späteren Zeitpunkt zu ändern. Tragen Sie hierzu, wie in Abbildung 5.9 gezeigt, den Namen der Implementierung Ihres klassischen BAdIs im Bereich **Implementierung bearbeiten** ein. Wählen Sie anschließend, ob Sie die Implementierung anzeigen oder ändern möchten. Ein Löschen oder Kopieren der Implementierung ist hier ebenfalls möglich.

Mehrfache Implementierung

Wenn es sich um ein BAdI handelt, das mehrfach verwendet werden kann, werden Sie mitunter mehrere Implementierungen dieses BAdIs finden. Dies können Sie prüfen, indem Sie innerhalb der BAdI-Definition in Transaktion SE18 den Pfad **Implementierung • Übersicht** im Hauptmenü aufrufen. Abbildung 5.10 zeigt beispielhaft die aktiven Implementierungen (gelb hinterlegt) für das BAdI `BADI_MATERIAL_CHECK`. Ist eine Implementierung nicht aktiv (und wird sie damit auch nicht aufgerufen), wird diese Implementierung nicht farbig hervorgehoben.

BAdI-Builder: Einstieg Implementierungen

Implementierung bearbeiten

Neues BAdI
Erweiterungsimplementierung

Klassisches BAdI
Implementierung ZBADI_MAT_CHECK

Anzeigen Ändern

Abbildung 5.9 Ändern einer BAdI-Implementierung in Transaktion SE19

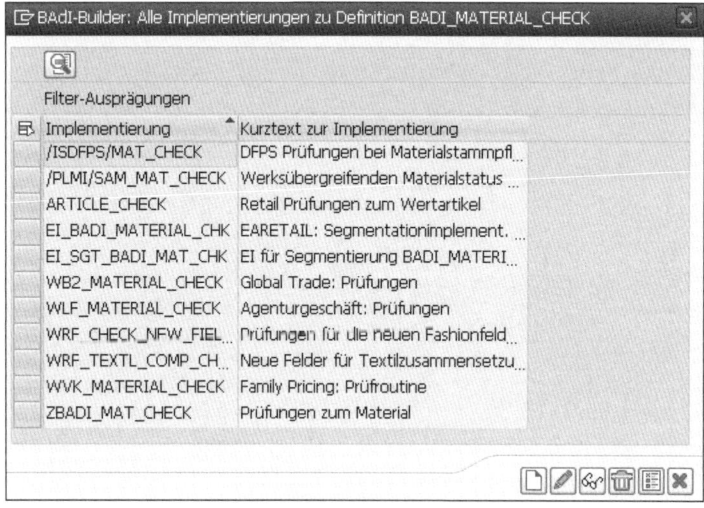

BAdI-Builder: Alle Implementierungen zu Definition BADI_MATERIAL_CHECK

Filter-Ausprägungen

Implementierung	Kurztext zur Implementierung
/ISDFPS/MAT_CHECK	DFPS Prüfungen bei Materialstammpfl...
/PLMI/SAM_MAT_CHECK	Werksübergreifenden Materialstatus ...
ARTICLE_CHECK	Retail Prüfungen zum Wertartikel
EI_BADI_MATERIAL_CHK	EARETAIL: Segmentationimplement. ...
EI_SGT_BADI_MAT_CHK	EI für Segmentierung BADI_MATERI...
WB2_MATERIAL_CHECK	Global Trade: Prüfungen
WLF_MATERIAL_CHECK	Agenturgeschäft: Prüfungen
WRF_CHECK_NFW_FIEL...	Prüfungen für die neuen Fashionfeld...
WRF_TEXTL_COMP_CH...	Neue Felder für Textilzusammensetzu...
WVK_MATERIAL_CHECK	Family Pricing: Prüfroutine
ZBADI_MAT_CHECK	Prüfungen zum Material

Abbildung 5.10 Anzeige von aktiven Implementierungen für ein klassisches BAdI

5.2 Aufruf eines klassischen BAdIs

In diesem Abschnitt möchte ich Ihnen zeigen, wie SAP die BAdI-Aufrufe im Quelltext platziert und implementiert hat.

Beschaffung einer BAdI-Instanz

Während die aktuelle Implementierung eines Customer Exits mit `CALL CUSTOMER-FUNCTION` ermittelt wird, wird die Instanz einer BAdI-Implementierung über die Methode `GET_INSTANCE` der Klasse `CL_EXITHANDLER` besorgt. Die Syntax dieses Aufrufes zeigt Listing 5.2. Der Rückgabewert muss dabei eine

Referenzvariable für das BAdI-Interface BADI_INTERFACE sein. Der Name des BAdIs wird im Parameter EXIT_NAME angegeben.

```
DATA r_exit TYPE REF TO badi_interface
CALL METHOD cl_exithandler=>get_instance
  EXPORTING
    exit_name = 'BADI_NAME'
  CHANGING
    instance = r_exit.
```

Listing 5.2 Beschaffen einer BAdI-Instanz

BAdI-Aufruf

Der Aufruf des BAdIs BADI_MATERIAL_CHECK wurde von SAP beispielsweise in dem Programm SAPLMGMU in der Formroutine BADI_MATERIAL_CHECK_INIT platziert. Es wird immer dann aufgerufen, wenn die Materialdaten durch einen Benutzer gespeichert werden. Den Aufruf im SAP-Standardcode sehen Sie in Listing 5.3.

```
* get a reference for the interface for the BAdI
  CALL METHOD cl_exithandler=>get_instance
    EXPORTING
      exit_name                     = 'BADI_MATERIAL_CHECK'
    IMPORTING
      act_imp_existing              = IMP_BADI_MATERIAL_CHECK
    CHANGING
      instance                      = G_BADI_MATERIAL_CHECK
    EXCEPTIONS
      ...
    OTHERS                        = 9.
  IF sy-subrc <> 0.
    MESSAGE ID sy-msgid TYPE sy-msgty NUMBER sy-msgno
            WITH sy-msgv1 sy-msgv2 sy-msgv3 sy-msgv4.
  ENDIF.
```

Listing 5.3 Aufruf des BAdIs BADI_MATERIAL_CHECK

Definition der Referenzvariablen

Die Definition der Referenzvariablen G_BADI_MATERIAL_CHECK findet sich dagegen im Top-Include LMGMUTOP desselben Programms. Listing 5.4 zeigt diese Definition.

```
* erweiterte Prüfungen der Materialstammtabellen 4.70
DATA: g_badi_material_check
                  TYPE REF TO if_ex_badi_material_check.
```

Listing 5.4 Definition der Referenzvariablen für das BAdI im SAP-Standardprogramm

Verwendungsnachweis für die Methoden

Alle weiteren Methoden des BAdIs werden über diese Referenzvariable G_BADI_MATERIAL_CHECK bedient. Das heißt, durch einen Verwendungsnachweis können Sie alle Methodenaufrufe innerhalb des Programms finden. Abbildung 5.11 zeigt beispielsweise die Aufrufstelle der in Abschnitt 5.1, »Ein klassisches BAdI implementieren«, implementierten Methode CHECK_DATA.

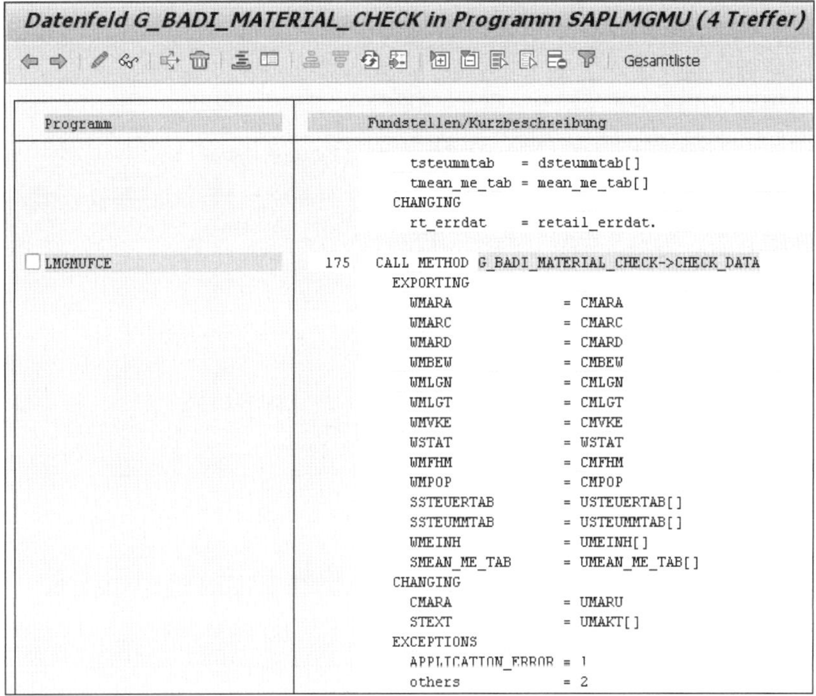

Abbildung 5.11 Gefundene Aufrufstellen für den Aufruf des klassischen BAdIs

5.3 Klassische BAdIs finden

Wird ein BAdI angeboten?

Neben der im vorangegangenen Abschnitt gezeigten Vorgehensweise, die Aufrufe eines BAdIs über den Verwendungsnachweis der zum BAdI-Interface gehörigen Referenzvariablen zu finden, gibt es in der Praxis eine weitere verbreitete Vorgehensweise. Diese möchte ich Ihnen hier zeigen. Sie hat den Vorteil, dass Sie den Namen der BAdI-Definition nicht kennen müssen, um herauszufinden, ob eine bestimmte Transaktion überhaupt eine Erweiterung über ein BAdI anbietet.

Dazu müssen Sie lediglich einen Breakpoint in der Methode GET_INSTANCE setzen, die die Instanz des BAdIs besorgt (für jedes BAdI). Anschließend rufen Sie die Transaktion auf, für die Sie herausfinden wollen, welche BAdIs sie für Sie bereitstellt. Ist eine BAdI-Erweiterung vorgesehen, wird der Debugger starten und bei dem gesetzten Breakpoint anhalten. Sie können dann im Parameter EXIT_NAME den Namen der BAdI-Definition ablesen.

Breakpoint für den BAdI-Instanzaufruf

Im Detail gehen Sie hierbei wie folgt vor:

1. Öffnen Sie Transaktion SE24, und rufen Sie den Quellcode der Methode GET_INSTANCE der Klasse CL_EXITHANDLER auf.
2. Setzen Sie dort, wie in Abbildung 5.12 gezeigt, einen Breakpoint in Zeile 14 beim Aufruf der Methode GET_CLASS_NAME_BY_INTERFACE.

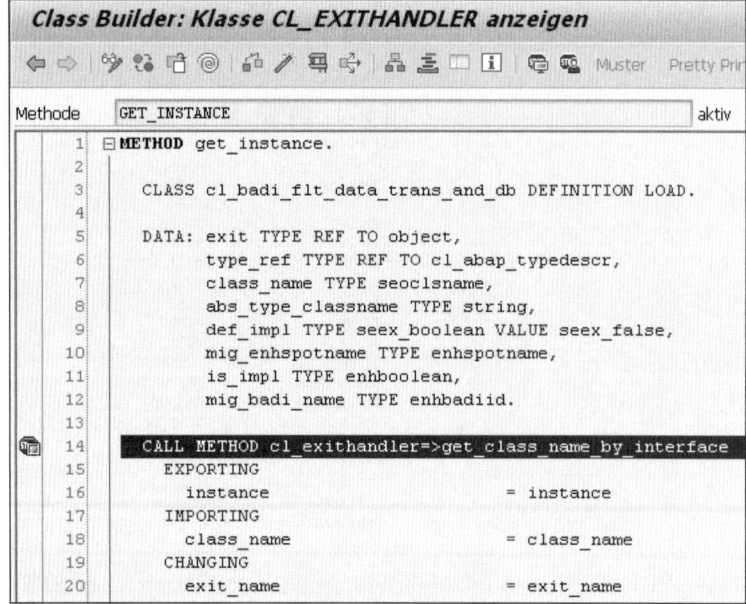

Abbildung 5.12 Klassische BAdIs mithilfe eines Breakpoints in der Methode GET_INSTANCE finden

3. Rufen Sie nun die zu analysierende Transaktion in einem neuen Modus auf. Bei manchen Transaktionen wird sich der Debugger schon beim Start öffnen.
4. Lassen Sie sich wie in Abbildung 5.13 die Variable EXIT_NAME anzeigen (z. B. durch einen Doppelklick auf EXIT_NAME oder durch das Eintragen ihres Namens in der Variablenschnellanzeige).
5. Nun lesen Sie in der Spalte **Wert**, welches BAdI gerade aufgerufen wurde. Diesen Namen können Sie sich notieren und anschließend in Transaktion SE18 analysieren, ob das BAdI für Ihre Anforderung geeignet ist.

6. Springen Sie anschließend so lange mit der Schaltfläche **Weiter** oder [F8] zum nächsten Breakpoint weiter, bis alle BAdIs aufgerufen wurden oder Sie das passende BAdI an der gewünschten Stelle gefunden haben.

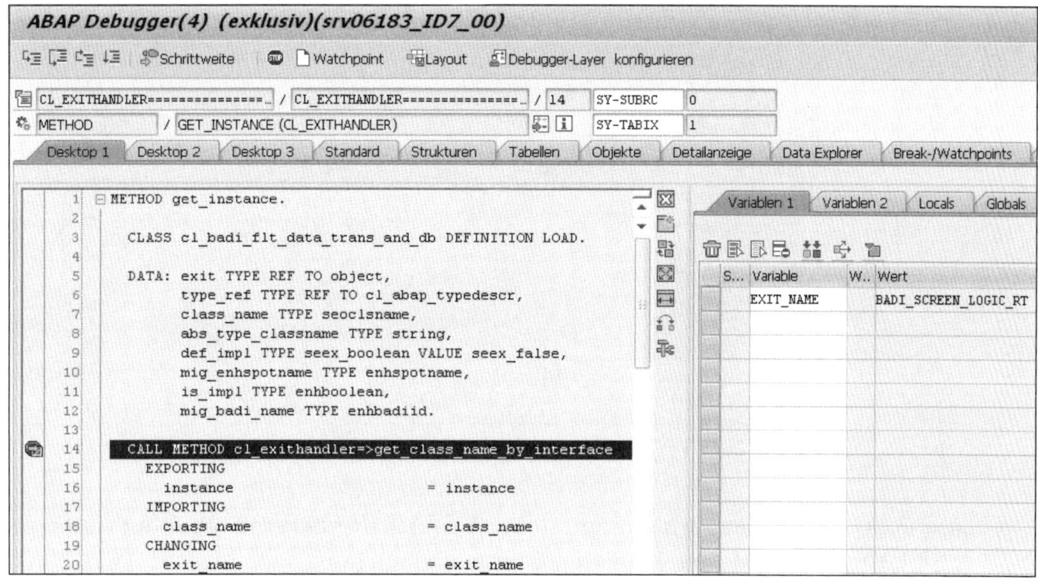

Abbildung 5.13 Aufrufstelle eines klassischen BAdIs im Debugger

5.4 Filtersteuerung

Mithilfe von Filtern wird dafür gesorgt, dass zu einem BAdI zwar mehr als eine Implementierung angelegt werden kann, aber zur Laufzeit nur diejenigen Implementierungen geladen und ausgeführt werden, auf die die konkreten Filterwerte zutreffen. Dies betrifft sowohl BAdIs, die mehrfach verwendbar sind, als auch BAdIs, die nur einfach verwendbar sind. So eine Filtersteuerung wird z. B. häufig verwendet, wenn an einem Standort (Land) eines Unternehmens eine bestimmte Implementierung des BAdIs ausgeführt werden soll.

Filter anzeigen

Wenn in einer BAdI-Definition Filter definiert wurden, werden diese auf der Registerkarte **Eigenschaften** dargestellt, wie in Abbildung 5.14 gezeigt. In der BAdI-Definition `WIND_ADDITIONAL_DATA` ist beispielsweise die Eigenschaft **filterabhängig** aktiviert. Dies bedeutet, dass bei der Implementierung dieses BAdIs ein Filterwert angegeben werden muss. Art und Länge dieses Filterwertes hängen von dem im Feld **Filtertyp** hinterlegten Wert ab. In Abbildung 5.14 ist hier das Datenelement `BLTYP` (Datentyp `CHAR` der Länge 2) mit der gleichartigen Domäne hinterlegt.

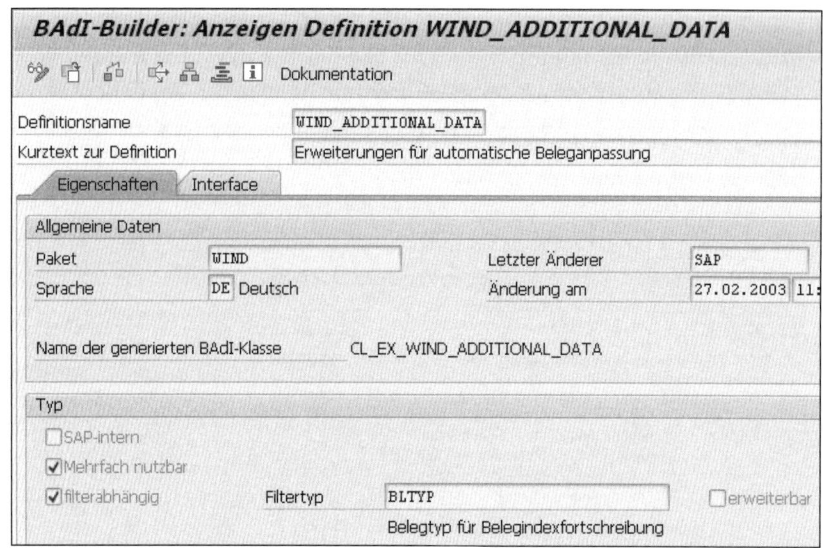

Abbildung 5.14 Anzeige der Filterabhängigkeit eines klassischen BAdIs

Importparameter FLT_VAL

Zusätzlich wird aufgrund der Eigenschaft **filterabhängig** jeder Interface-Methode automatisch der Importparameter FLT_VAL zugeordnet. Dadurch kann sich letztlich jede Implementierung nach dem mitgegebenen Filterwert richten. Abbildung 5.15 zeigt diesen Importparameter FLT_VAL in der einzigen Methode MAINTAIN_ADDITIONAL_DATA unseres BAdI-Interface.

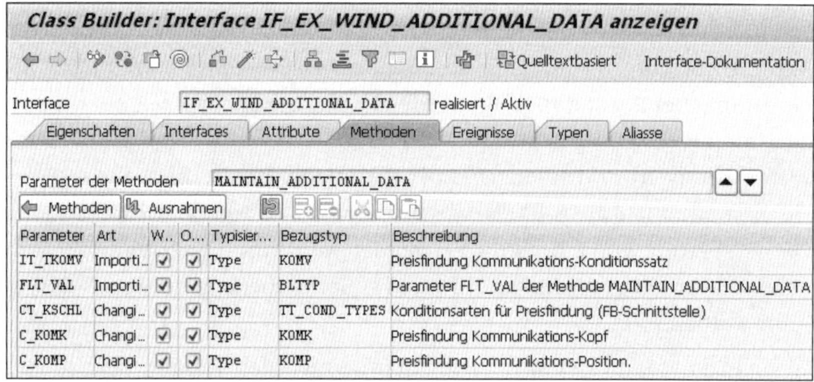

Parameter	Art	W..	O...	Typisier...	Bezugstyp	Beschreibung
IT_TKOMV	Importi...	✓	✓	Type	KOMV	Preisfindung Kommunikations-Konditionssatz
FLT_VAL	Importi...	✓	✓	Type	BLTYP	Parameter FLT_VAL der Methode MAINTAIN_ADDITIONAL_DATA
CT_KSCHL	Changi...	✓	✓	Type	TT_COND_TYPES	Konditionsarten für Preisfindung (FB-Schnittstelle)
C_KOMK	Changi...	✓	✓	Type	KOMK	Preisfindung Kommunikations-Kopf
C_KOMP	Changi...	✓	✓	Type	KOMP	Preisfindung Kommunikations-Position.

Abbildung 5.15 Importparameter FLT_VAL in einer Interface-Methode eines klassischen BAdIs

Festwerte

Sind zu der Domäne Festwerte oder eine Wertetabelle hinterlegt, werden die Filterwerte mit diesen Werten abgeglichen. Abbildung 5.16 zeigt dies beispielhaft für die Domäne BLTYP. Das bedeutet, dass Sie bei der Implementierung des BAdIs nur die Werte aus dieser Liste dieser Domäne angeben können. Wird ein anderer Wert verwendet, wird eine Fehlermeldung ausgegeben, dass der von Ihnen eingegebene Wert ungültig ist. Die Domäne hat hier also eine Kontrollfunktion, damit bei der Ausprägung des Filters keine falschen Werte angegeben werden können.

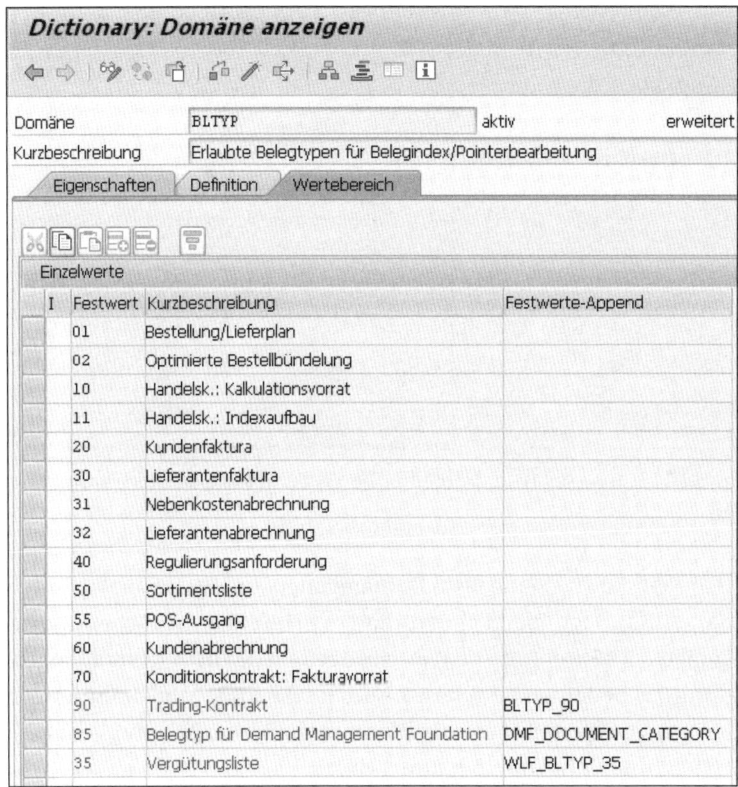

Abbildung 5.16 Festwerte von Domänen

Zusätzlich gibt es noch die Eigenschaft **erweiterbar**, die Sie in Abbildung 5.14 hinter dem Feld **Filtertyp** im Bereich **Typ** finden. Ist diese Eigenschaft aktiviert, bedeutet das, dass Sie beim Ausprägen der BAdI-Implementierung einen neuen Filterwert eingeben können. Sie erhalten in diesem Fall also keine Fehlermeldung, dass dieser Wert nicht existiert, sondern der neue Filterwert wird beim Speichern der BAdI-Implementierung automatisch der in der Domäne hinterlegten Wertetabelle hinzugefügt.

Filterwerte ausprägen

Das Ausprägen von Filterwerten findet im Rahmen der BAdI-Implementierung ebenfalls auf der Registerkarte **Eigenschaften** statt. Dort wird eine Tabelle angeboten, in der Sie die Definition der Filterwerte ausprägen können (siehe Abbildung 5.17). Hierzu müssen Sie lediglich auf die Schaltfläche

Zeile einfügen (▤) über der Tabelle klicken und im angezeigten Pop-up-Fenster in der ersten Spalte den gewünschten Wert eintragen.

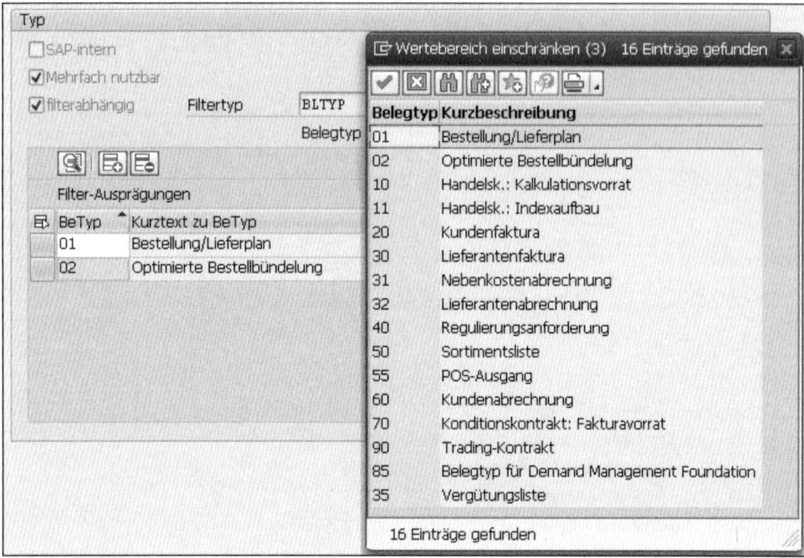

Abbildung 5.17 Filterwerte in der Implementierung eines klassischen BAdIs ausprägen

Ist wie in diesem Beispiel eine feste Domäne oder eine Wertetabelle hinter der Domäne hinterlegt, bietet Ihnen die [F4]-Hilfe die möglichen Werte zum Ausprägen des Filters an. Die Werte in der Tabelle **Filter-Ausprägungen** in Abbildung 5.17 bedeuten beispielsweise, dass die BAdI-Implementierung für den Belegtyp 01 (Bestellung/Lieferplan) sowie für den Belegtyp 02 (Optimierte Bestellbündelung) durchgeführt wird.

5.5 Menüerweiterungen

Menüerweiterungen gab es bereits mit den Customer Exits. Auch mit den klassischen BAdIs steht diese Art der Erweiterung zur Verfügung. Ziel dieser Menüerweiterungen ist es, den GUI-Status eines Dynpros um neue, eigene Funktionseinträge zu erweitern.

Beispiel: erweiterte Funktionsleiste

Abbildung 5.18 zeigt einen so erweiterten GUI-Status der Transaktion CV02N (Dokument ändern). Die Schaltflächen **Meine Funktion 1**, **Meine Funktion 2**, **Meine Funktion 3** in der Funktionsleiste wurden hier mithilfe eines klassischen BAdIs hinzugefügt.

Zusätzlich erscheinen diese neuen Funktionen auch innerhalb des Hauptmenüs **Springen**, wie in Abbildung 5.19 gezeigt.

Abbildung 5.18 Beispielhafte Erweiterung der Funktionsleiste der Transaktion CV02N

Abbildung 5.19 Beispielhafte Erweiterung des Hauptmenüs der Transaktion CV02N

5.5.1 Funktionscode und GUI-Status der Menüerweiterung finden

Menüerweiterungen anzeigen

Wenn in einer BAdI-Definition Menüerweiterungen definiert wurden, werden diese auf der Registerkarte **FCodes** innerhalb der BAdI-Definition angezeigt. In der in Abbildung 5.20 gezeigten BAdI-Definition wurden beispielsweise insgesamt sechs Funktionscodes für das Programm SAPLCV110 definiert (dabei handelt es sich um das Programm, das von den Transaktionen CV01N, CV02N und CV03N ausgeführt wird).

Diese drei Platzhalter (die immer mit »+« anfangen) können Sie durch Ihre eigenen drei Funktionscodes ersetzen. Hierzu ist es zunächst wichtig herauszufinden, wo im GUI-Status diese Funktionscodes eigentlich vorkommen. In diesem Beispiel sind die ersten drei Funktionscodes +D100_CU1, +D100_CU2 und +D100_CU3 nur in der Anlegen-Transaktion CV01N definiert, während die Funktionscodes +D101_CU1, +D101_CU2 und +D101_CU3 nur in der Ändern-Transaktion vorkommen. Wie Sie dies erkennen können, erläutere ich Ihnen im Folgenden.

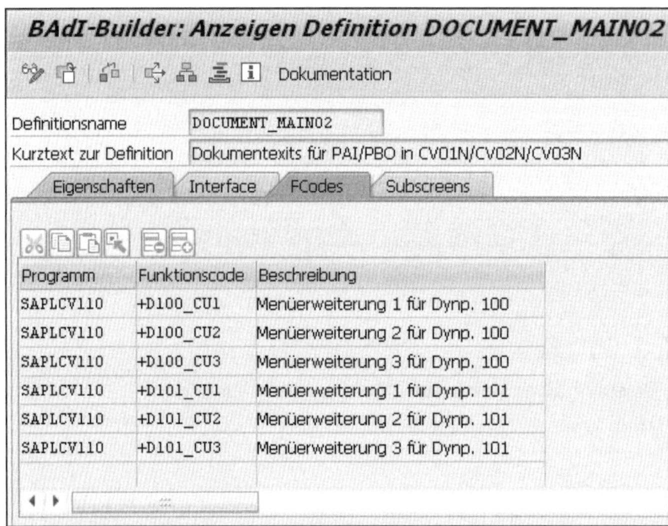

Abbildung 5.20 Hinterlegte Funktionscodes in einer klassischen BAdI-Definition

Funktionstexte

Durch einen Doppelklick auf eine dieser sechs definierten Menüerweiterungen gelangen Sie zu den Funktionstexten der zugehörigen Oberfläche, die Sie in Abbildung 5.21 sehen können.

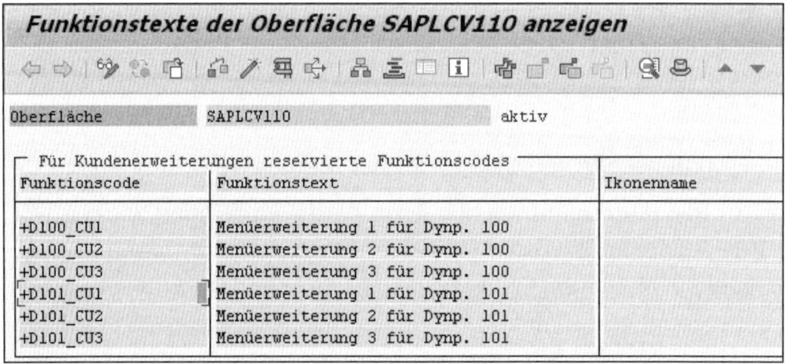

Abbildung 5.21 Funktionstexte zu den hinterlegten Funktionscodes

GUI-Status anzeigen

Klicken Sie mit der linken Maustaste auf einen der Funktionscodes (in Abbildung 5.21 z. B. auf den Funktionscode `+D101_CU1`), können Sie anschließend über den Pfad **Springen • Aktueller Status** im Hauptmenü zum zugehörigen GUI-Status wechseln. In Abbildung 5.22 sehen Sie diesen Status `D101CHANGE`.

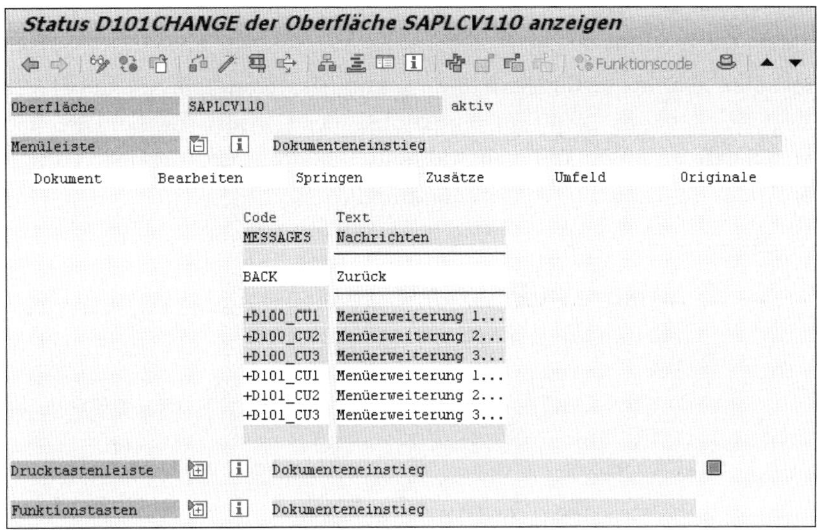

Abbildung 5.22 Hinterlegte Platzhalterfunktionscodes im Status D101CHANGE

Anhand des Namens des GUI-Status D101CHANGE ließe sich bereits erahnen, dass der ausgewählte Funktionscode in der Ändern-Transaktion definiert sein muss. Verifizieren können Sie dies, indem Sie die Transaktion CV02N aufrufen, dort ein Dokument zur Pflege öffnen und sich über den Menüpfad **System • Status** den dahinterliegenden GUI-Status anzeigen lassen. Abbildung 5.23 stellt diesen Status für diese Transaktion dar. Im Feld **Oberflächenstatus** finden Sie hier den GUI-Status D101CHANGE wieder.

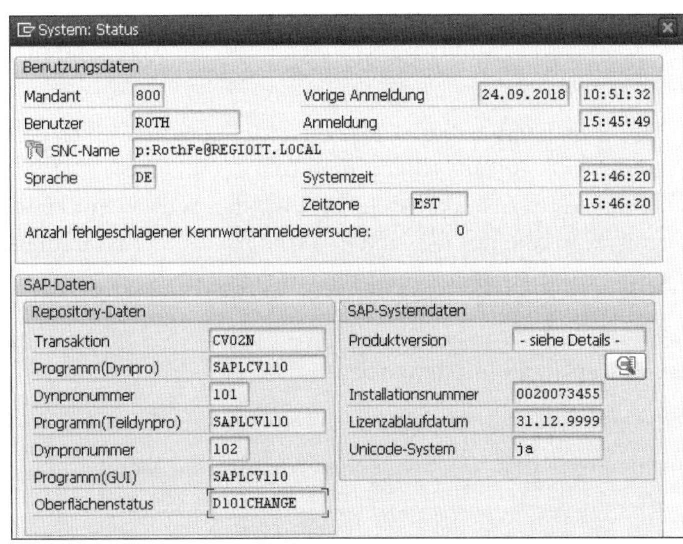

Abbildung 5.23 Anzeige des Status der Transaktion CV02N

Position der Funktionscodes

Klicken Sie doppelt auf diesen GUI-Status D101CHANGE, um zu sehen, wie SAP die Funktionscodes platziert hat. Gehen Sie dazu die einzelnen Bereiche **Menüleiste**, **Drucktastenleiste** und **Funktionstasten** durch. Abbildung 5.22 zeigt die von uns gesuchten Funktionscodes beispielsweise im Bereich **Menüleiste** im Menü **Springen**, während Abbildung 5.24 dieselben Funktionscodes im Bereich **Drucktastenleiste** zeigt.

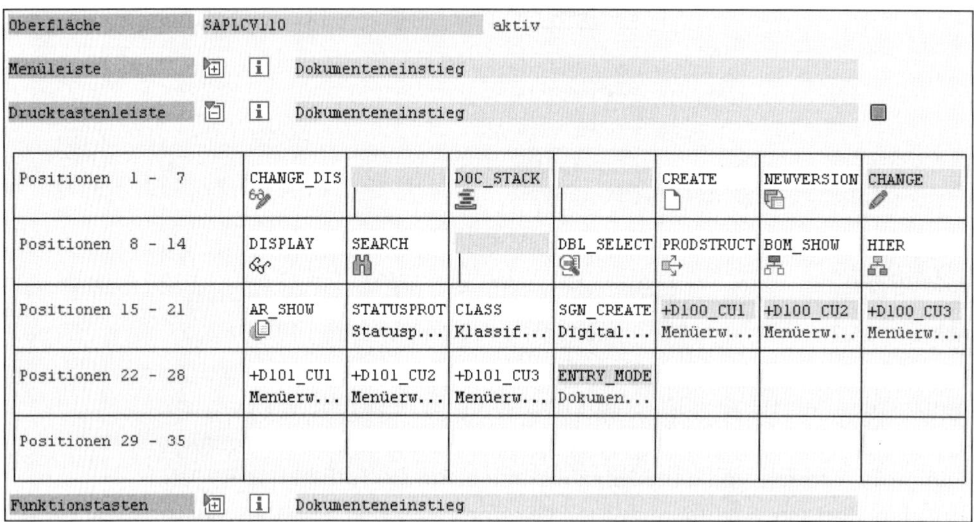

Abbildung 5.24 Hinterlegte Platzhalterfunktionscodes in der Drucktastenleiste

Wenn Sie nun beispielsweise den Funktionscode +D101_CU1 ausprägen, wird dieser unter dem Hauptmenü **Springen** als auch in der Drucktastenleiste angezeigt. Wie Sie solche Funktionscodes implementieren, zeige ich Ihnen im folgenden Abschnitt.

Je nach BAdI-Definition können diese Funktionscodes unterschiedlich heißen, in unterschiedlicher Anzahl vorkommen und auch komplett unterschiedlich innerhalb eines GUI-Status platziert worden sein. Wenn keine Funktionscodes als Platzhalter mit »+« innerhalb eines GUI-Status definiert wurden, können Sie diesen GUI-Status auch nicht erweitern.

5.5.2 Menüerweiterungen implementieren

Menüerweiterungen werden in zwei Schritten implementiert:

1. Sie müssen die Texte und gegebenenfalls Icons für die Menüeinträge definieren.
2. Sie müssen die Logik für den Menüeintrag in der bereitgestellten Methode implementieren.

Funktionstext definieren

Abbildung 5.25 zeigt, wie Sie Menüerweiterungen in einer BAdI-Implementierung ausprägen können. Die Implementierung ist hierbei denkbar einfach: Tragen Sie auf der Registerkarte **FCodes** im BAdI-Builder in der Spalte **Funktionstext** mindestens einen Text für die Platzhalter ein, und bestätigen Sie Ihre Eingabe mit [↵].

Abbildung 5.25 Hinterlegte Funktionscodes mit Funktionstexten ausprägen

Icon definieren

Zusätzlich können Sie für Ihre Funktion ein Icon und einen Icon-Text sowie einen Hinweis (der angezeigt wird, wenn Sie mit der Maus über die Schaltfläche fahren) hinterlegen.

Namen der Icons

Die Namen von Icons können Sie über die Transaktion ICON herausfinden. Verwenden Sie den Namen, der in der Transaktion in der zweiten Spalte angezeigt wird.

Die für eine Funktion hinterlegten Texte und Icons können Sie etwas besser sehen, wenn Sie auf einen der Einträge doppelt klicken bzw. einen Eintrag auswählen und anschließend auf die darunter befindliche Schaltfläche **Texte** klicken. Abbildung 5.26 stellt diese Detailansicht dar.

Nach dem **Aktivieren** (🖉) der BAdI-Implementierung können Sie die so hinzugefügten Funktionstexte bereits in Transaktion CV02N sehen, wie eingangs in Abbildung 5.18 gezeigt. Natürlich steht hinter diesen neuen Funktionen noch keine Logik. Wenn Sie also auf eine der Schaltflächen klicken, wird nichts passieren.

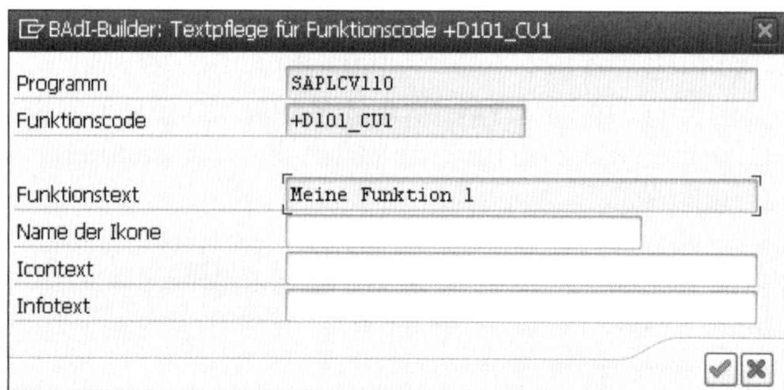

Abbildung 5.26 Detailansicht eines hinterlegten Funktionscodes

Funktionslogik implementieren

Zur Implementierung der Logik muss die BAdI-Definition im Interface entsprechende Methoden bereitstellen. Schauen Sie sich diese Interface-Methoden des hier vorgestellten BAdIs an, sehen Sie, dass das BAdI mehrere Methoden für mehrere Funktionscodes und Zeitpunkte bereitstellt (siehe Abbildung 5.27). Letztlich wird für jeden Funktionscode eine separate Methode angeboten, für den Funktionscode +D101_CU1 beispielsweise die Methode D101_PAI_CU1. In manchen BAdI-Interfaces wird auch nur eine Methode bereitgestellt. Der aktuelle Funktionscode wird dann als Parameter in dieser Methode übergeben.

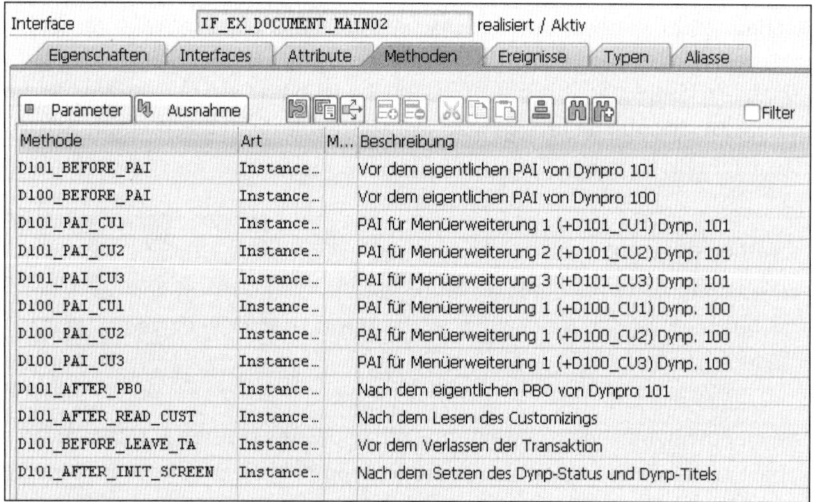

Methode	Art	M...	Beschreibung
D101_BEFORE_PAI	Instance...		Vor dem eigentlichen PAI von Dynpro 101
D100_BEFORE_PAI	Instance...		Vor dem eigentlichen PAI von Dynpro 100
D101_PAI_CU1	Instance...		PAI für Menüerweiterung 1 (+D101_CU1) Dynp. 101
D101_PAI_CU2	Instance...		PAI für Menüerweiterung 2 (+D101_CU2) Dynp. 101
D101_PAI_CU3	Instance...		PAI für Menüerweiterung 3 (+D101_CU3) Dynp. 101
D100_PAI_CU1	Instance...		PAI für Menüerweiterung 1 (+D100_CU1) Dynp. 100
D100_PAI_CU2	Instance...		PAI für Menüerweiterung 1 (+D100_CU2) Dynp. 100
D100_PAI_CU3	Instance...		PAI für Menüerweiterung 1 (+D100_CU3) Dynp. 100
D101_AFTER_PBO	Instance...		Nach dem eigentlichen PBO von Dynpro 101
D101_AFTER_READ_CUST	Instance...		Nach dem Lesen des Customizings
D101_BEFORE_LEAVE_TA	Instance...		Vor dem Verlassen der Transaktion
D101_AFTER_INIT_SCREEN	Instance...		Nach dem Setzen des Dynp-Status und Dynp-Titels

Abbildung 5.27 Die im BAdI-Interface hinterlegten Methoden für die Behandlung der Funktionscodes

Methode D101_PAI_CU1

In Abbildung 5.28 sehen Sie die Methode D101_PAI_CU1. Über die Schaltfläche **Signatur** in der Funktionsleiste können Sie sich die Parameter der Methode anzeigen lassen. In dieser Methode wird vor allem der aktuelle

Dokumentendatensatz übergeben (in den Parametern DRAW, DRAT, DRAD, DRAP, DRAZ und DOCFILES). Diese Parameter können Sie für Ihre Implementierung verwenden.

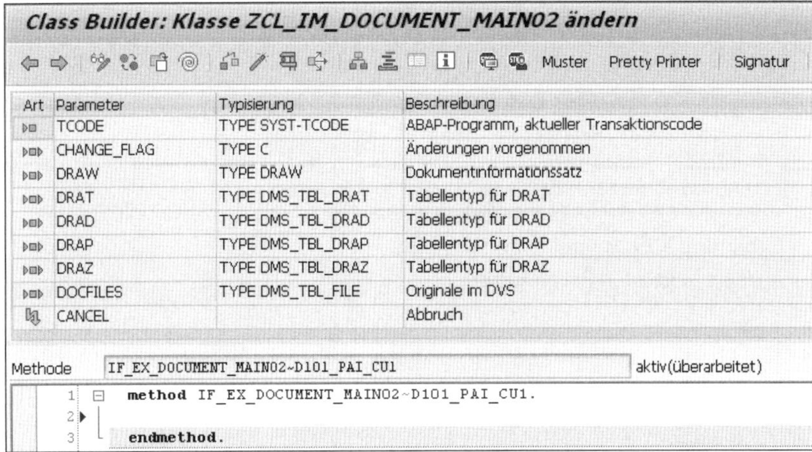

Abbildung 5.28 Parameter der Methode D101_PAI_CU1 zur Behandlung des Funktionscodes +D101_CU1

Ob dies wirklich die richtige Methode zur Implementierung der Funktionslogik ist, können Sie verifizieren, indem Sie die Methode implementieren und aktivieren. Setzen Sie anschließend einen Breakpoint in der Methode, rufen Sie die erweiterte Transaktion auf, und klicken Sie dort auf die neue Funktion. Haben Sie die richtige Methode implementiert, muss der Debugger starten. Sie haben damit erfolgreich eine Menüerweiterung mithilfe eines klassischen BAdIs implementiert.

5.5.3 Menüerweiterungen finden

Suche über Programmnamen

Menüerweiterungen lassen sich relativ komfortabel über den Namen des Programms finden, das von der Transaktion ausgeführt wird, deren Menü Sie erweitern möchten:

1. Öffnen Sie die Transaktion, die Sie erweitern möchten, z. B. die Transaktion CV02N.
2. Klicken Sie unten rechts in der Statusleiste auf den kleinen nach unten zeigenden Pfeil. Dadurch öffnet sich das in Abbildung 5.29 dargestellte Kontextmenü.
3. Merken Sie sich den hier angezeigten Namen des Programms, und öffnen Sie die Transaktion SE16N (Allgemeine Tabellenanzeige).

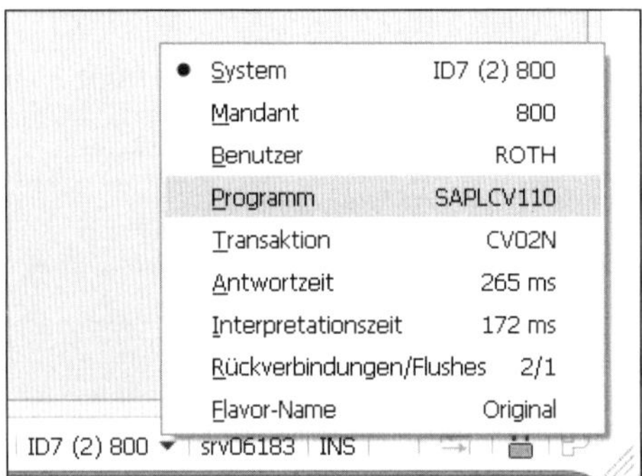

Abbildung 5.29 Herausfinden des hinter der Anzeige liegenden Programms

4. Tragen Sie in die Selektionsmaske der Transaktion SE16N, wie in Abbildung 5.30 gezeigt, im Eingabefeld **Tabelle** die Tabelle »SXS_FCODE« ein.

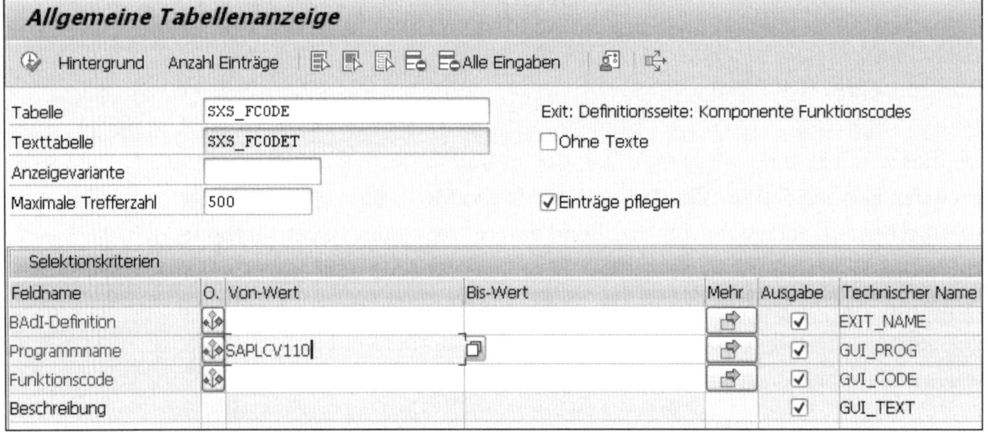

Abbildung 5.30 Suche nach Menüerweiterungen in der Tabelle SXS_FCODE

5. Tragen Sie zusätzlich unter **Programmname** das entsprechende Programm ein.
6. Nach dem **Ausführen** (⊕) der Transaktion SE16N werden Ihnen alle in diesem Programm verfügbaren Menüerweiterungen angezeigt (falls welche vorhanden sind). In der ersten Spalte **BAdI-Definition** steht der Name der BAdI-Definition, in der die jeweilige Menüerweiterung zu finden ist (siehe Abbildung 5.31).

Diese so gefundenen BAdI-Definition können Sie nun in Transaktion SE18 analysieren und, falls gewünscht, implementieren.

SXS_FCODE: Anzeige der gefundenen Einträge

Zu durchsuchende Tabelle	SXS_FCODE	Exit: Definitionsseite: Komponente Funktionscodes	
Anzahl Treffer	6		
Laufzeit	0	Maximale Trefferzahl	500

BAdI-Definition	Programm	Funktion	Beschreibung
DOCUMENT_MAIN02	SAPLCV110	+D100_CU1	Menüerweiterung 1 für Dynp. 100
DOCUMENT_MAIN02	SAPLCV110	+D100_CU2	Menüerweiterung 2 für Dynp. 100
DOCUMENT_MAIN02	SAPLCV110	+D100_CU3	Menüerweiterung 3 für Dynp. 100
DOCUMENT_MAIN02	SAPLCV110	+D101_CU1	Menüerweiterung 1 für Dynp. 101
DOCUMENT_MAIN02	SAPLCV110	+D101_CU2	Menüerweiterung 2 für Dynp. 101
DOCUMENT_MAIN02	SAPLCV110	+D101_CU3	Menüerweiterung 3 für Dynp. 101

Abbildung 5.31 Anzeige der gefundenen Menüerweiterung in der Tabelle SXS_FCODE

5.6 Screenerweiterung

Bei Screenerweiterungen geht es um die Erweiterung der Oberfläche von Standardtransaktionen. Hierbei dreht es sich immer um einen vordefinierten Subscreenbereich auf einem Dynpro innerhalb dieser Transaktionen. In diesem Subscreenbereich kann zur Laufzeit ein von Ihnen frei definiertes Dynpro geladen werden.

Screenerweiterungen anzeigen

Wenn in einer klassischen BAdI-Definition Screenerweiterungen von SAP definiert wurden, werden diese im BAdI-Builder auf der Registerkarte **Subscreens** angezeigt (siehe Abbildung 5.32). In der Liste dieser Screenerweiterungen wird angegeben, welches Programm (hier SAPMF05A) das zu erweiternde Dynpro (hier 1300) enthält. Außerdem wird angegeben, welcher Subscreenbereich (hier APPL_SUB) sich auf diesem Dynpro befindet.

BAdI-Builder: Anzeigen Definition FI_HEADER_SUB_1300

Dokumentation

Definitionsname	FI_HEADER_SUB_1300
Kurztext zur Definition	Screen Erweiterung für Belegkopf SAPMF05A

Eigenschaften | Interface | Subscreens

Rufendes Programm	Dyn-Nr	Subscreen-Bereich	Beschreibung
SAPMF05A	1300	APPL_SUB	Erweiterung Belegkopf

Abbildung 5.32 Hinterlegte Screenerweiterung in der Definition eines klassischen BAdIs

Implementierungsschritte

Bevor ich Ihnen an einem Beispiel Schritt für Schritt zeige, wie Sie eine solche Screenerweiterung für ein klassisches BAdI implementieren können, gebe ich Ihnen einen Überblick über die erforderlichen Schritte. Die Implementierung erfolgt innerhalb einer BAdI-Implementierung in zwei Schritten:

1. Der Subscreen und das Programm, das den Subscreen enthält, müssen angegeben werden. Außerdem muss definiert werden, welcher Subscreen in den Platzhalterbereich geladen werden soll. Dafür stehen in der BAdI-Implementierung auf der Registerkarte **Subscreens** zwei leere Spalten zur Eingabe des Subscreens zur Verfügung.
2. Die Logik für den Subscreen muss in den bereitgestellten Interface-Methoden des BAdIs implementiert werden. Es existieren im Standardfall eine Methode zum Lesen der Daten vom Subscreen und eine Methode zum Setzen der Daten auf dem Subscreen. Diese Methoden heißen immer unterschiedlich, sind in der Regel aber anhand ihrer Namen bzw. anhand ihrer Kurzbeschreibungen identifizierbar. In Abbildung 5.33 finden Sie Beispiele für solche Methoden.

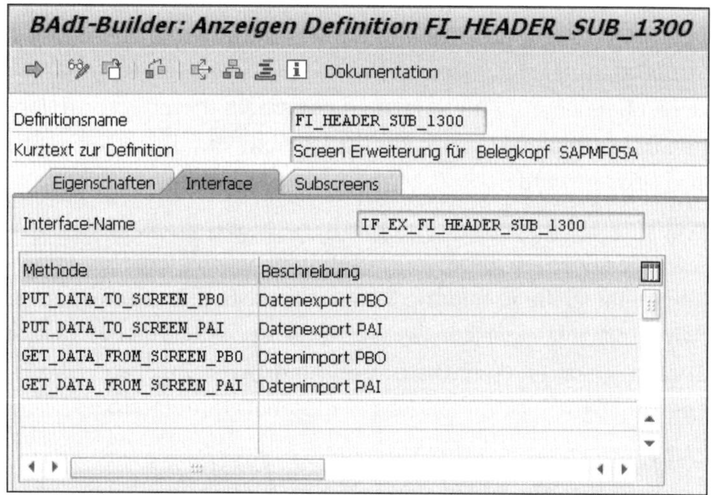

Abbildung 5.33 Bereitgestellte Interface-Methoden zur Behandlung der Screenerweiterung

Spezialfall einer programmatischen Screenerweiterung

Es kommt sehr häufig vor, dass die Registerkarte **Subscreens** keine Einträge enthält, das BAdI aber dennoch eine Screenerweiterung anbietet. Ist dies der Fall, existiert anstelle dieser Einträge eine separate Methode, in der Sie den Subscreen im Programmcode angeben müssen.

Eine solche Methode ist vor allem bei BAdIs zu finden, über die zusätzliche Registerkarten hinzugefügt werden können. In der Tabelle auf der Registerkarte **Subscreens** ließe sich nur ein Dynpro eintragen, während in der Methode eine Menge an Dynpros zurückgegeben werden kann. Auf diese Art und Weise könnte also nicht nur eine neue Registerkarte, sondern es könnten gleich mehrere neue Registerkarten aktiviert werden.

Den neuen Subscreen müssen Sie in einer Funktionsgruppe anlegen. Wie Sie dabei vorgehen, erkläre ich ausführlich im folgenden Abschnitt. Die Aufrufe der Funktionsbausteine zur Übertragung der Daten in die Funktionsgruppe finden sich bei klassischen BAdIs in der Regel in der Ablauflogik des Dynpros, d. h. im PBO- und PAI-Modul (Process Before Output bzw. Process After Input). Diese Module werden vor und nach der Anzeige des Dynpros aufgerufen.

[+]

Alternative Implementierungsmöglichkeit

Eine Alternative zu der im folgenden Abschnitt vorgestellten Implementierung im PAI- und PBO-Modul des Dynpros können Sie im Rahmen des Beispiels für Screenerweiterungen mit neuen BAdIs in Abschnitt 11.4 finden. Dort werden wir mit zwei zusätzlichen Funktionsbausteinen dafür sorgen, dass die Daten an den Subscreen übergeben und auch wieder ausgelesen werden.

Datenübertragung

Vor der Anzeige Ihres Subscreens werden die aktuellen Daten aus dem BAdI beschafft. Nach der Verarbeitung Ihres Subscreens werden die vom Anwender eingegeben Daten wieder zurück an das BAdI übertragen. Hier nimmt das SAP-System diese Daten entgegen, um sie zu verbuchen.

Hier liegt ein großer Vorteil der Screenerweiterungen: Es werden die Standardstrukturen der Datenbanktabellen verwendet, die über die SAP-Standardlogik der betreffenden Transaktionen gelesen und geändert werden. Dieselben Strukturen stehen Ihnen innerhalb der Interface-Methoden als Parameter zur Verfügung. Wenn Sie also eine Datenbanktabelle um ein Feld erweitern, bedeutet dies, dass dieses Feld automatisch in das BAdI durchgereicht wird. Befüllen Sie dieses Feld über die Screenerweiterung mit einem Wert, kümmert sich die Standardtransaktion automatisch darum, diesen Wert auch auf die Datenbank zu speichern. Sie müssen sich also nicht extra um das Speichern der Daten in zusätzlichen Feldern kümmern.

Auch von dieser Regel gibt es allerdings Ausnahmen, bei denen die Daten nicht automatisch übernommen werden. Dies betrifft vor allem ältere

Transaktionen. Im folgenden Abschnitt zeige ich Ihnen dies an einem konkreten Beispiel.

5.6.1 Screenerweiterungen implementieren

Beispiel: neues Eingabefeld

Ziel des in diesem Abschnitt gezeigten Beispiels ist es, in Transaktion FB50 (Sachkontenbeleg erfassen) ein neues Eingabefeld **Zusatz** auf der Registerkarte **Grunddaten** anzuzeigen. Das Ergebnis sehen Sie in Abbildung 5.34.

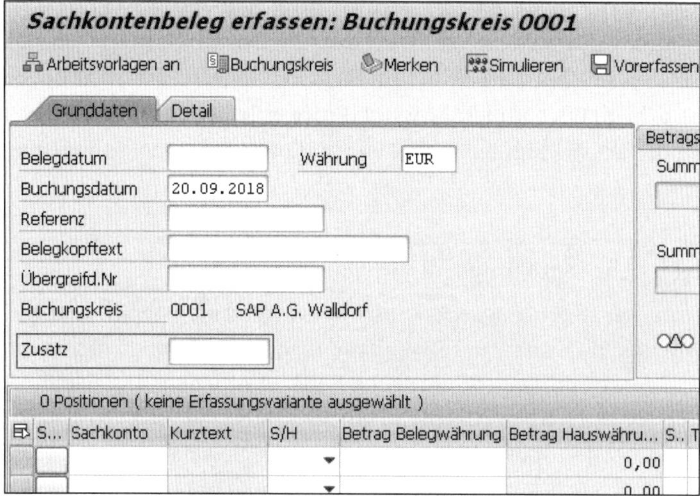

Abbildung 5.34 Anzeige eines neuen Eingabefeldes in Transaktion FB50 durch die Implementierung eines klassischen BAdIs

Einträge in dieses Feld **Zusatz** sollen beim Speichern in die Datenbanktabelle BKPF (Belegköpfe für die Buchhaltung) geschrieben und beim Anzeigen eines Auftrags auch wieder von der Datenbank gelesen werden. Dazu verwenden wir das klassische BAdI FI_HEADER_SUB_1300, dessen Implementierung ich Ihnen im Folgenden Schritt für Schritt zeige. Zur Implementierung dieses BAdIs sind zwei Schritte nötig:

1. neues Feld mit dem Subscreen hinzufügen
2. Subscreen mit Daten füllen und wieder auslesen

Neues Feld mit dem Subscreen hinzufügen

Teilschritte

Um das neue Feld mit dem Subscreen hinzuzufügen, müssen Sie die folgenden Schritte durchführen:

1. eine Funktionsgruppe anlegen
2. in dieser Funktionsgruppe einen Subscreen anlegen

3. das Layout des Subscreens ausprägen
4. BAdI-Implementierung anlegen
5. das Hauptprogramm und den Subscreen in die BAdI-Implementierung eintragen

Funktionsgruppe anlegen

Legen Sie in Transaktion SE80 eine neue Funktionsgruppe an, wie in Abbildung 5.35 gezeigt. Vergessen Sie nicht, Ihre Funktionsgruppe zu **Aktivieren** (✎).

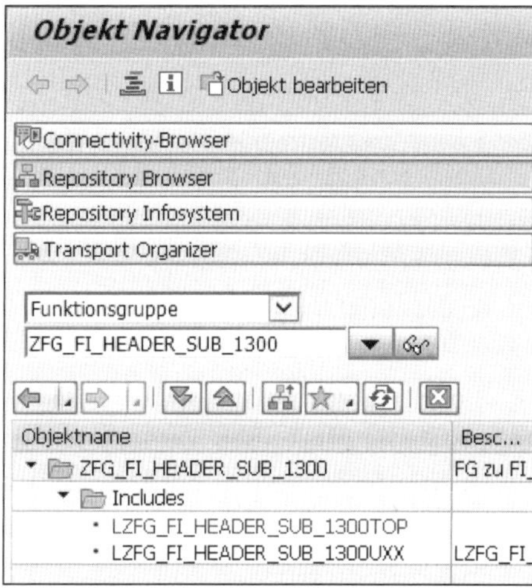

Abbildung 5.35 Anlegen einer neuen Funktionsgruppe in Transaktion SE80

Subscreen anlegen

Legen Sie innerhalb der Funktionsgruppe ein neues Dynpro an. Klicken Sie hierzu mit der rechten Maustaste auf den Ordner der Funktionsgruppe (in Abbildung 5.35 ist das die Funktionsgruppe `ZFG_FI_HEADER_SUB_1300`), und wählen Sie im Kontextmenü den Eintrag **Anlegen • Dynpro**. Vergeben Sie eine Nummer für das neue Dynpro, z. B. die Nummer »2000«.

Auf der Registerkarte **Eigenschaften** des Dynpros (siehe Abbildung 5.36) müssen Sie nun eine **Kurzbeschreibung** eingeben und als **Dynprotyp** die Option **Subscreen** auswählen.

[!]

Dynprotyp »Subscreen«

Wenn Sie vergessen, den Dynprotyp **Subscreen** auszuwählen, werden Anwender beim Aufruf der neuen Registerkarte in der Bestelltransaktion einen Laufzeitfehler mit der Meldung erhalten, dass das Dynpro falsch definiert ist oder bereits verwendet wird.

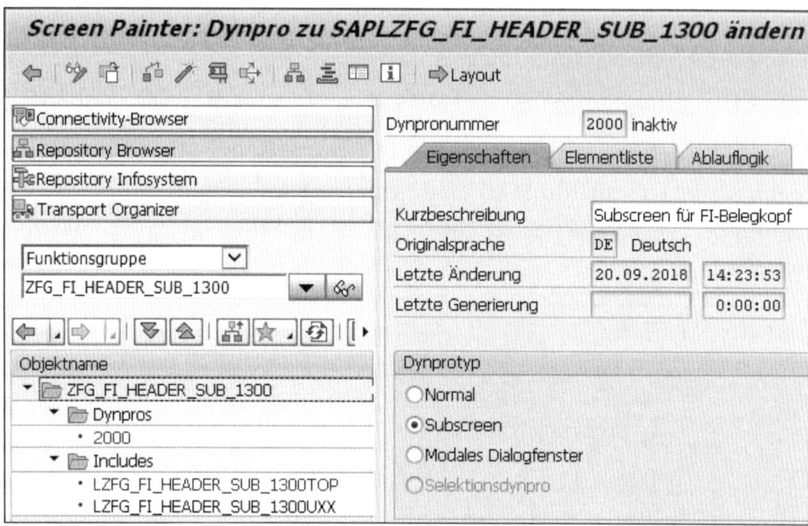

Abbildung 5.36 Einen Subscreen innerhalb der Funktionsgruppe anlegen

Layout des Subscreens ausprägen

Wechseln Sie über die Schaltfläche **Layout** in der Funktionsleiste in den Screen Painter, und legen Sie ein Feld mit dem technischen Namen ZZUSATZ an. Fügen Sie außerdem einen Text hinzu, um das Feld wie in Abbildung 5.37 zu beschreiben.

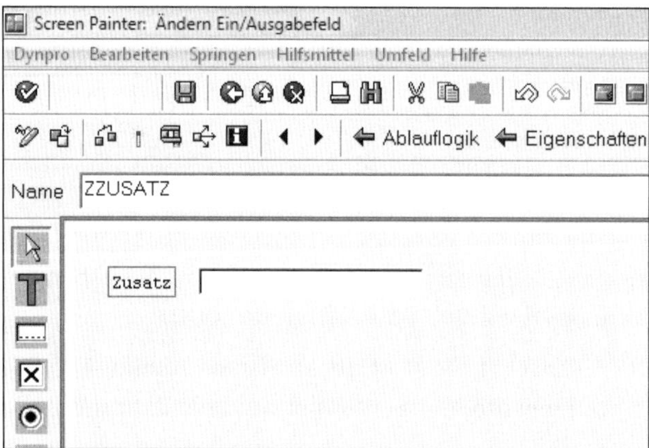

Abbildung 5.37 Layouts des Subscreens ausprägen

Es empfiehlt sich, für das Eingabefeld auch die Eigenschaft **Groß- und Kleinschreibung** zu aktivieren, da ansonsten alle Eingaben in dieses Feld immer in Großbuchstaben konvertiert werden. **Aktivieren** (icon) Sie Ihr Dynpro abschließend.

BAdI-Implementierung anlegen

Legen Sie als Nächstes eine Implementierung zu der Definition des klassischen BAdIs an. Gehen Sie dabei vor, wie in Abschnitt 5.1, »Ein klassisches BAdI implementieren«, beschrieben. Orientieren Sie sich bei der Benennung Ihrer Implementierung an Abbildung 5.38. Bestätigen Sie die Anlage der Implementierung abschließend mit **Weiter** (✔).

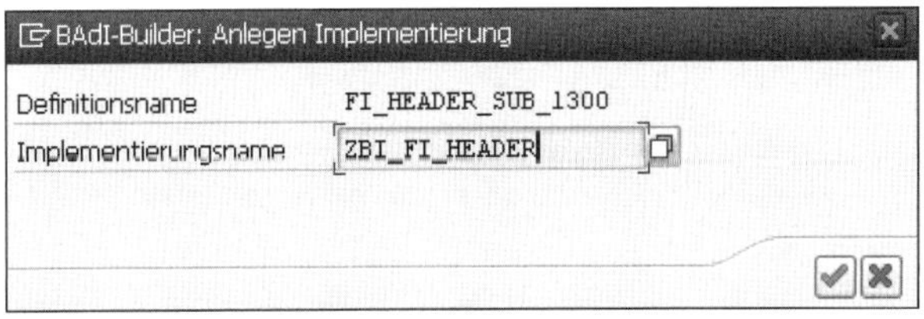

Abbildung 5.38 Anlegen einer BAdI-Implementierung

Die BAdI-Definition `FI_HEADER_SUB_1300` sieht einen Filter vor. Tragen Sie daher, wie in Abbildung 5.39 gezeigt, auf der Registerkarte **Eigenschaften** einen Filterwert ein (hier »DE« für Deutschland). Klicken Sie dazu auf die Schaltfläche **Zeile einfügen** (⊞) über der Tabelle **Filter-Ausprägungen**.

Abbildung 5.39 Ausprägen des Filters in der BAdI-Implementierung

Den Subscreen zuordnen

Im nächsten Schritt gilt es, den zuvor in der Funktionsgruppe angelegten Subscreen der BAdI-Implementierung zuzuordnen. Wechseln Sie hierfür auf die Registerkarte **Subscreens**, die Sie in Abbildung 5.40 sehen.

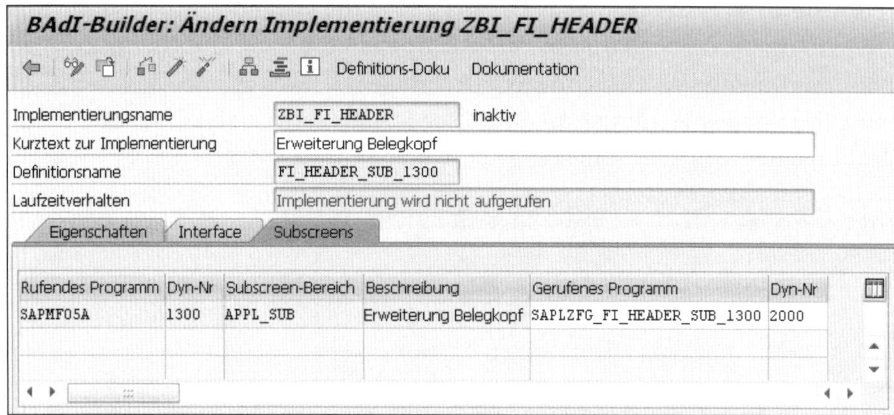

Abbildung 5.40 Zuordnen des Programms und der Dynpro-Nummer

In der Spalte **Gerufenes Programm** müssen Sie den Namen des Rahmenprogramms Ihrer Funktionsgruppe angeben. Dieser Name setzt sich wie folgt zusammen:

```
SAPL<Name Ihrer Funktionsgruppe>
```

In unserem Beispiel lautet der Name des Rahmenprogramms `SAPLZFG_FI_HEADER_SUB_1300`, da die von Ihnen angelegte Funktionsgruppe `ZFG_FI_HEADER_SUB_1300` heißt. In der Spalte **Dyn-Nr** müssen Sie die Nummer Ihrer Dynpros (hier »2000«) angeben. Speichern und aktivieren Sie Ihre BAdI-Implementierung anschließend.

Damit ist der Subscreenbereich in der Standardtransaktion FB50 bereits aktiviert und zeigt das eben definierte zusätzliche Feld an. Um dies zu überprüfen, müssen Sie lediglich die Transaktion FB50 aufrufen. Dort sollten Sie nun das neue Eingabefeld wie in Abbildung 5.34 sehen. Damit haben Sie den ersten Teil der Screenerweiterungsimplementierung erfolgreich abgeschlossen.

Subscreen mit Daten füllen und wieder auslesen

Im zweiten Hauptschritt müssen Sie sich jetzt noch darum kümmern, dass die in das neue Feld eingetragenen Daten auch gespeichert werden. Falls gewünscht, können Sie das Feld auch mit einem Wert vorbelegen. Aktuell werden durch den Anwender getätigte Eingaben noch verworfen.

Teilschritte

Um die Speicherung zu realisieren, müssen Sie die folgenden Schritte durchführen:

1. die Struktur der Tabelle BKPF um ein Feld ZZUSATZ erweitern
2. ein globales Feld in der Funktionsgruppe anlegen (mit dem gleichen Namen wie das hinzugefügte Feld ZZUSATZ) und die Beschaffung der BAdI-Instanz im PBO-Modul des Dynpros implementieren
3. die Datenversorgung im BAdI implementieren
4. die Übergabe des eingegebenen Wertes im PAI-Modul des Dynpros implementieren

Struktur der Tabelle BKPF erweitern

Legen Sie als Erstes in Transaktion SE11 eine Append-Struktur für die Tabelle BKPF an. Tragen Sie in dieser Append-Struktur ein neues Feld ZZUSATZ von Typ CHAR10 ein. Wie Sie eine Append-Struktur für eine Datenbanktabelle anlegen, habe ich in Abschnitt 2.1, »Strukturerweiterungen«, beschrieben. Die erweiterte Struktur der Datenbanktabelle sehen Sie in Abbildung 5.41.

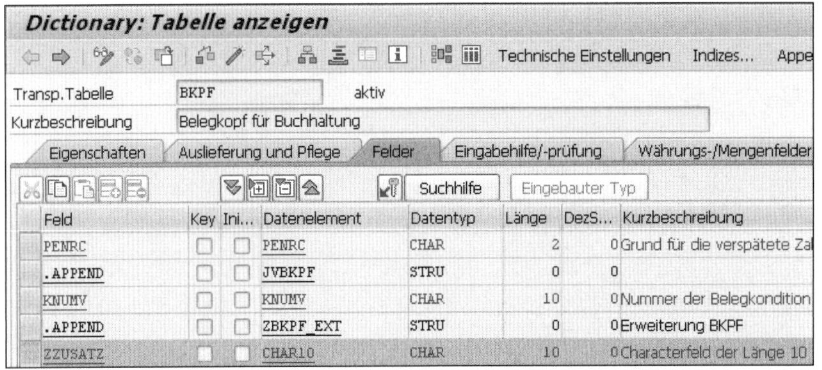

Abbildung 5.41 Die um ein Feld erweiterte Tabelle BKPF

Anlegen-Transaktion

Da es sich bei Transaktion FB50 um eine Transaktion zur Anlage (der Sachkontenbelege) handelt, wird bei einem erneuten Start der Transaktion ein bereits angelegter Beleg nicht erneut geladen. Wäre dies der Fall, würde über die Struktur BKPF der gespeicherte Wert an Ihre Erweiterung übergeben, und Sie könnten sich darum kümmern, diesen Wert auf dem Dynpro anzeigen zu lassen, z. B. in einem weiteren Zusatzfeld.

Die Erweiterung der Datenbanktabelle sorgt dafür, dass das neue Feld über die Standardschnittstelle verarbeitet wird. Wenn ein Anwender also etwas in dieses Feld eingibt und den Beleg speichert, wird der Inhalt dieses Feldes ebenfalls an die Datenbank übertragen. Dies ist möglich, da die Parameter der Interface-Methoden des BAdIs auf die Struktur BKPF zurückgreifen. Der Parameter EX_BKPF wird z. B. in der Interface-Methode GET_DATA_FROM_

SCREEN_PAI verarbeitet, die die eingegebenen Daten vom Subscreen ausliest und dem Standardprogramm übergibt.

Globales Feld in der Funktionsgruppe

Wechseln Sie als Nächstes im ABAP Editor in Ihre Funktionsgruppe und dort in das Top-Include (also das Include mit der Endung TOP). Legen Sie hier, wie in Abbildung 5.42 gezeigt, ein globales Feld ZZUSATZ vom Typ BKPF-ZZUSATZ an, also jenes Feld, um das Sie gerade die Datenbanktabelle BKPF erweitert haben. Legen Sie zusätzlich eine globale Variable GR_EXIT an, die später die aktuelle Instanz des BAdIs vorhalten wird.

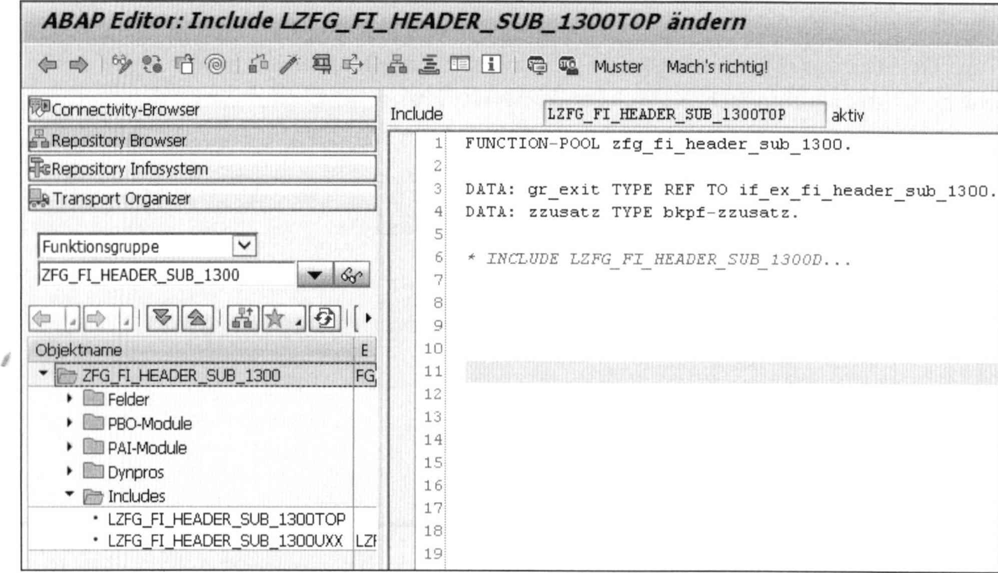

Abbildung 5.42 Globale Variablen in der Funktionsgruppe der Screenerweiterung anlegen

[»]

Namensgleichheit

Der Name des Feldes, das Sie im Top-Include der Funktionsgruppe anlegen (hier ZZUSATZ), muss exakt dem Namen des Feldes auf dem Dynpro entsprechen. Nur so wird eine Schnittstelle zwischen dem Dynpro-Feld und dem globalen Feld hergestellt. Wenn Sie also einen Wert in das Dynpro-Feld eintragen, wird die Eingabe automatisch in das globale Feld geschrieben (und andersherum).

Beschaffung der BAdI-Instanz

Im nächsten Schritt müssen Sie sich darum kümmern, dass im PBO-Modul des Dynpros die aktuelle Instanz des BAdIs beschafft wird. Dies können Sie, wie in Listing 5.5 gezeigt, über die Methode GET_INSTANCE_FOR_SUBSCREENS der Klasse CL_EXITHANDLER erreichen. Die Referenz der aktuellen Instanz wird dann in die eben angelegte globale Variable GR_EXIT geschrieben. Die Methode GET_INSTANCE_FOR_SUBSCREENS können Sie für jede Screenimplementierung eines klassischen BAdIs verwenden.

Legen Sie hierzu das PBO-Modul (und für später auch das PAI-Modul) des Dynpros 2000 an, indem Sie in die **Ablauflogik** des Dynpros wechseln und dort die Kommentarzeichen vor den beiden MODULE-Zeilen entfernen (siehe Abbildung 5.43). Klicken Sie dann doppelt auf die erste der beiden Zeilen, und bestätigen Sie die Anlage des Moduls mit **Ja**. Wiederholen Sie dies für die zweite Zeile.

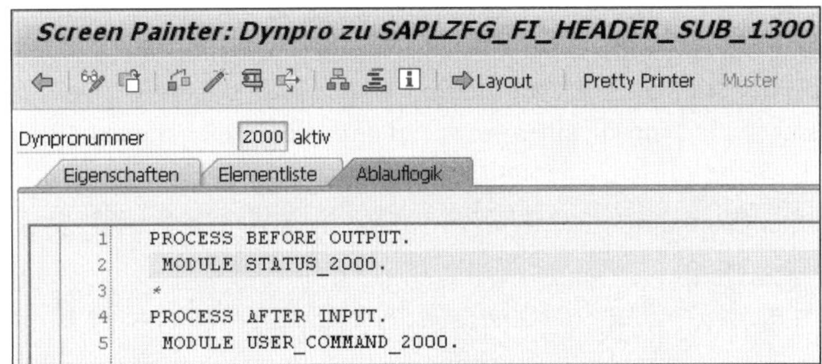

Abbildung 5.43 Das PAI- und PBO-Modul für das Dynpro 2000

Implementieren Sie anschließend das PBO-Modul (hier STATUS_2000) wie in Listing 5.5.

```
MODULE status_2000 OUTPUT.
"Aktuelle BAdI-Instanz beschaffen
  IF gr_exit IS INITIAL.
    CALL METHOD cl_exithandler=>get_instance_for_subscreens
      CHANGING
        instance = gr_exit
      EXCEPTIONS
        OTHERS   = 1.
    IF sy-subrc <> 0.
      MESSAGE ID sy-msgid TYPE sy-msgty NUMBER sy-msgno
      WITH sy-msgv1 sy-msgv2 sy-msgv3 sy-msgv4.
    ENDIF.
  ENDIF
"Prüfen, ob Eingaben möglich sind oder nicht, und anhand
"dessen Steuerung des Eingabefeldes
  IF gr_exit->x_no_input = 'X'.
    LOOP AT SCREEN.
      screen-input = 0.
```

```
      MODIFY SCREEN.
    ENDLOOP.
  ENDIF.
ENDMODULE.
```

Listing 5.5 Beschaffen der BAdI-Instanz im PBO-Modul

Wie im letzten Abschnitt von Listing 5.5 erkenntlich, wurde gleichzeitig das Attribut X_NO_INPUT der aktuellen BAdI-Instanz abgefragt, um anschließend mithilfe der SCREEN-Tabelle die Eingabefähigkeit des neuen Eingabefeldes zu steuern.

Datenversorgung im BAdI implementieren

Innerhalb des BAdIs müssen Sie sich jetzt noch darum kümmern, dass die Daten von der Standard-SAP-Transaktion an das BAdI übergeben werden und dass nach der Eingabe eines Wertes in dem neuen Eingabefeld dieser Wert auch wieder zurück in das SAP-Programm übergeben wird.

Dazu dienen insgesamt vier Methoden, die in der folgenden Reihenfolge aufgerufen werden:

1. Das SAP-System ruft für die Übergabe der Daten die Methode PUT_DATA_TO_SCREEN_PBO auf. Diese wird im PBO des Programms des Standard-Dynpros aufgerufen. Dies geschieht zeitlich vor dem Aufruf des PBOs des kundeneigenen Dynpros. Die Methode PUT_DATA_TO_SCREEN_PBO überträgt dabei die folgenden Werte:
   - die aktuellen (von der Datenbanktabelle gelesenen) Daten der Struktur BKPF im Parameter IM_BKPF
   - das Änderungskennzeichen **Buchungsdatum eingabebereit** im Parameter IM_X_NO_INPUT
   - das aktuelle Land im Parameter FLT_VAL
2. Um die Daten innerhalb des BAdIs zu halten, stellt die BAdI-Implementierungsklasse die beiden Attribute BKPF und X_NO_INPUT bereit (siehe Abbildung 5.44). Die in der Methode PUT_DATA_TO_SCREEN_PBO übergebenen Daten werden in diesen Attributen gespeichert.
3. Anschließend wird die Methode GET_DATA_FROM_SCREEN_PBO innerhalb Ihres PBO-Moduls des neuen Dynpros aufgerufen, um die aktuellen Daten der Struktur BKPF sowie das Änderungskennzeichen aus dem BAPI zu erhalten. Da die Attribute mit der Sichtbarkeit **Public** definiert sind, könnten Sie aber auch direkt über die Referenz auf diese Attribute zugreifen.
4. Danach werden die auf der kundeneigenen Oberfläche eingegebenen Daten mithilfe der Methode PUT_DATA_TO_SCREEN_PAI in die aktive BAdI-Implementierung und an die genannten Attribute übertragen.

5. Im letzten Schritt ruft das SAP-Programm die Methode `GET_DATA_FROM_SCREEN_PAI` auf, die die geänderten Daten aus der BAdI-Implementierung abfragt und innerhalb der SAP-Standardanwendung weiter verarbeitet.

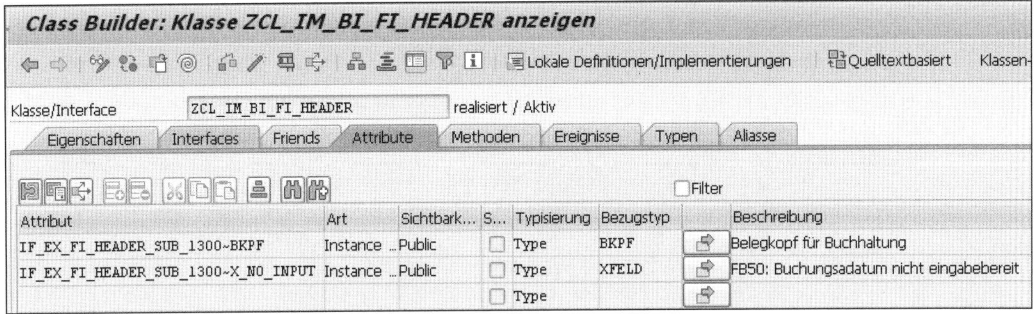

Abbildung 5.44 Attribute der Implementierungsklasse der BAdI-Implementierung

Die Implementierung der erläuterten Methoden ist, wie in Listing 5.6 gezeigt, einfach umzusetzen.

```
METHOD if_ex_fi_header_sub_1300~put_data_to_screen_pai.
  "Übernahme der aktuellen BKPF aus dem SAP-Programm
  me->if_ex_fi_header_sub_1300~bkpf = im_bkpf.
ENDMETHOD.
METHOD if_ex_fi_header_sub_1300~put_data_to_screen_pbo.
  "Übernahme der aktuellen BKPF aus dem SAP-Programm
  me->if_ex_fi_header_sub_1300~bkpf       = im_bkpf.
  "Übernahme, ob Eingabefähigkeit gegeben
  me->if_ex_fi_header_sub_1300~x_no_input = im_x_no_input.
ENDMETHOD.
METHOD if_ex_fi_header_sub_1300~get_data_from_screen_pbo.
  "Auslesen der gespeicherten Attribute zum Verarbeiten
  "innerhalb der Funktionsgruppe
  ex_bkpf       = me->if_ex_fi_header_sub_1300~bkpf.
  ex_x_no_input = me->if_ex_fi_header_sub_1300~x_no_input.
ENDMETHOD.
METHOD if_ex_fi_header_sub_1300~get_data_from_screen_pai.
  "Rückgabe des Eingabewertes aus dem kundeneigenen
  "Dynpro
  "Das Feld ZZUSATZ ist ja in der Struktur BKPF enthalten
  ex_bkpf = me->if_ex_fi_header_sub_1300~bkpf.
ENDMETHOD.
```

Listing 5.6 Implementierung der BAdI-Interface-Methoden

Übergabe des eingegebenen Wertes

Zum Schluss fehlt nur noch, dass die erwähnten PAI-Methoden (mit der Endung PAI) auch wirklich im PAI-Modul des kundeneigenen Dynpros aufgerufen werden. Wie erwähnt, werden so die aktuellen Daten aus dem BAPI beschafft, um den vom Benutzer in Ihrem kundeneigenen Dynpro eingegebenen Wert angereichert und abschließend zurück in die BAdI-Implementierung geschrieben. Dort können diese Daten dann später vom SAP-Programm wieder ausgelesen werden. Die Implementierung des PAI-Moduls erfolgt wie in Listing 5.7.

```
MODULE user_command_2000 INPUT.
  DATA: ls_bkpf_new TYPE bkpf.

  "Aktuelle Daten der BKPF aus dem BAdI holen
  "DE ist als Filterwert in der Implementierung
  "eingetragen
  CALL METHOD gr_exit->get_data_from_screen_pai
    EXPORTING
      flt_val    = 'DE'
    IMPORTING
      ex_bkpf = ls_bkpf_new.

  "Wert des neuen Eingabefeldes in die Struktur übertragen
  ls_bkpf_new-zzusatz = zzusatz.

  "Bearbeitete Daten an das BAdI zurückgeben
  CALL METHOD gr_exit->put_data_to_screen_pai
    EXPORTING
      im_bkpf = ls_bkpf_new
      flt_val = 'DE'.
ENDMODULE.
```

Listing 5.7 Die Benutzereingabe zurück an die aktive BAdI-Implementierung übertragen

Aktivieren () Sie die Funktionsgruppe und anschließend auch das Dynpro, und wechseln Sie zurück in die BAdI-Implementierung. Aktivieren Sie nun ebenfalls die BAdI-Implementierung.

Damit ist die Implementierung des BAdIs abgeschlossen. Das zusätzliche Feld kann auf der kundeneigenen Oberfläche befüllt werden, und der eingetragene Wert wird beim Speichern zurück an die Standardlogik übergeben.

Implementierung testen

Wenn Sie dies allerdings in Transaktion FB50 bei der Erfassung eines Belegs testen, werden Sie feststellen, dass das Zusatzfeld ZZUSATZ nicht mit dem entsprechenden Feld in der Datenbanktabelle BKPF gemappt wurde. Grund dafür ist die Aufrufstelle der Methode GET_DATA_FROM_SCREEN_PAI, die ja die geänderten Daten aus dem BAdI zurück an die Standardanwendung übergibt. Wie in Abbildung 5.45 sichtbar, werden diese Daten allerdings nur teilweise in die originale Struktur BKPF übernommen, deren Werte am Ende gegen die der Datenbanktabelle verbucht werden. Zu den übertragenen Werten gehören die der Felder BUDAT, XREF1_HD und XREF2_HD. Es findet also keine automatische Übernahme aller Felder in Form der Anweisung MOVE-CORRESPONDING statt (wie es normalerweise passiert).

```
Include   MF05AF00_D0100_POST_APPL_SUB   aktiv

*  <--   p2          text
*----------------------------------------------------------------
FORM d0100_post_appl_sub .
  DATA: ld_bkpf TYPE bkpf.
* import values from subscreen
  IF g_appl_sub_active = char_x.
    CALL METHOD cl_appl_sub->get_data_from_screen_pai
      EXPORTING
        flt_val = t005-intca
      IMPORTING
        ex_bkpf = ld_bkpf.

* enjoy Screen 1010
    IF NOT ld_bkpf-budat IS INITIAL
    and g_appl_sub_disable is initial.
      if not acgl_head-budat is initial.
        acgl_head-budat = ld_bkpf-budat.
      endif.
      bkpf-budat = ld_bkpf-budat.
    ENDIF.
* customer fields of document header
    bkpf-xref1_hd = ld_bkpf-xref1_hd.
    bkpf-xref2_hd = ld_bkpf-xref2_hd.
  ENDIF.
ENDFORM.                    " d0100_post_appl_sub
```

Abbildung 5.45 Einzelne Übernahme der Zusatzfelder im SAP-Standard

Die Übernahme der Daten müssen Sie daher manuell implementieren. An dieser Stelle bietet sich ein impliziter Erweiterungspunkt am Ende der Formroutine an.

Sonderfall

In der Regel werden in BAdIs alle Zusatzfelder durch MOVE-CORRESPONDING automatisch zurück in die Originalstruktur übernommen. Das in diesem Beispiel verwendete BAdI stellt also einen Sonderfall dar. Ich möchte Ihnen damit zeigen, dass Sie mitunter mehrere Erweiterungstechnologien benötigen, um Ihren gewünschten Prozess umzusetzen (und dass die Kombination mehrerer Technologien auch ohne Probleme möglich ist).

Implizite Erweiterungspunkte stelle ich Ihnen in Kapitel 9 vor. Dort zeige ich Ihnen auch Schritt für Schritt, wie Sie einen solchen Erweiterungspunkt implementieren können.

Abbildung 5.46 zeigt den implementierten impliziten Erweiterungspunkt zur Übernahme des neuen Feldes ZZUSATZ. In dieser Erweiterung wird das zusätzliche Feld ZZUSATZ in die Standardstruktur BKPF übernommen. Beachten Sie hierbei, dass eine erneute Abfrage der Variablen G_APPL_SUB_ACTIVE notwendig ist, um zu prüfen, ob die BAdI-Implementierung wirklich aktiv ist. Ansonsten würden Sie das Feld ZZUSATZ überschreiben und so eventuell einen Datenverlust riskieren.

Include MF05AF00_D0100_POST_APPL_SUB aktiv

```
        endif.
        bkpf-budat = ld_bkpf-budat.
      ENDIF.
* customer fields of document header
      bkpf-xref1_hd = ld_bkpf-xref1_hd.
      bkpf-xref2_hd = ld_bkpf-xref2_hd.
    ENDIF.
"""""""""""""""""""""""""""""""""""""""""""""""""""""""""""""
*$*$-Start: (1)------------------------------------------------
ENHANCEMENT 1  Z_SAPMF05A_FI_HEADER_SUB_1300.     "active
"""""""""""""""""""""""""""""""""""""""""""""""""""""""""""""

    IF g_appl_sub_active = char_x.
      bkpf-zzusatz = ld_bkpf-zzusatz.
    ENDIF.

"""""""""""""""""""""""""""""""""""""""""""""""""""""""""""""
ENDENHANCEMENT.
*$*$-End:   (1)------------------------------------------------
ENDFORM.                          " d0100_post_appl_sub
"""""""""""""""""""""""""""""""""""""""""""""""""""""""""""""
```

Abbildung 5.46 Ausprägen des impliziten Erweiterungspunktes zur Übernahme des neuen Zusatzfeldes ZZUSATZ zurück in den Standard

Nach dem Aktivieren dieser Erweiterung über die Schaltfläche **Erweiterungen** in der Funktionsleiste können Sie in Transaktion FB50 einen neuen Beleg inklusive des Wertes aus dem neuen Zusatzfeld erfassen. Danach können Sie in der Tabelle BKPF sehen, dass der in dem Zusatzfeld eingegebene Wert im Feld ZZUSATZ gespeichert wurde.

Zusatzfeld nicht eingabebereit

Sollte das **Buchungsdatum**, ein Standardfeld der Transaktion FB50, nicht mehr eingabebereit sein, wird aufgrund Ihrer Implementierung im PBO-Modul auch das Zusatzfeld nicht mehr eingabebereit sein.

Damit haben Sie erfolgreich eine Screenerweiterung mithilfe eines klassischen BAdIs implementiert.

5.6.2 Screenerweiterungen finden

Screenerweiterungen zu finden, gestaltet sich unterschiedlich aufwendig. Der Aufwand hängt davon ab, ob für die Screenerweiterung nur Methoden verwendet wurden oder ob die Screenerweiterung in der Screenliste des BAdIs selbst eingetragen wurde (wie in dem Beispiel aus Abschnitt 5.6.1, »Screenerweiterungen implementieren«). Im ersten Fall ist es sehr schwierig, die zugehörigen BAdIs herauszufinden. Dies ist fast ausschließlich über eine Recherche möglich. Ansatzpunkte wären hier beispielsweise SAP-Hinweise. Im System selbst könnten Sie höchstens noch nach den Namen bzw. der Kurzbeschreibung des BAdIs in der F4-Hilfe oder in Transaktion SE18, dem BAdI-Builder, suchen.

Suche im BAdI-Builder

Abbildung 5.47 zeigt die Suche nach einem BAdI über den Namensbestandteil »SCR« (über die F4-Hilfe des Eingabefeldes **BAdI-Name**). Diese Abkürzung deutet oft an, dass es sich um eine Screenerweiterung handelt.

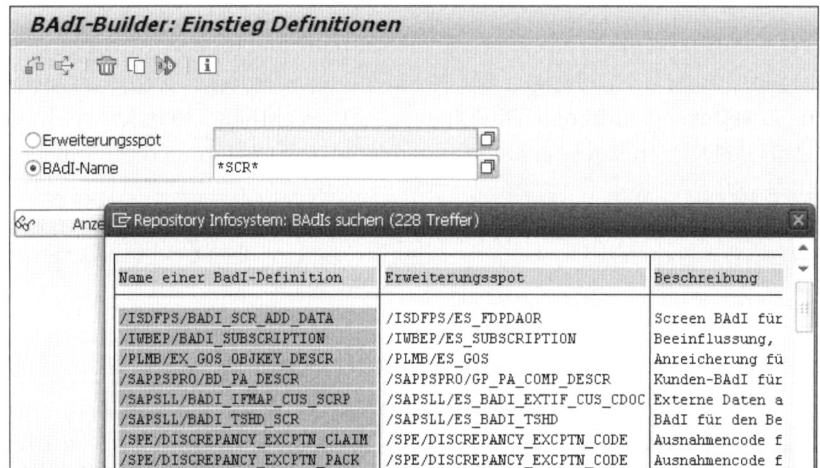

Abbildung 5.47 Suche nach Screenerweiterungen über den BAdI-Builder

F4-Hilfe

Häufig muss allerdings noch die Kurzbeschreibung des BAdIs zurate gezogen werden, da der BAdI-Name häufig rein technisch gebildet wird. Klicken Sie dazu in der F4-Hilfe auf die Schaltfläche **Neue Selektion**. Wählen Sie hier (falls Sie nur klassische BAdIs suchen) die Option **Klassische BAdIs** aus, und suchen Sie nach dem Begriff »*Screen*« in der **Kurzbeschreibung** (siehe Abbildung 5.48). Ein weiterer Suchbegriff für die Kurzbeschreibung wäre der Begriff »Bilderweiterung«. Natürlich können Sie hier auch unabhängig von spezifischen Erweiterungstechnologien nach BAdIs suchen.

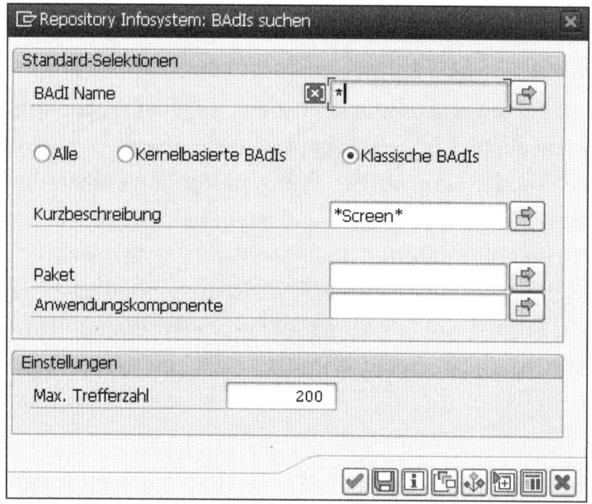

Abbildung 5.48 Selektion von Screenerweiterungen anhand der Kurzbeschreibung

Tabelle SXS_SCRN

Wenn die Standarddefinition der Screenerweiterung im BAdI selbst eingetragen wurde, ist es dagegen wie bei Menüerweiterungen relativ einfach, die Erweiterung zu finden. Die Tabelle SXS_SCRN enthält alle in klassischen BAdIs definierten Screenerweiterungen. Abbildung 5.49 zeigt diese Tabelle.

Data Browser: Tabelle SXS_SCRN   200 Treffer

Prüftabelle...

Tabelle: SXS_SCRN
Angezeigte Felder: 5 von 5   Feststehende Führungsspalten: 4   Listbreite 0250

EXIT_NAME	SCR_A_PROG	SCR_A_NUM	SCR_A_SSCR	SCR_TEXT
/CIDEON/SEARCH_ADDON	/CIDEON/SAPLSEARCH_DIALOG	0910	SUB_910	Subscreen Exit 1
/CIDEON/SEARCH_ADDON	/CIDEON/SAPLSEARCH_DIALOG	0920	SUB_920	Subscreen Exit 2
/CIDEON/SEARCH_ADDON	/CIDEON/SAPLSEARCH_DIALOG	0930	SUB_930	Subscreen Exit 3
/CUM/BADI_AFVU_MAINT	SAPLCOIH	3300	CUST_SCREEN	Kundendatenbild
/CUM/BADI_CONMS	/CUM/SAPLCONMS_MAINT	0299	SUB	Kundendaten
/CUM/BADI_CUICALC	/CUM/SAPLCUINST_CALC	0100	SUB	Berechnungsergebnisse
/CUM/BADI_SCLS	/CUM/SAPLCUORDER_N	2012	SUB_01	Kunde: Auswahl sekundäre Klasse
/CUM/BADI_VCU	/CUM/SAPLCUORDER_N	0200	SUB_DP01	Zusatzinfo virtuelles PE

Abbildung 5.49 Trefferliste zur Suche von Screenerweiterungen in Tabelle SXS_SCRN

Hier können Sie nach dem zu erweiternden Programm in der Spalte **SCR_A_PROG** suchen und in der Spalte **EXIT_NAME** nachsehen, ob ein BAdI existiert, das eine Screenerweiterung für dieses Programm bereitstellt. Existiert für Ihr Programm kein Eintrag, existiert dazu auch kein BAdI, das eine Screenerweiterung auf dem normalen Weg definiert.

5.7 Zusammenfassung

In diesem Kapitel habe ich Ihnen mit den klassischen BAdIs eine weitere modifikationsfreie Erweiterungstechnik vorgestellt. Sie sollten erkannt haben, dass diese als objektorientierte Variante der Customer Exits mit Funktions-, Menü- und Screenerweiterungen denselben Funktionsumfang wie die Customer Exits bietet. Mit klassischen BAdIs können Sie aber auch deutlich ausgereiftere Konzepte wie die Filtersteuerung und Mehrfachimplementierungen umsetzen.

Wichtig für die Arbeit mit klassischen BAdIs ist der BAdI-Builder, den Sie über die Transaktionen SE18 (Einstieg Definitionen) und SE19 (Einstieg Implementierungen) erreichen können. Über diese Transaktionen können Sie ein klassisches BAdI implementieren und aktivieren.

Zusätzlich habe ich Ihnen in diesem Kapitel gezeigt, wie Sie mithilfe eines Breakpoints in der Klasse `CL_EXITHANDLER` und der Methode `GET_INSTANCE` klassische BAdIs für eine bestimmte Transaktion finden können. Um von SAP angebotene Menü- und Screenerweiterungen zu finden, sind besonders die Datenbanktabellen `SXS_FCODE` (für Menüerweiterungen) und `SXS_SCRN` (für Screenerweiterungen) von Bedeutung.

Kapitel 6
Business Transaction Events

In diesem Kapitel lernen Sie die Erweiterungstechnik der Business Transaction Events kennen und erfahren, wie Sie diese implementieren können.

Business Transaction Events (BTEs) sind speziell für das SAP-Finanzwesen (FI) entwickelte Erweiterungen. Sie existieren bereits seit dem Release SAP R/3 4.0. Aufgrund der Spezialisierung wird das BTE-Framework auch häufig mit dem Begriff *Open FI* bezeichnet. Ziel der BTEs ist es, die Möglichkeit zur Erstellung von Quelltexterweiterungen in den FI-Transaktionen anzubieten. Das Erweitern von Oberflächen und Menüs wird nicht unterstützt.

In Abschnitt 6.1 gebe ich Ihnen einen ersten Überblick über die Technologie der BTEs. In Abschnitt 6.2 zeige ich an einem konkreten Beispiel, wie Sie ein BTE implementieren. Schließlich erfahren Sie in Abschnitt 6.3, wie Sie die für eine Transaktion definierten BTEs finden können.

6.1 Einführung

Ein BTE ist ein im SAP-Standardquelltext platzierter Aufruf eines Funktionsbausteins mit einer fest von SAP vordefinierten Schnittstelle. Sie haben die Möglichkeit, Funktionsbausteine mit exakt derselben Schnittstelle für diese Aufrufe anzulegen.

Arten von BTEs

Es werden zwei Arten von BTEs unterschieden:

- *Prozess-BTEs* zur Erweiterung der Logik der Standardprozesse und zur Änderung von Daten. Mit diesen BTEs können Sie z. B. Feldinhalte ermitteln bzw. Transaktionen steuern. Es kann immer nur eine aktive Implementierung dieser BTEs geben.
- *Publish-&-Subscribe-BTEs* (Zeitpunkt-BTEs) zur Bereitstellung von Informationen über das Eintreten bestimmter Ereignisse und der zugehörigen Daten. Auf Basis dieser Ereignisse können Sie weitere Verarbeitungen anstoßen. Sie können hierbei keine Daten ändern, dafür aber so viele aktive Implementierungen haben, wie Sie möchten.

Welche Art von BTE Sie nutzen sollten, hängt also letztlich von Ihren Anforderungen ab:

- Wollen Sie Daten ändern? Dann nutzen Sie Prozess-BTEs.
- Wollen Sie über das Eintreten eines bestimmten Zeitpunktes informiert werden, um einen anderen Prozess anzustoßen? Dann nutzen Sie Publish-&-Subscribe-BTEs.

Aufruf von BTEs

Für den Aufruf dieser BTEs werden vorgenerierte Funktionsbausteine verwendet. Diese prüfen, ob Sie einen von Ihnen definierten Funktionsbaustein für das BTE im Customizing hinterlegt haben, also ob es eine aktive Implementierung gibt. Die Namen dieser Funktionsbausteine werden nach dem folgenden Muster generiert:

- OPEN_FI_PERFORM_<BTE-Nummer>_P für Prozess-BTEs
- OPEN_FI_PERFORM_<BTE-Nummer>_E für Publish-&-Subscribe-BTEs

Abbildung 6.1 zeigt beispielsweise den für den Prozess 00001410 verwendeten BTE-Aufruf innerhalb der Transaktion FB02. Wie Sie sehen können, wird hier der Funktionsbaustein OPEN_FI_PERFORM_00001410_P aufgerufen. Dieser prüft nun, ob Sie eine aktive Implementierung (d. h. einen Funktionsbaustein) für diesen Prozess im Customizing der BTEs hinterlegt haben.

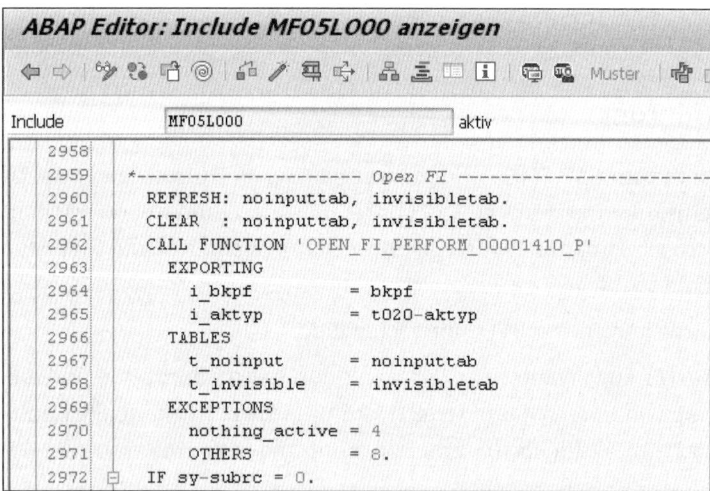

Abbildung 6.1 Aufruf eines Prozess-BTEs im Standardcode

Transaktion FIBF

Die wichtigste Transaktion zur Arbeit mit BTEs ist die Transaktion FIBF, die Sie in Abbildung 6.2 sehen können. Diese hat selbst gar keinen Selektionsbildschirm, sondern stellt nur Verknüpfungen zu anderen Transaktionen über die Menüs **Einstellungen** und **Umfeld** bereit. Über diese Verknüpfungen können Sie BTEs finden und implementieren.

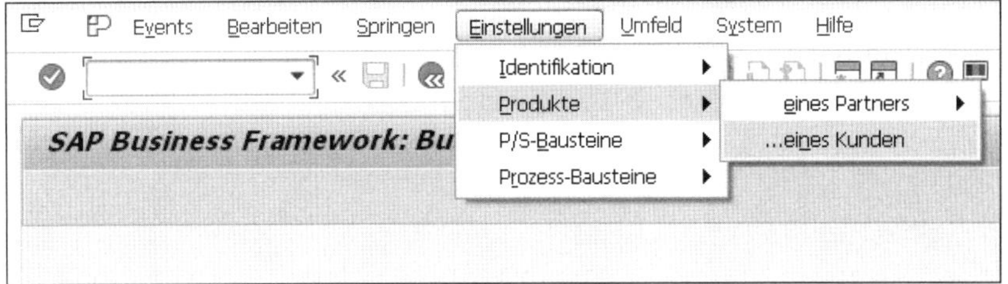

Abbildung 6.2 Transaktion FIBF für BTEs

So können Sie beispielsweise über das Menü **Umfeld** in die folgenden beiden Transaktionen abspringen, um die verschiedenen BTEs zu suchen:

- Transaktion BERE für Publish-&-Subscribe-BTEs
- Transaktion BERP für Prozess-BTEs

Suche nach BTEs

Abbildung 6.3 zeigt die Startoberfläche der Transaktion BERP, in der Sie nach Prozess-BTEs suchen können. Sie ähnelt der Transaktion BERE zur Suche von Publish-&-Subscribe-BTEs sehr.

Abbildung 6.3 Suche nach Prozess-BTEs in der Transaktion BERP

[!]

BTEs mit gleichen Nummern

Die Prozessnummern für BTEs werden häufig doppelt für beide BTE-Arten vergeben. Wenn Sie beispielsweise eine BTE-Nummer in einem SAP-Hinweis finden, achten Sie daher unbedingt darauf, ob es sich um ein Publish-&-Subscribe- oder ein Prozess-BTE handelt.

Führen Sie diese Transaktion aus (), ohne die Selektionskriterien zu ändern. Dadurch gelangen Sie zu der Liste, die Sie in Abbildung 6.4 sehen. Hier werden Ihnen alle Prozess-BTEs im System angezeigt.

Abbildung 6.4 Selektierte Prozess-BTEs in der Transaktion BERP

Über die Schaltfläche **Dokumentation** in der Funktionsleiste erhalten Sie zusätzliche Informationen zu einer in der Liste ausgewählten Schnittstelle. Hier ist besonders der Abschnitt **SCHNITTSTELLE** von Bedeutung, den Sie in Abbildung 6.5 sehen können.

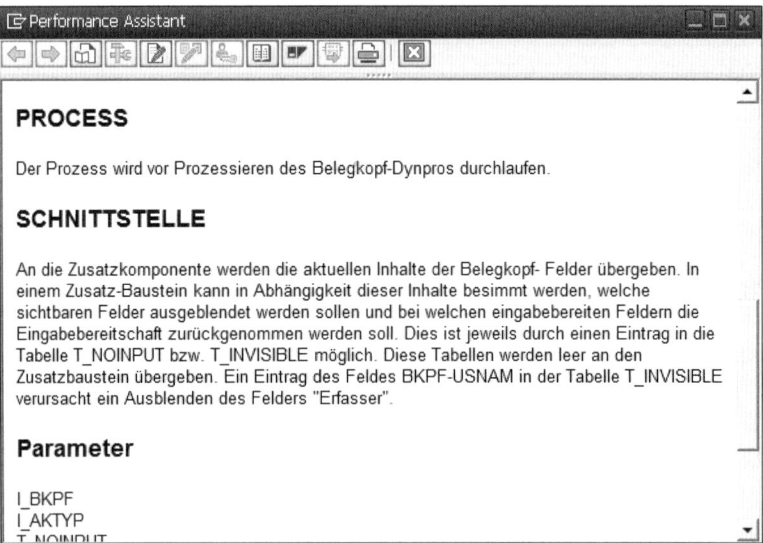

Abbildung 6.5 Dokumentation eines BTEs

Trotz der Dokumentation ist aber nicht immer automatisch klar, welcher Teil eines Prozesses, d. h. welche Transaktionen, mit diesem BTE erweitert werden können. Häufig ist es daher zur Analyse von BTEs sinnvoller, bei der Transaktion anzufangen, die Sie erweitern möchten, und dort nachzusehen, welche BTEs aufgerufen werden. Wie Sie das herausfinden können, beschreibe ich in Abschnitt 6.3, »BTEs finden«. Anhand der in Abbildung 6.4 gezeigten Kurzbeschreibung **ÄNDERN BELEG: Feldmodifikation Belegkopf** für den Prozess 00001410 ließe sich zumindest vermuten, dass es sich um die Transaktion FB02 zum Ändern von Belegen handeln muss.

Schnittstellen

Zur jedem hier angebotenen Prozess gibt es eine vordefinierte Schnittstelle. Diese können Sie sehen, wenn Sie in der Funktionsleiste der Transaktion BERP auf die Schaltfläche **Schnittstelle** klicken. Wie in Abbildung 6.6 können Sie hier die für den Prozess angebotenen Parameter sehen. Letztlich ruft der SAP-Standardcode den von Ihnen zu implementierenden Funktionsbaustein über genau diese Schnittstelle auf.

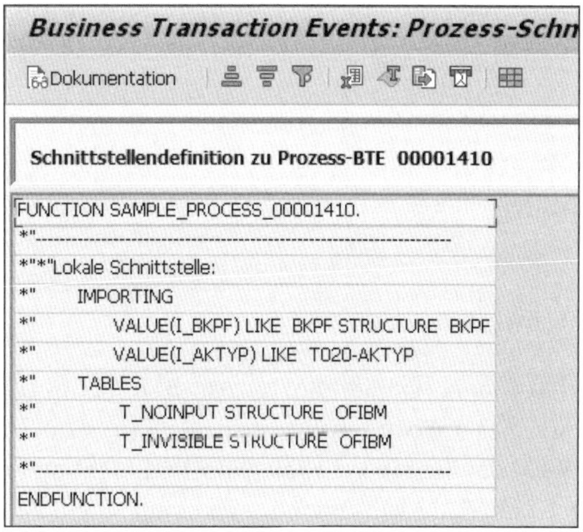

Business Transaction Events: Prozess-Schn

Dokumentation

Schnittstellendefinition zu Prozess-BTE 00001410

```
FUNCTION SAMPLE_PROCESS_00001410.
*"----------------------------------------------------------------
*"*"Lokale Schnittstelle:
*"      IMPORTING
*"         VALUE(I_BKPF) LIKE BKPF STRUCTURE BKPF
*"         VALUE(I_AKTYP) LIKE T020-AKTYP
*"      TABLES
*"          T_NOINPUT STRUCTURE OFIBM
*"          T_INVISIBLE STRUCTURE OFIBM
*"----------------------------------------------------------------
ENDFUNCTION.
```

Abbildung 6.6 Schnittstellendefinition eines Prozess-BTEs

Implementierte Funktionsbausteine suchen

Ob gerade für diesen Prozess bereits ein implementierter Funktionsbaustein existiert, können Sie sehen, indem Sie in der Funktionsleiste auf die Schaltfläche **Akt. Komp.** klicken. Ist ein implementierter Funktionsbaustein vorhanden, wird dieser in den betroffenen Bereichen aufgeführt (siehe Abbildung 6.7). Für den hier ausgewählten Prozess existiert beispielsweise der Funktionsbaustein `ZFB_PROCESS_00001410`. Dessen Implementierung zeige ich Ihnen als Beispiel in Abschnitt 6.2, »Ein BTE implementieren«.

Beispiel-Funktionsbaustein

Zusätzlich existiert für jeden Prozess ein Beispiel-Funktionsbaustein, den Sie als Vorlage für Ihre Implementierung nehmen können. Dieser bildet insbesondere die benötigten Parameter ab, da diese 1 : 1 mit dem Original übereinstimmen müssen, damit es nicht zu einem Laufzeitfehler beim Aufruf des BTEs kommt. Zu diesen Beispiel-Funktionsbausteinen gelangen Sie, indem Sie in der Funktionsleiste (oder innerhalb der Schnittstellenbeschreibung aus Abbildung 6.7) auf die Schaltfläche **Musterfunktionsbaustein** klicken. Im folgenden Abschnitt zeige ich Ihnen, wie Sie mit so einem Musterfunktionsbaustein ein BTE implementieren können.

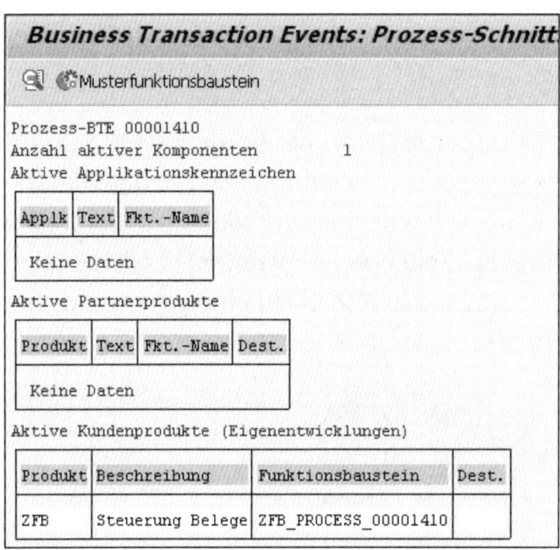

Abbildung 6.7 Aktive Komponenten eines BTEs

6.2 Ein BTE implementieren

Beispiel: Eingabebereitschaft eines Feldes steuern

In diesem Abschnitt zeige ich Ihnen, wie Sie das Prozess-BTE 00001410 implementieren können. Ziel dieser Erweiterung ist, dass beim Ändern eines Belegs in Transaktion FB02 das Eingabefeld **Belegkopftext** nicht mehr eingabebereit sein soll (was es normalerweise ist). Dieses Eingabefeld soll also über das BTE entsprechend ausgesteuert werden. Das Ergebnis sehen Sie in Abbildung 6.8.

Abbildung 6.8 Deaktiviertes Eingabefeld »Belegkopftext« in Transaktion FB02

Dazu sind die folgenden Schritte notwendig:

Implementierungsschritte

1. Der zum Prozess gehörige Musterfunktionsbaustein muss in Transaktion SE37 in eine neue Funktionsgruppe kopiert und ausimplementiert werden.
2. Ein neues Kundenprodukt, das der Gruppierung von BTE-Implementierungen dient, muss in Transaktion BF24 angelegt werden.
3. Der kopierte Funktionsbaustein muss für das BTE und das im vorherigen Schritt angelegte Kundenprodukt registriert werden:
   - Für Prozess-BTEs geschieht dies in Transaktion BF44.
   - Für Publish-&-Subscribe-BTEs geschieht dies in Transaktion BF34.

6.2.1 Musterfunktionsbaustein kopieren und implementieren

Öffnen Sie zunächst den Musterfunktionsbaustein:

Musterfunktionsbaustein öffnen

1. Wählen Sie dazu in der Transaktion BERP den Prozess 00001410 aus, wie in Abschnitt 6.1, »Einführung«, gezeigt.
2. Klicken Sie dann in der Funktionsleiste auf die Schaltfläche **Musterfunktionsbaustein**.
3. Dadurch gelangen Sie in Transaktion SE37 (siehe Abbildung 6.9). Hier sollte im Eingabefeld der Funktionsbaustein `SAMPLE_PROCESS_00001410` vorausgewählt sein.

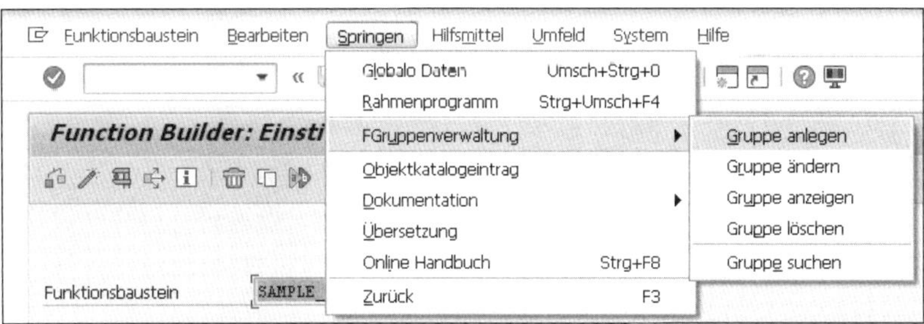

Abbildung 6.9 Anlegen einer Funktionsgruppe in Transaktion SE37

4. Diesen Funktionsbaustein möchten wir kopieren. Dazu müssen Sie zunächst eine Funktionsgruppe anlegen, der Sie die Kopie des Funktionsbausteins zuordnen können. Wählen Sie hierzu im Hauptmenü den Pfad **Springen • FGruppenverwaltung • Gruppe anlegen**.
5. Vergeben Sie anschließend einen Namen und einen Kurztext für die Funktionsgruppe. Bestätigen Sie Ihre Angaben mit **Sichern**.

Namen für Musterfunktionsbausteine

Nicht jeder Name eines Musterfunktionsbausteins folgt zwingend dem Muster `SAMPLE_PROCESS_<Prozess-Nummer>`. Es ist daher immer ratsam, den Funktionsbaustein über die BTE-Transaktionen zu suchen, wie hier beschrieben, und nicht direkt in Transaktion SE37 danach zu suchen.

6. Nun können Sie den Musterfunktionsbaustein kopieren, indem Sie in der Funktionsleiste auf die Schaltfläche **Kopieren** (▢) klicken.
7. Geben Sie in dem sich öffnenden Pop-up-Fenster einen Namen für den neu anzulegenden Funktionsbaustein sowie den Namen der eben angelegten Funktionsgruppe ein. Bestätigen Sie Ihre Eingaben mit **Kopieren** (siehe Abbildung 6.10).

Abbildung 6.10 Kopieren eines Funktionsbausteins

8. **Aktivieren** (✎) Sie nun die Funktionsgruppe sowie den neu angelegten Funktionsbaustein.

Auch die Funktionsgruppe aktivieren

Wenn Sie nur den Funktionsbaustein aktivieren, werden Sie die folgende Meldung bekommen:

> *»Das Rahmenprogramm der Funktion ... beginnt nicht mit ›FUNCTION-POOL‹.«*

Achten Sie daher darauf, auch die zugehörige Funktionsgruppe zu aktivieren.

Implementieren Sie nun den Funktionsbaustein `ZFB_PROCESS_00001410` mit dem Quelltext aus Listing 6.1. Das Feld `BKTXT` der Struktur `BKPF` wird auf den

Status »nicht eingabebereit« gesetzt, indem es der internen Tabelle T_NOINPUT hinzugefügt wird. Den Namen des Feldes können Sie herausfinden, indem Sie sich die technischen Informationen für das Eingabefeld **Belegkopftext** in Transaktion FB02 über die [F1]-Hilfe anzeigen lassen.

```
DATA: ls_noinput TYPE ofibm.
ls_noinput-fname = 'BKPF-BKTXT'.
APPEND ls_noinput TO t_noinput.
```

Listing 6.1 Implementierung des BTE-Funktionsbausteins

Aktivieren Sie Ihren Funktionsbaustein anschließend erneut.

6.2.2 Kundenprodukt anlegen

Gruppierung der Erweiterungen

Im nächsten Schritt müssen Sie ein Kundenprodukt anlegen. Ein Produkt dient der Gruppierung der implementierten Erweiterungen. Im darauffolgenden Schritt werden Sie Ihren eben angelegten Funktionsbaustein dem hier angelegten Produkt zuordnen. Dadurch haben Sie die Möglichkeit, mehrere implementierte BTEs gleichzeitig über das zugeordnete Produkt aktiv oder inaktiv zu schalten.

1. Rufen Sie Transaktion BF24 zur Anlage eines neuen Produkts auf. Alternativ können Sie das Kundenprodukt über die Transaktion FIBF aufrufen, indem Sie im Hauptmenü den Pfad **Einstellungen • Produkte • ... eines Kunden** wählen.
2. Klicken Sie in dieser Tabelle auf die Schaltfläche **Neue Einträge**, und geben Sie einen Namen für das neue Produkt sowie einen Text ein, wie in Abbildung 6.11 gezeigt. Wichtig ist, dass Sie das Produkt aktivieren, indem Sie einen Haken in der letzten Spalte **A** setzen. Ansonsten wird Ihre Implementierung zu dem BTE später nicht aufgerufen werden.

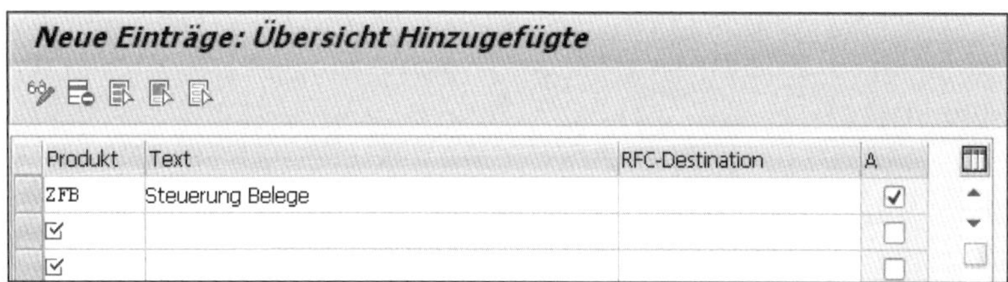

Abbildung 6.11 Anlage eines neuen Produkts in Transaktion BF24

3. **Speichern** Sie den neuen Eintrag abschließend.

6.2.3 Den Funktionsbaustein registrieren

Funktionsbaustein dem Prozess und Produkt zuordnen

Im nächsten Schritt müssen Sie den in Abschnitt 6.2.1, »Musterfunktionsbaustein kopieren und implementieren«, angelegten Funktionsbaustein dem Prozess und dem Produkt zuordnen und damit aktivieren.

1. Gehen Sie hierzu in die Transaktion BF44. Alternativ können Sie die Zuordnung in Transaktion FIBF über den Menüpfad **Einstellungen • Prozess-Bausteine • ... eines Kunden** vornehmen.
2. Klicken Sie hier auf die Schaltfläche **Neue Einträge**, und geben Sie den **Prozess**, den **Funktionsbaustein** und das im vorherigen Schritt angelegte **Produkt** ein, wie in Abbildung 6.12 gezeigt.

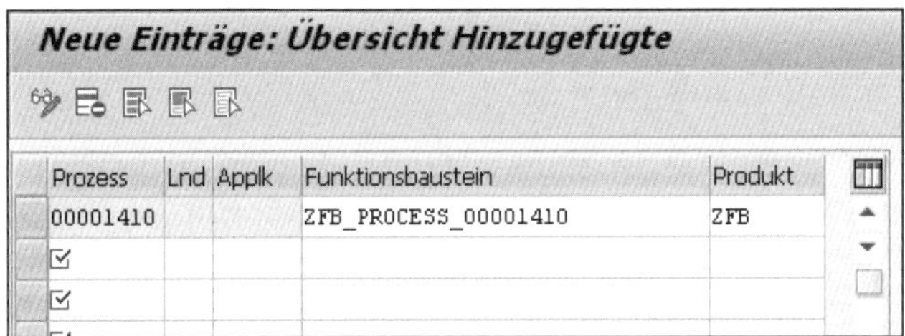

Abbildung 6.12 Zuordnen eines Funktionsbausteins zu einem BTE-Prozess in Transaktion BF44

3. **Speichern** (💾) Sie den Eintrag. Damit ist der Funktionsbaustein für den Prozess registriert und aktiv.

Publish-&-Subscribe-BTE aktivieren

Wenn Sie ein Publish-&-Subscribe-BTE implementieren wollen, können Sie dies in Transaktion BF34 nach demselben Schema tun. Der einzige Unterschied zu einem Prozess-BTE ist der, dass anstelle der Spalte **Prozess** hier die Spalte **Event** gefüllt werden muss. Auch den Funktionsbaustein für ein Publish-&-Subscribe-BTE können Sie alternativ in Transaktion FIBF über den Hauptmenüpfad **Einstellungen • P/S-Bausteine • ... eines Kunden** aktivieren.

Länder- und Applikationskennzeichen

Die Spalten **Lnd** (Länderkennzeichen) und **Applk** (Applikationskennzeichen) müssen Sie für diesen Prozess nicht füllen. Die Spalten bedeuten Folgendes:

- Das *Applikationskennzeichen* wird dazu verwendet, den Funktionsbaustein nur auszuführen, wenn die zugeordnete Applikation aktiv ist. Ob eine Applikation aktiv ist oder nicht, können Sie in Transaktion BF11 in Erfahrung bringen.

Für neue Implementierungen brauchen Sie diese Spalte nicht zu füllen. Wenn Sie sich aber die Erweiterungen in der Liste anschauen, werden Sie sehen, dass es Erweiterungen gibt, bei denen die Spalte **Applk** gefüllt ist. Daran können Sie bei Bedarf prüfen, ob die zugeordnete Applikation auch aktiv ist.

- Das *Länderkennzeichen* führt dazu, dass der Funktionsbaustein nur ausgeführt wird, wenn die eingetragene Länderversion aktiv ist. Das Kennzeichen wird allerdings nur berücksichtigt, wenn im Prozess eine Filterung vorgesehen ist.

  Ob eine Filterung vorgesehen ist, können Sie über die Datenbanktabelle TPS01 herausfinden. Tragen Sie hierfür im Feld PROCS die Prozessnummer ein, und schauen Sie, ob das Kennzeichen im Feld XLBSE gesetzt ist.

BTE-Implementierung testen

Wenn Sie jetzt die Transaktion FB02 starten und über die Schaltfläche **Belegkopf anzeigen** (▣) in den Belegkopf wechseln, werden Sie wie feststellen, dass der Belegkopftext wie in Abbildung 6.8 nicht eingabebereit ist.

Sie können die Funktionsweise der Implementierung auch noch mal genauer nachvollziehen, indem Sie, wie in Abbildung 6.13 gezeigt, einen Breakpoint im angelegten Funktionsbaustein setzen und den Belegkopf erneut aufrufen. Dabei können Sie die Parameter entsprechend manipulieren, um das Ergebnis zu beeinflussen und die Funktionsweise des Funktionsbausteins besser zu verstehen.

Abbildung 6.13 Debuggen eines Prozess-BTEs

Debugging des BTE-Aufrufes

Wenn Sie sich im ABAP Debugger den **ABAP und Dynpro Stack** (und damit die Aufrufreihenfolge) anzeigen lassen, wie in Abbildung 6.14 gezeigt, werden Sie feststellen, dass unmittelbar vor Ihrem Funktionsbaustein der Funktionsbaustein `OPEN_FI_PERFORM_00001410_P` aufgerufen wird. In diesem Funktionsbaustein wird über den Funktionsbaustein `PC_FUNCTION_FIND` geprüft, ob eine aktive Implementierung für den Prozess existiert. Wenn Sie also einmal das Problem haben, dass Ihr Funktionsbaustein nicht aufgerufen wird, können Sie an dieser Stelle prüfen, ob das System, in dem das Prozess-BTE ausgeführt werden soll, den Funktionsbaustein auch wirklich ermitteln kann.

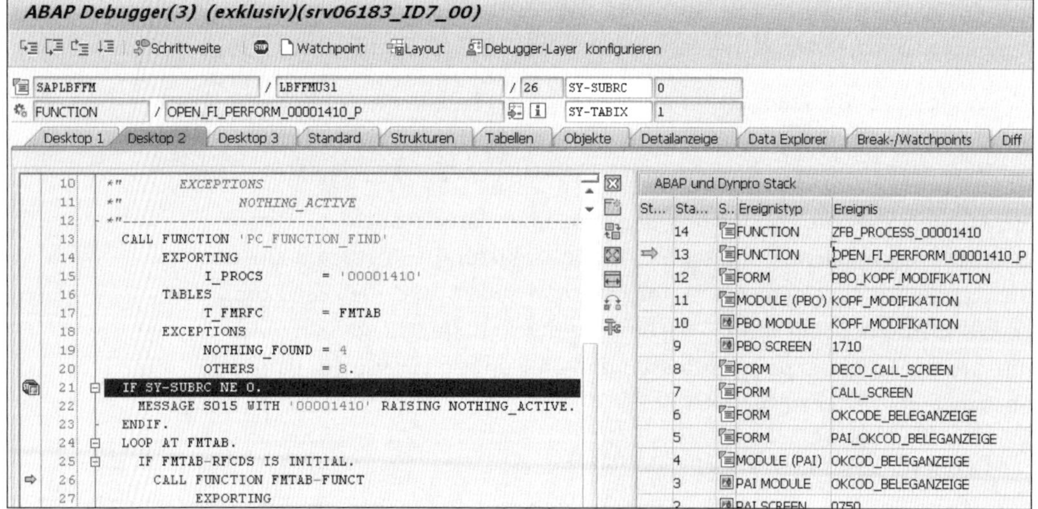

Abbildung 6.14 Finden der Aufrufstelle des Prozess-BTEs

Nutzen Sie zum Finden von Prozess-BTE-Funktionsbausteinen das folgende Muster:

```
OPEN_FI_PERFORM_<Prozessnummer>_P
```

Nutzen Sie zum Finden von Publish-&-Subscribe-BTE-Funktionsbausteinen das folgende Muster:

```
OPEN_FI_PERFORM_<Ereignis>_E
```

In Abbildung 6.14 sehen Sie in Zeile 24 die `LOOP`-Anweisung über die Tabelle `FMTAB`. Daraus könnten Sie schließen, dass rein theoretisch mehrere Funktionsbausteine für dieses Prozess-BTE aktiv sein könnten. Praktisch ist dies aber nicht möglich. Wenn Sie versuchen, mehr als einen Funktionsbaustein für ein Prozess-BTE in Transaktion BF44 zu aktivieren, erhalten Sie die Fehlermeldung aus Abbildung 6.15 (auch wenn es sich um Funktionsbausteine mit einem anderen Applikationskennzeichen handelt).

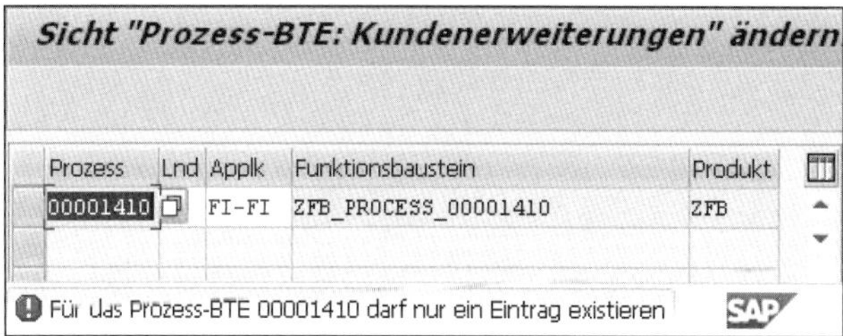

Abbildung 6.15 Fehlermeldung nach doppeltem Zuordnen eines Funktionsbausteins zu einem Prozess

Für Publish-&-Subscribe-BTEs können Sie in Transaktion BF34 dagegen beliebig viele Funktionsbausteine für ein Ereignis aktivieren.

6.3 BTEs finden

BTE-Suche über Funktionsbausteine

Neben der Verwendung der in Abschnitt 6.1, »Einführung«, erwähnten Transaktionen BERE (für Publish-&-Subscribe-BTEs) und BERP (für Prozess-BTEs) möchte ich Ihnen in diesem Abschnitt noch einen technischen Weg vorstellen, um herauszufinden, ob im Verlauf einer beliebigen Transaktion ein BTE aufgerufen wird. Dabei helfen Ihnen zwei Funktionsbausteine:

- `PC_FUNCTION_FIND` für Prozess-BTEs
- `BF_FUNCTIONS_FIND` für Publish-&-Subscribe-BTEs

Wenn Sie einen Breakpoint in einem dieser Funktionsbausteine setzen und anschließend die zu analysierende Transaktion aufrufen, springt der ABAP Debugger an, falls ein BTE aufgerufen wird.

Funktionsbaustein PC_FUNCTION_FIND

Ich zeige Ihnen die Vorgehensweise anhand des Funktionsbausteins `PC_FUNCTION_FIND`. Abbildung 6.16 zeigt den Debugger direkt nach dem Aufruf der Transaktion FB02, für die wir in Abschnitt 6.2 ein Prozess-BTE implementiert haben.

Beim Starten dieser Transaktion wird der Prozess 00000119 aufgerufen, was Sie anhand des Wertes für den Importparameter `I_PROCS` erkennen können. Anhand der Werte für die Importparameter `I_LAND` und `I_APPLK` könnten Sie auch das Länder- und das Applikationskennzeichen auslesen, um gegebenenfalls zu wissen, wie Sie den Prozess aktivieren müssen.

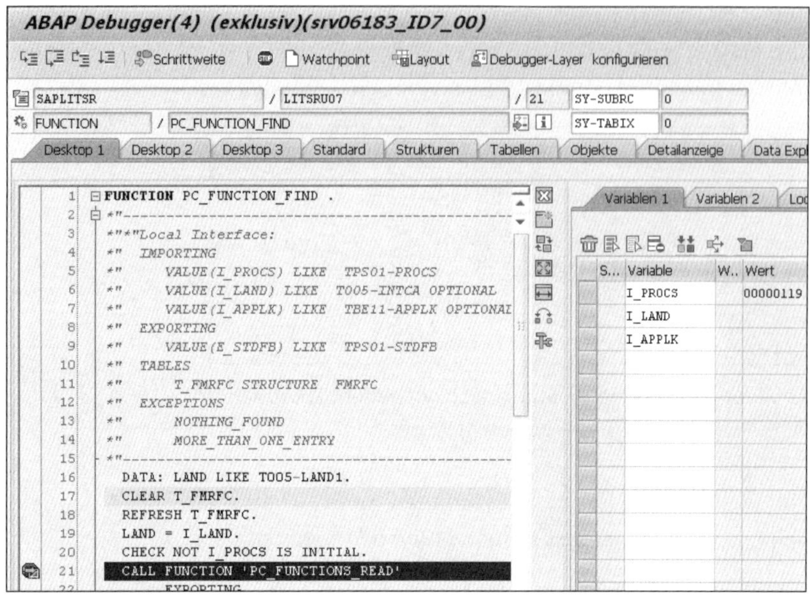

Abbildung 6.16 BTEs mithilfe von Breakpoints finden

Tabelle T_FMRFC

Am Ende des Funktionsbausteincodes werden in Tabelle `T_FMRFC` die ermittelten Funktionsbausteine zurückgegeben. Sie können einen Breakpoint in der Anweisung `ENDFUNCTION` setzen, um dies zu analysieren. Abbildung 6.17 zeigt die Tabelle für den in unserem Beispiel implementierten BTE-Prozess.

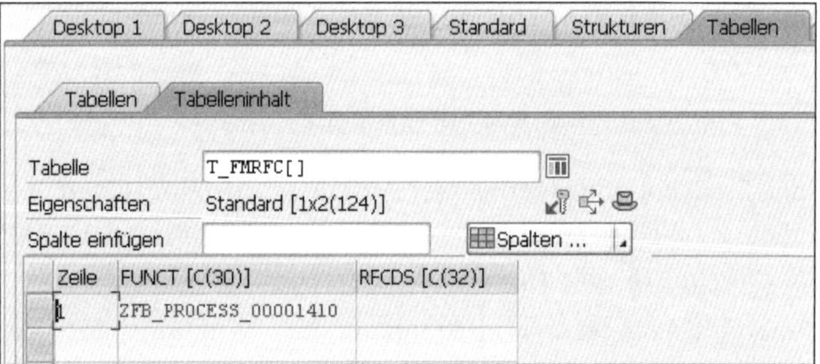

Abbildung 6.17 Tabelle T_FMRFC mit den selektierten Funktionsbausteinen

Wenn Sie den Debugger über die Taste [F8] oder die Schaltfläche **Weiter** (▯) weiterlaufen lassen, gelangen Sie zur Startoberfläche der Transaktion FB02 (siehe Abbildung 6.18). Wenn Sie dort eine **Belegnummer** eingeben oder ändern, startet der Debugger erneut.

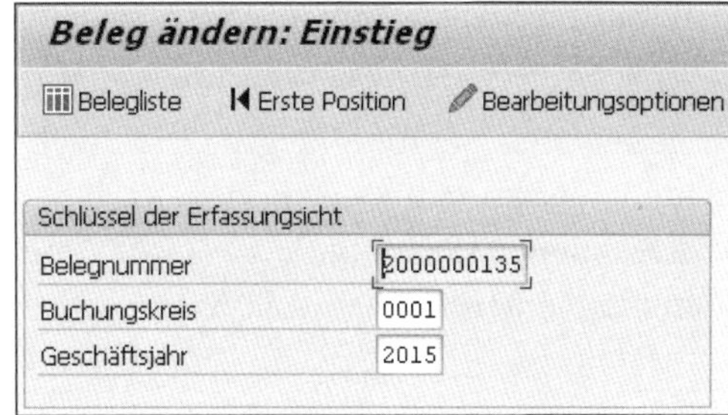

Abbildung 6.18 Aufruf der Transaktion FB02

Diesmal wird für den Prozess 00001420 geprüft, ob aktive Funktionsbausteine vorhanden sind. Auf diese Art und Weise können Sie mit dem Debugger durch die Ablauflogik beliebiger Transaktionen navigieren und dabei aufgerufene BTEs ermitteln.

Funktionsbaustein BF_FUNCTIONS_FIND

Mit dem Funktionsbaustein `BF_FUNCTIONS_FIND` können Sie nach demselben Schema nach Importparametern für Publish-&-Subscribe-BTEs suchen. Nur heißen hier die die Importparameter wie folgt:

- `I_EVENT` für das Publish-&-Subscribe-BTE
- `I_INTCA` für den ISO-Code des Landes
- `I_APPLK` für das Applikationskennzeichen

Mithilfe der auf diese Weise herausgefundenen BTE-Nummern können Sie anschließend die Dokumentation und die Schnittstellen in den BTE-Transaktionen analysieren und die BTEs gegebenenfalls implementieren.

6.4 Zusammenfassung

In diesem Kapitel habe ich Ihnen die Business Transaction Events, kurz BTEs, vorgestellt. Hierbei ist es wichtig zu verstehen, dass es zwei verschiedene Arten von BTEs gibt. Prozess-BTEs dienen dazu, Daten entlang eines Prozesses innerhalb einer Transaktion zu ändern, und Publish-&-Subscribe-BTEs informieren Sie über Ereignisse entlang eines Prozesses. Von außen können Sie dabei aber keinen Einfluss auf den Prozess nehmen.

Für die Arbeit mit BTEs ist vor allem die Transaktion FIBF wichtig, zusätzlich steht eine Reihe weiterer Transaktionen bereit, damit Sie BTEs implementieren können. Als notwendiger Schritt vor Implementierung eines BTEs muss ein Musterfunktionsbaustein in eine neue Funktionsgruppe kopiert und ausimplementiert werden. Für die Implementierung muss als nächster

Schritt außerdem ein Kundenprodukt angelegt werden, für das der kopierte Funktionsbaustein registriert wird.

Schließlich habe ich Ihnen noch gezeigt, wie Sie mithilfe gezielter Breakpoints die BTEs für eine gewünschte Transaktion finden können. Nach der Lektüre des Kapitels können Sie BTEs identifizieren, diese in Transaktion FIBF analysieren sowie anschließend implementieren und aktivieren.

Kapitel 7
Vererbung von Klassen

In diesem Kapitel zeige ich Ihnen mit der Vererbung von Klassen und der Redefinition vererbter Methoden zwei für die Erweiterung wichtige und grundlegende Konzepte der Objektorientierung. Damit können Sie nahezu jede SAP-Standardklasse um Ihren eigenen Quellcode erweitern.

Im Folgenden rufe ich Ihnen zwei Grundkonzepte der Objektorientierung in Erinnerung: die Vererbung von Klassen und die damit verbundene Redefinition von Methoden. Diese Mechanismen sind für die Erweiterung von SAP-Standardklassen unersetzlich und werden immer wieder im Programmieralltag gebraucht. Insbesondere bilden sie die Grundlage für die Erweiterung von OData-Services (siehe Kapitel 17), von Geschäftsobjekten im Rahmen des Business Object Processing Frameworks (BOPF, siehe Kapitel 16, »Erweiterung von Geschäftsobjekten«) und des Code Inspectors (siehe Kapitel 21).

Generell ist die Möglichkeit der Vererbung ein großer Vorteil der objektorientierten Programmierung gegenüber der prozeduralen Programmierung. Sie fördert die Effektivität und Wiederverwendbarkeit Ihrer Entwicklungen und vermeidet Redundanzen im Quellcode. Daher ist es für die objektorientierte Programmierung elementar, das Konzept der Vererbung zu verstehen und zu beherrschen, d. h. richtig anzuwenden. Dies gilt sowohl für die objektorientierte Programmierung im Allgemeinen als auch für ABAP Objects im Speziellen.

7.1 Vererbung

Der Mechanismus der Vererbung ist relativ einfach: Klassen können Komponenten (z. B. Attribute, Methoden und Ereignisse) von anderen Klassen übernehmen. Darüber hinaus können Sie diese Komponenten beliebig um neue Komponenten erweitern.

Spezialisierung und Generalisierung

In Abbildung 7.1 ist dies grafisch in einem UML-Klassendiagramm dargestellt. Der Pfeil geht dabei von der Unterklasse zur Oberklasse. An der Pfeilspitze steht ein unausgefülltes Dreieck. Die Unterklasse ist eine *Spezialisie-*

rung der Oberklasse (da sie z. B. mehr Attribute und Methoden bzw. eine speziellere Implementierung enthält). Die Oberklasse ist also genereller als die Unterklasse (da sie weniger Attribute und Methoden bzw. eine allgemeine Implementierung enthält). Die Vererbung wird daher auch *Generalisierung* genannt.

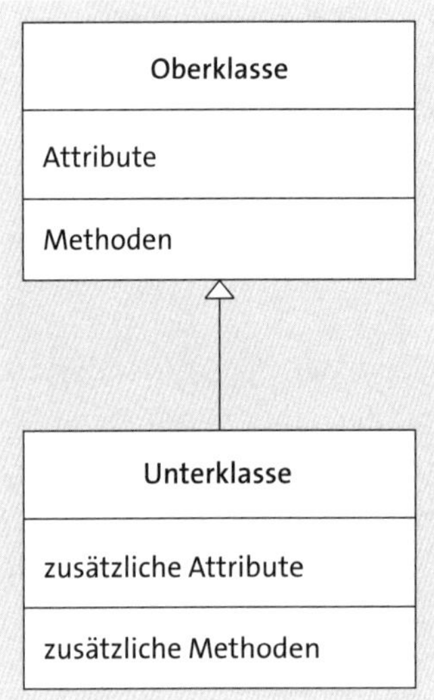

Abbildung 7.1 Vererbung von Komponenten einer Klasse

Eine Klasse kann in ABAP immer nur von *einer* Klasse erben. Es werden dabei nur Komponenten übernommen, die mit der Sichtbarkeit **Public** (öffentlich) oder **Protected** (geschützt) definiert wurden. Dieses Verhalten können Sie z. B. ausnutzen, wenn Sie mehrere Klassen mit gemeinsamen Eigenschaften und Methoden haben, diese aber nicht immer wieder aufs Neue definieren und implementieren möchten. Würden Sie sie immer wieder neu implementieren, hätten Sie dieselben Methoden mit derselben Implementierung und damit auch mehrere Stellen, die es zu warten gilt. Mit der Vererbung haben Sie die Möglichkeit, diese Eigenschaften und Methoden in eine zentrale Klasse auszulagern, um sie nicht in jeder Klasse immer wieder neu beschreiben zu müssen.

Oberklasse und Unterklassen

Von dieser *Oberklasse* (auch *Superklasse* genannt) können andere Klassen nun erben. Sie können so die einmal definierten Eigenschaften und Methoden samt Implementierung in Ihre Unterklassen (auch *Subklassen* oder *Kindklassen* genannt) übernehmen. In den Unterklassen können Sie neue zusätzliche Attribute und Methoden hinzufügen bzw. Methoden redefinieren und damit die Oberklasse spezialisieren.

Erben von SAP-Standardklassen

In ABAP können Unterklassen nur von einer Klasse erben, die nicht *final* ist. Abbildung 7.2 zeigt hier beispielsweise die SAP-Standardklasse `CL_GUI_ALV_GRID`, bei der die Eigenschaft **Final** nicht aktiviert ist. Das bedeutet, dass andere Klassen von dieser Klasse erben können und Sie diese somit frei nach Ihren Wünschen erweitern können – ein Traum für jeden Erweiterungsentwickler!

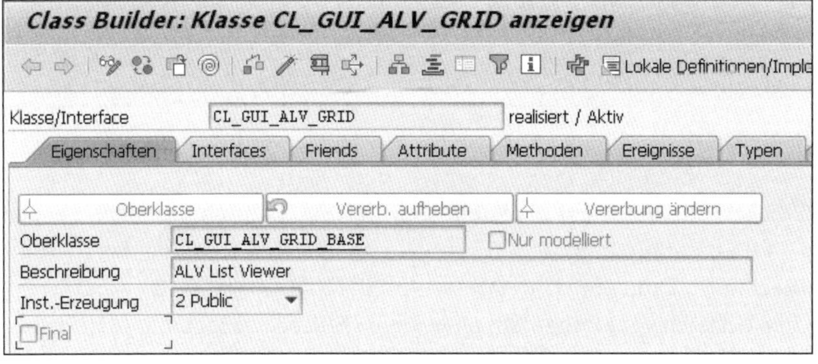

Abbildung 7.2 Die vererbbare Klasse CL_GUI_ALV_GRID

Beispiel: ALV-Tabellenanzeige erweitern

In dem folgenden Beispiel möchte ich Ihnen zeigen, wie Sie genau dies nutzen können. Ziel der Erweiterung ist es, dass in einer ALV-Tabellenanzeige (ALV = SAP List Viewer) eine Funktion aus der Funktionsleiste zur Laufzeit ausgeblendet werden kann. Abbildung 7.3 zeigt eine solche Funktionsleiste.

Report ZZZ_ALV

Ma...	Car...	Flug...	Flugdatum	Flugpreis	Währ...
901	LH	400	02.10.2017	1.205,28	EUR
901	LH	400	03.10.2017	1.205,28	EUR
901	LH	400	04.10.2017	1.205,28	EUR
901	LH	400	05.10.2017	1.205,28	EUR

Abbildung 7.3 Eine ALV-Tabellenanzeige mit einer Funktionsleiste

Im Standard können Sie nur direkt beim Erzeugen der ALV-Tabellenanzeige definieren, welche Funktionen in der Funktionsleiste ausgeblendet werden sollen. Dazu nutzen Sie den Parameter `IT_TOOLBAR_EXCLUDING` der Methode `SET_TABLE_FOR_FIRST_DISPLAY`. Nach dem Erzeugen der ALV-Tabellensicht können Sie keine Funktionen mehr ausblenden. Dies ist aber gerade bei dynamischen Anwendungen, in denen die Funktionen (insbesondere Ihre eigenen) variieren müssen, notwendig.

Um die Funktionsleiste zur Laufzeit anzupassen, müssen wir nach der Erzeugung der ALV-Tabelle auf das Toolbar-Objekt `M_CL_TOOLBAR` zugreifen können, das sich als Attribut mit der Sichtbarkeit **Protected** in der Klasse `CL_GUI_ALV_GRID` befindet, wie in Abbildung 7.4 zu erkennen.

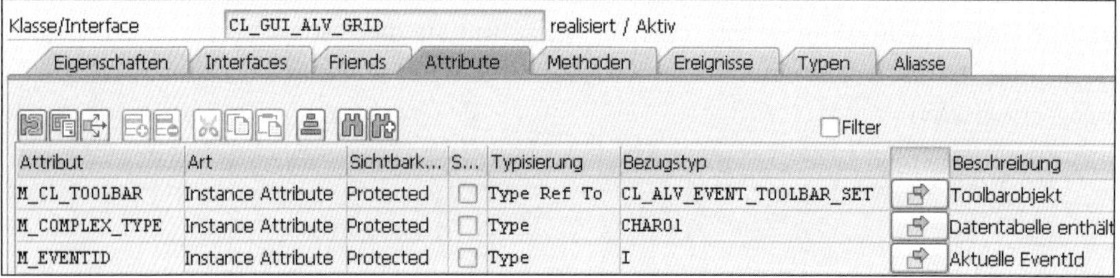

Abbildung 7.4 Das Attribut M_CL_TOOLBAR der Klasse CL_GUI_ALV_GRID

Da dieses Attribut nicht als **Public** definiert ist, können Sie nicht einfach von außen darauf zugreifen. Das macht aber nichts, denn da das Attribut **Protected** ist, kann eine Unterklasse von der Klasse `CL_GUI_ALV_GRID` erben. In der Unterklasse können Sie eine neue Methode anlegen, in der Sie auf das Attribut zugreifen und dafür sorgen, dass die gewünschte Funktion ausgeblendet wird. Wäre das Attribut als **Private** definiert, wäre dies nicht möglich, da private Komponenten einer Klasse nicht vererbt werden können.

Erbende Klasse anlegen

Im nächsten Schritt legen wir daher eine Klasse an, die von der originalen SAP-Klasse erben soll:

1. Rufen Sie Transaktion SE24 (den Class Builder) auf.
2. Geben Sie einen Namen für die Unterklasse ein, z. B. »ZCL_GUI_ALV_GRID« (siehe Abbildung 7.5), und klicken Sie auf **Anlegen**.

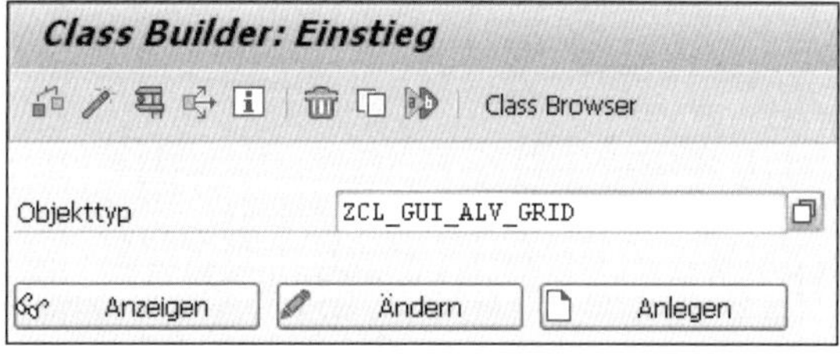

Abbildung 7.5 Anlegen einer Klasse in Transaktion SE24

3. Vergeben Sie eine Beschreibung für die neue Klasse, und klicken Sie anschließend auf die Schaltfläche **Vererbung anlegen** (⊡) hinter dem Klassennamen.
4. Dadurch wird ein neues Eingabefeld **Oberklasse** eingeblendet, das Sie in Abbildung 7.6 sehen können. Geben Sie hier die Klasse `CL_GUI_ALV_GRID` an.

5. Zusätzlich können Sie noch über die Eigenschaft **Final** bestimmen, ob von Ihrer Klasse wiederum eine andere Klasse erben darf.
6. Bestätigen Sie Ihre Eingaben anschließend mit der Schaltfläche **Sichern**.

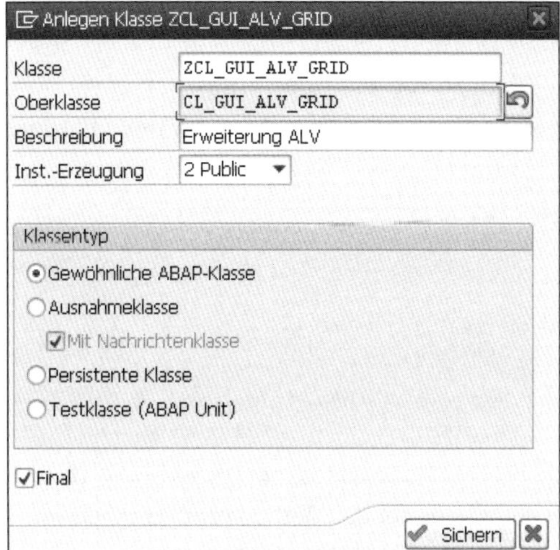

Abbildung 7.6 Eintragen der Vererbung bei der Anlage einer Klasse

7. Sie gelangen in die Übersicht zu Ihrer neuen Klasse (siehe Abbildung 7.7). Sie erkennen hier, dass alle öffentlichen (**Public**) und geschützten (**Protected**) Attribute, Methoden, Interfaces, Ereignisse und Typen von der Oberklasse `CL_GUI_ALV_GRID` übernommen wurden. Diese Komponenten werden in blauer Schrift dargestellt.

Abbildung 7.7 Hinzufügen einer neuen Methode zum Löschen von Funktionen in der beerbten Klasse

8. Tragen Sie hier, wie ebenfalls in Abbildung 7.7 dargestellt, eine neue Methode DELETE_TOOLBAR_BUTTON in die Tabelle ein. Diese wird in schwarzer Schrift dargestellt. Alle Komponenten in schwarzer Schrift wurden erst in dieser Unterklasse definiert bzw. redefiniert.
9. Ergänzen Sie für diese neue Methode einen Parameter IV_FUNCTION vom Typ UI_FUNC. Markieren Sie dazu die Methode, und klicken Sie auf die Schaltfläche **Parameter**. In der Parametersicht wird der neue Parameter dann wie in Abbildung 7.8 angezeigt.

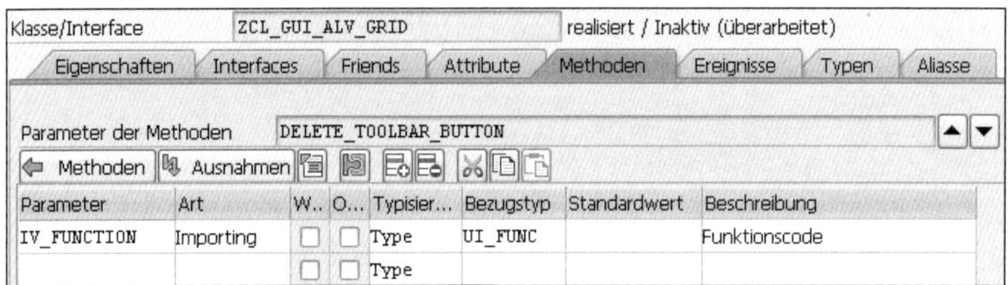

Abbildung 7.8 Ausprägen der Parameter der Methode zum Löschen von Funktionen

10. Gehen Sie anschließend über die Schaltfläche **Methoden** zurück zur Methodenliste, und implementieren Sie diese Methode, wie in Listing 7.1 gezeigt. Die Methode entfernt den übergebenen Funktionscode des Funktionsobjekts aus der Tabelle MT_TOOLBAR und fügt gleichzeitig den Funktionscode der Tabelle MT_EXLUDING_TOOLBAR hinzu. Wenn die Konstante CL_GUI_ALV_GRID=>MC_FC_EXCL_ALL mit dem Wert &EXCLALLFC übergeben wird, werden alle Funktionscodes entfernt.

```
METHOD delete_toolbar_button.
  "Sollen alle Funktionen ausgeblendet werden, oder nur
  "eine?
  IF iv_function = cl_gui_alv_grid=>mc_fc_excl_all.
   CLEAR me->m_cl_toolbar->mt_toolbar.
   APPEND cl_gui_alv_grid=>mc_fc_excl_all
     TO me->mt_excluding_toolbar.
  ELSE.
   "Nur eine Funktion soll ausgeblendet werden.
   "Entferne diese Funktion aus der Liste der
   "Funktionen ...
    DELETE me->m_cl_toolbar->mt_toolbar
      WHERE function = iv_function.
   "... und füge sie zu den entfernten Funktionen hinzu
```

```
    APPEND iv_function TO me->mt_excluding_toolbar.
  ENDIF.
ENDMETHOD.
```

Listing 7.1 Implementierung der Methode zum Löschen von Funktionen

Implementierung testen

Nach einem Refresh der ALV-Tabelle wird die entfernte Funktion nicht mehr in der Funktionsleiste angezeigt werden. Listing 7.2 zeigt eine beispielhafte Implementierung, um diese neue Funktionalität zu testen. Beachten Sie hier, dass bereits die neue Klasse ZCL_GUI_ALV_GRID und nicht die originale Klasse verwendet wird.

```
DATA lo_alv      TYPE REF TO zcl_gui_alv_grid.
DATA lt_sflight TYPE TABLE OF sflight.

"Selektion von Beispieldaten
SELECT * FROM sflight
  INTO CORRESPONDING FIELDS OF TABLE lt_sflight
  UP TO 100 ROWS.

"Erzeuge eine neue ALV-Liste auf Basis der veerbten Klasse
CREATE OBJECT lo_alv
  EXPORTING
    i_parent = cl_gui_custom_container=>default_screen.

CALL METHOD lo_alv->set_table_for_first_display
  EXPORTING
    i_structure_name = 'SFLIGHT'
  CHANGING
    it_outtab         = lt_sflight.
"Rufe die neu hinzugefügte Funktion zum Entfernen auf
"Hier für die Grafikfunktion
lo_alv->delete_toolbar_button( iv_function = '&GRAPH' ).
lo_alv->refresh_table_display( ).
CALL SCREEN 2000.
```

Listing 7.2 Beispielreport zum Testen der Erweiterung

Dazu wird nach dem Erzeugen der ALV-Tabelle die neue Methode DELETE_TOOLBAR_BUTTON für den Funktionscode &GRAPH (Schaltfläche [icon]) aufgerufen. Natürlich könnten Sie diesen Aufruf an beliebiger Stelle platzieren (z. B. in einer anderen Funktion der Funktionsleiste). Durch den Aufruf der Standardmethode REFRESH_TABLE_DISPLAY wird anschließend die ALV-Anzeige neu aufgebaut und die betreffende Funktion ausgeblendet, wie in Abbildung 7.9 zu sehen.

Report ZZZ_ALV

Ma...	Car...	Flug...	Flugdatum	Flugpreis	Währ...
901	LH	400	02.10.2017	1.205,28	EUR
901	LH	400	03.10.2017	1.205,28	EUR
901	LH	400	04.10.2017	1.205,28	EUR
901	LH	400	05.10.2017	1.205,28	EUR

Abbildung 7.9 ALV-Tabellenanzeige mit ausgeblendeter Funktion zur Grafikanzeige

Technische Namen der Funktionen herausfinden

Die technischen Namen der Funktionen können Sie im Debugger in Erfahrung bringen. Schauen Sie sich dazu den Inhalt der internen Tabelle MT_TOOLBAR des Attributs M_CL_TOOLBAR der ALV-Referenz LO_ALV an. Abbildung 7.10 stellt einen Auszug dieser Tabelle dar.

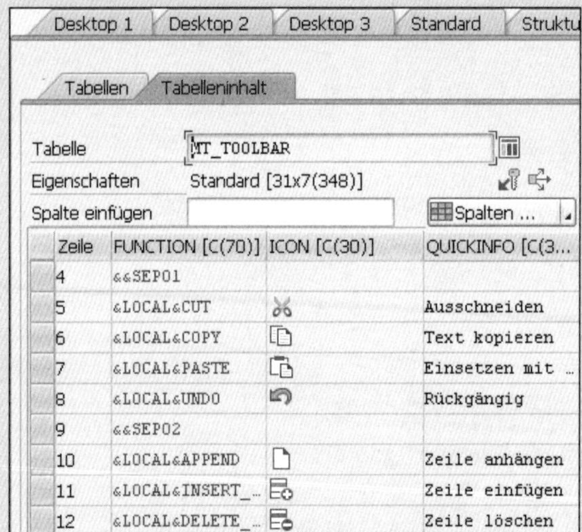

Zeile	FUNCTION [C(70)]	ICON [C(30)]	QUICKINFO [C(3...
4	&&SEP01		
5	&LOCAL&CUT		Ausschneiden
6	&LOCAL©		Text kopieren
7	&LOCAL&PASTE		Einsetzen mit ...
8	&LOCAL&UNDO		Rückgängig
9	&&SEP02		
10	&LOCAL&APPEND		Zeile anhängen
11	&LOCAL&INSERT_...		Zeile einfügen
12	&LOCAL&DELETE_...		Zeile löschen

Abbildung 7.10 Tabelle MT_TOOLBAR mit den aktiven Funktionscodes

Damit haben Sie erfolgreich eine Funktion zur Laufzeit ausgeblendet. In diesem speziellen Beispiel haben wir die Tatsache ausgenutzt, dass wir Zugriff auf ein geschütztes (**Protected**) Attribut einer Standardklasse haben. Diesen Zugriff können Sie ohne die Unterklasse nicht realisieren.

Weitere Erweiterungsmöglichkeiten

Dieses Beispiel könnten Sie natürlich beliebig weiterführen, um die Standard-ALV-Funktionalität zu erweitern. Listing 7.3 zeigt beispielsweise eine Methode, mit der Sie eine Funktion nur deaktivieren und nicht löschen. Auch hier wird auf das geschützte Attribute M_CL_TOOLBAR zugegriffen.

```
* <SIGNATURE>---------------------------------------------+
* | Instance Public Method
* +-------------------------------------------------------+
* | [--->] IV_FUNCTION  TYPE UI_FUNC
* | [--->] IV_DISABLED  TYPE FLAG (default ='X')
* +----------------------------------------------</SIGNATURE>
  METHOD set_toolbar_button_disabled.
    READ TABLE me->m_cl_toolbar->mt_toolbar
      WITH KEY function = iv_function
      ASSIGNING FIELD SYMBOL(<s_toolbar>).
    IF sy-subrc = 0.
      <s_toolbar>-disabled = iv_disabled.
    ENDIF.
  ENDMETHOD.
```

Listing 7.3 Beispielcode zum Deaktivieren von Funktionen

7.2 Redefinition

Sie haben außerdem die Möglichkeit, alle geerbten Methoden der Oberklasse mit einer komplett neuen Implementierung zu versehen. Die Signatur einer Methode (d. h. die Parameter und Ausnahmen) können Sie hierbei allerdings nicht ändern. Dieses Vorgehen wird in der objektorientierten Programmierung *Redefinition* genannt.

Pseudoreferenz »super«

Die Unterklasse kann optional die originale Methode über die Pseudoreferenz `super->methode()` aufrufen. Auf diese Weise ist es nicht nur möglich, eine Methode komplett zu redefinieren, sondern auch, die Logik der geerbten Methode zu erweitern.

Abstraktes Beispiel

Als einfaches Beispiel sei in der Oberklasse eine Methode `ausgabe()` definiert, die mit der folgenden Anweisung implementiert ist:

```
METHOD ausgabe.
  WRITE: / 'Oberklasse'.
ENDMETHOD.
```

Die Unterklasse, die die Methode `ausgabe()` von der Oberklasse erbt, redefiniert diese Methode. Als neue Implementierung wird die folgende Anweisung ausgegeben:

```
METHOD ausgabe. "Redefiniert
  WRITE: / 'Unterklasse'
ENDMETHOD.
```

Wird die Methode oberklasse->ausgabe() aufgerufen, wird der Text »Oberklasse« in der Listenausgabe ausgegeben. Wird dagegen die Methode unterklasse->ausgabe() aufgerufen, wird der Text »Unterklasse« ausgegeben.

Die Unterklasse ändert (redefiniert) nun die Methode ausgabe() wie folgt:

```
METHOD ausgabe.
  super->ausgabe().
  WRITE: / 'Unterklasse'.
ENDMETHOD.
```

Wird dann erneut die Methode unterklasse->ausgabe() aufgerufen, wird Folgendes in der Listenausgabe ausgegeben:

```
Oberklasse
Unterklasse
```

Tabelle 7.1 fasst die verschiedenen Aufrufe und Ausgaben dieses Beispiels noch einmal zusammen.

Aufruf der Methode »ausgabe()«	Ausgabe
in Oberklasse	Oberklasse
in Unterklasse (ohne Redefinition)	Oberklasse
in Unterklasse (mit Redefinition)	Unterklasse
in Unterklasse (mit Aufruf der Methode der Oberklasse)	Oberklasse Unterklasse

Tabelle 7.1 Ausgaben vor und nach der Redefinition

Methode redefinieren

Sie können eine vererbte Methode in Transaktion SE24 redefinieren, indem Sie die Methode in der Unterklasse markieren (in Abbildung 7.11 z. B. die Methode SET_TABLE_FOR_FIRST_DISPLAY) und in der Funktionsleiste auf die Schaltfläche **Redefinieren** () klicken.

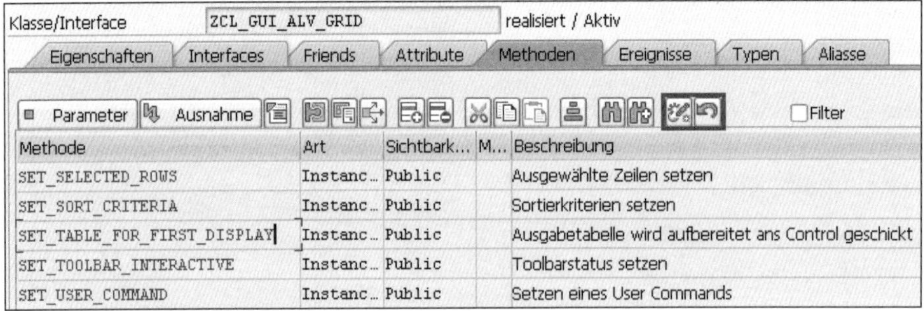

Abbildung 7.11 Redefinieren von Methoden in Transaktion SE24

Alternativ können Sie dies auch über die Baumsicht in Transaktion SE80 tun, indem Sie den Eintrag **Redefinieren** im Kontextmenü auswählen, wenn Sie diese Arbeitsweise bevorzugen (siehe Abbildung 7.12).

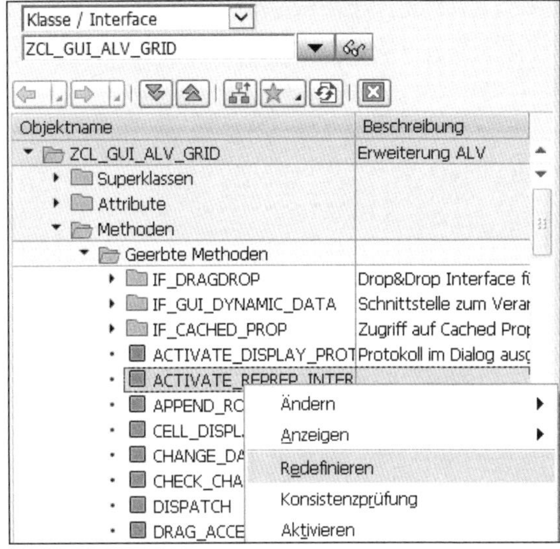

Abbildung 7.12 Redefinieren von Methoden in Transaktion SE80

Redefinition zurücknehmen

Ihre Redefinition können Sie jederzeit über die Schaltfläche **Redefinition zurücknehmen** (button) bzw. über den Kontextmenüeintrag **Redefinition löschen** zurücknehmen.

Konstruktor

Wenn Sie versuchen, einen Konstruktor, also die Methode `CONSTRUCTOR`, zu redefinieren, werden Sie die folgende Fehlermeldung erhalten:

»Der Konstruktor kann nicht redefiniert werden.«

Lassen Sie sich davon nicht irritieren. Sie können (auch wenn der Konstruktor vererbt wurde) jederzeit eine neue Methode mit demselben Namen anlegen, wie in Abbildung 7.13 gezeigt.

Innerhalb dieser neuen Methode `CONSTRUCTOR` müssen Sie nun aber den Aufruf `super->constructor()` verwenden, da Sie die Klasse sonst nicht aktivieren können.

Ein Praxisbeispiel zur Redefinition finden Sie in Kapitel 21, »Erweiterung des Code Inspectors«. Dort erbt eine Unterklasse von einer Standardklasse `CL_CI_TEST_SCAN`. Anschließend redefinieren Sie ihre Methode `RUN`, um eine neue Prüfung für den Code Inspector zu implementieren.

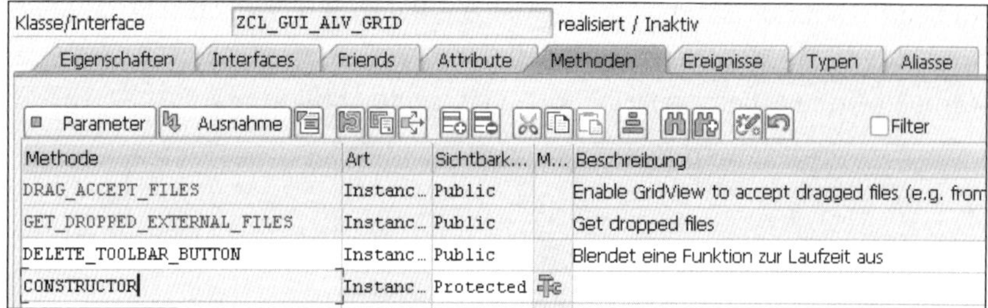

Abbildung 7.13 Hinzufügen eines neuen Konstruktors zum Ersetzen des vererbten Konstruktors

7.3 Zusammenfassung

In diesem Kapitel habe ich Ihnen gezeigt, wie Sie über den Vererbungsmechanismus Standardklassen beliebig erweitern können. Dazu dürfen diese Klassen nicht als **Final** gekennzeichnet sein.

In der Unterklasse haben Sie die Möglichkeit, neue Methoden, Attribute und Ereignisse anzulegen. Außerdem können Sie über den Mechanismus der Redefinition die vererbten Methoden komplett neu definieren und so die Standardlogik beliebig anpassen.

Nach der Lektüre dieses Kapitel sollten Sie die Konzepte Vererbung und Redefinition verstanden haben und diese zur Erweiterung eines SAP-Systems einsetzen können.

TEIL II

Erweiterungstechniken des Enhancement Frameworks

In diesem Teil führe ich Sie in das Enhancement Framework und dessen Erweiterungsmöglichkeiten ein. Im Vergleich zu den alten Erweiterungstechnologien stellt dieses Framework einen Quantensprung dar. Sie können das SAP-System damit an nahezu allen Stellen modifikationsfrei anpassen.

Ich gebe Ihnen zunächst einen Überblick über die Architektur des Frameworks. Danach gehe ich auf die einzelnen Erweiterungstechnologien ein. Dazu gehören:

- implizite Erweiterungspunkte
- explizite Erweiterungspunkte
- neue Business Add-ins (BAdIs)
- das Switch Framework

Schließlich zeige ich Ihnen noch, wie Sie die erweiterten Entwicklungsobjekte nach einem Upgrade mit dem neuen Versionsstand abgleichen können.

Kapitel 8
Das Enhancement Framework

In diesem Kapitel stelle ich Ihnen das Konzept des Enhancement Frameworks vor und erläutere dessen Gesamtarchitektur sowie die relevanten Fachbegriffe.

Die Aufgabe des Enhancement Frameworks ist einfach: Es soll modifikationsfreie Erweiterungen des kompletten SAP-ERP-Systems ermöglichen: vom Datenmodell im ABAP Dictionary über die Logik im ABAP Editor bis hin zu Webservices als Schnittstellen nach außen und der Oberfläche. Im Folgenden stelle ich Ihnen in Abschnitt 8.1 zunächst Konzept und Architektur des Enhancement Frameworks vor und zeige Ihnen dann in Abschnitt 8.2, »Mit dem Enhancement Framework arbeiten«, anhand eines Beispiels, wie Sie die einzelnen Komponenten des Frameworks im System finden.

8.1 Architektur des Enhancement Frameworks

Für alle involvierten Entwicklungsobjekte sind Optionen zur Erweiterung vorhanden, an die Sie als Entwickler andocken können. Dazu zählen Optionen, die für bestimmte Entwicklungsobjekte immer vorhanden sind (sogenannte *implizite Erweiterungsoptionen*), sowie Optionen, die nur manchmal vorhanden sind und speziell vom SAP-Entwickler hinzugefügt werden müssen (sogenannte *explizite Erweiterungsoptionen*).

Erweiterungsmöglichkeiten

Im Rahmen des Enhancement Frameworks können Sie folgende Stellen im SAP-System anpassen:

- Quelltext über von SAP vorgesehene (explizite) Erweiterungspunkte oder Business-Add-in-(BAdI-)Aufrufe hinzufügen
- Quelltext über von SAP vorgesehene (explizite) Erweiterungssektionen ersetzen
- Quelltext an Kopf und Fuß von Includes, Formroutinen, Methoden, Typdefinitionen und bereits implementierten Erweiterungen des Enhancement Frameworks hinzufügen

- Attribute, Methoden, Parameter, Typen und Interfaces in lokalen und globalen Klassen hinzufügen
- Parameter in Funktionsbausteinen hinzufügen
- Oberfläche über BAdI-Aufrufe in Form von dynamisch eingebetteten Subscreens erweitern
- Menüs und Funktionsleisten über BAdI-Aufrufe in Form von dynamisch eingebetteten Funktionscodes erweitern
- ABAP-Dictionary-Erweiterungen von Festwerten, Strukturen bzw. Indizes

Es gibt also Tausende Stellen im SAP-System, die sich über das Enhancement Framework erweitern lassen. Damit diese Erweiterungsstellen nicht lose im System »herumliegen«, wurde zur Gruppierung dieser Optionen sowie für die Implementierung der Erweiterungen eine Architektur eingeführt. Die Aufgabe dieser Architektur ist einfach: Ordnung schaffen.

Gruppierung von Erweiterungsimplementierungen

SAP wollte damit ein bekanntes Problem lösen, an das sich SAP-Entwickler über die Jahre bereits gewöhnt hatten: Ein durchschnittliches SAP-Kundensystem enthält eine schier unzählbare Menge von Erweiterungen in Form von User Exits, Customer Exits und klassischen BAdIs, die nur durch externe Dokumentation in einen Zusammenhang gebracht werden können. Haben Sie beispielsweise die Aufgabe, eine Standardtransaktion zu erweitern, um eine bestimmte Funktionalität zu implementieren, und Sie haben für diesen Zweck zwei User Exits, ein Customer Exit und drei BAdIs verwendet, wissen nur Sie, dass diese Erweiterungen zusammengehören. Ihre Kollegen können sich dies beispielsweise über eine von Ihnen erstellte Dokumentation oder eine geschickte Paketzuordnung erschließen.

Zentraler Einstiegspunkt

Deshalb hat SAP für die neuen Erweiterungen Entwicklungsobjekte in Form der Erweiterungsspots und Erweiterungsimplementierungen eingeführt, die nur eine Aufgabe haben: die Dinge zusammenzufassen und zu ordnen. Um diese Entwicklungsobjekte wiederum besser im Griff zu haben, wurde die Transaktion SE20 (Enhancements) als zentraler Einstiegspunkt eingeführt. In Abbildung 8.1 können Sie den Einstiegsbildschirm dieser Transaktion sehen.

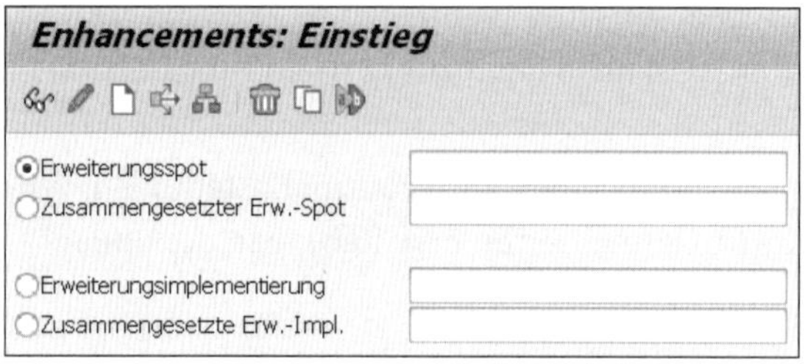

Abbildung 8.1 Einstieg der Transaktion SE20

In dieser Transaktion bekommen Sie einen Überblick über alle im System vorhandenen und bereits implementierten Erweiterungen und können diese verwalten, d. h. ändern, anlegen, löschen oder dokumentieren.

Das Enhancement Framework setzt sich aus den folgenden Komponenten zusammen:

Komponenten

- **Erweiterungsoptionen (Enhancement Options)**
  Als Erweiterungsoptionen werden die Möglichkeiten bezeichnet, Repository-Objekte (z. B. Funktionsbausteine, Methoden ...) zu erweitern. Es gibt implizite (immer vorhandene) und explizite (direkt vorgesehene, extra hinzugefügte) Erweiterungsoptionen.
- **Erweiterungsspots (Enhancement Spots)**
  Erweiterungsspots dienen als Klammer um explizite Erweiterungsoptionen und fassen so Ihre erweiterten Stellen zusammen. Es gibt Erweiterungsspots, die nur explizite Erweiterungspunkte, und solche, die nur neue BAdI-Definitionen aufnehmen können.
- **Zusammengesetzte Erweiterungsspots (Composite Enhancement Spots)**
  Zusammengesetzte Erweiterungsspots fassen Erweiterungsspots zusammen. Sie können auch weitere zusammengesetzte Erweiterungsspots enthalten. Dadurch wird eine Art Ordnerstruktur erzielt, die alle Erweiterungsoptionen gliedert.
- **Erweiterungsimplementierungselemente (Enhancement Implementation Elements)**
  Ein Erweiterungsimplementierungselement ist die eigentliche Erweiterung. Sie enthält den hinzugefügten Quelltext bzw. das Objekt.
- **Erweiterungsimplementierungen (Enhancement Implementations)**
  Erweiterungsimplementierungen kapseln mehrere Erweiterungsimplementierungselemente. Mit anderen Worten: Sie fassen Ihre Erweiterungen zusammen und sorgen so für Ordnung. Jede Erweiterung, die Sie im Rahmen des Enhancement Frameworks anlegen, muss einer Erweiterungsimplementierung zugeordnet werden.
- **Zusammengesetze Erweiterungsimplementierungen (Composite Enhancement Implementations)**
  Zusammengesetzte Erweiterungsimplementierungen bieten die Möglichkeit, mehrere Erweiterungsimplementierungen nochmals zusammenzufassen. Sie können auch weitere zusammengesetzte Erweiterungsimplementierungen enthalten. Dadurch wird eine Art Ordnerstruktur erzielt, die all Ihre implementierten Erweiterungen gliedern kann.

- **Erweiterungspunkte**
  Erweiterungspunkte sind Erweiterungsoptionen, an denen kundeneigener Quelltext dem SAP-Quelltext hinzugefügt werden kann. Es gibt *explizite Erweiterungspunkte*, an denen SAP das Hinzufügen von Quelltext explizit vorgesehen hat, und es gibt *implizite Erweiterungspunkte*, an denen immer Quelltext am Kopf und Fuß einer Definition hinzugefügt werden kann, ohne dass es von SAP explizit vorgesehen wurde.
- **Erweiterungssektionen**
  Erweiterungssektionen ermöglichen es Ihnen, den originalen Quelltext durch Ihren eigenen Quelltext zu ersetzen. Erweiterungssektionen sind immer explizit, d. h., die zu ersetzenden Stellen müssen immer von SAP vorgegeben sein.

Zusammenspiel der Komponenten

Das Zusammenspiel dieser Komponenten ist in Abbildung 8.2 veranschaulicht.

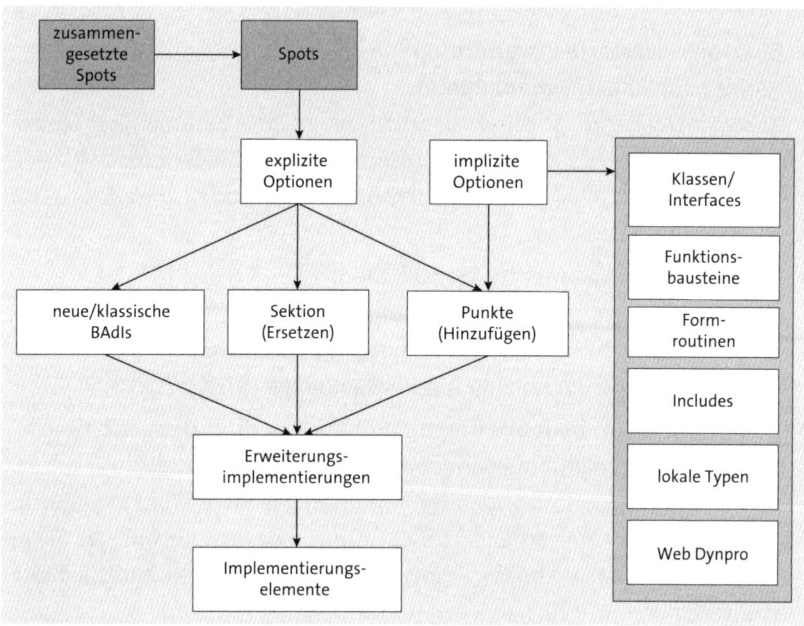

Abbildung 8.2 Architektur des Enhancement Frameworks

Bereitstellung der Erweiterungs-optionen

Wie stellt SAP Erweiterungen über dieses Framework bereit? Angenommen, SAP will Erweiterungen für eine Komponente des SAP-ERP-Systems, und zwar für mehrere Transaktionen anbieten. Dazu legt SAP für jede Transaktion einen Erweiterungsspot für die Quelltexterweiterungen (in diesem Abschnitt zur Unterscheidung Erweiterungsspot 1 genannt) und einen Erweiterungsspot für die BAdI-Erweiterungen (in diesem Abschnitt zur Unterscheidung Erweiterungsspot 2 genannt) an. Beide Arten können nicht gleichzeitig einem Erweiterungsspot zugeordnet sein.

Anschließend definiert SAP die Stellen, an denen der Kunde die Transaktion erweitern kann (der Kunde hat also Erweiterungsoptionen). An einer Stelle ist beispielsweise ein bloßes Hinzufügen von Quelltext (über einen Erweiterungspunkt) möglich, an anderen Stellen können ganze Quelltextsektionen (über eine Erweiterungssektion) angepasst werden. Daneben kann SAP die Option einer Bildschirmerweiterung bereitstellen (z. B. durch ein BAdI und eine Screenerweiterung).

Diese Stellen ordnet SAP anschließend den beiden Erweiterungsspots zu: die Quelltexterweiterungen dem Erweiterungsspot 1, die BAdIs dem Erweiterungsspot 2. Damit der Überblick behalten werden kann, legt SAP für die Komponente jeweils einen zusammengesetzten Erweiterungsspot für die BAdI-Erweiterungsspots sowie einen zusammengesetzten Erweiterungsspot für die Spots der Erweiterungsoptionen an.

8.2 Mit dem Enhancement Framework arbeiten

In diesem Abschnitt zeige ich Ihnen die Umsetzung dieses Konzepts im System. Die Einstiegstransaktion SE20 des Enhancement Frameworks haben Sie bereits im vorangegangenen Abschnitt kennengelernt.

Beispiel: Erweiterungsspots in SD

Schauen wir uns als Beispiel die Vertriebskomponente SD (Sales & Distribution) an. Hier wurden zwei zusammengesetzte Erweiterungsspots angelegt:

- `ES_VA_BADI` für alle Erweiterungsspots, die BAdIs enthalten (siehe Abbildung 8.3)

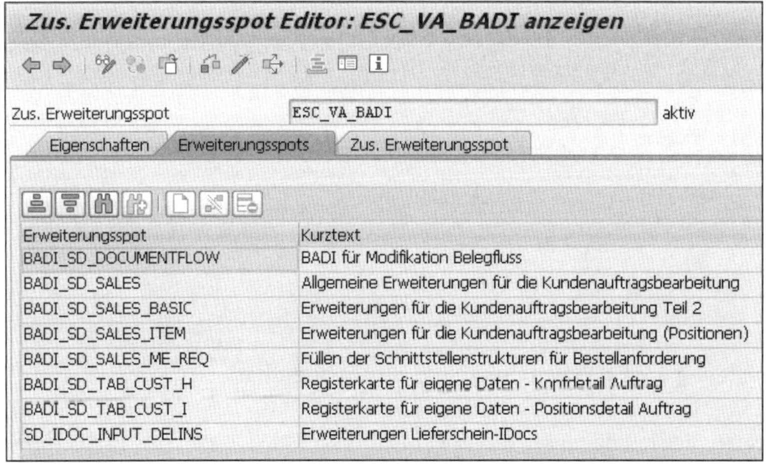

Abbildung 8.3 Ein zusammengesetzter Erweiterungsspot für BAdIs

- ES_VA für alle Erweiterungsspots, die Erweiterungsoptionen enthalten (siehe Abbildung 8.4)

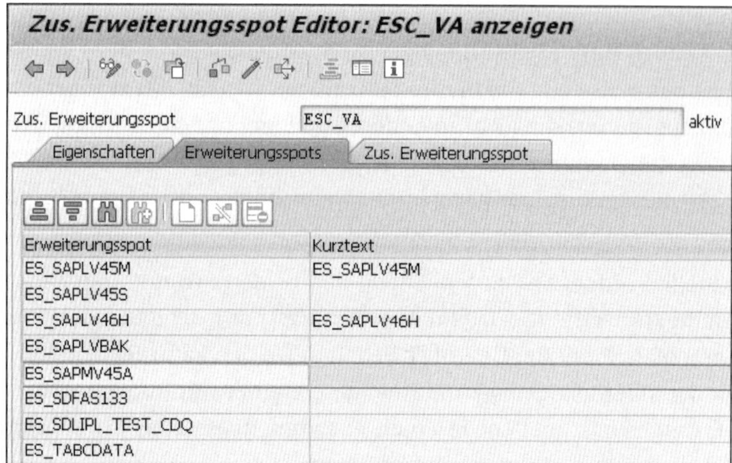

Abbildung 8.4 Ein zusammengesetzter Erweiterungsspot für Erweiterungsoptionen

Lassen Sie sich beispielsweise den BAdI-Erweiterungsspot BADI_SD_SALES_ITEM des zusammengesetzten Erweiterungsspots ESC_VA_BADI wie in Abbildung 8.5 anzeigen, sehen Sie die BAdIs, die diesem Erweiterungsspot zugeordnet wurden. Diese wurden für die Erweiterung der Position von Vertriebsbelegen angelegt.

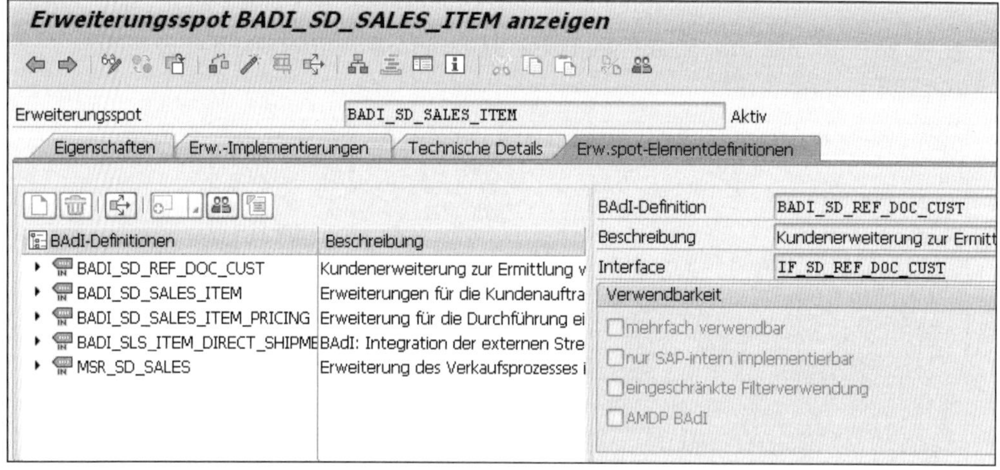

Abbildung 8.5 Ein Erweiterungsspot, der BAdIs enthält

Lassen Sie sich dagegen den Erweiterungsspot ES_SAPMV45A des zusammengesetzten Erweiterungsspots ESC_VA wie in Abbildung 8.6 anzeigen, sehen

Sie die zugeordneten Erweiterungsoptionen, die der Erweiterung der Transaktionen VA01, VA02 und VA03 dienen. Deren Hauptprogramm SAPMV45A ist im Namen der Erweiterungsspots hinterlegt. Es wurde also pro Transaktionsgruppe jeweils ein Erweiterungsspot angelegt, der alle Erweiterungen zusammenfasst, die diese Transaktionsgruppe betreffen.

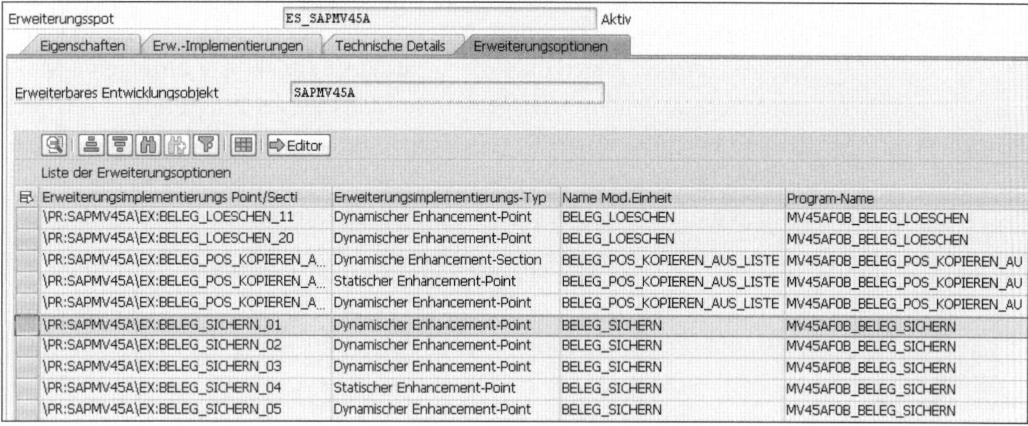

Erweiterungsimplementierungs Point/Secti	Erweiterungsimplementierungs-Typ	Name Mod.Einheit	Program-Name
\PR:SAPMV45A\EX:BELEG_LOESCHEN_11	Dynamischer Enhancement-Point	BELEG_LOESCHEN	MV45AF0B_BELEG_LOESCHEN
\PR:SAPMV45A\EX:BELEG_LOESCHEN_20	Dynamischer Enhancement-Point	BELEG_LOESCHEN	MV45AF0B_BELEG_LOESCHEN
\PR:SAPMV45A\EX:BELEG_POS_KOPIEREN_A...	Dynamische Enhancement-Section	BELEG_POS_KOPIEREN_AUS_LISTE	MV45AF0B_BELEG_POS_KOPIEREN_AU
\PR:SAPMV45A\EX:BELEG_POS_KOPIEREN_A...	Statischer Enhancement-Point	BELEG_POS_KOPIEREN_AUS_LISTE	MV45AF0B_BELEG_POS_KOPIEREN_AU
\PR:SAPMV45A\EX:BELEG_POS_KOPIEREN_A...	Dynamischer Enhancement-Point	BELEG_POS_KOPIEREN_AUS_LISTE	MV45AF0B_BELEG_POS_KOPIEREN_AU
\PR:SAPMV45A\EX:BELEG_SICHERN_01	Dynamischer Enhancement-Point	BELEG_SICHERN	MV45AF0B_BELEG_SICHERN
\PR:SAPMV45A\EX:BELEG_SICHERN_02	Dynamischer Enhancement-Point	BELEG_SICHERN	MV45AF0B_BELEG_SICHERN
\PR:SAPMV45A\EX:BELEG_SICHERN_03	Dynamischer Enhancement-Point	BELEG_SICHERN	MV45AF0B_BELEG_SICHERN
\PR:SAPMV45A\EX:BELEG_SICHERN_04	Statischer Enhancement-Point	BELEG_SICHERN	MV45AF0B_BELEG_SICHERN
\PR:SAPMV45A\EX:BELEG_SICHERN_05	Dynamischer Enhancement-Point	BELEG_SICHERN	MV45AF0B_BELEG_SICHERN

Abbildung 8.6 Ein Erweiterungsspot, der nur Erweiterungsoptionen enthält

Erweiterungsoptionen nutzen

Jetzt kommen Sie als Kunde zum Zuge, der diese Erweiterungsoptionen nutzen möchte. Nehmen wir an, Sie stoßen in einem SAP-Hinweis auf die zusammengesetzten Erweiterungsspots (ES_VA_BADI und ES_VA) und öffnen nun Transaktion SE20. Dort können Sie sich diese zusammengesetzten Erweiterungsspots anschauen und sehen, dass darunter weitere Erweiterungsspots angeboten werden. Durch Vorwärtsnavigation können Sie sich die Details zu den Erweiterungsspots ansehen und erkennen, an welchen Stellen die Möglichkeit besteht, Ihre Erweiterung in die Verarbeitungslogik einzuhängen. Der Erweiterungsspot mit den BAdIs bietet sogar eine Screenerweiterung an, um eine weitere Registerkarte für die Positionsebene in den Auftragsbelegen hinzuzufügen.

Sie entscheiden sich, zwei dieser Erweiterungspunkte zu nutzen, und beginnen, diese zu implementieren. Sie werden jeweils aufgefordert, eine Erweiterungsimplementierung anzulegen. Beim ersten Mal legen Sie eine neue Erweiterungsimplementierung an, bei der Implementierung des zweiten Punktes wählen Sie die bereits angelegte Erweiterungsimplementierung aus. Diese gehören ja letztlich zusammen. Sie implementieren den Quelltext, der im Hintergrund als Erweiterungsimplementierungselement behandelt wird. Davon bekommen Sie aber nichts mit, da dies automatisch gesteuert wird.

Erweiterungsimplementierungen anzeigen

Die Erweiterungsimplementierungen können Sie sich über ihre Namen in Transaktion SE20 anzeigen lassen (siehe Eingabefeld **Erweiterungsimplementierung** in Abbildung 8.1). Aber selbst, falls Sie den Namen der Implementierungen nicht mehr wissen und auch die [F4]-Hilfe Ihnen nicht weiterhilft, wissen Sie, dass immer eine automatische Zuordnung zum erweiterten Entwicklungsobjekt stattfindet. Sie haben ja z. B. das Standardprogramm SAPMV45A erweitert. Rufen Sie dieses Programm im ABAP Editor auf, und lassen Sie sich über die Schaltfläche **Objektliste anzeigen** (icon) die Objektliste anzeigen. Hier finden Sie (falls dieses Programm tatsächlich erweitert wurde) einen Ordner **Erweiterungsimplementierungen**. Wie in Abbildung 8.7 gezeigt, finden Sie in diesem Ordner auch Ihre Kundenerweiterungen (in diesem Beispiel erkennbar am Kundennamensraum Z).

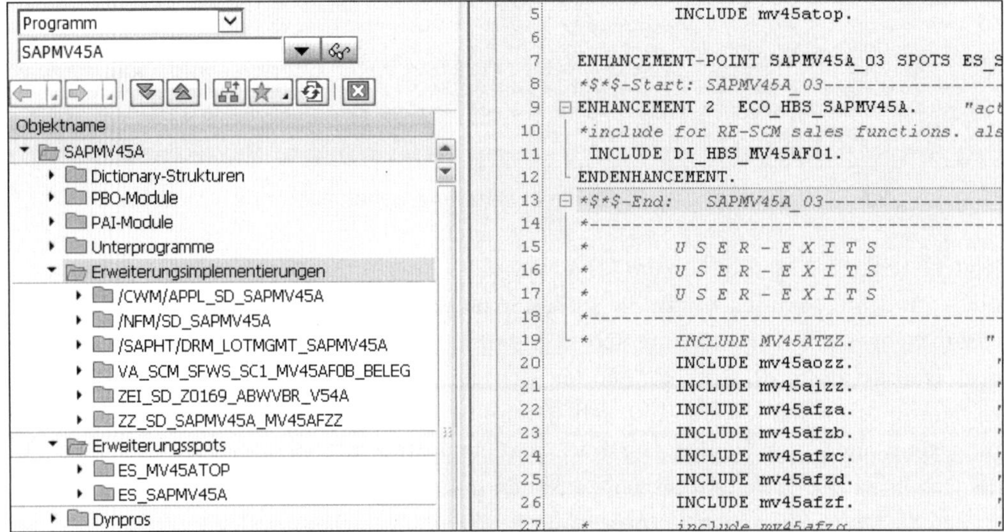

Abbildung 8.7 Anzeige von Erweiterungsimplementierungen

Durch einen Doppelklick auf den Namen einer Erweiterungsimplementierung wird diese in Transaktion SE20 geöffnet (siehe Abbildung 8.8).

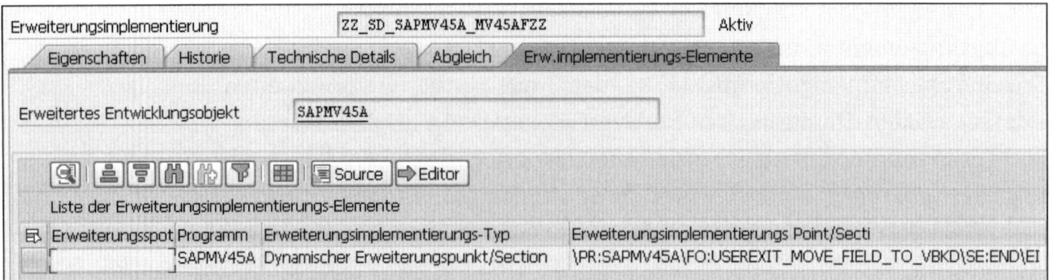

Abbildung 8.8 Anzeige einer Erweiterungsimplementierung

Aufruf des Erweiterungscodes

Klicken Sie wiederum doppelt auf eines der Erweiterungsimplementierungselemente in der Liste (in Abbildung 8.8 ist nur eines vorhanden), springt die ABAP Workbench automatisch zu der erweiterten Quelltextstelle. Wie in Abbildung 8.9 zu erkennen, befindet sich diese Quelltexterweiterung am Ende einer Formroutine.

Include MV45AFZZ aktiv

```
*}   INSERT

""""""""""""""""""""""""""""""""""""""""""""""""""""""""""""""""""""""""
*$*$-Start: (6)---------------------------------------------------------
ENHANCEMENT 1  ZZ_SD_SAPMV45A_MV45AFZZ.    "active version
*>>HM#458210 - disable pricing date change after the 15th of each month (MKu)
data: ls_vbkd type vbkd.
  if vbak-vkorg(1) = '2'. "Polish sales organizations

    if sy-datum+6(2) > '15'.
      case sy-tcode.
        when 'VA01'.
          if vbkd-prsdt <> sy-datum.
            vbkd-prsdt = sy-datum.
            message i001(zzsd) with sy-datum.
          endif.
        when 'VA02'.
          select single * from vbkd into ls_vbkd
              where vbeln = vbak-vbeln.
          if vbkd-prsdt <> ls_vbkd-prsdt.
            vbkd-prsdt = ls_vbkd-prsdt.
            message i001(zzsd) with sy-datum.
          endif.
      endcase.
    endif.
  endif.
*<<HM#458210 - disable pricing date change after the 15th of each month (MKu)
ENDENHANCEMENT.
*$*$-End:   (6)---------------------------------------------------------
ENDFORM.
```

Abbildung 8.9 Ein implementierter Erweiterungspunkt

Wie Sie bei der Implementierung der Erweiterungsoptionen genau vorgehen, zeige ich Ihnen in den folgenden Kapiteln. Wichtig sind hier insbesondere die folgenden:

- Kapitel 9 für die impliziten Erweiterungspunkte
- Kapitel 10 für die expliziten Erweiterungsoptionen
- Kapitel 11 für die neuen Business Add-ins

8.3 Zusammenfassung

In diesem Kapitel habe ich Ihnen die Architektur des Erhancement Frameworks vorgestellt. Neu an diesem Konzept ist, dass es mit den Erweiterungsspots und Erweiterungsimplementierungen organisatorische Entwicklungsobjekte gibt, die Erweiterungen übergreifend zusammenfassen.

Für die Arbeit mit dem Enhancement Framework ist insbesondere die Transaktion SE20 wichtig, da diese den zentralen Einstieg in die verschiedenen Komponenten der Architektur ermöglicht.

Kapitel 9
Implizite Erweiterungspunkte

In diesem Kapitel zeige ich Ihnen, wie Sie implizite Erweiterungspunkte finden und implementieren können, um den SAP-Standard ganz nach Ihren Anforderungen anpassen zu können.

Neben den expliziten Erweiterungspunkten gibt es implizite Erweiterungspunkte. Diese bieten die Möglichkeit, Erweiterungen an Stellen durchzuführen, die nicht (explizit) von SAP vorgesehen wurden. Zu diesen Stellen zählen insbesondere der Kopf und Fuß folgender Objekte:

- Funktionsbausteine (`FUNCTION ... ENDFUNCTION`)
- Methoden (`METHOD ... ENDMETHOD`)
- Formroutinen (`FORM ... ENDFORM`)
- Includes (`INCLUDE`, nur am Ende)
- lokale Typangaben (die Anweisung `TYPES: BEGIN OF` bzw. `DATA: BEGIN OF`, nur am Ende)
- Erweiterungspunkte und Erweiterungssektionen (auch Erweiterungen können nochmals erweitert werden)

Zusätzlich gibt es für lokale Klassen spezielle Stellen am Ende jedes Sichtbarkeitsbereichs sowie jeweils vor den Methodendefinitionen und dem Ende der lokalen Klasse.

In Abschnitt 9.1, »Erweiterungen am Kopf und Fuß von Entwicklungsobjekten«, zeige ich Ihnen anhand eines Beispiels, wie Sie diese Stellen über einen impliziten Erweiterungspunkt erweitern, also eine Erweiterungsimplementierung anlegen. Neben diesen Objekten lassen sich aber auch globale Klassen und Interfaces, Quelltext von Funktionsbausteinen und Web-Dynpro-Komponenten erweitern. Bei globalen Klassen und Interfaces betrifft dies die Attribute, Interfaces, Ereignisse und verwendeten Typen. Bei Funktionsbausteinen haben Sie zumindest die Möglichkeit, die Schnittstelle um neue Parameter zu erweitern. In Web Dynpro ABAP gehen die Erweiterungsmöglichkeiten noch einen Schritt weiter: Hier können Sie jegliche Stelle, wie z. B. den Controller oder den zugehörigen Context, erweitern. Aber auch bestehende Oberflächen können Sie komplett modifizieren, also

z. B. Elemente entfernen oder hinzufügen. Die Erweiterung von Web-Dynpro-Komponenten zeige ich Ihnen in Kapitel 20

Eigene Entwicklungen

Auch Ihre eigenen Entwicklungen im Kundennamensraum verfügen über implizite Erweiterungspunkte. Wenn Ihre Entwicklungen als Produkte bei einem Kunden installiert werden, hat dieser also ebenfalls die Möglichkeit, Ihren Quelltext an den hier vorgestellten Stellen mithilfe einer Erweiterungsimplementierung modifikationsfrei anzupassen.

9.1 Erweiterungen am Kopf und Fuß von Entwicklungsobjekten

In Abschnitt 3.3, »User Exits«, habe ich Ihnen gezeigt, wie Sie einen User Exit implementieren können, habe aber auch darauf hingewiesen, dass Sie stattdessen lieber auf implizite Erweiterungspunkte zurückgreifen sollten (falls keine andere migrierte Erweiterung existiert), um eine Modifikation zu vermeiden. Das Beispiel aus Abschnitt 3.3 greife ich hier wieder auf und zeige Ihnen anhand der Formroutine USEREXIT_SAVE_DOCUMENT, wie Sie an deren Kopf eine Erweiterungsimplementierung über einen impliziten Erweiterungspunkt anlegen können.

Erweiterung am Kopf einer Formroutine

Gehen Sie dabei wie folgt vor:

1. Rufen Sie den Quelltext der Formroutine USEREXIT_SAVE_DOCUMENT im Programm SAPMV45A im ABAP Editor auf.
2. Klicken Sie in der Funktionsleiste auf **Erweitern** (), um in den Erweiterungsmodus zu gelangen. Links vom Quelltext wird nun ein mit Kreuzchen schraffierter Streifen angezeigt.
3. Klicken Sie anschließend mit der rechten Maustaste auf den Quellcode (egal, in welcher Zeile), und wählen Sie aus dem Kontextmenü den Pfad **Erweiterungsoperationen • Implizite Erw.Optionen einblenden** aus.

```
FORM USEREXIT_SAVE_DOCUMENT.
""""""""""""""""""""""""""""""""""

* Example:
*  CALL FUNCTION 'ZZ_EXAMPLE'
*       IN UPDATE TASK
*       EXPORTING
*            ZZTAB = ZZTAB.

""""""""""""""""""""""""""""""""""
ENDFORM.
```

Abbildung 9.1 Anzeige von impliziten Erweiterungspunkten

4. Dadurch wird, wie in Abbildung 9.1 zu erkennen, am Kopf und am Fuß der Formroutine am linken Rand jeweils ein kleiner Pfeil (➡) angezeigt. Damit markiert das System die impliziten Erweiterungspunkte, die Ihnen zur Implementierung Ihrer Erweiterung zur Verfügung stehen.
5. Klicken Sie mit der rechten Maustaste auf die Kopfzeile mit dem Pfeil (in Abbildung 9.1 ist das Zeile 259), und wählen Sie aus dem Kontextmenü den Pfad **Erweiterungsoperationen • Implementierung anlegen** aus.
6. Wenn für dieses Programm bereits eine Erweiterungsimplementierung angelegt wurde, erscheint das Pop-up-Fenster aus Abbildung 9.2, in dem Sie eine bestehende Implementierung auswählen könnten. Wenn dieses Pop-up-Fenster erscheint, klicken Sie hier auf **Neu** (🗋). Andernfalls können Sie direkt mit dem folgenden Schritt fortfahren.

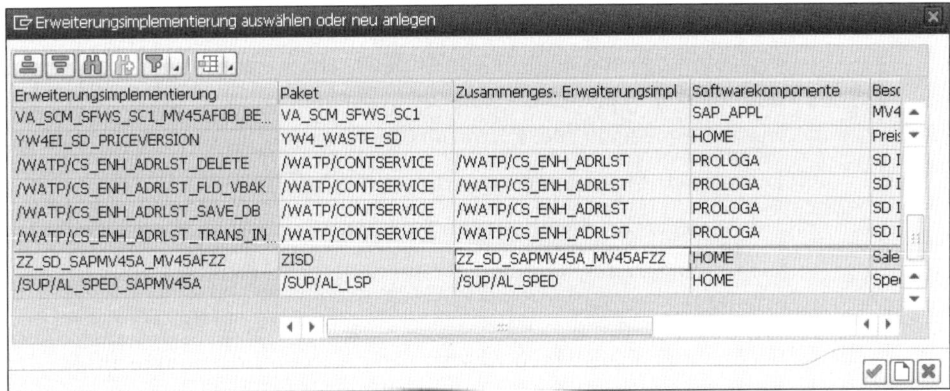

Erweiterungsimplementierung	Paket	Zusammenges. Erweiterungsimpl	Softwarekomponente	Besc
VA_SCM_SFWS_SC1_MV45AF0B_BE...	VA_SCM_SFWS_SC1		SAP_APPL	MV4
YW4EI_SD_PRICEVERSION	YW4_WASTE_SD		HOME	Preis
/WATP/CS_ENH_ADRLST_DELETE	/WATP/CONTSERVICE	/WATP/CS_ENH_ADRLST	PROLOGA	SD I
/WATP/CS_ENH_ADRLST_FLD_VBAK	/WATP/CONTSERVICE	/WATP/CS_ENH_ADRLST	PROLOGA	SD I
/WATP/CS_ENH_ADRLST_SAVE_DB	/WATP/CONTSERVICE	/WATP/CS_ENH_ADRLST	PROLOGA	SD I
/WATP/CS_ENH_ADRLST_TRANS_IN...	/WATP/CONTSERVICE	/WATP/CS_ENH_ADRLST	PROLOGA	SD I
ZZ_SD_SAPMV45A_MV45AFZZ	ZISD	ZZ_SD_SAPMV45A_MV45AFZZ	HOME	Sale
/SUP/AL_SPED_SAPMV45A	/SUP/AL_LSP	/SUP/AL_SPED	HOME	Spe

Abbildung 9.2 Auswahl von bestehenden Erweiterungsimplementierungen

7. Vergeben Sie in dem Pop-up-Fenster aus Abbildung 9.3 einen Namen für die Erweiterungsimplementierung, und bestätigen Sie Ihre Eingabe mit einem Klick auf **Weiter** (✔).

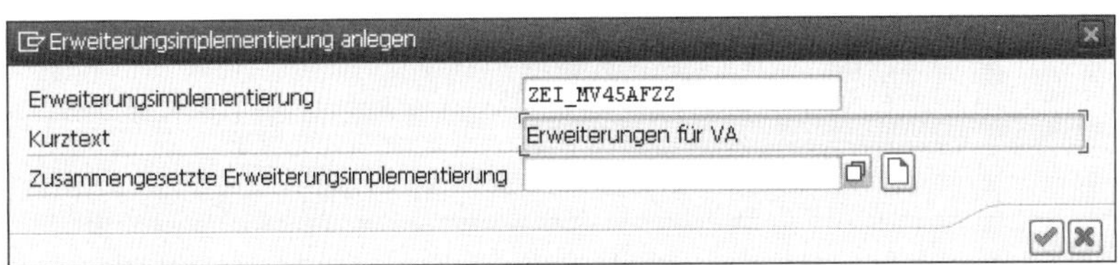

Abbildung 9.3 Anlage einer Erweiterungsimplementierung

8. Dadurch wird der Erweiterungspunkt implementiert, und der Quellcode unterhalb des Formroutinenkopfes wird für Ihre Implementierung freigegeben, wie in Abbildung 9.4 gezeigt.

```
FORM USEREXIT_SAVE_DOCUMENT.
"""""""""""""""""""""""""""""""""
*$*$-Start: 9999-------------
ENHANCEMENT 1  ZEI_MV45AFZZ.

"Mein Code

ENDENHANCEMENT.
*$*$-End:   9999-------------
```

Abbildung 9.4 Ein implementierter impliziter Erweiterungspunkt

9. Geben Sie hier Ihren Quelltext ein, und **Aktivieren** Sie Ihre Erweiterung über die Schaltfläche **Erweiterungen** in der Funktionsleiste.

Damit ist die Erweiterung abgeschlossen, und Sie haben erfolgreich einen impliziten Erweiterungspunkt am Kopf einer Formroutine implementiert. Wie eingangs erwähnt, können Sie dies nicht nur in Formroutinen, sondern auch am Kopf und am Fuß von Funktionsbausteinen, Methoden, Includes und lokalen Typangaben tun. Die Vorgehensweise ist jeweils die gleiche, wie an dem Beispiel der Formroutine gezeigt:

1. Wechseln Sie in den Erweiterungsmodus ().
2. Lassen Sie sich die impliziten Erweiterungspunkte anzeigen ().
3. Implementieren Sie einen der angezeigten impliziten Erweiterungspunkte.

Anzeige der Erweiterungspunkte

Bei Funktionsbausteinen werden diese Erweiterungspunkte am Kopf und am Fuß des Bausteins angezeigt, wie in Abbildung 9.5 zu sehen.

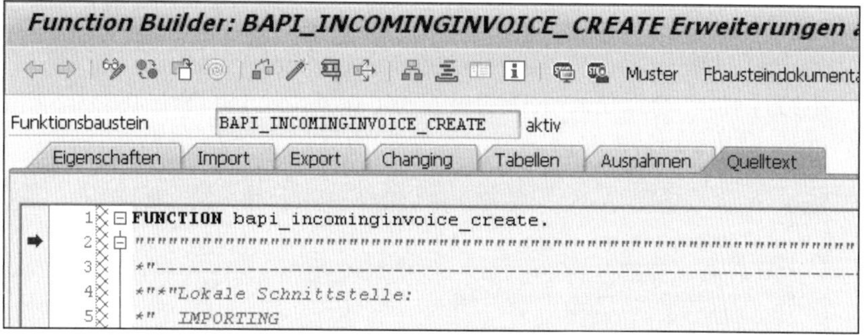

Abbildung 9.5 Ein impliziter Erweiterungspunkt am Kopf eines Funktionsbausteins

Bei lokalen Typangaben finden Sie die Erweiterungspunkte immer am Ende, wie z. B. in Abbildung 9.6.

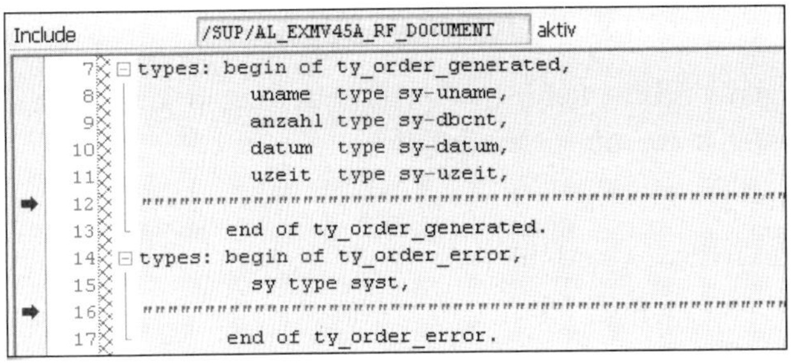

Include /SUP/AL_EXMV45A_RF_DOCUMENT aktiv

```
types: begin of ty_order_generated,
          uname  type sy-uname,
          anzahl type sy-dbcnt,
          datum  type sy-datum,
          uzeit  type sy-uzeit,
""""""""""""""""""""""""""""""""""""""""""""""""""""""""""""""""""""
        end of ty_order_generated.
types: begin of ty_order_error,
          sy type syst,
""""""""""""""""""""""""""""""""""""""""""""""""""""""""""""""""""""
        end of ty_order_error.
```

Abbildung 9.6 Implizite Erweiterungspunkte bei lokalen Typen

Auch bei Includes finden Sie die Erweiterungspunkte immer am Ende (siehe Abbildung 9.7).

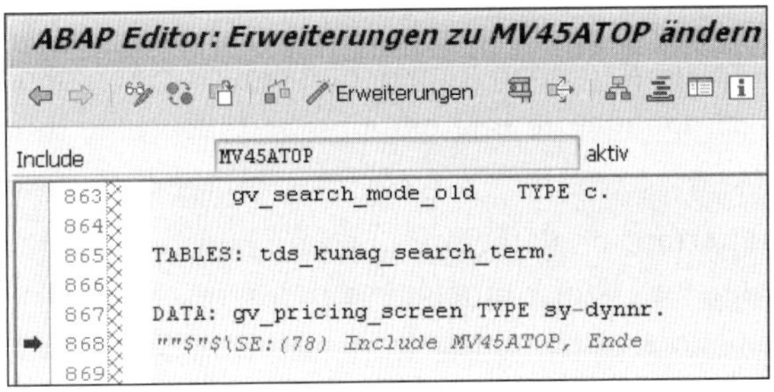

ABAP Editor: Erweiterungen zu MV45ATOP ändern

Erweiterungen

Include MV45ATOP aktiv

```
        gv_search_mode_old    TYPE c.

TABLES: tds_kunag_search_term.

DATA: gv_pricing_screen TYPE sy-dynnr.
""$"$\SE:(78) Include MV45ATOP, Ende
```

Abbildung 9.7 Implizite Erweiterungspunkte bei Includes

Wenn Sie eine Erweiterung wiederum erweitern möchten, finden Sie die impliziten Erweiterungspunkte ebenfalls am Kopf und am Fuß, wie in Abbildung 9.8 am Beispiel eines expliziten Erweiterungspunktes gezeigt.

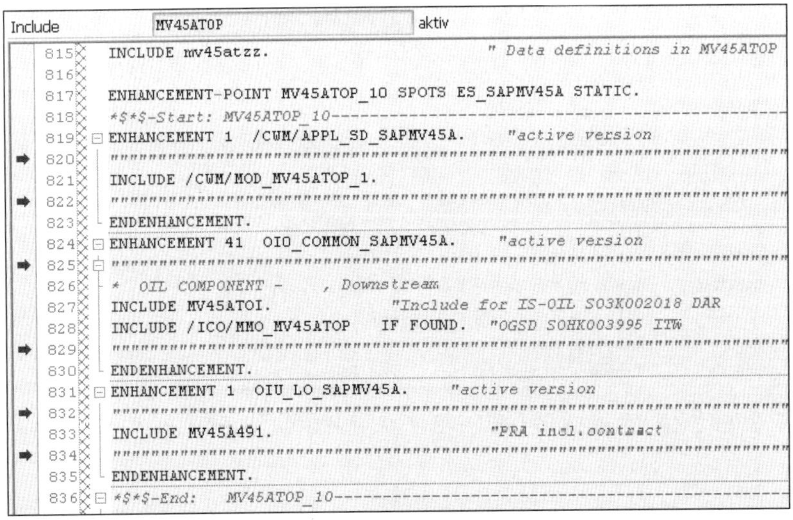

Include MV45ATOP aktiv

```
INCLUDE mv45atzz.                              " Data definitions in MV45ATOP

ENHANCEMENT-POINT MV45ATOP_10 SPOTS ES_SAPMV45A STATIC.
*$*$-Start: MV45ATOP_10------------------------------------------------
ENHANCEMENT 1  /CWM/APPL_SD_SAPMV45A.     "active version
""""""""""""""""""""""""""""""""""""""""""""""""""""""""""""""""""""""""
INCLUDE /CWM/MOD_MV45ATOP_1.
""""""""""""""""""""""""""""""""""""""""""""""""""""""""""""""""""""""""
ENDENHANCEMENT.
ENHANCEMENT 41  OIO_COMMON_SAPMV45A.     "active version
""""""""""""""""""""""""""""""""""""""""""""""""""""""""""""""""""""""""
*  OIL COMPONENT -     , Downstream
INCLUDE MV45ATOI.              "Include for IS-OIL S03K002018 DAR
INCLUDE /ICO/MMO_MV45ATOP    IF FOUND.  "OGSD SOHK003995 ITW
""""""""""""""""""""""""""""""""""""""""""""""""""""""""""""""""""""""""
ENDENHANCEMENT.
ENHANCEMENT 1  OIU_LO_SAPMV45A.     "active version
""""""""""""""""""""""""""""""""""""""""""""""""""""""""""""""""""""""""
INCLUDE MV45A491.                          "PRA incl.contract
""""""""""""""""""""""""""""""""""""""""""""""""""""""""""""""""""""""""
ENDENHANCEMENT.
*$*$-End:   MV45ATOP_10------------------------------------------------
```

Abbildung 9.8 Implizite Erweiterungspunkte bei Erweiterungsoptionen

9.2 Erweiterungen von globalen Klassen

Mögliche Erweiterungen

Folgende Änderungen sind im Rahmen von Erweiterungen an globalen (SAP-Standard-)Klassen (bzw. Interfaces) möglich:

- Erweiterungen von Methoden:
  - Hinzufügen zusätzlicher Methoden
  - Überschreiben bestehender Methoden
  - Erweiterung am Kopf und am Fuß von Methoden
  - Erweiterung der Parameter von Methoden
- Eintragen zusätzlicher Attribute, Freunde und Interfaces

Erweiterungsimplementierung anlegen

Um eine Klasse erweitern zu können, müssen Sie in Transaktion SE24 über die Funktionsleiste in den Erweiterungsmodus () wechseln. Tragen Sie in dem sich öffnenden Pop-up-Fenster einen Namen und eine Kurzbeschreibung für die Erweiterungsimplementierung ein, und bestätigen Sie Ihre Eingaben mit **Weiter** ().

Durch die Anlage der Erweiterungsimplementierung wird nun der Erweiterungsmodus der Klasse aktiviert. Nun können Sie auf den verschiedenen Registerkarten beliebige neue Komponenten (z. B. Attribute, Methoden, Interfaces und Freunde) eintragen. Vergessen Sie danach nicht, die Erweiterung zu **Aktivieren** ().

Neue Methoden und Parameter

Abbildung 9.9 zeigt die verschiedenen Registerkarten beispielhaft für die Standardklasse `CL_SALV_TABLE`. Hier wurde eine neue Methode `TO_JSON` hinzugefügt.

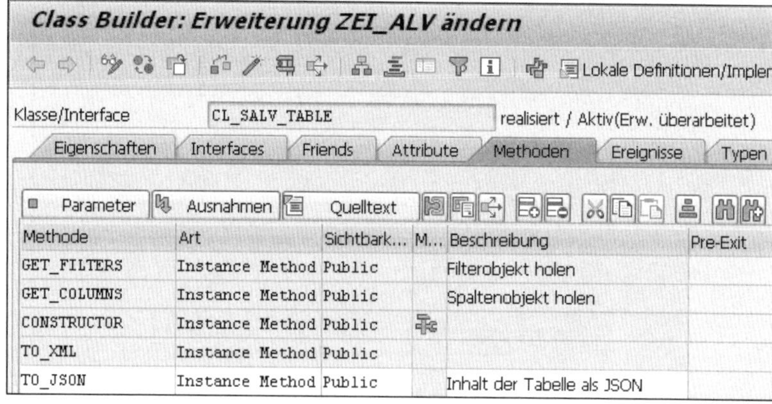

Abbildung 9.9 Eine um eine Methode erweiterte SAP-Klasse

Abbildung 9.10 zeigt dagegen beispielhaft, wie für die bestehende Methode `SET_DATA` ein neuer Parameter `WITH_REFRESH` hinzugefügt wurde. In Kombination mit einem impliziten Erweiterungspunkt am Kopf oder am Fuß der Methode `SET_DATA` könnten Sie auf diesen neuen Parameter zugreifen und dafür eine Logik implementieren.

Klasse/Interface CL_SALV_TABLE realisiert / Aktiv(Erw. überarbeitet)

Eigenschaften | Interfaces | Friends | Attribute | Methoden | Ereignisse | Typen | Aliasse

Parameter der Methode SET_DATA

Methoden | Ausnahmen | Quelltext | Eigenschaften

Parameter	Art	W..	O...	TypisierMeth...	Bezugstyp	Standar
T_TABLE	Changing	☐	☐	Type	STANDARD TABLE	
WITH_REFRESH	Importing	☐	☑	Type	FLAG	
		☐	☐	Type		

Abbildung 9.10 Ein einer SAP-Methode hinzugefügter Parameter

9.3 Erweiterung von Methoden

Methoden-Exits

Neben dem Hinzufügen neuer Methoden und dem Erweitern der Parameter bestehender Methoden haben Sie noch die Möglichkeit, den Quellcode bestehender Methoden zu erweitern. Die impliziten Erweiterungspunkte für Methoden (*Methoden-Exits*) sehen Sie, wenn Sie sich im Erweiterungsmodus befinden und innerhalb der Methodenliste einer Klasse (Registerkarte **Methoden**) nach rechts scrollen. Hier finden Sie die Spalten **Pre-Exit**, **Post-Exit** und **Overwrite-Exit** (siehe Abbildung 9.11).

Abbildung 9.11 Spalten für die Methoden-Exits im Class Builder

Die zugehörigen Erweiterungsoptionen erreichen Sie, indem Sie die Methode aus der Methodenliste auswählen, die Sie erweitern möchten, und im Hauptmenü den Pfad **Bearbeiten • Erweiterungsoperationen** wählen.

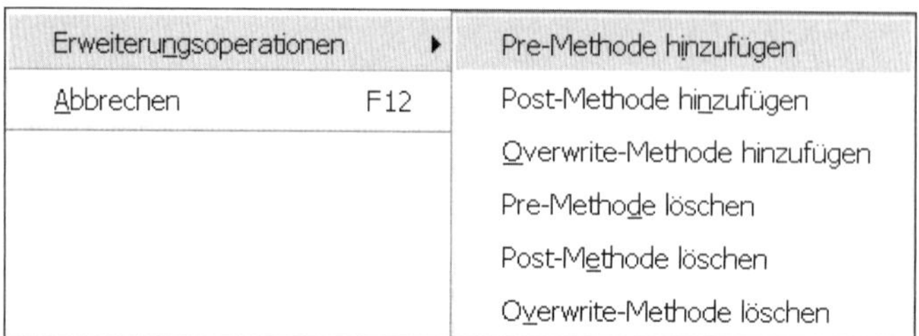

Abbildung 9.12 Anlegen der Methoden-Exits über das Menü

Erweiterungsoptionen

Wie in Abbildung 9.12 dargestellt, stehen Ihnen folgende Erweiterungsoptionen für die zuvor ausgewählte Methode zur Verfügung:

- **Pre-Methode hinzufügen (Erweiterung am Kopf)**
  Der hier hinzugefügte Quellcode wird vor Ausführung der Methode ausgeführt.
- **Post-Methode hinzufügen (Erweiterung am Fuß)**
  Der hier hinzufügte Quellcode wird nach Ausführung der Methode ausgeführt.
- **Overwrite-Methode hinzufügen (Ersetzung der Methode)**
  Die Methode wird durch Ihren Quellcode komplett ersetzt, d. h., die originale Methode wird nicht ausgeführt.

Wählen Sie eine dieser Optionen im Menü aus, wird für die ausgewählte Methode in der entsprechenden Spalte der Methodenliste eine neue Schaltfläche **Navigieren zu** ( ) angezeigt, wie in Abbildung 9.13 zu sehen. Wenn Sie auf diese Schaltfläche klicken, gelangen Sie in den ABAP Editor, wo Sie den Methoden-Exit implementieren können.

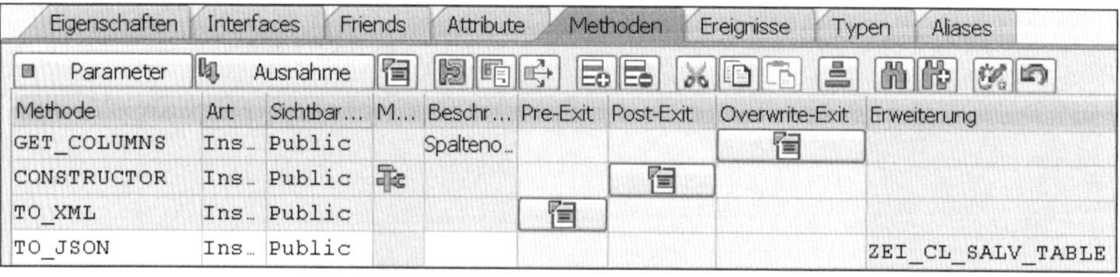

Abbildung 9.13 Navigationsschaltflächen zu den Methoden-Exits

Die wichtigste der Erweiterungsoptionen für Methoden ist die Overwrite-Methode. Denn die Pre- und die Post-Methode verhalten sich wie eine implizite Erweiterung am Kopf oder am Fuß der betreffenden Methode und können daher vernachlässigt werden.

[«]

Erweiterung geerbter Methoden

Die hier gezeigten Erweiterungsmöglichkeiten bestehen nicht für geerbte Methoden. Die Erweiterung der Methoden muss direkt in der Oberklasse erfolgen. Redefinierte Methoden können Sie dagegen beliebig erweitern.

Erweiterungen entfernen

Die so implementierten Erweiterungen können Sie über den Menüpfad **Bearbeiten • Erweiterungsoperationen** auch wieder entfernen. Wie in Abbildung 9.12 zu erkennen, müssen Sie dazu lediglich einen der Menüeinträge **<Methoden-Exit> löschen** auswählen.

9.4 Erweiterung von lokalen Klassen

Implizite Erweiterungspunkte

Bei lokalen Klassen haben Sie ähnlich wie bei globalen Klassen sehr viele implizite Erweiterungspunkte zur Verfügung. Im Einzelnen sind das die folgenden:

- vor den Methoden eines jeden Sichtbarkeitsbereichs (öffentlich, geschützt und privat)
- am Ende eines jeden Sichtbarkeitsbereichs
- am Ende des Implementierungsteils der lokalen Klasse

Diese Erweiterungspunkte bieten Ihnen die folgenden Möglichkeiten:

- Hinzufügen neuer Methoden, Attribute und Ereignisse (im jeweiligen Sichtbarkeitsbereich)
- Hinzufügen von Interfaces
- Hinzufügen von Methodenimplementierungen

Natürlich stehen Ihnen auch hier wieder die impliziten Erweiterungspunkte am Kopf und am Fuß einer jeden Methode zur Verfügung. Das Hinzufügen von Parametern oder das Überschreiben bestehender Methoden ist dagegen bei lokalen Klassen nicht möglich.

Abbildung 9.14 zeigt die Markierung der aufgezählten impliziten Erweiterungspunkte im Quellcode. Um diese in einer lokalen Klasse zu sehen, müssen Sie lediglich im ABAP Editor über die Schaltfläche **Erweitern** (◎) in den Erweiterungsmodus wechseln und dann über das Kontextmenü die Funktion **Implizite.Erw.Optionen einblenden** aufrufen. Dadurch werden die möglichen Erweiterungspunkte durch Pfeile (➡) markiert. Diese können Sie nun nach Belieben für Ihre Erweiterungen nutzen.

ABAP Editor: Erweiterungen zu MV45AICS_HANDLER_CLASS ändern

Erweiterungen | Muster | Anlegen | Ändern | Ersetzen | Zurück

Include MV45AICS_HANDLER_CLASS aktiv

```
CLASS cl_event_receiver_cs DEFINITION.

  PUBLIC SECTION.
    DATA: ucomm TYPE sy-ucomm.
    DATA: selfield TYPE slis_selfield.
 """$"$\SE:(1) Klasse CL_EVENT_RECEIVER_CS, Vor den PUBLIC-Methoden
    METHODS handle_double_click
      FOR EVENT double_click OF cl_gui_alv_grid
      IMPORTING e_row e_column.

 """$"$\SE:(4) Klasse CL_EVENT_RECEIVER_CS, PROTECTED SECTION, Ende
 """$"$\SE:(2) Klasse CL_EVENT_RECEIVER_CS, PUBLIC SECTION, Ende
 """$"$\SE:(3) Klasse CL_EVENT_RECEIVER_CS, Vor den PROTECTED-Methoden
  PRIVATE SECTION.
 """$"$\SE:(5) Klasse CL_EVENT_RECEIVER_CS, Vor den PRIVATE-Methoden
 """$"$\SE:(6) Klasse CL_EVENT_RECEIVER_CS, PRIVATE SECTION, Ende
ENDCLASS.
CLASS cl_event_receiver_cs IMPLEMENTATION.
  METHOD handle_double_click.
 """$"$\SE:(7) Klasse CL_EVENT_RECEIVER_CS, Methode HANDLE_DOUBLE_CLICK, Anfang
    PERFORM cs_read_from_alv.
    fcode = 'ENT1'.
    SET SCREEN 0.
    LEAVE SCREEN.
 """$"$\SE:(8) Klasse CL_EVENT_RECEIVER_CS, Methode HANDLE_DOUBLE_CLICK, Ende
  ENDMETHOD.                    "HANDLE_DOUBLE_CLICK
 """$"$\SE:(9) Klasse CL_EVENT_RECEIVER_CS, Ende
ENDCLASS.
 """$"$\SE:(10) Include MV45AICS_HANDLER_CLASS, Ende
```

Abbildung 9.14 Implizite Erweiterungspunkte bei einer lokalen Klasse

9.5 Funktionsbausteinerweiterungen

Erweiterungsmöglichkeiten

Folgende Änderungen sind an Funktionsbausteinen möglich:

- Erweiterung der Schnittstelle durch Hinzufügen von Import-, Export-, Changing- und Tabellenparametern
- Erweiterung des Quelltextes

Änderungen von Eigenschaften (z. B. der Fähigkeit, über einen Remote Function Call, RFC, aufgerufen zu werden) oder das Hinzufügen von Ausnahmen sind dagegen nicht möglich.

Zwei Arten der Erweiterungen von Funktionsbausteinen

Für die Erweiterung von Funktionsbausteinen gibt es zwei Modi. Wenn Sie auf der Registerkarte **Quelltext** in den Erweiterungsmodus wechseln, können Sie hier den Quelltext erweitern, aber nicht die Schnittstelle. Befinden Sie sich beim Wechseln in den Erweiterungsmodus dagegen auf einer der anderen Registerkarten (**Import**, **Export**, **Changing** oder **Tabellen**), können Sie nur die Schnittstelle erweitern, aber nicht den Quelltext. Für beide Arten der Erweiterung benötigen Sie also jeweils eine eigene Erweiterungsimplementierung.

Erweiterung der Schnittstelle

Um die Schnittstelle zu erweitern, wechseln Sie von einer der Schnittstellenregisterkarten (**Import**, **Export**, **Changing** oder **Tabellen**) über die Schaltfläche **Anzeigen <-> Ändern** in den Erweiterungsmodus. Gehen Sie dann wie folgt vor: Tragen Sie im sich öffnenden Pop-up-Fenster einen Namen und eine Kurzbeschreibung für die Erweiterungsimplementierung ein. Bestätigen Sie Ihre Eingaben mit **Weiter**. Nun können Sie auf den Registerkarten **Import**, **Export**, **Changing** und **Tabellen** neue Parameter eintragen (unabhängig davon, von welcher Registerkarte aus Sie in den Erweiterungsmodus gewechselt sind). Diese so hinzugefügten Parameter werden automatisch auf **Optional** gesetzt, d. h., Ihnen müssen bei einem Aufruf nicht zwangsläufig Werte übergeben werden. Bestehende Aufrufe des Funktionsbausteins bleiben also von den Änderungen unberührt und funktionieren weiterhin.

In Abbildung 9.15 wurde beispielhaft ein neuer Parameter `MEIN_PARAMETER` vom Typ `CHAR10` hinzugefügt. Ein solcher neuer Parameter könnte beispielsweise in Kombination mit einem impliziten Erweiterungspunkt am Ende des Funktionsbausteins dazu dienen, die Ausführung dieser Erweiterung zu steuern.

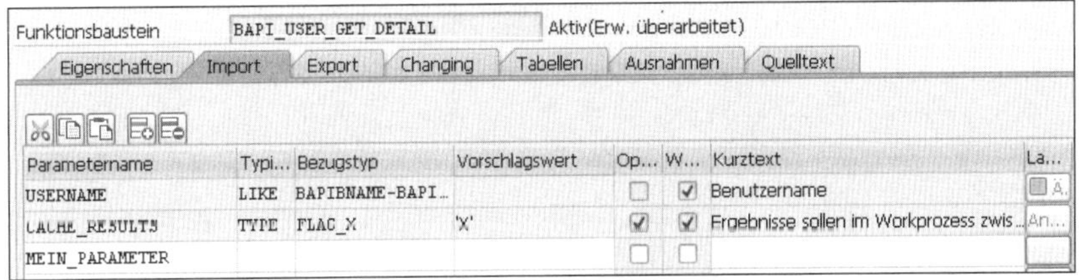

Abbildung 9.15 Ein einem SAP-Funktionsbaustein hinzugefügter Importparameter

Erweiterung des Quelltextes

Die Erweiterung des Quelltextes wird über implizite Erweiterungspunkte und damit über eine andere Erweiterungsimplementierung gehandhabt als die Schnittstelle. Um eine solche Implementierung anzulegen, gehen Sie wie folgt vor:

1. Wechseln Sie auf die Registerkarte **Quelltext** und dort über **Erweitern** in den Erweiterungsmodus. Falls Sie zuvor die Schnittstelle erweitert haben und der Erweiterungsmodus bereits aktiv ist, müssen Sie diesen über **Anzeigen <-> Ändern** zunächst verlassen und über **Erweitern** erneut aktivieren.
2. Nun können Sie sich, wie in Abschnitt 9.1, »Erweiterungen am Kopf und Fuß von Entwicklungsobjekten«, beschrieben, die impliziten Erweiterungspunkte anzeigen lassen und am Kopf und am Fuß des Funktionsbausteins Quelltext hinzufügen.

Beispielhaft habe ich in Abbildung 9.16 den Kopf des Funktionsbausteins BAPI_USER_GET_DETAIL erweitert, um zu prüfen, ob der zuvor neu hinzugefügte Parameter MEIN_PARAMETER beim Aufruf des Funktionsbausteins gesetzt wird, und könnte darauf im Rahmen einer zusätzlichen Implementierung reagieren. Durch den Erweiterungspunkt am Ende lassen sich dagegen die Ausgabeparameter manipulieren.

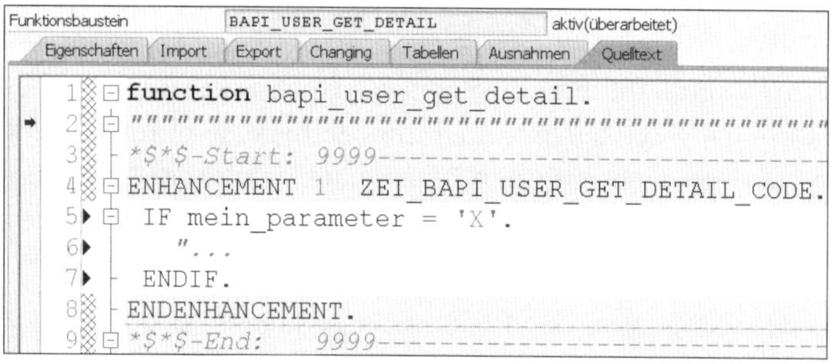

Funktionsbaustein BAPI_USER_GET_DETAIL aktiv(überarbeitet)

Eigenschaften | Import | Export | Changing | Tabellen | Ausnahmen | Quelltext

```
function bapi_user_get_detail.
""""""""""""""""""""""""""""""""""""""""""""""""
*$*$-Start: 9999---------------------------------
ENHANCEMENT 1  ZEI_BAPI_USER_GET_DETAIL_CODE.
 IF mein_parameter = 'X'.
   "...
 ENDIF.
ENDENHANCEMENT.
*$*$-End:   9999---------------------------------
```

Abbildung 9.16 Ein implementierter impliziter Erweiterungspunkt am Kopf eines SAP-Funktionsbausteins

Funktionsbaustein vollständig überschreiben

Einen Overwrite-Exit wie bei Methoden von Klassen, mit dem man die komplette Implementierung eines Funktionsbausteins ganz überschreiben könnte, gibt es bei Funktionsbausteinen nicht. Als Ausweg kopieren Entwickler häufig in der Kopferweiterung den kompletten Quelltext des Funktionsbausteins, passen diesen an und fügen anschließend am Ende des Quelltextes der Erweiterung die Anweisung EXIT hinzu, damit der originale Quelltext des Funktionsbausteins nicht mehr ausgeführt wird. Eine solche Änderung ist aber mit Vorsicht zu genießen, da dadurch nicht nur der komplette SAP-Standardquelltext ausgehebelt, sondern auch kopiert wird. Dies kann bei Updates, insbesondere solchen, die erst viele Jahre nach so einer Änderung eingespielt werden, zu kniffligen Fragestellungen führen.

9.6 Debugging impliziter Erweiterungspunkte

Markierung der Aufrufstelle

Beim Debugging von Erweiterungen ist es wichtig zu wissen, dass die Implementierungen nicht direkt im Debugger angezeigt werden. Statt des Quelltextes der Implementierung wird am Rand ein Spiralsymbol (🌀) angezeigt. Dieses Symbol, das Sie auch in Abbildung 9.17 sehen können, deutet an, dass sich hier eine aktive Erweiterungsimplementierung befindet, die aufgerufen wird, wenn das Programm diese Stelle erreicht. Der Funktionsbaustein in Abbildung 9.17 wurde also um einen impliziten Erweiterungspunkt am Kopf erweitert.

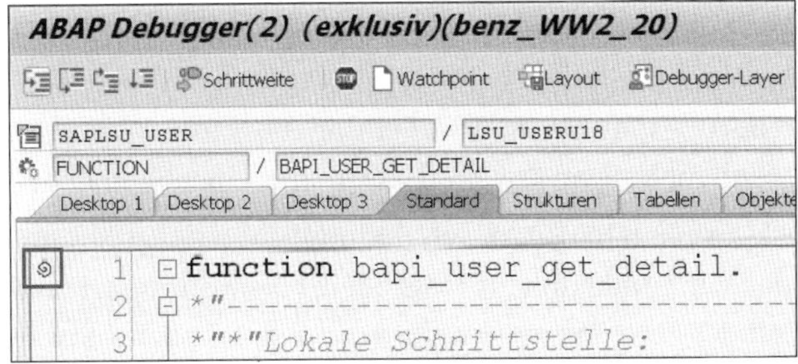

Abbildung 9.17 Anzeige einer implementierten Erweiterung im Debugger

Wenn Sie den Quelltext zeilenweise mit [F5] oder über die Schaltfläche debuggen und der Debugger diesen Punkt passiert, springt er automatisch in die Erweiterungsimplementierung ab, die Abbildung 9.18 zeigt.

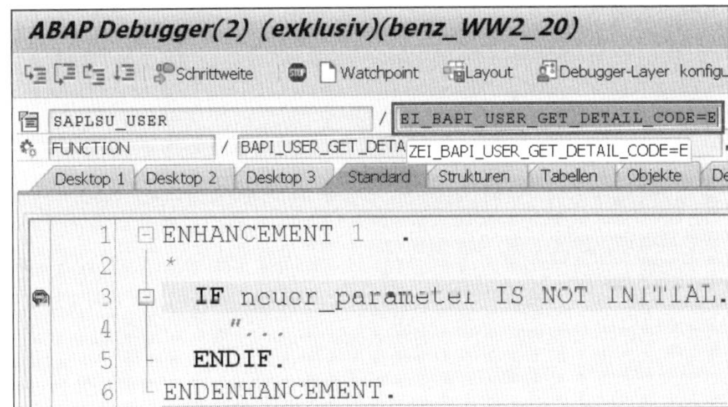

Abbildung 9.18 Anzeige der Erweiterungs-Includes im Debugger

Erweiterungs-Includes

Das liegt daran, dass es sich bei den Erweiterungsimplementierungen technisch gesehen um eigene Includes handelt. Diese generiert das System automatisch, um den Quelltext der Erweiterung zu verwalten. Das System überprüft erst zur Laufzeit, ob dieses Include aufgerufen werden muss oder nicht. Dies ist insbesondere für das Switch Framework von elementarer Bedeutung.

Der Name eines solchen Includes enthält den Namen der Erweiterungsimplementierung (bis zu 30 Zeichen). In Abbildung 9.18 können Sie diesen Namen im Kopf des Debuggers sehen: `EI_BAPI_USER_GET_DETAIL_CODE=E`. Ist dieser Name kürzer als 30 Zeichen, werden die restlichen Stellen mit dem Gleichheitszeichen (=) aufgefüllt. Das letzte, 31. Zeichen ist immer ein E.

9.7 Zusammenfassung

In diesem Kapitel habe ich Ihnen die impliziten Erweiterungspunkte vorgestellt. Mit diesen können Sie sehr viele Entwicklungsobjekte um zusätzlichen Quelltext oder Komponenten erweitern, ohne dass dies explizit von SAP vorgesehen sein muss. In diesem Kontext ist es wichtig zu verstehen, dass man diese Erweiterungspunkte im ABAP Editor standardmäßig nicht sieht, sondern erst, wenn man sie im Erweiterungsmodus eingeblendet hat.

Es ist ebenfalls wichtig zu verstehen, dass sich mit impliziten Erweiterungspunkten nicht nur der Kopf und Fuß von Methoden, Formroutinen, Funktionsbausteinen, Includes und Typen erweitern lassen. Implizite Erweiterungspunkte erlauben auch das Hinzufügen von Methoden und Parametern bei Klassen sowie das Hinzufügen von neuen Parametern bei Funktionsbausteinen.

Kapitel 10

Explizite Erweiterungsoptionen

In diesem Kapitel zeige ich Ihnen, wie Sie explizite Erweiterungen finden und implementieren können, um so den SAP-Standard Ihren Anforderungen anpassen zu können.

10

Neben den im vorigen Kapitel vorgestellten impliziten Erweiterungspunkten, die an bestimmten Stellen immer vorhanden sind, bietet das Enhancement Framework noch explizite Erweiterungsoptionen an. Diese wurden an frei gewählten Stellen im Quelltext von SAP fest vorgegeben. Unterschieden wird hier zwischen expliziten Erweiterungspunkten und Erweiterungssektionen. Über explizite Erweiterungspunkte können Sie Quelltext hinzufügen, über explizite Erweiterungssektionen können Sie originalen SAP-Quelltext ersetzen.

10.1 Erweiterungspunkte

Quelltext hinzufügen

Explizite Erweiterungspunkte ermöglichen es, Quelltext an fest vorgesehenen Stellen hinzuzufügen. Diese Stellen sind im Quelltext mit der Anweisung ENHANCEMENT-POINT angegeben. Sie sind über den Zusatz SPOTS immer einem Erweiterungsspot zugeordnet.

Syntax eines Erweiterungspunktes

Normalerweise werden Sie Definitionen wie die folgende, eingebettet in andere Quelltextzeilen, vorfinden:

```
ENHANCEMENT-POINT point_name SPOTS spot_name.
```

Die fett gedruckten Zeilen in Listing 10.1 sind von SAP vorgegeben, die normal gedruckten wurden durch den Kunden hinzugefügt.

```
WRITE: 'Original 1'.
ENHANCEMENT-POINT ehfw_point SPOTS ehfw_spot.
ENHANCEMENT 1 z_implementation.
  WRITE: 'Erweiterung 1'.
```

```
ENDENHANCEMENT.
WRITE: 'Original 2'.
```

Listing 10.1 Beispiel für einen expliziten Erweiterungspunkt

Die Listenausgabe des Beispiels wäre:

- Vor der Implementierung:
  - `Original 1`
  - `Original 2`
- Nach der Implementierung:
  - `Original 1`
  - `Erweiterung 1`
  - `Original 2`

Bei expliziten Erweiterungspunkten geht es also konkret darum, den bestehenden Quelltext um weitere Codezeilen zu ergänzen.

Beispiel: Feldkatalog anpassen

In Abbildung 10.1 können Sie einen von SAP vorgegebenen expliziten Erweiterungspunkt innerhalb einer `LOOP`-Anweisung im Include `LMGMMF38` sehen. Dieser wurde dort von SAP platziert, damit eine modifikationsfreie Erweiterung durch den Kunden möglich ist. In diesem Fall ermöglicht es der Erweiterungspunkt, den Feldkatalog `LT_FIELDCAT` zu ändern und damit auch die darauf aufbauende Tabellenanzeige in Form einer ALV-Tabelle (ALV = SAP List Viewer).

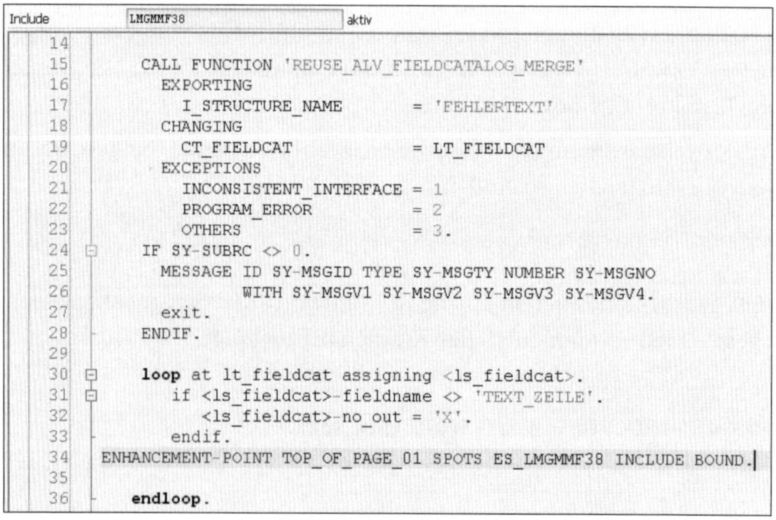

Include LMGMMF38 aktiv

```

    CALL FUNCTION 'REUSE_ALV_FIELDCATALOG_MERGE'
      EXPORTING
        I_STRUCTURE_NAME        = 'FEHLERTEXT'
      CHANGING
        CT_FIELDCAT             = LT_FIELDCAT
      EXCEPTIONS
        INCONSISTENT_INTERFACE = 1
        PROGRAM_ERROR           = 2
        OTHERS                  = 3.
    IF SY-SUBRC <> 0.
      MESSAGE ID SY-MSGID TYPE SY-MSGTY NUMBER SY-MSGNO
              WITH SY-MSGV1 SY-MSGV2 SY-MSGV3 SY-MSGV4.
      exit.
    ENDIF.

    loop at lt_fieldcat assigning <ls_fieldcat>.
       if <ls_fieldcat>-fieldname <> 'TEXT_ZEILE'.
          <ls_fieldcat>-no_out = 'X'.
       endif.
ENHANCEMENT-POINT TOP_OF_PAGE_01 SPOTS ES_LMGMMF38 INCLUDE BOUND.

   endloop.
```

Abbildung 10.1 Ein im Standardquellcode platzierter expliziter Erweiterungspunkt

Sie können hier also die Eigenschaften der Spalten der ALV- Tabelle komplett ändern (Position, Optimierung, Sichtbarkeit, Farbe etc.) oder neue Spalten der Ausgabe hinzufügen.

Expliziten Erweiterungspunkt implementieren

Um einen solchen expliziten Erweiterungspunkt zu implementieren, gehen Sie wie folgt vor:

1. Klicken Sie auf **Erweitern** (◎) in der Funktionsleiste des ABAP Editors.
2. Klicken Sie mit der rechten Maustaste auf die Codezeile mit der Anweisung `ENHANCEMENT-POINT` (in Abbildung 10.2 ist das Zeile 34), und wählen Sie aus dem Kontextmenü den Eintrag **Erweiterungsoperationen • Implementierung anlegen**, wie in Abbildung 10.2 gezeigt.

```
25       MESSAGE ID SY-MSGID TYPE SY-MS(
26               WITH SY-MSGV1 SY-MSGV2
27      exit.
28    ENDIF.
29
30    loop at lt_fieldcat assigning <ls
31      if <ls_fieldcat>-fieldname <>
32        <ls_fieldcat>-no_out = 'X'.
33      endif.
34  ENHANCEMENT-POINT TOP_OF_PAGE_01 SP
35
36    endloop.
```

Inkrementell suchen STRG + I
Ersetzen... STRG + H
Mehr
Format
Navigation
Blöcke
Gehe zu Start der Einheit
Gehe zu Ende der Einheit
Ablage
Erweiterungsoperationen

Implementierung anlegen
Implementierung zurücknehmen
Implementierung ändern
Implementierung ersetzen
Option anlegen
Option zurücknehmen
Option ändern
Implizite Erw.-Optionen einblenden
Implizite Erw.-Optionen ausblenden

Abbildung 10.2 Einen expliziten Erweiterungspunkt implementieren

3. Geben Sie einen Namen für die Erweiterungsimplementierung und einen **Kurztext** an (siehe Abbildung 10.3). Bestätigen Sie Ihre Eingabe mit **Weiter** (✔).

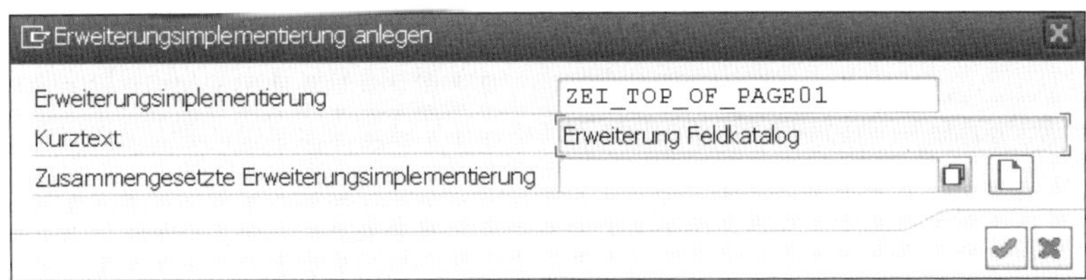

Abbildung 10.3 Anlage einer neuen Erweiterungsimplementierung

4. Dadurch wird der Erweiterungspunkt implementiert, und der Quelltext unterhalb des Erweiterungspunktes wird für Ihre Implementierung freigegeben (siehe Abbildung 10.4).
5. Geben Sie hier Ihren Quelltext ein, und **Aktivieren** (✎) Sie Ihre Erweiterung über die Schaltfläche **Erweiterungen** in der Funktionsleiste.
6. Den Erweiterungsmodus können Sie anschließend durch einen Klick auf die Schaltfläche **Anzeigen <-> Ändern** (✎) wieder verlassen, da das Verlassen des Erweiterungsmodus nicht über die Schaltfläche **Erweitern** (◎) möglich ist.

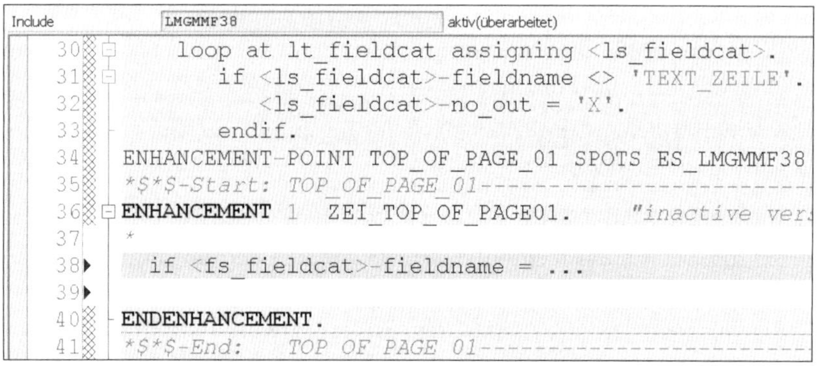

```
Include   LMGMMF38   aktiv(überarbeitet)
30      loop at lt_fieldcat assigning <ls_fieldcat>.
31        if <ls_fieldcat>-fieldname <> 'TEXT_ZEILE'.
32          <ls_fieldcat>-no_out = 'X'.
33        endif.
34  ENHANCEMENT-POINT TOP_OF_PAGE_01 SPOTS ES_LMGMMF38
35  *$*$-Start: TOP_OF_PAGE_01---------------------
36  ENHANCEMENT 1  ZEI_TOP_OF_PAGE01.    "inactive ver
37  *
38    if <fs_fieldcat>-fieldname = ...
39
40  ENDENHANCEMENT.
41  *$*$-End:   TOP_OF_PAGE_01---------------------
```

Abbildung 10.4 Ein implementierter expliziter Erweiterungspunkt

Implementierung bearbeiten

Möchten Sie einen so implementierten expliziten Erweiterungspunkt später wieder bearbeiten, können Sie erneut in den Erweiterungsmodus wechseln, mit der rechten Maustaste auf die Anweisung ENHANCEMENT in Ihrer Erweiterung klicken (in Abbildung 10.4 in Zeile 36) und aus dem Kontextmenü den Eintrag **Erweiterungsoperation • Implementierung ändern** auswählen. Über dieses Kontextmenü haben Sie zusätzlich noch die Möglichkeit, die Implementierung zurückzunehmen oder die Implementierung zu ersetzen.

10.2 Erweiterungssektionen

Im Vergleich zu Erweiterungspunkten dienen Erweiterungssektionen nicht dazu, neuen Quelltext hinzuzufügen, sondern dazu, den originalen Quelltext zu ersetzen. Diese Stellen sind im Quelltext mit der Anweisung ENHANCEMENT-SECTION angegeben. Sie sind ebenso wie Erweiterungspunkte über den Zusatz SPOTS immer einem Erweiterungsspot zugeordnet. Normalerweise werden Sie eine solche Definition eingebettet in andere Quelltextzeilen vorfinden.

Syntax einer Erweiterungssektionsdefinition

Die Syntax einer Erweiterungssektionsdefinition sieht wie folgt aus:

```
ENHANCEMENT-SECTION section_name SPOTS spot_name.
...
END-ENHANCEMENT-SECTION.
```

Die fett gedruckten Zeilen in Listing 10.2 sind vorgegeben, die normal gedruckten Zeilen wurden durch den Kunden hinzugefügt.

```
ENHANCEMENT-SECTION ehfw_section SPOTS ehfw_spot.
  WRITE 'Original'.
END-ENHANCEMENT-SECTION.
ENHANCEMENT 1 z_implementation.
  WRITE 'Ersetzung'.
ENDENHANCEMENT.
```

Listing 10.2 Beispiel für eine explizite Erweiterungssektion

Die Listenausgabe dieses Beispiels wäre:

- Vor der Ersetzung: `Original`
- Nach der Ersetzung: `Ersetzung`

Wie in dem Beispiel erkenntlich, geht es bei Erweiterungssektionen also in der Tat um das Ersetzen von originalem Quelltext durch kundeneigenen Quelltext.

Beispiel: Werteabgleich

Abbildung 10.5 zeigt eine von SAP vordefinierte Erweiterungssektion, in der das Auftragsdatum mit dem Datum in einem vorhandenen Zulieferplan abgeglichen wird. Diese reicht hier von Zeile 57 bis Zeile 72. Wird die Erweiterungssektion implementiert, wird dieser eingeklammerte Quelltext durch den neu hinzugefügten Quelltext ersetzt. Das heißt, der eingeklammerte Quelltext wird nicht mehr durchlaufen. Dadurch könnten Sie beispielsweise auch Aufträge akzeptieren, die über die Laufzeit des hinterlegten Zulieferplans hinausgehen.

```
Include MV45AFOD_DATUM_PRUEFEN_GUELTIG aktiv
55    ENDIF.
56
57  ENHANCEMENT-SECTION     MV45_DATUM_PRU_GUE SPOTS ES_SAPMV45A.
58    IF DP_DATUM > DP_GUEEN AND
59       DP_GUEEN > 0.
60      WRITE DP_GUEEN TO DP_DATUMC DD/MM/YYYY.
61      IF VBAK-ABDIS     NE SPACE AND
62         DA_BDCRUN-CTU_AMODUS EQ 'N'.
63  *       Dunkles Einspielen eines Zuliefererlieferplans erzeugt einen
64  *       Error, damit keine ungültigen Einteilungen ohne Kenntnis
65  *       des Benutzers eingespielt werden können
66        MESSAGE E448 WITH DP_DATUMC.
67      ELSE.
68        MESSAGE W448 WITH DP_DATUMC.
69        message_collect_lord.
70      ENDIF.
71    ENDIF.
72  END-ENHANCEMENT-SECTION.
73
74  ENDFORM.
```

Abbildung 10.5 Eine im Standardquellcode platzierte explizite Erweiterungssektion

Erweiterungssektion implementieren

Um die Erweiterungssektion zu implementieren, gehen Sie wie folgt vor:

1. Wechseln Sie über die Schaltfläche **Erweitern** (◎) in den Erweiterungsmodus.
2. Klicken Sie mit der rechten Maustaste auf die Anweisung `ENHANCEMENT-SECTION`. Wählen Sie aus dem sich öffnenden Kontextmenü den Pfad **Erweiterungsoperation • Implementierung**.
3. Legen Sie über die Schaltfläche **Neu** (🗋) eine Erweiterungsimplementierung an, indem Sie einen Namen und einen **Kurztext** für Ihre Implementierung eingeben und Ihre Eingabe dann mit einem Klick auf **Weiter** (✔) bestätigen.
4. Wählen Sie die angelegte Erweiterungsimplementierung aus der Liste aus, die Sie in Abbildung 10.6 sehen. Unter Umständen müssen Sie in der Liste etwas nach unten scrollen, bis Sie den Namen Ihrer Erweiterungssektionsimplementierung finden. Bestätigen Sie Ihre Auswahl mit **Weiter** (✔).

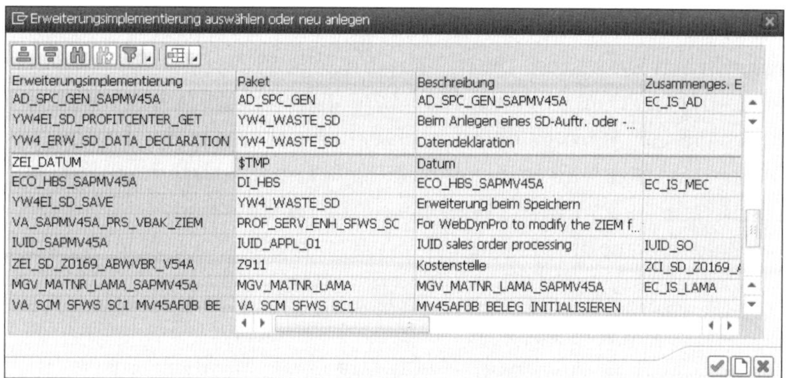

Abbildung 10.6 Auswahl der angelegten Erweiterungsimplementierung

5. Dadurch wird die ursprüngliche Sektion kopiert und für Sie zur Implementierung freigegeben, wie in Abbildung 10.7 zu erkennen. Der ursprüngliche Quelltext von SAP wurde hierbei zwischen die Anweisungen `ENHANCEMENT` und `ENDENHANCEMENT` kopiert.
6. Diesen Quelltext können Sie nun nach Belieben ändern. Beispielsweise wurde in Abbildung 10.8 die `IF`-Abfrage um ein `OR 'E'` erweitert.
7. **Aktivieren** (✎) Sie anschließend Ihre Änderungen über die Schaltfläche **Erweiterungen**.

```
END-ENHANCEMENT-SECTION.
*$*$-Start: MV45_DATUM_PRU_GUE---------------------------------------$*$*
ENHANCEMENT 1  ZEI_DATUM.    "inactive version
  IF DP_DATUM > DP_GUEEN AND
     DP_GUEEN > 0.
    WRITE DP_GUEEN TO DP_DATUMC DD/MM/YYYY.
    IF VBAK-ABDIS    NE SPACE AND
       DA_BDCRUN-CTU_AMODUS EQ 'N'.
*      Dunkles Einspielen eines Zuliefererlieferplans erzeugt einen
*      Error, damit keine ungültigen Einteilungen ohne Kenntnis
*      des Benutzers eingespielt werden können
      MESSAGE E448 WITH DP_DATUMC.
    ELSE.
      MESSAGE W448 WITH DP DATUMC.
      message_collect_lord.
    ENDIF.
  ENDIF.
ENDENHANCEMENT.
*$*$-End:   MV45_DATUM_PRU_GUE---------------------------------------$*$*

ENDFORM.
```

Abbildung 10.7 Eine implementierte Erweiterungssektion

```
      MESSAGE E448 WITH DP_DATUMC.
    ELSE.
      MESSAGE W448 WITH DP_DATUMC.
      message_collect_lord.
    ENDIF.
  ENDIF.
END-ENHANCEMENT-SECTION.
*$*$-Start: MV45_DATUM_PRU_GUE------------
ENHANCEMENT 1  ZEI_DATUM.    "inactive vers
  IF DP_DATUM > DP_GUEEN AND
     DP_GUEEN > 0.
    WRITE DP_GUEEN TO DP_DATUMC DD/MM/YYYY.
    IF VBAK-ABDIS    NE SPACE AND
       DA_BDCRUN-CTU_AMODUS EQ 'N' OR 'E'.
```

Abbildung 10.8 Erweitern des Standardquellcodes

Mehrere Implementierungen

Sie können für eine Erweiterungssektion mehrere Implementierungen anlegen. Wenn Sie mehrere Implementierungen für eine Sektion vornehmen, werden nicht alle Implementierungen, sondern nur eine durchlaufen. Das System priorisiert dabei alphabetisch nach dem Namen der Erweiterungsimplementierung.

10.3 Explizite Erweiterungsoptionen finden

Quelltext des Programms aufrufen

Sie können explizite Erweiterungen finden, indem Sie in der zu erweiternden Transaktion über den Hauptmenüpfad **System • Status** das dahinterliegende Programm herausfinden. In Abbildung 10.9 ist dies am Beispiel der

Transaktion VA03 und des dahinterliegenden Programms SAPMV45A dargestellt. Über einen Doppelklick auf den Programmnamen gelangen Sie in den Quellcode des Programms im ABAP Editor.

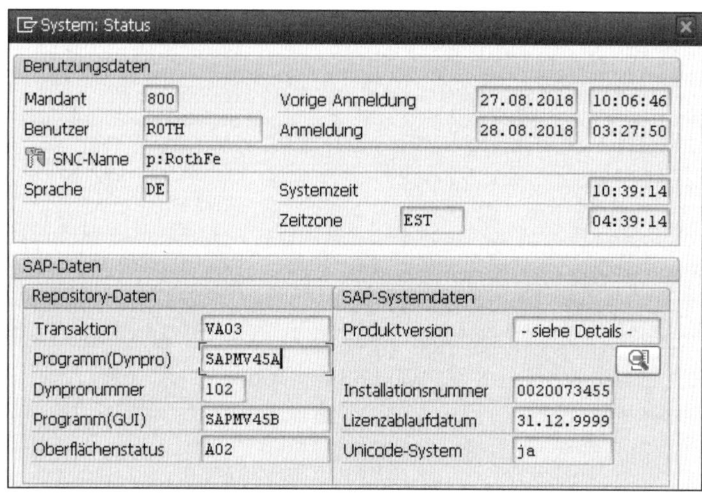

Abbildung 10.9 Status einer Transaktion

ENHANCEMENT-Anweisungen suchen

Innerhalb des Programms (hier SAPMV45A) können Sie über die Suchfunktion in der Menüleiste (🔍) nach den Begriffen »ENHANCEMENT-POINT« bzw. »ENHANCEMENT-SECTION« suchen (siehe Abbildung 10.10).

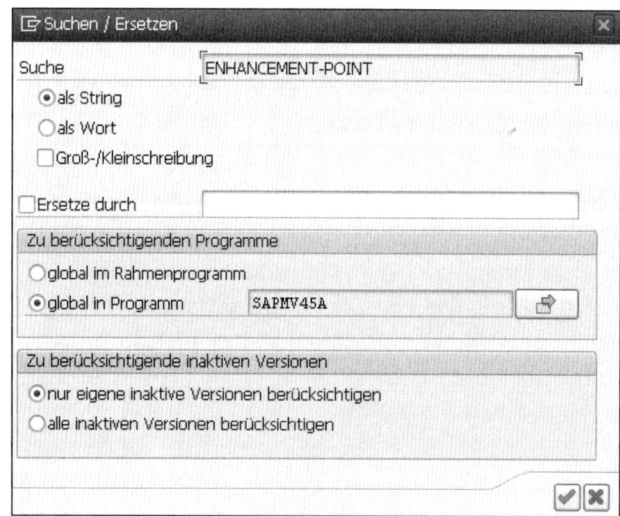

Abbildung 10.10 Suche nach Begriffen im Quelltext

In der Ergebnisliste werden Ihnen anschließend alle Codezeilen ausgegeben, an denen Sie das Programm erweitern können (siehe Abbildung 10.11).

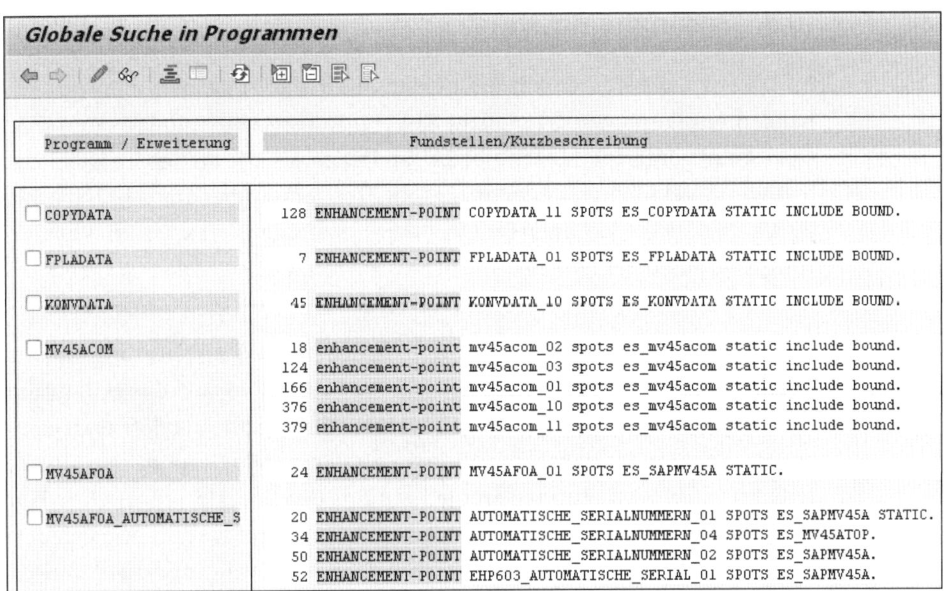

Abbildung 10.11 Ergebnisliste der globalen Suche in einem Programm

Suche über Erweiterungsspot

Alternativ können Sie auch in Transaktion SE20 über die angebotene [F4]-Suchhilfe nach einem entsprechenden Erweiterungsspot suchen. In Abbildung 10.12 wird beispielsweise anhand eines Teils des Programmnamens nach dem passenden Erweiterungsspot gesucht. Auch über die Kurzbeschreibung lassen sich in der Regel die Spots gut einschränken. Die Erfolgsquote ist hier allerdings je nach Transaktion stark unterschiedlich. So muss für eine Transaktion nicht zwingend ein Erweiterungsspot existieren, oder der Name oder die Kurzbeschreibung muss nicht wie das dahinterliegende Programm benannt sein.

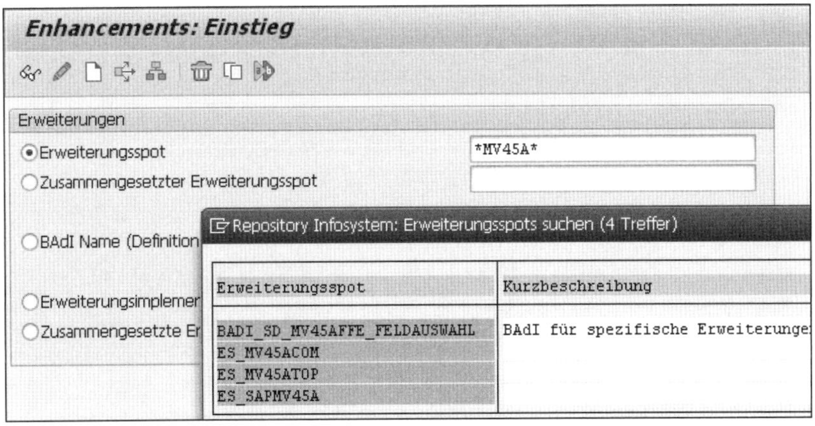

Abbildung 10.12 Suche nach Erweiterungsspots über die F4-Hilfe

10.4 Zusammenfassung

In diesem Kapitel habe ich die expliziten Erweiterungsoptionen des Enhancement Frameworks (explizite Erweiterungspunkte und Erweiterungssektionen) vorgestellt. Diese gibt SAP an frei gewählten Stellen im Quelltext fest vor. An expliziten Erweiterungspunkten (erkennbar am Schlüsselwort ENHANCEMENT-POINT) können Sie Quelltext hinzufügen, in expliziten Erweiterungssektionen (erkennbar am Schlüsselwort ENHANCEMENT-SECTION) können Sie den SAP-Quelltext sogar ersetzen.

Zur Implementierung müssen Sie lediglich in den Erweiterungsmodus wechseln und können dann nach einem Rechtsklick auf die genannten Schüsselwörter eine Erweiterungsimplementierung über das Kontextmenü anlegen. Achten Sie dabei darauf, dass SAP selbst viele Erweiterungspunkte und Erweiterungssektionen implementiert, die deshalb schon vorbelegt sind und von Ihnen nicht verwendet werden können. Sie können aber jederzeit eine bereits vorhandene Erweiterungsimplementierung erneut über einen impliziten Erweiterungspunkt implementieren.

Kapitel 11
Neue Business Add-ins

In diesem Kapitel stelle ich Ihnen die überarbeiteten, neuen BAdIs vor und zeige, wie Sie diese für Quelltext-, Screen- und Menüerweiterungen implementieren können.

Mit der Einführung des Enhancement Frameworks wurden auch die klassischen Business Add-ins (BAdIs) komplett überarbeitet und in die neue Architektur eingebettet. Die *neuen BAdIs* sind keine losgelösten Erweiterungen mehr, sondern werden als explizite Erweiterungsoption immer einem Erweiterungsspot zugeordnet. Dabei können einem Erweiterungsspot auch mehrere BAdIs zugeordnet sein.

Gruppierung in Erweiterungsspots

Sie werden daher viele Erweiterungsspots im System finden, die BAdIs zu einer Thematik zusammenfassen und Ihnen als Erweiterungsoptionen bereitstellen. Abbildung 11.1 zeigt einen solchen Erweiterungsspot `BADI_SD_SALES_ITEM`, der für die Komponente Vertrieb (Sales and Distribution, kurz SD) mehrere BAdIs zur Erweiterung des Kundenauftrags zur Verfügung stellt (insgesamt fünf BAdIs).

Abbildung 11.1 Ein Erweiterungsspot mit mehreren BAdIs

Funktionsweise

An der grundlegenden Funktionsweise der BAdIs hat sich dagegen nicht viel geändert: Die neuen BAdIs können, wie klassische BAdIs auch, an fest vorgegebenen Stellen der Standardanwendungen implementiert werden. Sie sind objektorientiert realisiert, und sie können sowohl den Quelltext als auch Menüs und Oberflächen erweitern.

Verbesserte Eigenschaften

Neben der offensichtlichsten Änderung, der Zuordnung zu Erweiterungsspots, hat sich vor allem im Hintergrund etwas getan: So weisen die neuen BAdIs aufgrund ihrer Implementierung im Kernel (daher begegnet man häufiger auch dem Begriff *kernelbasierte BAdIs*) eine deutlich bessere Performance auf. Durch ein erweitertes Filterkonzept und den Einsatz von Kontexten wird zusätzliche Flexibilität gewonnen, um mehrere aktive Implementierungen handhaben zu können. So können Filterwerte jetzt direkt beim Aufruf des BAdIs übergeben werden und müssen nicht mehr wie bei klassischen BAdIs extra beschafft werden.

Aufbau eines neuen BAdIs

Beim Aufbau eines neuen BAdIs wird ebenso wie bei den klassischen BAdIs zwischen Definition und Implementierung unterschieden:

- Eine *Definition* besteht aus einem BAdI-Interface und einer Menge von Auswahlfiltern sowie weiteren Laufzeiteinstellungen (z. B. ob das BAdI mehrfach verwendbar ist). Das Interface definiert die Schnittstelle der Objekt-Plug-ins (Quelltext, Screen-Exits, Menü-Exits) in Form von Methoden und deren Parametern.
- Die *Implementierung* beinhaltet die Klasse, die das BAdI-Interface implementiert. Außerdem beinhaltet sie eine Bedingung für die eventuell in der Definition angegebenen Filter (d. h. eine Ausprägung mit Werten). Dadurch kann bei der Beschaffung des *BAdI-Handles* (auch *BAdI-Instanz* genannt) bestimmt werden, welche Implementierungen zur Laufzeit aufgerufen werden sollen.

In Abschnitt 11.1 zeige ich Ihnen die grundlegende Vorgehensweise zur Implementierung eines normalen Quelltext-BAdIs. Diese Vorgehensweise zu beherrschen ist Vorrausetzung für die erfolgreiche Arbeit mit BAdIs. Unter anderem zeige ich Ihnen hier auch, wie ein solches BAdI im Quelltext hinterlegt ist.

In Abschnitt 11.2 erläutere ich die Filtersteuerung von BAdIs, während ich in Abschnitt 11.3 und Abschnitt 11.4 auf die Menü- und Screenerweiterung mit BAdIs eingehe.

In Abschnitt 11.5 beschreibe ich die Migration eines klassischen BAdIs in ein neues BAdI. In Abschnitt 11.6 erfahren Sie, wie Sie doppelte Implementierungen eines einfach verwendbaren BAdIs organisieren können.

11.1 Quelltexterweiterungen

Beispiel: Prüflogik hinzufügen

In diesem Abschnitt zeige ich Ihnen die Implementierung eines einfachen Quelltext-BAdIs. Als Beispiel erweitern wir die Transaktion XK02, die dazu dient, Kreditoren im SAP-System zu pflegen. Die Oberfläche dieser Transaktion ist in Abbildung 11.2 dargestellt. Ziel der Erweiterung soll es sein, dass beim Speichern des Kreditors eine zusätzliche Prüfung durchgeführt wird, ob eine Region eingetragen wurde, falls Deutschland als Land eingetragen wurde. Ist das Feld für die Region leer, soll das Speichern verhindert und eine Fehlermeldung ausgegeben werden.

Abbildung 11.2 Transaktion XD02 zur Pflege von Kreditoren

BAdI anzeigen

SAP stellt hierfür das BAdI `VENDOR_ADD_DATA` im gleichnamigen Erweiterungsspot `VENDOR_ADD_DATA` zur Verfügung. Sie können sich dieses BAdI anzeigen lassen, indem Sie auf der Startoberfläche der Transaktion SE18 (BAdI-Builder) entweder den Namen des BAdIs oder den des Erweiterungsspots eintragen und anschließend auf die Schaltfläche **Anzeigen** klicken. Gleichermaßen könnten Sie die Transaktion SE20 (Enhancements) nutzen, die die gleichen Eingabefelder zur Verfügung stellt. In Abbildung 11.3 sehen Sie die Startoberfläche der Transaktion SE18.

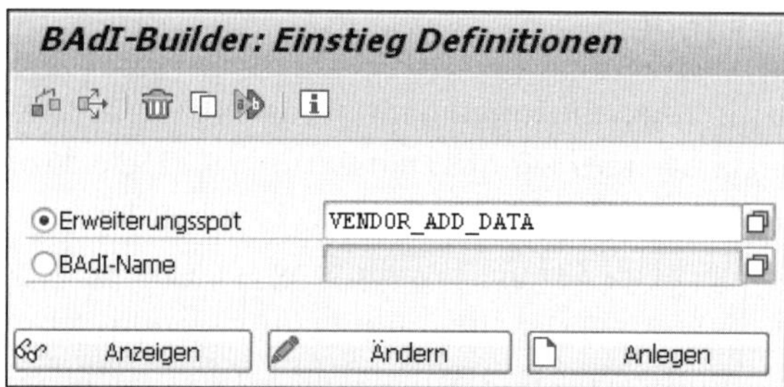

Abbildung 11.3 Startoberfläche der Transaktion SE18 (BAdI-Builder)

Migriertes BAdI

Wenn Sie das BAdI über das Feld **BAdI-Name** in Abbildung 11.3 aufrufen, werden Sie in die Anzeige des klassischen BAdIs gelangen (siehe Abbildung 11.4), weil es sich bei dem BAdI VENDOR_ADD_DATA um ein klassisches BAdI handelt, das in ein neues BAdI migriert wurde. In Abbildung 11.5 befinden Sie sich dagegen direkt in einem Erweiterungsspot. Neue BAdIs sind immer über einen solchen Erweiterungsspot organisiert.

Um zur Ansicht des neuen BAdIs zu gelangen, klicken Sie auf der Registerkarte **Eigenschaften** im Feld **BAdI migriert in Enhancement Spot** doppelt auf den Namen VENDOR_ADD_DATA. Dadurch gelangen Sie zur Ansicht des migrierten neuen BAdIs aus Abbildung 11.5.

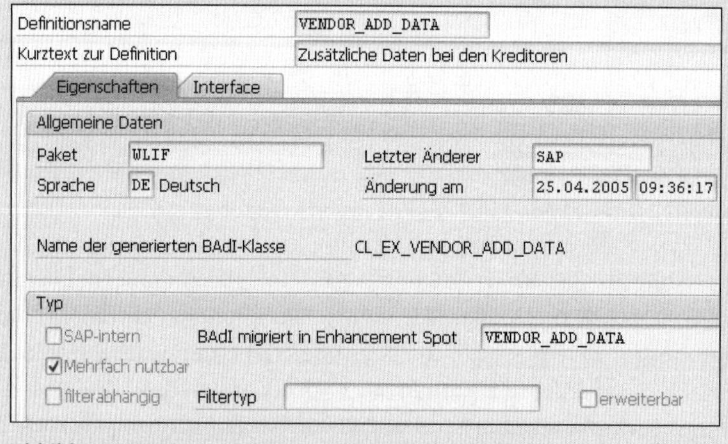

Abbildung 11.4 Beispiel für ein migriertes klassisches BAdI

Eigenschaften neuer BAdIs

Zwei wichtige Eigenschaften, die Sie nach dem Aufruf eines neuen BAdIs prüfen sollten, sind die Eigenschaften **nur SAP-intern implementierbar** und **mehrfach verwendbar**. Diese können Sie sehen, wenn Sie doppelt auf den

Namen des BAdIs VENDOR_ADD_DATA in der Baumstruktur links in Abbildung 11.5 klicken. Die Eigenschaften des BAdIs werden dann auf der rechten Seite angezeigt:

- Ist die Eigenschaft **nur SAP-intern implementierbar** ausgewählt, können Sie dieses BAdI nicht verwenden, da eine Implementierung durch Kunden in diesem Fall verboten ist.
- Ist dagegen die Eigenschaft **mehrfach verwendbar** ausgewählt, bedeutet dies, dass das BAdI mehrfach implementiert werden kann.

Abbildung 11.5 Ein neues BAdI, das in einem Erweiterungsspot organisiert ist

Mehrfachimplementierung

Ist ein BAdI nur einfach implementierbar, müssen Sie prüfen, ob es bereits von einem Kollegen oder von SAP implementiert wurde. Ist dies der Fall, können Sie keine neue Implementierung anlegen, sondern müssen prüfen, ob Sie die bestehende Implementierung zur Umsetzung Ihrer Anforderungen nutzen können, ohne die bestehende Logik einzuschränken. In Abschnitt 11.6, »Mehrfachverwendung von BAdIs«, zeige ich Ihnen eine Möglichkeit, hiermit umzugehen.

Ob bereits eine Implementierung angelegt wurde, können Sie prüfen, indem Sie in der Baumstruktur auf der linken Seite den Knoten der BAdI-Definition VENDOR_ADD_DATA über den kleinen Pfeil aufklappen und doppelt auf den Untereintrag **Implementierungen** klicken. Dadurch öffnet sich auf der rechten Seite die Listenanzeige aus Abbildung 11.6. Hier werden Ihnen alle vorhandenen Implementierungen angezeigt. Nicht jede Implementierung muss hierbei aktiv sein.

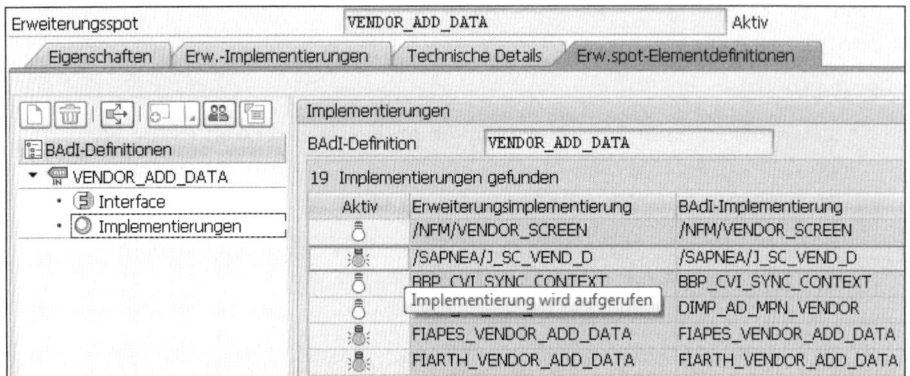

Abbildung 11.6 Alle Implementierungen eines BAdIs

Status der Implementierungen

Den Status der Implementierungen können Sie an den Lampensymbolen erkennen, die vor den Namen der Implementierungen angezeigt werden:

- Eine brennende Lampe () steht für aktiv, d. h., die Implementierung wird aufgerufen.
- Eine ausgeschaltete Lampe () steht für inaktiv, d. h., die Implementierung wird nicht aufgerufen.

Da es sich bei unserem BAdI um ein mehrfach verwendbares BAdI handelt, können wir eine neue Implementierung anlegen, obwohl es bereits aktive Implementierungen gibt.

BAdI-Interface

Bevor Sie eine neue Implementierung anlegen, sollten Sie sich jedoch einen Überblick über die Funktionalität des BAdIs verschaffen. Dies können Sie am besten tun, indem Sie in das Interface wechseln, das zur BAdI-Definition gehört. Jede BAdI-Definition hat genau ein Interface. Das Interface können Sie sich anzeigen lassen, indem Sie in der Baumstruktur auf der linken Seite unterhalb des Knotens der BAdI-Definition doppelt auf den Eintrag **Interface** klicken. Auf der rechten Seite werden Ihnen dann alle Methoden des Interface angezeigt (siehe in Abbildung 11.7).

Für den hier vorgestellten Anwendungsfall einer Prüfung, ob das Feld **Region** gefüllt ist, benötigen wir die Methode `CHECK_ALL_DATA`. Natürlich existieren deutlich mehr Methoden für die verschiedensten Anwendungsfälle. Häufig erkennt man nur an ihrem Namen bzw. der Beschreibung, wofür die Methoden gedacht sind bzw. wann diese innerhalb der zu erweiternden Transaktion aufgerufen werden. Im Zweifelsfall setzen Sie einen Breakpoint in jede Methode, führen die Transaktion aus und prüfen dann, zu welchem Zeitpunkt diese Methoden aufgerufen werden und ob sie die benötigten Daten als Parameter bereitstellen.

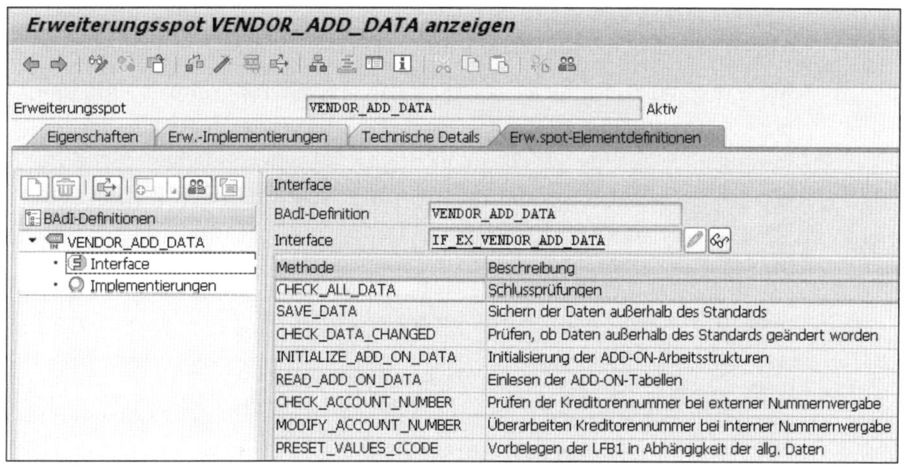

Abbildung 11.7 Anzeige der Methoden eines BAdI-Interface

11.1.1 Ein neues BAdI implementieren

Implementierungsschritte

Nachdem Sie die wichtigsten Eckdaten der BAdI-Definition geprüft haben, können Sie das BAdI implementieren. Dazu müssen Sie die folgenden Schritte durchführen:

1. eine Erweiterungsimplementierung anlegen
2. in dieser Erweiterungsimplementierung eine BAdI-Implementierung sowie eine Implementierungsklasse anlegen
3. in dieser Implementierungsklasse alle Interface-Methode implementieren
4. die gewünschten Methoden implementieren
5. abschließend alles aktivieren

Erweiterungs- und BAdI-Implementierung anlegen

Da wir uns bereits innerhalb des Erweiterungsspots befinden, können Sie eine Implementierung wie folgt anlegen:

1. Klicken Sie in der Funktionsleiste auf die Schaltfläche **Erweiterungsspot implementieren** (, in Abbildung 11.7 oben rechts).
2. Dadurch öffnet sich das in Abbildung 11.8 dargestellte Pop-up-Fenster. Geben Sie hier einen Namen für die **Erweiterungsimplementierung** und einen **Kurztext** an.

Erweiterungsimplementierung anlegen
Erweiterungsimplementierung ZEI_VENDOR_ADD_DATA
Kurztext Erweiterte Prüfungen Debitor
Zusammengesetzte Erweiterungsimplementierung

Abbildung 11.8 Anlegen einer Erweiterungsimplementierung

Alternative Anlage über Transaktion SE19

Alternativ haben Sie die Möglichkeit, eine Erweiterungsimplementierung über die Startseite der Transaktion SE19 (BAdI-Builder: Einstieg Implementierungen) anzulegen, die Sie in Abbildung 11.9 sehen. Auf dieser Seite tragen Sie unter **Implementierung anlegen • Neues BAdI** im Feld **Erweiterungsspot** den Namen der BAdI-Definition ein und klicken anschließend auf die Schaltfläche **Impl. anlegen**.

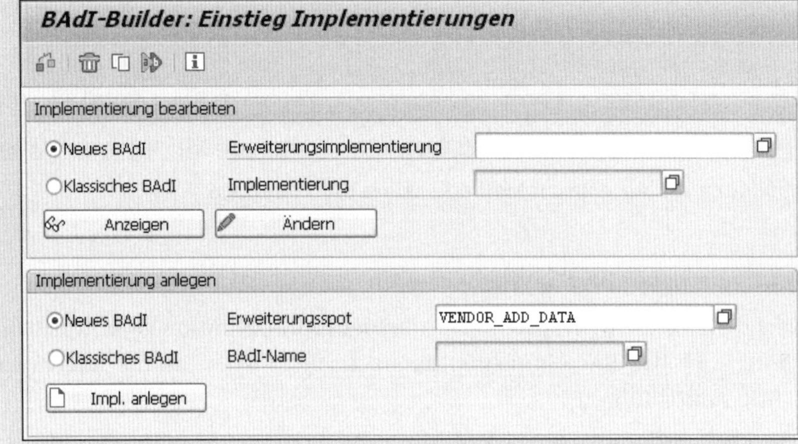

Abbildung 11.9 Anlegen einer Erweiterungsimplementierung über die Transaktion SE19

Dadurch gelangen Sie ebenfalls zu dem Pop-up-Fenster aus Abbildung 11.8.

3. Nachdem Sie Ihre Eingaben mit **Weiter** (✔) bestätigt haben, gelangen Sie direkt zum nächsten Pop-up-Fenster, das Sie in Abbildung 11.10 sehen.

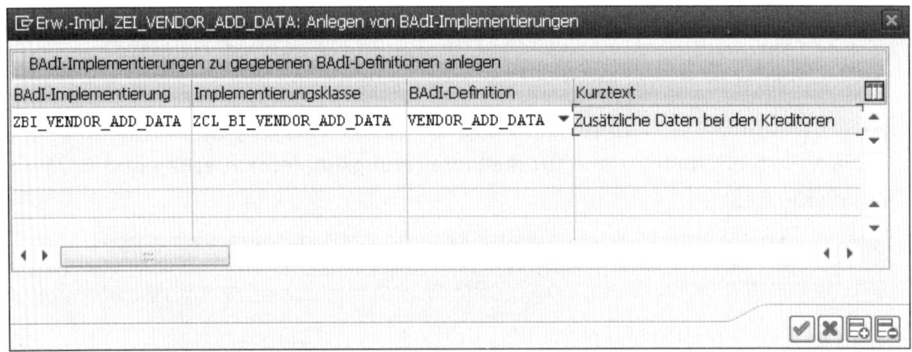

Abbildung 11.10 Anlegen einer BAdI-Implementierung

4. Tragen Sie hier folgende Namen ein:
   - Spalte **BAdI-Implementierung**: »ZBI_VENDOR_ADD_DATA«
   - Spalte **Implementierungsklasse** »ZCL_BI_VENDOR_ADD_DATA«

   Wählen Sie in der Spalte **BAdI-Definition** aus der Dropdown-Liste die BAdI-Definition VENDOR_ADD_DATA aus. Bestätigen Sie Ihre Eingaben anschließend mit **Weiter** (✔).

Namenskonventionen für BAdI-Implementierungen

Eine übliche Namenskonvention für die Implementierung von BAdIs sieht wie folgt aus:

- ZEI für Erweiterungsimplementierungen
- ZBI für BAdI-Implementierungen
- ZCL_BI für BAdI-Implementierungsklassen

Ersetzen Sie den Buchstaben Z, falls Sie einen anderen Kundennamensraum haben. Eine solche Konvention ist wichtig, damit man später bereits am Namen des Entwicklungsobjekts erkennen kann, worum es sich handelt. Wenn Sie alle Objektarten gleich benennen, wird es Ihnen später zunehmend schwer fallen, den Überblick über alle Entwicklungsobjekte zu behalten.

5. Dadurch wird die BAdI-Implementierung angelegt, die Ihnen nun wie in Abbildung 11.11 dargestellt wird.

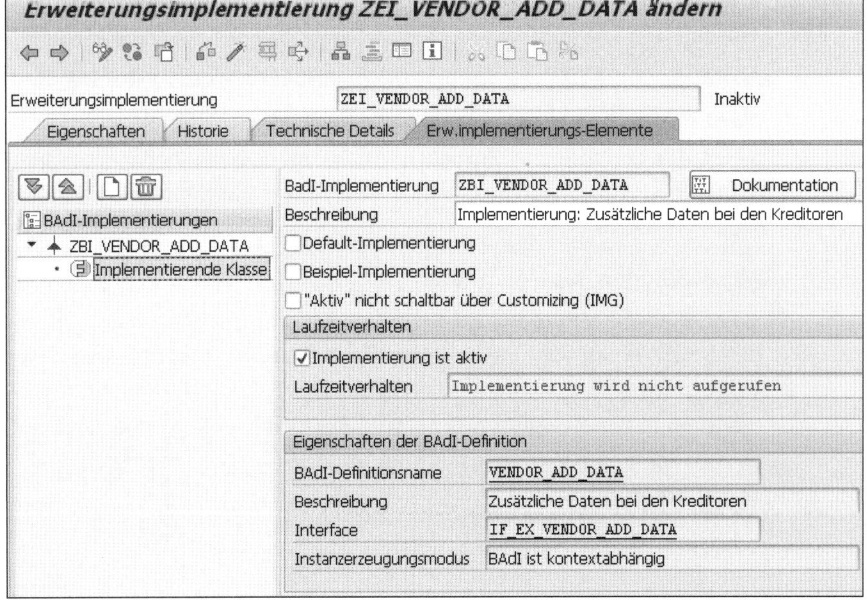

Abbildung 11.11 Eine angelegte BAdI-Implementierung

Implementierungsklasse

Aktuell wird hier als Laufzeitverhalten **Implementierung wird nicht aufgerufen** angegeben. Um dies zu ändern, müssen Sie im nächsten Schritt in der BAdI-Implementierungsklasse alle Methoden implementieren:

1. Klappen Sie hierzu in der Baumstruktur links Ihre BAdI-Implementierung über den kleinen Pfeil auf, und klicken Sie doppelt auf **Implementierende Klasse**.
2. Dadurch wird Ihnen die implementierende Klasse wie in Abbildung 11.12 dargestellt.

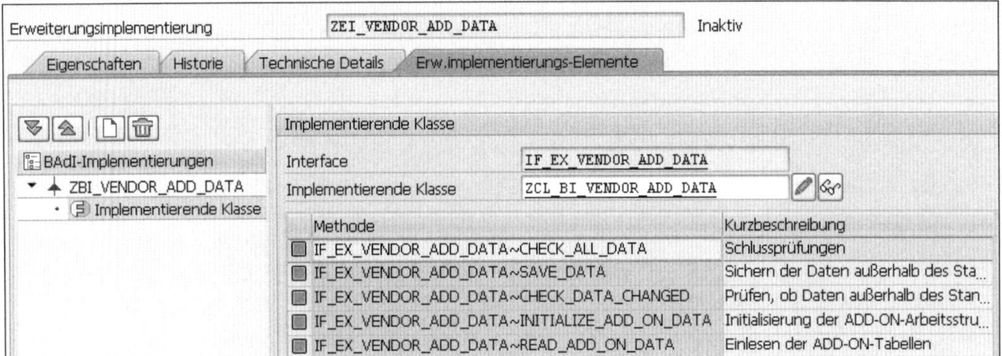

Abbildung 11.12 Die zu implementierenden Methoden einer BAdI-Implementierung

3. Hier müssen Sie nun *jede* Methode implementieren, indem Sie doppelt auf ihren Namen klicken. Die folgende Meldung bestätigen Sie jeweils mit **Ja**:

   »Interfacemethode wurde noch nicht implementiert. Soll Implementierung angelegt werden?«

   Über die Schaltfläche **Zurück** () gelangen Sie dabei immer wieder zurück zur Ausgangsliste der Methoden der implementierenden Klasse.

[!]

Alle Methoden implementieren

Sie müssen alle Methoden auf diese Weise implementieren, auch wenn Sie diese nicht benötigen und die Implementierung der Methode leer bleibt. Vergessen Sie, eine Methode zu implementieren, und wird die BAdI-Implementierung anschließend zur Laufzeit aufgerufen, erhalten Sie einen entsprechenden Laufzeitfehler, und die Verarbeitung der Transaktion wird abgebrochen.

4. Für die Methode `CHECK_ALL_DATA` implementieren Sie die Prüfung, ob das Feld **Region** gefüllt wurde, falls Deutschland als Land eingetragen wurde, wie in Abbildung 11.13 gezeigt.

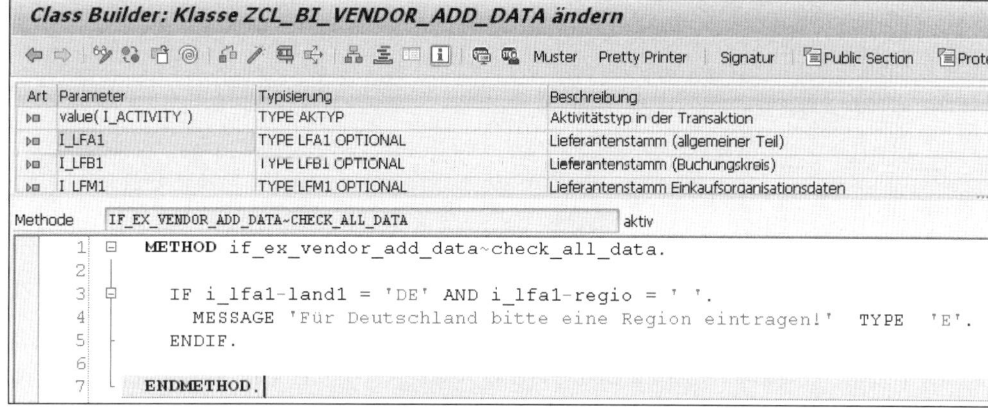

Abbildung 11.13 Implementierung einer BAdI-Methode

Parameter der Methode einblenden

Die Eingabeparameter der Methode können Sie, falls sie nicht wie in Abbildung 11.13 direkt angezeigt werden, über die Schaltfläche **Signatur** in der Funktionsleiste aktivieren. Jede Interface-Methode hat unterschiedliche Ein- und Ausgabeparameter.

5. **Aktivieren** (▢) Sie abschließend Ihre Implementierungsklasse, und wechseln Sie zurück in die Anzeige der Erweiterungsimplementierung aus Abbildung 11.12.
6. **Aktivieren** (▢) Sie hier auch die BAdI-Implementierung.

Laufzeitverhalten prüfen

War die Aktivierung erfolgreich, können Sie jetzt prüfen, ob die BAdI-Implementierung aufgerufen wird. Klicken Sie dazu in der Baumstruktur auf der linken Seite doppelt auf den Namen der BAdI-Implementierung. Wie in Abbildung 11.14 sollte nun im Feld **Laufzeitverhalten** der Text **Implementierung wird aufgerufen** stehen.

BAdI-Implementierung testen

Nun können Sie die BAdI-Implementierung testen. Wechseln Sie dazu in Transaktion XD02, und rufen Sie einen Kreditor Ihrer Wahl auf. Falls im Feld **Region** ein Wert steht, löschen Sie diesen Wert, und speichern (▢) Sie die Änderungen am Kreditor. Dadurch sollte die von Ihnen programmierte Fehlermeldung am unteren Rand der Transaktion angezeigt und das Speichern abgebrochen werden (siehe Abbildung 11.15).

Abbildung 11.14 Überprüfung, ob die BAdI-Implementierung aufgerufen wird

Abbildung 11.15 Implementierte Prüfung testen

Damit haben Sie das BAdI erfolgreich implementiert. Wie eingangs erwähnt, ist die hier vorgestellte Vorgehensweise für jedes BAdI dieselbe. Natürlich unterscheiden sich die im Interface bereitgestellten Methoden, und es kann auch BAdIs geben, die noch zusätzlich Menü- oder Screenerweiterungen anbieten. Diese BAdI-Varianten stelle ich Ihnen in den folgenden Abschnitten vor.

11.1.2 Aufruf eines neuen BAdIs

In diesem Abschnitt zeige ich Ihnen, wie SAP die BAdI-Aufrufe im Quelltext platziert und implementiert hat. Wie in der Einleitung dieses Kapitels erwähnt, handelt es sich bei neuen BAdIs um explizite Erweiterungsoptionen. Das bedeutet, dass SAP die Beschaffung der BAdIs und den Aufruf der BAdI-Methoden an speziellen Stellen in den Standardprogrammen vorgesehen hat.

GET BADI und CALL BADI

Für den Aufruf eines neuen BAdIs wurde die ABAP-Anweisung GET BADI eingeführt. Wenn immer Sie also in einer SAP-Anwendung die Anweisung GET BADI finden, wissen Sie, dass hier ein neues BAdI beschafft wird. Die Methoden des BAdIs werden dagegen über die Anweisung CALL BADI aufgerufen.

Die Syntax eines BAdI-Aufrufes setzt sich damit wie folgt zusammen:

```
DATA: r_exit TYPE REF TO badi_definition.
GET BADI r_exit.
  FILTERS
    filter1 = wert1
       ...
CALL BADI r_exit->methode1.
```

Listing 11.1 Beschaffung von BAdI-Implementierungen

Wie in Listing 11.1 erkenntlich, bezieht sich der Aufruf GET BADI ausschließlich auf die Definition des BAdIs (und nicht wie bei klassischen BAdIs auf das Interface). Die Variable, die nach GET BADI steht, ist in der Datendeklaration mit TYPE REF TO und Bezug zu der BAdI-Definition definiert.

Abbildung 11.16 zeigt ein Beispiel für eine solche von SAP implementierte Stelle im Code.

BAdI-Definition aufrufen

Die zugehörige BAdI-Definition können Sie auf mehreren Wegen aufrufen:

- Klicken Sie doppelt auf den Namen der BAdI-Definition nach der BAdI-Referenzvariablen (in Abbildung 11.16 also auf customer_fieldstatus nach TYPE REF TO).
- Geben Sie den Namen der BAdI-Definition (also den Namen nach TYPE REF TO) in Transaktion SE18 im Feld **BAdI-Name** ein, und klicken Sie auf **Anzeigen**.
- Geben Sie den Namen der BAdI-Definition in Transaktion SE19 im Feld **Neues BAdI** ein, und klicken Sie auf **Anzeigen**.

ABAP Editor: Include MF02DFIA anzeigen

Include MF02DFIA aktiv

```
FORM modifizieren_bild_badi.

  DATA:  lv_customer_fieldstatus TYPE REF TO customer_fieldstatus,
         lv_no_badi    TYPE REF TO cx_badi_not_implemented,
         lv_mult_impl TYPE REF TO cx_badi_multiply_implemented,
         ls_cust_fieldstatus TYPE cust_fieldstatus.

* only check for screens which contain field carrier-notif

  IF sy-dynnr = '0315' OR sy-dynnr = '7317'.

    TRY.
        GET BADI lv_customer_fieldstatus.
      CATCH cx_badi_not_implemented      INTO lv_no_badi.
      CATCH cx_badi_multiply_implemented INTO lv_mult_impl.
    ENDTRY.

    CALL BADI lv_customer_fieldstatus->change_fieldstatus_invisible
      CHANGING
        cs_cust_fieldstatus = ls_cust_fieldstatus.
```

Abbildung 11.16 Ein von SAP aufgerufenes BAdI

Von hier aus können Sie das BAdI analysieren und herausfinden, welche Funktionalität bzw. Methoden es anbietet.

11.1.3 Quelltext-BAdIs finden

Programm aufrufen

Explizite Erweiterungen wie Quelltext-BAdIs können Sie finden, indem Sie in der zu erweiternden Transaktion im Hauptmenü den Pfad **System • Status** wählen. Hier sehen Sie das dahinterliegende Programm, in Abbildung 11.17 z. B. das Programm SAPMV45A, das von Transaktion VA03 ausgeführt wird.

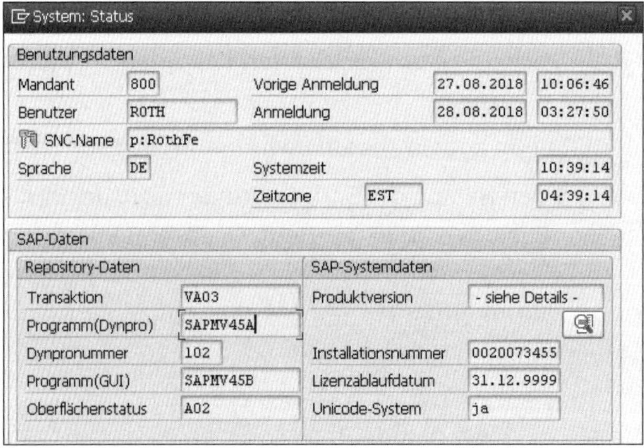

Abbildung 11.17 Anzeige des Status für eine Transaktion

Über einen Doppelklick auf den Programmnamen gelangen Sie zum Quelltext im ABAP Editor.

Innerhalb des Programms können Sie über die Suchfunktion in der Menüleiste (🔍) nach den Begriffen »GET BADI« bzw. »CALL BADI« suchen (siehe Abbildung 11.18).

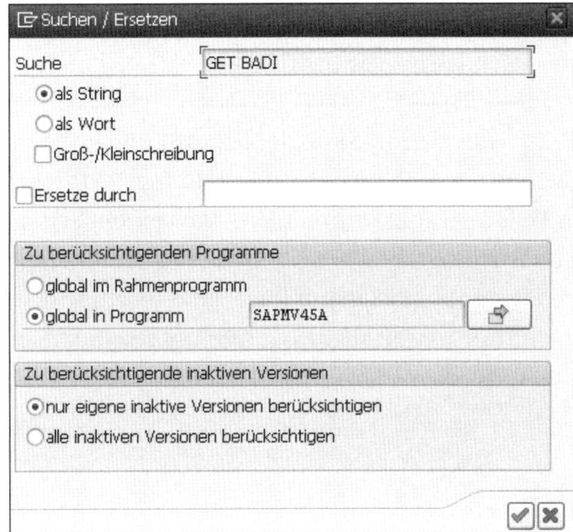

Abbildung 11.18 Suchen nach BAdI-Aufrufstellen

In der Ergebnisliste werden Ihnen anschließend alle Stellen, an denen Sie das Programm über ein neues BAdI erweitern können, wie in Abbildung 11.19 angezeigt.

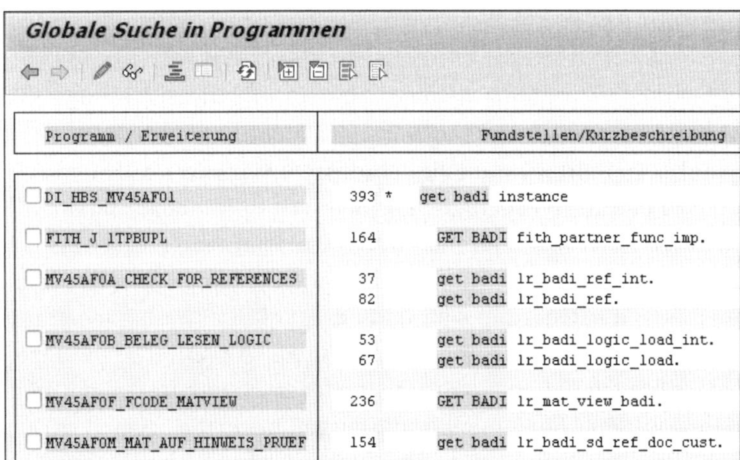

Abbildung 11.19 Aufrufstellen neuer BAdIs

Suche über Breakpoints

Die Möglichkeit, einen Breakpoint zu setzen, um ein BAdI zu finden, wie ich es für klassische BAdIs in der Klasse `CL_EXIT_HANDLER` gezeigt hatte, gibt es bei neuen BAdIs nicht mehr. Um herauszufinden, ob ein neues BAdI zu einem bestimmten Zeitpunkt angelaufen wird, müssten Sie für dieses erst eine Erweiterungsimplementierung anlegen, dann die BAdI-Methoden implementieren und in diesen Methoden jeweils einen Breakpoint setzen.

Suche über Erweiterungsspot

Alternativ können Sie auch in Transaktion SE18, dem BAdI-Builder, nach einem entsprechenden Erweiterungsspot suchen. In Abbildung 11.20 wird beispielsweise anhand eines Teils des Programmnamens nach einem Erweiterungsspot gesucht. Auch über die Kurzbeschreibung in der angebotenen [F4]-Hilfe lassen sich die Erweiterungsspots in der Regel gut einschränken. Die Erfolgsquote ist hier je nach Transaktion allerdings sehr unterschiedlich.

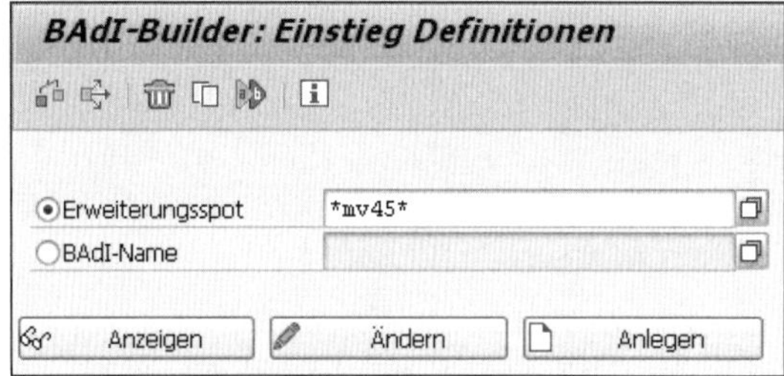

Abbildung 11.20 BAdIs anhand von Suchbegriffen finden

11.2 Filtersteuerung

Passende BAdI-Implementierung ausführen

Wenn es mehrere Implementierungen zu einem BAdI gibt, wird mithilfe von Filtern dafür gesorgt, dass zur Laufzeit nur die BAdI-Implementierungen geladen und ausgeführt wird, auf die die konkreten Filterwerte beim Aufruf zutreffen. Dies betrifft sowohl BAdIs, die mehrfach verwendbar sind (für die es also mehrere aktive Implementierungen geben kann), als auch BAdIs, die nur einfach verwendbar sind (für die es aber mehrere Implementierungen gibt). Über die Filtersteuerung wird dann definiert, welche Implementierung ausgeführt wird. Häufig werden solche Filterwerte verwendet, wenn es verschiedene Implementierungen für verschiedene Standorte (Länder) gibt und pro Land nur eine Implementierung ausgeführt werden soll.

Filter anzeigen

Wenn in einer BAdI-Definition Filter definiert wurden, werden diese unterhalb der BAdI-Definition in Transaktion SE18 in der Baumstruktur angezeigt (Eintrag **Filter** in Abbildung 11.21).

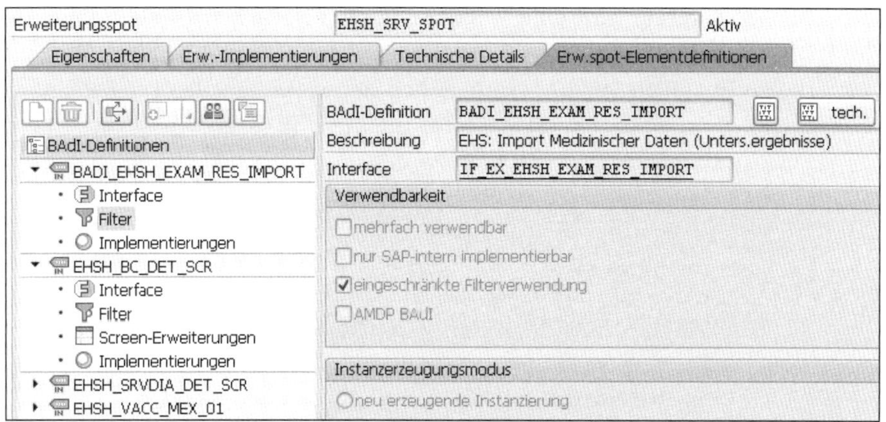

Abbildung 11.21 Angebotene Filter in einer BAdI-Definition

Welche Filter angeboten werden, können Sie nachsehen, indem Sie doppelt auf den Eintrag **Filter** klicken. Dadurch werden Ihnen die definierten Filter auf der rechten Seite angezeigt, wie in Abbildung 11.22 gezeigt.

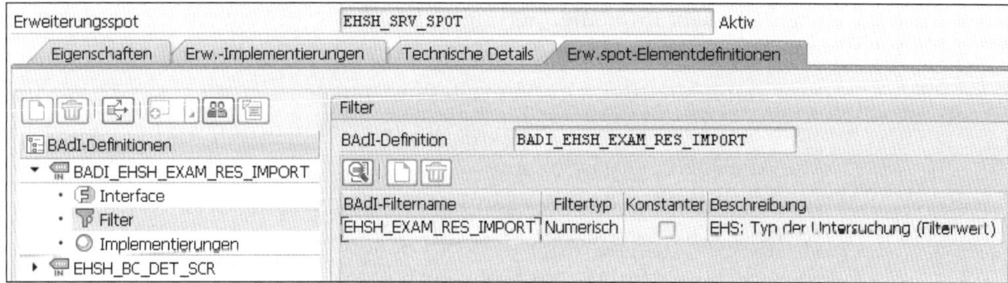

Abbildung 11.22 Anzeige der definierten Filter

In Abbildung 11.22 ist z. B. ein Filter `EHSH_EXAM_RES_IMPORT` definiert. Es handelt sich dabei um einen numerischen Filter, wie Sie in der Spalte **Filtertyp** erkennen können. Neben numerischen Filtern existieren noch zeichenartige Filter.

Filterwert

Hat eine BAdI-Definition einen solchen Filter, müssen Sie diesen bei der Implementierung des BAdIs mit einem konkreten Wert ausprägen. In diesem Beispiel können Sie einschränken, für welche Untersuchungen (das BAdI stammt hier aus dem medizinischen Bereich) Ihre Implementierung aufgerufen werden soll. Ihre Implementierung wird also abhängig vom Filterwert aufgerufen.

Konflikt der Filterkriterien

Existieren mehrere Implementierungen für dieses BAdI, die den gleichen Filterwert ausprägen, wird beim Aktivieren all dieser Implementierungen geprüft, ob mehrere Implementierungen dieselben Filterkriterien erfüllen.

Ist dies der Fall, wird eine Fehlermeldung ausgegeben (siehe Abbildung 11.23). Dabei ist es egal, ob das BAdI mehrfach oder nur einfach implementierbar ist. Bei diesem BAdI kann es beispielsweise für jeden Typ der Untersuchung nur genau eine aktive Implementierung geben.

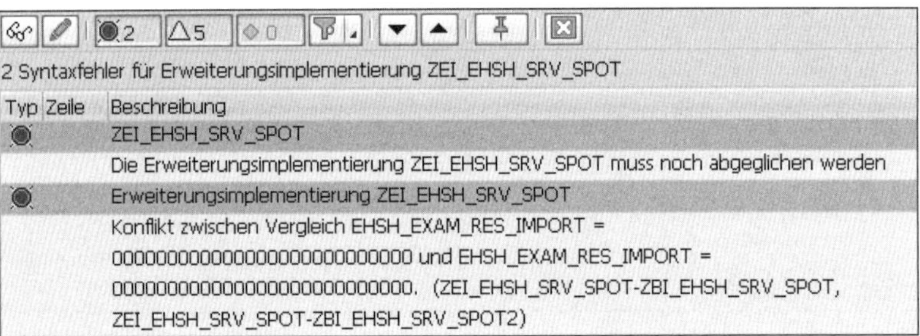

Abbildung 11.23 Fehlermeldung bei zwei gleichzeitig aktiven Implementierungen mit einem Filterwert

Anhand der bereits vorhandenen Implementierungen lässt sich dies auch gut erkennen. Wie in Abbildung 11.24 dargestellt, existieren für dieses BAdI insgesamt vier Implementierungen. SAP stellt im Standard für den Untersuchungstyp 01, 02 und 04 jeweils eine eigene Implementierung bereit. Diese Implementierungen sind allesamt gerade inaktiv (). Der Kunde hat zusätzlich eine Implementierung für den Untersuchungstyp 04 angelegt, die aktuell aktiv () ist. Würde SAP die Standardimplementierung für den Untersuchungstyp 04 nun ebenfalls aktivieren, käme es zu einem Konflikt (Laufzeitfehler), da plötzlich zwei Implementierungen für den Untersuchungstyp existierten. Dagegen könnte SAP die Implementierungen für den Untersuchungstyp 01 und 02 ohne Probleme aktivieren.

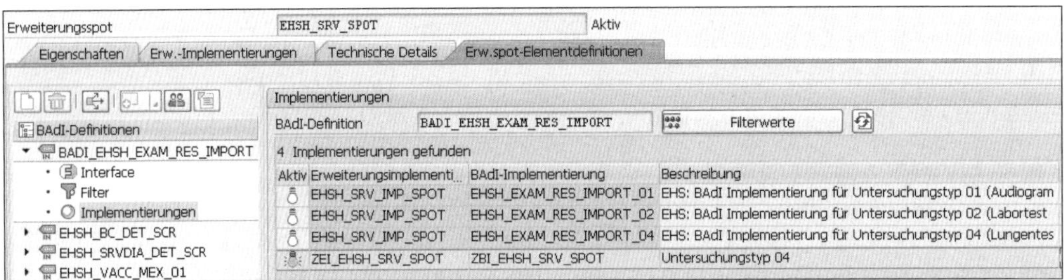

Abbildung 11.24 Nur eine aktive Implementierung für einen Untersuchungstyp

Filterwerte ausprägen

Abbildung 11.25 zeigt, wie Sie diesen Filterwert in der BAdI-Implementierung ausprägen können:

1. Dazu existiert in der Baumstruktur der linken Seite unterhalb der aufgeklappten BAdI-Implementierung der Eintrag **Filterwerte**.

2. Klicken Sie doppelt auf diesen Eintrag, wird auf der rechten Seite die Maske zur Angabe der Filterwerte eingeblendet.

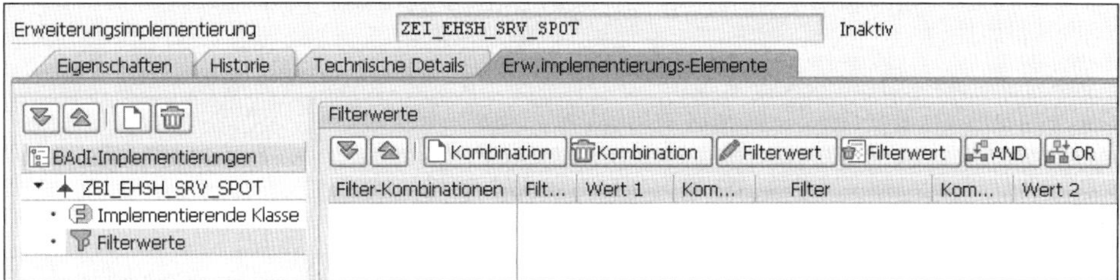

Abbildung 11.25 Ausprägung von Filterwerten in einer BAdI-Implementierung

3. Hier können Sie dem definierten Filter `EHSH_EXAM_RES_IMPORT` über die Schaltfläche **Kombination** eine neue Kombination zuordnen.
4. Dadurch werden eine neue Zeile **Kombination 1** sowie ein Untereintrag für den Filter `EHSH_EXAM_RES_IMPORT` angelegt, wie in Abbildung 11.26 gezeigt.

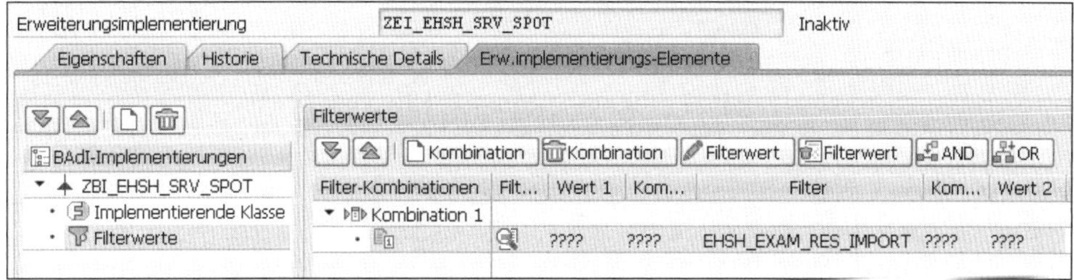

Abbildung 11.26 Ein ausgeprägter Filterwert für einen Filter

5. Den zugehörigen Filterwert können Sie nun eintragen, indem Sie diesen Untereintrag auswählen und anschließend auf die Schaltfläche **Filterwert** in der Funktionsleiste klicken.
6. Dadurch öffnet sich das Pop-up-Fenster aus Abbildung 11.27, in dem Sie den **Filterwert** hinterlegen können. Da in der BAdI-Definition die Eigenschaft **eingeschränkte Filterverwendung** markiert ist, können (und müssen) Sie an dieser Stelle höchstens einen Wert für diesen Filter angeben. Darüber hinaus sind die Filterkriterien nur mit dem Gleichheitszeichen (hier im Feld **Komparator 1** für Sie vorausgewählt) definierbar.
7. Darüber hinaus können Sie bei der eingeschränkten Filterverwendung die Filterwerte nur mit einer Oder-Kombination und nicht mit einer Und-Kombination verbinden. Sie könnten hier also ausdrücken, dass diese Implementierung für den Untersuchungstyp 02 *oder* 04 ausgeführt wird, aber nicht, dass sie für den Untersuchungstyp 02 *und* 04 aus-

geführt wird. Abbildung 11.28 zeigt eine Oder-Verknüpfung für unser Beispiel, die Sie über die Schaltfläche **OR** in der Funktionsleiste dem bereits definierten Filterwert hinzufügen können.

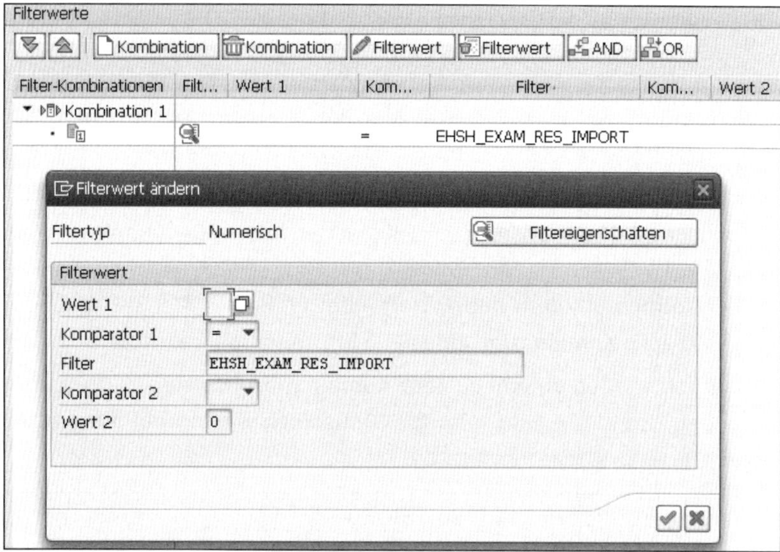

Abbildung 11.27 Eine eingeschränkte Filterverwendung

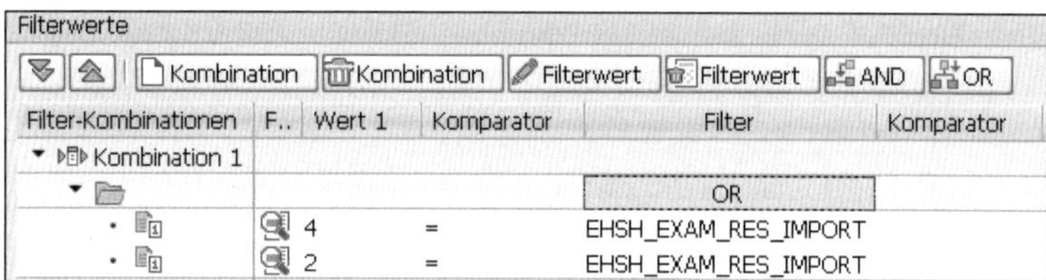

Abbildung 11.28 Eine Oder-Kombination für einen Filter

Filtereigenschaften

Mehr Informationen zu einem Filter können Sie über die Schaltfläche **Filtereigenschaften** aufrufen. Hier ist, wie in Abbildung 11.29 gezeigt, z. B. der **Filtertyp** (hier ein numerischer Wert) angegeben. Häufiger findet man hier auch die Information, welche Filterwerte eigentlich möglich sind, indem man in den eventuell angegebenen Festwerten der Domäne nachschaut (wenn die Eigenschaft **Objekt ist Domäne** aktiv ist). Ansonsten hilft hier mitunter nur die Dokumentation der BAdI-Definition bzw. das Recherchieren im Internet.

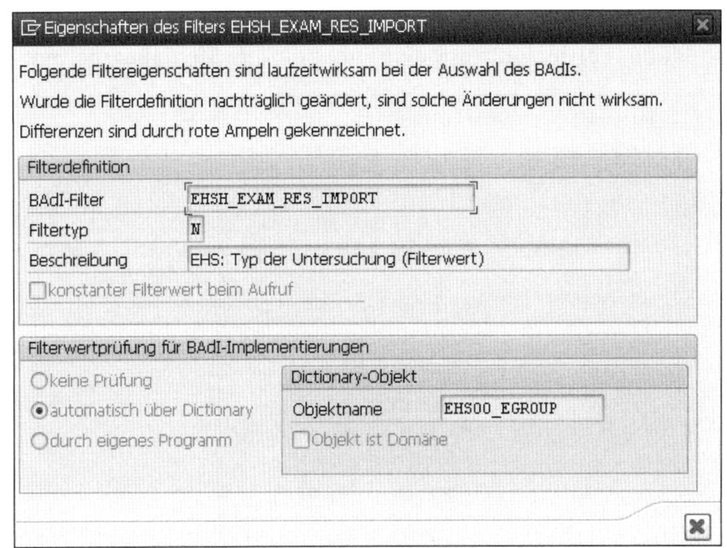

Abbildung 11.29 Eigenschaften eines Filters

11.3 Menüerweiterungen

Menüerweiterungen gab es schon mit den Customer Exits und klassischen BAdIs. Auch mit den neuen BAdIs stehen diese wieder zur Verfügung. Ziel von Menüerweiterungen ist es, den GUI-Status eines Dynpros um neue eigene Funktionseinträge zu erweitern.

Beispiel: Neue Funktionen in Transaktion EMMAC3

Abbildung 11.30 zeigt einen so erweiterten Status der Transaktion EMMAC3 (Klärungsfälle). Die Schaltflächen **Meine Funktion 1**, **Meine Funktion 2** und **Meine Funktion 3** in der Funktionsleiste wurden mithilfe eines neuen BAdIs hinzugefügt.

Abbildung 11.30 Eine aktive Menüerweiterung in der Transaktion EMMAC3

Zusätzlich erscheinen diese neuen Funktionen auch innerhalb des Hauptmenüs (in Abbildung 11.31 der Eintrag **Meine Funktion 2** im Menü **Bearbeiten**).

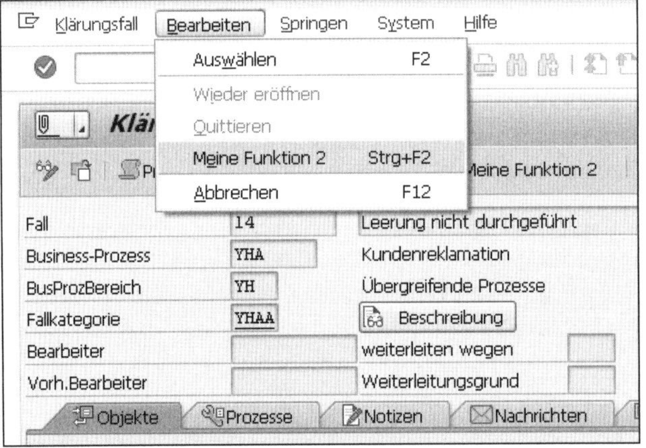

Abbildung 11.31 Ein erweitertes Menü

Menüerweiterungen anzeigen

Wenn in einer BAdI-Definition Menüerweiterungen definiert wurden, können Sie sich diese anzeigen lassen, indem Sie unterhalb der aufgeklappten BAdI-Definition doppelt auf den Eintrag **Menü-Erweiterungen** klicken (siehe Abbildung 11.32).

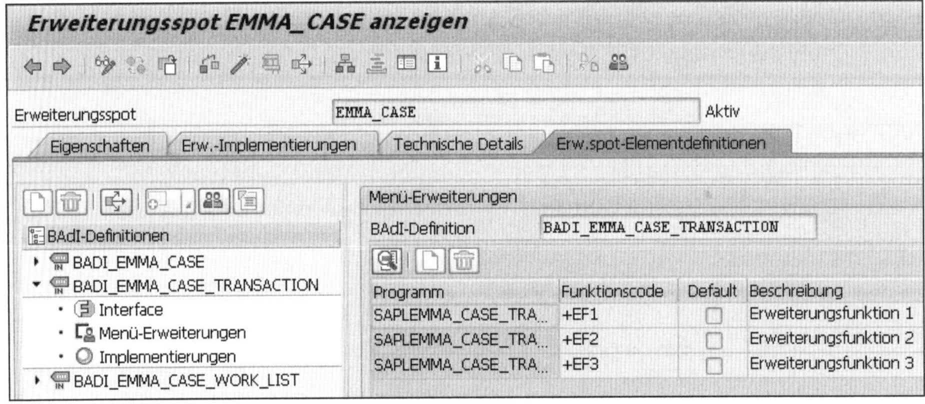

Abbildung 11.32 Angebotene Menüerweiterungen in einer BAdI-Definition

In der in Abbildung 11.32 dargestellten BAdI-Definition wurden beispielsweise die drei Funktionscodes `+EF1`, `+EF2` und `+EF3` für das Programm `SAPLEMMA_CASE_TRANSACTION` (das Programm hinter der Transaktion EMMAC3) definiert. Das bedeutet, dass Sie diese drei Platzhalter (die immer mit »+« anfangen) durch Ihre eigenen drei Funktionscodes ersetzen können. Hierbei ist es wichtig, herauszufinden, wo diese Funktionscodes eigentlich im GUI-Status vorkommen.

Aufruf der Funktionscodes finden

Durch einen Doppelklick auf eine der drei definierten Menüerweiterungen aus Abbildung 11.32 gelangen Sie zu den Funktionstexten der zugehörigen Oberfläche (siehe Abbildung 11.33).

Oberfläche Bearbeiten Springen Hilfsmittel Zusätze Umfeld System Hilfe

Funktionstexte der Oberfläche SAPLEMMA_CASE_TRANSACTION anzeigen

Oberfläche SAPLEMMA_CASE_TRANSACTION aktiv

Für Kundenerweiterungen reservierte Funktionscodes

Funktionscode	Funktionstext	Ikonenname	Icon
+EF1	Erweiterungsfunktion 1		
+EF2	Erweiterungsfunktion 2		
+EF3	Erweiterungsfunktion 3		

Programmfunktionen mit statischen Texten

Funktionscode	Funktionstext	Ikonenname	Icon
ACTLOG	Protokoll	ICON_PROTOCOL	
BACK	Zurück		

Abbildung 11.33 Definierte Funktionstexte zu den Menüerweiterungen

Von hier aus können Sie über den Pfad **Springen • Aktueller Status** im Hauptmenü zum GUI-Status wechseln, den Sie in Abbildung 11.34 sehen. In diesem Status können Sie sehen, wie SAP die Funktionscodes platziert hat.

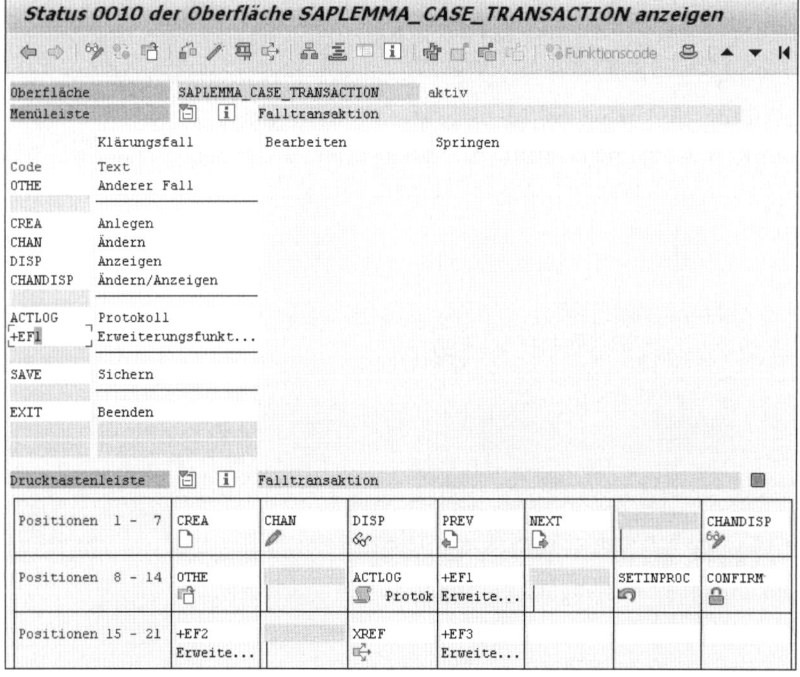

Abbildung 11.34 Der GUI-Status, in dem die Menüerweiterungen definiert sind

Alle drei Funktionscodes sind in der Drucktastenleiste definiert. Sie finden sie außerdem in den folgenden Menüs:

- +EF1 im Menü **Klärungsfall**
- +EF2 im Menü **Bearbeiten**
- +EF3 im Menü **Springen**

Wenn Sie nun beispielsweise den Funktionscode +EF1 ausprägen, wird dieser sowohl im Menü **Klärungsfall** als auch in der Funktionsleiste angezeigt. Wie Sie diese Funktionscodes implementieren können, zeige ich Ihnen im folgenden Abschnitt.

Je nach BAdI-Definition können diese Funktionscodes unterschiedlich heißen, in unterschiedlicher Anzahl vorkommen und auch komplett unterschiedlich innerhalb eines GUI-Status platziert worden sein. Wenn keine Funktionscodes als Platzhalter mit »+« innerhalb eines GUI-Status definiert worden sind, können Sie diesen Status auch nicht erweitern.

11.3.1 Menüerweiterungen implementieren

Implementierungsschritte

Menüerweiterungen werden in zwei Schritten implementiert:

- Zum einen müssen die Texte und gegebenenfalls Icons für die Menüeinträge gesetzt werden.
- Zum anderen muss die Logik für den Menüeintrag in der bereitgestellten Methode implementiert werden.

Texte und Icons implementieren

Abbildung 11.35 zeigt, wie Sie diese Menüerweiterungen in der BAdI-Implementierung ausprägen können. Dazu existiert in der Baumstruktur unterhalb der aufgeklappten BAdI-Implementierung der Eintrag **Menü-Erweiterungen**. Klicken Sie doppelt auf diesen Eintrag, wird auf der rechten Seite die Maske zur Angabe der Menüerweiterungen eingeblendet.

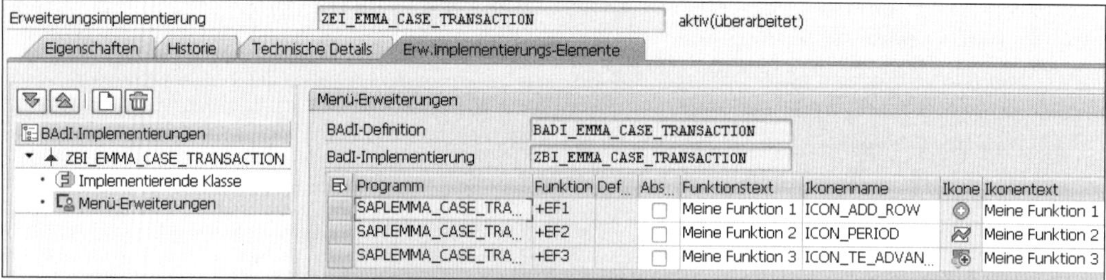

Abbildung 11.35 Ausprägung der Menüerweiterungen in einer BAdI-Implementierung

Die Implementierung ist denkbar einfach: Tragen Sie in den Spalten **Funktionstext** sowie **Ikonentext** die Texte ein, die auf den Schaltflächen und Menüeinträgen angezeigt werden sollen. Wenn Sie zusätzlich ein Icon zuweisen möchten, können Sie dies in der Spalte **Ikonenname** über die [F4]-Hilfe tun.

Nach dem Aktivieren (Aktivieren-Icon) der BAdI-Implementierung werden die so hinzugefügten Funktionscodes bereits in den Transaktionen EMMAC1, EMMAC2 und EMMAC3 angezeigt, wie eingangs in Abbildung 11.30 dargestellt. Natürlich haben diese neuen Funktionen noch keine Logik. Wenn Sie also innerhalb der Transaktionen auf eine der Funktionen klicken, wird nichts passieren.

Methode der Funktionslogik implementieren

Damit etwas passiert, muss die BAdI-Definition im Interface entsprechende Methoden bereitstellen. Schauen Sie sich die Interface-Methoden des hier vorgestellten BAdIs an, sehen Sie dass es sich um mehrere Methoden handelt (siehe Abbildung 11.36).

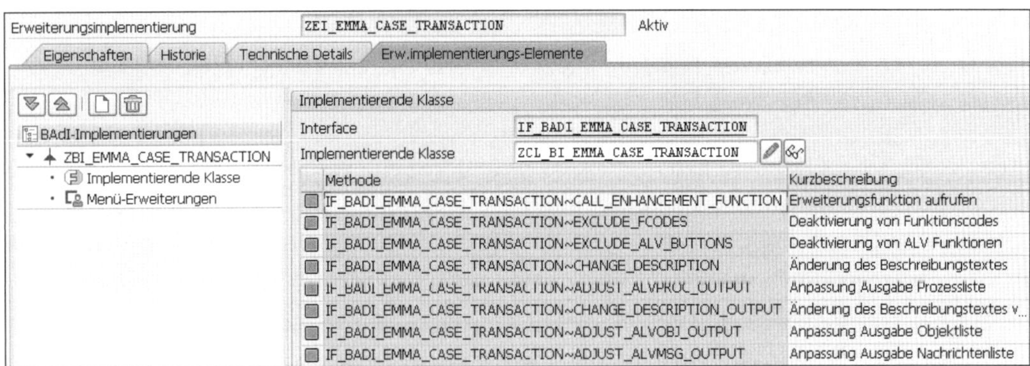

Abbildung 11.36 Für die Menüerweiterungen angebotene Funktionen

Anhand der Kurzbeschreibungen bzw. der Namen der Methoden könnten Sie erraten, dass wir die Methode `CALL_ENHANCEMENT_FUNCTION` benötigen. Verifizieren können Sie dies, indem Sie diese Methode implementieren und einen Breakpoint in der Methode setzen. Anschließend rufen Sie die erweiterte Transaktion auf und klicken dort auf eine der hinzugefügten Funktionen. Handelte es die um richtige Methode, startet der Debugger. Abbildung 11.37 stellt diese Untersuchung im Debugger dar.

Im Debugger ist auf der Registerkarte **Locals** auch zu erkennen, dass im Parameter `IV_UCOMM` der Funktionscode der gedrückten Funktion (hier `+EF1`) mitgegeben wird. Die Methode `CALL_ENHANCEMENT_FUNCTION` wird daher wirklich von allen neuen Funktionen angelaufen (also auch für die Funktionscodes `+EF2` und `+EF3`).

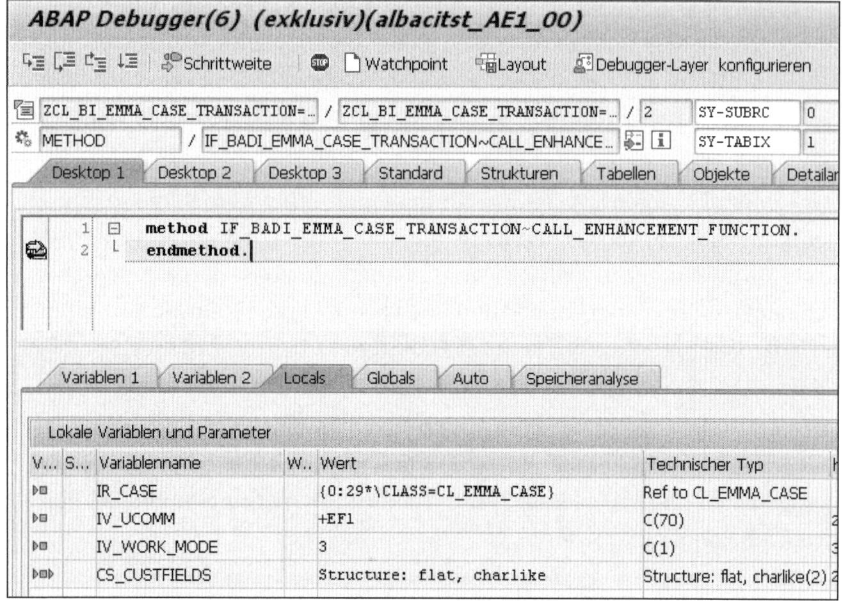

Abbildung 11.37 Die aufgerufene Methode für die Behandlung der Menüerweiterungen

Der Parameter `IV_WORK_MODE` in der Spalte **Variablenname** zeigt hier an, ob man sich im Anlegen-Modus (Wert 1), im Ändern-Modus (Wert 2) oder Anzeigen-Modus (Wert 3) befindet. Der Parameter `IR_CASE` stellt eine Referenz zum Klärungsfall (dem Geschäftsobjekt der in diesem Beispiel erweiterten Transaktion) bereit.

Je nach BAdI kann diese Situation aber komplett anders aussehen. In der Regel findet sich aber eine Methode, die aus dem PAI-Modul des Dynpros aufgerufen wird, und auch der Funktionscode wird immer als Parameter an eine solche Methode übergeben. Diese Methode können Sie nach Ihren Anforderungen implementieren und anschließend die BAdI-Implementierung aktivieren.

11.3.2 Menüerweiterungen finden

Suche über Programmnamen

Menüerweiterungen lassen sich relativ komfortabel über den Namen des Programms finden, das von der Transaktion ausgeführt wird, deren Menü Sie erweitern möchten:

1. Öffnen Sie dazu die Transaktion, die Sie erweitern möchten, z. B. die Transaktion EMMAC3.

2. Klicken Sie unten rechts auf den kleinen nach unten zeigenden Pfeil. Dadurch öffnet sich das in Abbildung 11.38 dargestellte Kontextmenü.

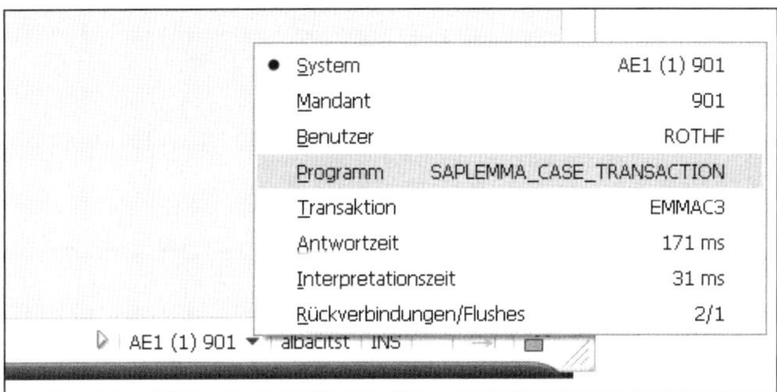

Abbildung 11.38 Herausfinden des hinter der Anzeige liegenden Programms

3. Merken Sie sich den hier angezeigten Namen des Programms, und öffnen Sie Transaktion SE16N (Allgemeine Tabellenanzeige).
4. Tragen Sie hier im Eingabefeld **Tabelle** »BADI_MENU_ELEM« ein sowie in den Selektionskriterien unter **TCode/Programm** das entsprechende Programm (siehe Abbildung 11.39).

Abbildung 11.39 Suche nach Menüerweiterungen in der Tabelle BADI_MENU_ELEM

5. Nach dem Ausführen der Transaktion SE16N werden Ihnen alle in diesem Programm verfügbaren Menüerweiterungen angezeigt (falls welche vorhanden sind). In der ersten Spalte **Name einer BAdI-Definition** steht der Name der BAdI-Definition, mit der Sie die Menüerweiterung implementieren können (siehe Abbildung 11.40).

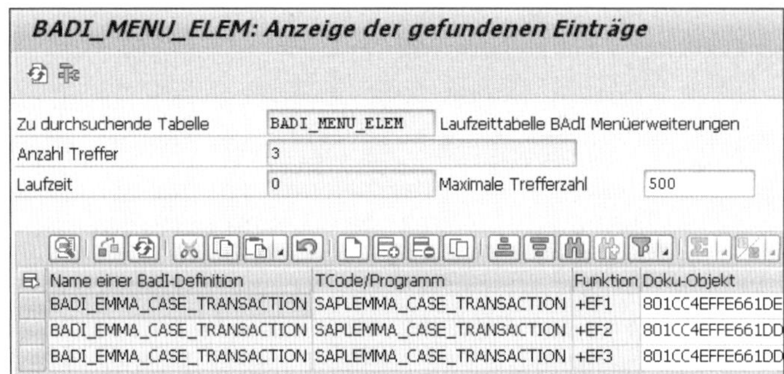

Abbildung 11.40 Anzeige der gefundenen Menüerweiterung in der Tabelle BADI_MENU_ELEM

11.4 Screenerweiterungen

Bei Screenerweiterungen geht es um die Erweiterung der Oberfläche von Standardtransaktionen. Hierbei verwenden Sie immer einen vordefinierten Subscreenbereich auf einem Dynpro innerhalb dieser Standardtransaktionen. In diesen Subscreenbereich können Sie zur Laufzeit ein von Ihnen frei definiertes Dynpro laden.

Screen-erweiterungen anzeigen

Wenn in einer BAdI-Definition Screenerweiterungen definiert wurden, werden Ihnen diese angezeigt, wenn Sie unterhalb der aufgeklappten BAdI-Definition auf den Eintrag **Screen-Erweiterungen** klicken (siehe Abbildung 11.41). In der Liste **Screen-Erweiterungen** wird angegeben, welches Programm (hier SAPLEHS00_BC03) das zu erweiternde Dynpro (hier 1020) enthält und welcher Subscreenbereich (hier SUB_BRCO) sich auf diesem Dynpro befindet. Unter Umständen könnte dieser Subscreenbereich bereits durch einen angegebenen Default-Subscreen vorbelegt sein (in den Spalten **Default**, **TCode/Prog** sowie **Dynr**).

Abbildung 11.41 Eine angebotene Screenerweiterung in einer BAdI-Definition

Implementierungsschritte

Bevor ich Ihnen an einem Beispiel Schritt für Schritt zeige, wie Sie eine solche Screenerweiterung mit einem neuen BAdI implementieren können, möchte ich Ihnen einen Überblick über die benötigten Schritte geben. Die Implementierung einer Screenerweiterung erfolgt innerhalb einer BAdI-Implementierung in zwei Hauptschritten:

1. Zum einen muss der Subscreen angegeben werden, der in den Platzhalterbereich geladen werden soll. Dafür steht im Standardfall ein neuer Knoten **Screen-Erweiterungen** (siehe Abbildung 11.42) unterhalb des Knotens der BAdI-Implementierung zur Verfügung.

Abbildung 11.42 Angabe einer Programms und eines Subscreens für die Screenerweiterung in einer BAdI-Implementierung

2. Zum anderen muss die Logik für den Subscreen in den bereitgestellten Interface-Methoden des BAdIs implementiert werden. Es existieren im Standardfall eine Methode zum Lesen der Daten vom Subscreen und eine Methode zum Setzen der Daten auf dem Subscreen. Diese Methoden heißen jedes Mal unterschiedlich, sind in der Regel aber durch ihre Namen bzw. ihre Kurzbeschreibungen identifizierbar. In Abbildung 11.43 finden Sie ein Beispiel für diese Methoden.

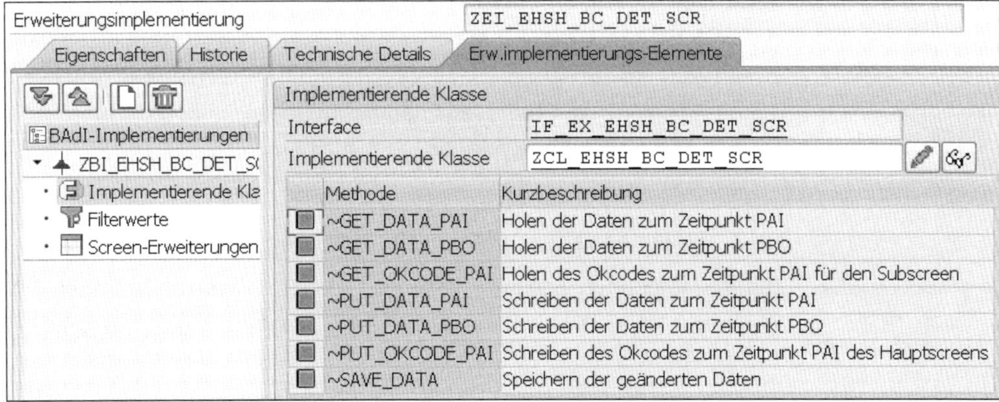

Abbildung 11.43 Angebotene Methoden für die Screenerweiterung

Den Subscreen müssen Sie in einer Funktionsgruppe anlegen. Würden Sie dies in einem Report machen, könnten Sie von außerhalb dieses Reports nicht auf die globalen Daten des Reports zugreifen (die ja die Daten des Dynpros halten). Bei einer Funktionsgruppe ist der Zugriff auf die globalen Daten von außen dagegen einfach: Sie legen zwei Funktionsbausteine an (einen zum Lesen und einen zum Schreiben der globalen Daten) und rufen diese von außen mit der Anweisung `CALL FUNCTION` auf. Auf diese Art und Weise ermöglichen Sie dem BAdI, auf Ihre Funktionsgruppe mit dem Dynpro zuzugreifen, d. h., Daten auf Ihr Dynpro zu übertragen bzw. beim Speichern wieder vom Dynpro auszulesen und entsprechend zu verbuchen.

[»]

Spezialfall programmatische Screenerweiterung

Es kommt sehr häufig vor, dass der Abschnitt **Screen-Erweiterung** in der BAdI-Definition fehlt, aber das BAdI dennoch eine Screenerweiterung anbietet. Ist dies der Fall, existiert eine separate Methode, in der Sie den Subscreen programmatisch zuweisen müssen. Dies ist vor allem häufig bei BAdIs der Fall, mit denen zusätzliche Registerkarten hinzugefügt werden können. In der Tabelle aus Abbildung 11.42 können Sie nur ein Dynpro eintragen, während mit der programmatischen Screenerweiterung über die separate Methode häufig eine ganze Reihe von Dynpros zurückgegeben werden kann.

Die Übertragung der Ein- und Ausgabedaten ist eins der nützlichsten Features von Screenerweiterungen: Es werden die Standardstrukturen der Datenbanktabellen verwendet, die über BAPI-Funktionsbausteine gelesen und geändert werden. Dieselben Strukturen stehen Ihnen innerhalb der Interface-Methoden zur Verfügung. Wenn Sie also ein Feld auf der Datenbank erweitern, bedeutet dies, dass dieses Feld automatisch an das BAdI durchgereicht wird. Befüllt ein Anwender das Feld auf der Benutzeroberfläche mit einem Wert, kümmert sich die erweiterte Transaktion automatisch darum, diesen Wert auf die Datenbank zu speichern. Sie müssen sich also nicht extra um das Speichern der Daten aus den zusätzlichen Felder kümmern Im folgenden Abschnitt zeige ich Ihnen dies an einem Beispiel.

11.4.1 Screenerweiterungen implementieren

Beispiel: Neue Registerkarte mit Eingabefeld

Ziel des folgenden Beispiels ist es, in den Standardtransaktionen VA01, VA02 und VA03 (Kundenauftrag anlegen, bearbeiten und anzeigen) eine neue Registerkarte **Neue Daten** anzuzeigen, wie in Abbildung 11.44 dargestellt. Auf dieser Registerkarte soll das neue Eingabefeld **Zusatz** angezeigt werden. Einträge in dieses zusätzliche Feld sollen beim Speichern zu den Kundenauftragsdaten auf die Datenbank (d.h. in die Datenbanktabelle VBAK) geschrieben und beim Anzeigen eines Auftrags auch wieder von der Datenbank gelesen werden.

Abbildung 11.44 Die durch eine Screenerweiterung erweiterte Oberfläche der Transaktion VA01

Implementierungsschritte

Dazu wird das neue BAdI BADI_SLS_HEAD_SCR_CUS verwendet, das sich im Erweiterungsspot BADI_SD_SALES_BASIC befindet. Die Implementierung dieses BAdIs erfordert zwei wesentliche Schritte:

1. neue Registerkarte mit dem Subscreen hinzufügen
2. Subscreen mit Daten füllen und wieder auslesen

Neue Registerkarte mit Subscreen hinzufügen

Im ersten Hauptschritt müssen Sie die folgenden Schritte durchführen, um eine neue Registerkarte hinzuzufügen:

1. eine Funktionsgruppe anlegen
2. in dieser Funktionsgruppe einen Subscreen anlegen
3. das Layout des Subscreens ausprägen
4. die Erweiterungs- und BAdI-Implementierung anlegen
5. die Methode ACTIVATE_TAB_PAGE implementieren

Funktionsgruppe anlegen

Legen Sie als Erstes über die Transaktion SE80 eine neue Funktionsgruppe an. Wählen Sie hierzu im Auswahlmenü den Objekttyp **Funktionsgruppe** aus, und tragen Sie in dem sich darunter befindenden Eingabefeld einen Namen für die Funktionsgruppe ein (siehe Abbildung 11.45). Vergessen Sie nicht, Ihre Funktionsgruppe anschließend zu aktivieren ().

Abbildung 11.45 Funktionsgruppe in der Transaktion SE80 anlegen

Subscreen anlegen

Legen Sie innerhalb der Funktionsgruppe ein neues Dynpro an. Klicken Sie hierzu in der Baumstruktur mit der rechten Maustaste auf den Ordner der Funktionsgruppe, und wählen Sie im Kontextmenü den Eintrag **Anlegen • Dynpro**. Vergeben Sie eine Nummer für das neue Dynpro, z. B. die Nummer 2000.

In den **Eigenschaften** des Dynpros (siehe Abbildung 11.46) müssen Sie nun eine **Kurzbeschreibung** eingeben und als **Dynprotyp** dann **Subscreen** auswählen.

Abbildung 11.46 Definition des Dynpros als Subscreen

Layout des Subscreens ausprägen

Wechseln Sie über die Schaltfläche **Layout** in der Funktionsleiste in den Screen Painter. Legen Sie hier ein Eingabefeld mit dem technischen Namen »ZZUSATZ« an. Klicken Sie dazu in der Symbolleiste auf der linken Seite auf das Symbol für ein Eingabefeld (), und ziehen Sie es auf die Oberfläche. Fügen Sie außerdem wie in Abbildung 11.47 ein Label () hinzu, um das Feld zu beschreiben. Es empfiehlt sich, die Eigenschaft **Groß- und Kleinschreibung** für das Eingabefeld zu aktivieren, da sonst die Eingaben der Anwender immer in Großbuchstaben konvertiert werden. **Aktivieren** () Sie abschließend Ihr Dynpro.

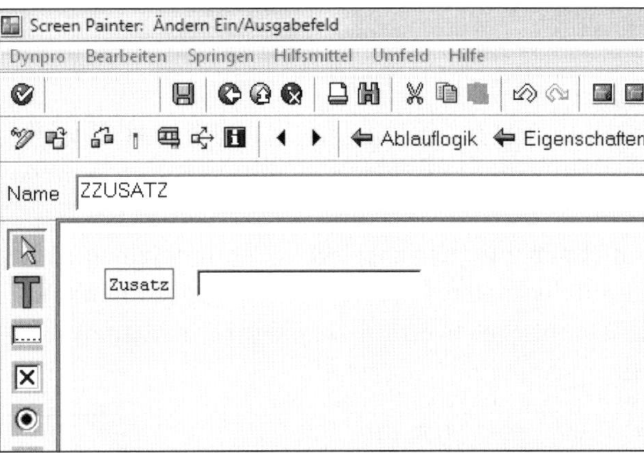

Abbildung 11.47 Layout des Subscreens ausprägen

11

[!]

Größe des Subscreens

Definieren Sie die Oberfläche des Dynpros nicht größer, als Sie diese zur Anzeige des Eingabefeldes benötigen. Wenn das Dynpro in den Subscreenbereich der Standardtransaktion geladen wird, muss es von der Größe her passen. Ansonsten kann es passieren, dass es Ihnen nicht angezeigt wird (der Grund dafür lässt sich dann nur schwerlich im Debugger herausfinden).

Erweiterungs- und BAdI-Implementierung anlegen

Legen Sie als Nächstes zu der BAdI-Definition eine Erweiterungs- und eine BAdI-Implementierung an. Gehen Sie dazu vor, wie in Abschnitt 11.1, »Quelltexterweiterungen«, beschrieben. Orientieren Sie sich bei der Benennung der Implementierungen an Abbildung 11.48 und Abbildung 11.49. Bestätigen Sie abschließend beide Pop-up-Fenster mit **Weiter** ().

Erweiterungsimplementierung anlegen

Erweiterungsimplementierung	ZEI_BADI_SLS_HEAD_SCR_CUS
Kurztext	Neue Registerkarte "Neue Daten"
Zusammengesetzte Erweiterungsimplementierung	

Abbildung 11.48 Anlage einer neuen Erweiterungsimplementierung

Abbildung 11.49 Anlage einer neuen BAdI-Definition

Methoden implementieren

Klicken Sie danach innerhalb Ihrer neu angelegten BAdI-Implementierung in der Baumstruktur auf der linken Seite doppelt auf den Knoten **Implementierende Klasse**. Dadurch gelangen zur Liste der zu implementierenden Methoden, die Sie in Abbildung 11.50 sehen.

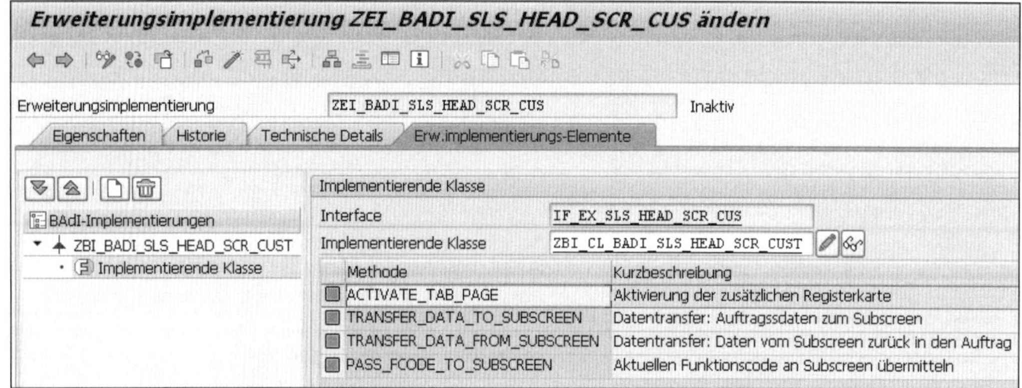

Abbildung 11.50 Implementieren aller Interface-Methoden in der BAdI-Implementierung

Implementieren Sie hier jede Methode per Doppelklick auf ihren Namen. Bestätigen Sie die Frage, ob die Methode implementiert werden soll, jeweils mit **Ja**.

Die Aufrufe dieser Methoden befinden sich tief in dem Quellcode der SAP-Programme und sorgen bei der richtigen Implementierung dafür, dass die neue Registerkarte und der Subscreen angezeigt werden und dass Daten von und zum Subscreen gelangen. Die Beschreibungen der Methode vermitteln bereits ein ziemlich klares Bild davon, welche Methode für welchen Schritt verantwortlich ist.

Methode ACTIVATE_TAB_PAGE

Ihnen wird vielleicht aufgefallen sein, dass im BAdI selbst keine Screenerweiterung implementiert ist (es existiert dafür kein Knoten innerhalb der BAdI-Definition). Wie am Anfang dieses Abschnitts beschrieben, muss Ihr einzubettender Subscreen daher programmatisch über eine Methode angegeben werden. Hintergrund ist, dass über diese Methode (die eine interne Tabelle als Rückgabe bereitstellt) mehrere Registerkarten aktiviert werden können, während über die Eingabe unterhalb des Knotens **Screen-Erweiterung** immer nur ein Subscreen angegeben werden kann.

Gehen Sie wie folgt vor, um diese Methode zu implementieren:

1. Klicken Sie doppelt auf die in Abbildung 11.50 gezeigte Methode `ACTIVATE_TAB_PAGE`, um sie im ABAP Editor aufzurufen.
2. Fügen Sie den in Listing 11.2 gezeigten Quellcode ein. Als Wert des Parameters `HEAD_PROGRAM` müssen Sie den Namen des Rahmenprogramms Ihrer Funktionsgruppe angeben. Dieser setzt sich wie folgt zusammen:

   ```
   SAPL< Name Ihrer Funktionsgruppe>
   ```

   In diesem Beispiel heißt das Rahmenprogramm `SAPLZMEIN_TABINHALT`, da die Funktionsgruppe `ZMEIN_TABINHALT` heißt.
3. Als Wert für den Parameter `HEAD_DYNPRO` geben Sie die Nummer Ihres Dynpros (hier 2000) an. Den Namen der Registerkarte als Wert des Parameters `HEAD_CAPTION` können Sie frei wählen.

   ```
   METHOD if_ex_sls_head_scr_cus~activate_tab_page.
     DATA: ls_cus_head TYPE sales_cust_tabe_page.
     ls_cus_head-head_caption = 'Neue Daten'.
     ls_cus_head-head_dynpro  = '2000'.
     ls_cus_head-head_program = 'SAPLZMEIN_TABINHALT'.
     APPEND ls_cus_head TO ct_cus_head_tab.
   ```

   Listing 11.2 Aktivieren einer neuen Registerkarte
4. **Aktivieren** (Symbol) Sie die Methode, und wechseln Sie anschließend über die Navigationsfunktion (Symbol) zurück in den BAdI-Builder.
5. **Aktivieren** (Symbol) Sie dort auch die Erweiterungsimplementierung.

Neue Registerkarte testen

Damit ist die neue Registerkarte **Neue Daten** bereits aktiviert. Um deren Funktionsweise zu überprüfen, können Sie in die Transaktion VA03 wechseln und sich einen bestehenden Auftrag anzeigen lassen. Über die Schaltfläche **Details zum Belegkopf anzeigen** (Symbol), die Sie in Abbildung 11.51 neben dem Bestelldatum sehen können, können Sie zu den Kopfdaten des Auftrags navigieren.

Abbildung 11.51 Die Transaktion VA03

Dort sollten Sie nun wie in Abbildung 11.44 die neue Registerkarte **Neue Daten** sehen. Damit haben Sie den ersten Hauptschritt erfolgreich abgeschlossen.

Subscreen mit Daten füllen und wieder auslesen

Im zweiten Hauptschritt können Sie sich jetzt noch um das Befüllen des auf der Registerkarte angezeigten Feldes kümmern. Dieses Feld ist beim Laden der Registerkarte aktuell leer. Auch wenn Sie in dieses Feld einen Wert eintragen und diesen anschließend speichern, wird dieser Wert nicht gespeichert.

Um dies zu ändern, müssen Sie die folgenden Teilschritte ausführen:

1. die Struktur der Tabelle VBAK um ein Feld ZZUSATZ erweitern
2. ein globales Feld in der Funktionsgruppe anlegen (dessen Name dem des Feldes auf dem Dynpro entspricht)
3. zwei Funktionsbausteine anlegen (zum Lesen und Schreiben des globalen Feldes)
4. die Datenversorgung im BAdI durch Aufrufe der Funktionsbausteine implementieren

Struktur der Tabelle VBAK erweitern

Legen Sie als Erstes in der Transaktion SE11 eine Append-Struktur für die Tabelle VBAK an, und tragen Sie in dieser Append-Struktur ein neues Feld ZZUSATZ von Typ CHAR10 ein. Wie Sie eine Append-Struktur anlegen, habe ich in Abschnitt 2.1, »Strukturerweiterungen«, beschrieben. Die Umsetzung dieser Erweiterung können Sie in Abbildung 11.52 sehen.

Die Erweiterung der Datenbanktabelle sorgt dafür, dass das neue Feld über die Standardschnittstelle verarbeitet wird. Wenn Sie dieses Feld also später füllen und den Auftrag speichern, wird der Inhalt dieses Feldes an die Datenbank übertragen und beim Auslesen der Daten auch wieder gelesen.

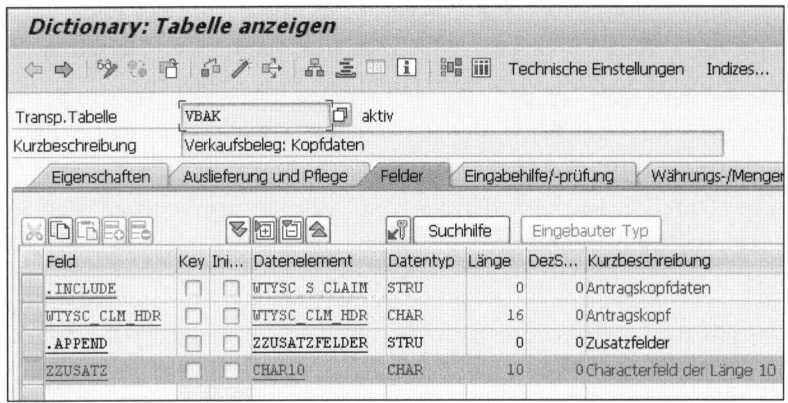

Abbildung 11.52 Die um ein neues Feld erweiterte Tabelle VBAK

11

Dies ist möglich, weil die Parameter der Interface-Methoden des BAdIs auf die Struktur VBAK zurückgreifen. Dies betrifft den Parameter IS_VBAK in der Methode TRANSFER_DATA_TO_SUBSCREEN und den Parameter CS_VBAK in der Methode TRANSFER_DATA_FROM_SUBSCREEN.

Globales Feld in der Funktionsgruppe anlegen

Wechseln Sie in Ihrer Funktionsgruppe in das Top-Include (das Include mit der Endung TOP). Legen Sie hier, wie in Abbildung 11.53 gezeigt, ein globales Feld (Variable) ZZUSATZ vom Typ VBAK-ZZUSATZ an, also jenes Feld, um das Sie gerade die Datenbanktabelle VBAK erweitert haben.

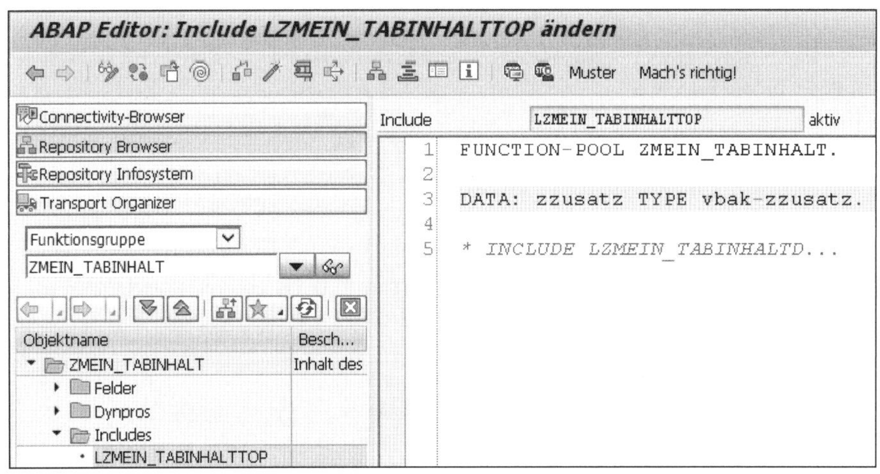

Abbildung 11.53 Anlage einer globalen Variablen für das Eingabefeld

Der Name des Feldes muss exakt dem Namen des Feldes auf dem Dynpro entsprechen. Nur so wird eine Schnittstelle zwischen dem Dynpro-Feld und dem globalen Feld hergestellt. Wenn Sie also einen Wert in das Dynpro-Feld eintragen, wird die Eingabe automatisch in das globale Feld geschrieben.

Zwei Funktionsbausteine anlegen

Damit dieses neu angelegte globale Feld im Top-Include der Funktionsgruppe von außen mit Daten befüllt werden kann, müssen Sie nun zwei Funktionsbausteine innerhalb Ihrer Funktionsgruppe anlegen:

- einen Funktionsbaustein, der die Daten aus dem globalen Feld ausliest und an den Aufrufer zurückgibt
- einen Funktionsbaustein, der den vom Aufrufer übergebenen Wert in das globale Feld schreibt

Diese Funktionsbausteine werden später aus der BAdI-Implementierung aufgerufen und stellen sicher, dass der Subscreen mit Daten versorgt wird. Dies funktioniert aufgrund der Mechanik, dass eine Funktionsgruppe übergreifend Daten für die enthaltenen Funktionsbausteine speichern kann und dass diese auch nach der Ausführung eines Funktionsbausteins innerhalb einer Ausführung erhalten bleiben. Die Instanz der Funktionsgruppe bleibt also an die gerade ausgeführte Transaktion gebunden.

Einen Funktionsbaustein können Sie innerhalb der Funktionsgruppe anlegen, indem Sie mit der rechten Maustaste auf den Namen Ihrer Funktionsgruppe klicken und anschließend im Kontextmenü **Anlegen • Funktionsbaustein** wählen, wie in Abbildung 11.54 gezeigt.

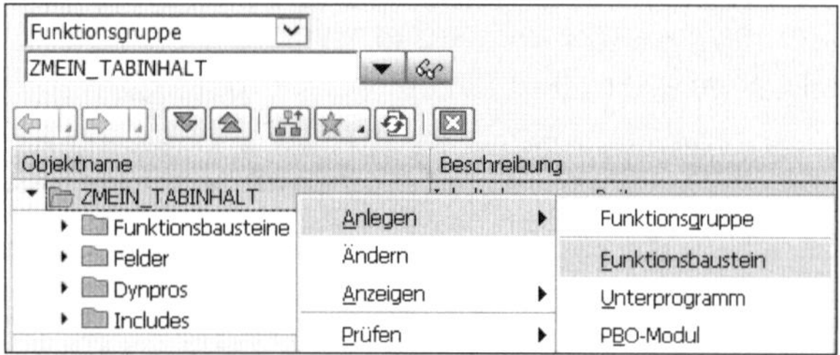

Abbildung 11.54 Neuen Funktionsbaustein anlegen

Lesender Funktionsbaustein

Legen Sie den ersten Funktionsbaustein mit dem im Kommentar angegebenen Importparameter `IV_ZZUSATZ` vom Typ `VBAK-ZZUSATZ`, wie in Abbildung 11.55 gezeigt, an.

Funktionsbaustein ZVA_TRANSFER_FROM_SUBSCREEN aktiv

Eigenschaften | Import | Export | Changing | Tabellen | Ausnahmen | Quelltext

```
FUNCTION ZVA_TRANSFER_FROM_SUBSCREEN.
*"----------------------------------------------------------------------
*"*"Lokale Schnittstelle:
*"  EXPORTING
*"     VALUE(EV_ZZUSATZ) TYPE  VBAK-ZZUSATZ
*"----------------------------------------------------------------------

  ev_zzusatz = zzusatz.

ENDFUNCTION.
```

Abbildung 11.55 Auslesenden Funktionsbaustein ausprägen

Schreibender Funktionsbaustein

Legen Sie den zweiten Funktionsbaustein mit dem im Kommentar angegebenen Parameter EV_ZZUSATZ vom Typ VBAK-ZZUSATZ, wie in Abbildung 11.56 gezeigt, an.

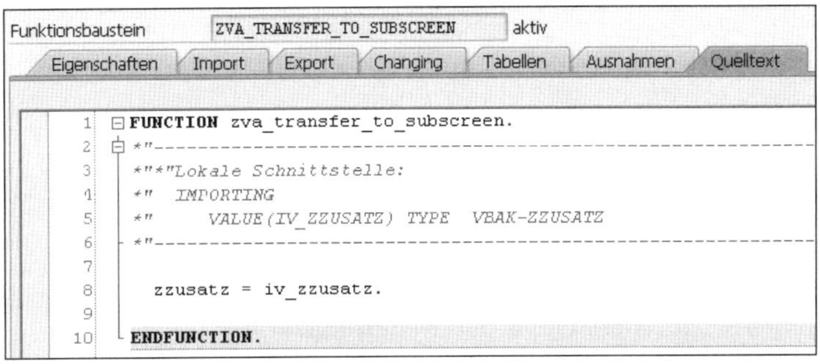

Funktionsbaustein ZVA_TRANSFER_TO_SUBSCREEN aktiv

Eigenschaften | Import | Export | Changing | Tabellen | Ausnahmen | Quelltext

```
FUNCTION zva_transfer_to_subscreen.
*"----------------------------------------------------------------------
*"*"Lokale Schnittstelle:
*"  IMPORTING
*"     VALUE(IV_ZZUSATZ) TYPE  VBAK-ZZUSATZ
*"----------------------------------------------------------------------

  zzusatz = iv_zzusatz.

ENDFUNCTION.
```

Abbildung 11.56 Ausprägung des schreibenden Funktionsbausteins

Aktivieren () Sie beide Funktionsbausteine abschließend. Die so angelegten Funktionsbausteine können nun innerhalb der BAdI-Methoden aufgerufen werden.

Datenversorgung im BAdI implementieren

Um nun die Datenversorgung im BAdI zu implementieren, wechseln Sie zurück zu Ihrer BAdI-Implementierung. Falls Sie diese nicht mehr geöffnet haben, können Sie sie auf einem der folgenden Wege erneut aufrufen:

- Tragen Sie den Namen des BAdIs »BADI_SLS_HEAD_SCR_CUS« in Transaktion SE18 in das Feld **BAdI-Name** ein, und klicken Sie auf **Anzeigen**.
- Geben Sie den Namen Ihrer Erweiterungsimplementierung (hier »ZEI_BADI_SLS_HEAD_SCR_CUS«) in Transaktion SE19 in das Feld **Erweiterungsimplementierung** unter der Option **Neues BAdI** an, und klicken Sie anschließend auf **Anzeigen**.

Methoden implementieren

Wechseln Sie dann innerhalb der BAdI-Implementierung in die implementierende Klasse, und implementieren Sie hier die Methode TRANSFER_DATA_TO_SUBSCREEN, wie in Abbildung 11.57 gezeigt.

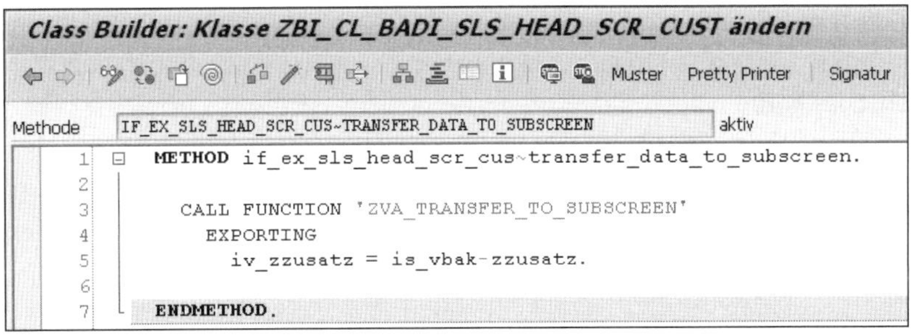

Class Builder: Klasse ZBI_CL_BADI_SLS_HEAD_SCR_CUST ändern

Muster | Pretty Printer | Signatur

Methode IF_EX_SLS_HEAD_SCR_CUS~TRANSFER_DATA_TO_SUBSCREEN aktiv

```
METHOD if_ex_sls_head_scr_cus~transfer_data_to_subscreen.

  CALL FUNCTION 'ZVA_TRANSFER_TO_SUBSCREEN'
    EXPORTING
      iv_zzusatz = is_vbak-zzusatz.

ENDMETHOD.
```

Abbildung 11.57 Aufruf des schreibenden Funktionsbausteins in der BAdI-Methode

Implementieren Sie außerdem die Methode TRANSFER_DATA_FROM_SUBSCREEN, wie in Abbildung 11.58 gezeigt.

```
Methode  IF_EX_SLS_HEAD_SCR_CUS~TRANSFER_DATA_FROM_SUBSCREEN  aktiv

METHOD if_ex_sls_head_scr_cus~transfer_data_from_subscreen.

  CALL FUNCTION 'ZVA_TRANSFER_FROM_SUBSCREEN'
    IMPORTING
      ev_zzusatz = cs_vbak-zzusatz.

ENDMETHOD.
```

Abbildung 11.58 Aufruf des lesenden Funktionsbausteins in der BAdI-Methode

Aktivieren Sie anschließend Ihre Erweiterungsimplementierung.

Datenversorgung testen

Öffnen Sie nun die Transaktion VA02 (Kundenauftrag ändern), und gehen Sie über **Details zum Auftragskopf anzeigen** in die Kopfdaten des Auftrags (wie in Abbildung 11.44). Füllen Sie das zusätzliche Feld mit einem Wert, und speichern Sie den Auftrag. Der Wert wird nun auf der Datenbank gespeichert und beim nächsten Laden des Auftrags wieder von der Datenbank geladen und angezeigt.

Änderbarkeit des neuen Feldes

In einem nächsten Schritt müssen Sie sich nun noch darum kümmern, dass das neue Feld in der Anzeige-Transaktion VA03 nicht änderbar ist. Dies können Sie erreichen, indem Sie Ihren Funktionsbaustein ZVA_TRANSFER_TO_SUBSCREEN mit dem Code aus Listing 11.3 erweitern und den Wert IS_T180-AKTYP übergeben.

```
CALL FUNCTION 'ZVA_TRANSFER_TO_SUBSCREEN'
  EXPORTING
   iv_aktyp   = is_t180-aktyp
   iv_zzusatz = is_vbak-zzusatz.
```

Listing 11.3 Erweiterter Aufruf des schreibenden Funktionsbausteins

Ist der Wert dieses Feldes AKTYP = 'A', befinden Sie sich im Anzeigemodus. In diesem Fall müssen Sie sich im PBO-Modul des Dynpros 2000 darum kümmern, dass alle Eingabefelder auf »nicht eingabebereit« gestellt werden. Dies können Sie mit den Anweisungen aus Listing 11.4 erreichen.

```
MODULE status_2000 OUTPUT.
  IF gv_aktyp = 'A'.
    LOOP AT SCREEN.
      screen-input = 0.
      MODIFY SCREEN.
```

```
    ENDLOOP.
  ENDIF.
ENDMODULE.
```

Listing 11.4 Steuerung der Eingabefähigkeit des Feldes, abhängig vom Modus

Damit haben Sie erfolgreich eine Screenerweiterung mithilfe eines neuen BAdIs durchgeführt.

11.4.2 Screenerweiterungen finden

Wie Sie Screenerweiterungen finden können, hängt davon ab, ob für die Screenerweiterung nur Methoden (wie in dem hier vorgestelltem Beispiel) verwendet wurden oder ob die Screenerweiterung in die SCREEN-Liste des BAdIs eingetragen wurde. Im ersten Fall ist es sehr schwierig, die zugehörigen BAdIs herauszufinden, das ist fast ausschließlich über eine Recherche möglich. Ansatzpunkte wären hier beispielsweise SAP-Hinweise. Im System selbst könnten Sie höchstens nach den Namen bzw. der Kurzbeschreibung der BAdIs suchen. Nutzen Sie hierfür die [F4]-Hilfe der Transaktion SE18.

Suche in Transaktion SE18

Abbildung 11.59 zeigt die Suche in Transaktion SE18 am Beispiel des BAdI-Namensbestandteils »*SCR*«, der oft andeutet, dass es sich um eine Screenerweiterung handelt.

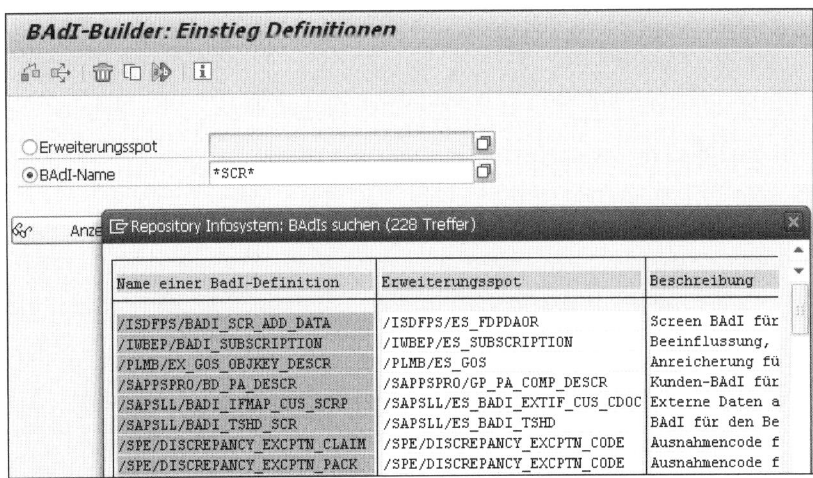

Abbildung 11.59 Suche nach Screenerweiterungen über den BAdI-Builder

Suche über die Kurzbeschreibung

Das im vorangehenden Abschnitt als Beispiel verwendete BAdI BADI_SLS_HEAD_SCR_CUS wäre bei dieser Suche aber beispielsweise nicht in der Ergebnismenge enthalten. Es wäre jedoch über den Begriff »Screen« in der Kurzbeschreibung zu finden. Abbildung 11.60 zeigt die entsprechende Eingabe. Klicken Sie im Ergebnis der zuvor gezeigten [F4]-Hilfe auf die Schaltfläche **Neue Selektion**, um diese Suchmaske aufzurufen. Ein weiterer Suchbegriff für die Kurzbeschreibung wäre beispielsweise »Bilderweiterung«.

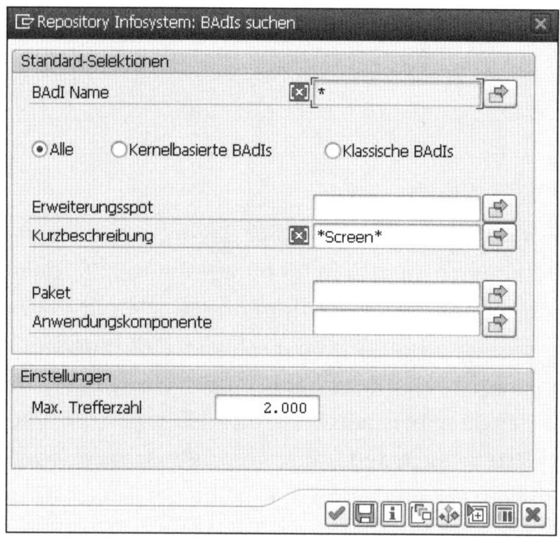

Abbildung 11.60 Selektion von Screenerweiterungen anhand der Kurzbeschreibung

Tabelle BADI_SCREEN_DEF

Im zweiten Fall, der Standarddefinition der Screenerweiterung im BAdI, ist es dagegen wie bei Menüerweiterungen relativ einfach, die Erweiterung zu finden. Die Tabelle `BADI_SCREEN_DEF` enthält alle in BAdIs definierten Screenerweiterungen. Abbildung 11.61 stellt diese Tabelle dar.

Data Browser: Tabelle BADI_SCREEN_DEF 200 Treffer

Tabelle: BADI_SCREEN_DEF
Angezeigte Felder: 8 von 8 Feststehende Führungsspalten: 4 Listbreite 0250

BADI_NAME	SCR_A_PROG	SCR_A_NUM	SCR_A_SSCR
/CFMFND/BADI_CHGREQ_CUST	/CFMFND/SAPLMDS_CUST	0100	TYPE_CUSTOMIZING
/ISDFPS/BADI_PM_SHLP_WC_WEGID	/ISDFPS/SAPLSHLP_WC_ORG	0100	SBD01
/ISDFPS/BADI_PM_SHLP_WC_WEG_O	/ISDFPS/SAPLSHLP_WC_ORG	0100	SBD02
/ISDFPS/BADI_SCR_ADD_DATA	/ISDFPS/SAPLFDPDAOR	0100	SUB_CUST
/MRSS/SGU_ASSIGNMENT_UI	/MRSS/SG_PLBOARD_MAIN	2641	CUSTOMER_SCREEN
/MRSS/SGU_DEMAND_UI	/MRSS/SG_PLBOARD_MAIN	8400	CUSTOMER_SCREEN
/SAPSLL/BADI_TSHD_SCR	/SAPSLL/SAPLTSHD_IFACE	0101	SUB_CUST_TSHD
BADI_BKK_PRENOTE_DATA	SAPLBKK_PRENOTE_UI	2000	SUB_CUST
BADI_CML_CHN_SCR_ENH	SAPMF67F	0200	PROC_ID
BADI_CML_CHN_SCR_ENH	SAPMF67P	0200	PROC_ID
BADI_CML_CHN_SCR_ENH_ADVPAY_OP	SAPLFVD_REPAY_UI	3000	DUEDATE_ADJ
BADI_CML_CHN_SCR_ENH_BATCH_PAY	SAPLFVD_LOAN_UI	0100	COPY_ACCT

Abbildung 11.61 Suche nach Screenerweiterungen über den Programmnamen in der Tabelle BADI_SCREEN_DEF

Hier können Sie über den Namen des Programms in der Spalte **SCR_A_PROG** nachschauen, ob ein BAdI (Spalte **BADI_NAME**) existiert, das eine Screenerweiterung für das betreffende Programm bereitstellt. Existiert für Ihr Programm kein Eintrag, existiert dazu auch kein BAdI, das eine Screenerweiterung auf diesem Weg definiert.

11.5 Migration klassischer BAdIs

Migrationsschritte

Wenn Sie eigene klassische BAdIs für Ihre Anwendungen bereitgestellt haben, erfolgt deren Migration in ein neues BAdI in zwei Schritten:

1. **Partielle Migration**
   Es erfolgt eine automatische Anlage eines neuen BAdIs und Übernahme aller möglichen Eigenschaften und Bestandteile aus dem klassischen BAdI.
2. **Vollständige Migration**
   Das klassische BAdI wird gelöscht, und alle relevanten Quelltextstellen werden manuell an die neuen Befehle angepasst. Dieser Schritt ist optional und wird nur benötigt, wenn alle Vorteile der neuen BAdIs verwendet werden sollen.

Migration nur im originalen Entwicklungssystem

Die Migration von klassischen BAdIs ist nur in dem Entwicklungssystem möglich, in dem das BAdI ursprünglich entwickelt und von dem aus es in die anderen Systeme der Systemlandschaft transportiert wurde.

11.5.1 Partielle Migration

Bei der partiellen Migration wird ein neues BAdI aus dem klassischen BAdI angelegt. Alle Eigenschaften sowie Screen- und Menüerweiterungen werden dabei automatisch in das neue BAdI übernommen. Zusätzlich wird das Interface `IF_BADI_INTERFACE` in das BAdI-Interface des klassischen BAdIs aufgenommen. Dies wird für das neue BAdI nämlich nicht neu angelegt, sondern wiederverwendet. Nach der partiellen Migration greifen also sowohl das neue als auch das klassische BAdI auf dasselbe Interface zurück.

Beispiel: eigenes BAdI migrieren

Die Migration demonstriere ich hier anhand des kundeneigenen klassischen BAdIs `ZFR_MEIN_KL_BADI`. Dieses BAdI hat lediglich eine Methode `MEINE_BADI_METHODE` mit der folgenden Implementierung:

```
WRITE: / 'Impl. Des BAdIs'.
```

Der Aufruf des BAdIs aus einem Report erfolgt wie in Listing 11.5.

```
DATA: lo_kl_badi TYPE REF TO zif_ex_fr_mein_kl_badi.
cl_exithandler=>get_instance(
  EXPORTING
    exit_name = 'ZFR_MEIN_KL_BADI'
  CHANGING
    instance  = lo_kl_badi
  EXCEPTIONS
    OTHERS    = 0
).
IF lo_kl_badi IS BOUND.
  lo_kl_badi->meine_badi_methode( ).
ENDIF.
```

Listing 11.5 Aufruf eines klassischen BAdIs

Migration durchführen

Die partielle Migration eines klassischen BAdIs führen Sie in Transaktion SE18 durch:

1. Geben Sie hierzu den Namen des klassischen BAdIs an (hier »ZFR_MEIN_KL_BADI«), und wählen Sie anschließend den Pfad **Hilfsmittel • Migrieren klassischer BAdI** im Hauptmenü, wie in Abbildung 11.62 gezeigt.

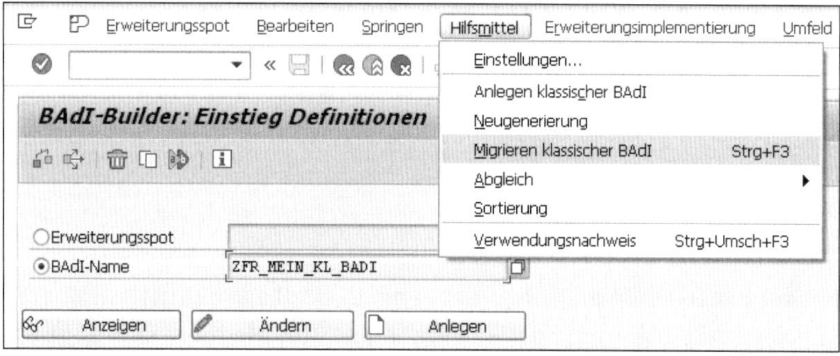

Abbildung 11.62 Automatische Migration eines klassischen BAdIs starten

2. Geben Sie anschließend einen Namen für den anzulegenden **Erweiterungsspot**, einen **Kurztext** sowie einen Namen für das neue BAdI ein (siehe Abbildung 11.63). Bestätigen Sie diese Eingaben mit **Weiter** (✔).
3. Es kann sein, dass Ihnen folgende Meldung angezeigt wird:

   »Implementierung ZFR_BI_MEIN_KL_BADI wird migriert«

   Diese erfolgt immer dann, wenn bereits eine Implementierung für das klassische BAdI existiert. Existiert keine Implementierung, wird nur die BAdI-Definition migriert.

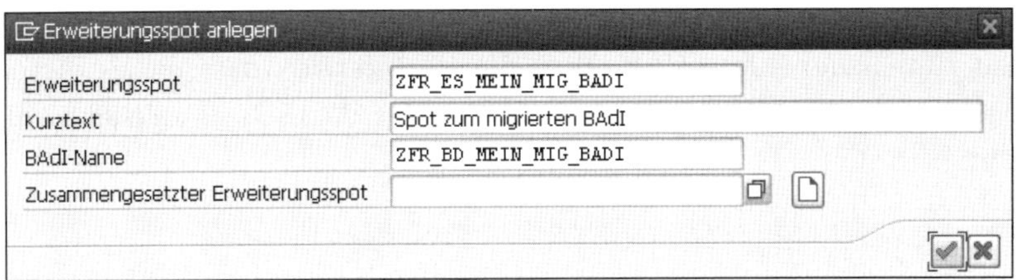

Abbildung 11.63 Neuen Erweiterungsspot für das migrierte BAdI anlegen

4. Vergeben Sie einen Namen und einen **Kurztext** für die **Erweiterungsimplementierung**, die anstelle der bisher bestehenden klassischen BAdI-Implementierung angelegt werden muss (siehe Abbildung 11.64). Bestätigen Sie Ihre Eingabe mit **Weiter** (✔).

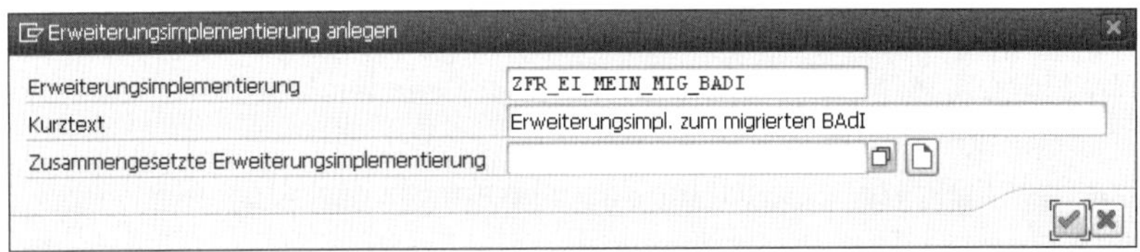

Abbildung 11.64 Neue Erweiterungsimplementierung anlegen

Anzeige des migrierten BAdIs

In der Definition des klassischen BAdIs wird nun im Bereich **Typ** im Feld **BAdI migriert in Enhancement Spot** der neu angelegte Erweiterungsspot angezeigt (siehe Abbildung 11.65).

BAdI-Builder: Anzeigen Definition ZFR_MEIN_KL_BADI3
Dokumentation
Definitionsname ZFR_MEIN_KL_BADI3
Kurztext zur Definition Mein klassischer BAdI
Eigenschaften Interface
Allgemeine Daten
Paket $TMP Letzter Änderer ROTH
Sprache DE Deutsch Änderung am 27.08.2018 15:44
Name der generierten BAdI-Klasse ZCL_EX_FR_MEIN_KL_BADI3
Typ
SAP-intern BAdI migriert in Enhancement Spot ZFR_ES_MEIN_MIG_BADI
Mehrfach nutzbar
filterabhängig Filtertyp erweiterbar

Abbildung 11.65 Anzeige des klassischen BAdIs

Durch einen Doppelklick auf den Namen des Erweiterungsspots gelangen Sie zum neuen BAdI. Hier sehen Sie im Interface, dass dieses dieselbe Methode MEINE_BADI_METHODE anbietet wie das klassische BAdI (siehe Abbildung 11.66).

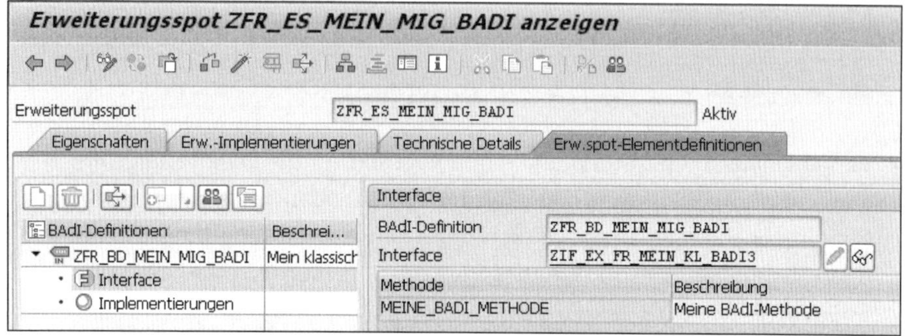

Abbildung 11.66 Anzeige der migrierten BAdI-Definition

Das liegt daran, dass es sich um dasselbe Interface handelt (hier ZIF_EX_FR_MEIN_KL_BADI). Auch die implementierende Klasse (hier ZCL_IM_FR_BI_MEIN_KL_BADI) ist dieselbe wie im klassischen BAdI. Sowohl die Methoden als auch die Implementierungen dieser Methoden wurden übernommen. Abbildung 11.67 zeigt die migrierte Erweiterungsimplementierung, die auf dieselbe implementierende Klasse zeigt wie beim klassischen BAdI.

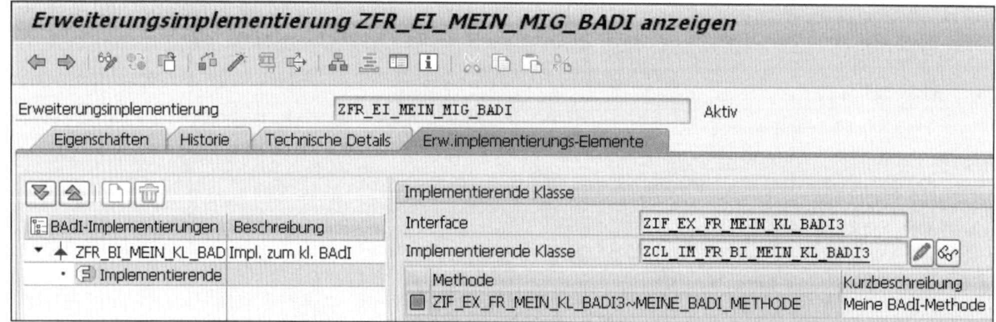

Abbildung 11.67 Anzeige der migrierten Erweiterungsimplementierung

Eigenschaften des neuen BAdIs

Zusätzlich wurde zu diesem Interface das Tag-Interface IF_BADI_INTERFACE hinzugefügt, das die Voraussetzung für ein neues BAdI-Interface darstellt. In den **Eigenschaften** des BAdIs werden Sie außerdem feststellen, dass die Eigenschaft **Kontext-abhängige Instanziierung** ausgewählt ist. Diese Eigenschaft bedeutet, dass bei einem Aufruf der Anweisung GET BADI nicht jedes Mal eine neue Instanz des BAdIs erzeugt wird. Stattdessen steuert ein *Kon-*

text (d. h. eine Instanz einer Klasse, die das Interface IF_BADI_CONTEXT implementiert) die Instanziierung. Pro Implementierung und Kontext wird genau eine Instanz erzeugt, die bei einem Aufruf der Anweisung GET BADI (mit demselben Kontext) wiederverwendet wird. Diese Eigenschaft wird automatisch ausgewählt, unabhängig davon, wie Sie das klassische BAdI ursprünglich definiert hatten. Wenn Sie eine normale Instanziierung (d. h. jedes Mal eine neue Instanz) wünschen, können Sie diese Eigenschaft abwählen.

[!]

Änderungen am neu generierten BAdI

Nach der partiellen Migration des klassischen BAdIs dürfen Sie das neue BAdI nicht ändern, solange das klassische BAdI weiterhin existiert. Bei jeder Änderung am klassischen BAdI wird das generierte neue BAdI automatisch mit geändert, aber nicht andersherum. Auch wenn die vollständige Migration optional ist, sollten Sie diesen Schritt daher dennoch durchführen, um anschließend das klassische BAdI löschen zu können.

Filterdefinitionen übernehmen

Die Definition der Filter (sowie die Filterbedingungen der Implementierungen) müssen Sie dagegen manuell in das neue BAdI übernehmen. Hier empfiehlt es sich, aus der Filterstruktur des klassischen BAdIs jeweils einzelne Filter anzulegen. Pro Feld in der Struktur definieren Sie also einen neuen Filter. Verwenden Sie als Namen für die neuen Filter am besten die Namen der Komponenten sowie als Filtertyp den Typ **C**.

Transport in Folgesystem

Zu Beginn dieses Abschnitts habe ich darauf hingewiesen, dass die Migration des BAdIs nur im Entwicklungssystem stattfindet. Wenn Sie nun also das migrierte BAdI in ein Folgesystem transportieren (in dem das BAdI in der Regel erst implementiert wird), muss in diesem System ein Abgleich über die Transaktion SPAU stattfinden. In diesem Fall werden Sie im Protokoll des Transportauftrags eine Meldung mit der Nummer 6 finden. Sie müssen dann die BAdI-Implementierungen entsprechend anpassen.

11.5.2 Vollständige Migration

Im nächsten Schritt der Migration geht es darum, dafür zu sorgen, dass Sie das klassische BAdI über die Startoberfläche der Transaktion SE18 löschen können. Dies wiederum führt dazu, dass alle im Quelltext vorhandenen Aufrufstellen geändert werden müssen, da der Aufruf CL_EXITHANDLER=>GET_INSTANCE sowie die folgenden Aufrufe der BAdI-Methoden nicht automatisch umgesetzt werden.

Aufrufstellen anpassen

Der Code aus Listing 11.5 des vorigen Abschnitts müsste daher durch den Quelltext aus Listing 11.6 ersetzt werden. Da die Eigenschaft **Kontextabhängige Instanziierung** im BAdI gesetzt ist (was Sie freilich bei Bedarf auch ändern könnten), muss bei der Beschaffung der BAdI-Instanz mit der Anweisung GET BADI noch ein Kontext (hier die Variable lo_context) über den Zusatz CONTEXT mitgegeben werden. Sie müssen also alle Aufrufstellen des klassischen BAdIs mit GET_INSTANCE finden und durch die neuen Befehle GET BADI und CALL BADI ersetzen.

```
CLASS lcl_context DEFINITION.
  PUBLIC SECTION.
    INTERFACES: if_badi_context.
ENDCLASS.
CLASS lcl_context IMPLEMENTATION.
ENDCLASS.

DATA: lo_mig_badi TYPE REF TO zfr_bd_mein_mig_badi,
      lo_context  TYPE REF TO lcl_context.

CREATE OBJECT lo_context.
GET BADI lo_mig_badi CONTEXT lo_context.
CALL BADI lo_mig_badi->meine_badi_methode.
```

Listing 11.6 Angepasster BAdI-Aufruf für das migrierte BAdI

Aufruf von Screenerweiterungen

Bei Screenerweiterungen mit klassischen BAdIs wird die Methode CL_EXIT-HANDLER=>GET_PROG_AND_DYNP_FOR_SUBSCR aufgerufen. Diese Methode müssen Sie nicht ersetzen, da nach der Migration für die neuen BAdIs die Methode CL_ENH_BADI_RUNTIME_FUNCTIONS=>GET_PROG_AND_DYNP_FOR_SUBSCR aufgerufen wird. Das Bestimmen des Programms und der Dynpro-Nummer wird also auch nach der Migration weiterhin funktionieren. Die anderen Methoden für die Screenerweiterung (wie SET_INSTANCE_FOR_SUBSCREEN und GET_INSTANCE_FOR_SUBSCREEN) sind dagegen nicht mehr erforderlich und können durch den Befehl GET BADI wie in Listing 11.6 ersetzt werden.

[»]

Implementierung von Screenerweiterungen

Mehr Informationen für die ABAP-Anweisungen zur Implementierung von Screenerweiterungen mit neuen BAdIs finden Sie in Abschnitt 11.4, »Screenerweiterungen«.

11.6 Mehrfachverwendung von BAdIs

Es kommt häufiger vor, dass Sie auf eine Erweiterung treffen, die bereits verwendet wurde, aber als nur einfach verwendbar deklariert ist. Zu solchen einfach verwendbaren Erweiterungen gehören beispielsweise alle Customer Exits und BAdIs, für die diese Eigenschaft aktiviert wurde. Abbildung 11.68 zeigt beispielsweise ein BAdI, bei dem die Eigenschaft **mehrfach verwendbar** nicht aktiviert ist, für das aber bereits eine aktive Implementierung existiert.

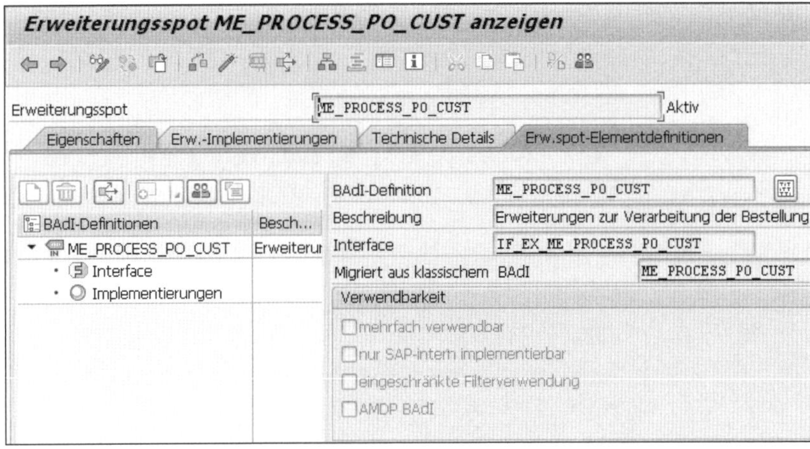

Abbildung 11.68 Ein nur einfach verwendbares BAdI

Neue Implementierung

Möchten Sie ein solches BAdI trotzdem verwenden, erweitern Sie im einfachsten Fall die bereits vorhandene Implementierungsklasse um Ihren neuen Quellcode. Es kann aber z. B. vorkommen, dass Sie bei einem Kunden, der mehrere Namensräume verwendet, in einem anderen Namensraum arbeiten und deshalb die Klasse nicht ohne Weiteres erweitern können. In einem solchen Fall bietet es sich an, zwei neue Implementierungen anzulegen:

- eine Implementierung, die Ihre Logik enthält
- eine Hauptimplementierung, die als Klammer für die beiden (oder mehr) Implementierungen dient und diese in einer bestimmten Reihenfolge aufruft; diese Implementierung wird später die aktive sein.

Hauptimplementierung als Klammer

In einer solchen Hauptimplementierung werden in der Initialisierungsmethode (bzw. der Methode, die zuerst aufgerufen wird) die anderen beiden BAdI-Implementierungsklassen erzeugt. Anschließend werden die gleichnamigen Methoden beider Implementierungen aufgerufen. Listing 11.7

zeigt dies beispielhaft für das BAdI ME_PROCESS_PO_CUST. Die Methode INITIALIZE wird im BAdI als Erstes und auch nur einmalig aufgerufen.

```
METHOD if_ex_me_process_po_cust~initialize.
  "Implementierung 1 erzeugen
  "Hier eventuelle Prüfung, ob Implementierung
  "auch aufgerufen werden soll
  CREATE OBJECT oo_alb.

  "Implementierung 2 erzeugen
  CREATE OBJECT oo_waste.

  "für den Fall, dass die Erzeugung unterdrückt wurde
  IF oo_waste IS BOUND.
    oo_waste->if_ex_me_process_po_cust~initialize( ).
  ENDIF.

  "für den Fall, dass die Erzeugung unterdrückt wurde
  IF oo_alb IS BOUND.
    oo_alb->if_ex_me_process_po_cust~initialize( ).
  ENDIF.
ENDMETHOD.
```

Listing 11.7 Manuelle Erzeugung mehrerer BAdI-Implementierungen

Die Instanzen der beiden unteren BAdI-Implementierungsklassen sind hierbei als Attribute innerhalb der Hauptimplementierung hinterlegt, wie in Abbildung 11.69 zu sehen.

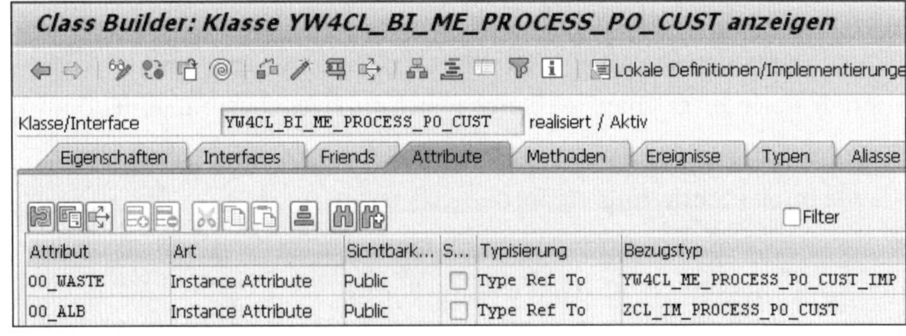

Abbildung 11.69 Attribute, die auf die BAdI-Implementierungen referenzieren

Die beiden Klassen dieser Attribute implementieren lediglich das BAdI-Interface. Das heißt, alle drei Klassen haben jeweils dieselben gleichnamigen Methoden. In allen nachfolgenden Methoden der Hauptimplementierung wird jeweils die zugehörige Methode der anderen beiden Klassen aufgerufen. Listing 11.8 zeigt dies beispielhaft für eine weitere Methode. Die Parameter werden dabei 1 : 1 durchgereicht.

```
METHOD if_ex_me_process_po_cust~open.
  IF oo_alb IS BOUND.
     oo_alb->if_ex_me_process_po_cust~open(
        EXPORTING
          im_trtyp        = im_trytyp
          im_header       = im_header
        CHANGING
          ch_valid        = ch_valid
          ch_display_only = ch_display_only
  ).
  IF oo_waste IS BOUND.
     oo_waste->if_ex_me_process_po_cust~open(
        EXPORTING
          im_trtyp        = im_trtyp
          im_header       = im_header
        CHANGING
          ch_valid        = ch_valid
          ch_display_only = ch_display_only
     ).
  ENDIF.
ENDMETHOD.
```

Listing 11.8 Aufruf der BAdI-Methoden der einzelnen BAdI-Implementierungen

Natürlich sollten Sie bei dieser Vorgehensweise darauf achten, dass sich die beiden Implementierungen nicht gegenseitig beeinflussen. Auch die Reihenfolge ist mitunter von elementarer Bedeutung. In machen Projekten wird die Erzeugung der jeweiligen Implementierungen sogar über ein zusätzliches Customizing gesteuert.

11.7 Zusammenfassung

In diesem Kapitel habe ich Ihnen die neuen BAdIs als Weiterentwicklung der klassischen BAdIs vorgestellt. Die Besonderheit ist hier vor allem, dass die neuen BAdI-Definitionen immer einem Erweiterungsspot und die dazugehörigen BAdI-Implementierungen immer einer Erweiterungsimplementierung zugeordnet sind.

Geändert haben sich die Implementierungsstellen von BAdIs. So werden die neuen BAdIs durch die beiden Anweisungen `GET BADI` und `CALL BADI` gesteuert. Hier ist insbesondere neu, dass die Anweisung `GET BADI` eine Übergabe der Filterwerte ermöglicht und diese nicht mehr separat übergeben werden müssen.

Wollen Sie ein solches neues BAdI im Quelltext finden, können Sie eine Wortsuche auf diese beiden Anweisungen durchführen. Der Typ der Referenzvariablen entspricht dann der BAdI-Definition.

Ansonsten können Sie, wie von klassischen BAdIs her gewohnt, Quelltext-, Menü- und Screenerweiterungen durchführen.

Zusätzlich stellt SAP einen Mechanismus der Migration bereit, der es Ihnen ermöglicht, eine klassische BAdI-Definition und dessen Implementierungen in das Format der neuen BAdIs zu überführen.

Kapitel 12

Das Switch Framework

In diesem Kapitel stelle ich Ihnen das Switch Framework vor, mit dem Sie die Verwendung von Entwicklungsobjekten an- und abschalten können.

Das *Switch Framework* (SFW) ist eine Ergänzung zum Enhancement Framework. Es dient der Steuerung der Sichtbarkeit von Repository-Objekten, d. h. insbesondere von Erweiterungen. Diese Technologie wird gerade für die SAP-Branchenlösungen (Industry Solutions) und Enhancement Packages (EHPs) verwendet. Deren Funktionen werden zwar bereits mit dem System ausgeliefert, sind aber zunächst nicht angeschaltet und damit auch nicht verwendbar. Der Kunde kann diese Funktionen bei Bedarf aktivieren und somit im System verwenden. Die Entwicklungsobjekte werden dazu gruppiert und einem Schalter zugeordnet. Je nach Schalterstellung sind die Entwicklungsobjekte sichtbar oder unsichtbar.

Nutzung für Erweiterungs-implementierungen

Als Kunde können Sie über das Switch Framework also Branchenlösungen oder einzelne Features von EHPS aktivieren. Sie haben aber auch die Möglichkeit, das Switch Framework für Ihre eigenen Erweiterungsimplementierungen und Repository-Objekte (wie z. B. Dynpro-Felder) zu nutzen und diese so schaltbar zu machen.

In diesem Kapitel möchte ich Ihnen genau diese Anwendung des Switch Frameworks zeigen: das Schalten von eigenen Entwicklungsobjekten. Dazu gehe ich in Abschnitt 12.1 zunächst auf die Architektur des Frameworks und die schaltbaren Objekte ein, bevor ich Ihnen in Abschnitt 12.2 an einem Beispiel die Arbeit mit dem Switch Framework zeige.

Schaltbarkeit von Entwicklungen

Im Kern geht es hier stets um die Schaltbarkeit von Entwicklungen: Entweder ist die Entwicklung aktiv geschaltet, oder Sie ist deaktiviert. So kann ein und dieselbe Entwicklung in mehreren SAP-Systemen vorhanden sein, muss aber nicht in allen Systemen auch für den Anwender verwendbar sein.

System-Templates für verschiedene Standorte

Die Anwendungsfälle können hier sehr vielfältig sein. So hatte ich beispielsweise 2011 in einer Analyse erarbeitet, wie System-Templates für die

Werke eines Autobauers mithilfe des Enhancement Frameworks geschaffen und mit dem Switch Framework geschaltet werden können. Die Idee dabei war einfach: Das SAP-System wird mithilfe eines vorbereiteten Templates im neu gebauten Werk installiert, und je nach Werkstyp (Verpackungswerk, Montagewerk etc.) werden nur die benötigten Entwicklungen aktiviert. Eine häufig Monate dauernde SAP-Einführung kann so vermieden werden.

12.1 Architektur des Switch Frameworks

Hauptkomponenten

Das Switch Framework besteht aus den in Abbildung 12.1 dargestellten drei Hauptkomponenten:

- *Schalter* zur Steuerung der Sichtbarkeit von Repository-Objekten
- *Business Functions* zur Zusammenfassung mehrerer Schalter. Eine Business Function bildet aus betriebswirtschaftlicher Sicht eine eigenständige Funktion.
- *Business Function Sets* zur Zusammenfassung mehrerer Business Functions. Diese können auch andere Business Function Sets beinhalten.

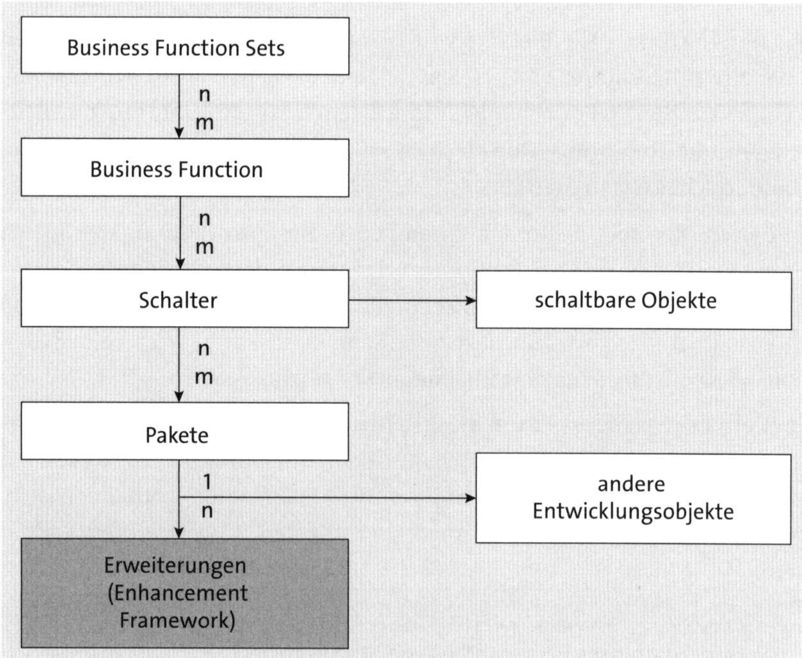

Abbildung 12.1 Architektur des Switch Frameworks

Schalten von Business Functions

Es ist wichtig zu verstehen, dass nicht – wie man meinen könnte – die Schalter, sondern die Business Functions und Business Function Sets geschaltet werden. Es gibt dabei Business Functions, die nur einmal eingeschaltet werden können (und dann für immer aktiv bleiben), und welche, die sich wieder ausschalten lassen (auch *reversible Business Functions* genannt). Wird ein Business Function Set eingeschaltet, werden alle enthaltenen Business Functions aktiv.

Beim Einschalten einer Business Function werden die enthaltenen Schalter entweder auf den Zustand **ON** oder **STANDBY** gesetzt. Im Zustand **STANDBY** bleiben alle Objekte, außer denen des ABAP-Dictionarys und den statischen Quelltexterweiterungen (Zusatz `STATIC`), ausgeschaltet.

Wichtige Transaktionen

Business Functions können Sie in Transaktion SFW5 einschalten, die Sie in Abbildung 12.2 sehen können. In Abschnitt 12.2.4, »Business Function aktivieren und deaktivieren«, komme ich darauf zurück.

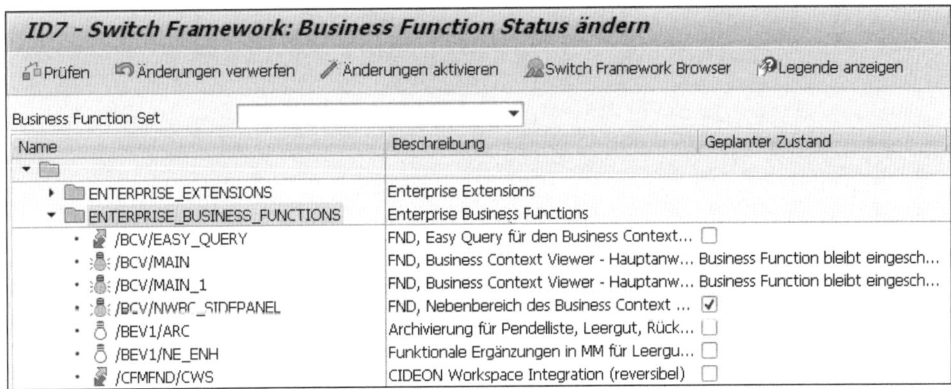

Abbildung 12.2 Schaltbare Business Functions in Transaktion SFW5

Daneben stehen Ihnen folgende weitere Transaktionen zur Arbeit mit dem Switch Framework zur Verfügung:

- **Transaktion SFW1**
  Anlegen von Schaltern
- **Transaktion SFW2**
  Anlegen von Business Functions
- **Transaktion SFW3**
  Anlegen von Business Function Sets

Im Rahmen des Beispiels aus Abschnitt 12.2, »Mit dem Switch Framework arbeiten«, werde ich Ihnen diese Transaktionen und deren Bedienung genauer vorstellen.

Schaltbare Objekte Zu den schaltbaren Objekten zählen:

- Pakete
- Erweiterungsimplementierungen (des Enhancement Frameworks) sowie Komponenten von Klassen und Funktionsbausteinen und Web-Dynpro-Erweiterungen
- Dynpro-Felder und Aufrufmodule (mit `SWITCH`-Anweisung) sowie Funktionscodes
- Pflege-Views
- Views- und Viewcluster
- Knoten einer IMG-Struktur (IMG = Implementation Guide bzw. Einführungsleitfaden), also Customizing
- Knoten eines Bereichsmenüs
- Append-Strukturen und Append-Suchhilfen

Abbildung 12.3 verdeutlicht, wie diese Objekte den Schaltern und den Business Functions sowie den Business Function Sets zugeordnet werden.

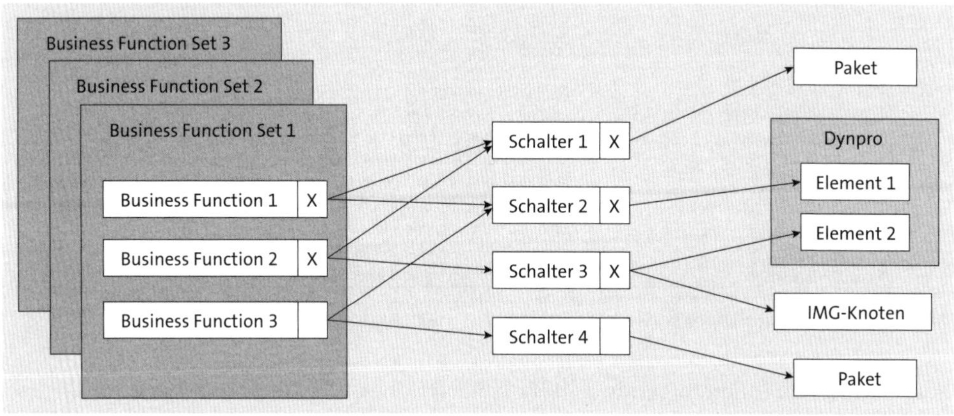

Abbildung 12.3 Zuordnung von schaltbaren Objekten zu Schaltern

Schalten von Paketen

Wird ein Paket geschaltet, werden auch alle darin enthaltenen schaltbaren Entwicklungsobjekte geschaltet. Alle anderen enthaltenen Entwicklungsobjekte bleiben von der Änderung unberührt.

Konfliktschalter *Konfliktschalter* dienen dazu, Konflikte zwischen schaltbaren Einheiten aufzulösen. Ein Konflikt tritt auf, wenn es für eine Erweiterungsoption, die nur eine Implementierung zulässt, mehrere Implementierungen gibt, die gleichzeitig eingeschaltet werden. Dies kann beispielsweise bei Erweiterungssektionen oder nicht wiederverwendbaren BAdIs eintreten. Durch die Zuordnung eines Konfliktschalters zu den betreffenden Schaltern kann dieser Konflikt aufgelöst werden. Abbildung 12.4 stellt dies schematisch dar.

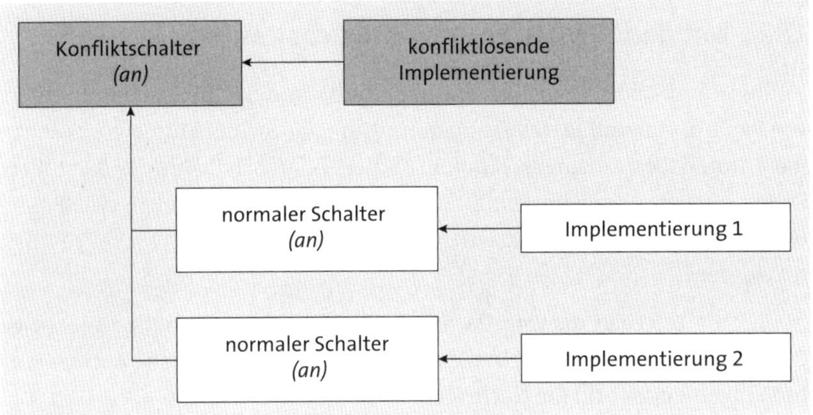

Abbildung 12.4 Funktionsweise eines Konfliktschalters

Beispiel: Konflikt bei einer Erweiterungssektion

Listing 12.1 zeigt als Beispiel einen Konflikt bei einer Erweiterungssektion. Für diese Erweiterungssektion wurden zwei Implementierungen angelegt.

```
ENHANCEMENT-SECTION zfr_es SPOTS zfr_espot.
  WRITE: / 'Originalcode'.
END-ENHANCEMENT-SECTION.
ENHANCEMENT 1 zfr_es_impl.
  WRITE: / 'Implementierung 1'.
ENDENHANCEMENT.
ENHANCEMENT 2 zfr_es_impl.
  WRITE: / 'Implementierung 2'.
ENDENHANCEMENT.
```

Listing 12.1 Eine Konfliktsituation durch eine doppelte Erweiterungsimplementierung

Wenn dieser Report ausgeführt wird, stört sich der Compiler nicht daran, dass zwei Implementierungen existieren. Er führt lediglich die Implementierung aus, die er zuerst findet. Die andere wird ignoriert.

Wenn eine solche Situation auftritt, haben Sie die Möglichkeit, diese beiden Implementierungen zu ignorieren und stattdessen eine dritte Implementierung auszuführen, die den Konflikt aufhebt. In Listing 12.1 besteht der Konflikt ja darin, dass nur die Ausgabe von Implementierung 1 zum Zuge kommt, während die Ausgabe der Implementierung 2 ignoriert wird. Die Lösung könnte in diesem Beispiel darin bestehen, dass beide Ausgaben durchlaufen werden.

12.2 Mit dem Switch Framework arbeiten

Beispiel: Schaltfläche und Implementierungen

In diesem Abschnitt möchte ich Ihnen anhand eines Beispiels skizzieren, wie Sie Ihre eigenen Erweiterungen mithilfe des Switch Frameworks schalten können. Das Beispiel soll den grundlegenden Schaltprozess darstellen. Exemplarisch sollen eine Schaltfläche auf einem Dynpro sowie zwei Erweiterungsimplementierungen (eine statische und eine dynamische) geschaltet werden.

Abbildung 12.5 zeigt die Oberfläche unseres Beispiels, wenn die zugehörige Business Function aktiv ist. In diesem Fall wird die Schaltfläche **Aktiver Button** eingeblendet und die Nachricht

»Erweiterungspunkt ist aktiv«

ausgegeben. Ist die Business Function dagegen inaktiv, wird eine komplett leere Oberfläche angezeigt.

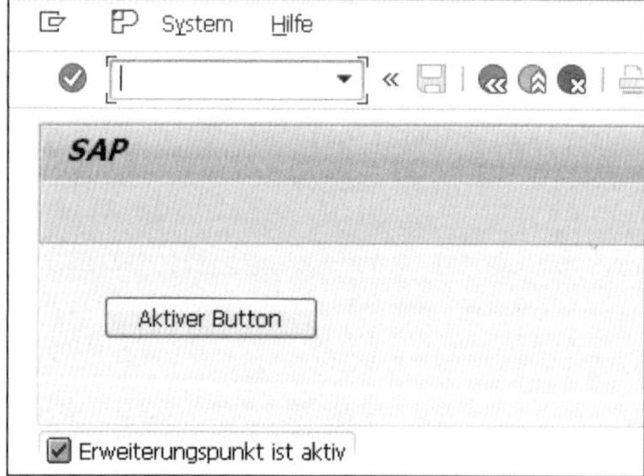

Abbildung 12.5 Testoberfläche zum Schalten

In Abbildung 12.6 ist der hinter dem Programm liegende Quellcode abgebildet. Im Grunde ist es ein einfacher Report, der ein Dynpro 2000 mit dem dazugehörigen PAI- und eine PBO-Modul aufruft. Im Verarbeitungsteil des Reports ist zusätzlich ein Erweiterungspunkt angelegt, der auch implementiert wurde.

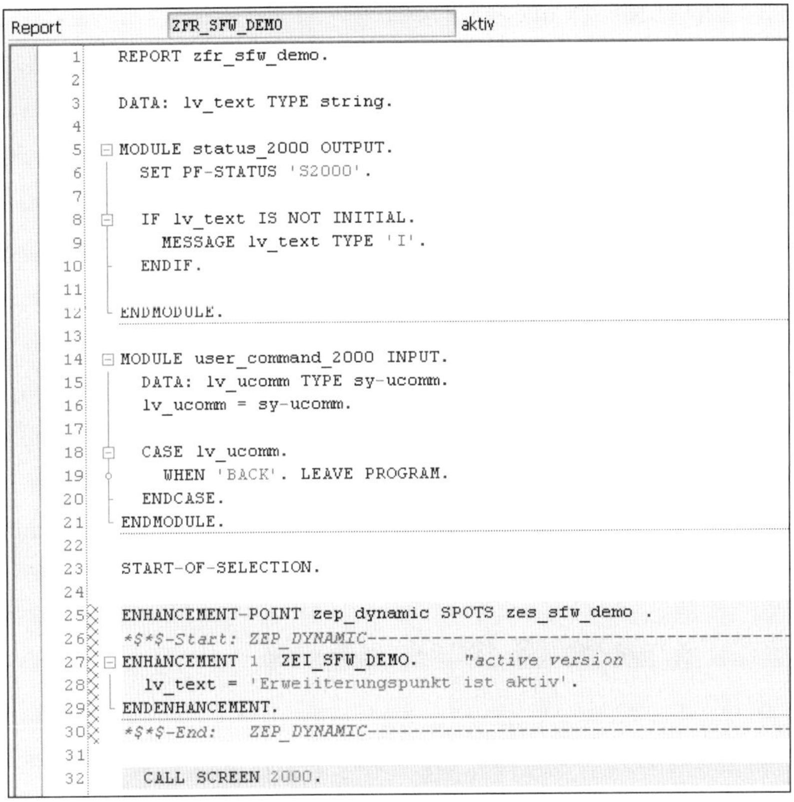

```
Report    ZFR_SFW_DEMO    aktiv

REPORT zfr_sfw_demo.

DATA: lv_text TYPE string.

MODULE status_2000 OUTPUT.
  SET PF-STATUS 'S2000'.

  IF lv_text IS NOT INITIAL.
    MESSAGE lv_text TYPE 'I'.
  ENDIF.

ENDMODULE.

MODULE user_command_2000 INPUT.
  DATA: lv_ucomm TYPE sy-ucomm.
  lv_ucomm = sy-ucomm.

  CASE lv_ucomm.
    WHEN 'BACK'. LEAVE PROGRAM.
  ENDCASE.
ENDMODULE.

START-OF-SELECTION.

ENHANCEMENT-POINT zep_dynamic SPOTS zes_sfw_demo .
*$*$-Start: ZEP_DYNAMIC---------------------------------------
ENHANCEMENT 1  ZEI_SFW_DEMO.    "active version
  lv_text = 'Erweiiterungspunkt ist aktiv'.
ENDENHANCEMENT.
*$*$-End:   ZEP_DYNAMIC---------------------------------------

  CALL SCREEN 2000.
```

Abbildung 12.6 Das dahinterliegende Programm

Umsetzungsschritte

Um diese Erweiterung nun über das Switch Framework steuern zu können, sind die folgenden Schritte erforderlich:

1. einen Schalter in Transaktion SFW1 anlegen
2. den Schalter allen Entwicklungsobjekten zuordnen, die geschaltet werden sollen (d. h. der Schaltfläche und der Erweiterungsimplementierung)
3. eine reversible Business Function vom Typ **Industry** in Transaktion SFW2 anlegen (damit diese auch wieder ausgeschaltet werden kann)
4. diese Business Function in Transaktion SFW5 zum Testen an- bzw. ausschalten

In diesem Beispiel wird nur eine Business Function verwendet. Arbeiten Sie mit mehreren Business Functions, beispielsweise eine für jeden Report, könnten Sie diese als weiteren Schritt noch in Transaktion *SFW3* zu einem Business Function Set zusammenfassen.

12.2.1 Einen Schalter anlegen

Einen Schalter legen Sie in Transaktion SFW1 an. Gehen Sie dazu wie folgt vor:

1. Geben Sie auf der Startoberfläche aus Abbildung 12.7 einen Namen für den neuen Schalter ein, und klicken Sie auf **Anlegen**.

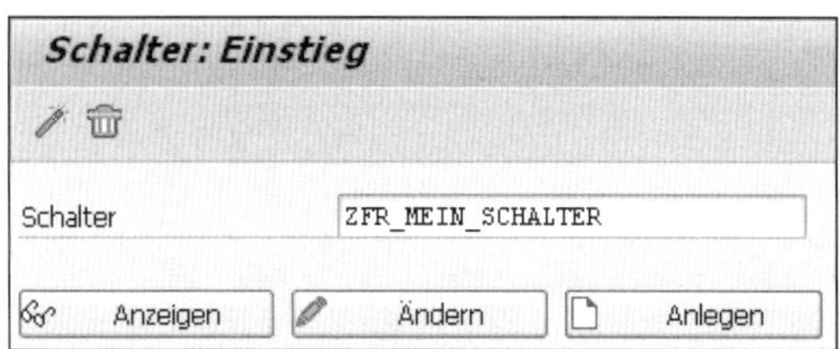

Abbildung 12.7 Startoberfläche der Transaktion SFW1

2. Geben Sie in dem sich öffnenden Pop-up-Fenster einen **Kurztext** ein, und bestätigen Sie Ihre Eingaben über die Schaltfläche **Sichern** (siehe Abbildung 12.8).

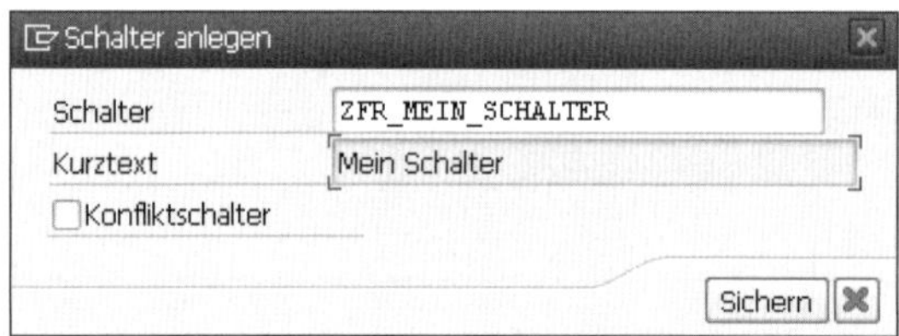

Abbildung 12.8 Anlage eines neuen Schalters

3. Die Schaltertransaktion aus Abbildung 12.9 ist zum Großteil nur eine Anzeigetransaktion. Das heißt, Sie können die verschiedenen schaltbaren Objekte nicht über jede Registerkarte zuordnen, sondern nur die zugeordneten schaltbaren Objekte sehen. Die einzigen Registerkarten, auf denen Sie etwas ändern bzw. etwas zuordnen können sind:
   - **Eigenschaften**
   - **Pakete**
   - **Business Functions**

   Das Zuordnen der schaltbaren Objekte findet über die jeweiligen Entwicklungsobjekte statt. Wie das funktioniert, zeige ich Ihnen im folgenden Abschnitt 12.2.2, »Schalter Entwicklungsobjekten zuordnen«.
4. **Aktivieren** (icon) Sie den angelegten Schalter zum Abschluss.

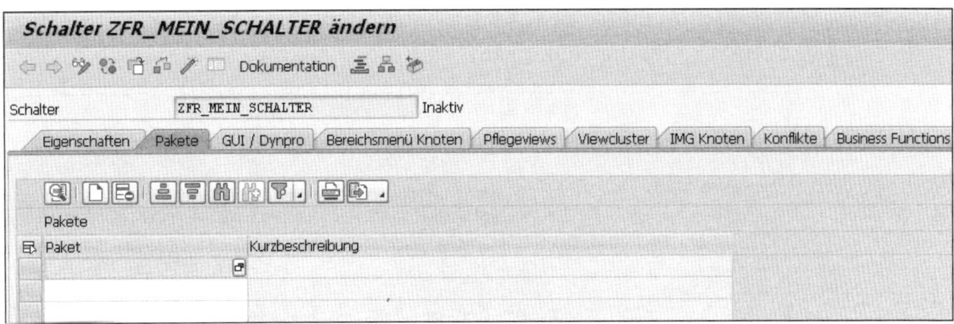

Abbildung 12.9 Das Ändern eines Schalters in Transaktion SFW1

5. Daraufhin erhalten Sie die Meldung aus Abbildung 12.10, dass im Hintergrund der Job `SFW_ACTIVATE_SWITCH` zur Aktivierung gestartet wurde. Wenn dieser Job abgeschlossen ist, ist Ihr Schalter aktiv.

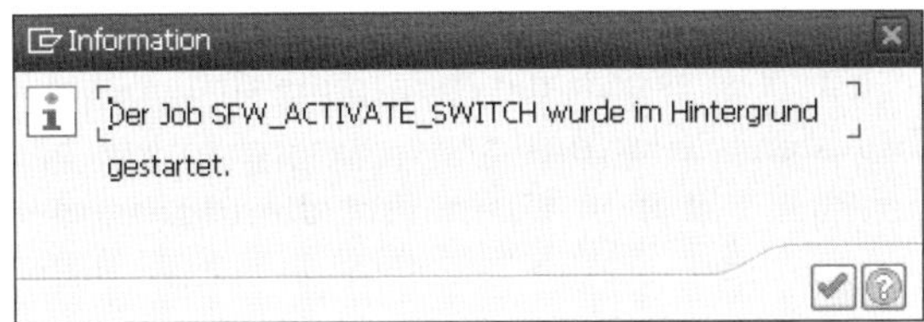

Abbildung 12.10 Meldung nach der Aktivierung eines Schalters

6. Um zu prüfen, ob der Schalter wirklich aktiviert wurde, müssen Sie (z. B. mit **Zurück**) aus der Transaktion gehen und sich den Schalter erneut anzeigen lassen. Erst dann wird hinter dem Namen des Schalters der Status **Aktiv** angezeigt, wie in Abbildung 12.11 zu sehen.

Abbildung 12.11 Überprüfung, ob der Schalter aktiviert wurde

Sichtbares Entwicklungsobjekt

Dass der Schalter jetzt aktiv ist, bedeutet aber nicht, dass die an diesen Schalter gebundenen Objekte ebenfalls aktiv geschaltet sind. Damit ist lediglich gemeint, dass das dem Schalter zugeordnete Entwicklungsobjekt im System für andere Entwickler sichtbar ist.

Erkennen können Sie dies auch auf der Registerkarte **Eigenschaften** (siehe Abbildung 12.12). Klicken Sie dort hinter dem Text **Globaler Status** auf den Link **off**. Dadurch öffnet sich ein Pop-up-Fenster, das die Schalterstellungen für jeden Mandanten des SAP-Systems zeigt. In Abbildung 12.12 haben all diese Schalter die Stellung **off**.

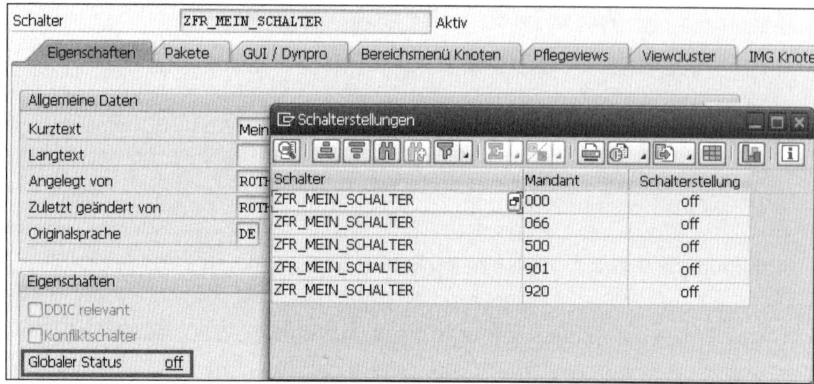

Abbildung 12.12 Überblick über die Schalterstellungen

Die Hauptaufgabe des Schalters ist es also, die Zuordnung zu den Entwicklungsobjekten zu gewährleisten, die letztlich aktiv oder inaktiv geschaltet werden sollen. Das eigentliche Schalten übernimmt die übergeordnete Business Function. Bevor ich Ihnen erkläre, wie Sie eine solche Business Function anlegen können, zeige ich Ihnen im folgenden Abschnitt, wie Sie dem Schalter die Entwicklungsobjekte zuordnen.

12.2.2 Schalter Entwicklungsobjekten zuordnen

Verschiedene Zuordnungswege

Das Zuordnen der Schalter zu den Entwicklungsobjekten erfolgt für jede Art von Entwicklungsobjekt unterschiedlich. Einige Entwicklungsobjekte lassen sich direkt über die jeweiligen Entwicklungswerkzeuge einem Schalter zuordnen, andere müssen implizit über eine Paketzuordnung einem Schalter zugeordnet werden:

- Folgende Entwicklungsobjekte können Sie durch Zuordnung zu einem Paket schalten:
  - Append-Strukturen, Append-Suchhilfen, Sekundärindizes und Festwert-Appends im ABAP-Dictionary
  - Business Configuration Sets
  - Erweiterungsimplementierungen
- Folgende Entwicklungsobjekte können Sie direkt einem Schalter zuordnen:
  - Dynpro-Felder bei der Definition des Dynpros im Screen Painter
  - Aufrufmodule bei ihrer Definition mit der `MODULE`-Anweisung durch den Zusatz `SWITCH`

- Funktionscodes bei iher Definition im GUI-Status
- Felder von Pflege-Views und Viewclustern bei ihrer Definition im ABAP Dictionary
- Knoten einer IMG-Struktur in der IMG-Strukturpflege
- Knoten eines Bereichsmenüs in der Bereichsmenüpflege

Dynpro-Elemente

Für Dynpro-Elemente, wie z. B. eine Schaltfläche, ordnen Sie den Schalter in den Eigenschaften des Screen Painters, also beim Bearbeiten eines Dynpros in der ABAP Workbench, zu. Hier finden Sie dazu das Feld **Schalter**. Abbildung 12.13 zeigt eine solche Zuordnung.

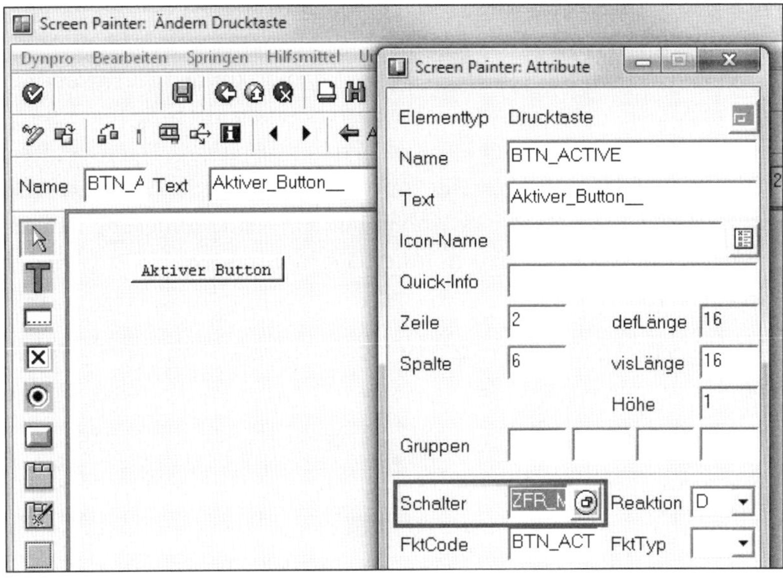

Abbildung 12.13 Einen Schalter einem Dynpro-Element zuordnen

Zuordnung über Paket

Für den Erweiterungspunkt aus dem Report in Abbildung 12.6 erfolgt die Zuordnung dagegen über das Paket, dem die Erweiterungsimplementierung zugeordnet ist. Generell können Sie Erweiterungsoptionen und deren Erweiterungsimplementierungen nicht direkt einem Schalter zuordnen. Das Paket ordnen Sie in der Transaktion SFW1 einem Schalter zu. Abbildung 12.14 zeigt diese Zuordnung für das Paket `ZFR_SFW_DEMO`, in dem sich auch die Erweiterungsimplementierung und der Report befinden. Um die Zuordnung vorzunehmen, wechseln Sie in den Änderungsmodus, und rufen Sie die Registerkarte **Pakete** auf. Tragen Sie den Namen des Pakets in die Liste ein, und bestätigen Sie die Eingabe mit [↵].

Abbildung 12.14 Ein Paket einem Schalter zuordnen

Nach dem Sie den Schalter über aktiviert haben, können Sie die Zuordnung in der Erweiterungsimplementierung erkennen. Diese Erweiterungsimplementierung ist ja Teil des Pakets. Auf der Registerkarte **Eigenschaften** in Transaktion SE20 wird Ihnen der zugeordnete Schalter bzw. die aktuelle Schalterstellung angezeigt (siehe Abbildung 12.15). Eine Änderung ist hier allerdings nicht möglich. Dazu müssten Sie in Transaktion SFW1 wieder zum Paket navigieren.

Abbildung 12.15 Ein Schalter, der einer Erweiterungsimplementierung über ein Paket zugeordnet ist

Nachdem die beiden für unser Beispiel benötigten Entwicklungsobjekte (die Schaltfläche auf dem Dynpro und die Erweiterungsimplementierung) dem Schalter zugeordnet wurden, müssen Sie im nächsten Schritt eine

Business Function anlegen und den angelegten Schalter dieser Business Function zuweisen.

12.2.3 Business Function anlegen

Eine Business Function legen Sie in Transaktion SFW2 an: **Transaktion SFW2**

1. Geben Sie auf der Startoberfläche der Transaktion, die Sie in Abbildung 12.16 sehen, einen Namen für die neue Business Function ein, und klicken Sie auf **Anlegen**.

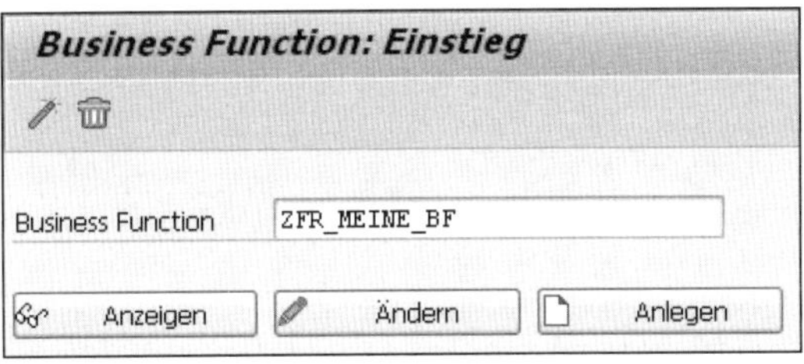

Abbildung 12.16 Startoberfläche der Transaktion SFW2

2. Geben Sie in dem sich öffnenden Pop-up-Fenster einen **Kurztext** und einen **Langtext** zur Beschreibung der Business Function an, und bestätigen Sie die Anlage mit der Schaltfläche **Sichern** (siehe Abbildung 12.17).

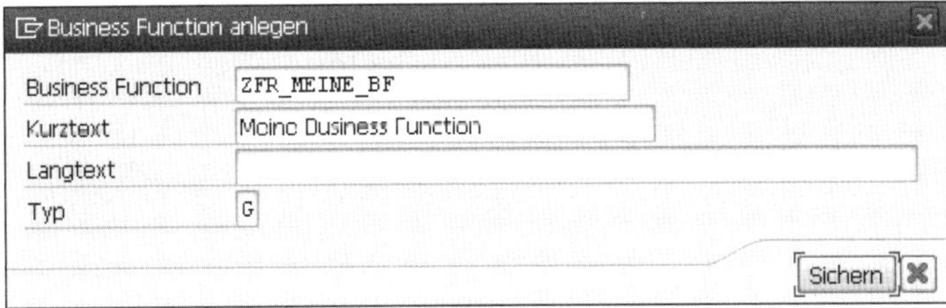

Abbildung 12.17 Anlage einer neuen Business Function

Angabe des Business-Function-Typs

In den neueren Versionen ab ABAP 7.31 kann der **Typ** der Business Function bei der Anlage nicht mehr ausgewählt werden, sondern ist standardmäßig auf »G« (Industry Business Function) eingestellt. In älteren Versionen müssen Sie diesen Typ »G« bei der Anlage noch mit angeben. Einen anderen Typ können Sie hier als Kunde nicht auswählen.

3. Die wichtigste Einstellung für die Business Function finden Sie anschließend auf der Registerkarte **Eigenschaften** (siehe Abbildung 12.18). Hier können Sie festlegen, dass die Business Function **Reversibel** sein soll,

d. h., dass Sie die Business Function beliebig ein- und wieder ausschalten können. Ohne diese Einstellung können Sie eine einmal aktivierte Business Function nicht mehr ausschalten.

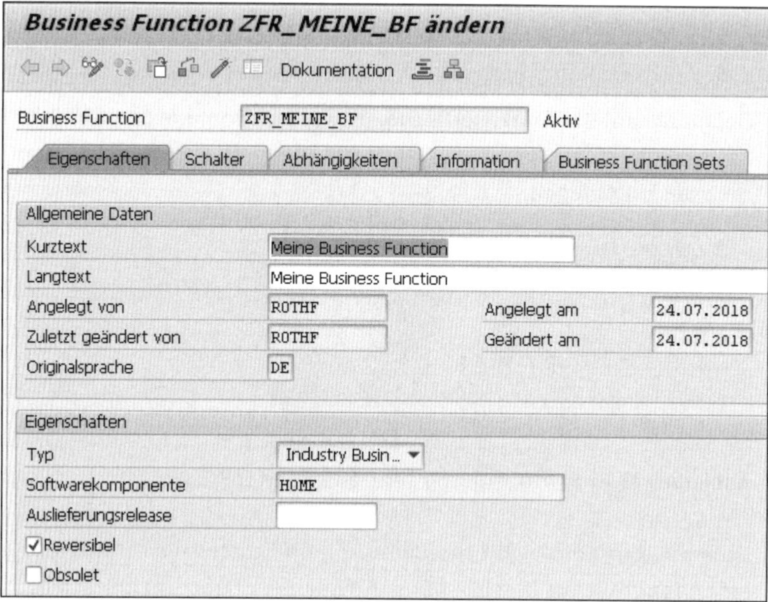

Abbildung 12.18 Eigenschaften einer Business Function

4. Tragen Sie nun auf der Registerkarte **Schalter** den zuvor angelegten Schalter in die Tabelle ein, wie in Abbildung 12.19 gezeigt.

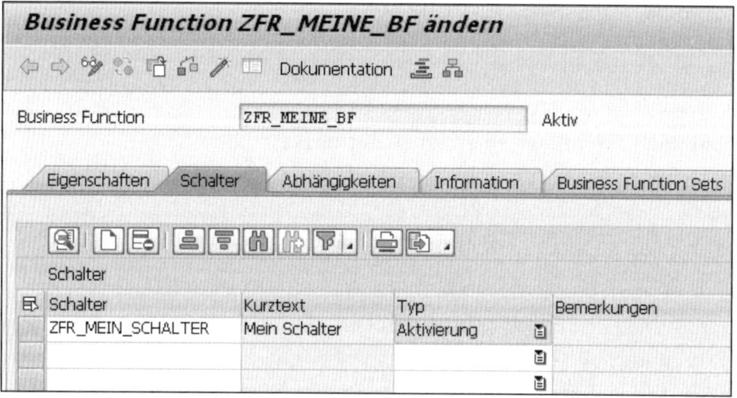

Abbildung 12.19 Schalter einer Business Function zuordnen

5. Wählen Sie in der Spalte **Typ** die Option **Aktivierung** aus. Dies bedeutet, dass alle schaltbaren Objekte des Schalters aktiviert werden, wenn die Business Function eingeschaltet ist. Wählen Sie stattdessen die Option

Standby aus, werden beim Einschalten der Business Function nur jene Erweiterungen eingeschaltet, die deklarativ sind. Dazu gehören Erweiterungsoptionen, die den Zusatz `STATIC` aufweisen, sowie alle ABAP-Dictionary-Erweiterungen. Alle anderen schaltbaren Objekte bleiben ausgeschaltet (z. B. eine dynamische Erweiterungsoption).

6. **Aktivieren** () Sie die Business Function. Wie bei der Aktivierung des Schalters, wird hierfür ein Hintergrundjob gestartet, d. h., Sie werden erst beim erneuten Aufruf der Transaktion sehen, ob die Business Function wirklich aktiviert wurde.

12.2.4 Business Function aktivieren und deaktivieren

Transaktion SFW5

Die so angelegte Business Function können Sie nun in Transaktion SFW5 aktivieren. Die Kritikalität dieser Transaktion wird bei ihrem Aufruf durch das in Abbildung 12.20 dargestellte Pop-up-Fenster verdeutlicht. Schalten Sie in dieser Transaktion aus Versehen eine Business Function an, die langfristig Änderungen im System herbeiführt und nachträglich nicht mehr ausgeschaltet werden kann, so kann dies mitunter eine komplette Neuinstallation des SAP-Systems (bzw. das Einspielen eines Backups) erforderlich machen.

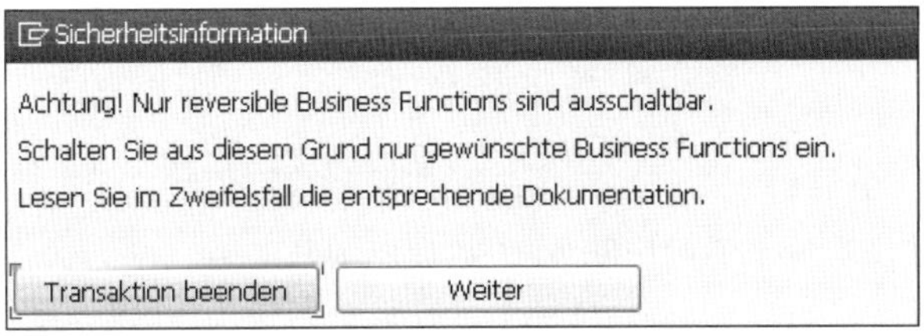

12

Abbildung 12.20 Sicherheitsinformation beim Starten der Transaktion SFW5

Achten Sie daher auch darauf, dass Ihre eigenen Business Functions als reversibel gekennzeichnet sind. Dies erkennen Sie an dem Icon mit den zwei gegenläufigen Pfeilen (). Normale, nicht reversible Business Functions sind nur mit einer ausgeschalteten Lampe () gekennzeichnet. In Abbildung 12.21 sehen Sie die Business Function `ZFR_MEINE_BF`, die wir im vorangegangenen Abschnitt angelegt haben, am Ende der Liste.

Business Function aktivieren

Haben Sie in dieser Liste die Business Function gefunden, die Sie aktivieren möchten, tun Sie dies in der dritten Spalte **Geplanter Zustand**. Setzen Sie dazu das Häkchen in der Checkbox. Durch einen Klick auf die Schaltfläche **Änderungen aktivieren** in der Funktionsleiste aktivieren Sie die so ausgewählten Business Functions. Dazu öffnet sich das in Abbildung 12.22 gezeigte Pop-up-Fenster, in dem Sie die Aktivierung nochmals bestätigen müssen.

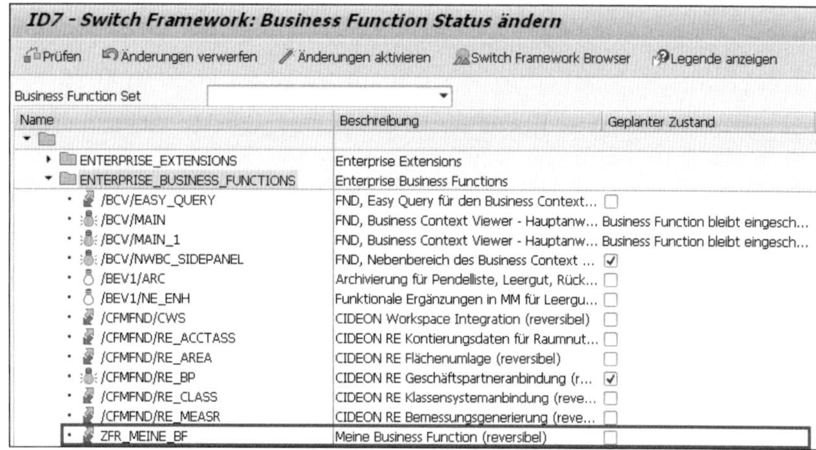

Abbildung 12.21 Aktivieren von Business Functions in der Transaktion SFW5

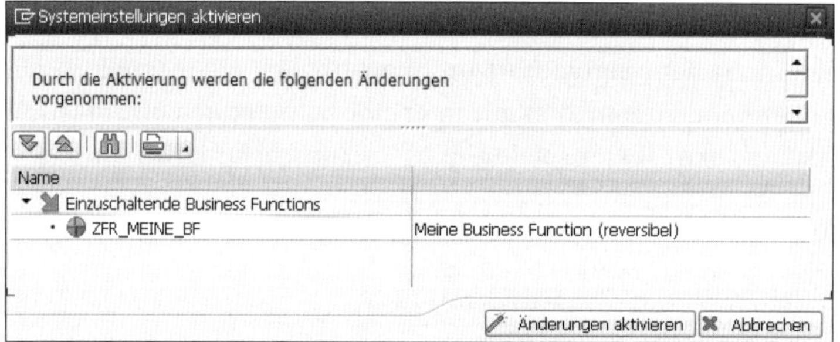

Abbildung 12.22 Bestätigen der Aktivierung von Business Functions

Nach dem Aktivieren wird Ihre Business Function in der Übersicht mit einer leuchtenden Lampe () als aktiv gekennzeichnet (siehe Abbildung 12.23).

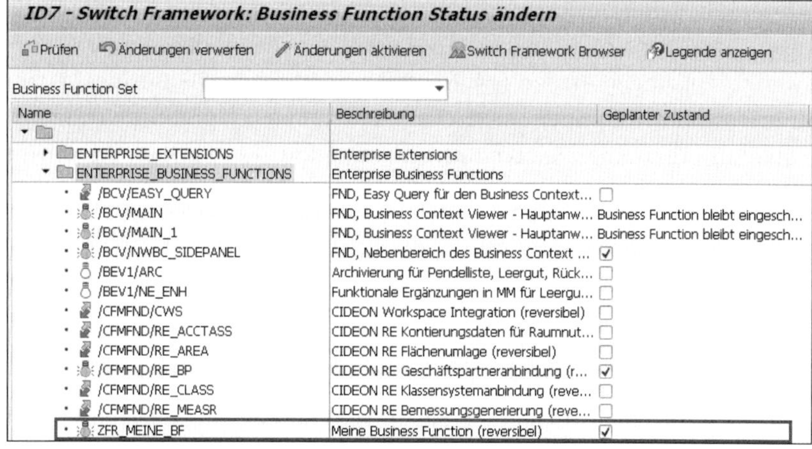

Abbildung 12.23 Anzeige der aktivierten Business Function

Aktivierung testen

Damit sind alle schaltbaren Einheiten des der Business Function zugeordneten Schalters aktiv. Rufen Sie den Report auf, wird Ihnen die Oberfläche aus Abbildung 12.24 angezeigt.

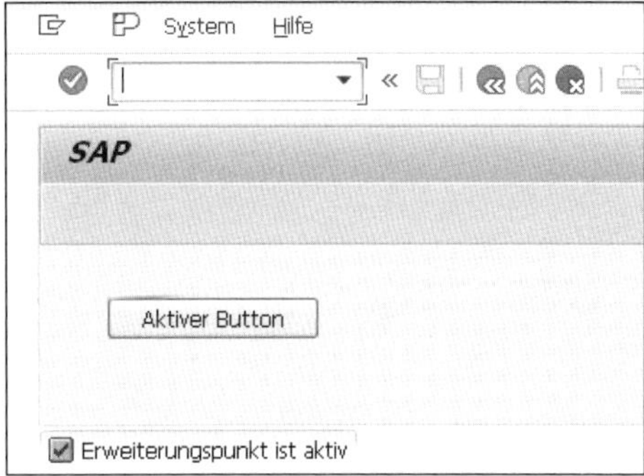

Abbildung 12.24 Die aktive Testoberfläche

Business Function deaktivieren

Um die Business Function wieder auszuschalten, müssen Sie die Transaktion SFW5 erneut aufrufen. Erst dann können Sie den Haken in der Spalte **Geplanter Zustand** entfernen. Aktivieren Sie diesen Zustand, wird die Business Function deaktiviert und damit auch alle untergeordneten Schalter der zugeordneten schaltbaren Elemente.

12.3 Zusammenfassung

In diesem Kapitel habe ich Ihnen das Switch Framework vorgestellt, das es Ihnen insbesondere ermöglicht, Erweiterungen des Enhancement Frameworks zu schalten. Das Switch Framework besteht aus drei Komponenten:

- Schaltern, die den schaltbaren Entwicklungsobjekten (direkt, oder indirekt über eine Paketzuordnung) zugeordnet werden können (Transaktion SFW1)
- Business Functions, die mehrere Schalter zusammenfassen (Transaktion SFW3)
- Business Function Sets, die mehrere Business Functions zusammenfassen (Transaktion SFW3)

Geschaltet werden können nur die Business Functions (Transaktion SFW5). Einmal aktivierte Business Functions können nur wieder ausgeschaltet werden, wenn sie als reversibel eingestellt sind.

Die Technologie des Switch Frameworks wird vor allem von SAP für die Enhancement Packages verwendet. Damit werden neue Funktionen im System ausgeliefert, die Sie nach Bedarf aktivieren können.

Kapitel 13

Erweiterungen mit Transaktion SPAU_ENH abgleichen

In diesem Kapitel erfahren Sie, wie Sie die über das Enhancement Framework vorgenommenen Erweiterungen nach einem Update des SAP-Systems mit der neuen Transaktion SPAU_ENH abgleichen können.

Ein Abgleich von Erweiterungen war bisher immer dann erforderlich, wenn Sie den originalen SAP-Code erweitert hatten und die betroffenen Objekte von SAP im Rahmen eines neuen Releases oder Support Packages angepasst wurden (erweitert, reduziert, gelöscht). Dabei galt es zu prüfen, ob die eigene Erweiterung auch nach dem Update noch zu dem SAP-Standardcode passt.

13

Für diesen Abgleich standen bisher die folgenden Transaktionen bereit:

- Transaktion SPAU für Repository-Objekte
- Transaktion SPDD für ABAP-Dictionary-Objekte

Beide Transaktionen beschreibe ich in Abschnitt 3.4, »Abgleich von Modifikationen und Erweiterungen«.

Transaktion SPAU_ENH

Für die Erweiterungstechnologien, die im Rahmen des Enhancement Frameworks angeboten werden, wurde die neue Transaktion SPAU_ENH eingeführt, mit der Sie die impliziten und expliziten Erweiterungsoptionen abgleichen können. In dieser Transaktion werden alle betroffenen Erweiterungen angezeigt, die aufgrund einer Änderung vorerst auf inaktiv gesetzt wurden. Ihre Aufgabe ist es, diese Stellen Schritt für Schritt durchzugehen und den aufgetretenen Konflikt zu bewerten sowie zu beheben. Dies ist eine sehr komplizierte und umfangreiche Aufgabe, da im ganzen SAP-System Stellen auftreten können, die von einem Entwickler weiterentwickelt worden sein können, der schon seit Längerem nicht mehr im Unternehmen ist und mitunter auch keine Dokumentation hinterlassen hat. Wenn Sie eine Erweiterung am SAP-Standard durchführen, sollten Sie diesen Folgeaufwand daher immer im Hinterkopf haben.

13.1 Abgleich durchführen

Beispiel: implizite Erweiterung abgleichen

In diesem Abschnitt zeige ich Ihnen den grundlegenden Abgleich anhand eines Beispiels. Hierbei soll ein Quelltext-Plug-in abgeglichen werden, das über einen impliziten Erweiterungspunkt eingefügt wurde.

Rufen Sie hierzu die Transaktion SPAU_ENH auf, und wählen Sie die in Abbildung 13.1 dargestellte Sicht **Erweiterungen (Upgrade-Sicht)** aus. In dieser Upgrade-Sicht finden Sie alle abzugleichenden Erweiterungen. Je nach Stand Ihres Systems kann die Anzahl der Einträge in dieser Liste stark abweichen. Im besten Fall werden gar keine Einträge angezeigt. Unabhängig vom Status der Einträge, d. h. dem angezeigten Icon, sollten Sie sich alle Einträge anschauen.

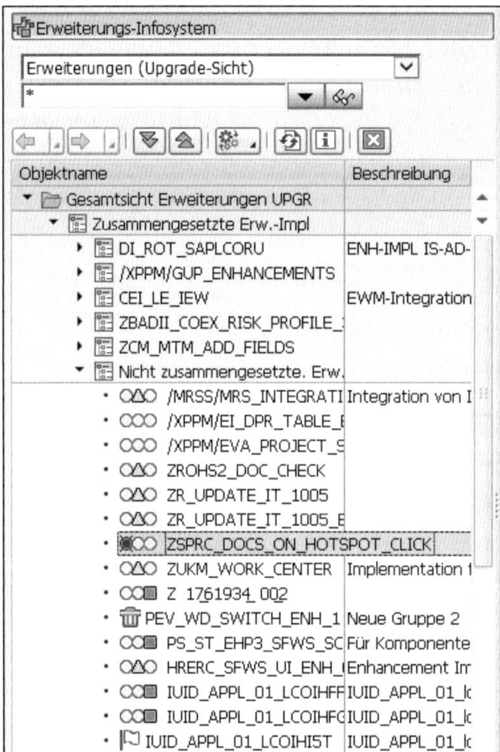

Abbildung 13.1 Die Upgrade-Sicht für Erweiterungen

Status der Einträge

Die verschiedenen Icons bedeuten Folgendes:

- **Rot** ( )
  Wird ein rotes Ampelsymbol angezeigt, ist ein manueller Abgleich erforderlich. SAP konnte den Standardquelltext nur bedingt neu anpassen.

Dieses Icon tritt immer dann auf, wenn durch die Änderung ein Syntaxfehler aufgetreten ist, z. B. weil eine Variable entfernt oder eine neue obligatorische Methode hinzugefügt wurde.

- **Gelb** ( )
  Wird ein gelbes Ampelsymbol angezeigt, können Sie den Abgleich toolgestützt durchführen. SAP hat den Standardquelltext erfolgreich angepasst, aber es sind weitere manuelle Anpassungen durch Sie nötig. Dieses Icon wird z. B. immer dann angezeigt, wenn SAP eine Methode in einem BAdI hinzugefügt oder entfernt hat. Da die Methoden in der Regel nicht isoliert funktionieren, sondern im Zusammenspiel mit anderen (bereits von Ihnen implementierten) Methoden, müssen Sie prüfen, ob Ihre Erweiterung weiterhin wie erwartet funktioniert. Ein Beispiel für eine ungewünschte Folge des Upgrades wäre die Meldung, dass eine Interface-Methode des BAdIs nicht implementiert ist.
- **Grün** ( )
  Ein grünes Ampelsymbol bedeutet, dass der Abgleich automatisch durchgeführt werden konnte. SAP hat den Standardquelltext erfolgreich angepasst. Es gibt keine Konflikte mit Ihrer Erweiterung. Ihre Aufgabe ist es nur, sicherzustellen, dass die Erweiterung auch semantisch weiterhin zu Ihrer Änderung passt.
- **Grau** ( )
  Wird eine graue Ampel angezeigt, hat SAP eventuell etwas angepasst. Dieses Icon tritt auf, wenn beispielsweise neue Texte und Beschreibungen für Methoden und Eigenschaften hinzugefügt wurden, aber kein Quelltext geändert wurde. Der Eintrag taucht in der Abgleichliste auf, weil eine Erweiterung innerhalb des betreffenden Entwicklungsobjekts vorhanden ist. Auch hier gilt es, der Sicherheit halber festzustellen, ob die Erweiterung weiterhin problemlos funktioniert.
- **Mülltonne** ( )
  Das ursprünglich erweiterte Objekt wurde gelöscht. Daher kann die Erweiterungsimplementierung gelöscht werden und muss von Ihnen auf einem anderen Weg erneut implementiert werden, falls die Anforderung weiterhin von Ihnen benötigt wird.
- **Inaktive Fassung** ( )
  Das Entwicklungsobjekt wurde auf den letzten aktiven Stand zurückgesetzt. Zu dem Entwicklungsobjekt existiert daher neben dem aktiven Objekt eine zusätzliche inaktive Fassung.
- **Weiße Flagge** ( )
  Die Erweiterung enthält keine Implementierung, ist also leer.

- **Grüner Haken** (✅)
  Die Erweiterungsimplementierung wurde bereits abgeglichen. Es sind keine Konflikte mehr vorhanden.

Konflikte anzeigen

Um beim Abgleich weitere Informationen zu einer Erweiterungsimplementierung zu erhalten, klicken Sie doppelt auf einen Eintrag der Liste. Dadurch öffnet sich auf der rechten Seite die Detailansicht, die Sie in Abbildung 13.2 sehen. In der Konfliktliste werden hier alle Konflikte aufgezählt, die zu der ausgewählten Erweiterungsimplementierung gehören (in Abbildung 13.2 ist das nur einer). Wählen Sie einen Konflikt aus dieser Liste aus, und schauen Sie sich die Details zu diesem Konflikt an, indem Sie in der Funktionsleiste auf die Schaltfläche **Konflikt** klicken.

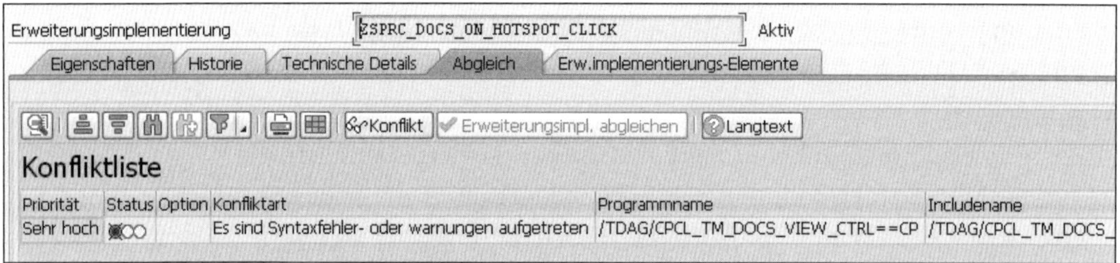

Abbildung 13.2 Detailansicht für den Abgleich einer Erweiterungsimplementierung

Je nach Erweiterungstechnologie sieht der Abgleich hier immer etwas anders aus. Die folgenden Abgleiche können Sie mit Transaktion SPAU_ENH durchführen:

- Abgleich von Quelltext-Plug-ins
- Abgleich von Funktionsbausteinen
- Abgleich von Klassen und Interfaces
- Abgleich von Web-Dynpro-Komponenten
- Abgleich von BAdI-Implementierungen

Eine Übersicht über alle möglichen auftretenden Fälle für jede dieser Erweiterungstechnologien erhalten Sie in Anhang C, »Mögliche Konfliktfälle beim Abgleich von Erweiterungen in Transaktion SPAU_ENH«. Die im Folgenden beschriebene Vorgehensweise für den Abgleich ist aber immer gleich.

Abgleich des alten und neuen Codes

Bei unserem Quelltext-Plug-in öffnet sich beispielsweise die Ansicht aus Abbildung 13.3, in der Sie die aktuelle Version (links) der geänderten Stelle mit der vorherigen Version (rechts) dieser Stelle vergleichen können. Mehr Informationen und Lösungsvorschläge zum aufgetretenen Konflikt erhalten Sie über den Langtext zum Konflikt, den Sie über die Schaltfläche **Langtext** aufrufen können. Mitunter wird Ihnen der Langtext auch bereits angezeigt, wenn Sie doppelt auf den Konflikt klicken.

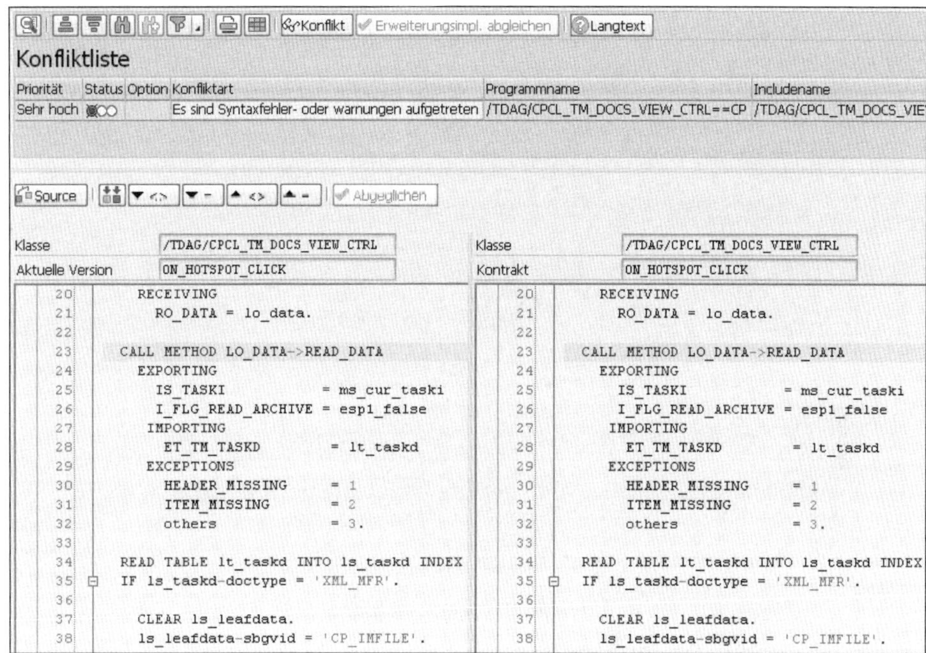

Abbildung 13.3 Vergleich der alten und neuen Version einer Konfliktstelle

Konflikt analysieren

In diesem Beispiel liegt der Konflikt darin, dass in der Erweiterungsimplementierung ein Syntaxfehler vorliegt und die Erweiterungsimplementierung daher nicht aktiviert werden kann. Um zu analysieren, woher dieser Fehler stammt, können Sie nun die Funktionen in der Funktionsleiste nutzen:

- Über die Schaltfläche **Source** können Sie einen Syntaxcheck der aktuellen Version durchführen.
- Über die Schaltfläche **Vergleichen** () erfahren Sie, an welchen Stellen sich der alte und der neue Quellcode unterscheiden. Dazu werden die entsprechenden Stellen markiert.
- Mit den folgenden Schaltflächen können Sie durch den Quellcode navigieren:
  - **Nächste Differenz** (▼ <>)
  - **Nächste Gleichheit** (▼ =)
  - **Vorherige Differenz** (▲ <>)
  - **Vorherige Gleichheit** (▲ =)

In diesem Beispiel können Sie etwa über einen Klick auf die Schaltfläche **Source** erfahren, dass der Syntaxfehler darin besteht, dass beim Aufruf der Methode `LO_DATA->READ_DATA` (Zeile 23 in Abbildung 13.3) der Pflichtparameter `XT_MESSAGE` nicht übergeben wird. Dieser ist aber im Rahmen des Updates als Pflichtparameter in der Methode `READ_DATA` hinzugefügt worden, wie in Abbildung 13.4 zu erkennen. Aus diesem Grund kann die Erweiterungsimplementierung aktuell nicht aktiviert werden.

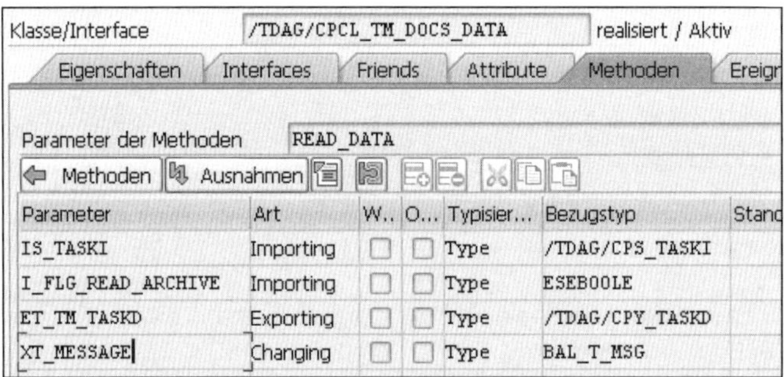

Abbildung 13.4 Der neu hinzugefügte Pflichtparameter XT_MESSAGE

Konflikt beheben

Sie können diesen Konflikt nun wie folgt beheben:

1. Wechseln Sie in den Änderungsmodus ().
2. Wählen Sie den Konflikt aus der Konfliktliste erneut aus.
3. Klicken Sie in der Funktionsleiste über der Liste auf die Schaltfläche **Konflikt**, um den Konflikt zu bearbeiten.
4. Dadurch wird der linke Bereich wie in Abbildung 13.5 zur Bearbeitung freigegeben. Hier können Sie den Code anpassen, um den Fehler zu beheben.
5. Nachdem Sie den Fehler behoben haben, können Sie auf die Schaltfläche **Abgeglichen** klicken, die sich unterhalb der Konfliktliste befindet. Dadurch wird für diesen Konflikt in der Spalte **Status** anstelle des roten Ampelsymbols der grüne Haken angezeigt (siehe Abbildung 13.6).

Fehlerbehebung außerhalb der Transaktion SPAU_ENH

Häufig ist es einfacher, die Fehler außerhalb der Transaktion SPAU_ENH zu beheben. Insbesondere bei komplexen Entwicklungen und Web-Dynpro-Komponenten bietet es sich an, die Probleme in der normalen Entwicklungsumgebung der ABAP Workbench (SE80) oder mit den ABAP Development Tools (ADT) zu beheben. Anschließend kehren Sie in die Transaktion SPAU_ENH zurück, lassen den Fehler erneut prüfen und bestätigen dessen Lösung, wie hier beschrieben, damit der Eintrag aus der Liste der abzugleichenden Erweiterungen entfernt wird.

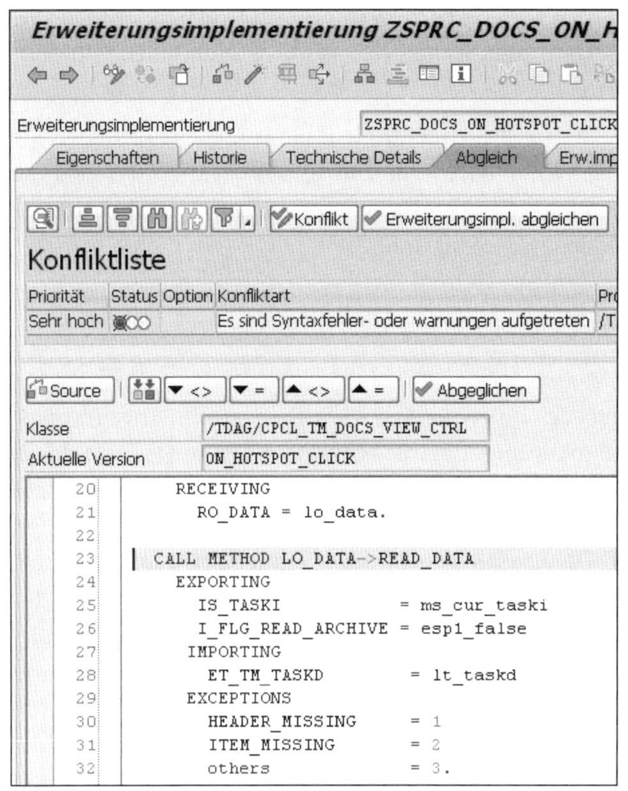

Abbildung 13.5 Behebung des Konflikts

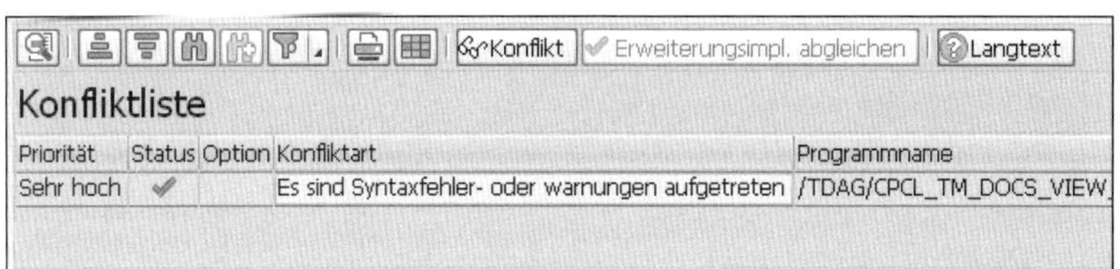

Abbildung 13.6 Der behobene Konflikt

Sind alle Konflikte innerhalb der Erweiterungsimplementierung behoben, ist auch automatisch die Erweiterungsimplementierung abgeglichen (dadurch wird die Schaltfläche **Erweiterungsimpl. abgleichen** deaktiviert). Nach dem **Aktivieren** ( ) der bearbeiteten Erweiterungsimplementierung verschwindet die Erweiterungsimplementierung aus der Liste der abzugleichenden Erweiterungsimplementierungen.

Abgeglichene Implementierung aktivieren

Alle Fehler, die in der Konfliktliste angezeigt werden, können Sie nach demselben Schema abgleichen. Die Fehler selbst können natürlich unterschiedlichster Natur sein. Der komplette Abgleich ist mitunter sehr zeitaufwendig.

Sie sollten daher, wie eingangs bereits erwähnt, bei der Entscheidung, ob Sie Erweiterungen einsetzen, auch immer den damit verbundenen Folgeaufwand berücksichtigen.

Den hier vorgestellten grundlegenden Ablauf eines Abgleichs müssen Sie für alle anderen abzugleichenden Erweiterungen aus der Liste in Abbildung 13.1 wiederholen. In Anhang C finden Sie eine Übersicht der möglichen Konfliktfälle sowie Hinweise zu deren Lösung.

13.2 Zusammenfassung

In diesem Kapitel habe ich Ihnen gezeigt, wie sich die neuen Erweiterungsmöglichkeiten des Enhancement Frameworks nach einem Upgrade durch SAP, z. B. dem Einspielen eines Enhancement Packages, abgleichen lassen. Hierfür steht die neue Transaktion SPAU_ENH zur Verfügung, die Ihnen alle abzugleichenden Erweiterungsimplementierungen anzeigt und Informationen zum betreffenden Konflikt gibt. Es ist wichtig, den Prozess des Abgleichs zu verstehen. Sie müssen sich jeden Konfliktfall anschauen, diesen bewerten, in den jeweiligen Entwicklungswerkzeugen korrigieren und anschließend den so durchgeführten Abgleich im Änderungsmodus bestätigen.

TEIL III

Erweiterbarkeit neuer Entwicklungstechnologien

In diesem Teil des Buches führe ich Sie in die Erweiterungskonzepte der neuen Entwicklungstechnologien ein, die gerade im Umfeld des neuen ERP-Systems SAP S/4HANA eine wichtige Rolle spielen werden. Dazu gehört die Erweiterbarkeit von:

- CDS Views
- ABAP Managed Database Procedures (AMDP)
- Geschäftsobjekten des Business Object Processing Frameworks (BOPF)
- OData-Services
- Fiori-Apps

Für die Zukunft wird es unabdingbar sein, diese Objekte genauso selbstverständlich erweitern zu können, wie Sie das SAP GUI mit den klassischen Erweiterungstechnologien und dem Enhancement Framework erweitern. Da das SAP GUI als Oberflächentechnologie langfristig abgelöst werden soll, müssen beispielsweise zur Lösung der klassischen Aufgabe, ein zusätzliches Feld auf der Oberfläche anzuzeigen, alle hier genannten Technologien beherrscht werden:

- SAP Fiori als neue Oberflächentechnologie (um das neue Feld hinzuzufügen)
- OData-Services als Datenlieferanten (um das neue Feld mit Daten zu befüllen bzw. dessen Daten auszulesen)
- CDS Views als Datenmodell (um die Struktur der Datenbanktabelle um das neue Feld zu erweitern)
- Geschäftsobjekte des BOPF zur Implementierung der Logik (um das neue Feld selektieren und dessen Daten in der erweiterten Datenbanktabelle speichern zu können)

Kapitel 14

Erweiterung von CDS Views

In diesem Kapitel zeige ich Ihnen, wie Sie CDS Views um zusätzliche Selektionsfelder, berechnete Felder, Assoziationen und Annotationen erweitern können.

Die Erweiterung von CDS Views (CDS = Core Data Services) ist in vielen Fällen notwendig, da Fiori-Apps und Transaktionen des SAP-S/4HANA-Systems im Rahmen des *virtuellen Datenmodells* (VDM) auf diesen Views basieren. Abbildung 14.1 verdeutlich diesen Zusammenhang. Sie zeigt eine Fiori-App, die auf einem OData-Service aufbaut, der durch einen *Consumption View* generiert wurde. Ein solcher Consumption View baut immer auf anderen CDS Views auf, die letztlich die Daten von einer oder mehreren Datenbanktabellen beziehen. Wollen Sie in den Fiori-Apps beispielsweise neue Felder anbieten, müssen Sie neben den Datenbanktabellen, auf die diese Apps zugreifen, daher auch die zugrunde liegenden CDS Views erweitern.

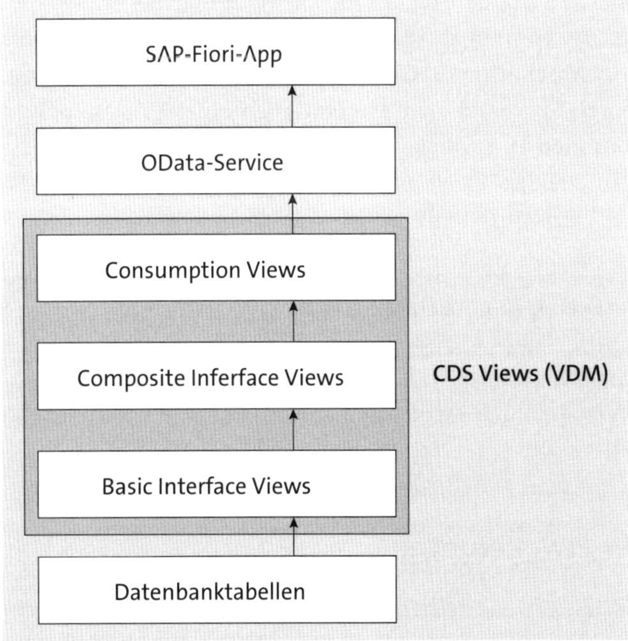

Abbildung 14.1 Eine Fiori-App, die auf CDS Views aufbaut

Erweiterungstechniken

Für die Erweiterung von CDS Views stehen Ihnen zwei Techniken zur Verfügung:

- **CDS-View-Erweiterungen**
  CDS-View-Erweiterungen dienen der Erweiterung der Selektionsliste, der berechneten Felder und der Assoziationen eines CDS Views. Diese Technik steht ab ABAP 7.40 SP08 zur Verfügung. Ich beschreibe sie in Abschnitt 14.1.

  Über diese CDS-View-Erweiterungen können Sie in erster Linie mehr Spalten der bereitgestellten Datenquellen selektieren, als der originale CDS View exponiert. Dies können Spalten sein, die bereits in den Datenbanktabellen enthalten sind, auf denen die CDS Views aufbauen. In der Regel werden es aber neue, kundeneigene Felder sein, die auf dem klassischen Wege, also über eine Append-Struktur, den originalen Datenbanktabellen hinzugefügt wurden.

  In diesem Zusammenhang stelle ich in Abschnitt 14.2 auch die Möglichkeit einer *indirekten* CDS-View-Erweiterung mithilfe von *Extension Include Views* vor. Diese indirekte Erweiterung von CDS Views ermöglicht es Ihnen, die Upgrade-Stabilität für Ihre Erweiterung sicherzustellen, die Sie gerade für *CDS-View-Stacks* (d. h. mehrere aufeinander aufbauende CDS Views) benötigen.

- **CDS-Metadatenerweiterung**
  CDS-Metadatenerweiterungen dienen der Erweiterung der Metadaten eines CDS Views. Sie können ab ABAP 7.51 genutzt werden. Ich behandle diese Technik in Abschnitt 14.3. CDS-Metadatenerweiterungen ermöglichen es Ihnen, die vorhandenen Annotationen eines CDS Views um weitere Annotationen zu ergänzen bzw. sie überzudefinieren. Dies ist insbesondere für alle CDS Views wichtig, die über UI-Annotationen die Oberfläche einer Fiori-App beeinflussen.

Weitere Informationen zu Core Data Services

Dieses Kapitel setzt Kenntnisse in CDS voraus. Mehr zu dieser Technologie finden Sie dem Buch »Core Data Services für ABAP« von Renzo Colle, Ralf Dentzer und Jan Hrastnik (SAP PRESS 2018).

14.1 CDS-View-Erweiterungen

Mithilfe von CDS-View-Erweiterungen können Sie die Feldliste, die berechneten Felder und die Assoziationen eines von SAP bereitgestellten CDS

Views erweitern. Von Bedeutung sind diese CDS-View-Erweiterungen insbesondere, wenn Sie damit einen CDS View erweitern, der als Datenmodell für einen OData-Service dient. So ein CDS View wird über die Annotation `@OData.publish: true` veröffentlicht. Die durch Ihre Erweiterung hinzugefügten Felder in der Datenstruktur führen dann direkt zu einer Erweiterung des darauf aufbauenden OData-Service.

Syntax

Die Grundsyntax eines CDS-Append-Views ist in Listing 14.1 angegeben.

```
@AbapCatalog.sqlViewAppendName: 'CDS_APPEND_VIEW'
...
extend view cds_entity with cds_view_extension{ select_list_
extension } [;]
```

Listing 14.1 Syntax zur Erweiterung eines CDS Views

Nach dem Schlüsselwort `EXTEND VIEW` muss der zu erweiternde CDS View mit seinem CDS-Entitätsnamen angegeben werden (also nicht mit dem Namen des zugehörigen CDS-Datenbank-Views, der über die Annotation `@AbapCatalog.sqlViewName` definiert wird). Nach dem Schlüsselwort `WITH` können Sie einen neuen beliebigen Namen für Ihre Erweiterung definieren.

Zusätzlich müssen Sie hinter der Annotation `@AbapCatalog.sqlViewAppendName` in Hochkommata den Namen eines klassischen Views angeben.

In der Erweiterungsliste `select_list_extension` können alle Elemente einer normalen Selektionsliste aus der CDS-Syntax angegeben werden. Eine Ausnahme stellen Eingabeparameter, Pfadausdrücke und Aggregatausdrücke dar. Doppelt angegebene Elemente (die bereits im Original-CDS-View oder einer anderen Erweiterung vorkommen) müssen dabei mithilfe der Anweisung `AS` umbenannt werden. Die so neu hinzugefügten Felder können Sie nicht nachträglich über das Schlüsselwort `KEY` als Schlüssel definieren. Das bedeutet, dass die Schlüssel aus dem originalen CDS View weiterhin führend bleiben und nicht im Rahmen einer Erweiterung geändert werden können.

CDS Views mit einer expliziten Liste der Spaltennamen (d. h. der Reihe nach zugeordnete Namen zu den selektierten Spalten) können derzeit nicht erweitert werden.

[!]

Keine Umbenennung nach dem Transport

Aus den angelegten CDS-View-Erweiterungen können Append-Strukturen generiert werden. Daher können Sie eine CDS-View-Erweiterung nach dem Transport nicht mehr umbenennen. Wie bei normalen Append-Strukturen auch, müssen diese erst gelöscht und dann neu angelegt werden.

In den folgenden Abschnitten zeige ich Ihnen zunächst anhand eines praktischen Beispiels, wie Sie einen bestehenden CDS View um weitere Felder in der Selektionsliste erweitern können. Anschließend gehe ich auf den Zusatz GROUP BY und den Zusatz UNION genauer ein.

[»]

Versionsunterschiede

Ab dem Release ABAP 7.50 können Sie auch Eingabeparameter der erweiterten CDS Views sowie Pfadausdrücke für eigene Assoziationen und für Assoziationen der erweiterten CDS Views in der Selektionsliste angeben.

14.1.1 CDS-View-Erweiterung implementieren

In diesem Abschnitt zeige ich Ihnen, wie Sie einen CDS View um insgesamt vier weitere Spalten erweitern können. Dazu sind zwei aufeinander aufbauende CDS-Append-Views nötig. Ebenso wie kundeneigene CDS Views können Sie auch CDS-View-Erweiterungen ausschließlich über die ABAP Development Tools (ADT) in Eclipse anlegen.

Zu erweiternder CDS View

Listing 14.2 zeigt einen einfachen, von SAP ausgelieferten Demo-CDS-View DEMO_CDS_ORIG. In der Selektionsliste werden hier die Felder CARRIER, FLIGHT, DEPARTURE und DESTINATION aus den beiden Tabellen SPFLI und SCARR selektiert.

```
@AbapCatalog.sqlViewName: 'DEMO_CDS_ORIG'
define view demo_cds_original_view
  as select from spfli
  join scarr on scarr.carrid = spfli.carrid
     { key scarr.carrname as carrier,
       key spfli.connid   as flight,
       spfli.cityfrom     as departure,
       spfli.cityto       as destination };
```

Listing 14.2 Ein CDS View, der erweitert werden soll

Wenn Sie diesen CDS View, wie in Listing 14.3 gezeigt, in einem Report aufrufen, erhalten Sie die Ausgabe aus Abbildung 14.2.

```
SELECT *  FROM demo_cds_original_view
   ORDER BY carrier, flight
   INTO TABLE @data(lt_result).
cl_demo_output=>display_data( lt_result ).
```

Listing 14.3 Selektion und Ausgabe des originalen CDS Views

LT_ERGEBNIS

CARRIER	FLIGHT	DEPARTURE	DESTINATION
Alitalia	0555	ROME	FRANKFURT
Alitalia	0788	ROME	TOKYO
Alitalia	0789	TOKYO	ROME
Alitalia	0790	ROME	OSAKA
American Airlines	0017	NEW YORK	SAN FRANCISCO
American Airlines	0064	SAN FRANCISCO	NEW YORK
Delta Airlines	0106	NEW YORK	FRANKFURT
Delta Airlines	1699	NEW YORK	SAN FRANCISCO
Delta Airlines	1984	SAN FRANCISCO	NEW YORK
Japan Airlines	0407	TOKYO	FRANKFURT

Abbildung 14.2 Ausgabeliste des originalen CDS Views

CDS View erweitern

Gehen Sie wie folgt vor, um diesen CDS View zu erweitern:

1. Wählen Sie im Menü der ADT den Eintrag **New • Other • Core Data Services • New Data Definition**, um eine neue Datendefinition anzulegen.
2. Daraufhin öffnet sich der Wizard, den Sie in Abbildung 14.3 sehen. Wählen Sie hier das Template **Extend View** aus, und bestätigen Sie die Anlage abschließend mit **Finish**.

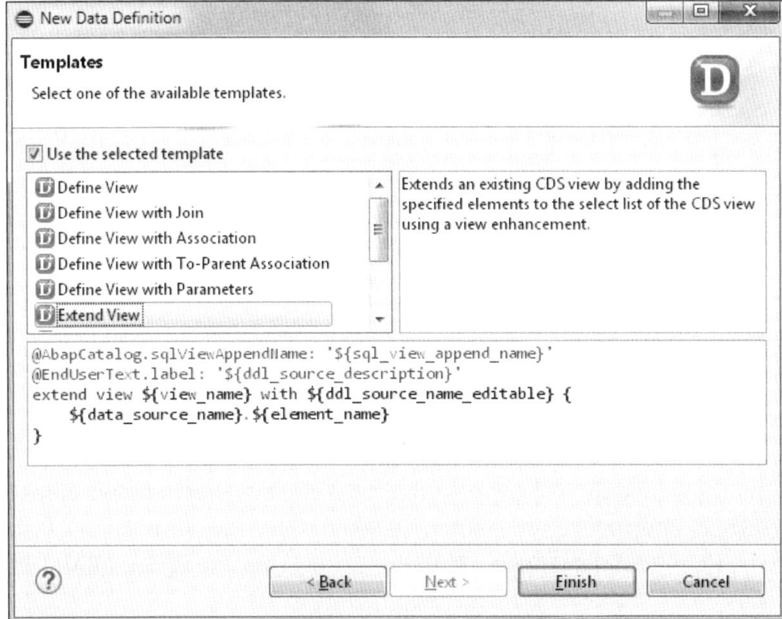

Abbildung 14.3 CDS-View-Erweiterung in Eclipse anlegen

3. Listing 14.4 zeigt die Erweiterung DEMO_CDS_EXTENS, die den CDS View aus Listing 14.2 um die beiden Felder DISTANCE und DISTID (mit dem Aliasnamen UNIT) ergänzt. Tragen Sie diesen CDS-Quellcode in den sich öffnenden CDS-Editor ein. Nach der Anweisung EXTEND VIEW wird der originale CDS View aus Listing 14.4 angegeben. Innerhalb der geschweiften Klammern werden danach die beiden hinzuzufügenden Spalten angegeben.

```
@AbapCatalog.sqlViewAppendName: 'DEMO_CDS_EXTENS'
extend view demo_cds_original_view with demo_cds_view_extension
{
  spfli.distance,
  spfli.distid as unit
};
```

Listing 14.4 Erweiterung eines CDS Views

Erweiterten View aufrufen

Wenn Sie jetzt den Report aus Listing 14.3 erneut ausführen, werden Sie in der Ausgabe feststellen, dass die beiden neuen Spalten DISTANCE und UNIT ebenfalls angezeigt werden (und das, obwohl auf den originalen CDS View selektiert wurde, siehe Abbildung 14.4). Es ist also nicht nötig (und auch nicht möglich), die Erweiterung zu selektieren.

Output

RESULT

CARRIER	FLIGHT	DEPARTURE	DESTINATION	DISTANCE	UNIT
Alitalia	0555	ROME	FRANKFURT	845.0	MI
Alitalia	0788	ROME	TOKYO	6130.0	MI
Alitalia	0789	TOKYO	ROME	6130.0	MI
Alitalia	0790	ROME	OSAKA	6030.0	MI
American Airlines	0017	NEW YORK	SAN FRANCISCO	2572.0	MI
American Airlines	0064	SAN FRANCISCO	NEW YORK	2572.0	MI
Singapore Airlines	0002	SINGAPORE	SAN FRANCISCO	8452.0	MI
Singapore Airlines	0015	SAN FRANCISCO	SINGAPORE	8452.0	MI
Singapore Airlines	0158	SINGAPORE	JAKARTA	560.0	MI
Singapore Airlines	0988	SINGAPORE	TOKYO	3125.0	MI
United Airlines	0941	FRANKFURT	SAN FRANCISCO	5685.0	MI

Abbildung 14.4 Die Ausgabeliste des erweiterten CDS Views

Weitere Erweiterungen

Ein CDS View kann beliebig oft auf diese Weise erweitert werden, eine CDS-View-Erweiterung selbst können Sie aber nicht erweitern. Dieses Prinzip entspricht dem der Append-Strukturen zur Erweiterung des ABAP Dictionarys.

Listing 14.5 zeigt unseren CDS View, der ein zweites Mal mit einer CDS-View-Erweiterung um zwei Felder (diesmal FLTYPE und PERIOD) erweitert wurde. Auch hier wird nach der Anweisung EXTEND VIEW wieder auf den CDS View aus Listing 14.2 verwiesen, und innerhalb der geschweiften Klammern werden die hinzuzufügenden Spalten angegeben.

```
@AbapCatalog.sqlViewAppendName: 'ZDEMO_CDS_EXTENS'
extend view demo_cds_original_view with zdemo_cds_view_ext2
{
  spfli.fltype,
  spfli.period
};
```

Listing 14.5 Eine zweite Erweiterung eines CDS Views

Wenn Sie diesen View erneut mit dem Report aus Listing 14.3 selektieren, werden Sie die Ausgabeliste aus Abbildung 14.5 erhalten. Die zusätzlichen Felder beider Erweiterungen werden hinzugefügt, also sowohl die Spalten DISTANCE und UNIT aus der ersten Erweiterung DEMO_CDS_VIEW_EXTENSION (siehe Listing 14.4) als auch die Spalten FLTYPE und PERIOD aus der zweiten Erweiterung ZDEMO_CDS_VIEW_EXT2 (siehe Listing 14.5).

Output

LT_RESULT

CARRIER	FLIGHT	DEPARTURE	DESTINATION	DISTANCE	UNIT	FLTYPE	PERIOD
Alitalia	0555	ROME	FRANKFURT	845.0	MI		0
Alitalia	0788	ROME	TOKYO	6130.0	MI		1
Alitalia	0789	TOKYO	ROME	6130.0	MI		0
Alitalia	0790	ROME	OSAKA	6030.0	MI	X	1
American Airlines	0017	NEW YORK	SAN FRANCISCO	2572.0	MI		0
American Airlines	0064	SAN FRANCISCO	NEW YORK	2572.0	MI		0
Singapore Airlines	0002	SINGAPORE	SAN FRANCISCO	8452.0	MI		0
Singapore Airlines	0015	SAN FRANCISCO	SINGAPORE	8452.0	MI		2
Singapore Airlines	0158	SINGAPORE	JAKARTA	560.0	MI		0
Singapore Airlines	0988	SINGAPORE	TOKYO	3125.0	MI		1
United Airlines	0941	FRANKFURT	SAN FRANCISCO	5685.0	MI		0

Abbildung 14.5 Die Ausgabeliste des zweifach erweiterten CDS Views

Erweiterungen anzeigen

Ob für einen CDS View bereits eine Erweiterung angelegt wurde, können Sie sehen, wenn Sie den originalen CDS View in Eclipse aufrufen. Befindet sich vor der Anweisung define view ein Erweiterungs-Icon, wie in Abbildung 14.6 in Zeile 2, wurde der View erweitert. Wenn Sie mit dem Mauszeiger über dieses Erweiterungs-Icon fahren, werden Ihnen alle Erweiterungen des CDS Views angezeigt. Klicken Sie auf den Namen einer Erweiterung, öffnet Eclipse automatisch die zugehörige Definition.

Transaktion SE11

Auch in der Transaktion SE11 können Sie die Erweiterungen, wie in Abbildung 14.7 gezeigt, nachvollziehen. Tragen Sie hierzu den Namen des SQL-

Views im Feld **Datenbanktabelle** ein, und klicken Sie anschließend auf **Anzeigen**. Durch die beiden CDS-View-Erweiterungen wurden technisch gesehen zwei Append-Strukturen dem originalen View hinzugefügt.

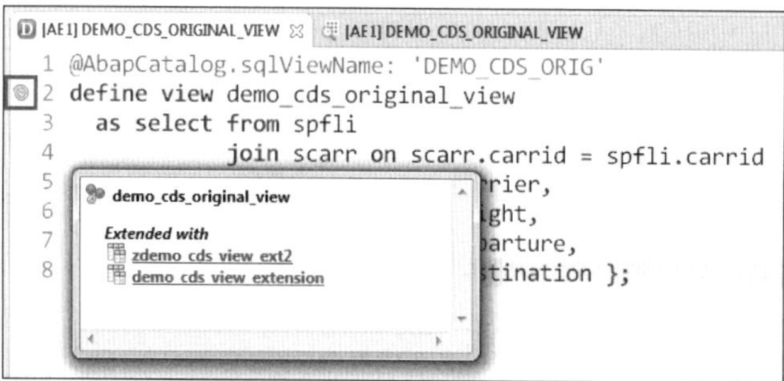

Abbildung 14.6 Verweis auf die CDS-View-Erweiterungen

Dictionary: View anzeigen

DDL SQL View: DEMO_CDS_ORIG aktiv

Kurzbeschreibung: ##Erzeugt aus Ddl Source DEMO_CDS_ORIGINAL_VIEW

Eigenschaften | Tabellen/Joinbedingungen | Viewfelder | Selektionsbedingungen | Pflegestatus

Tabellenfelder

Viewfeld	Tabelle	Feld	Key	Datenel.	M...	DTyp	Länge	Kurzbeschreibung
MANDT	SPFLI	MANDT	☑	S_MANDT	☐	CLNT	3	Mandant
CARRIER	SCARR	CARRNAME	☑	S_CARRNAME	☐	CHAR	20	Name einer Fluggesellschaft
FLIGHT	SPFLI	CONNID	☑	S_CONN_ID	☐	NUMC	4	Code der Einzelflugverbindung
DEPARTURE	SPFLI	CITYFROM	☑	S_FROM_CIT	☐	CHAR	20	Abflugstadt
DESTINATION	SPFLI	CITYTO	☑	S_TO_CITY	☐	CHAR	20	Ankunftstadt
.APPEND	DEMO_CDS_EXTENS		☑		☐		0	
DISTANCE	SPFLI	DISTANCE	☑	S_DISTANCE	☐	QUAN	9	Entfernung
UNIT	SPFLI	DISTID	☑	S_DISTID	☐	UNIT	3	Maß der Entfernung
.APPEND	ZDEMO_CDS_EXTENS		☑		☐		0	
FLTYPE	SPFLI	FLTYPE	☑	S_FLTYPE	☐	CHAR	1	Flugtyp
PERIOD	SPFLI	PERIOD	☑	S_PERIOD	☐	INT1	3	Ankunft n Tage später

Abbildung 14.7 Der erweiterte CDS View in Transaktion SE11

CDS Views sind also relativ einfach zu erweitern. In Zukunft werden solche Erweiterungen sehr wichtig werden, um zusätzliche Felder in Standarddatenbanktabellen an die Anwendungslogik durchzureichen, die direkt auf CDS Views aufbaut. Zu den übergeordneten Technologien der Anwendungslogik gehören insbesondere das BOPF und OData-Services.

[!]

Erweiterung von CDS-View-Hierarchien

Einen großen Nachteil hat diese direkte Erweiterung der CDS Views aber: Eine CDS-View-Erweiterung kann nur von den Datenquellen des zu erweiternden Views selektieren. Haben Sie eine View-Hierarchie, also eine Menge von CDS Views, die aufeinander aufbauen, und wollen Sie im obersten CDS View ein neues Feld anbieten, müssen Sie daher auch alle darunterliegenden Views bis zur Datenbanktabelle erweitern.

Wenn sich durch ein Upgrade seitens SAP nur ein einziger dieser Views ändert, hat dies zur Folge, dass Ihre Erweiterungen nicht mehr funktionieren und Sie diese reparieren müssen. Selbst wenn Sie ausschließlich freigegebene CDS Views erweitert haben, kann es sein, dass SAP die Implementierung eines der CDS Views ändert, da bei den freigegebenen CDS Views nur garantiert wird, dass die Verwendungsschnittstelle stabil bleibt.

Aus diesem Grund hat SAP die Technik der *indirekten CDS-View-Erweiterung* eingeführt. Dabei findet die Erweiterung über von SAP bereitgestellte Extension Include Views statt. Diese Möglichkeit der indirekten Erweiterung erläuterte ich in Abschnitt 14.2, »Indirekte Erweiterung mit Extension Include Views«.

14.1.2 Der Zusatz GROUP BY

Ab ABAP-Release 7.51 können Sie CDS Views mit Aggregatausdrücken wie MIN, MAX, AVG oder COUNT auch über den Zusatz GROUP BY erweitern. Diesen Zusatz müssen Sie (und können Sie auch nur) immer dann angeben, wenn ein originaler CDS View mit Aggregatausdrücken um Elemente erweitert wird, die selbst keine Aggregatausdrücke sind. Diese so neu hinzugefügten Elemente müssen hinter der GROUP-BY-Klausel der Erweiterung ergänzt werden. Mit anderen Worten: Wenn Sie in der Erweiterung neue Spalten selektieren, auf die Sie keine Aggregatfunktion anwenden, müssen Sie diese Spalten zwingend in der GROUP-BY-Klausel angeben, die die ursprüngliche GROUP-BY-Klausel des originalen CDS Views erweitert.

[«]

Erweiterung muss über #GROUP_BY erlaubt sein

Wenn in dem originalen CDS View in dem Annotations-Array @AbapCatalog.viewEnhancementCategory[ ] der Wert #GROUP_BY nicht angegeben ist, können Sie den View nicht um neue Aggregatausdrücke erweitern.

Beispiel: Demo-View erweitern

Listing 14.6 zeigt den CDS View DEMO_CDS_AGGREGATE, in dem über den Aggregatausdruck SUM die Summe über die Spalte FLTIME gebildet wird. Über das Annotations-Array @AbapCatalog.viewEnhancementCategory[ ] wird mit dem Wert #GROUP_BY die Erweiterung erlaubt.

```
@AbapCatalog.sqlViewName: 'DEMO_CDS_AGG'
@AccessControl.authorizationCheck: #NOT_REQUIRED
@AbapCatalog.viewEnhancementCategory: [#PROJECTION_LIST,#GROUP_BY]
```

```
define view demo_cds_aggregate
  as select from spfli
    {
      carrid, sum(fltime) as sum_fltime
    }
    group by carrid;
```

Listing 14.6 Zu erweiternder CDS View mit einer Aggregation

Der originale CDS View aus Listing 14.6 wird über den in Listing 14.7 programmierten CDS-Append-View `DEMO_CDS_EXTEND_AGGREGATE` erweitert. Hierbei wird innerhalb der geschweiften Klammern die Selektionsliste um die beiden Felder `CONNID` und `DISTANCE` ergänzt, wobei die Summe, die im Feld `DISTANCE` berechnet werden soll, über den Aggregatausdruck `SUM` gebildet wird. Daher muss nur das Feld `CONNID` nach dem Zusatz `GROUP BY` angegeben werden.

```
@AbapCatalog.sqlViewAppendName: 'DEMO_CDS_EXTAGG'
extend view demo_cds_aggregate with demo_cds_extend_aggregate
  {
    connid,
    sum(distance) as sum_distance
  }
  group by connid;
```

Listing 14.7 Die Erweiterung zu dem CDS View mit einer Aggregation

Ausgabe des erweiterten Views

Wenn Sie nun den originalen CDS View in einem Report selektieren (analog zu Listing 14.3) und sich das Ergebnis über die Klasse `CL_DEMO_OUTPUT` ausgeben lassen, werden Sie eine Ausgabe wie in Abbildung 14.8 erhalten. Hier können Sie sehen, dass der View erfolgreich um die Spalten `CONNID` und die Summenspalte `SUM_DISTANCE` erweitert wurde.

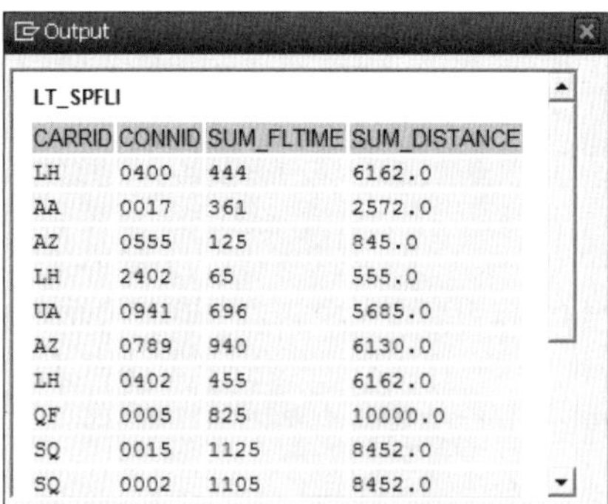
Output

LT_SPFLI

CARRID	CONNID	SUM_FLTIME	SUM_DISTANCE
LH	0400	444	6162.0
AA	0017	361	2572.0
AZ	0555	125	845.0
LH	2402	65	555.0
UA	0941	696	5685.0
AZ	0789	940	6130.0
LH	0402	455	6162.0
QF	0005	825	10000.0
SQ	0015	1125	8452.0
SQ	0002	1105	8452.0

Abbildung 14.8 Die Ausgabeliste des erweiterten CDS Views mit einer Aggregation

14.1.3 Erweiterungen mit UNION

Ab ABAP-Release 7.51 können Sie außerdem auch CDS Views um Vereinigungsmengen erweitern. Dazu nutzen Sie den Zusatz UNION. Diesen Zusatz müssen Sie angeben, wenn ein originaler CDS View erweitert werden soll, der eine UNION-Klausel enthält. Für jede UNION-Klausel des originalen CDS Views muss dabei ein Zusatz UNION im erweiterten View angegeben werden. In den geschweiften Klammern jeder UNION-Klausel müssen Sie dabei alle Elemente aufführen, die die Selektionsliste der UNION-Klausel des originalen Views erweitern sollen.

[«]

Erweiterung muss über #UNION erlaubt sein

Wenn in dem originalen CDS View in dem Annotations-Array @AbapCatalog.viewEnhancementCategory[ ] der Wert #UNION nicht angegeben ist, können Sie diesen View nicht erweitern.

Beispiel: CDS View für Einkaufs- und Verkaufsaufträge

Listing 14.8 zeigt den kundeneigenen CDS View ZCDS_ORDERS_UNION, in dem eine Vereinigungsmenge über die beiden Tabellen SNWD_PO (Einkaufsaufträge) und SNWD_SO (Verkaufsaufträge) gebildet wird. Dabei werden die Spalten NODE_KEY, NET_AMOUNT und GROSS_AMOUNT aus diesen beiden Tabellen selektiert. Über das Annotations-Array @AbapCatalog.viewEnhancementCategory[ ] wird mit dem Wert #UNION die Erweiterung dieses Views erlaubt.

```
@AbapCatalog.sqlViewName: 'ZV_ORDERS_UNION'
@AbapCatalog.compiler.CompareFilter: true
@AccessControl.authorizationCheck: #NOT_REQUIRED
@EndUserText.label: 'Vereinigungsmenge Aufträge'
@AbapCatalog.viewEnhancementCategory: [#PROJECTION_LIST,#UNION]
define view ZCDS_ORDERS_UNION
as select from snwd_po {
    node_key,
    net_amount,
    gross_amount
}
union select from snwd_so {
    node_key,
    net_amount,
    gross_amount
}
```

Listing 14.8 Ein CDS View mit einer Vereinigungsmenge, die erweitert werden soll

Der originale CDS View aus Listing 14.6 wird über den in Listing 14.7 programmierten CDS-Append-Views ZCD_ORDER_UNION_EXT erweitert. Hierbei wird die linke Seite der Vereinigungsmenge um die beiden Spalten PO_ID (umbenannt in PKEY) und CURRENCY_CODE erweitert. Die rechte Seite der Vereinigungsmenge wird um die beiden Spalten SO_ID (umbenannt in PKEY) und CURRENCY_CODE erweitert. Sie müssen in einer solchen Erweiterung also das ursprüngliche UNION-Konstrukt abbilden und jede Seite der Vereinigungsmenge wie um die zusätzlichen Felder ergänzen.

```
@AbapCatalog.sqlViewAppendName: 'ZV_ORDER_UNI_EX'
@EndUserText.label: 'Erweiterung Vereinigungsmenge Aufträge'
extend view ZCDS_ORDERS_UNION with ZCD_ORDER_UNION_EXT
  {
    po_id as pkey,
    currency_code
  }
  union
  {
    so_id as pkey,
    currency_code
  };
```

Listing 14.9 Die Erweiterung zu dem CDS View mit einer Vereinigungsmenge

Ausgabe des erweiterten Views

Wenn Sie jetzt den CDS View ZCDS_ORDERS_UNION in einem Report selektieren (analog zu Listing 14.3) und das Ergebnis über die Klasse CL_DEMO_OUTPUT ausgeben lassen, werden Sie eine Ausgabe wie in Abbildung 14.9 erhalten. Hier können Sie sehen, dass der View erfolgreich um die Spalten CURRENCY_CODE und PKEY erweitert wurde.

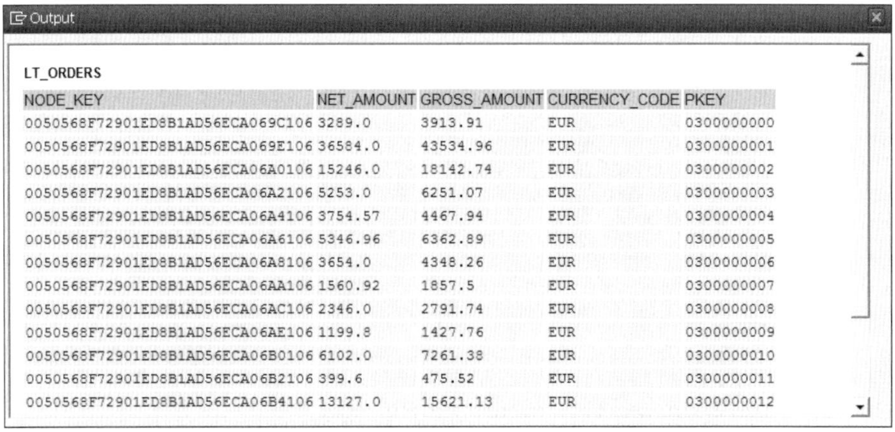

Output

LT_ORDERS

NODE_KEY	NET_AMOUNT	GROSS_AMOUNT	CURRENCY_CODE	PKEY
0050568F72901ED8B1AD56ECA069C106	3289.0	3913.91	EUR	0300000000
0050568F72901ED8B1AD56ECA069E106	36584.0	43534.96	EUR	0300000001
0050568F72901ED8B1AD56ECA06A0106	15246.0	18142.74	EUR	0300000002
0050568F72901ED8B1AD56ECA06A2106	5253.0	6251.07	EUR	0300000003
0050568F72901ED8B1AD56ECA06A4106	3754.57	4467.94	EUR	0300000004
0050568F72901ED8B1AD56ECA06A6106	5346.96	6362.89	EUR	0300000005
0050568F72901ED8B1AD56ECA06A8106	3654.0	4348.26	EUR	0300000006
0050568F72901ED8B1AD56ECA06AA106	1560.92	1857.5	EUR	0300000007
0050568F72901ED8B1AD56ECA06AC106	2346.0	2791.74	EUR	0300000008
0050568F72901ED8B1AD56ECA06AE106	1199.8	1427.76	EUR	0300000009
0050568F72901ED8B1AD56ECA06B0106	6102.0	7261.38	EUR	0300000010
0050568F72901ED8B1AD56ECA06B2106	399.6	475.52	EUR	0300000011
0050568F72901ED8B1AD56ECA06B4106	13127.0	15621.13	EUR	0300000012

Abbildung 14.9 Die Ausgabeliste zu dem erweiterten CDS View mit einer Vereinigungsmenge

[«]

Zusatz UNION ALL

Der Zusatz `UNION ALL` (anstelle von `UNION` allein) muss immer dann angegeben werden, wenn er auch im originalen CDS View verwendet wurde. Er sorgt dafür, dass doppelte Werte nicht ausgeschlossen werden.

14.2 Indirekte Erweiterung mit Extension Include Views

Extension Include Views

Extension Include Views bauen auf den in Abschnitt 14.1 beschriebenen CDS-View-Erweiterungen auf und ermöglichen Ihnen eine stabile Erweiterung von CDS-View-Stacks, d. h. von mehreren, aufeinander aufbauenden CDS Views.

Bei diesen Extension Include Views handelt es sich um von SAP bereitgestellte eigenständige CDS Views, die über eine *Erweiterungsassoziation* mit einem CDS-View-Stack verbunden sind. Sie dienen als Datenquelle für die Erweiterungsfelder einer Tabelle. Durch diese Technik müssen Sie nicht alle CDS Views im CDS-View-Stack erweitern, sondern lediglich den Extension Include View sowie den einen View, in dem das neue Feld exponiert werden soll.

Nehmen wir beispielsweise an, die Datenbanktabelle `VBAP` wurde um ein Zusatzfeld `ZZUSATZ` erweitert. Dieses Zusatzfeld soll im darauf aufbauenden CDS-View-Stack im obersten View `I_SalesOrderItemCube` bereitgestellt werden. Abbildung 14.10 verdeutlicht den Aufbau des View-Stacks.

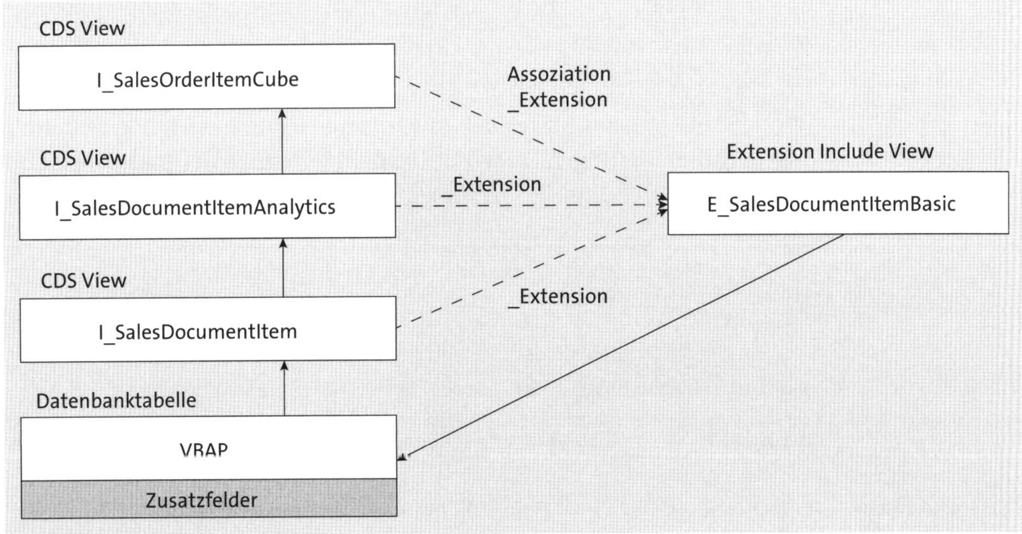

Abbildung 14.10 Die Technik eines Extension Include Views

Zwischen der Datenbanktabelle VBAP und dem View I_SalesOrderItemCube befinden sich zwei weitere CDS Views. Zusätzlich wird ein eigenständiger CDS View E_SalesDocumentItemBasic bereitgestellt, der von allen CDS Views auf der linken Seite über eine Assoziation _EXTENSION referenziert wird.

Anstatt die unter diesem View I_SalesOrderItemCube liegenden Views I_SalesDocumentItem und I_SalesDocumentItemAnalytics zu erweitern, damit das Zusatzfeld im View I_SalesOrderItemCube verfügbar wird, können Sie den von SAP bereitgestellten Extension Include View E_SalesDocumentItemBasic verwenden. Diesen erweitern Sie, wie in Abschnitt 14.1 beschrieben, mithilfe einer CDS-View-Erweiterung.

Aufbau des Extension Include Views

Listing 14.10 zeigt den Grundaufbau des bereitgestellten Extension Include Views E_SalesDocumentItemBasic.

```
@AbapCatalog.sqlViewName: 'ESDSLSDOCITMBSC'
@EndUserText.label: 'Extension view for VBAP'
@VDM.viewType: #EXTENSION
define view E_SalesDocumentItemBasic
  as select from vbap as Persistence
{
  key Persistence.vbeln as SalesDocument,
  key Persistence.posnr as SalesDocumentItem
}
```

Listing 14.10 Extension Include View für die Datenbanktabelle VBAP

Dieser Extension Include View macht nicht mehr, als die ursprüngliche Datenbanktabelle VBAP zu selektieren und die Schlüsselfelder zu exponieren.

Erweiterungsassoziation

Der Extension Include View wird aus allen anderen CDS Views des Stacks über die Assoziation _EXTENSION (auch Erweiterungsassoziation genannt) angesprochen. Listing 14.11 zeigt die so definierte Erweiterungsassoziation _EXTENSION im CDS View I_SalesOrderItemCube.

```
define view I_SalesOrderItemCube
...
association [0..1] to E_SalesDocumentItemBasic as _Extension
 on $projection.SalesOrder     = _Extension.SalesDocument
and $projection.SalesOrderItem = _Extension.SalesDocumentItem
```

Listing 14.11 Die im CDS View angegebene Assoziation _EXTENSION

Extension Include View erweitern

Enthält ein CDS View eine solche Erweiterungsassoziation _EXTENSION, bedeutet das für Sie, dass ein Extension Include View existiert und Sie den

CDS View nicht direkt erweitern müssen, sondern stattdessen den bereitgestellten Extension Include View verwenden können. So müssen Sie lediglich den Extension Include View mit einem CDS-Append-View um die zusätzlichen Felder erweitern. In Listing 14.12 ist dies am Beispiel des zusätzlichen Feldes ZZUSATZ dargestellt.

```
@AbapCatalog.sqlViewAppendName: 'ZVE_SDITEM_A'
extend view E_SalesDocumentItemBasic
with ZE_SalesDocItemBasic_Add
{
  Zzusatz as char10,
}
```

Listing 14.12 Der erweiterte Extension Include View für die Datenbanktabelle VBAP

Zusatzfeld in Views des Stacks exponieren

Durch die eingetragenen Assoziationen wird das Zusatzfeld auch in den Views I_SalesDocumentItem, I_SalesDocumentItemAnalytics und I_SalesOrderItemCube automatisch verfügbar, auch wenn es in diesen Views noch gar nicht exponiert wurde. Dies können Sie erreichen, indem Sie den gewünschten CDS View mit einem CDS-Append-View erweitern und das Feld über die Assoziation _EXTENSION in der Feldliste exponieren. In Listing 14.13 ist dies für den CDS Views I_SalesOrderItemCube dargestellt, in dem das dem Extension Include-View hinzugefügte Zusatzfeld ZZUSATZ aus Listing 14.12 exponiert wird.

```
@AbapCatalog.sqlViewAppendName: ' ZV_SDITEMCUBE_A'
extend view I_SalesOrderItemCube
with ZE_SalesOrderItemCube_Add
{
  _Extension.Zzusatz
}
```

Listing 14.13 Erweiterter CDS View, der die Assoziation _EXTENSION als Datenquelle für die erweiterten Felder nutzt

Das Erweiterungsfeld wird durch den Pfadausdruck _EXTENSION.ZZUSATZ angegeben und technisch durch einen Join mit dem Extension Include View eingebunden. Dieser Join ist im Prinzip ein Self Join der Tabelle VBAP.

CDS-Append-View aktivieren

Anschließend können Sie den CDS-Append-View aktivieren. Dies führt automatisch zu einer Aktivierung des Extension Include Views und aller Views, die auf diesen Extension Include View als Datenquelle zurückgreifen.

Wenn sich nun bei einem SAP-Upgrade einer der Views des CDS-View-Stacks ändert, hat dies keinerlei Auswirkungen auf Ihre Erweiterung, da der Extension Include View als Datenquelle für Ihre Erweiterungsfelder benutzt wird und die Erweiterungsfelder nicht entlang des CDS-View-Stacks hochgereicht werden. Der Extension Include View selbst greift ja direkt auf die Datenbanktabelle zu.

14.3 CDS-Metadatenerweiterungen

Annotationen erweitern

Seit ABAP 7.51 können Sie mithilfe von CDS-Metadatenerweiterungen (MDE) die vorhandenen Annotationen eines CDS-Modells anreichern bzw. übersteuern. Hierfür muss der originale CDS View eine solche Erweiterung über die Annotation `@Metadata.allowExtensions: true` erlauben. Listing 14.14 zeigt einen solchen CDS View, in dem die Erweiterung der Metadaten dadurch erlaubt ist.

```
@AbapCatalog.sqlViewName: 'DEMOCDSVIEWMDE'
@AccessControl.authorizationCheck: #NOT_REQUIRED
@Metadata.allowExtensions: true
define view Demo_Cds_MDE
 as select from demo_expressions
   {
     @UI.dataPoint.title: 'View, title'
     @UI.dataPoint.description: 'View, description'
     @UI.dataPoint.longDescription: 'View, longdescription'
     'X' as element
   }
  where id = 'X'
```

Listing 14.14 Ein CDS View, der eine Erweiterung seiner Metadaten erlaubt

CDS-Metadatenerweiterung anlegen

In einem solchen Fall können Sie in den ABAP Development Tools über den Menüpfad **New • Other • Core Data Services • Metadata Extensions** eine CDS-Metadatenerweiterung anlegen (siehe Abbildung 14.11). Klicken Sie dann auf **Next**, um einen Namen für die neue Erweiterung zu vergeben.

Verwenden Sie hier am besten den originalen Namen des CDS Views mit Ihrem Kundennamensraum als Präfix. Dies ist nicht zwingend notwendig, Sie vermeiden dadurch aber eventuelle Namenskollisionen mit SAP-eigenen CDS-Metadatenerweiterungen. Wie bei CDS-View-Erweiterungen auch kann es für einen CDS View mehrere CDS-Metadatenerweiterungen geben.

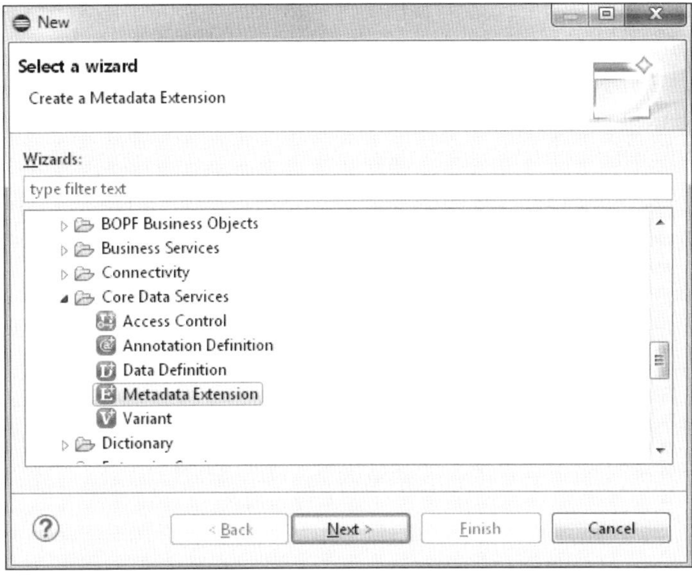

Abbildung 14.11 Anlage einer CDS-Metadatenerweiterung

Syntax der CDS-Metadatenerweiterung

Eine CDS-Metadatenerweiterung wird, wie in Listing 14.15 gezeigt, durch die Anweisung `ANNOTATE VIEW` eingeleitet.

```
@Metadata.layer: #INDUSTRY
annotate view Demo_Cds_MDE with
{
  @UI.dataPoint.title:'MDE PARTNER, title'
  element;
}
```

Listing 14.15 Eine CDS-Metadatenerweiterung

Erweiterungsschichten

Über die Annotation `@Metadata.layer` muss die CDS-Metadatenerweiterung einer der folgenden Erweiterungsschichten zugeordnet werden:

- `#CORE`
- `#LOCALIZATION`
- `#INDUSTRY`
- `#PARTNER`
- `#CUSTOMER`

Diese Schichten bauen von oben nach unten aufeinander auf. `#CORE` ist die niedrigste Schicht und wird von `#LOCALIZATION` und den nachfolgenden Schichten überlagert. Die höchste Schicht stellt `#CUSTOMER` dar. Sie überlagert damit alle anderen darunterliegenden Schichten bis hin zur Schicht `#CORE`.

Die der Erweiterung zugeordnete Schicht bestimmt bei der Auswertung aller Metadaten deren Priorität, falls Annotationen doppelt vorkommen. Die Schicht #CUSTOMER wird also am höchsten priorisiert. Sie sollten sie immer verwenden, wenn Sie CDS Views erweitern. Die Schicht #PARTNER ist für Entwicklungen durch SAP-Partner gedacht.

Priorisierung der Metadaten

Würde beispielsweise der CDS View aus Listing 14.15 durch eine zweite Metadatenerweiterung wie in Listing 14.16 erweitert, käme die Annotation @UI.dataPoint.title doppelt vor.

```
@Metadata.layer: #PARTNER
annotate view Demo_Cds_MDE with
{
  @UI.dataPoint.title: 'MDE INDUSTRY, title'
  @UI.dataPoint.description: 'MDE INDUSTRY, description'
  element;
}
```

Listing 14.16 Eine zweite Metadatenerweiterung mit einer doppelt vorkommenden Annotation

Da die ersten Erweiterungen aus Listing 14.15 einer höheren Erweiterungsschicht #CUSTOMER zugeordnet sind, würde nur die dort definierte Annotation berücksichtigt werden. Innerhalb einer CDS-View-Hierarchie werden zuerst die Metadatenerweiterungen eines jeden CDS Views ausgewertet und erst danach die Metadatenerweiterung der darauf aufbauenden Views.

Wenn ein CDS View durch zwei Metadatenerweiterungen erweitert wird, die derselben Erweiterungsschicht zugeordnet sind, wird im Fall einer doppelten Annotation die zuerst gefundene Metadatenerweiterung bevorzugt. Um dies verhindern zu können, erhalten Sie in so einem Fall beim Aktivieren der Erweiterung eine entsprechende Warnung durch die Syntaxprüfung.

[»]

Eingeschränkte Erweiterung von Annotationen

Sie können nicht jede Annotation im Rahmen einer CDS-Metadatenerweiterung hinzufügen oder überschreiben. Prinzipiell sind nur leichtgewichtige Annotationen erlaubt, die keine Aktivierung von Entwicklungsobjekten nach sich ziehen. Welche Annotationen Sie zur Erweiterung verwenden können, können Sie innerhalb der Definition der Annotation in der Hilfe nachlesen. Die entsprechende Annotation, die in einer Erweiterung verwendet werden kann, muss durch @MetadataExtension.usageAllowed:true gekennzeichnet sein. Zu den Annotationen, die Sie über eine CDS-Metadatenerweiterung hinzufügen oder überschreiben können, gehören zum Zeitpunkt der Drucklegung dieses Buches die Annotationen @EndUserText, @Consumption und @UI.

CDS-Metadatenerweiterungen analysieren

Innerhalb von ABAP können Sie mithilfe der Standardklasse CL_DD_DDL_ANNOTATION_SERVICE ermitteln, welche Annotationen ein CDS View enthält. SAP bedient sich der Priorisierung der Erweiterungsschichten, um die aktiven Annotationen eines CDS Views zu ermitteln.

Hierfür werden die Metadatenerweiterungen des betreffenden CDS Views anhand der zugewiesenen Schichten ausgewertet. Alle Annotationen, die einer höheren Schicht zugeordnet wurden (z. B. #CUSTOMER), werden in einiger niedrigeren Schicht (z. B. #PARTNER) nicht mehr gesucht und ignoriert. Erst danach werden alle anderen Annotationen aus dem CDS View berücksichtigt.

Das Auslesen der Annotationen können Sie mithilfe der Methode GET_ANNOS der Klasse CL_DD_DDL_ANNOTATION_SERVICE nachvollziehen, wie in Listing 14.17 gezeigt.

14

```
DATA: lt_element_annos TYPE CL_DD_DDL_ANNOTATION_SERVICE=>
                            TY_T_PARA_ANNO_VAL_SRC_DTEL.
cl_dd_ddl_annotation_service=>get_annos(
  EXPORTING
    entityname    = 'DEMO_CDS_MDE'
  IMPORTING
    element_annos = lt_element_annos ).
```

Listing 14.17 Auslesen aller Annotationen eines CDS Views

In der Rückgabetabelle des Parameters ELEMENT_ANNOS können Sie die für den CDS View ermittelten Annotationen sehen.

14.4 Zusammenfassung

In diesem Kapitel habe ich Ihnen gezeigt, wie Sie CDS Views um neue Felder, berechnete Felder, Assoziationen und Metadaten erweitern können. Hierfür können Sie in den ABAP Development Tools (ADT) in Eclipse CDS-View-Erweiterungen und CDS-Metadatenerweiterungen anlegen. Zusätzlich habe ich Ihnen gezeigt, wie Sie mithilfe der eigenständigen Extension Include View einen CDS-View-Stack stabil erweitern können, sodass eventuelle Upgrades seitens SAP Ihre Erweiterung nicht zerstören.

Mit diesem Wissen haben Sie die Möglichkeit, eigene Zusatzfelder in Datenbanktabellen in einem darauf aufbauenden CDS-View anzubieten, um anschließend z. B. in einem ABAP-Programm lesend darauf zuzugreifen.

Kapitel 15
Erweiterung von ABAP Managed Database Procedures

In diesem Kapitel zeige ich Ihnen, wie Sie mit den neuen AMDP-BAdIs arbeiten, um ABAP Managed Database Procedures zu erweitern.

Mit ABAP-Release 7.40 SP08 wurden spezielle Business Add-ins (BAdIs) für *ABAP Managed Database Procedures* (AMDP) eingeführt. Diese nennen sich *AMDP-BAdIs*. Sie übertragen die Implementierung von Datenbankprozeduren auf die aktuelle Datenbank, und zwar unter anderem abhängig von der Schalterstellung des Switch Frameworks. Das AMDP-Framework sorgt dafür, dass die aktuelle Datenbankprozedur (die zutreffende BAdI-Implementierung) auf der Datenbank angelegt und ausgeführt wird.

ABAP Managed Database Procedures

AMDP erlauben es Ihnen, Datenbankprozeduren (und auch Datenbankfunktionen) auf dem SAP NetWeaver Application Server (AS) ABAP zu entwickeln und zu verwalten. Dazu werden ABAP-Klassen verwendet. In der Theorie könnten diese Prozeduren für beliebige Datenbanken entwickelt werden, in der Praxis beherrschen die AMDP momentan jedoch nur die SAP-HANA-spezifische Skriptsprache *SQLScript*. Das bedeutet, dass die AMDP nur auf der SAP-HANA-Datenbank funktionieren.

In Abschnitt 15.1 zeige ich Ihnen, wie Sie ein solches AMDP-BAdI mithilfe der ABAP Development Tools (ADT) in Eclipse implementieren können. In Abschnitt 15.2 erläutere ich, wie die Methoden eines AMDP-BAdIs aus dem Standard-SAP-Quellcode aufgerufen werden. Dieser Aufruf unterscheidet sich von dem Aufruf der Methoden normaler BAdIs.

15.1 Ein AMDP-BAdI implementieren

AMDP-BAdI

Wie in Abbildung 15.1 dargestellt, wird ein AMDP-BAdI im BAdI-Builder mit der Eigenschaft **AMDP BAdI** gekennzeichnet. Diese Eigenschaft muss bei der Anlage des BAdIs aktiviert werden. Um die folgenden Anleitungen zu verstehen, sollten Sie sich daher bereits mit den in Kapitel 11, »Neue Business Add-ins«, vorgestellten neuen BAdIs vertraut gemacht haben.

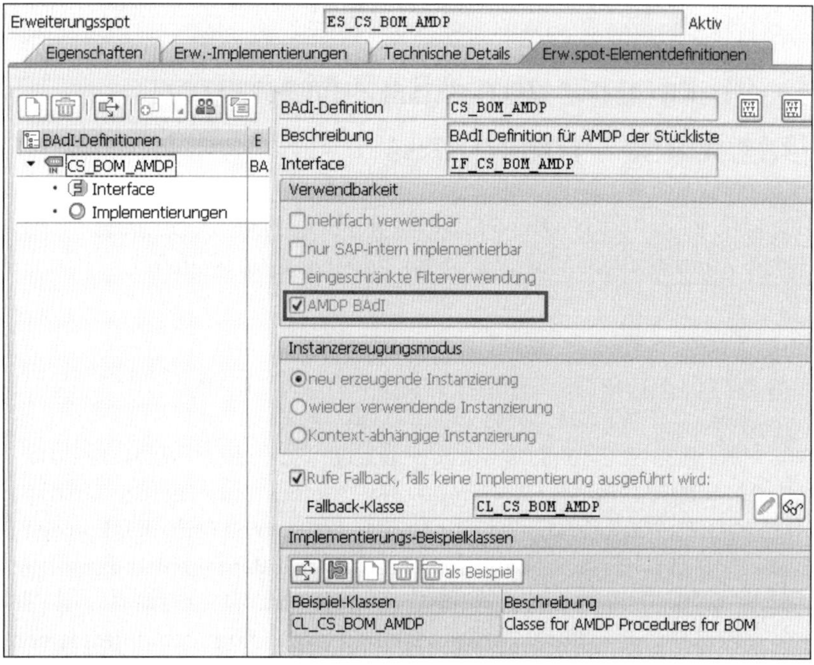

Abbildung 15.1 Ein AMDP-BAdI

Diese speziellen AMDP-BAdIs weisen die folgenden Besonderheiten auf:

- Sie können für AMDP-BAdIs keine Filter definieren.
- Sie müssen eine Fallback-BAdI-Implementierungsklasse angegeben (in Abbildung 15.1 ist dies die Klasse CL_CS_BOM_AMDP).
- Sie können ausschließlich Methoden verwenden, die der AMDP-Implementierung dienen.
- Sie können ausschließlich Methoden verwenden, die für das gleiche Datenbanksystem (z. B. SAP HANA) implementiert sind.

Implementierungsschritte

Die Implementierung eines solchen AMDP-BAdIs erfolgt ansonsten, wie Sie es von den herkömmlichen neuen BAdIs her gewohnt sind. Sie legen dazu nacheinander die folgenden Objekte an:

- eine Erweiterungsimplementierung
- eine BAdI-Implementierung
- eine BAdI-Klasse

Abbildung 15.2 zeigt eine BAdI-Implementierung mit der implementierenden Klasse ZCL_CS_BOM_AMDP.

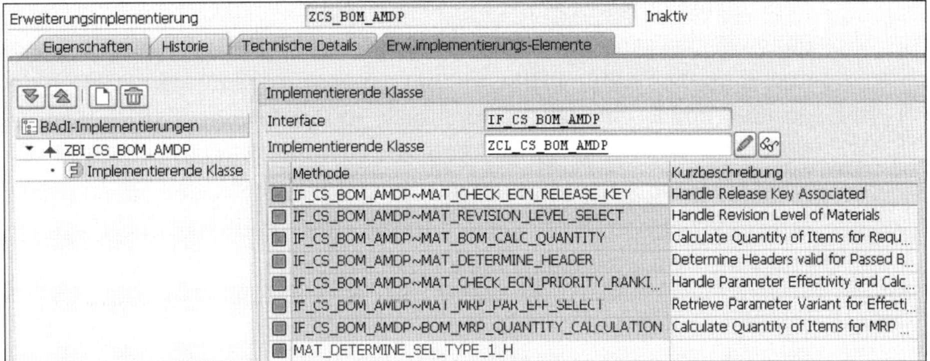

Abbildung 15.2 Implementierung eines AMDP-BAdIs

Methoden implementieren

Wenn Sie die zugehörigen Methoden per Doppelklick implementieren wollen, wie Sie es von den neuen BAdIs her gewohnt sind, werden Sie allerdings die folgende Meldung erhalten:

> *»Klasse ZCL_CS_BOM_AMDP enthält Stored Procedures, d. nicht i. SAP GUI geändert w. können«*

Deshalb sind diese Methoden auch blau hinterlegt. Anstatt den BAdI-Builder zu verwenden, müssen Sie die Implementierungen von AMDP-BAdIs – ebenso wie die Implementierung von AMDP – in den ABAP Development Tools (ADT) in Eclipse bearbeiten. Dazu müssen Sie zunächst die Implementierungsklasse (hier `ZCL_CS_BOM_AMDP`) im Eclipse-Editor öffnen, wie in Abbildung 15.3 gezeigt.

```
[ID7] ID7_800_ROTH_EN    [ID7] ZCL_CS_BOM_AMDP
ZCL_CS_BOM_AMDP ▸ IF_CS_BOM_AMDP~BOM_MRP_QUANTITY_CALCULATION

CLASS ZCL_CS_BOM_AMDP IMPLEMENTATION.
METHOD IF_CS_BOM_AMDP~BOM_MRP_QUANTITY_CALCULATION
            BY DATABASE PROCEDURE FOR HDB LANGUAGE SQLSCRIPT
            OPTIONS READ-ONLY
            using t006
                  tcs03
                  CL_CS_BOM_AMDP=>MAT_CONVERT_UOM_TO_BASE_UOM
                  .
    lt_org_temp        = SELECT DISTINCT
                mandt,
                header_matnr as matnr,
                --matnr as matnr,
                cast(bmeng as decimal(7,3)) AS ORIGQTY,
                cast(bmeng as decimal(7,3)) AS T_ORIGQTY, -- Repop
                buom,
                bmein as uom,
                cast(0 as decimal(3,0))  AS UMREZ,
                cast(0 as decimal(3,0)) AS  UMREN
                FROM :it_quantity  WHERE buom <> bmein ;
```

Abbildung 15.3 Implementierung einer AMDP-Methode in Eclipse

Implementieren Sie nun die BAdI-Methoden mit SQLScript (wie in Abbildung 15.3 angedeutet), und aktivieren Sie anschließend zunächst die Klasse und dann die BAdI-Implementierung (entweder ebenfalls in Eclipse oder im BAdI-Builder). Prüfen Sie hinterher, ob Ihre Erweiterungslogik ausgeführt wird, indem Sie den SAP-Standardquellcode rund um das BAdI ausführen (z. B. die Transaktion, die auf das AMDP-BAdI zugreift). Im folgenden Abschnitt zeige ich Ihnen, wie eine solche AMDP-BAdI-Methode im Hintergrund aus dem Standardquelltext aufgerufen wird.

15.2 Aufruf einer AMDP-BAdI-Methode

In diesem Abschnitt möchte ich Ihnen zeigen, wie SAP die Aufrufe der Methoden eines AMDP-BAdIs realisiert hat. Diese Aufrufe erfolgen nicht, wie bei normalen BAdIs, über die Anweisung `CALL BADI`, sondern sie befinden sich immer innerhalb einer AMDP-Methode.

Der Aufruf der Methoden eines AMDP-BAdIs kann innerhalb einer AMDP-Methode über zwei nacheinander durchzuführende Schritte geschehen:

1. Angabe des BAdI-Namens, dem statischen Komponentenselektor (`=>`) und der Methode nach dem Zusatz `USING`
2. Aufruf der Methode mit der Anweisung `CALL`, gefolgt vom Namen des BAdIs, dem statischen Komponentenselektor (`=>`) und der Angabe der Methode

Abhängiger Aufruf

Listing 15.1 zeigt einen solchen Aufruf der BAdI-Methode `ABHAENGIGER_AUFRUF` einer BAdI-Definition `ZCL_BADI_AMDP`. Zur Laufzeit wird, falls vorhanden, die dazugehörige BAdI-Implementierung geladen, und die dort in den Methoden hinterlegten SQLScript-Anweisungen werden ausgeführt. Eine separate Beschaffung der BAdI-Instanz mit der Anweisung `GET BADI`, wie es bei normalen BAdIs der Fall ist, ist hier nicht notwendig. Sie wird durch die Anweisung `CALL` ersetzt.

```
METHOD aufruf BY DATABASE PROCEDURE FOR HDB LANGUAGE
   SQLSCRIPT OPTIONS READ-ONLY
   USING zcl_badi_amdp=>abhaengiger_aufruf.
  CALL "ZCL_BADI_AMDP=>ABHAENGIGER_AUFRUF"(
    "Parameterangabe
    "iv_...
    "et_...
  );
ENDMETHOD.
```

Listing 15.1 Aufruf eines AMDP-BAdIs

Wenn keine aktive BAdI-Implementierung vorliegt, wird die Implementierung einer Fallback-Implementierungsklasse ausgeführt. Daher muss bei der BAdI-Definition, wie in Abschnitt 15.1 als Voraussetzung erwähnt, zwingend eine solche Fallback-Klasse mit angegeben werden. Für das hier vorgestellte AMDP-BAdI würde die Fallback-Klasse `CL_CS_BOM_AMDP` aus Abbildung 15.1 geladen werden.

Verwendungsnachweis

Da im Aufruf einer AMDP-BAdI-Methode wie in Listing 15.1 der Name der Implementierungsklasse des BAdIs im Methodenrumpf angegeben werden muss, müssten Sie auch den Aufruf der Methode über einen Verwendungsnachweis für die BAdI-Implementierungsklasse finden können. Für die AMDP-BAdI-Methode `BOM_MRP_QUANTITY_CALCULATION` aus Abbildung 15.3 würden Sie also beispielsweise den Verwendungsnachweis für die BAdI-Implementierungsklasse `CL_CS_BOM_AMDP` aufrufen. Dem ist aber nicht so. Hierfür muss stattdessen ein Verwendungsnachweis für die Methode aus dem dazugehörigen BAdI-Interface durchgeführt werden.

Abbildung 15.4 zeigt beispielsweise den Verwendungsnachweis für die Methode `IF_CS_BOM_AMDP=>BOM_MRP_QUANTITY_CALCULATION`. Deren Aufruf findet nur aus der BAdI-Implementierungsklasse statt.

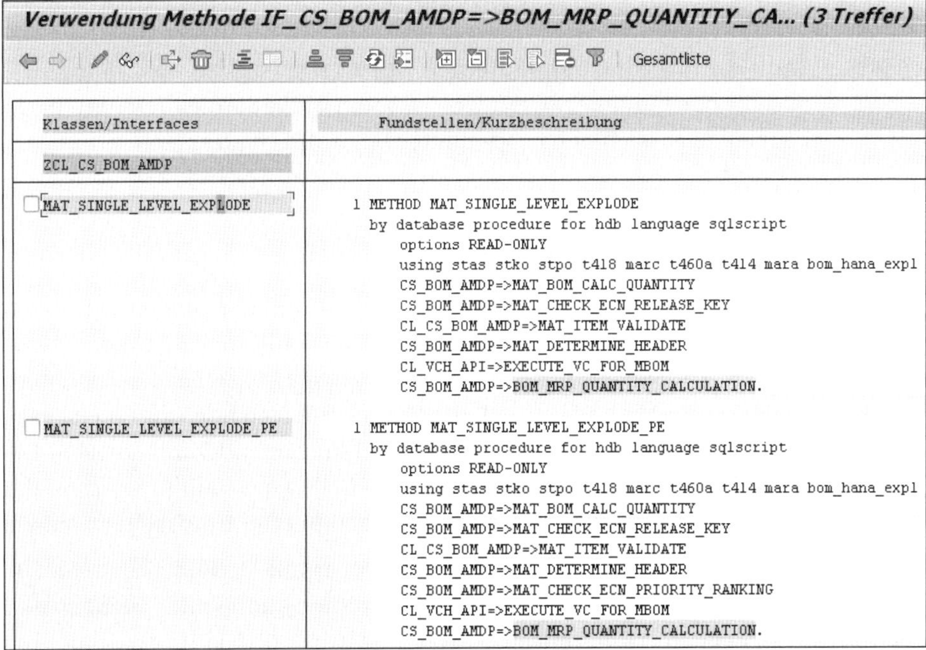

Abbildung 15.4 Verwendungsnachweis für eine AMDP-Interface-Methode

Beispiel für eine Aufrufstelle

Schauen Sie sich die Aufrufstellen der Methode an, indem Sie doppelt auf die gefundenen Aufrufstellen im Verwendungsnachweis klicken, folgt dieser Aufruf dem in Listing 15.2 gezeigten Schema. Zunächst sehen Sie die Definition des BAdI-Namens, gefolgt vom statischen Komponentenselektor (=>), anschließend die Angabe der Methode im Methodenkopf sowie den Aufruf der Methode mit der Anweisung CALL.

```
METHOD MAT_SINGLE_LEVEL_EXPLODE
BY DATABASE PROCEDURE FOR HDB LANGUAGE SQLSCRIPT
         OPTIONS READ-ONLY
         USING stas stko stpo t418 marc t460a t414
               mara bom_hana_expl
         ...
         CS_BOM_AMDP=>BOM_MRP_QUANTITY_CALCULATION.
BEGIN
"ab Zeile 990
  CALL "CS_BOM_AMDP=>BOM_MRP_QUANTITY_CALCULATION" (
    it_quantity       => :lt_quantity_in_new,
    et_calc_quantity  => et_calc_quantity_out ) ;
END;
ENDMETHOD.
```

Listing 15.2 Aufruf einer BAdI-AMDP-Methode

Eigene AMDP-BAdIs anlegen

Mit diesem Hintergrundwissen können Sie nun bei Bedarf eigene AMDP-BAdIs für Ihre Programme anlegen, um zu ermöglichen, dass Ihre AMDP mithilfe eines BAdIs erweitert werden können. Wie Sie dies bewerkstelligen können, zeige ich Ihnen in Abschnitt 19.7, »AMDP-BAdI anlegen«.

15.3 Zusammenfassung

In diesem Kapitel habe ich Ihnen mit den AMDP-BAdIs eine spezielle Form der BAdIs vorgestellt. Diese BAdIs sehen als BAdI-Implementierung eine AMDP-Klasse vor. Dadurch bietet SAP Ihnen die Möglichkeit, in SQLScript geschriebene Methoden durch Ihre eigene Implementierung zu ersetzen, indem Sie für das BAdI eine neue BAdI-Implementierung anlegen. Die Besonderheit hierbei ist, dass Sie die Methoden des BAdI-Interface in der BAdI-Implementierung nur mithilfe der ADT in Eclipse bearbeiten können.

Es ist darüber hinaus wichtig zu verstehen, dass die Methoden eines AMDP-BAdIs selbst immer aus einer AMDP-Methode aufgerufen werden und nicht über die Anweisungen GET BADI und CALL BADI, wie Sie es von normalen BAdIs her gewohnt sind. Dadurch können Sie die zugehörigen Aufrufstellen nur finden, wenn Sie einen Verwendungsnachweis für das BAdI-Interface und die gewünschte Methode, und nicht für den Namen der BAdI-Definition durchführen.

Kapitel 16

Erweiterung von Geschäftsobjekten

In diesem Kapitel zeige ich Ihnen, wie Sie bestehende Geschäftsobjekte des BOPF um zusätzliche Eigenschaften und Funktionen erweitern können.

Das *Business Object Processing Framework* (BOPF) stellt Geschäftsobjekte als Bausteine zur Anwendungsentwicklung mit ABAP zur Verfügung.

Auch von SAP entwickelte Geschäftsobjekte (Business-Objekte) können Sie erweitern und an die spezifischen Prozesse Ihres Unternehmens anpassen. Neben den in Teil I und Teil II des Buches gezeigten klassischen Erweiterungsmöglichkeiten und denen des Enhancement Frameworks (z. B. User Exits, klassische BAdIs und die Erweiterungstechnologien des Enhancement Frameworks) stellt SAP auch im Bereich des BOPF eine spezielle Erweiterungstechnik zur Verfügung.

Vererbung

Dadurch haben Sie die Wahl: Entweder Sie nutzen die klassischen Erweiterungstechniken (wie z. B. implizite Erweiterungspunkte), um ein bestehendes Geschäftsobjekt so weit wie möglich *anzupassen*, oder Sie verwenden die neue Technologie der *Erweiterungsobjekte*, die das BOPF bereitstellt. Diese Technologie bedient sich eines Vererbungsmechanismus, ähnlich wie er für Klassen in Kapitel 7, »Vererbung von Klassen«, beschrieben wurde. Ihre Geschäftsobjekterweiterungen erben damit die Eigenschaften von einem bestehenden Geschäftsobjekt. Diese können Sie dann beliebig durch neue Knoten und das Hinzufügen von neuen Knotenelementen *erweitern*.

Anpassung bestehender Geschäftsobjekte

Wenn Sie bestehende Geschäftsobjekte über die klassische Erweiterung anpassen möchten, haben Sie folgende Möglichkeiten:

- Geschäftsobjekt mit neuen Attributen versorgen
- Logik der implementierenden Klassen anpassen

Wenn Sie bestehende Geschäftsobjekte über Erweiterungsobjekte um zusätzliche Funktionalität erweitern möchten, können Sie zusätzlich Folgendes tun:

- zusätzliche Unterknoten hinzufügen
- Knotenfunktionen für jeden Knoten erweitern

In diesem Kapitel gehe ich auf diese beiden Möglichkeiten zur Erweiterung ein. Dazu zeige ich Ihnen exemplarisch, wie Sie das Geschäftsobjekt des Geschäftspartners `/BOBF/EPM_BUSINESS_PARTNER` (und in kleinem Umfang das Produkt `/BOBF/EPM_PRODUCT`) aus dem SAP-EPM-Schulungsbeispiel erweitern können. Sie können diese Beispiele bei sich im System nachvollziehen, da diese Geschäftsobjekte standardmäßig mit dem SAP-System ausgeliefert werden.

Das SAP-EPM-Schulungsdatenmodell

Das SAP-EPM-Schulungsdatenmodell (SAP Enterprise Procurement Model) ist eine Demo-Anwendung für das BOPF-Framework und stellt ein Unternehmen dar, das Hardware ein- und wieder verkauft. Es wird im Rahmen des SAP NetWeaver Application Server (AS) ABAP mit dem System ausgeliefert. Ein Datengenerierer, der über die Transaktion SEPM_DG bereitgestellt wird, erzeugt hierfür Testdaten. Weitere Informationen zu diesem Modell können Sie unter folgendem Link erhalten:

https://archive.sap.com/documents/docs/DOC-31458

In Abschnitt 16.1, »Klassische Möglichkeiten der Erweiterung«, zeige ich Ihnen anhand dieser Geschäftsobjekte, wie Sie mithilfe einer Append-Struktur ein Zusatzfeld für einen bestehenden Knoten eines Geschäftsobjekts hinzufügen können und wie Sie in der Geschäftslogik sicherstellen, dass dieses Zusatzfeld zur Laufzeit verarbeitet wird. In Abschnitt 16.2 zeige ich Ihnen anschließend, wie Sie für ein Geschäftsobjekt ein Erweiterungsobjekt anlegen können, um anschließend einen zusätzlichen Unterknoten anlegen zu können (Abschnitt 16.3) sowie bestehende Knoten um zusätzliche Knotenfunktionen erweitern zu können (Abschnitt 16.4).

Weitere Informationen zum Business Object Processing Framework

Dieses Kapitel setzt die Kenntnis des BOPF voraus. Mehr zu diesem Framework finden Sie in meinem Buch »BOPF – Business-Objekte mit ABAP entwickeln« (SAP PRESS 2018).

16.1 Klassische Möglichkeiten der Erweiterung

Wie bereits erwähnt, gibt es bereits verschiedene klassische Vorgehensweisen, die das Erweitern der Standardfunktionalität eines SAP-Systems erlauben. Diese sind auch auf Geschäftsobjekte anwendbar. Die beiden am häufigsten angewendeten stelle ich Ihnen in diesem Abschnitt vor. Zunächst zeige ich Ihnen, wie Sie Append-Strukturen nutzen, um die Knotenattribute eines Geschäftsobjekts zu erweitern. Anschließend führe ich Ihnen vor, wie Sie die Logik einer bestehenden Methode mit dem Enhancement Framework anpassen können.

16.1.1 Knotenattribute erweitern

Der häufigste Fall, der die Erweiterung von SAP-Transaktionen erfordert, ist der, dass die Oberfläche um ein oder mehrere Eingabefelder erweitert werden soll. Dies geschieht in aller Regel über die Erweiterung der Datenbanktabelle. Das SAP-System kann diese neu hinzugefügten Felder automatisch beim Lesen und Speichern mit verarbeiten. Auch bei Geschäftsobjekten aus dem BOPF ist dies der Fall. Sie müssen daher, um die Attribute des Knotens eines Geschäftsobjekts zu erweitern, die dahinterliegende Struktur (persistent oder transient) durch eine Append-Struktur in Transaktion SE11 erweitern.

[«]

Knoten eines Geschäftsobjekts

Die Knoten eines Geschäftsobjekts bilden das Geschäftsobjekt ab. Jede Hierarchiestufe im Geschäftsobjekt stellt einen Knoten dar. Außerdem hat ein Geschäftsobjekt immer einen Hauptknoten (in der Regel mit dem Namen ROOT), der die Kopfdaten des Geschäftsobjekts abbildet. Hat das Geschäftsobjekt weitere vom Kopf abhängige Daten, z. B. Positionsdaten, dann ist dem Knoten ROOT ein Unterknoten zugeordnet (beispielsweise POS). Jedem Knoten ist eine Struktur und eine Datenbanktabelle zugeordnet, um die Daten persistieren zu können.

Beispiel: Datenstruktur des Geschäftspartners erweitern

Im folgenden Beispiel zeige ich Ihnen, wie Sie die Datenstruktur des Hauptknotens `ROOT` des Geschäftsobjekts `/BOBF/EPM_BUSINESS_PARTNER` mit einer solchen Append-Struktur erweitern können. Hierfür soll ein Feld hinzugefügt werden, das die Priorität der Geschäftsbeziehung angibt, die mit diesem Geschäftspartner besteht. Gehen Sie dazu wie folgt vor:

1. Öffnen Sie die entsprechende Strukturdefinition in Transaktion SE11, beispielsweise indem Sie in der Knotenübersicht der Transaktion BOBX aus Abbildung 16.1 doppelt auf den Namen der Datenstruktur klicken.
2. Klicken Sie in der sich öffnenden Strukturdefinition (siehe Abbildung 16.2) in der Funktionsleiste auf die Schaltfläche **Append-Struktur**.

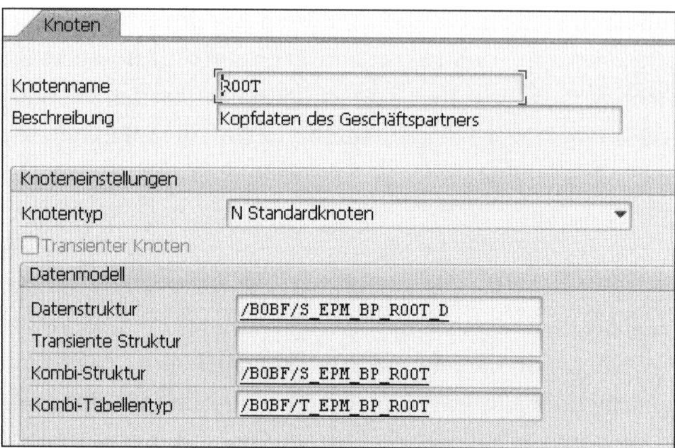

Abbildung 16.1 Absprung in die Datenstruktur über Vorwärtsnavigation

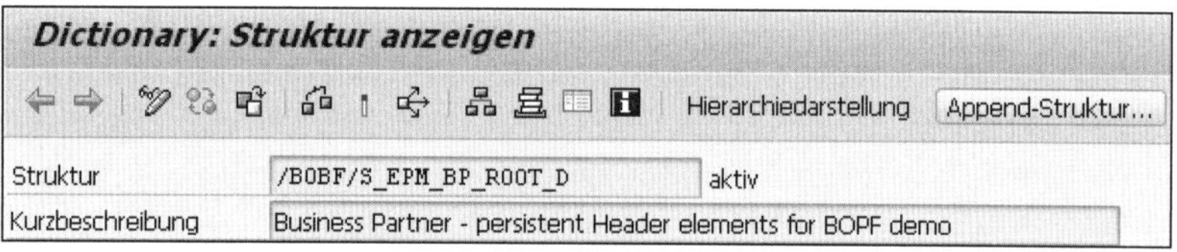

Abbildung 16.2 Append-Struktur anlegen

3. Geben Sie in dem Pop-up-Fenster, das Sie in Abbildung 16.3 sehen, einen passenden Namen für die neue Append-Struktur ein. Bestätigen Sie Ihre Eingabe mit **Weiter** (✔).

Abbildung 16.3 Namen für Append-Struktur eingeben

4. Fügen Sie anschließend in der neu angelegten Append-Struktur das Feld `CRM_PRIORITY` hinzu, wie in Abbildung 16.5 gezeigt. In diesem Feld soll später die Priorisierung der Geschäftsbeziehung angegeben werden.
5. Legen Sie dazu ein eigenes Datenelement und eine **Domäne** an. Geben Sie als Datentyp für die Domäne `CHAR` mit der Länge 10 an, und richten Sie den Wertebereich gemäß Abbildung 16.4 ein.
6. Abbildung 16.5 zeigt das Ergebnis der so definierten Append-Struktur. **Aktivieren** (🖉) Sie diese. Danach ist die Erweiterung des Knotens abgeschlossen.

Abbildung 16.4 Wertebereich einer Domäne für das Beispiel

Abbildung 16.5 Definition einer Append-Struktur

Ihre Append-Struktur wird damit automatisch in die Hauptstruktur integriert (siehe Abbildung 16.6).

Dictionary: Struktur anzeigen

Hierarchiedarstellung Append-Str

Struktur /BOBF/S_EPM_BP_ROOT_D aktiv
Kurzbeschreibung Business Partner - persistent Header elements for BOPF demo

Eigenschaften | Komponenten | Eingabehilfe/-prüfung | Währungs-/Mengenfelder

Eingebauter Typ 1 / 12

Komponente	Typisierungsart	Komponententyp	Datentyp	Länge	DezS...	Kurzbe
BP_ID	1 Type	/BOBF/EPM_BP_ID	CHAR	10	0	EPM: G
COMPANY_NAME	1 Type	SNWD_COMPANY_NA...	CHAR	80	0	EPM: Fi
LEGAL_FORM	1 Type	SNWD_LEGAL_FORM	CHAR	10	0	EPM: Re
CURRENCY_CODE	1 Type	SNWD_CURR_CODE	CUKY	5	0	EPM: W
MAIN_ADDRESS	1 Type	/BOBF/CONF_KEY	RAW	16	0	NodeID
.INCLUDE	1 Type	/BOBF/S_LIB_ADM...		0	0	
CREA_DATE_TIME	1 Type	TIMESTAMPL	DEC	21	7	UTC-Ze
CREA_UNAME	1 Type	UNAME	CHAR	12	0	Benutz
LCHG_DATE_TIME	1 Type	TIMESTAMPL	DEC	21	7	UTC-Ze
LCHG_UNAME	1 Type	UNAME	CHAR	12	0	Benutz
.APPEND	1 Type	ZST_BUSINESS_PA...		0	0	Erweite
CRM_PRIORITY	1 Type	ZST_CRM_PRIORIT...	CHAR	10	0	Datenel

Abbildung 16.6 Angefügte Append-Struktur an der Ursprungsstruktur

Erweiterung der Datenbanktabelle prüfen

Da Sie die persistente Struktur erweitert haben, können Sie dies auch kontrollieren, indem Sie sich in Transaktion SE11 (oder SE16N) die zugehörige Datenbanktabelle anschauen und prüfen, ob Ihr neu hinzugefügtes Attribut auch dort vorhanden ist (siehe Abbildung 16.7).

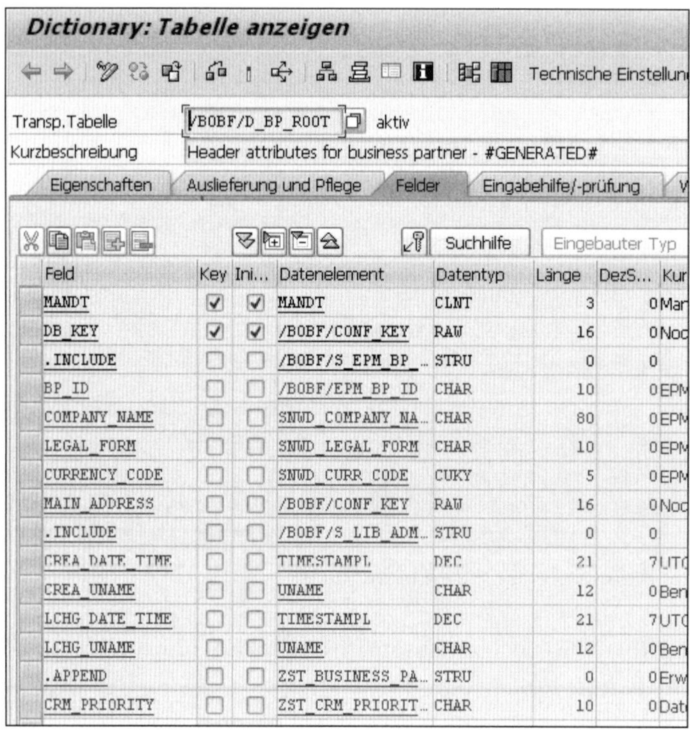

Abbildung 16.7 Angefügte Append-Struktur an der Datenbanktabelle

Ihr neu hinzugefügtes Attribut ist bereits vollständig funktionsfähig, d. h., Sie können es über die Methoden des Geschäftsobjekts auslesen, ändern und verarbeiten.

Erweiterung einer transienten Struktur

Im vorangegangenen Abschnitt habe ich Ihnen lediglich gezeigt, wie Sie die persistente Struktur eines Knotens mit einer Append-Struktur erweitern können. Für transiente Strukturen eines Knotens funktioniert diese Erweiterung genauso, mit dem Unterschied, dass das hinzugefügte Attribut nicht in der Datenbank zu finden sein wird. Haben Sie dagegen einen Knoten, für den keine transiente Struktur definiert wurde, wird die Erweiterung etwas schwieriger, ist aber über das Erweitern der *Kombistruktur* möglich. Die Kombistruktur ist eine Kombination der persistenten und der transienten Datenstruktur (falls diese vorhanden ist). Das Erweitern dieser Kombistruktur ist möglich, da das Framework für den Zugriff auf Knotenattribute deren

Kombistruktur verwendet. Abbildung 16.1 zeigte einen solchen Fall: Für den Knoten ROOT wurde keine transiente Struktur angegeben.

Sie könnten diese Kombistruktur mit einer Append-Struktur erweitern und in die Append-Struktur entweder direkt oder über ein Include die gewünschten Attribute einpflegen. Der Nachteil dieses Vorgehens ist der, dass diese Änderung vom Geschäftsobjekt aus nur schwer nachvollziehbar ist. Ein etwas umständlicherer, aber sauberer Weg ist das Einführen eines neuen Knotens, der die gewünschten Attribute aufnimmt. Dieses Vorgehen beschreiben ich in Abschnitt 16.3, »Zusätzlichen Unterknoten anlegen«.

[+]

Transiente Struktur anlegen

Auch wenn keine transienten Attribute benötigt werden, ist es eine etablierte Vorgehensweise, für jeden selbst angelegten Knoten eine leere transiente Struktur anzulegen. So sind Sie in jedem Fall für eine Erweiterung gewappnet.

16.1.2 Logik in implementierenden Klassen erweitern

Es kommt häufig vor, dass die Logik der SAP-Geschäftsobjekte angepasst werden soll. Bei dem im vorigen Abschnitt erweiterten Knoten wollen Sie beispielsweise dafür sorgen, dass die in diesen Feldern eingetragenen Werte einer Prüfung unterzogen werden, bevor sie auf der Datenbank gespeichert werden. In diesem Abschnitt beschäftigen wir uns genau mit diesem Szenario. Ich zeige Ihnen anhand dieses Beispiels, wie Sie bereits bestehende Logik eines Geschäftsobjekts Ihren eigenen Anforderungen anpassen können. Angepasst werden können letztlich alle Implementierungsklassen von Knoten, Abfragen, Validierungen, Aktionen und Ermittlungen.

Beispiel: Validierung eines Geschäftsobjekts erweitern

Hierfür können Sie auf die bekannten Möglichkeiten des Enhancement Frameworks in Form von expliziten und impliziten Erweiterungspunkten zurückgreifen. In diesem Abschnitt zeige ich Ihnen beispielhaft, wie Sie eine Erweiterungsimplementierung zu Beginn der Validierung des Geschäftsobjekts für Produkte (/BOBF/EPM_PRODUCT) hinzufügen können:

1. Öffnen Sie hierzu im Class Builder die Klasse /BOBF/CL_EPM_SO_V_SUPPLIER, mit der die Validierung SUPPLIER_CHECK im Wurzelknoten dieses Geschäftsobjekts implementiert wird.
2. Navigieren Sie in dieser Klasse in die Methode EXECUTE, und wechseln Sie über die Schaltfläche **Erweitern** (◙) in die Erweiterungsansicht (siehe Abbildung 16.8).

Abbildung 16.8 Erweiterungsmodus in einer Methode aktivieren

3. Führen Sie an beliebiger Stelle im Quellcode einen Rechtsklick aus, und wählen Sie aus dem Kontextmenü den Eintrag **Erweiterungsoperationen • Implizite Erw.-Optionen einblenden**.
4. Dadurch wird, wie in Abbildung 16.9 gezeigt, am Kopf (in anderen Fällen gegebenenfalls am Fuß) der Methode ein impliziter Erweiterungspunkt mit einem Pfeil (➡) angezeigt.

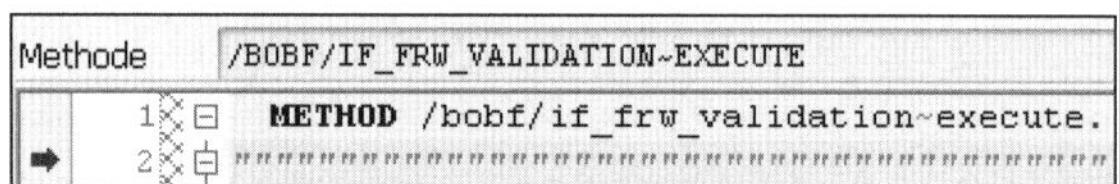

Abbildung 16.9 Markierung für implizite Erweiterung im Code

5. Klicken Sie mit der rechten Maustaste in die so markierte Zeile (in Abbildung 16.9 die Zeile 2), und wählen Sie aus dem Kontextmenü den Eintrag **Erweiterungsoperationen • Implementierung anlegen**.
6. Sie werden nun nach der Art der anzulegenden Erweiterung gefragt. Klicken Sie auf die Schaltfläche **Coding** (siehe Abbildung 16.10).

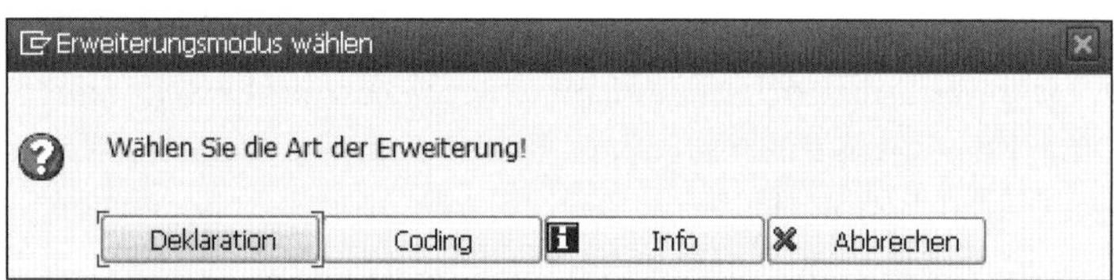

Abbildung 16.10 Art der Erweiterung auswählen

7. Vergeben Sie im nächsten Pop-up-Fenster einen Namen und eine Beschreibung für Ihre neue Erweiterungsimplementierung (siehe Abbildung 16.11), und bestätigen Sie Ihre Eingabe mit **Weiter** (✔).

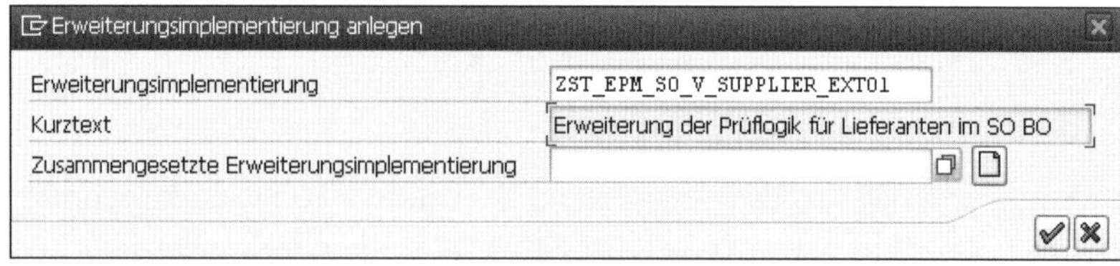

Abbildung 16.11 Anlegen der Erweiterungsimplementierung

8. Anschließend wird, wie in Abbildung 16.12 erkennbar, im Quellcode der Methode ein Bereich zwischen den Schlüsselwörtern `ENHANCEMENT` und `ENDENHANCEMENT` zur Bearbeitung für Sie freigegeben. Hier können Sie nun Ihren neuen Quellcode hinzufügen. Der Quellcode in der Abbildung dient nur der Demonstration. Normalerweise würden Sie hier die Attribute der jeweiligen Knoteninstanz auslesen und prüfen.

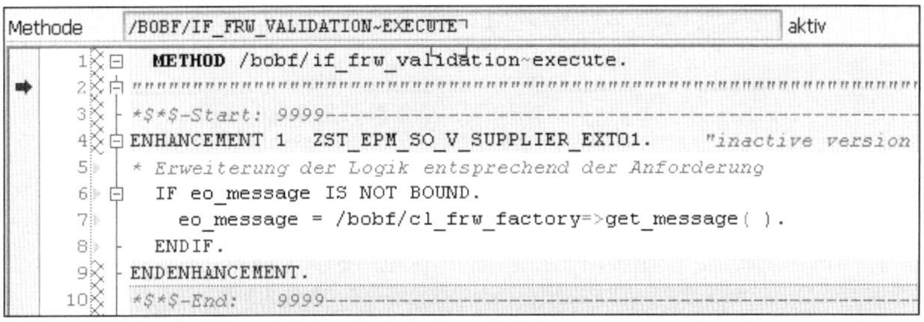

```
Methode  /BOBF/IF_FRW_VALIDATION~EXECUTE  aktiv
  METHOD /bobf/if_frw_validation~execute.
""""""""""""""""""""""""""""""""""""""""""""""""""""""""""""""""
*$*$-Start: 9999------------------------------------------------
ENHANCEMENT 1  ZST_EPM_SO_V_SUPPLIER_EXT01.     "inactive version
* Erweiterung der Logik entsprechend der Anforderung
  IF eo_message IS NOT BOUND.
    eo_message = /bobf/cl_frw_factory=>get_message( ).
  ENDIF.
ENDENHANCEMENT.
*$*$-End:   9999------------------------------------------------
```

Abbildung 16.12 Erweiterungsimplementierung im Code

9. Nach dem Speichern (💾) und Aktivieren (✎) ist Ihre Erweiterungsimplementierung nun aktiv und wird bei jedem Aufruf der Validierung ausgeführt.

16.2 Erweiterungsobjekt anlegen

Geschäftsobjekterweiterungen

In Abschnitt 16.1 habe ich Ihnen gezeigt, wie Sie die bereits bekannten Erweiterungsverfahren für die Geschäftsobjekte des BOPF einsetzen können. Geht es aber um BOPF-spezifische Elemente wie die Knotenhierarchie oder das Hinzufügen von neuen Knotenelementen, stoßen Sie mit den bisherigen Erweiterungstechniken an Grenzen. Sie benötigen eine Möglichkeit zur Definition des Geschäftsobjekts, um zusätzliche Knoten und Knotenelemente modifikationsfrei hinzuzufügen. Zu diesem Zweck bietet das Framework die Option der *Geschäftsobjekterweiterungen*. Hinter diesem Begriff verbergen sich im Grunde Geschäftsobjekte, die von bestehenden Geschäftsobjekten erben (analog zur Vererbung in der Objektorientierung), d. h. alle Eigenschaften dieser vererbenden Objekte übernehmen. Diese erbenden Geschäftsobjekte können dann durch zusätzliche Funktionalität erweitert werden. In diesem Abschnitt erfahren Sie, wie Sie solche Geschäftsobjekterweiterungen anlegen. In den folgenden Abschnitten zeige ich Ihnen dann, wie Sie damit einen neuen Unterknoten und neue Knotenelemente einem Geschäftsobjekt hinzufügen können.

Anlage in Transaktion BOBX

Eine Geschäftsobjekterweiterung können Sie in der Transaktion BOBX anlegen:

1. Rufen Sie hierzu auf dem Startbildschirm der Transaktion BOBX im Hauptmenü den Pfad **Business Object Processing Framework • Anlegen • Business-Objekterweiterung** auf (siehe Abbildung 16.13).

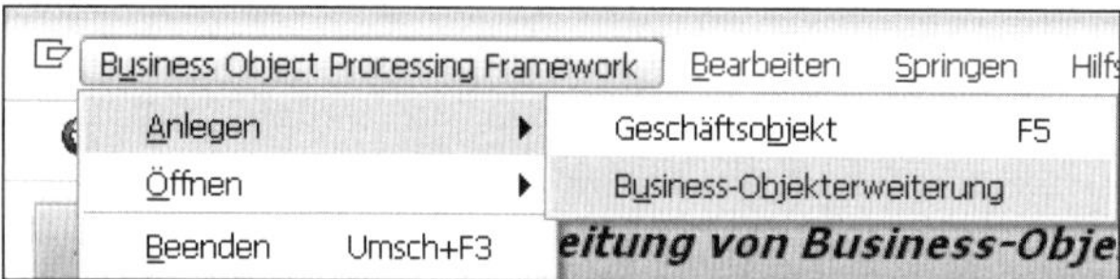

Abbildung 16.13 Geschäftsobjekterweiterung in Transaktion BOBX anlegen

2. Geben Sie in dem sich öffnenden Pop-up-Fenster aus Abbildung 16.14 das zu erweiternde **Geschäftsobjekt** (hier `/BOBF/EPM_BUSINESS_PARTNER`) und einen Namen für die Geschäftsobjekterweiterung an.

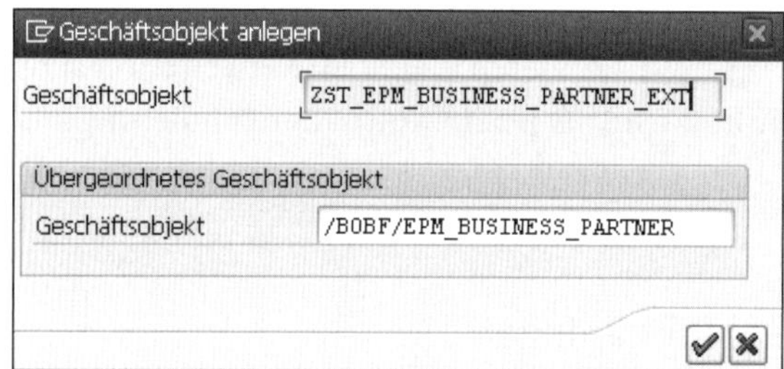

Abbildung 16.14 Zuordnung der Erweiterung zu einem Geschäftsobjekt

3. Nach dem Bestätigen mit **Weiter** (✔) gelangen Sie in die Ansicht aus Abbildung 16.15, die auf den ersten Blick genauso aussieht wie die eines normalen Geschäftsobjekts. Das übergeordnete Geschäftsobjekt wird im Feld **Objektkategorie** erst angezeigt, nachdem Sie die Erweiterung gespeichert (💾) haben.
4. Ihre neue Erweiterung benötigt zusätzlich noch ein eigenes Konstanten-Interface, also ein Interface das nur Konstanten beinhaltet, die jeweils eindeutige Schlüssel für das Geschäftsobjekt und alle seine Komponenten bereitstellt. Dieses Konstanten-Interface benötigen Sie, wenn Sie später programmatisch mit Ihrer Erweiterung arbeiten möchten. Vergeben Sie hierfür im Feld **Konstantenschnittst.** einen passenden Namen, bzw. lassen Sie sich über den Hauptmenüpfad **Zusätze • Repository-Namen vorschlagen** einen Namen vorschlagen. Dieses Konstanten-Interface wird später beim Generieren des Geschäftsobjekts vom Framework erzeugt und aktiviert, dies müssen Sie also nicht separat erledigen.

Abbildung 16.15 Übersicht der Erweiterung

Anzeige des Erweiterungsobjekts

Wenn Sie sich nun den Navigationsbereich in Abbildung 16.16 anschauen, wird auf der obersten Ebene am Symbol für das Geschäftsobjekt eine rote Leiste (■) angezeigt. Dies verrät Ihnen, dass es sich bei dem vorliegenden Geschäftsobjekt um eine Erweiterung eines anderen Geschäftsobjekts handelt.

Abbildung 16.16 Navigationsbereich der Erweiterung

Der Navigationsbereich enthält zudem bereits die Knoten des zu erweiternden Geschäftsobjekts (im Beispiel die Knoten des Geschäftspartners). Knoten, die das Erweiterungsobjekt vom übergeordneten Geschäftsobjekt geerbt hat, werden in blauer Schrift angezeigt (wie die geerbten Methoden bei erbenden Klassen). Wenn Sie in die Elemente eines Knotens schauen (z. B. in den Ordner **Validierungen** unterhalb des Wurzelknotens **ROOT**) werden

Sie feststellen, dass die Elemente, die aus dem übergeordneten Element stammen, ausgegraut sind. Das bedeutet, dass Sie die Definitionen dieser Elemente nicht ändern können. Wie eingangs erwähnt, ermöglicht das Erweiterungsobjekt lediglich das Hinzufügen neuer Knotenelemente.

[»]

Geschäftsobjekterweiterungen in Eclipse anlegen

Die Anlage von Geschäftsobjekterweiterungen wird in den ABAP Development Tools (ADT) in Eclipse aktuell noch nicht unterstützt und kann daher nur über die Transaktion BOBX durchgeführt werden.

16.3 Zusätzlichen Unterknoten anlegen

Eine der mächtigsten Funktionen für die Erweiterung von Geschäftsobjekten mithilfe eines Erweiterungsobjekts ist das Hinzufügen weiterer Knoten zur Knotenhierarchie des Geschäftsobjekts. Neue Unterknoten können z. B. anstelle der in Abschnitt 16.1.1, »Knotenattribute erweitern«, beschriebenen Strukturerweiterungen verwendet werden, um zusätzliche Informationen zu einem Knoten zu sammeln (sowohl persistente als auch transiente). Hierfür wird einfach ein Unterknoten mit einer 1:1-Beziehung einem Knoten hinzugefügt. Gleichermaßen könnten Sie mit einem neuen Unterknoten vom Typ Darstellungsknoten aber auch eine Verbindung von dem SAP-Geschäftsobjekt zu eigenen Geschäftsobjekten herstellen.

16.3.1 Standardunterknoten hinzufügen

Unterknoten fügen Sie in einer Geschäftsobjekterweiterung genau wie in einem selbst angelegten Geschäftsobjekt hinzu. Beispielsweise müssen Sie in der Transaktion BOBX dazu lediglich mit einem Rechtsklick auf den Oberknoten (hier ROOT) das Kontextmenü aufrufen und aus dem Untermenü **Unterknoten anlegen** den gewünschten Knotentyp (hier **Standardknoten**) auswählen (siehe Abbildung 16.17).

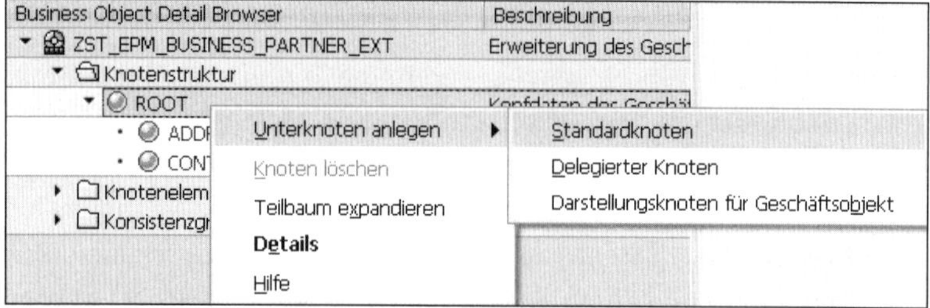

Abbildung 16.17 Neuen Unterknoten anlegen

Ausprägung des Knotens

Die weitere Ausprägung des Knotens erfolgt wie bei der normalen Anlage von Geschäftsobjekten. Im Rahmen dieses Beispiels werden keine Knotenelemente für den Knoten angelegt. Richten Sie stattdessen den angelegten Beispielknoten entsprechend den Einstellungen in Abbildung 16.18 ein. Dieser soll verwendet werden, um Ereignisse zu speichern, die die Kundenbeziehung betreffen. Erledigen hierzu folgende Schritte:

1. Tragen Sie einen Namen und eine Kurzbeschreibung ein.
2. Tragen Sie einen Namen für die **Datenstruktur**, **Kombi-Struktur**, den **Kombi-Tabellentyp** und für die **Datenbanktabelle** ein, oder lassen Sie sich über den Hauptmenüpfad **Zusätze • Repository-Namen vorschlagen** jeweils Namen für diese Objekte vorschlagen

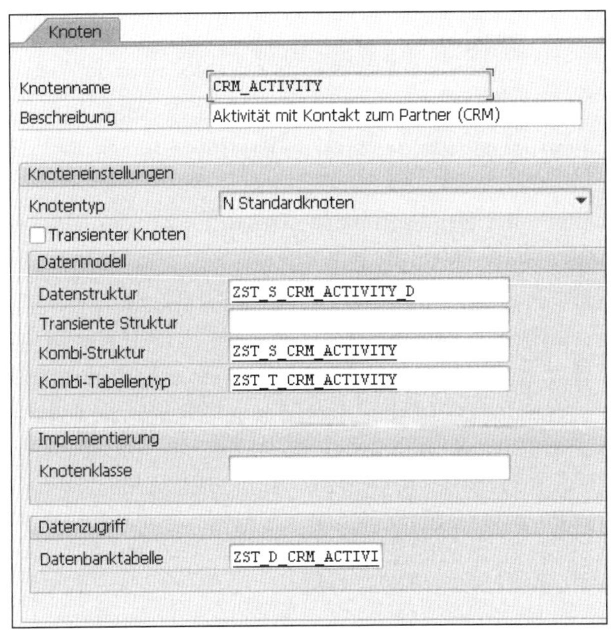

Abbildung 16.18 Attribute des Unterknotens definieren

Persistente Struktur

Erzeugen Sie anschließend die persistente Struktur, indem Sie doppelt auf den Namen im Eingabefeld **Datenstruktur** klicken. Dadurch gelangen Sie in die Transaktion SE11, das ABAP Dictionary. Benutzen Sie für das Ausprägen dieser Struktur die Komponenten aus Abbildung 16.19. Diese definieren Folgendes:

- das Datum des Ereignisses (ACTIVITY_DATE)
- eine dazugehörige Beschreibung (DESCRIPTION)
- den Namen des Mitarbeiters (ACTIVE_USER)
- die Kontaktperson (CONTACT)

Beachten Sie, dass für die Komponenten `ACTIVITY_DATE` (**Datentyp** `DATS`) und `DESCRIPTION` (**Datentyp** `STRING`) jeweils eingebaute Typen verwendet wurden. Diese eingebauten Typen können Sie eintragen, indem Sie oberhalb der Tabelle auf die Schaltfläche **Eingebauter Typ** klicken.

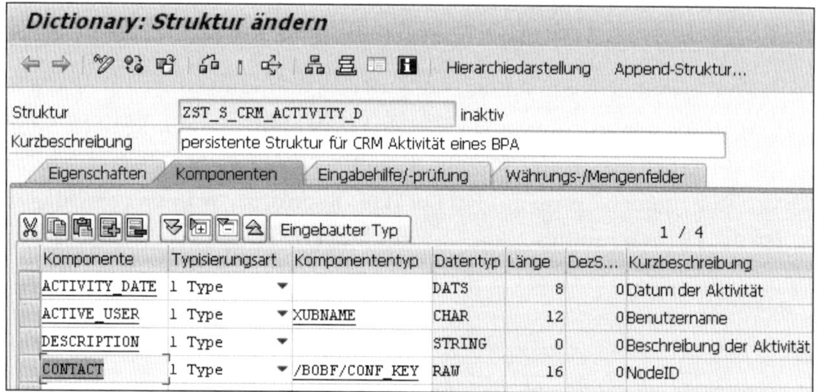

Abbildung 16.19 Definition der persistenten Struktur des Unterknotens

Generieren Sie abschließend diese Dictionary-Elemente über den Hauptmenüpfad **Zusätze • Dictionary-Elemente generieren**.

Assoziation anlegen

Richten Sie als Nächstes noch eine Assoziation von dem neuen Unterknoten (`CRM_ACTIVITY`) zu dem bereits existierenden Knoten `CONTACT` ein, da Sie ansonsten zwischen diesen beiden Knoten nicht navigieren können, denn beide befinden sich hierarchisch auf derselben Ebene. Klicken Sie hierzu, wie in Abbildung 16.20 gezeigt, für den Knoten `CRM_ACTIVITY` mit der rechten Maustaste auf den Unterordner **Assoziation**, und wählen Sie aus dem Kontextmenü den Eintrag **Assoziation anlegen**.

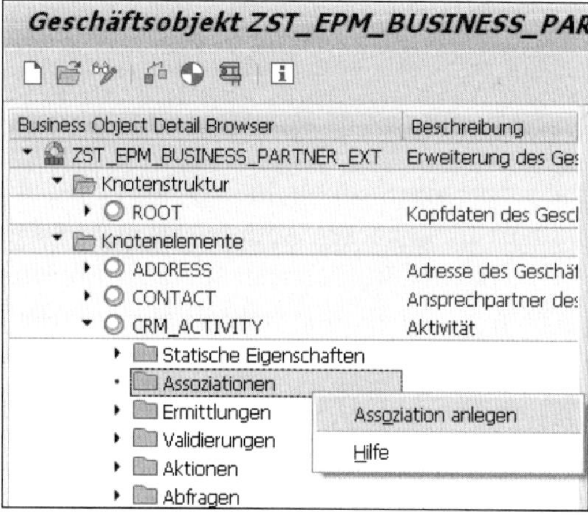

Abbildung 16.20 Anlegen einer Assoziation

Verwenden Sie zum Ausprägen der Assoziation die Einstellungen aus Abbildung 16.21.

Assoziation | Assoziationsbindung

Assoziationsname: TOCONTACT
Beschreibung: Assoziation zur Kontaktperson

Assoziationseinstellungen
Kardinalität: 2 Kardinalität 1:1
Zugeordneter Knoten: 005056B23AD91ED3ABBE5E5E93D27130 CON...
Knoten auflösen: 1 Auflösen nach Quellknoten

Implementierung
Assoziationsklasse
Filterstruktur

Abbildung 16.21 Assoziation zwischen Erweiterung und Originalobjekt

Tragen Sie, wie in Abbildung 16.22 dargestellt, als Assoziationsbindung den Schlüssel KEY des Knotens CONTACT und das Feld CONTACT Ihres neuen Unterknotens CRM_ACTIVITY ein.

Abbildung 16.22 Assoziationsbindung definieren

Über das Anlegen einer solchen Assoziation haben Sie immer die Möglichkeit, den durch die Erweiterung hinzugefügten Knoten in das bestehende Geschäftsobjekt zu integrieren.

Damit sind die Grundarbeiten für das Anlegen eines neuen Unterknotens abgeschlossen. Natürlich können Sie diesen jetzt noch beliebig durch weitere Knotenelemente, z. B. durch Aktionen, Ermittlungen und Validierungen, ausprägen.

16.3.2 Darstellungsknoten für Geschäftsobjekte hinzufügen

Anderes Geschäftsobjekt anzeigen

Sie können auch neue Verbindungen zu anderen Geschäftsobjekten herstellen, indem Sie Darstellungsknoten für diese Geschäftsobjekte in Ihre Erweiterung aufnehmen. Ein Darstellungsknoten tut genau das: Er repräsentiert einen Knoten, der tatsächlich ein eigenständiges Geschäftsobjekt darstellt. Im folgenden Beispiel wird für den Knoten `CRM_ACTIVITY` über einen Darstellungsknoten eine Verbindung zum Geschäftsobjekt `CRM_EMPLOYEE` hergestellt:

1. Klicken Sie in der Hauptübersicht des Geschäftsobjekts (siehe Abbildung 16.20) mit der rechten Maustaste auf den Knoten `CRM_ACTIVITY`, und wählen Sie aus dem Kontextmenü den Eintrag **Unterknoten anlegen • Darstellungsknoten für Geschäftsobjekt** aus (siehe Abbildung 16.23).

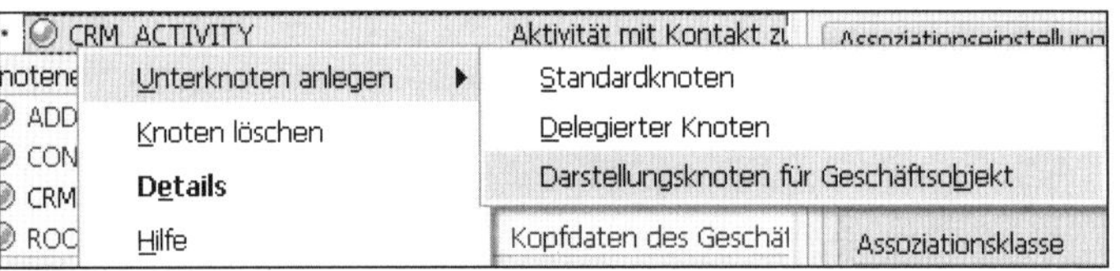

Abbildung 16.23 Darstellungsknoten anlegen

2. Verknüpfen Sie diesen neuen Darstellungsknoten mit dem anzuzeigenden Geschäftsobjekt (in Abbildung 16.24 `CRM_EMPLOYEE`) und dem Knoten (`ROOT`), unter dem das Objekt angezeigt werden soll.

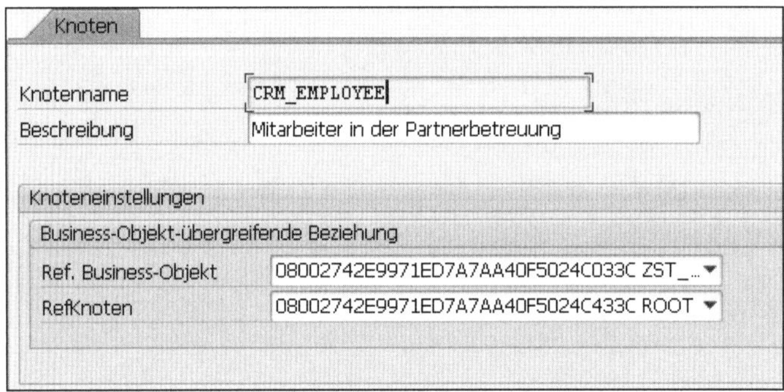

Abbildung 16.24 Darstellungsknoten einrichten

3. Nach dem Speichern (💾) wird der Darstellungsknoten in die Knotenstruktur des erweiterten Geschäftsobjekts integriert, wie in Abbildung 16.25 zu sehen.

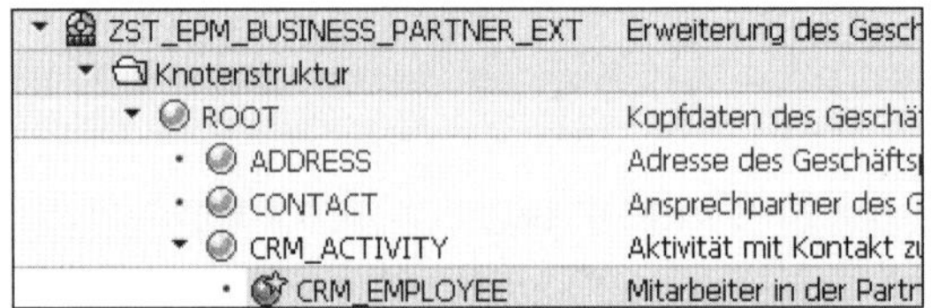

Abbildung 16.25 Darstellungsknoten in der Hierarchie

Assoziation konfigurieren

Für Darstellungsknoten wird zwar automatisch eine Assoziation im Oberknoten (hier `CRM_ACTIVITY`) angelegt, Sie müssen diese Assoziation aber noch passend konfigurieren. Setzen Sie für diese Assoziation dazu auf der Registerkarte **Assoziationsbindung** die beiden Attribute `USERNAME` und `ACTIVE_USER`, wie in Abbildung 16.26 gezeigt.

Abbildung 16.26 Einrichten der Assoziation

16.4 Knotenfunktionen erweitern

Neue Knotenelemente hinzufügen

Sie können mit einer Geschäftsobjekterweiterung nicht nur neue Knoten einem Geschäftsobjekt hinzufügen, sondern auch neue Knotenelemente den bestehenden (nicht nur den neuen) Knoten hinzufügen. Das heißt, wenn Sie für einen Knoten eines SAP-Geschäftsobjekts neue Aktionen, Ermittlungen etc. benötigen, können Sie diese mit einer Objekterweiterung an dieses Geschäftsobjekt anfügen.

Das Anlegen und Einrichten dieser Elemente funktioniert dabei genauso wie beim Anlegen eigener Geschäftsobjekte. Im Folgenden leite ich Sie beispielhaft durch die möglichen Erweiterungen des Geschäftsobjekts `/BOBF/EPM_BUSINESS_PARTNER`.

Alternative Schlüssel

Sie können zusätzliche alternative Schlüssel für Knoten definieren, und zwar sowohl für ursprüngliche Attribute als auch für Attribute, die Sie durch Erweiterung der Struktur hinzugefügt haben. Über einen solchen alternativen Schlüssel können Sie die Eindeutigkeit dieses Attributs sicherstellen, ohne dass es auf der Datenbanktabelle als Primärschlüssel definiert ist (Primärschlüssel ist im Rahmen des BOPF immer das Feld `DB_KEY`, das einen generischen Schlüssel enthält).

Abbildung 16.27 zeigt beispielhaft am Wurzelknoten `ROOT` des Geschäftspartners einen neuen alternativen Schlüssel für das Feld `COMPANY_NAME`.

Neue Assoziationen

Für jeden Knoten des übergeordneten Geschäftsobjekts können weitere Assoziationen eingerichtet werden, beispielsweise um ein SAP-Geschäftsobjekt mit einem eigenen Geschäftsobjekt zu verbinden. In der Regel werden Sie hierfür entweder im Knoten des eigenen Geschäftsobjekts ein Attribut einrichten, das auf das SAP-Geschäftsobjekt zeigt, oder genau andersherum.

In Abbildung 16.28 sehen Sie die Assoziation zum in Abschnitt 16.3, »Zusätzlichen Unterknoten anlegen«, angelegten Unterknoten. Diese wurde automatisch erstellt.

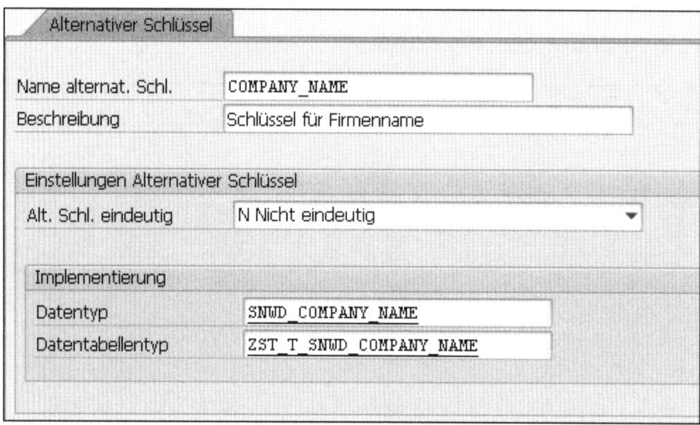

Abbildung 16.27 Alternativer Schlüssel

Abbildung 16.28 Assoziationen in der Navigation

Der Assoziationsüberblick und die Einrichtung der Assoziationsbindung unterscheiden sich nicht von der Konfiguration im eigenen Geschäftsobjekt. Sie müssen einen Assoziationsnamen und eine Assoziationsbindung hinterlegen.

Neue Abfragen

Die weitere Option, mit einer Erweiterung neue Abfragen einzurichten, können Sie verwenden, um Instanzen von Geschäftsobjekten entsprechend Ihrer Anforderungen zu suchen. In diesem Beispiel zeige ich Ihnen, wie Sie eine Abfrage erstellen, die das hinzugefügte Attribut `CRM_PRIORITY` verwendet. Damit können Sie beispielsweise eine Abfrage durchführen, die Ihnen alle Geschäftspartner ausgibt, die eine hohe Priorität genießen.

1. Legen Sie eine neue Abfrage für den Wurzelknoten des Geschäftspartners an. Öffnen Sie hierzu den Knoten `ROOT` unterhalb der Knotenelemente, und klicken Sie mit der rechten Maustaste auf den Ordner **Abfragen** (analog zu Abbildung 16.16). Wählen Sie hier aus dem Kontextmenü den Eintrag **Abfrage anlegen**.

2. Vergeben Sie einen Namen für die Klasse, die später die Implementierung für die Abfrage halten wird, sowie einen Namen für die **Filterstruktur**, die es ermöglichen wird, Parameter an die Abfrage zu übergeben (siehe Abbildung 16.29).

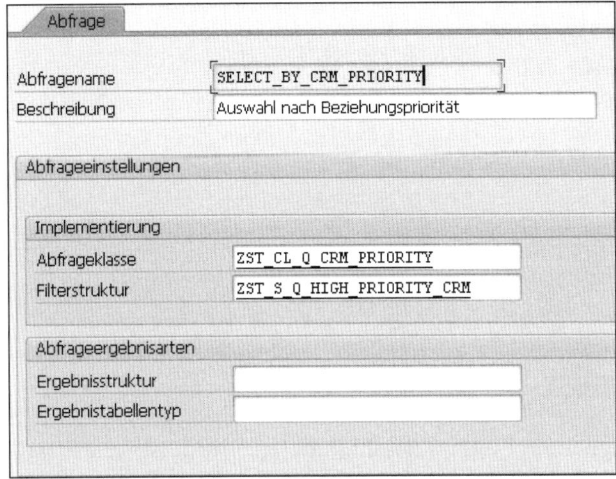

Abbildung 16.29 Eigenschaften der Abfrage definieren

3. Legen Sie zunächst durch die Vorwärtsnavigation per Doppelklick die Filterstruktur an. Fügen Sie in dieser Struktur eine Komponente CRM_PRIORITY hinzu, wie in Abbildung 16.30 zu sehen. Name und Typ der Komponente der Filterstruktur müssen mit dem Attribut des Knotens übereinstimmen.

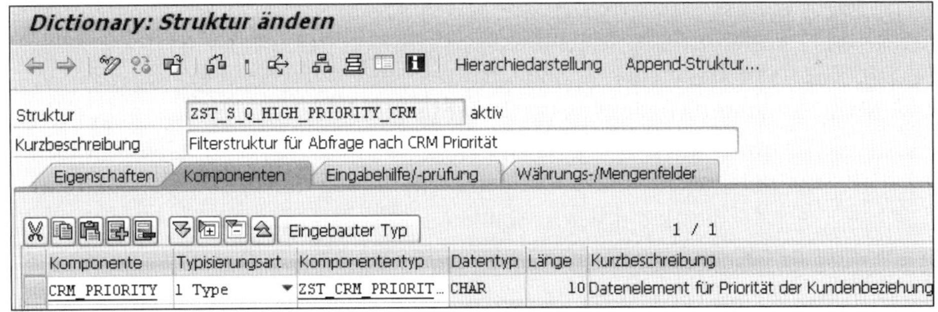

Abbildung 16.30 Filterstruktur der Abfrage anlegen

4. Erstellen Sie anschließend auch die Abfrageklasse (nutzen Sie auch dafür die Vorwärtsnavigation). Redefinieren Sie die Methode QUERY mit dem Quellcode aus Listing 16.1, und aktivieren Sie anschließend die komplette Klasse sowie das Geschäftsobjekt selbst.

```
io_query->query(
  EXPORTING
    is_ctx                    = is_ctx
    it_filter_key             = it_filter_key
    it_selection_parameters = it_selection_parameters
    io_query_authorities      = io_query_authorities
    is_query_options          = is_query_options
    io_query                  = io_query
    io_read                   = io_read
  IMPORTING
    eo_message                = eo_message
    et_key                    = et_key
    es_query_info             = es_query_info
    et_data                   = et_data
).
```

Listing 16.1 Abfrage nach der Priorität implementieren

Die Beispielabfrage nimmt eine Auswahl (niedrige Priorität, hohe Priorität, ...) für das Attribut CRM_PRIORITY entgegen und gibt diese an die generische Abfrage weiter. So können Sie Geschäftspartner anhand der Priorität ihrer Beziehung auslesen.

Neue Aktionen

Sie können in einer Geschäftsobjekterweiterung auch neue Aktionen für Knoten des übergeordneten Geschäftsobjekts erstellen und dessen Funktionalität so Ihren Bedürfnissen entsprechend erweitern. Gehen Sie wie folgt vor, um eine neue Aktion hinzuzufügen, die eine neue Aktivität für den Umgang mit dem Kunden vorschlägt:

1. Legen Sie eine neue Aktion PROPOSE_NEXT_CRM_ACTIVITY für den Wurzelknoten des Geschäftspartners an. Öffnen Sie hierzu den Knoten ROOT unterhalb der Knotenelemente, und klicken Sie mit der rechten Maustaste auf den Ordner **Aktionen** (analog zu Abbildung 16.16). Wählen Sie hier aus dem Kontextmenü den Eintrag **Aktion anlegen** Konfigurieren Sie die Aktion, wie in Abbildung 16.31 gezeigt.
2. Nachdem Sie die implementierende Klasse per Vorwärtsnavigation angelegt und die Methode EXECUTE redefiniert haben, können Sie den Quellcode aus Listing 16.2 in diese Methode kopieren. In diesem Quellcode wird anhand des zusätzlichen Feldes CRM_PRIORITY ein neuer Knoten CRM_ACTIVITY definiert. Der neue Knoten wird anschließend per Assoziation dem Wurzelknoten zugeordnet, der die Aktion aufgerufen hat. Aktivieren Sie anschließend die gesamte Klasse sowie das Geschäftsobjekt.

Aktion	
Aktionsname	PROPOSE_NEXT_CRM_ACTIVITY
Beschreibung	Vorschlag der nächsten CRM Aktivität
Aktionseinstellungen	
Aktionskardinalität	1 Eine Knoteninstanz
Implementierung	
Implement. Klasse	ZCL_ST_A_PROPOSE_NEXT_CRM_ACTI
Importparameter: Struktur	
Exportparameter	Kein Exportparameter

Abbildung 16.31 Eigenschaften der neuen Aktion definieren

```
DATA: lt_partner  TYPE /bobf/t_epm_bp_root,
      ls_partner  TYPE /bobf/s_epm_bp_root.
DATA: ls_activity TYPE REF TO zst_s_crm_activity.
CREATE DATA ls_activity.

io_read->retrieve(
  EXPORTING
    iv_node = is_ctx-node_key
    it_key  = it_key
  IMPORTING
    et_data = lt_partner
).
READ TABLE lt_partner INTO ls_partner INDEX 1.

ls_activity->active_user = sy-uname.
ls_activity->description
  = 'Anrufen & Zufriedenheit nachfragen.'.

CASE ls_partner-crm_priority.
  WHEN 'TOP'.         ls_activity->activity_date = sy-datlo.
  WHEN 'VERY_HIGH'.   ls_activity->activity_date = sy-datlo + 1.
  WHEN 'HIGH'.        ls_activity->activity_date = sy-datlo + 5.
  WHEN OTHERS.        ls_activity->activity_date = sy-datlo + 20.
ENDCASE.

io_modify->create(
  EXPORTING
    iv_node            = zif_st_epm_business_partner_ec=>
                           sc_node-crm_activity
```

```
        is_data           = ls_activity
        iv_assoc_key      = zif_st_epm_business_partner_ec=>
                              sc_association-root-crm_activity
        iv_source_node_key = is_ctx-node_key
        iv_source_key     = ls_partner-key
        iv_root_key       = is_ctx-root_node_key
    ).
```

Listing 16.2 Aktion PROPOSE_NEXT_CRM_ACTIVITY

Neue Validierungen

Eine weitere mögliche Anforderung bei der Erweiterung von SAP-Geschäftsobjekten sind zusätzliche Prüfungen, entweder weil die ursprünglichen Attribute besondere Kriterien erfüllen sollen oder weil Sie eigene Attribute hinzugefügt haben, die ebenfalls validiert werden müssen. Sie können Konsistenz- und Aktionsprüfungen definieren und deren Auslösebedingungen festlegen. Abbildung 16.32 zeigt beispielsweise die Erweiterung des Geschäftspartners um eine neue Konsistenzprüfung für den Knoten ADDRESS. Diese Validierung können Sie anlegen, indem Sie den Knoten ADDRESS unterhalb der Knotenelemente auswählen und mit der rechten Maustaste auf den Ordner **Validierungen** klicken (analog zu Abbildung 16.16). Wählen Sie hier aus dem Kontextmenü den Eintrag **Validierung anlegen**. Tragen Sie anschließend sowohl einen Validierungsnamen, eine Beschreibung als auch eine Klasse ein. Legen Sie die Klasse danach an, indem Sie doppelt auf den vergebenen Namen klicken.

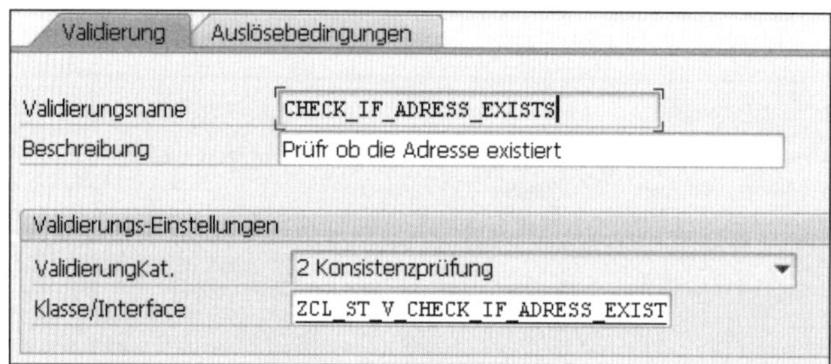

Abbildung 16.32 Übersicht zur Validierung

Als Auslösebedingungen für diese neue Validierung wurden die Bedingungen aus Abbildung 16.33 konfiguriert. Diese bewirken, dass die Validierung nur beim Anlegen bzw. Aktualisieren einer neuen Instanz ausgeführt wird und dann, wenn die gesamte Instanz geprüft wird.

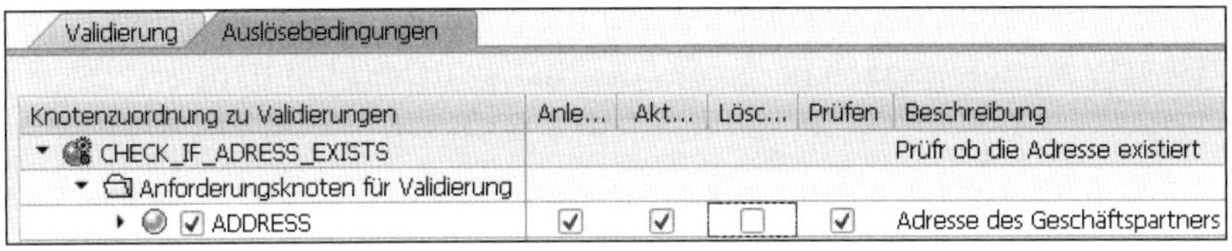

Validierung | Auslösebedingungen

Knotenzuordnung zu Validierungen	Anle...	Akt...	Lösc...	Prüfen	Beschreibung
▾ CHECK_IF_ADRESS_EXISTS					Prüfr ob die Adresse existiert
▾ Anforderungsknoten für Validierung					
▸ ☑ ADDRESS	☑	☑	☐	☑	Adresse des Geschäftspartners

Abbildung 16.33 Auslösebedingungen der Validierung

Als beispielhafte Anforderung wurde hier umgesetzt, dass die Existenz der angegebenen Adresse geprüft werden soll. Eine tatsächliche Umsetzung ist für das einfache Beispiel zu aufwendig. Daher zeigt der Quellcode in Listing 16.3 nur den Zugriff auf den Knoten, dessen schleifenartige Verarbeitung sowie das Hinzufügen fehlgeschlagener Einträge zum Ausgabeparameter `ET_FAILED_KEY` (im Beispiel sind dies alle).

```
DATA: lt_address     TYPE /bobf/t_epm_addr_root,
      ls_address     TYPE /bobf/s_epm_addr_root,
      ls_failed_key  TYPE /bobf/s_frw_key,
      lv_exists      LIKE abap_false.

io_read->retrieve(
  EXPORTING
    iv_node = is_ctx-node_key
    it_key  = it_key
  IMPORTING
    et_data = lt_address
).
LOOP AT lt_address INTO ls_address.
  "Prüfe, ob die Adresse existiert
  IF lv_exists = abap_false.
    ls_failed_key-key = ls_address-key.
    APPEND ls_failed_key TO et_failed_key.
  ENDIF.
ENDLOOP.
```

Listing 16.3 Implementierung der Validierung CHECK_IF_ADRESS_EXISTS

Zusätzliche Ermittlungen

Sie können durch Ihre Geschäftsobjekterweiterung außerdem zusätzliche Ermittlungen konfigurieren, die zur Laufzeit – also wenn die Instanz zum Geschäftsobjekt existiert – bestimmte Attributwerte neu bestimmen kann. Diese Möglichkeit wird insbesondere im Zusammenspiel mit neu hinzugefügten Attributen häufig verwendet. Im folgenden Beispiel soll das zusätzliche Attribut `CRM_PRIORITY` automatisch in einer Ermittlung bestimmt werden. In Abbildung 16.34 wird dazu eine neue Ermittlung DETERMINE_CRM_PRIORITY für den Wurzelknoten des Geschäftspartners konfiguriert.

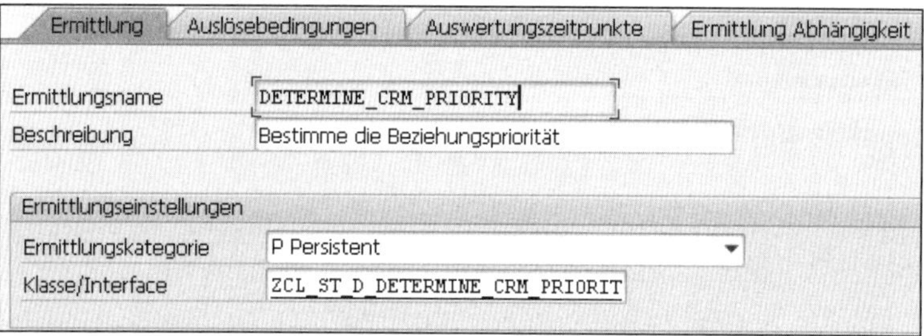

Abbildung 16.34 Eigenschaften einer Ermittlung definieren

Für Ermittlungen in Erweiterungen definieren Sie deren Auslösebedingungen (siehe Abbildung 16.35), Auswertungszeitpunkte (siehe Abbildung 16.36) und gegebenenfalls Abhängigkeiten.

Ermittlung | Auslösebedingungen | Auswertungszeitpunkte | Ermittlung Abhängigkeit

Knotenzuordnung zu Ermittlungen	Anle...	Akt...	Lösc...	Laden	Ermi...	Beschreibung
DETERMINE_CRM_PRIORITY						Bestimme die Beziehungspriorität
Anforderungsknoten für Ermittlung						
☑ ROOT	☑	☑	☐	☐	☑	Kopfdaten des Geschäftspartners

Abbildung 16.35 Auslösebedingungen der Ermittlung

Ermittlung | Auslösebedingungen | Auswertungszeitpunkte | Ermittlung Abhängigkeit

Ermittlungskonfiguration (Knotenkateg.)	Beschreibung
DETERMINE_CRM_PRIORITY	Bestimme die Beziehungspriorität
ROOT	
☑ Nach Änderung	
☐ Nach Validierung	
☑ Während Prüfen&Ermitteln	
☐ Vor dem Speichern (vor Konsistenzp	
☐ Vor dem Speichern (Fertigstellen)	
☐ Vor dem Sichern (Nummer ziehen)	
☐ Beim Speichern (vor Schreiben von [	
☐ Nach Commit	
☐ Nach fehlgeschlagenem Speicherver:	
☐ Bereinigung	

Abbildung 16.36 Auswertungszeitpunkte der Ermittlung

In der Beispielimplementierung in Listing 16.4 wird die Wichtigkeit der Kundenbeziehung berechnet (hier durch Zufall, ein zugegebenermaßen für die Praxis fragwürdiger Algorithmus). Die so bestimmte Priorität wird anschließend dem Attribut CRM_PRIORITY des Knotens zugewiesen.

```
DATA: lv_random          TYPE qfranint,
      ls_bpa             TYPE REF TO /bobf/s_epm_bp_root,
      ls_key             TYPE /bobf/s_frw_key,
      lt_changed_fields TYPE /bobf/t_frw_name.
CREATE DATA ls_bpa.
APPEND 'CRM_PRIORITY' TO lt_changed_fields.

LOOP AT it_key INTO ls_key.
  CALL FUNCTION 'QF05_RANDOM_INTEGER'
    EXPORTING
      ran_int_max = 5
      ran_int_min = 1
    IMPORTING
      ran_int     = lv_random.

  CASE lv_random.
    WHEN 1. ls_bpa->crm_priority = 'TOP'.
    WHEN 2. ls_bpa->crm_priority = 'VERY HIGH'.
    WHEN 3. ls_bpa->crm_priority = 'HIGH'.
    WHEN 4. ls_bpa->crm_priority = 'NORMAL'.
    WHEN 5. ls_bpa->crm_priority = 'LOW'.
  ENDCASE.

  io_modify->update(
    EXPORTING
      iv_node           = is_ctx-node_key
      iv_key            = ls_key-key
      is_data           = ls_bpa
      it_changed_fields = lt_changed_fields
  ).
ENDLOOP.
```

Listing 16.4 Implementierung der Ermittlung DETERMINE_CRM_PRIORITY

Aktivieren Sie anschließend die gesamte Ermittlungsklasse sowie auch das Geschäftsobjekt.

16.5 Zusammenfassung

In diesem Kapitel habe ich Ihnen gezeigt, wie Sie Geschäftsobjekte im Rahmen des BOPF erweitern können. Das Framework stellt hierfür Erweiterungsobjekte bereit, die alle Komponenten eines bestehenden Geschäftsobjekts erben und Ihnen die Möglichkeit bieten, neue Knoten als Erweiterung hinzuzufügen. Eine Limitierung dieser Erweiterungsobjekte besteht darin, dass Sie keine neuen Felder direkt bestehenden Knoten hinzufügen können. Hierfür müssen Sie die hinter einem Knoten liegende Struktur manuell mithilfe einer klassischen Append-Struktur erweitern.

Kapitel 17
Erweiterung von OData-Services

In diesem Kapitel zeige ich Ihnen, wie Sie OData-Services erweitern können, insbesondere, wie Sie neue Felder bestehenden Entitätsmengen hinzufügen können.

OData-Services stellen für alle mit SAPUI5 programmierten Apps die Daten aus dem Backend bereit. Wollen Sie also beispielsweise in einer Fiori-App neue Daten anzeigen, müssen Sie auch den dahinterliegenden OData-Service erweitern, um die benötigten Daten bereitzustellen.

Erzeugung von OData-Services

Ein OData-Service kann im SAP-System auf zwei Wegen erzeugt worden sein:

- Der OData-Service wurde aus einem CDS View generiert. Dazu wurde im CDS View die Annotation `@OData.publish: true` verwendet. In diesem Fall können Sie den OData-Service auch nur über eine Erweiterung des CDS Views um zusätzliche Felder, berechnete Felder, Assoziationen oder erweiterte Metadaten erweitern. Wie Sie das bewerkstelligen können, zeige ich Ihnen in Kapitel 14, »Erweiterung von CDS Views«.
- Der OData-Service wurde in Transaktion SEGW, dem *SAP Gateway Service Builder*, erstellt und anschließend separat veröffentlicht. In diesem Fall können Sie diesen Service mit einem neuen Service überdefinieren. Diese Vorgehensweise des Überdefinierens möchte ich Ihnen in diesem Kapitel vorstellen.

Dazu führe ich Sie zunächst in Abschnitt 17.1 anhand eines Beispiels in die Thematik ein. In Abschnitt 17.2 zeige ich Ihnen, wie Sie eine Standardentitätsmenge um zusätzliche Felder erweitern können und die zum Entitätsset gehörigen `CRUDQ`-Methoden (die Methoden `Create`, `Read`, `Update`, `Delete` und `Query`) so implementieren können, dass die neuen Zusatzfelder berücksichtigt werden. Unter Umständen müssen Sie hier die Standardentitätsmenge über einen Umweg erweitern. Diesen Sonderfall stelle ich Ihnen in Abschnitt 17.3 vor. In Abschnitt 17.4 beschreibe ich Ihnen abschließend, wie Sie einen so erweiterten OData-Service testen können.

17.1 OData-Services überdefinieren

Neuer OData-Service als Referenz

Entgegen der üblichen Vorgehensweise wird beim Erweitern eines in Transaktion SEGW erstellten OData-Service nicht das originale Entwicklungsobjekt angepasst. Stattdessen wird das Konzept des *Redefinierens* benutzt. Dabei legen Sie ein komplett neues OData-Projekt im Kundennamensraum an, in dem Sie anschließend auf den originalen OData-Service verweisen. Diesem neuen OData-Projekt können Sie, da es sich im Kundennamensraum befindet, beliebige neue Entitätsmengen, Assoziationen und Funktionsimporte hinzufügen und diese im Rahmen der Data-Provider-Klasse implementieren. Sie haben aber im begrenzten Rahmen auch die Möglichkeit, bestehende Entitätsmengen eines OData-Service anzupassen, beispielsweise um neue Felder hinzuzufügen.

Beispiel: Demo-OData-Service

In dem folgenden Beispiel soll ein Standard-OData-Service durch Überdefinition erweitert werden. Dazu nehmen wir den Standardservice `SEPM_HANA_EXT_PAL_ODATA_NEW`. Dieser OData-Service wird von der in Abbildung 17.1 dargestellten Demo-Fiori-App **EPM Pal – Customers** verwendet. Er beruht auf dem Demo-Datenmodell EPM. Die Haupttabelle dieses Datenmodells ist die Tabelle `SNWD_BPA`, die die Daten zum Kunden enthält.

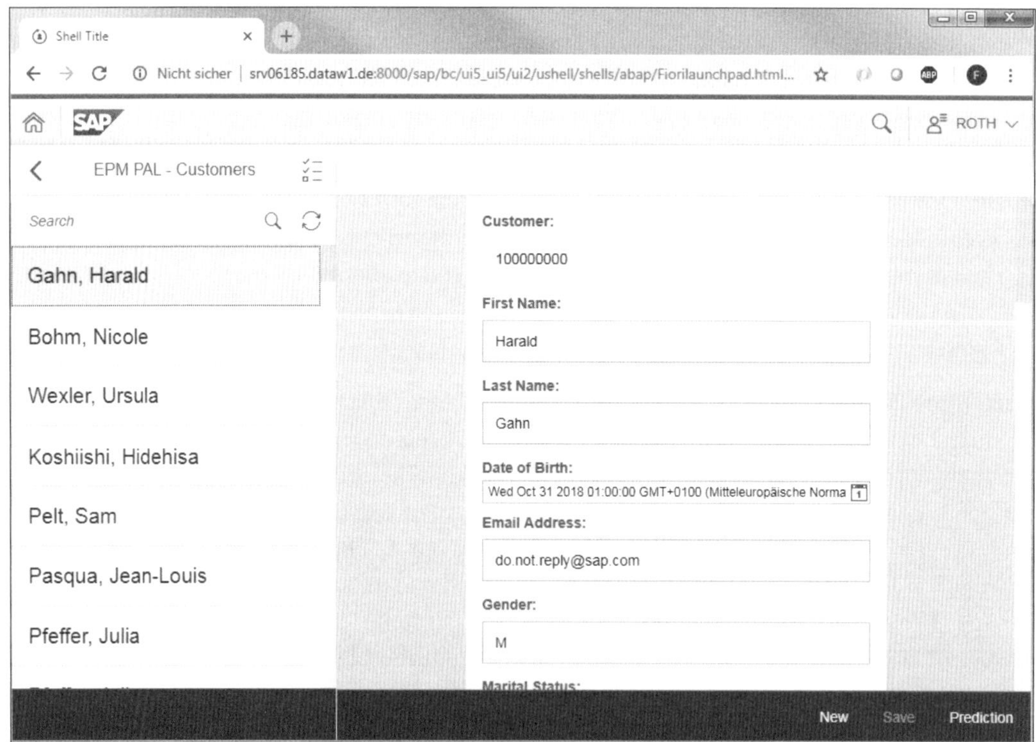

Abbildung 17.1 Die Fiori-App zum Beispiel-OData-Service

Das SAP-EPM-Schulungsdatenmodell

Das SAP-EPM-Schulungsdatenmodell (SAP Enterprise Procurement Model) ist eine Demo-Anwendung für das BOPF-Framework. Sie bildet ein Unternehmen ab, das Hardware ein- und wieder verkauft. Es wird im Rahmen des SAP NetWeaver Application Servers (AS) ABAP mit dem System ausgeliefert. Ein Datengenerierer, der über die Transaktion SEPM_DG bereitgestellt wird, erzeugt hierfür Testdaten. Weitere Informationen zu diesem Modell können Sie unter folgendem Link erhalten:

https://archive.sap.com/documents/docs/DOC-31458

Diese Datenbanktabelle SNWD_BPA wurde, wie in Abbildung 17.2 dargestellt, mithilfe einer Append-Struktur um ein neues, kundeneigenes Feld ZZUSATZ (zeichenartig mit der Länge 20) erweitert.

Abbildung 17.2 Die erweiterte Datenbanktabelle SNWD_BPA

Ziel ist es nun, dieses Zusatzfeld in der Entitätsmenge CustomerSet des OData-Service anzubieten. In diesem Service stellt die Entitätsmenge CustomerSet die Daten zu Kunden bereit.

Abbildung 17.3 stellt bereits das Endergebnis dar: Das Feld ZZUSATZ (in der Ausgabe ganz unten) wird bei Abfrage der Entitätsmenge CustomerSet mit dem zugehörigen Wert ausgegeben.

Abbildung 17.3 Die Ausgabe des erweiterten OData-Service

Neues OData-Projekt anlegen

Um diese Erweiterung des OData-Service vorzunehmen, müssen Sie ein neues OData-Projekt angelegen und darin auf den originalen OData-Service referenzieren:

1. Rufen Sie hierzu die Transaktion SEGW in Ihrem SAP-Gateway-System auf.
2. Legen Sie ein neues OData-Projekt, wie in Abbildung 17.4 gezeigt, an. Dieses Projekt können Sie nennen, wie Sie möchten. Ich habe hier das Suffix `_NEW` an den Namen des originalen OData-Service angehängt.

3. Weitere Eigenschaften müssen Sie nicht ändern. Wählen Sie lediglich ein entsprechendes Paket (hier aus Testzwecken das lokale Paket `$TMP`) aus. Bestätigen Sie Ihre Eingabe anschließend mit **Weiter** (✔).

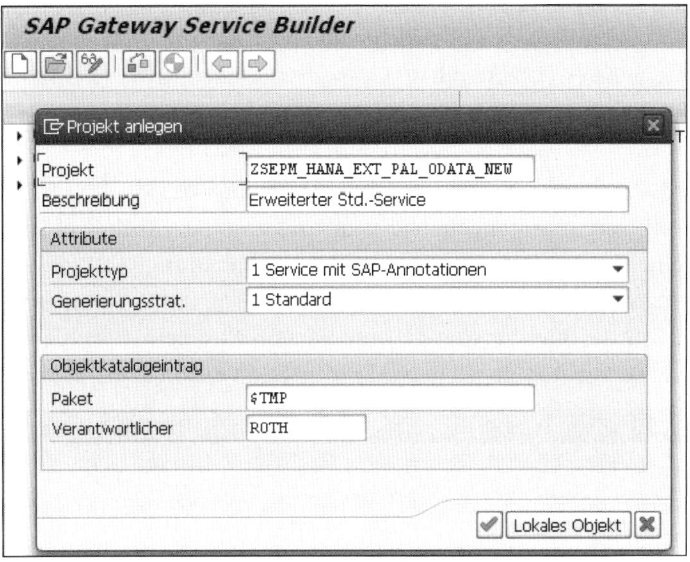

Abbildung 17.4 Neues OData-Projekt anlegen

4. Klicken Sie danach im Navigationsbaum mit der rechten Maustaste auf den Ordner **Data Model** unterhalb Ihres Projekts, und wählen Sie im Kontextmenü den Eintrag **Überdefinieren • OData-Service (SAP GW)** aus (siehe Abbildung 17.5).

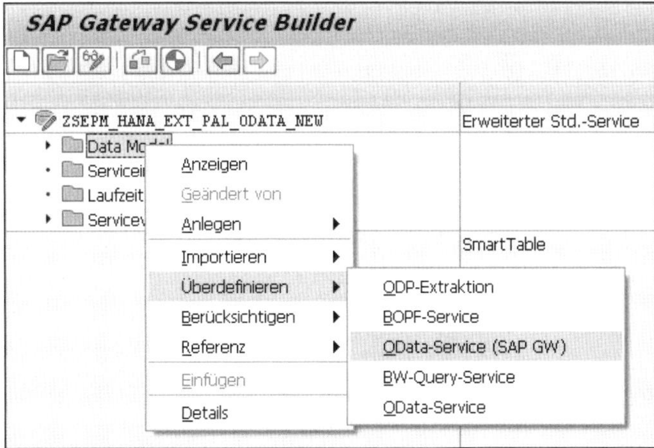

Abbildung 17.5 Einen bestehenden OData-Service überdefinieren

Kontextmenüeintrag »OData-Service«

Wie Sie in Abbildung 17.5 sehen können, gibt es einen zweiten Kontextmenüeintrag, der **OData-Service** heißt. Dieser Eintrag bezieht sich auf OData-Services, die nicht mit SAP Gateway (also der Transaktion SEGW), sondern in anderen (SAP-fremden) Systemen (z. B. einem Java-System) entwickelt wurden.

5. Tragen Sie in dem sich öffnenden Pop-up-Fenster, das Sie in Abbildung 17.6 sehen, den ursprünglichen OData-Service im Feld **Technical Service Name** ein. Nutzen Sie dazu die [F4]-Hilfe aus Abbildung 17.7. Wählen Sie in unserem Beispiel den Service `SEPM_HANA_EXT_PAL_ODATA_SRV` in der letzten Version aus (hier Version 1). Diese Version wird beim Bestätigen der Suchhilfe auch automatisch in das Eingabefeld **Version** übertragen.

Abbildung 17.6 Angabe des OData-Service, der überdefiniert werden soll

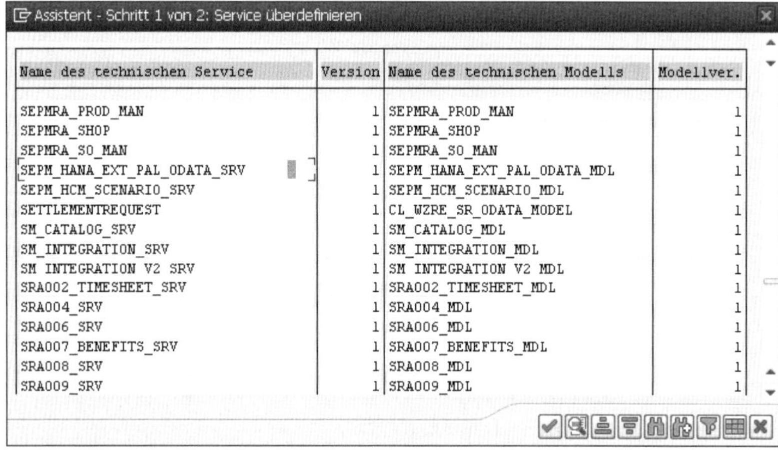

Name des technischen Service	Version	Name des technischen Modells	Modellver.
SEPMRA_PROD_MAN	1	SEPMRA_PROD_MAN	1
SEPMRA_SHOP	1	SEPMRA_SHOP	1
SEPMRA_SO_MAN	1	SEPMRA_SO_MAN	1
SEPM_HANA_EXT_PAL_ODATA_SRV	1	SEPM_HANA_EXT_PAL_ODATA_MDL	1
SEPM_HCM_SCENARIO_SRV	1	SEPM_HCM_SCENARIO_MDL	1
SETTLEMENTREQUEST	1	CL_WZRE_SR_ODATA_MODEL	1
SM_CATALOG_SRV	1	SM_CATALOG_MDL	1
SM_INTEGRATION_SRV	1	SM_INTEGRATION_MDL	1
SM_INTEGRATION_V2_SRV	1	SM_INTEGRATION_V2_MDL	1
SRA002_TIMESHEET_SRV	1	SRA002_TIMESHEET_MDL	1
SRA004_SRV	1	SRA004_MDL	1
SRA006_SRV	1	SRA006_MDL	1
SRA007_BENEFITS_SRV	1	SRA007_BENEFITS_MDL	1
SRA008_SRV	1	SRA008_MDL	1
SRA009_SRV	1	SRA009_MDL	1

Abbildung 17.7 F4-Hilfe zur Suche nach dem Namen des OData-Service, der überdefiniert werden soll

OData-Service zu einer Fiori-App herausfinden

An dieser Stelle können Sie natürlich jeden beliebigen OData-Service eintragen, den Sie erweitern wollen. Um herauszufinden, welcher OData-Service zu einer Fiori-App gehört, können Sie die *SAP Fiori Apps Reference Library* verwenden. Diese können Sie über die folgende URL aufrufen: *https://fioriappslibrary.hana.ondemand.com*

6. Bestätigen Sie diesen Schritt anschließend mit **Weiter**.
7. Im nächsten Schritt müssen Sie mithilfe des Pop-up-Fensters aus Abbildung 17.8 noch die Entitätsmengen auswählen, die in Ihrem neuen OData-Service zur Verfügung stehen sollen. Beim Erweitern eines OData-Service für eine Fiori-App sollten Sie hier immer alle Entitätsmengen übernehmen, da die Fiori-App diese weiterhin benötigt.

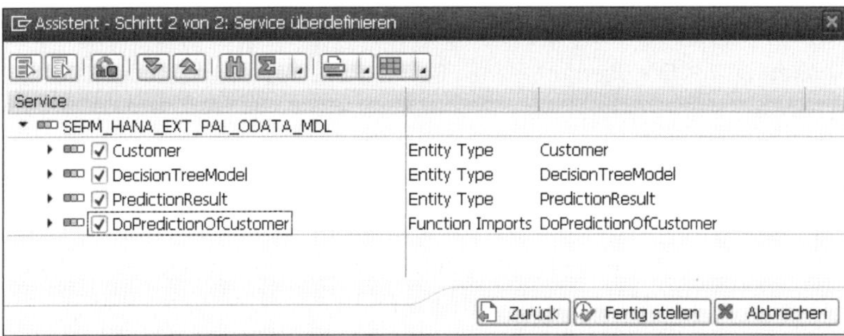

Abbildung 17.8 Zu übernehmende Entitätsmengen auswählen

8. Bestätigen Sie das Überdefinieren des OData-Service abschließend mit der Schaltfläche **Fertig stellen**.

Nachträgliche Änderungen vornehmen

Nachträgliche Änderungen an den übernommenen Entitätsmengen können Sie durchführen, indem Sie die Funktion **Überdefinieren • OData-Service (GW)** aus Abbildung 17.5 erneut aufrufen und dabei die Option **Extend Current Model** auswählen.

Dadurch werden alle zu den ausgewählten Entitätsmengen gehörigen Bestandteile mit in Ihr neues Projekt übernommen. Wie in Abbildung 17.9 zu erkennen, gehören dazu alle Entitätstypen, Assoziationen und Funktionsimporte.

SAP Gateway Service Builder

ZSEPM_HANA_EXT_PAL_ODATA_NEW	Erweiterter Std.-Service
Data Model	
Entitätstypen	
Customer	von SEPM_HANA_EXT_PAL_ODATA_MDL-0001
DecisionTreeModel	von SEPM_HANA_EXT_PAL_ODATA_MDL-0001
PredictionResult	von SEPM_HANA_EXT_PAL_ODATA_MDL-0001
Assoziationen	
Entitätsmengen	
CustomerSet	von SEPM_HANA_EXT_PAL_ODATA_MDL-0001
DecisionTreeModels	von SEPM_HANA_EXT_PAL_ODATA_MDL-0001
PredictionResults	von SEPM_HANA_EXT_PAL_ODATA_MDL-0001
Funktionsimporte	
DoPredictionOfCustomer	von SEPM_HANA_EXT_PAL_ODATA_MDL-0001
Modellreferenzen	
SEPM_HANA_EXT_PAL_ODATA_MDL-0001	
Serviceimplementierung	
CustomerSet	
DecisionTreeModels	
PredictionResults	

Abbildung 17.9 Die übernommenen Bestandteile des referenzierten OData-Service

Überdefinierten Service erkennen

Ob es sich bei einem OData-Service um einen auf diese Weise überdefinierten Service handelt, können Sie daran erkennen, dass bei diesen Services im Ordner **Modellreferenzen** immer der Verweis auf den originalen OData-Service (und dessen Version) hinterlegt ist.

Nun können Sie nach Belieben neue Entitätssets, Assoziationen und Funktionsimporte in dem überdefinierten Service anlegen und diese entsprechend der DPC-Klasse (Data Provider Class) ausimplementieren.

Entitätsmenge erweitern

Um eine bestehende Entitätsmenge zu erweitern, müssen Sie immer den dahinterliegenden Entitätstyp anpassen, der die einzelnen in dem Entitätsset enthaltenen Felder definiert (analog zu einer Struktur aus dem ABAP Dictionary). Dazu ist einer der beiden folgenden Schritte notwendig, je nachdem, worauf der Entitätstyp basiert:

- **Der Entitätstyp basiert auf einer Struktur**
  In diesem Fall muss die hinter dem Entitätstyp liegende Struktur mit einer Append-Struktur erweitert werden (falls es sich nicht um die gleiche Struktur handelt, wie die der Datenbanktabelle, die Sie ursprünglich erweitert haben und die die Datengrundlage für dieses Entitätsset darstellt). Das in dieser Struktur hinzugefügte Feld kann anschließend automatisch in den Entitätstyp importiert werden. Diesen Fall zeige ich Ihnen im nachfolgenden Abschnitt.

- **Der Entitätstyp nicht auf einer Struktur**
  In diesem Fall muss der Entitätstyp manuell angepasst werden. Wie Sie die Implementierung in diesem Sonderfall durchführen, beschreibe ich in Abschnitt 17.3, »Sonderfall: Entitätstyp ohne Struktur«.

17.2 Standardfall: Entitätstyp mit Struktur

Entitätstyp herausfinden

In diesem Beispiel soll die Entitätsmenge `CustomerSet` erweitert werden. Den Entitätstyp dieser Entitätsmenge können Sie herausfinden, indem Sie im Navigationsbaum der Transaktion SEGW doppelt auf die Entitätsmenge `CustomerSet` im Ordner **Entitätsmengen** klicken (siehe Abbildung 17.10). Auf der rechten Seite wird nun in der Tabelle **Entitätsmengen** in der rechten Spalte der **Name des Entitätstyps** angezeigt (hier `Customer`).

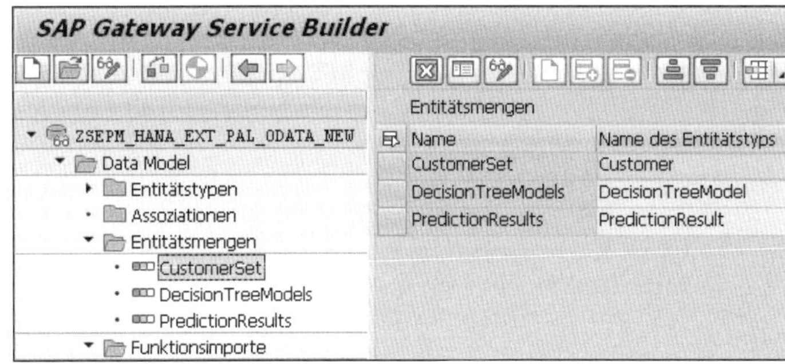

Abbildung 17.10 Die Entitätsmengen mit den dazugehörigen Entitätstypen

Struktur herausfinden

Um die zugrunde liegende Struktur herauszufinden klicken Sie im Navigationsbaum links doppelt auf den Entitätstyp **Customer** im Ordner **Entitätstypen** (siehe Abbildung 17.11). Ist zu diesem Entitätstyp auf der rechten Seite wie in Abbildung 17.11 eine Struktur in der Spalte **ABAP-Struktur** eingetragen (hier `SEPM_ODATA_CUSTOMER`), basiert die Entitätsmenge ausschließlich auf Feldern dieser Struktur.

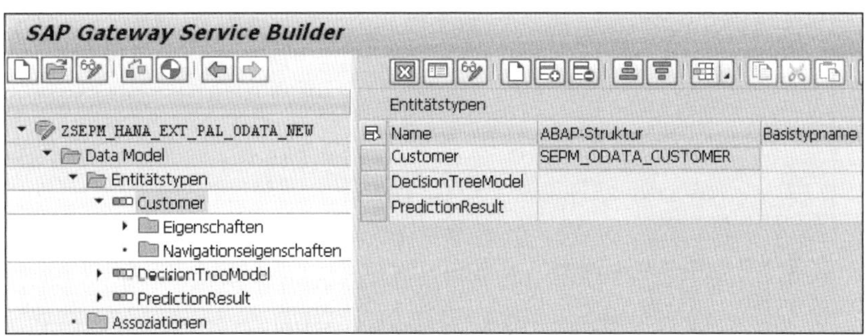

Abbildung 17.11 Die Struktur hinter einem Entitätstypen

17.2.1 Entitätstyp erweitern

Neues Feld der Struktur hinzufügen

Da diese Struktur SEPM_ODATA_CUSTOMER nicht der Struktur der Datenbanktabelle SNWD_BPA entspricht, ist das neu hinzugefügte Feld ZZUSATZ nicht in dieser Struktur enthalten. Sie müssen es über eine Append-Struktur hinzufügen (siehe auch Abschnitt 2.1, »Strukturerweiterungen«):

1. Rufen Sie hierzu die Transaktion SE11 auf und dort die Struktur SEPM_ODATA_CUSTOMER.
2. Legen Sie, wie in Abbildung 17.12 gezeigt, eine neue Append-Struktur mit dem neuen zeichenartigen Feld ZZUSATZ von der Länge 20 an.
3. Vergessen Sie nicht, die Append-Struktur zu aktivieren.

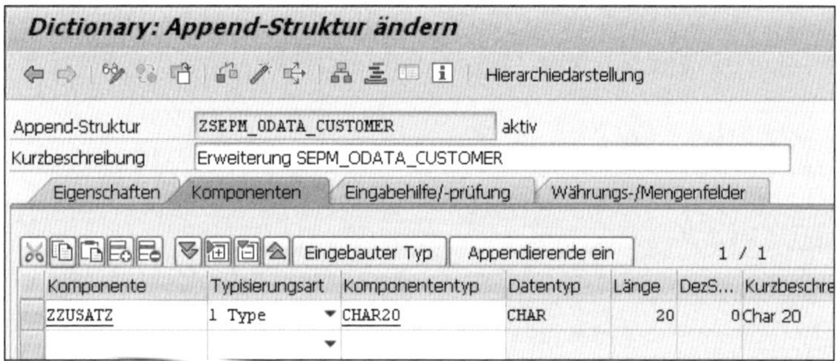

Abbildung 17.12 Erweiterte Struktur des Entitätstyps

Feld dem Entitätstyp hinzufügen

Durch das Erweitern der Struktur ist das neue Feld aber noch nicht im OData-Service bekannt. In einem weiteren Schritt müssen Sie dieses Feld daher noch dem Entitätstyp hinzufügen:

1. Klicken Sie dazu mit der rechten Maustaste auf den Entitätstyp im Navigationsbaum, und wählen Sie im Kontextmenü den Eintrag **Importieren • Eigenschaften** aus (siehe Abbildung 17.13).

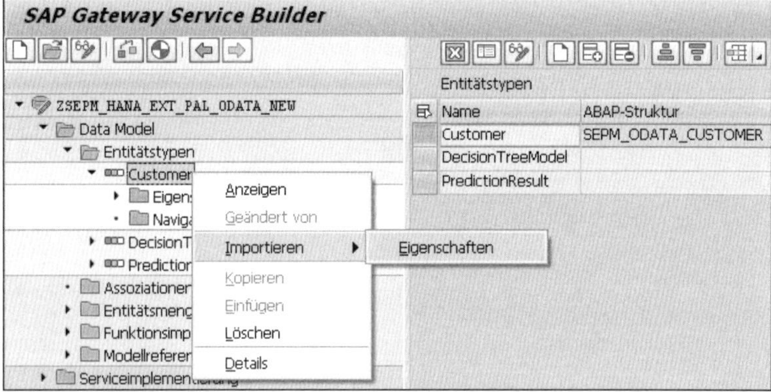

Abbildung 17.13 Neues Feld aus der Struktur eines Entitätstyps importieren

2. Diese Funktion liest die Struktur SEPM_ODATA_CUSTOMER (die Sie gerade durch eine Append-Struktur erweitert haben) aus und findet das neu hinzugefügte Feld ZZUSATZ. Scrollen Sie in dem sich öffnenden Pop-up-Fenster aus Abbildung 17.14 bis zum Ende der Liste, und wählen Sie dieses neue Feld durch ein Häkchen aus. Klicken Sie anschließend auf **Weiter**.

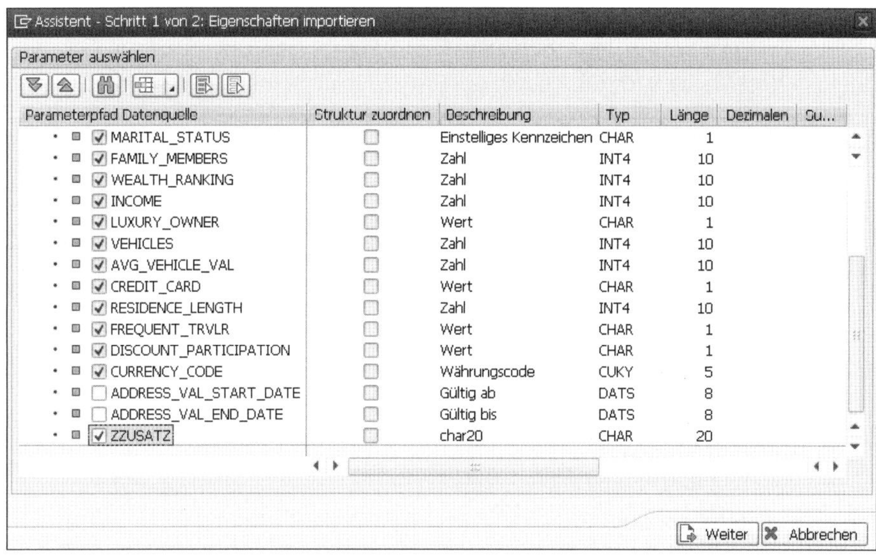

Abbildung 17.14 Eigenschaften für einen Entitätstyp importieren

3. Im nächsten Schritt könnten Sie dieses Feld noch als Primärschlüssel festlegen oder die Beschreibung ändern. Bestätigen Sie dann das Importieren des neuen Feldes mit **Fertig stellen** (siehe Abbildung 17.15).

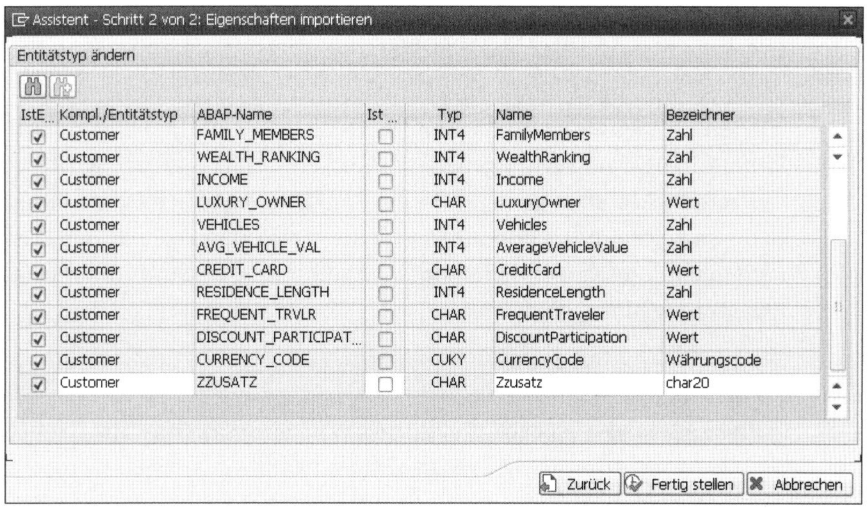

Abbildung 17.15 Neu hinzugefügtes Feld anpassen

Wenn Sie jetzt in die **Eigenschaften** des Entitätstyps wechseln, werden Sie feststellen, dass das neue Feld `ZZUSATZ` hinzugefügt wurde (siehe Abbildung 17.16). Als XML-Datentyp wurde in der Spalte **EDM-Coretyp** `Edm.String` mit der maximalen Länge 20 vergeben. EDM-Coretypen sind primitive Datentypen im Entitätsdatenmodell. Sie definieren, was dieses Feld enthalten darf. Das funktioniert ähnlich wie bei den Datenelementen aus dem ABAP Dictionary, nur beziehen sich die EDM-Coretypen speziell auf OData-Services, die ja auch außerhalb der SAP-Welt als Standard existieren.

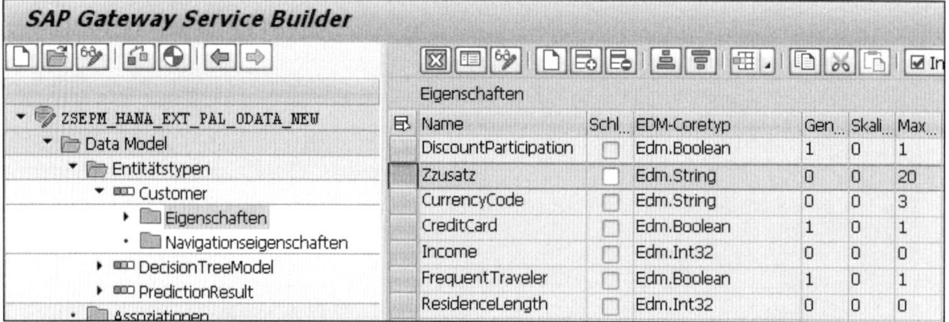

Abbildung 17.16 Den Eigenschaften des Entitätstyps hinzugefügtes Feld

Damit haben Sie den Entitätstyp erfolgreich um ein neues Feld erweitert. Da die Entitätsmenge `CustomerSet` auf diesem Entitätstyp aufbaut, enthält nun auch diese Entitätsmenge dieses neue Feld.

Im nächsten Schritt müssen Sie sich darum kümmern, dass dieses neue Feld in der Implementierung des Entitätssets berücksichtigt wird.

17.2.2 Laufzeitartefakte generieren

Bevor Sie die Implementierung für die angepasste Entitätsmenge ändern können, müssen Sie zuerst die Laufzeitartefakte, also die Implementierungsklassen zum OData-Service generieren. Klicken Sie hierzu auf die Schaltfläche **Laufzeitobjekte erzeugen** () in der Funktionsleiste des OData-Projekts. Dadurch erscheint das Pop-up-Fenster aus Abbildung 17.17 mit den Details zur **Modell- und Servicedefinition**. Hier wurde ein Abschnitt Ihrer **Service-Erweiterung** hinzugefügt.

[+]

Puffer aktualisieren

Falls Ihnen beim Generieren der Laufzeitartefakte die Fehlermeldung angezeigt wird, dass das neu hinzugefügte Feld nicht Bestandteil der Struktur ist, obwohl Sie es über eine Append-Struktur hinzugefügt haben, wie im vorigen Abschnitt beschrieben, müssen Sie die Transaktion SEGW neu starten. Dadurch wird der Puffer neu geladen. Danach sollte die Fehlermeldung nicht mehr auftauchen.

Umleitung an den neuen Service

Wählen Sie in diesem neu hinzugefügten Abschnitt die Einstellung **Basis-/erweit. Serv. überschr.** aus. Diese Einstellung bewirkt, dass jede Anfrage an den ursprünglichen OData-Service automatisch zur Implementierung Ihres durch Überdefinition erstellten neuen Service umgeleitet wird.

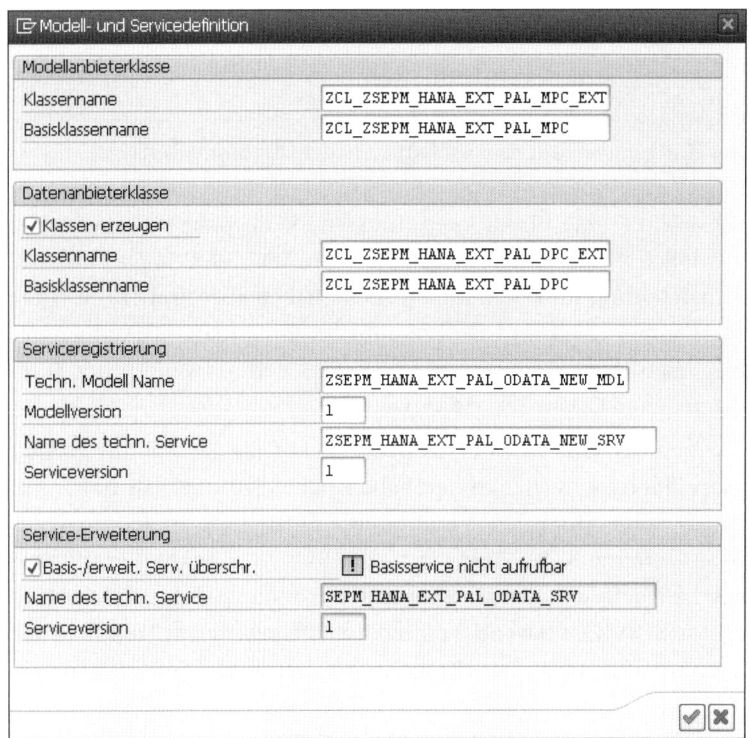

Abbildung 17.17 Generieren der Laufzeitartefakte

Wird nun in einer Fiori-App der Standardservice und damit die Entitätsmenge `CustomerSet` aufgerufen, wird auf Ihren neuen erweiterten OData-Service verwiesen und damit auch die neue Entitätsmenge `CustomerSet` mit dem neuen Feld `ZZUSATZ` angezeigt. Abbildung 17.18 zeigt eine solche Antwort auf den Aufruf des originalen OData-Service mit dem Endpunkt `/SEPM_HANA_EXT_PAL_ODATA_SRV/CustomerSet`. Wurde eine Umleitung ausgeführt, können Sie dies am Tag `<category term>` erkennen. In Abbildung 17.18 steht innerhalb dieses Tags der technische Name des erweiterten OData-Service (hier `ZSEPM_HANA_EXT_PAL_ODATA_NEW_SRV`).

```
- <feed xmlns="http://www.w3.org/2005/Atom" xmlns:m="http://schemas.microsoft.com/ado/2007/08/dataservices/metadata"
    xmlns:d="http://schemas.microsoft.com/ado/2007/08/dataservices"
    xml:base="http://SRV06185.dataw1.de:8000/sap/opu/odata/sap/SEPM_HANA_EXT_PAL_ODATA_SRV/">
    <id>http://SRV06185.dataw1.de:8000/sap/opu/odata/sap/SEPM_HANA_EXT_PAL_ODATA_SRV/CustomerSet</id>
    <title type="text">CustomerSet</title>
    <updated>2018-11-01T13:05:18Z</updated>
  - <author>
      <name />
    </author>
    <link href="CustomerSet" rel="self" title="CustomerSet" />
  - <entry>
      <id>http://SRV06185.dataw1.de:8000/sap/opu/odata/sap/SEPM_HANA_EXT_PAL_ODATA_SRV/CustomerSet('100000000')</id>
      <title type="text">CustomerSet('100000000')</title>
      <updated>2018-11-01T13:05:18Z</updated>
      <category term="ZSEPM_HANA_EXT_PAL_ODATA_NEW_SRV.Customer"
        scheme="http://schemas.microsoft.com/ado/2007/08/dataservices/scheme" />
      <link href="CustomerSet('100000000')" rel="edit" title="Customer" />
    - <content type="application/xml">
      - <m:properties xmlns:m="http://schemas.microsoft.com/ado/2007/08/dataservices/metadata"
          xmlns:d="http://schemas.microsoft.com/ado/2007/08/dataservices">
          <d:CustomerId>100000000</d:CustomerId>
          <d:FirstName>Karl</d:FirstName>
          <d:LastName>Müller</d:LastName>
```


Abbildung 17.18 Hinweis auf eine Umleitung in der OData-Antwort

Damit diese Umleitung funktioniert, müssen Sie Ihr neues OData-Projekt nicht wie üblich in der Transaktion /IWFND/MAINT_SERVICE veröffentlichen. Die Umleitung funktioniert sofort. Sie haben aber immer die Wahl: Sie können ohne Umleitung arbeiten, müssen Ihren neuen OData-Service dann aber manuell veröffentlichen und später beim Erweitern der Fiori-App auf den neuen OData-Service verweisen.

Umleitung anpassen

Wenn Sie beim Generieren der Laufzeitobjekte die Einstellung **Basis-/erweit. Serv. überschr.** nicht aktiviert haben, haben Sie innerhalb der Transaktion SEGW keine Möglichkeit mehr, diese Einstellung zu ändern. Auch können Sie innerhalb der Transaktion SEGW nicht erkennen, ob diese Eigenschaft aktiviert wurde. Stattdessen können Sie die Transaktion /IWBEP/REG_SERVICE verwenden, um diese Einstellung nachzuvollziehen und auf Bedarf auch zu ändern. Tragen Sie hierzu in der Selektionsmaske der Transaktion den technischen Namen Ihres neuen Services ein, und klicken Sie auf **Ändern** (siehe Abbildung 17.19).

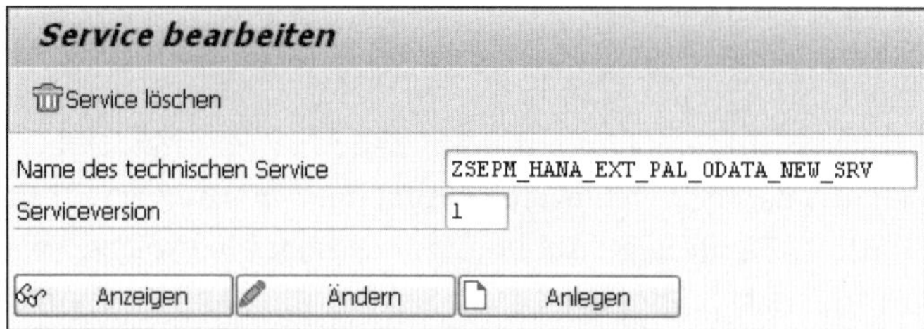

Abbildung 17.19 OData-Service in Transaktion /IWBEP/REG_SERVICE bearbeiten

Im Abschnitt **Erweiterung für Service** haben Sie die Möglichkeit, den originalen OData-Service im Eingabefeld **Name des technischen Service** einzutragen (siehe Abbildung 17.20). Nutzen Sie auch hier wieder die [F4]-Hilfe, um die neueste Version dieses Service zu ermitteln. Speichern Sie diese Änderungen. Dadurch ist die Umleitung aktiv. Das heißt, wenn eine Anfrage auf den originalen OData-Service erfolgt (hier SEPM_HANA_EXT_PAL_ODATA_SRV), wird diese Anfrage an Ihre Erweiterung (hier ZSEPM_HANA_EXT_PAL_ODATA_NEW_SRV) weitergeleitet.

Service ändern

Cache bereinigen   Konfiguration

Service-Informationen	
Name des technischen Service	ZSEPM_HANA_EXT_PAL_ODATA_NEW_SRV
Serviceversion	1
Beschreibung	Erweiterter Std.-Service
Name des externen Service	ZSEPM_HANA_EXT_PAL_ODATA_NEW_SRV
Namensraum	
Datenanbieterklasse	ZCL_ZSEPM_HANA_EXT_PAL_DPC_EXT
Angelegt von	ROTH
Geändert von	
Paket	$TMP

Erweiterung für Service	
Name des technischen Service	SEPM_HANA_EXT_PAL_ODATA_SRV
Serviceversion	1

Abbildung 17.20 Technischen Service einer Erweiterung anpassen

[!]

Mehrere aktive Umleitungen

Wenn Sie die Eigenschaft **Basis-/erweit. Serv. überschr.** für denselben originalen OData-Service in mehreren Projekten aktiviert und damit mehrere Umleitungen eingestellt haben, ist nicht eindeutig, auf welchen erweiterten OData-Service umgeleitet werden soll. Ob mehrere Umleitungen für einen originalen OData-Service eingestellt sind, können Sie herausfinden, indem Sie in der Tabelle /IWBEP/I_MGW_SRH in der Spalte EXT_4_TECH_NAME nach dem originalen OData-Service suchen (hier SEPM_HANA_EXT_PAL_ODATA_SRV). Für alle gefundenen Treffer ist die Umleitung aktiv. Es sollte daher immer nur ein Treffer an dieser Stelle existieren.

17.2.3 CRUDQ-Methoden implementieren

Datenverarbeitung für das neue Feld

Zwar haben wir in Abschnitt 17.2.1, »Entitätstyp erweitern«, die Entitätsmenge CustomerSet um ein neues Feld ZZUSATZ erweitert, dieses Feld ist aber aktuell noch leer. Es werden daher keine Daten aus diesem Feld übertragen, wenn z. B. lesend auf den OData-Service für diese Entitätsmenge `CustomerSet` zugegriffen wird. Um die Verarbeitung dieses zusätzlichen Feldes müssen Sie sich in den CRUDQ-Methoden Ihrer `DPC_EXT`-Klasse kümmern, also der von SAP bereitgestellten erweiterten Data-Provider-Klasse, in der Sie Ihre Änderungen durchführen können. In diesem Kontext sollten Sie wissen, dass die DPC-Klasse (von der die `DPC_EXT`-Klasse erbt) Ihres OData-Erweiterungsprojekts durch die Referenz auf den originalen OData-Service wiederum von der DPC-Klasse dieses originalen Service erbt.

Abbildung 17.21 zeigt diese Vererbungshierarchie innerhalb der Objektliste des Class Builders in der ABAP Workbench.

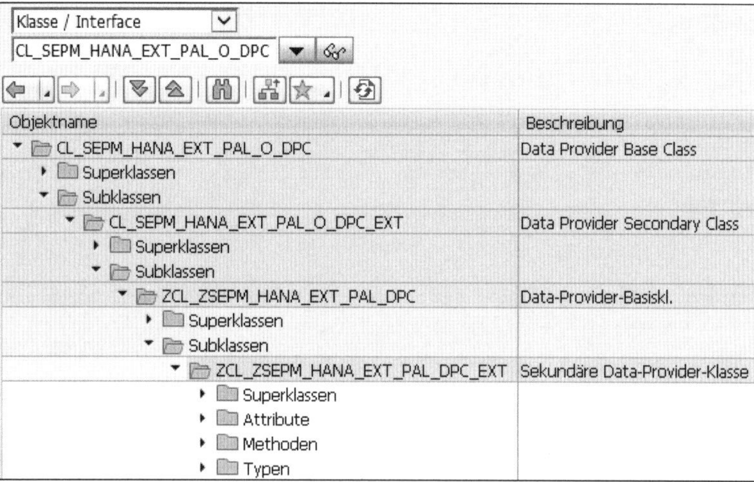

Abbildung 17.21 Die Vererbungshierarchie der DPC-Klassen

Das bedeutet, dass die Implementierung Ihrer CRUDQ-Methoden auf der Implementierung dieser Methoden in der originalen Klasse des originalen OData-Service basiert. Würden Sie also aktuell Ihren Service veröffentlichen und aufrufen, würde die Verarbeitung Ihres neuen Service bereits funktionieren, aber eben mit den originalen Methodenimplementierungen des originalen OData-Service.

MPC-Klasse

Die MPC-Klasse (Model-Provider-Klasse) Ihres neuen OData-Service funktioniert nach demselben Prinzip. So lässt sich mit der Methode `CREATE_NEW_ARTIFACTS` beispielsweise das neue Feld `ZZUSATZ` auslesen (siehe Abbildung 17.22).

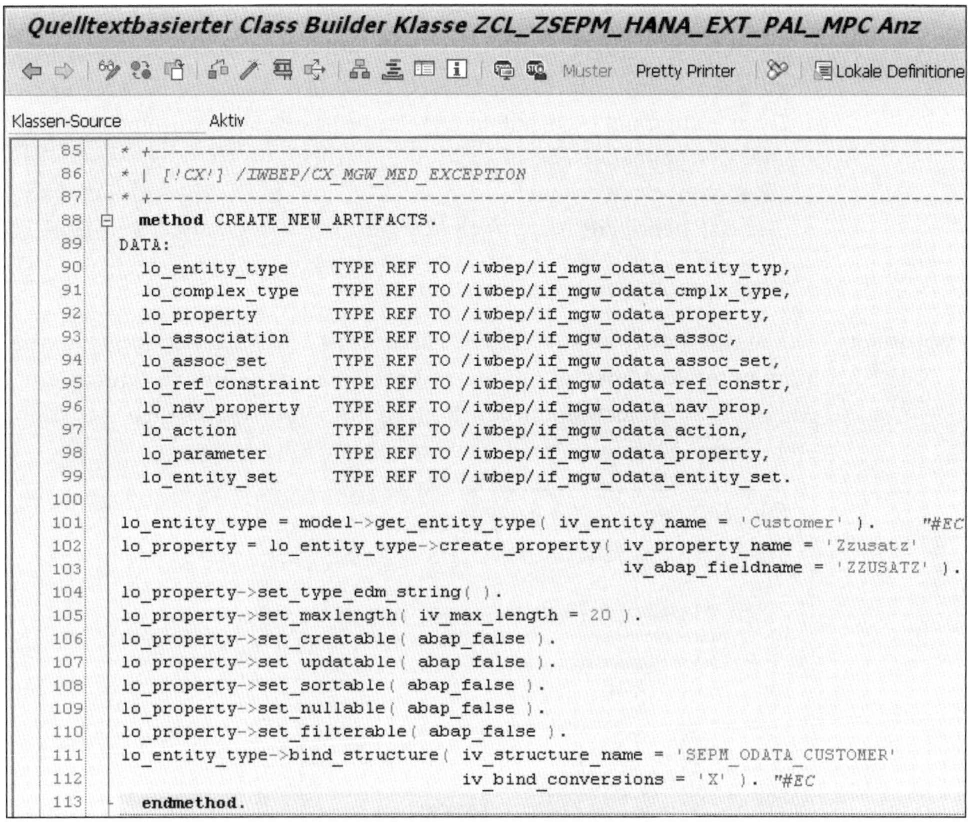

Quelltextbasierter Class Builder Klasse ZCL_ZSEPM_HANA_EXT_PAL_MPC Anz

Muster Pretty Printer Lokale Definitione

Klassen-Source Aktiv

```
* +--------------------------------------------------------------------
* | [!CX!] /IWBEP/CX_MGW_MED_EXCEPTION
* +--------------------------------------------------------------------
  method CREATE_NEW_ARTIFACTS.
DATA:
  lo_entity_type      TYPE REF TO /iwbep/if_mgw_odata_entity_typ,
  lo_complex_type     TYPE REF TO /iwbep/if_mgw_odata_cmplx_type,
  lo_property         TYPE REF TO /iwbep/if_mgw_odata_property,
  lo_association      TYPE REF TO /iwbep/if_mgw_odata_assoc,
  lo_assoc_set        TYPE REF TO /iwbep/if_mgw_odata_assoc_set,
  lo_ref_constraint   TYPE REF TO /iwbep/if_mgw_odata_ref_constr,
  lo_nav_property     TYPE REF TO /iwbep/if_mgw_odata_nav_prop,
  lo_action           TYPE REF TO /iwbep/if_mgw_odata_action,
  lo_parameter        TYPE REF TO /iwbep/if_mgw_odata_property,
  lo_entity_set       TYPE REF TO /iwbep/if_mgw_odata_entity_set.

lo_entity_type = model->get_entity_type( iv_entity_name = 'Customer' ).     "#EC
lo_property = lo_entity_type->create_property( iv_property_name = 'Zzusatz'
                                               iv_abap_fieldname = 'ZZUSATZ' ).
lo_property->set_type_edm_string( ).
lo_property->set_maxlength( iv_max_length = 20 ).
lo_property->set_creatable( abap_false ).
lo_property->set_updatable( abap_false ).
lo_property->set_sortable( abap_false ).
lo_property->set_nullable( abap_false ).
lo_property->set_filterable( abap_false ).
lo_entity_type->bind_structure( iv_structure_name = 'SEPM_ODATA_CUSTOMER'
                                iv_bind_conversions = 'X' ). "#EC
  endmethod.
```

Abbildung 17.22 Der Verweis auf den erweiterten Entitätstyp in der MPC-Klasse

Zu implementierende Methoden

Für die Entitätsmenge `CustomerSet` müssen Sie die Implementierung folgender Methoden in Ihrer DPC-Klasse prüfen und gegebenenfalls dem neuen Feld anpassen:

- die Methode `CUSTOMERSET_CREATE_ENTITY` zur Anlage eines neuen Kunden
- die Methode `CUSTOMERSET_DELETE_ENTITY` zum Löschen eines Kunden
- die Methode `CUSTOMERSET_GET_ENTITY`, um einen einzelnen Kunden auszulesen
- die Methode `CUSTOMERSET_GET_ENTITYSET`, um mehrere Kunden auszulesen
- die Methode `CUSTOMERSET_UPDATE_ENTITY`, um die Daten eines Kunden zu aktualisieren

Ob Sie eine dieser verarbeitenden Methoden anpassen müssen, können Sie nur direkt in der Implementierung der DPC-Klasse herausfinden.

BAdIs zur Erweiterung der CRUDQ-Methoden

Mitunter bietet SAP in den CRUDQ-Methoden BAdI-Aufrufe oder SAP-Erweiterungspunkte an, mit deren Hilfe Sie die originale Implementierung anpassen können. Mehr Informationen dazu, ob für eine Fiori-App BAdIs angeboten werden, finden Sie in der SAP Fiori App Reference Library im Bereich **Extensibility** (siehe auch Abschnitt 18.2, »Programmatische Erweiterung«).

ABAP Workbench aufrufen

Um die Methoden zu analysieren, rufen Sie im Ordner **Serviceimplementierung** unter **CustomerSet** mit einem Rechtsklick das Kontextmenü zu einer Methode auf und wählen den Eintrag **Zur ABAP Workbench** aus (siehe Abbildung 17.23).

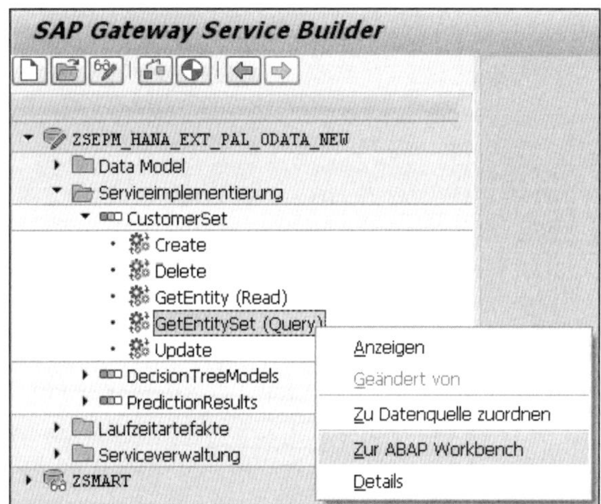

Abbildung 17.23 Zur Serviceimplementierung in die ABAP Workbench wechseln

Bestätigen Sie die folgende übliche Meldung mit **Weiter**:

> *»Vorgang /IWBEP/IF_MGW_APPL_SRV_RUNTIME~GET_ENTITYSET wurde noch nicht implementiert«*

Dadurch gelangen Sie in die Übersicht der DPC_EXT-Klasse im Class Builder (siehe Abbildung 17.24). Die betreffenden Methoden finden Sie hier wie gewohnt entweder im Ordner **Methoden • Geerbte Methoden** oder am Ende der Methodenliste auf der rechten Seite.

Untersuchen Sie diese Methoden nun, wie in den folgenden Abschnitten beschrieben.

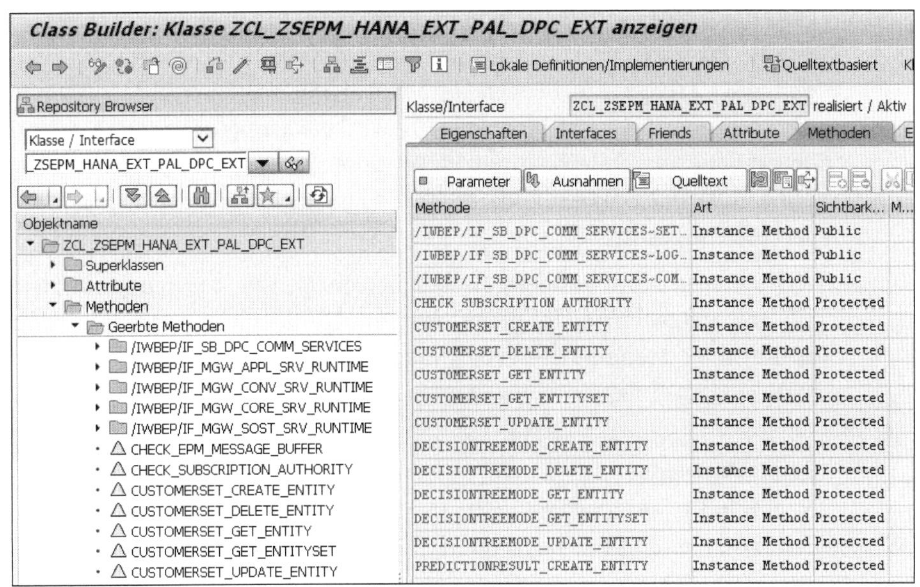

Abbildung 17.24 Die DPC_EXT-Klasse mit den Serviceimplementierungsmethoden

Create-Methode

Wechseln Sie per Doppelklick auf die Methode CUSTOMERSET_CREATE_ENTITY zur Create-Methode. Wie in Abbildung 17.25 ersichtlich, springt der Editor dadurch in die Klasse CL_SEPM_HANA_EXT_PAL_O_DOC_EXT ab, also in die Implementierungsklasse des originalen OData-Service. Genau dies ist aufgrund der Vererbungshierarchie der Quellcode, der aktuell ausgeführt wird, wenn in der Fiori-App ein neuer Kundendatensatz angelegt wird.

Erzeugen eines Kundendatensatzes

Class Builder: Klasse CL_SEPM_HANA_EXT_PAL_O_DPC_EXT anzeigen

Muster | Pretty Printer | Signatur | Public Se

Methode CUSTOMERSET_CREATE_ENTITY aktiv

```
    TRY.
        " access EPM BP header and contact data node, get an EPM message buffer
        li_epm_bo         = cl_epm_service_facade=>get_bo( if_epm_bp=>gc_bo_name ).
        li_epm_bp_header ?= li_epm_bo.
        li_epm_bp_contact ?= li_epm_bo.

        li_message_buffer = cl_epm_service_facade=>get_message_buffer( ).

        " create an EPM BP header and fill it according to the given BP header data
        li_epm_bp_header->create(
          EXPORTING
            ii_message_buffer = li_message_buffer
          IMPORTING
            es_data           = ls_bp_header
            ev_success        = lv_success ).
        IF ( lv_success EQ abap_false ).
          check_epm_message_buffer( li_message_buffer ).
        ENDIF.
```

Abbildung 17.25 Die Create-Methode in der originalen DPC_EXT-Klasse

Die Anlage eines Kunden erfolgt in dieser Fiori-App über ein Geschäftsobjekt des Business Object Processing Frameworks (BOPF). Die zur Anlage verwendete Methode CREATE sehen Sie hier in Zeile 97. Als Übergabestruktur (in der Variablen LS_BP_HEADER in Zeile 101) wird die bereits erweiterte Struktur übergeben. Aus diesem Grund ist in dieser Methodenimplementierung keine Änderung notwendig, damit das neu hinzugefügte Zusatzfeld ZZUSATZ berücksichtigt wird.

Wenn also ein Kunde angelegt und dabei ein Wert für das neue Zusatzfeld ZZUSATZ übergeben und Ihr neuer Service aufgerufen wird, wird dieser Wert an die Create-Methode übergeben, und das Framework kümmert sich automatisch darum, dass er in der Datenbanktabelle gespeichert wird.

Delete-Methode

Löschen eines Kundendatensatzes

Wechseln Sie anschließend in die Methode CUSTOMERSET_DELETE_ENTITY, die dem Löschen eines Kunden dient. Deren Implementierung sehen Sie in Abbildung 17.26.

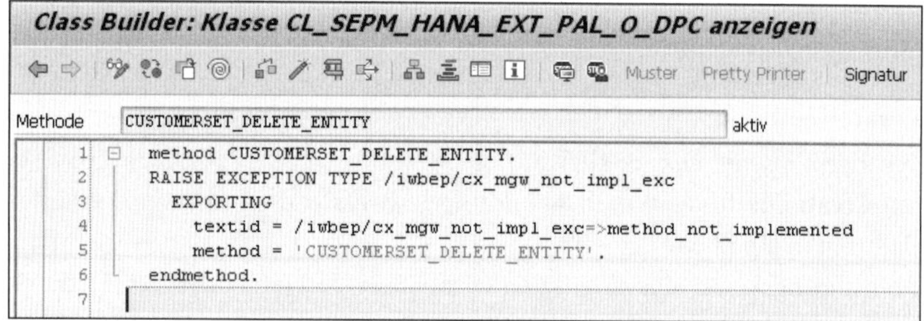

Abbildung 17.26 Die Delete-Methode in der originalen DPC_EXT-Klasse

Diese Methode wurde für den originalen OData-Service nicht implementiert. Es kann über diesen Service also kein Kundendatensatz gelöscht werden. Aus diesem Grund ist auch hier keine Änderung für das neue Zusatzfeld nötig.

Read-Methode

Lesen eines Kundendatensatzes

Wechseln Sie anschließend in die Methode CUSTOMERSET_GET_ENTITY, über die ein Kundendatensatz gelesen wird. Deren Implementierung ist in Abbildung 17.27 dargestellt.

Wie in Abbildung 17.27 in Zeile 36 zu erkennen, wird hier der Datensatz zu einem Kunden über eine SELECT-Anweisung aus mehreren Datenbanktabellen (unter anderem der Tabelle SNWD_BPA, also der Kundentabelle) gelesen. Für die SELECT-Anweisung wird hier explizit eine Feldliste angegeben (es werden also nicht über SELECT * alle Felder selektiert). Das bedeutet, dass unser neues, der Datenbanktabelle SNWD_BPA hinzugefügtes Zusatzfeld ZZUSATZ nicht selektiert wird.

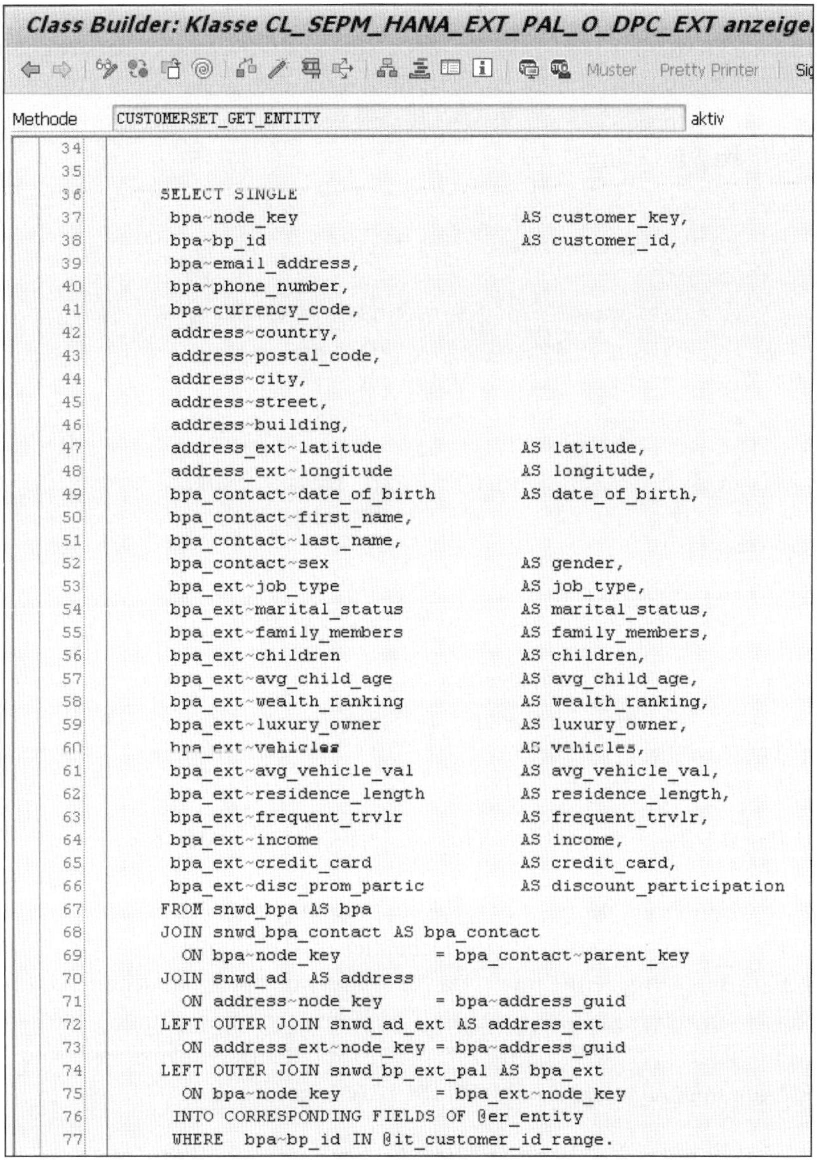

Class Builder: Klasse CL_SEPM_HANA_EXT_PAL_O_DPC_EXT anzeige

Muster Pretty Printer Si

Methode CUSTOMERSET_GET_ENTITY aktiv

```
   SELECT SINGLE
    bpa~node_key                       AS customer_key,
    bpa~bp_id                          AS customer_id,
    bpa~email_address,
    bpa~phone_number,
    bpa~currency_code,
    address~country,
    address~postal_code,
    address~city,
    address~street,
    address~building,
    address_ext~latitude               AS latitude,
    address_ext~longitude              AS longitude,
    bpa_contact~date_of_birth          AS date_of_birth,
    bpa_contact~first_name,
    bpa_contact~last_name,
    bpa_contact~sex                    AS gender,
    bpa_ext~job_type                   AS job_type,
    bpa_ext~marital_status             AS marital_status,
    bpa_ext~family_members             AS family_members,
    bpa_ext~children                   AS children,
    bpa_ext~avg_child_age              AS avg_child_age,
    bpa_ext~wealth_ranking             AS wealth_ranking,
    bpa_ext~luxury_owner               AS luxury_owner,
    bpa_ext~vehicles                   AS vehicles,
    bpa_ext~avg_vehicle_val            AS avg_vehicle_val,
    bpa_ext~residence_length           AS residence_length,
    bpa_ext~frequent_trvlr             AS frequent_trvlr,
    bpa_ext~income                     AS income,
    bpa_ext~credit_card                AS credit_card,
    bpa_ext~disc_prom_partic           AS discount_participation
   FROM snwd_bpa AS bpa
   JOIN snwd_bpa_contact AS bpa_contact
     ON bpa~node_key         = bpa_contact~parent_key
   JOIN snwd_ad  AS address
     ON address~node_key     = bpa~address_guid
   LEFT OUTER JOIN snwd_ad_ext AS address_ext
     ON address_ext~node_key = bpa~address_guid
   LEFT OUTER JOIN snwd_bp_ext_pal AS bpa_ext
     ON bpa~node_key         = bpa_ext~node_key
    INTO CORRESPONDING FIELDS OF @er_entity
    WHERE  bpa~bp_id IN @it_customer_id_range.
```

Abbildung 17.27 Die Read-Methode in der originalen DPC_EXT-Klasse

Methode redefinieren

Hier ist daher eine Änderung der Implementierung notwendig. Sie könnten an dieser Stelle auf eine Erweiterungsimplementierung eines impliziten Erweiterungspunktes am Ende der Methode setzen, um das zusätzliche

Feld beim Lesen der Daten zu befüllen. Aufgrund der Vererbungshierarchie, die im Kontext von OData-Services zur Anwendung kommt, wird dies in diesem Fall aber durch das Redefinieren der Methode in der DPC_EXT-Klasse erledigt.

Um die Methode zu redefinieren, wechseln Sie zurück in die Übersicht der DPC_EXT-Klasse aus Abbildung 17.24, markieren die Methode CUSTOMERSET_GET_ENTITY und klicken auf die Schaltfläche **Redefinieren** (). Fügen Sie den Quelltext aus Listing 17.1 ein.

```
METHOD customerset_get_entity.
  CALL METHOD super->customerset_get_entity
    EXPORTING
      iv_entity_name          = iv_entity_name
      iv_entity_set_name      = iv_entity_set_name
      iv_source_name          = iv_source_name
      it_key_tab              = it_key_tab
      io_request_object       = io_request_object
      io_tech_request_context = io_tech_request_context
      it_navigation_path      = it_navigation_path
    IMPORTING
      er_entity               = er_entity
      es_response_context     = es_response_context.

  SELECT SINGLE zzusatz FROM snwd_bpa
    WHERE node_key = @er_entity-customer_key
    INTO @er_entity-zzusatz.
ENDMETHOD.
```

Listing 17.1 Die Implementierung für die redefinierte Read-Methode

Hier wird die ursprüngliche Implementierung über SUPER->CUSTOMER_SET_GET_ENTITY aufgerufen. Stellen Sie dabei sicher, dass Sie alle Parameter übergeben und entgegennehmen. Danach wird mit einer einfachen SELECT-SINGLE-Anweisung das Feld ZZUSATZ für den aktuellen Kunden (dessen Schlüssel in ER_ENTITY-CUSTOMER_KEY steht) von der Datenbanktabelle SNWD_BPA gelesen und in das Feld ER_ENTITY-ZZUSATZ gefüllt.

Query-Methode

Mehrere Kundendatensätze auslesen

Wechseln Sie anschließend in die Methode CUSTOMERSET_GET_ENTITYSET zum Auslesen mehrerer Kundendatensätze. Auch hier werden die Daten über eine SELECT-Anweisung mit fixer Feldliste beschafft. Auch diese Methode müssen Sie daher in der DPC_EXT-Klasse redefinieren. Nutzen Sie hierzu den Quelltext aus Listing 17.2.

```
METHOD customerset_get_entityset.
  CALL METHOD super->customerset_get_entityset
    EXPORTING
      iv_entity_name            = iv_entity_name
      iv_entity_set_name        = iv_entity_set_name
      iv_source_name            = iv_source_name
      it_filter_select_options = it_filter_select_options
      is_paging                 = is_paging
      it_key_tab                = it_key_tab
      it_navigation_path        = it_navigation_path
      it_order                  = it_order
      iv_filter_string          = iv_filter_string
      iv_search_string          = iv_search_string
      io_tech_request_context  = io_tech_request_context
    IMPORTING
      et_entityset              = et_entityset
      es_response_context       = es_response_context.

  LOOP AT et_entityset ASSIGNING FIELD-SYMBOL(<s_entity>).
     SELECT SINGLE zzusatz FROM snwd_bpa
      WHERE node_key = @<s_entity>-customer_key
        INTO @<s_entity>-zzusatz.
  ENDLOOP.
ENDMETHOD.
```

Listing 17.2 Die Implementierung für die redefinierte Query Methode

Die ursprüngliche Implementierung wird über SUPER->CUSTOMER_SET_GET_ENTITYSET aufgerufen, und alle Parameter werden übergeben und entgegengenommen. Danach werden alle Kundendatensätze mit einer LOOP-Anweisung iterativ abgefragt. Mit einer einfachen SELECT-SINGLE-Anweisung wird das Feld ZZUSATZ zur Angabe des aktuellen Kunden (dessen Schlüssel in dem Parameter ER_ENTITY-CUSTOMER_KEY steht) von der Datenbanktabelle SNWD_BPA gelesen und in das Feld <S_ENTITY>-ZZUSATZ geschrieben. Der Zeiger des Feldes zeigt auf die Spalte ZZUSATZ in der internen Tabelle ET_ENTITYSET.

Update-Methode

Kundendatensatz aktualisieren

Wechseln Sie anschließend in die Methode CUSTOMERSET_UPDATE_ENTITY zur Aktualisierung eines Kundendatensatzes, deren Implementierung Sie in Abbildung 17.28 sehen können.

Class Builder: Klasse CL_SEPM_HANA_EXT_PAL_O_DPC_EXT anzeigen

Muster   Pretty Printer   Signat

Methode CUSTOMERSET_UPDATE_ENTITY aktiv

```
* not yet tested
  RAISE EXCEPTION TYPE /iwbep/cx_mgw_not_impl_exc
    EXPORTING
      textid = /iwbep/cx_mgw_not_impl_exc=>method_not_implemented
      method = 'CUSTOMERSET_UPDATE_ENTITY'.
```

Abbildung 17.28 Die Update-Methode in der originalen DPC_EXT-Klasse

Auch diese Methode wird wie die Delete-Methode nicht vom originalen OData-Service implementiert. Daher müssen hier keine Änderungen vorgenommen werden.

17.3 Sonderfall: Entitätstyp ohne Struktur

Wenn Sie eine Entitätsmenge erweitern möchten, in deren Entitätstyp keine Struktur eingetragen wurde, müssen Sie die neuen Felder manuell hinzufügen. Das ist beispielsweise bei dem hier vorgestellten OData-Service für die beiden anderen Entitätsmengen `DecisionTreeModels` und `PredictionResults` der Fall. Erkennen können Sie dies in Abbildung 17.29, da hier für die jeweiligen Entitätstypen in der Spalte ABAP-Struktur keine Strukturen eingetragen sind. Dadurch funktioniert die in Abschnitt 17.2 vorgestellte Variante des Erweiterns mit einer Append-Struktur des jeweiligen Entitätstyps nicht (und die Funktion **Importieren • Eigenschaften** ist ausgegraut).

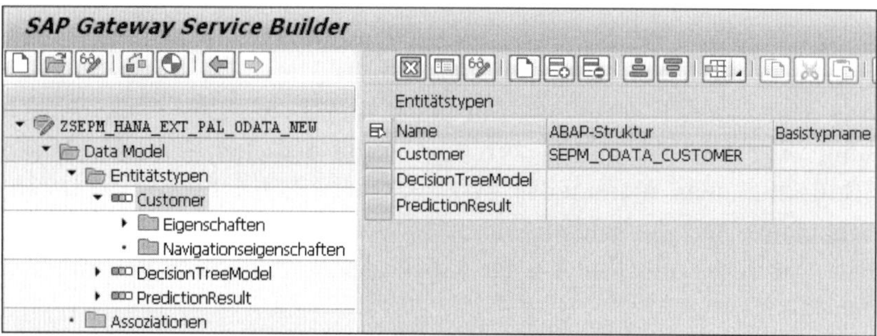

Abbildung 17.29 Entitätstypen ohne eine definierte Struktur

Felder manuell hinzufügen

In einem solchen Fall können Sie die Eigenschaften direkt manipulieren. Klicken Sie hierzu auf den Ordner **Eigenschaften**, der sich im Navigationsbaum unterhalb des Entitätstyps befindet (siehe Abbildung 17.30). Nutzen Sie die Funktion **Zeile einfügen** (icon) in der Funktionsleiste, um den **Eigen-**

schaften eine neue Zeile hinzuzufügen. Hier können Sie den Namen des neuen Feldes, den **EDM-Coretyp** sowie die **Genauigkeit** und **Maximale Länge** des Feldes eingeben.

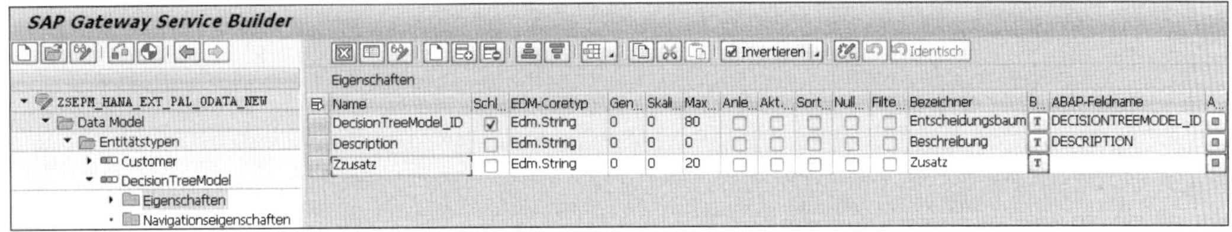

Abbildung 17.30 Neues Feld manuell den Eigenschaften eines Entitätstyps hinzufügen

Zusätzlich haben Sie die Möglichkeit, über den ABAP-Typ-Editor durch eine explizite Zuordnung in der vorletzten Spalte ein Datenelement zuzuordnen. Dies ist insbesondere dann vonnöten, wenn es eine Konvertierungsroutine für das Datenelement gibt. Abbildung 17.31 zeigt die Zuordnungsmaske.

ABAP-Typ-Editor

Ermittlung

Modus: 2 Explizite Zuordnung

Struktur: *** zu generieren ***

Feld

Datentyp

Kategorie: D Datenelement

Bezugstyp

Typart — Länge: 0 — Dezimalen: 0

Beschreibung

Semantik

Feldart

Bezugsfeld

Abbildung 17.31 Explizite Zuordnung eines Datenelements

17

17.3.1 Implementieren der CRUDQ-Methoden

Falls Sie neue Felder manuell einem Entitätstyp hinzugefügt haben, der sich nicht auf eine ABAP-Dictionary-Struktur bezieht, können Sie die CRUDQ-Methoden nicht, wie in Abschnitt 17.2.3 beschrieben, redefinieren, da diese weiterhin den originalen Entitätstyp aus der originalen MPC-Klasse verwenden. Abbildung 17.32 zeigt diesen Sachverhalt für die Methode `DECISIONTREEMODE_GET_ENTITYSET`, also die Query-Methode.

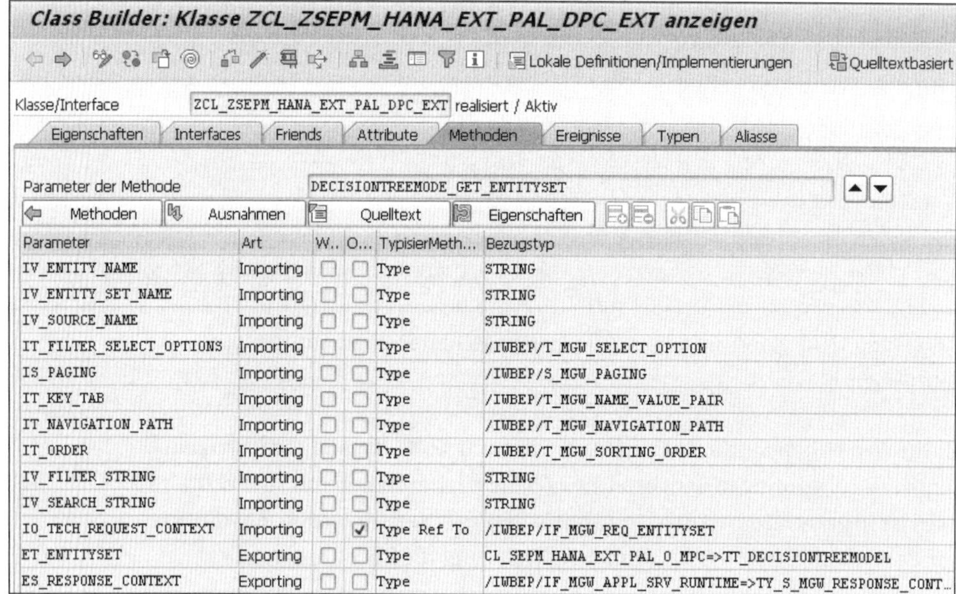

Parameter	Art	W..	O...	TypisierMeth...	Bezugstyp
IV_ENTITY_NAME	Importing	☐	☐	Type	STRING
IV_ENTITY_SET_NAME	Importing	☐	☐	Type	STRING
IV_SOURCE_NAME	Importing	☐	☐	Type	STRING
IT_FILTER_SELECT_OPTIONS	Importing	☐	☐	Type	/IWBEP/T_MGW_SELECT_OPTION
IS_PAGING	Importing	☐	☐	Type	/IWBEP/S_MGW_PAGING
IT_KEY_TAB	Importing	☐	☐	Type	/IWBEP/T_MGW_NAME_VALUE_PAIR
IT_NAVIGATION_PATH	Importing	☐	☐	Type	/IWBEP/T_MGW_NAVIGATION_PATH
IT_ORDER	Importing	☐	☐	Type	/IWBEP/T_MGW_SORTING_ORDER
IV_FILTER_STRING	Importing	☐	☐	Type	STRING
IV_SEARCH_STRING	Importing	☐	☐	Type	STRING
IO_TECH_REQUEST_CONTEXT	Importing	☐	☑	Type Ref To	/IWBEP/IF_MGW_REQ_ENTITYSET
ET_ENTITYSET	Exporting	☐	☐	Type	CL_SEPM_HANA_EXT_PAL_O_MPC=>TT_DECISIONTREEMODEL
ES_RESPONSE_CONTEXT	Exporting	☐	☐	Type	/IWBEP/IF_MGW_APPL_SRV_RUNTIME=>TY_S_MGW_RESPONSE_CONT...

Abbildung 17.32 Parameter ET_ENTITYSET der GET_ENTITYSET-Methode mit dem falschen Datentyp

Verwendung des originalen Datentyps

Auch wenn sich diese Methode in Ihrer eigenen DPC_EXT-Klasse befindet (hier ZCL_ZSEPM_HANA_EXT_PAL_DPC_EXT), ist die Rückgabetabelle ET_ENTITYSET immer noch vom Typ CL_SEPM_HANA_EXT_PAL_O_MPC=>TT_DECISIONTREEMODEL, also jenem originalen Datentyp, der das hinzugefügte Feld ZZUSATZ nicht enthält. Dies können Sie nachvollziehen, indem Sie durch einen Doppelklick auf den Typ zur Definition navigieren. In Abbildung 17.33 ist die Definition des Typs dargestellt. Dort ist erkenntlich, dass nur die beiden originalen Felder definiert sind.

Class Builder: Klasse CL_SEPM_HANA_EXT_PAL_O_MPC anzeigen

Muster Pretty Printer Protect

Public Section aktiv

```
  types:
  begin of TS_DECISIONTREEMODEL,
     DECISIONTREEMODEL_ID type C length 80,
     DESCRIPTION type string,
  end of TS_DECISIONTREEMODEL. .
  types:
TT_DECISIONTREEMODEL type standard table of TS_DECISIONTREEMODEL.
```

Abbildung 17.33 Definition des Entitätstyps als lokaler Typ in der MPC-Klasse

Dieselbe Problematik werden Sie in den anderen CRUDQ-Methoden vorfinden, also in den folgenden Methoden für das erweiterte Entitätsset DECISIONTREEMODE:

- DECISIONTREEMODE_CREATE_ENTITY
- DECISIONTREEMODE_DELETE_ENTITY
- DECISIONTREEMODE_GET_ENTITY
- DECISIONTREEMODE_GET_ENTITYSET
- DECISIONTREEMODE_UPDATE_ENTITY

Dispatch-Methoden redefinieren

Um diese Problematik zu umgehen, müssen Sie die zugehörigen generischen Dispatch-Methoden redefinieren, die zeitlich genau vor den CRUDQ-Methoden aufgerufen werden. Diese Dispatch-Methoden haben die Aufgabe, die Anfragen, die an die Entitätssets gestellt werden, an die konkreten Methoden für jedes Entitätsset weiterzuleiten.

Abbildung 17.34 zeigt beispielsweise die Implementierung der Dispatch-Methode /IWBEP/IF_MGW_APPL_SRV_RUNTIME~GET_ENTITYSET.

Class Builder: Klasse CL_SEPM_HANA_EXT_PAL_O_DPC anzeigen

Muster Pretty Printer

Methode /IWBEP/IF_MGW_APPL_SRV_RUNTIME~GET_ENTITYSET aktiv

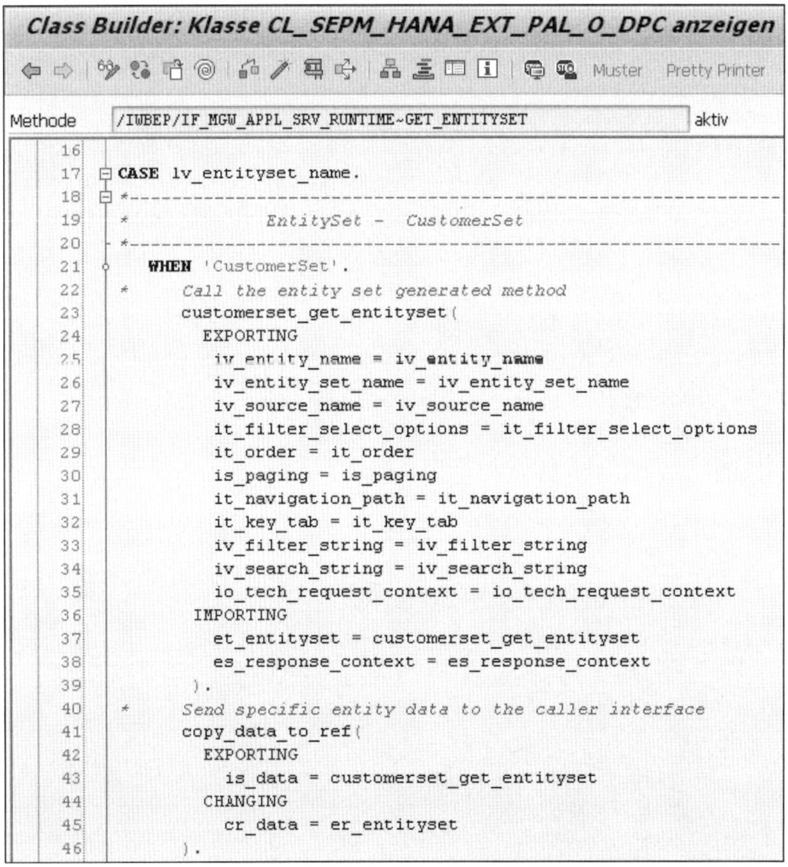

```
CASE lv_entityset_name.
*-------------------------------------------------------------
*              EntitySet -  CustomerSet
*-------------------------------------------------------------
   WHEN 'CustomerSet'.
*     Call the entity set generated method
      customerset_get_entityset(
        EXPORTING
          iv_entity_name = iv_entity_name
          iv_entity_set_name = iv_entity_set_name
          iv_source_name = iv_source_name
          it_filter_select_options = it_filter_select_options
          it_order = it_order
          is_paging = is_paging
          it_navigation_path = it_navigation_path
          it_key_tab = it_key_tab
          iv_filter_string = iv_filter_string
          iv_search_string = iv_search_string
          io_tech_request_context = io_tech_request_context
        IMPORTING
          et_entityset = customerset_get_entityset
          es_response_context = es_response_context
        ).
*     Send specific entity data to the caller interface
      copy_data_to_ref(
        EXPORTING
          is_data = customerset_get_entityset
        CHANGING
          cr_data = er_entityset
      ).
```

Abbildung 17.34 Implementierung einer generischen GET_ENTITYSET-Methode

Diese Implementierung prüft in Zeile 17 den Namen des angefragten Entitätssets (hier CustomerSet) und ruft mit der nachfolgenden CASE-Anweisung die konkrete Methode für das Entitätsset auf (hier die Methode CUSTOMERSET_GET_ENTITYSET). Anschließend werden die zurückgegebenen Daten mithilfe der Hilfsmethode COPY_DATA_TO_REF an den generischen Rückgabeparameter ER_ENTITYSET (TYPE REF TO data) übergeben.

Redefinition der Query-Methode

Diese Methode /IWBEP/IF_MGW_APPL_SRV_RUNTIME~GET_ENTITYSET müssen Sie entsprechend in Ihrer DPC_EXT-Klasse redefinieren und die dort enthaltene CASE-Anweisung für Ihre erweiterte Entität so erweitern, dass die Daten für die zusätzlichen Felder beschafft werden. Das Zuordnen der Daten (Mapping) zur Rückgabestruktur übernehmen die generischen Methoden automatisch. Zur Laufzeit werden also die beschafften Daten in die neue Struktur (mit den neu hinzugefügten Feldern) übernommen. Listing 17.3 zeigt die Implementierung dieser Redefinition.

```
METHOD /iwbep/if_mgw_appl_srv_runtime~get_entityset.

  "Bezug auf den neuen Typ mit dem neuen Zusatzfeld ZZUSATZ
  DATA: lt_dt_neu    TYPE zcl_zsepm_hana_ext_pal_mpc_ext=>
                          tt_decisiontreemodel.
  DATA: lt_dt_models TYPE cl_epmh_pal_meta_data=>
                          tt_decisiontreemodels.

  "Abfrage nach der Entitätsmenge
  IF iv_entity_set_name = 'DecisionTreeModels'.
    "Datenbeschaffung für die Entitätsmenge
    "(analog zur originalen Methode GET_ENTITYSET)
    lt_dt_models = cl_epmh_pal_meta_data=>
                   get_decisiontreemodels( ).
      MOVE-CORRESPONDING lt_dt_models TO lt_dt_neu.

      "Anreichern der neuen Zusatzfelder
      "Hier demonstrativ mit einem Festwert
      LOOP AT lt_dt_neu ASSIGNING FIELD-SYMBOL(<s_dt_neu>).
        <s_dt_neu>-zzusatz = 'Zusatzwert'.
      ENDLOOP.

      "Rückgabe der Daten an das Framework
      copy_data_to_ref(
        EXPORTING
          is_data = lt_dt_neu
        CHANGING
```

```
        cr_data = er_entityset
      ).
  ELSE.
"Für alle anderen normalen Entitätssets die
"Dispatch-Methode aufrufen

    CALL METHOD super->/iwbep/if_mgw_appl_srv_runtime~
            get_entityset
      EXPORTING
        iv_entity_name          = iv_entity_name
        iv_entity_set_name      = iv_entity_set_name
        iv_source_name          = iv_source_name
        it_filter_select_options = it_filter_select_options
        it_order                = it_order
        is_paging               = is_paging
        it_navigation_path      = it_navigation_path
        it_key_tab              = it_key_tab
        iv_filter_string        = iv_filter_string
        iv_search_string        = iv_search_string
        io_tech_request_context = io_tech_request_context
      IMPORTING
        er_entityset            = er_entityset
        es_response_context     = es_response_context.
  ENDIF.
ENDMETHOD.
```

Listing 17.3 Redefinition der generischen GET_ENTITYSET-Methode

In Listing 17.3 ist erkenntlich, dass die Datenbeschaffung nur für das Entitätsset `DecisionTreeModels` geändert wurde, aber für alle anderen Entitätssets die Methode der Oberklasse über die Referenz `super` aufgerufen wurde. Dadurch stellen Sie sicher, dass für alle anderen Entitätssets weiterhin die normalen CRUDQ-Methoden aufgerufen werden.

Weitere Dispatch-Methoden redefinieren

Letztlich müssen Sie diese Redefinition der generischen Dispatch-Methode für jedes erweiterte Entitätsset ohne zugewiesene Struktur durchführen. Diese generischen Methoden heißen für alle Entitätssets:

- `/IWBEP/IF_MGW_APPL_SRV_RUNTIME~GET_ENTITY`
- `/IWBEP/IF_MGW_APPL_SRV_RUNTIME~CREATE_ENTITY`
- `/IWBEP/IF_MGW_APPL_SRV_RUNTIME~UPDATE_ENTITY`
- `/IWBEP/IF_MGW_APPL_SRV_RUNTIME~GET_ENTITYSET`
- `/IWBEP/IF_MGW_APPL_SRV_RUNTIME~DELETE_ENTITYSET`

Abschließend können Sie den Service, wie in Abschnitt 17.4 beschrieben, testen. Hierbei kann es vorkommen, dass Sie folgende Fehlermeldung erhalten:

»Bindungsumsetzungen für DDIC-fremde Struktur ... nicht zulässig«

Wie Sie diese beheben, zeige ich Ihnen im folgenden Abschnitt.

17.3.2 Fehlerbehebung

Alles, was Sie in den Masken der Transaktion SEGW einstellen, wird nach dem Generieren der Laufzeitartefakte des OData-Service in der MPC- und DPC-Klasse abgebildet. Wenn Sie also ein Entitätsset erweitern, dem keine ABAP-Dictionary Struktur zugewiesen ist, müssen Sie auch diese Informationen in der MPC-Klasse hinterlegen.

Generierte Methode anpassen

In älteren Versionen von SAP Gateway (bis Release 7.50) werden diese Informationen falsch hinterlegt, sodass Sie beim Ausführen des Service den in Abbildung 17.35 angezeigten Fehler mit folgender Meldung erhalten (in der vierten Zeile):

»Bindungsumsetzungen für DDIC-fremde Struktur ... nicht zulässig«

Diesen Fehler können Sie korrigieren, indem Sie die falsch generierte Methode manuell anpassen.

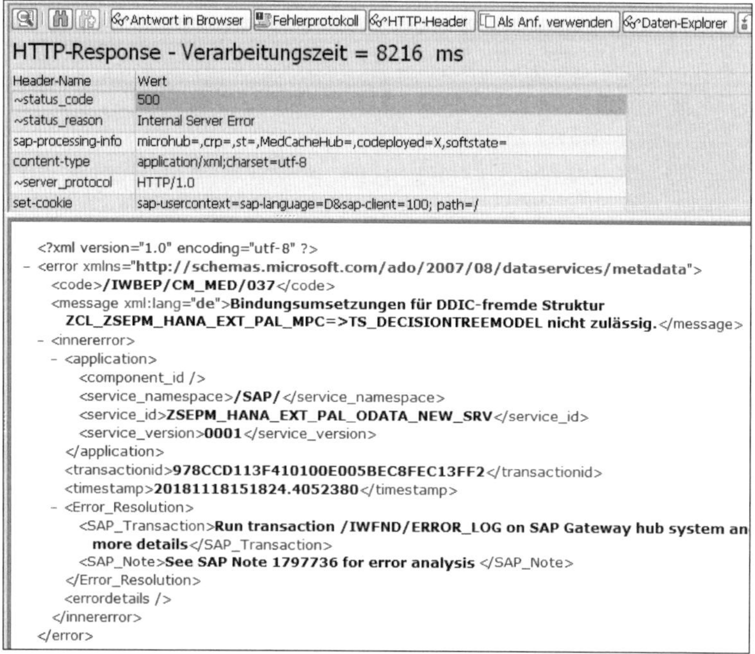

Abbildung 17.35 Nicht zulässige Bindungsumsetzungen

Gehen Sie dazu in Ihre MPC-Klasse (nicht in die MPC_EXT-Klasse), und navigieren Sie zur Implementierung der Methode CREATE_NEW_ARTIFACTS (siehe Abbildung 17.36). Für das in diesem Abschnitt vorgestellte Beispiel ist dies die Klasse ZCL_ZSEPM_HANA_EXT_PAL_MPC.

Class Builder: Klasse ZCL_ZSEPM_HANA_EXT_PAL_MPC ändern

Muster | Pretty Printer | Signatur

Art	Parameter	Typisierung	Beschr...
	/IWBEP/CX_MGW_MED_EXCEPTION		

Methode CREATE_NEW_ARTIFACTS aktiv

```
40        lo_entity_type = model->get_entity_type(
41          iv_entity_name = 'DecisionTreeModel'
42        ). "#EC NOTEXT
43        lo_property = lo_entity_type->create_property(
44          iv_property_name = 'Zzusatz'
45          iv_abap_fieldname = 'ZZUSATZ'
46        ). "#EC NOTEXT
47
48        lo_property->set_type_edm_string( ).
49        lo_property->set_maxlength( iv_max_length = 20 ).
50        lo_property->set_creatable( abap_false ).
51        lo_property->set_updatable( abap_false ).
52        lo_property->set_sortable( abap_false ).
53        lo_property->set_nullable( abap_false ).
54        lo_property->set_filterable( abap_false ).
55
56        lo_entity_type->bind_structure(
57          iv_structure_name = 'ZCL_ZSEPM_HANA_EXT_PAL_MPC=>TS_DECISIONTREEMODEL'
58          "iv_bind_conversions = 'X'
59        ). "#EC NOTEXT
60
61      ENDMETHOD.
```

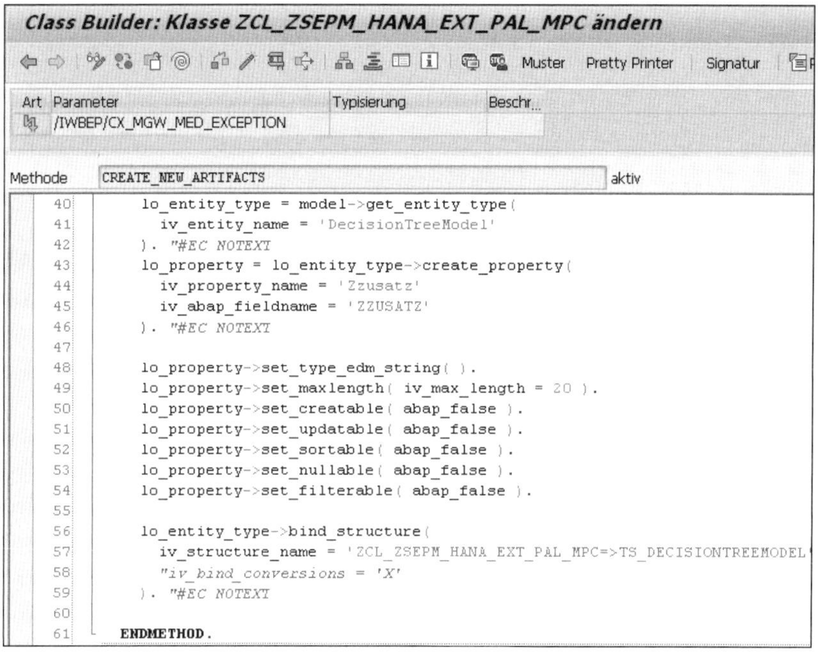

Abbildung 17.36 Korrigierte CREATE_NEW_ARTIFACTS-Methode

Ändern Sie in dieser Methode CREATE_NEW_ARTIFACTS den Aufruf der Methode BIND_STRUCTURE für den Strukturtyp ZCL_ZSEPM_HANA_EXT_PAL_MPC=>TS_DECISIONTREEMODE (in Abbildung 17.36 in der Zeile 57), indem Sie den Parameter IV_BIND_CONVERSIONS = 'X' auskommentieren. Dieser Parameter bewirkt, dass das SAP-System versucht, den Typ TS_DECISIONTREEMODEL, der in der Klasse ZCL_ZSEPM_HANA_EXT_PAL_MPC definiert ist, als ABAP-Dictionary-Struktur zu behandeln. Da es sich allerdings nicht um eine ABAP Dictionary-Struktur handelt, sondern um einen lokal in einer Klasse definierten Typ, wird die angesprochene Fehlermeldung aus Abbildung 17.35 ausgegeben. Durch das Entfernen des Parameters IV_BIND_CONVERSIONS tritt der Fehler nicht mehr auf. Aktivieren Sie anschließend die Klasse.

Cache bereinigen

Damit diese Änderungen auch wirklich durchgreifen, sollten Sie zusätzlich noch über den Menüpfad **Metadaten • Cache bereinigen • Auf beiden Systemen** den Cache bereinigen, der eventuell noch die alte Implementierung der Methode enthält (siehe Abbildung 17.37).

Abbildung 17.37 Cache bereinigen

Wenn Sie danach erneut eine Abfrage auf das Entitätsset `DecisionTreeModel` (wie in Abbildung 17.35) ausführen, tritt der Fehler nicht mehr auf, und die Daten zu dem Entitätsset werden zurückgegeben.

17.4 Erweiterten Service testen

Den erweiterten OData-Service können Sie nun abschließend testen, indem Sie zurück zur Startoberfläche der Transaktion /IWFND/MAINT_SERVICE navigieren. Wählen Sie dort den originalen Service in der Liste aus, und klicken Sie auf die Schaltfläche **SAP Gateway Client** im unteren Bildschirmbereich (siehe Abbildung 17.38).

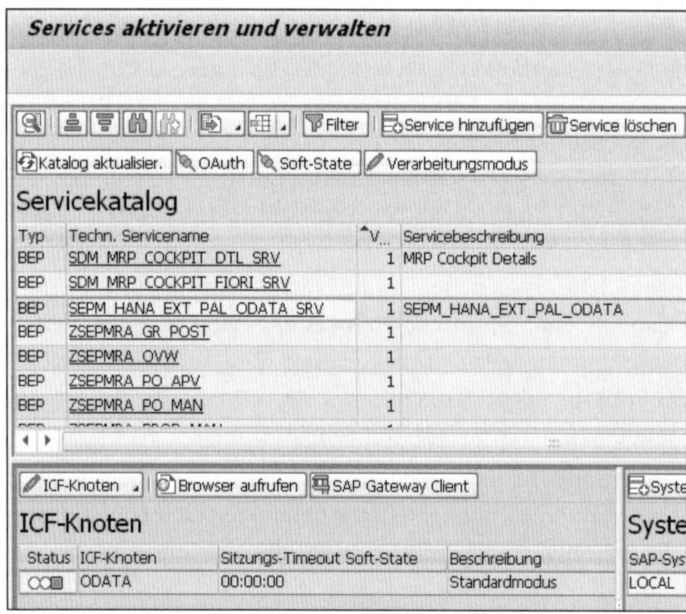

Abbildung 17.38 Originalen OData-Service testen

Führen Sie eine GET-Abfrage auf die Entitätsmenge CustomerSet aus, indem Sie die Aufruf-URL entsprechend manipulieren und die Abfrage ausführen, wie in Abbildung 17.39 gezeigt.

Ergebnismenge

In der angezeigten Ergebnismenge (siehe Abbildung 17.39) werden Ihnen jetzt alle Kunden ausgegeben. Für jeden Kunden wird das neue Feld ZZUSATZ angezeigt. Dies sollte bei Ihrem ersten Test immer leer sein, da noch niemand das neue Feld in der Tabelle SNWD_BPA gefüllt hat. Zum weiteren Testen könnten Sie für einige Kunden einen Wert hinterlegen oder in der redefinierten Query-Methode einen Breakpoint setzen und das Ergebnis der SELECT-Anweisung manipulieren.

Abbildung 17.39 Die Ergebnismenge zur erweiterten Entitätsmenge »CustomerSet«

Damit haben Sie erfolgreich einen OData-Service erweitert, den originalen OData-Service umgeleitet und die Erweiterung getestet.

17.5 Zusammenfassung

In diesem Kapitel habe ich Ihnen gezeigt, wie Sie Standard-OData-Services erweitern können. Sie haben gelernt, dass der Erweiterungsansatz davon abhängt, ob ein OData-Service über einen CDS View oder über die Transaktion SEGW, den SAP Gateway Service Builder, erstellt wurde. Während Sie im ersten Fall den CDS View direkt erweitern können und sich dadurch automatisch auch der Service anpasst, haben Sie in der Transaktion SEGW die Möglichkeit, ein neues OData-Service-Projekt anzulegen, in dem Sie den originalen OData-Service überdefinieren können. Das wird erreicht, indem die DPC-Klasse Ihres Projekts von der DPC-Klasse des originalen OData-Service erbt.

Im Rahmen der Erweiterung haben Sie folgende Möglichkeiten:

- Entitätssets hinzufügen und erweitern
- Funktionsimporte hinzufügen
- Assoziationen und Navigationen hinzufügen

In diesem Kapitel habe ich Ihnen anhand eines Beispiels gezeigt, wie Sie Entitätssets um neue Felder erweitern können. Auch hierzu gibt es zwei unterschiedliche Wege, abhängig davon, ob hinter dem Entitätstyp eine ABAP-Dictionary-Struktur hinterlegt ist oder nicht:

- Ist eine Struktur hinterlegt, müssen Sie diese mit einer Append-Struktur um die zusätzlichen Felder erweitern und diese anschließend in den Entitätstyp importieren.
- Ist keine Struktur hinterlegt, müssen Sie die Felder manuell dem Entitätstyp hinzufügen. Dies stellt einen Sonderfall dar, der dazu führt, dass Sie nicht die normalen CRUDQ-Methoden redefinieren können, da diese immer noch auf dem alten, unveränderten Typ basieren. Daher müssen Sie hier immer die generischen Dispatch-Methoden redefinieren.

Das Besondere an der Überdefinition eines OData-Service ist, dass Sie eine automatische Umleitung vom originalen OData-Service auf den überdefinierten OData-Service aktivieren können. Dies können Sie beim erstmaligen Generieren der Laufzeitartefakte einstellen und später über die Transaktion /IWBEP/REG_SERVICE.

Kapitel 18

Erweiterung von SAP-Fiori-Apps

Dieses Kapitel gibt Ihnen einen Überblick über die Erweiterbarkeit von SAP Fiori. Sie erfahren, wie Sie eine Fiori-App im Rahmen eines Erweiterungsprojekts anpassen können.

Gerade im Kontext der neuen Business Suite SAP S/4HANA fallen immer wieder zwei Begriffe:

- Side-by-Side-Erweiterungen
- In-App-Erweiterungen

Bei den *Side-by-Side-Erweiterungen* handelt es sich um einen Kunstbegriff, der die Entwicklung von neuen Apps beschreibt, die neben den Standard-Fiori-Apps existieren können. Solche Apps können mithilfe von SAPUI5 auf der SAP Cloud Platform entwickelt werden, doch mittlerweile bietet die SAP Cloud Platform deutlich mehr Technologien an, wie z. B. eine Java-Laufzeitumgebung. Seit Mitte 2018 gibt es auch eine ABAP-Laufzeitumgebung für die SAP Cloud Platform.

Arten von In-App-Erweiterungen

Dagegen sind *In-App-Erweiterungen* Erweiterungen der Standard-Apps mithilfe von Bordmitteln. Hier lässt sich wiederum zwischen zwei Arten von In-App-Erweiterungen unterscheiden:

- **In-App-Erweiterungen mit klassischen Entwicklungswerkzeugen**
  Damit sind alle Erweiterungen des SAP GUI z. B. mit User Exits, Customer Exits, Business Add-ins (BAdIs) und dem Enhancement Framework gemeint. Diese Erweiterungsmöglichkeiten wurden in den vorangegangenen Kapiteln behandelt.
- **In-App-Erweiterungen mit webbasierten Werkzeugen**
  Im Rahmen der On-Premise- und Cloud-Version von SAP S/4HANA gibt es einen in das SAP Fiori Launchpad eingebetteten *Anpassungsmodus für SAP-Fiori-Oberflächen*. Dieser ist insbesondere für Power-User ohne Programmierkenntnisse gedacht. In diesem Modus lassen sich z. B. Felder neu positionieren, umbenennen oder ausblenden. Sie können damit aber auch die Standardoberflächen um neue Gruppen und Felder erweitern.

Bei diesen Feldern kann es sich um die Felder eines Standard-OData-Service handeln, die nur initial nicht angezeigt werden. Sie haben aber auch die Möglichkeit, SAP-Geschäftsobjekte (Stichwort Business Object Processing Framework, kurz BOPF) über eine Entwicklungs-App mit eigenen Feldern zu erweitern. Die so hinzugefügten Felder werden beim Aktivieren automatisch mit in die Strukturen der zugehörigen Datenbanktabellen und in die darauf aufbauenden CDS Views sowie die zugehörigen OData-Services übernommen.

Neben dieser Erweiterung von SAP-Geschäftsobjekten haben Sie auch die Möglichkeit, komplett neue Geschäftsobjekte über ein Entwicklungswerkzeug zu erstellen. Für diese Geschäftsobjekte werden automatisch die zugehörigen Entwicklungsobjekte (Datenbanktabelle, CDS Views, OData-Service) generiert. Anschließend können Sie dann über eine Vorlage eine standardisierte Oberfläche in der SAP Web IDE erzeugen.

In diesem Kapitel zeige ich Ihnen in Abschnitt 18.1 die In-App-Erweiterung mit webbasierten Werkzeugen. In den darauffolgenden Abschnitten zeige ich Ihnen die programmatische Erweiterung einer Fiori-App in der SAP Web IDE. Diese ist notwendig, wenn Sie umfangreichere Anpassungen durchführen möchten. Dies ist der Fall, wenn es nicht nur um das Hinzufügen neuer Felder geht, sondern Sie die bestehenden Views einer Fiori-App umfassend erweitern oder sogar neue Views anlegen möchten. Dazu gehe ich in Abschnitt 18.2 auf die von SAP bereitgestellten Erweiterungspunkte ein und zeige Ihnen anschließend, wie Sie in der SAP Web IDE ein Erweiterungsprojekt anlegen und damit eine Fiori-App erweitern können.

18.1 In-App-Erweiterungen mit webbasierten Werkzeugen

Im Rahmen von SAP S/4HANA werden Ihnen mehrere SAP-Fiori-Werkzeuge bereitgestellt, mit denen Sie Erweiterungen an bestehenden Fiori-Apps vornehmen können. Ich möchte Ihnen hier insbesondere diese Werkzeuge vorstellen:

- die Fiori-App *Benutzerdefinierte Felder und Logik* (siehe Abschnitt 18.1.1), mit der Sie bestehende SAP-Geschäftsobjekte um eigene Felder erweitern können
- die Fiori-App *Benutzerdefinierte Business-Objekte* (siehe Abschnitt 18.1.3), mit der Sie neue Geschäftsobjekte anlegen können

> **Erweiterungen im SAP-S/4HANA-System**
> Die hier vorgestellten Fiori-Apps sind in SAP S/4HANA verfügbar. Nutzen Sie das Vorgängersystem SAP ERP, steht Ihnen zur Erweiterung einer Fiori-App nur der in Abschnitt 18.2 beschriebene Weg über die SAP Web IDE zur Verfügung.

18.1.1 Benutzerdefinierte Felder und Logik

Neue Felder für Geschäftsobjekte definieren

Damit Sie neue, benutzerdefinierte Felder Fiori-Apps hinzufügen können, geht SAP einen ganz neuen Weg, um Ihnen die Entwicklungsarbeit, so weit es geht, abzunehmen: Anstatt von unten mit der Erweiterung der betreffenden Datenbanktabelle über eine Append-Struktur zu beginnen und diese Änderung anschließend durch alle darauf aufbauenden Entwicklungsschichten (CDS, BOPF und OData) bis hin zur Oberfläche »durchschleifen« zu müssen, kann die Änderung direkt auf der SAP-Fiori-Ebene vorgenommen werden. Dazu bietet SAP eine Fiori-App namens *Benutzerdefinierte Felder und Logik* an. In dieser App, deren Oberfläche Sie in Abbildung 18.1 sehen, können Sie benutzereigene Felder definieren. Diese werden dann den bestehenden Geschäftsobjekten hinzugefügt. In einem zweiten, separaten Schritt können Sie diese Felder für die von Ihnen gewünschten Oberflächen verwenden.

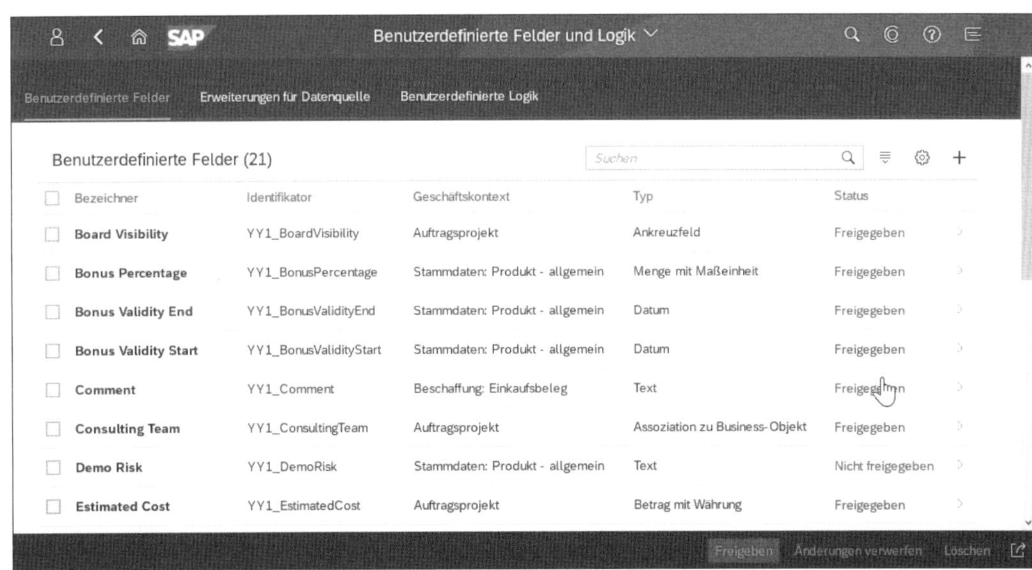

Abbildung 18.1 Benutzerdefinierte Felder

Geschäftskontext

Die benutzerdefinierten Felder müssen also immer zu einem *Geschäftskontext* angelegt werden. Als Geschäftskontext wird der Bereich eines Geschäftsobjekts bezeichnet, den Sie um die benutzerdefinierten Felder erweitern können. Dies wird in den meisten Fällen nicht das gesamte Geschäftsobjekt sein, sondern nur ein Knoten – also ein Teilbereich – des Geschäftsobjekts. So hat SAP beispielsweise für die Vertriebskomponente (Service and Distribution, kurz SD) das Geschäftsobjekt *Verkaufsbeleg* modelliert. Zu diesem Geschäftsobjekt könnten Sie dem Kopf des Verkaufsbelegs ein neues Feld zuordnen, Sie könnten es aber auch einer Vertriebsbelegposition hinzufügen. Belegkopf und Belegposition sind jeweils Teilobjekt eines Verkaufsbelegs.

Fortschreibung der Erweiterungen

Nach dem Anlegen eines benutzerdefinierten Feldes werden alle benötigten Entwicklungsobjekte für das Geschäftsobjekt automatisch erweitert. Die zugehörigen Datenbanktabellen werden etwa über eine Append-Struktur um das definierte Feld erweitert. Auch den zugehörigen CDS Views werden die benutzerdefinierten Felder über einen CDS-Append-View hinzugefügt. Und aufgrund der Tatsache, dass die Geschäftsobjekte und die zugehörigen OData-Services automatisch aus CDS Views generiert werden, erhalten auch diese OData-Services automatisch das neue benutzerdefinierte Feld. Sie müssen also selbst als Entwickler keine Änderungen an den betroffenen Entwicklungsobjekten durchführen, da dies alles automatisch im Hintergrund geschieht. Sie müssen lediglich ein benutzerdefiniertes Feld in der App anlegen und können es danach direkt verwenden.

Neues Feld anlegen

Abbildung 18.2 zeigt die Anlage eines neuen Feldes **Kommentar** für den Geschäftskontext **Verkauf: Verkaufsbeleg**. Diesen Pop-up-Dialog erreichen Sie, indem Sie oberhalb der Tabelle der benutzerdefinierten Felder aus Abbildung 18.1 auf die Schaltfläche **Hinzufügen** (⊞) klicken.

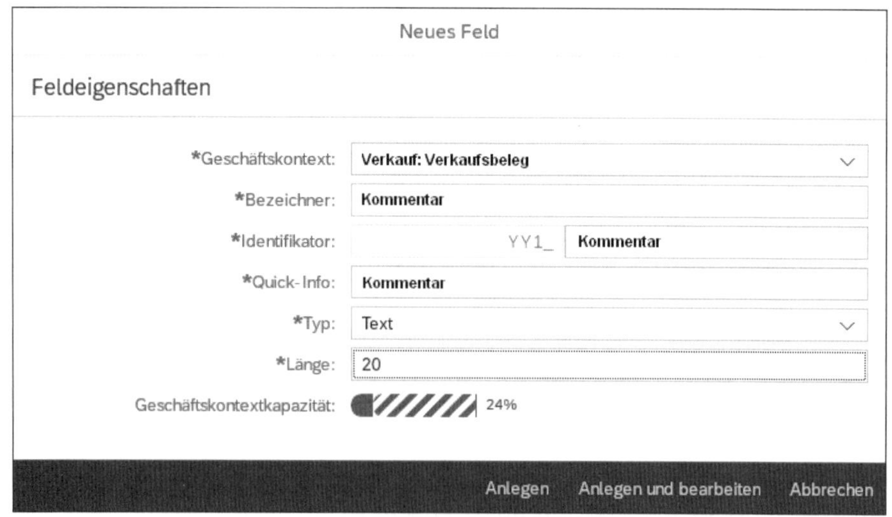

Abbildung 18.2 Anlegen eines neuen Erweiterungsfeldes

Erweiterungsfeld aktivieren

Das so erweiterte Geschäftsobjekt *Verkaufsbeleg* wird innerhalb des SAP-Systems natürlich in vielen Transaktionen, Fiori-Apps, Schnittstellen, Formularen usw. benutzt. Die benutzerdefinierten Felder werden nicht automatisch in diesen Anwendungen verwendet und angezeigt. Dazu müssen Sie das Erweiterungsfeld nach der Anlage noch für die gewünschten Anwendungen aktivieren. Sie können diese Erweiterungsfelder nicht nur für Fiori-Apps verwenden, sondern auch für SAP-GUI-Oberflächen, die in das SAP Fiori Launchpad eingebettet sind.

Soll beispielsweise das in Abbildung 18.2 angelegte benutzerdefinierte Feld **Kommentar** in der Anwendung für den Vertriebsbeleg angezeigt werden, müssen Sie es im Bearbeitungsmodus auf der Registerkarte **UIs und Reports** für den Eintrag **Verkaufsbeleg anlegen, ändern oder anzeigen (Kopf)** aktivieren. Dazu klicken Sie auf die Schaltfläche **Verwendung aktivieren** (siehe Abbildung 18.3).

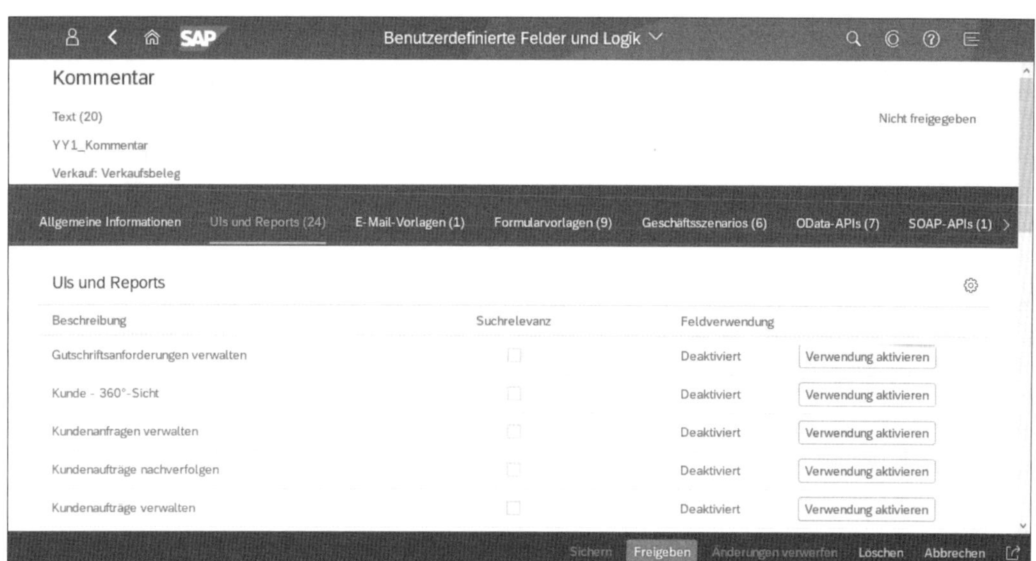

Abbildung 18.3 Erweiterungsfeld für Oberflächen und Reports aktivieren

Erweiterungsfeld freigeben

Anschließend geben Sie das Erweiterungsfeld über die Schaltfläche **Freigeben**, die unter der Liste angezeigt wird, frei. Daraufhin werden im Hintergrund alle wichtigen Entwicklungsobjekte automatisch angepasst. Die Funktion **Freigeben** lässt sich also mit dem klassischen Generieren und Aktivieren aus den ABAP-Entwicklungswerkzeugen vergleichen.

Haben Sie auf diese Weise ein benutzerdefiniertes Feld auch für eine SAP-GUI-Oberfläche aktiviert, wird das Erweiterungsfeld auf der SAP-GUI-Oberfläche automatisch auf einer dafür vorgesehenen Registerkarte **Freie Felder** angezeigt. Abbildung 18.4 zeigt dies für den Verkaufsbeleg (Transaktion VA01) und das neue, benutzerdefinierte Feld **Kommentar**.

Abbildung 18.4 Ein Erweiterungsfeld in der Transaktion zur Anlage von Verkaufsaufträgen

Anpassungsmodus

Haben Sie dagegen ein solches benutzerdefiniertes Feld für eine Fiori-App angelegt, können Sie es nun über den eingebetteten Anpassungsmodus der Oberfläche hinzufügen. Dazu müssen Sie sich lediglich in der Fiori-App auf der linken Seite die **Me Area** anzeigen lassen. Klicken Sie dort auf die Schaltfläche **UI anpassen**, die sich, wie in Abbildung 18.5 dargestellt, unter Ihrem Avatar befindet. In diesem grafischen Editor können Sie nun neue Felder oder Gruppen hinzufügen, umbenennen oder entfernen.

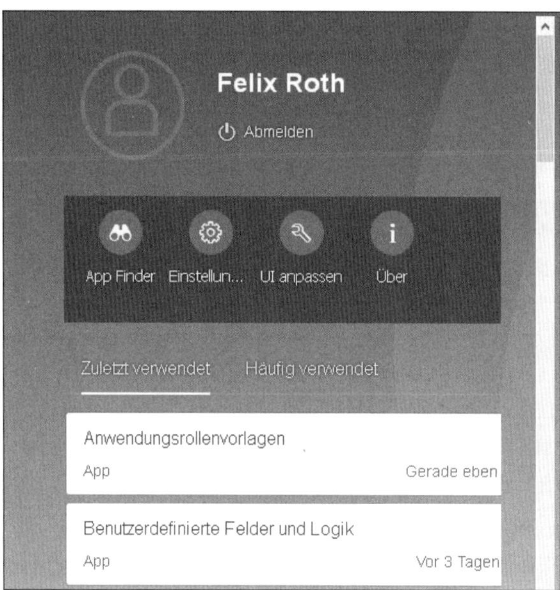

Abbildung 18.5 »Me Area« zur Anpassung von Anwendungen

Datenquellen erweitern

In der App *Benutzerdefinierte Felder und Logik* können Sie jedes Erweiterungsfeld den bestehenden Schnittstellen des ausgewählten Geschäftskontextes hinzufügen. Hierfür stehen Ihnen die folgenden Registerkarten und damit auch die gleichnamigen Schnittstellentechnologien zur Verfügung:

- **OData-APIs**
- **SOAP-APIs** (Simple Object Access Protocol)
- **BAPIs** (Business Application Programming Interfaces)
- **IDocs** (Intermediate Documents)

Aktivierung für OData-Service

So können Sie beispielsweise auf der Registerkarte **OData-APIs**, die Sie in Abbildung 18.6 sehen können, das betreffende Erweiterungsfeld für den bereitgestellten OData-Service **Marketing Data Import** aktivieren. Dazu klicken Sie auf die Schaltfläche **Verwendung aktivieren** rechts in der Liste.

Nach dieser Aktivierung kann das Erweiterungsfeld in dem ausgewählten OData-Service bereits verwendet werden (vorausgesetzt, dieser OData-Service wurde in Ihrem System über die Transaktion /IWFND/MAINT_SERVICE veröffentlicht).

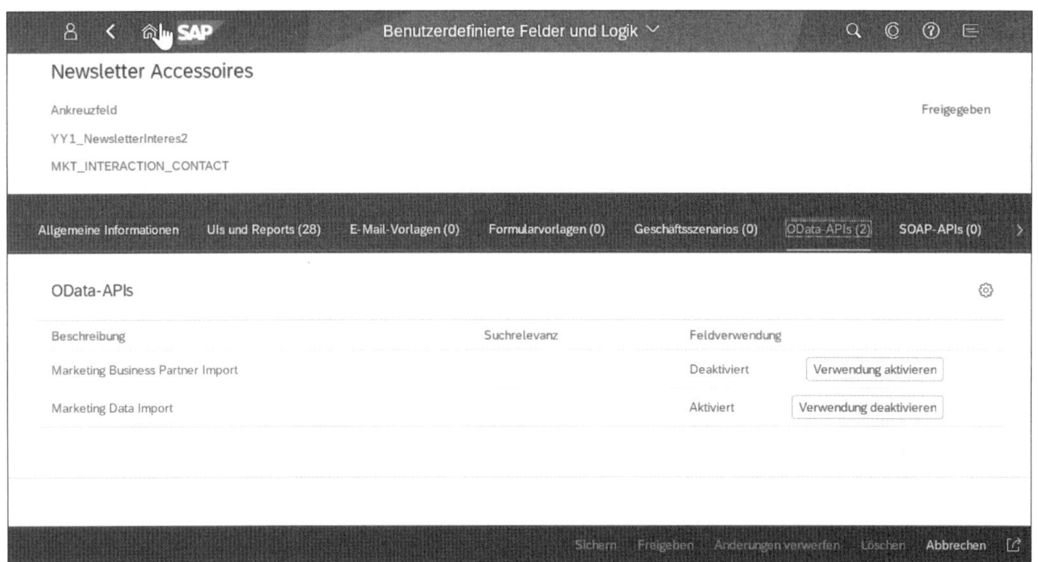

Abbildung 18.6 Aktivieren eines Erweiterungsfeldes für OData-Schnittstellen

Aktivierung für weitere Schnittstellentechnologien

Für SOAP-APIs können Sie Erweiterungsfelder auf dieselbe Art und Weise aktivieren. Etwas anders ist es bei BAPIs und IDocs. Hier müssen Sie keine Aktivierung vornehmen, sondern die Erweiterungsfelder werden automatisch aktiviert. Abbildung 18.7 zeigt dies für die dem Verkaufsbeleg zugehörigen BAPIs. Hier wird die Erweiterung der Schnittstellentechnologien, die ich Ihnen in Kapitel 22, »Erweiterung von BAPIs«, und Kapitel 24, »Erweiterung von IDocs«, vorstelle, automatisch durchgeführt.

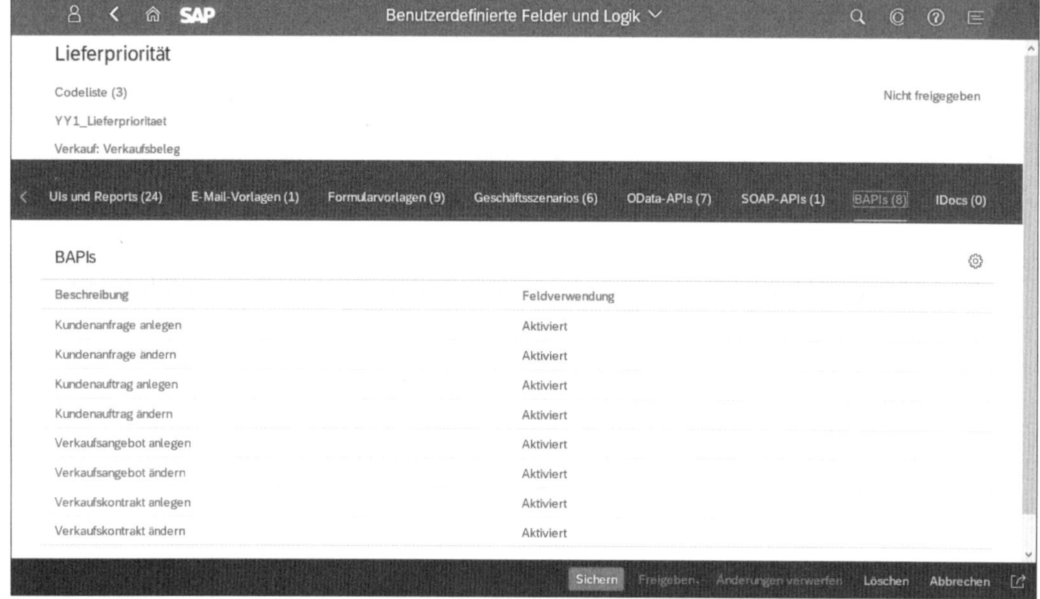

Abbildung 18.7 Aktiviertes Erweiterungsfeld für alle zum Geschäftskontext zugehörigen BAPIs

Automatisierte Entwicklungsschritte

Durch die Fiori-App *Benutzerdefinierte Felder und Logik* können Sie in Zukunft also deutlich Entwicklungsaufwand einsparen. Dem Entwickler werden viele manuelle Schritte abgenommen. Zu diesen manuellen Entwicklungsschritten gehören:

- das Erweitern der betreffenden Datenbanktabellen mit Append-Strukturen
- das Erweitern von CDS Views mithilfe von CDS-Append-Views bzw. Extension Include Views
- das Erweitern von Geschäftsobjekten mit Geschäftsobjekterweiterungen
- das Überdefinieren von OData-Services und das Redefinieren der zum Entitätsset gehörenden CRUDQ-Methoden
- das Erweitern von BAPI-Funktionsbausteinen
- das Erweitern der Oberfläche der betroffenen Transaktionen und Apps, beispielsweise über Screenerweiterungen in BAdIs oder mithilfe von SAP-Fiori-Erweiterungsprojekten in der SAP Web IDE

Natürlich deckt diese Form der Erweiterung immer nur den relativ einfachen Anwendungsfall ab, dass neue Erweiterungsfelder bestehenden Geschäftsobjekten hinzugefügt und auf der Oberfläche angezeigt werden sollen. Wann immer Sie größere Erweiterungen an SAP-Standardtransaktionen oder Fiori-Apps planen, brauchen Sie alle in diesem Buch beschriebenen Techniken der manuellen Erweiterung, also die gerade aufgezählten Entwicklungsschritte.

18.1.2 Übernahme von bestehenden Erweiterungsfeldern

Migration nach SAP S/4HANA

In Kapitel 2, »Erweiterung des ABAP Dictionarys«, habe ich Ihnen gezeigt, wie Sie mithilfe von Append-Strukturen modifikationsfrei Datenbanktabellen neue Felder hinzufügen können. Viele SAP-Kunden fragen sich derzeit, wie sie diese einmal hinzugefügten Erweiterungsfelder, die zu Hunderten in den Kundensystemen existieren, bei der Migration nach SAP S/4HANA weiter benutzen können. Zur Übernahme von Erweiterungsfeldern stellt SAP in der On-Premise-Version von SAP S/4HANA die in Abbildung 18.8 dargestellte Transaktion SCFD_EUI bereit. Diese ermöglicht Ihnen eine Übernahme Ihrer benutzerdefinierten Felder in die in Abschnitt 18.1.1 vorgestellte App *Benutzerdefinierte Felder und Logik*.

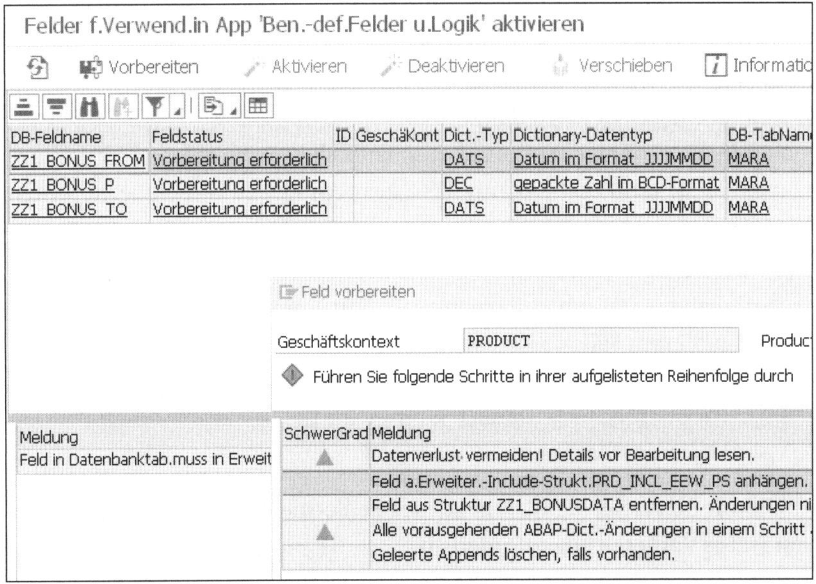

Abbildung 18.8 Migration alter Erweiterungsfelder in die neue App »Benutzerdefinierte Felder und Logik«

Nach der erfolgreichen Übernahme eines kundeneigenen Feldes können Sie dieses Feld in der gleichen Art und Weise verwenden wie ein neu definiertes Erweiterungsfeld. Sie können es also in der App *Benutzerdefinierte Felder und Logik* für verschiedenste Anwendungen und Schnittstellen aktivieren.

Extension-Include-Strukturen

Technisch geschieht dies, indem die alten Felder in bereitgestellte *Extension-Include-Strukturen* übernommen werden. Genau hier liegt auch die Limitierung: SAP muss für die erweiterte Standardtabelle eine solche Extension-Include-Struktur anbieten. Ist dies nicht der Fall, können Ihre bestehenden Erweiterungsfelder nicht in die App *Benutzerdefinierte Felder und Logik* übernommen werden.

Transaktion SCFD_EUI zeigt Ihnen in der Spalte **Feldstatus** an, ob ein Erweiterungsfeld übernommen werden kann. Folgende Status kann es hierbei geben:

- **Kann aktiviert werden**
  Dieser Status wird angezeigt, wenn Ihre Erweiterungsfelder bereits über eine Append-Struktur der richtigen Extension-Include-Struktur hinzugefügt wurden. Sie können hier auf die Schaltfläche **Aktivieren** klicken, die sich oberhalb der Tabelle in der Funktionsleiste befindet, um das Erweiterungsfeld in die App *Benutzerdefinierte Felder und Logik* zu übernehmen. Anschließend können Sie das benutzerdefinierte Feld für die gewünschten Anwendungen und Schnittstellen aktivieren.
- **Kann nicht aktiviert werden**
  Für die von Ihnen erweiterte Datenbanktabelle gibt es keine Extension-Include-Struktur, daher kann das Erweiterungsfeld nicht übernommen werden.
- **Vorbereitung erforderlich**
  Sie haben die Datenbanktabelle direkt mit einer Append-Struktur erweitert. In diesem Fall müssen Sie die Erweiterungsfelder manuell mithilfe einer neuen Append-Struktur in die bereitgestellte Extension-Include-Struktur übernehmen. Danach können Sie die Felder über die Schaltfläche **Aktivieren** übernehmen.

Abbildung 18.9 zeigt den Langtext der Fehlermeldung zu einem Feld für den Status **Vorbereitung erforderlich**.

Nachdem Sie ein Erweiterungsfeld aktiviert haben, müssen Sie in dem sich öffnenden Pop-up-Fenster noch ein paar Zusatzinformationen angeben. Hierzu gehören eine ID, ein Typ und gegebenenfalls eine Wertehilfe für Felder vom Typ Währung, Sprache, Maßeinheit oder Werteliste (Codeliste).

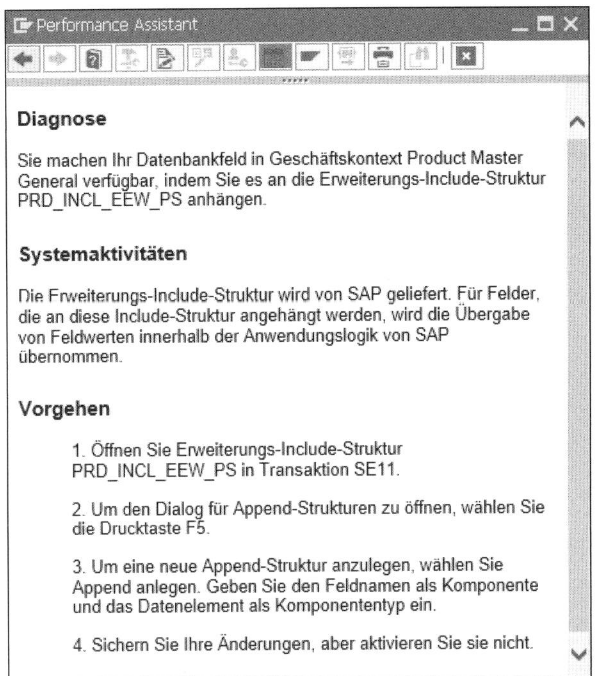

Abbildung 18.9 Beispielhafte Diagnose zum Status »Vorbereitung erforderlich«

Im Anschluss können Sie diese migrierten Erweiterungsfelder in der App *Benutzerdefinierte Felder und Logik* aufrufen und wie gewünscht für die entsprechenden Anwendungen oder Schnittstellen aktivieren, ohne dass Sie manuell weitere Entwicklungsobjekte anlegen müssten.

18.1.3 Benutzerdefinierte Business-Objekte

Eigene Geschäftsobjekte anlegen

Nur am Rande vorgestellt sei die App *Benutzerdefiniertes Business-Objekt*. Diese App erlaubt es Ihnen, neue Geschäftsobjekte im BOPF anzulegen (siehe auch Kapitel 16, »Erweiterung von Geschäftsobjekten«). Bei dieser Anlage neuer Geschäftsobjekte handelt es sich nicht um eine klassische Erweiterung von SAP-Standardentwicklungsobjekten, sondern um das Bereitstellen komplett neuer Objekte. Für diese Objekte können Sie mithilfe der SAP Web IDE eine vordefinierte SAP-Fiori-Oberfläche generieren. Bisher konnten Sie solche Geschäftsobjekte nur mit den ABAP Development Tools (ADT) in Eclipse oder innerhalb des SAP GUI über die Transaktion BOBX anlegen. Abbildung 18.10 zeigt beispielhaft die Anlage eines selbst definierten Geschäftsobjekts »Veranstaltungsort« in der App *Benutzerdefiniertes Business-Objekt*.

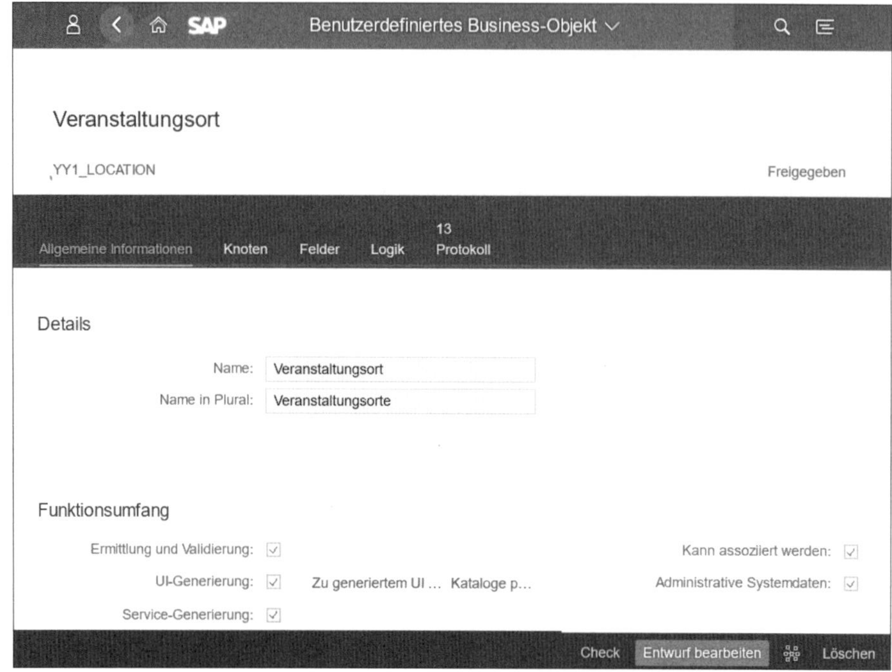

Abbildung 18.10 Ein in der App definiertes benutzerdefiniertes Geschäftsobjekt

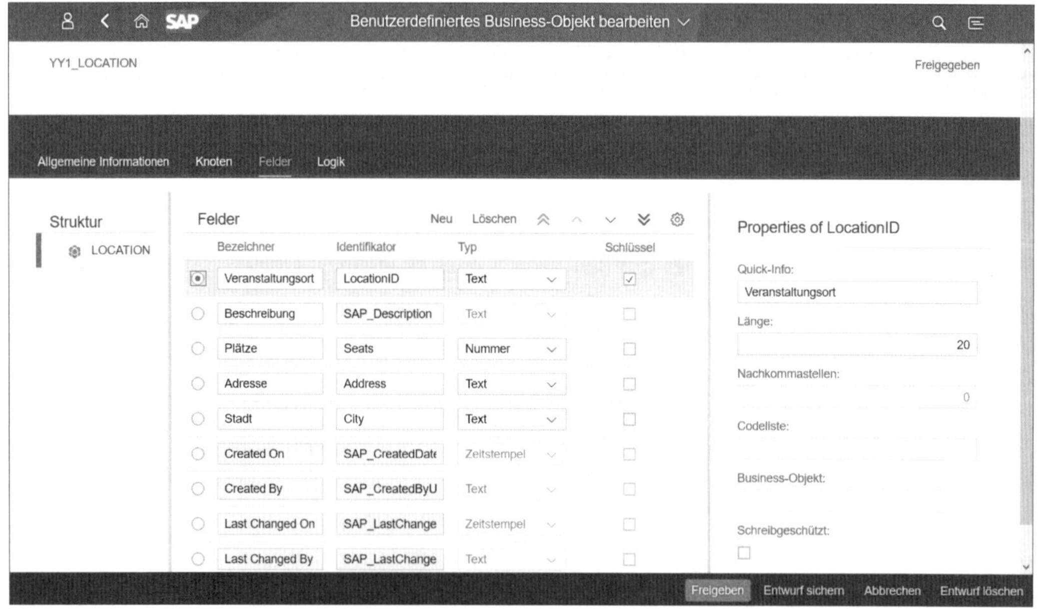

Abbildung 18.11 Die in der App definierten Felder eines Knotens zu einem Geschäftsobjekt

Die Modellierung erfolgt hier auf die gleiche Weise, wie Sie es von Geschäftsobjekten her gewohnt sind: Sie definieren beliebige Knoten in einer Hierarchie und bestimmen die gewünschten Felder für jeden Knoten. Abbildung 18.11 zeigt beispielsweise die Struktur des Hauptknotens `LOCATION` und wie diese definiert werden kann.

Anschließend haben Sie noch die Möglichkeit, einem Knoten die Logik in Form von Aktionen, Validierungen und Ermittlungen hinzuzufügen. Abbildung 18.12 zeigt dies beispielsweise für einen Knoten `EVENTD`, für den mehrere Aktionen, Ermittlungen und Validierungen hinterlegt sind.

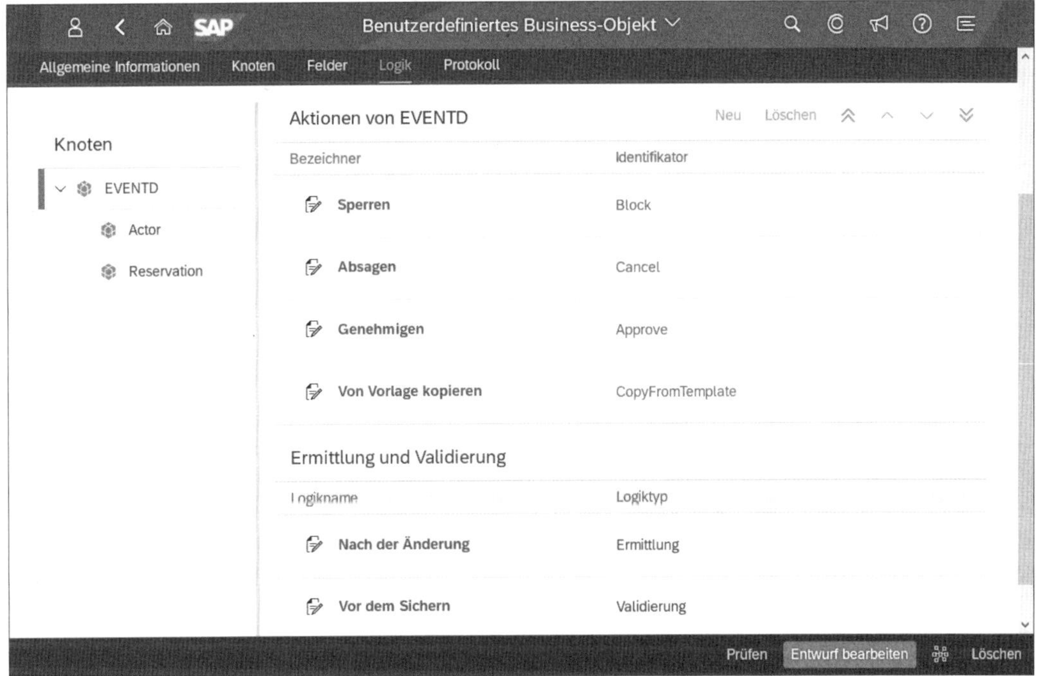

Abbildung 18.12 In einer App definierte Aktionen, Ermittlungen und Validierungen zu einem Knoten eines Geschäftsobjekts

Generierung der Entwicklungsobjekte

Für solche in der App *Benutzerdefiniertes Business-Objekt* erstellten Geschäftsobjekte werden im Hintergrund die bekannten Entwicklungsobjekte generiert. Das heißt, es werden folgende Objekte für das Geschäftsobjekt definiert:

- eine Datenbanktabelle für jeden Knoten
- darauf aufbauende CDS Views, die die Datenbanktabellen konsumieren
- ein Geschäftsobjekt und die zugehörigen Klassen im BOPF
- ein OData-Service

Diese so generierten Geschäftsobjekte können Sie auch mithilfe der klassischen ABAP-Entwicklungswerkzeuge (ADT, Transaktionen SE11 und BOBX etc.) anzeigen. Sie sind aber gegen Änderungen mit diesen klassischen Entwicklungswerkzeugen gesperrt. Das heißt, Sie können die Geschäftsobjekte nur über die Fiori-App *Benutzerdefiniertes Business-Objekt* bearbeiten.

[+]

Check-out-Mechanismus

Wenn Ihnen der Funktionsumfang der in der App entwickelten Geschäftsobjekte nicht ausreicht, haben Sie jederzeit die Möglichkeit, ein solches Geschäftsobjekt über einen Check-out-Mechanismus aus der App »herauszulösen«. Anschließend können Sie dieses Geschäftsobjekt dann mit den klassischen ABAP-Entwicklungswerkzeugen weiterentwickeln. Hierbei sollten Sie beachten, dass dieser Prozess nicht umkehrbar ist.

Oberfläche erzeugen

Sie können für Geschäftsobjekte, die Sie mit der Fiori-App *Benutzerdefiniertes Business-Objekt* angelegt haben, eine Standardoberfläche mithilfe eines Templates in der SAP Web IDE erzeugen. Hierfür ist keine Programmierung mit SAPUI5 notwendig. Abbildung 18.13 stellt eine so generierte Oberfläche für ein benutzerdefiniertes Geschäftsobjekt dar. Wie in dieser Abbildung erkenntlich, werden die für das Geschäftsobjekt existierenden Objekte als Liste dargestellt.

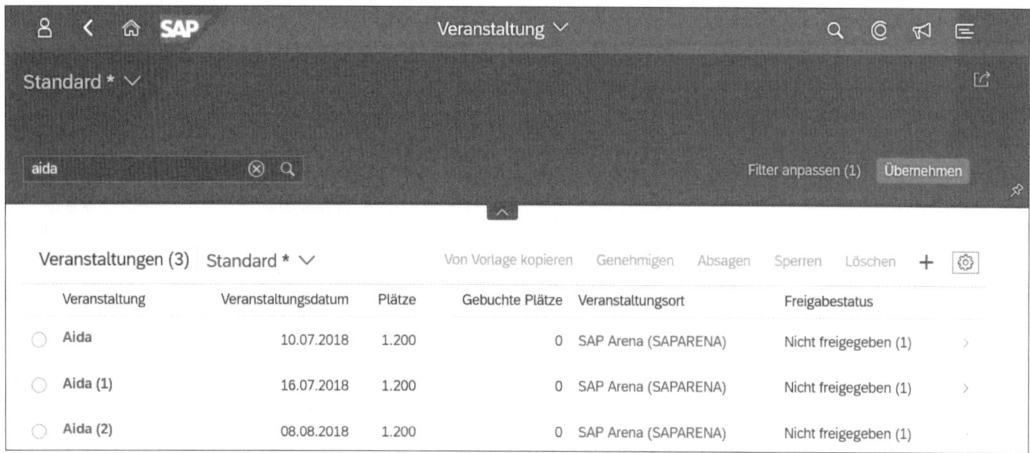

Abbildung 18.13 Eine generierte Standardoberfläche für benutzerdefinierte Geschäftsobjekte

Eventuell für den Hauptknoten des Geschäftsobjekts definierte Aktionen (**Sperren**, **Genehmigen**, **Absagen** ...) werden oberhalb der Tabelle als Schaltflächen angeboten. In dieser Tabelle können Sie die Einträge auch nach bestimmten Kriterien filtern. Zusätzlich können Sie sich zu einem der Einträge die Detailansicht anzeigen lassen, wie in Abbildung 18.14 für dieses Beispiel gezeigt. In dieser Detailansicht werden Ihnen alle Informationen zum ausgewählten Objekt angezeigt und zur Bearbeitung angeboten.

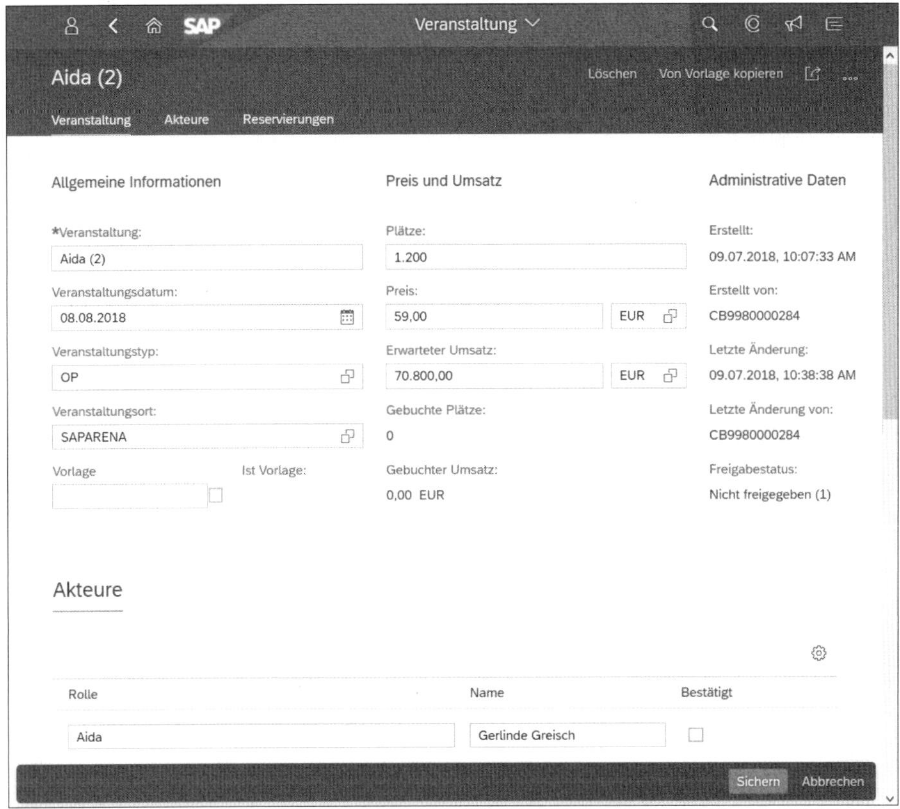

Abbildung 18.14 Eine generierte Detailansicht für benutzerdefinierte Geschäftsobjekte

Diese vordefinierte Oberfläche spricht dafür, eigene Geschäftsobjekte mit der App *Benutzerdefiniertes Business-Objekt* und nicht mit den klassischen ABAP-Entwicklungswerkzeugen zu entwickeln. Allerdings ist der Funktionsumfang der vordefinierten Oberfläche beschränkt. Haben Sie also besondere Anforderungen an die Oberfläche, müssen Sie weiterhin die ABAP-Entwicklungswerkzeuge verwenden. In diesem Fall haben Sie einen deutlich höheren Entwicklungsaufwand, weil Sie einen eigenen OData-Service sowie die SAPUI5-Oberfläche manuell entwickeln müssen.

18.2 Programmatische Erweiterung

Erweiterungspunkte

Das Erweitern der Oberfläche einer Fiori-App findet für einen Entwickler in der SAP Web IDE unter anderem über sogenannte *Extension Points* statt. Dabei handelt sich um von SAP vorgesehene Erweiterungspunkte. Das heißt, Sie können hier, analog zu den Erweiterungspunkten des Enhancement Frameworks, zusätzlichen Quelltext an bestimmten vordefinierten Stellen hinzufügen. Dazu nutzen Sie sogenannte *Fragmente*.

Syntax

In dem XML-View einer Fiori-App sind diese Erweiterungspunkte wie folgt definiert:

```
<!--Extension Point-->
<core:ExtensionPoint name="NameDesErweiterungspunktes" />
```

Ein exemplarisches Fragment zur Implementierung eines Erweiterungspunktes sehen Sie in Listing 18.1. Diese Definition entspricht der Definition eines normalen SAPUI5-Fragments. Der einzige Unterschied besteht darin, dass die Datei des Fragments den Namen des Views trägt, gefolgt von dem Namen des Erweiterungspunktes (also zum Beispiel **View1_NameDesErweiterungspunktes.fragment.xml**):

```
<core:FragmentDefinition xmlns:core="sap.ui.core"
  xmlns="sap.m" xmlns:form="sap.ui.layout.form"
  xmlns:mvc="sap.ui.core.mvc">
<!– Hier können Sie neue UI-Elemente dem View hinzufügen -->
</core:FragmentDefinition>
```

Listing 18.1 Ein durch ein XML-Fragment implementierter Erweiterungspunkt

Die Fragmente verhalten sich wie Includes in ABAP. Die in den Fragmenten enthaltenen UI-Elemente werden dem aufrufenden View hinzugefügt. Damit könnten Sie also beispielsweise zusätzliche Felder oder Funktionen anbieten.

Weitere Informationen zu SAPUI5

Zur programmatischen Erweiterung von Fiori-Apps sind Kenntnisse in SAPUI5 notwendig und damit auch Kenntnisse in den zugrunde liegenden Technologien XML und JavaScript. Da dies ein ABAP-orientiertes Buch ist, gehe ich an dieser Stelle nur beispielhaft auf eine Erweiterung ein, um Ihnen ein ganzheitliches Bild der Erweiterungsmöglichkeiten zu vermitteln. Eine Einführung in SAPUI5 erhalten Sie in dem Buch »Einführung in SAPUI5« von Miroslav Antolovic (2. Auflage, SAP PRESS 2016).

Erweiterungspunkte finden

Welche Erweiterungspunkte Ihnen innerhalb einer Fiori-App zur Verfügung stehen, können Sie in der SAP Fiori Apps Reference Library nachsehen (*https://fioriappslibrary.hana.ondemand.com/sap/fix/externalViewer/*). Wählen Sie hier eine App aus, und navigieren Sie in den Abschnitt **Extensibility** (siehe Abbildung 18.15). Ist dieser Bereich für eine App nicht vorhanden, werden für diese App keine Erweiterungspunkte angeboten.

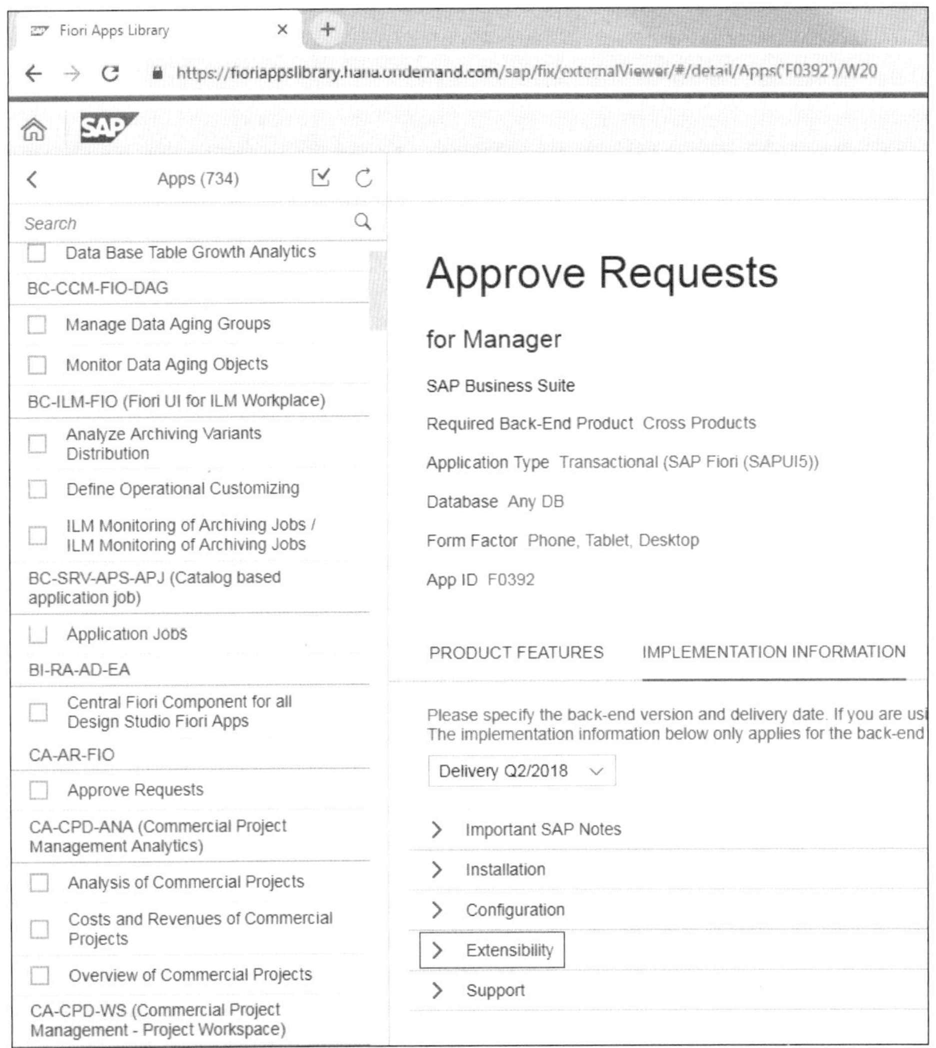

Abbildung 18.15 Die Detailansicht einer App in der SAP Fiori Apps Reference Library

Wie in Abbildung 18.16 gezeigt, können Sie hier die Namen sowie Kurzbeschreibungen der Erweiterungspunkte sehen. Zusätzlich wird in der ersten Spalte angegeben, in welcher Datei sich die Erweiterungspunkte befinden.

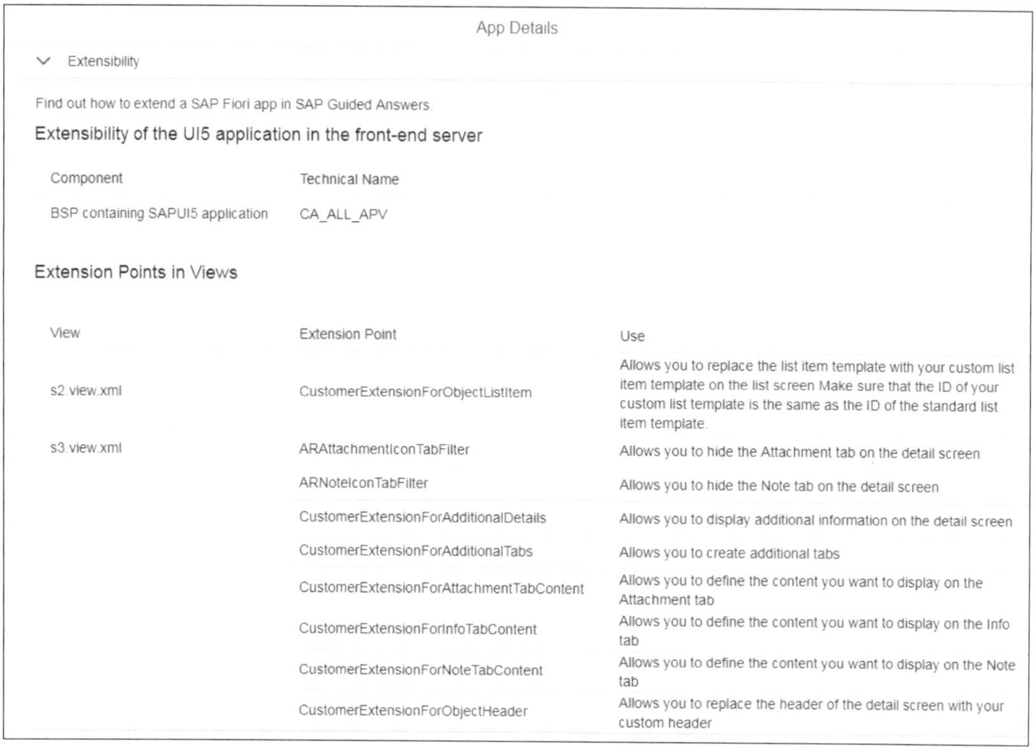

App Details

Extensibility

Find out how to extend a SAP Fiori app in SAP Guided Answers.

Extensibility of the UI5 application in the front-end server

Component	Technical Name
BSP containing SAPUI5 application	CA_ALL_APV

Extension Points in Views

View	Extension Point	Use
s2.view.xml	CustomerExtensionForObjectListItem	Allows you to replace the list item template with your custom list item template on the list screen Make sure that the ID of your custom list template is the same as the ID of the standard list item template.
s3.view.xml	ARAttachmentIconTabFilter	Allows you to hide the Attachment tab on the detail screen
	ARNoteIconTabFilter	Allows you to hide the Note tab on the detail screen
	CustomerExtensionForAdditionalDetails	Allows you to display additional information on the detail screen
	CustomerExtensionForAdditionalTabs	Allows you to create additional tabs
	CustomerExtensionForAttachmentTabContent	Allows you to define the content you want to display on the Attachment tab
	CustomerExtensionForInfoTabContent	Allows you to define the content you want to display on the Info tab
	CustomerExtensionForNoteTabContent	Allows you to define the content you want to display on the Note tab
	CustomerExtensionForObjectHeader	Allows you to replace the header of the detail screen with your custom header

Abbildung 18.16 Angabe von Erweiterungspunkten in der SAP Fiori Apps Reference Library

Hook-Methoden

In einem zweiten Bereich der SAP Fiori Apps Reference Library, dem Bereich **UI Controller Extensions**, können sogenannte *Hook-Methoden* angeboten werden. Das sind leere Methoden, die vom SAP-System zu bestimmten Zeitpunkten in der Fiori-App aufgerufen werden. Diese Methoden können Sie implementieren und so den Controller einer Fiori-App um eigene Logik erweitern. Abbildung 18.17 zeigt beispielsweise die angebotenen Hook-Methoden für die Controller **S2.controller.js** (des Views **s2.view.xml**) und **S3.controller.js** (des Views **s3.view.xml**).

BAdIs

Zusätzlich kann zu einer App ein Bereich **Extensibility of OData services in back-end server** angeboten werden, wie in Abbildung 18.18 zu sehen. Hier wird auf eventuelle BAdIs für die Erweiterung des OData-Service im Backend hingewiesen. Auf die Erweiterung von OData-Services gehe ich in Kapitel 17 ausführlicher ein.

App Details

UI Controller Extensions

To plug in and execute custom code, the following hooks are available in the controller code:

Controller	Hook Name	Hook Use
S2.controller.js	extHookChangeFilterItems	This hook method can be used to modify the list of properties that are used for filtering of the S2 list items. It is called when the application starts and the S2 list screen is displayed.
	extHookChangeGroupConfig	This hook method can be used to modify the list of properties that are used for grouping the S2 list items. It is called when the application starts and the S2 list screen is displayed.
	extHookChangeSortConfig	This hook method can be used to modify the list of properties that are used for sorting the S2 list items. It is called when the application starts and the S2 list screen is displayed.
	extHookGetCustomFilter	This hook method can be used to replace the standard filter by a custom one based on the filterKey. It is called when a filter option is selected on the UI.
S3.controller.js	extHookChangeFooterButtons	This hook method can be used to add and change buttons for the detail view footer. It is called when the decision options for the detail item are fetched successfully
	extHookConfigureAdditionalTabs	This hook method can be used to add additional tabs to the tab bar from code based on the received detail item information (oData) and to provide item count for the tabs. It is called when the detail (S3) navigation takes place and in the success callback of the item detail data fetch.

Abbildung 18.17 Angabe von UI-Controller-Erweiterungen in der SAP Fiori Apps Reference Library

Extensibility of OData services in back-end server.

Business Add-Ins (BAdIs) for OData service extensions.

OData Service	Extension Point	Extend with Redefine/BAdI	Use
/IWPGW/TASKPROCESSING	/IWPGW/BADI_TGW_TASK_DATA	BAdI	You can use this BAdI to change the task title or task description on the detail screen.
	/IWPGW/BADI_TGW_TASK_QUERY		You can use this BAdI to change the task title for all items in the list.
	/IWPGW/BADI_TGW_USER_DETAIL		You can use this BAdI to change the user details.
	/IWWRK/BADI_WF_BEFORE_UPD_IB		Workflow BAdI used before update

Abbildung 18.18 Angabe von BAdIs für eine Erweiterung eines OData-Service

Weitere Erweiterungsmöglichkeiten

Neben diesen Erweiterungspunkten und Hook-Methoden haben Sie innerhalb einer Fiori-App folgende Anpassungsmöglichkeiten:

- UI-Elemente ausblenden
- komplette Views ersetzen
- Controller erweitern
- komplette Controller ersetzen
- den angebundenen OData-Service ersetzen
- die i18n-Übersetzungen für die Internationalisierung ändern

Erweiterungsprojekt

Diese Erweiterungen einer Fiori-App finden in der SAP Web IDE im Rahmen eines sogenannten *Erweiterungsprojekts* statt. (Die früher verwendete Entwicklungsumgebung Eclipse wird für SAPUI5 offiziell nicht mehr unterstützt und weiterentwickelt.) Zur Implementierung der Erweiterung sind dabei die folgenden Schritte umzusetzen:

1. die Erweiterungsmöglichkeiten in der SAP Fiori Apps Reference Library analysieren
2. ein Erweiterungsprojekt für die Fiori-App in der SAP Web IDE anlegen
3. mithilfe der Extensibility Pane zum gewünschten Erweiterungspunkt navigieren
4. ein Fragment für jeden Erweiterungspunkt erzeugen, der verwendet werden soll
5. die Erweiterungspunktfragmente implementieren
6. gegebenenfalls Hook-Methoden implementieren und Controller erweitern
7. gegebenenfalls Views, Controller, OData-Services und i18n-Übersetzungen ersetzen
8. die durchgeführten Erweiterungen in der SAP Web IDE testen
9. die Erweiterung der Fiori-App auf dem Frontendserver deployen
10. die erweiterte Fiori-App in das SAP Fiori Launchpad in Form einer Kachel einbinden und Berechtigungen zuordnen

18.2.1 Erweiterungsprojekt anlegen

Erweiterungsprojekt in der SAP Web IDE

Um ein Erweiterungsprojekt in der SAP Web IDE anzulegen, gehen Sie wie folgt vor:

1. Wählen Sie im Hauptmenü den Pfad **New • Extension Project**, wie in Abbildung 18.19 gezeigt.

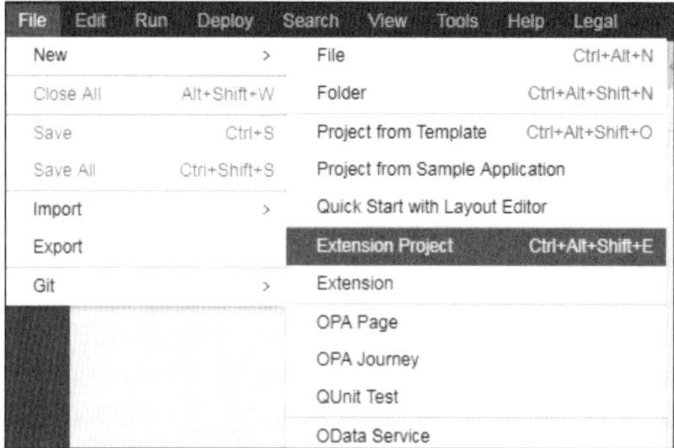

Abbildung 18.19 Erweiterungsprojekt in der SAP Web IDE anlegen

2. In dem sich öffnenden Pop-up-Fenster aus Abbildung 18.20 wählen Sie die zu erweiternde Fiori-App aus. Klicken Sie hierzu auf **Select Application** und anschließend im sich öffnenden Untermenü auf den Eintrag **SAPUI5 ABAP Repository**.

Original Application and Name
Confirmation
New Extension Project
Original Application and Name
Original Application*
Select an application from a remote system.
Select Application
SAPUI5 ABAP Repository
SAP Cloud Platform
Extension Project*
Import original application
Previous
Next

Abbildung 18.20 Auswahl der Quelle

3. Wählen Sie im sich öffnenden Pop-up-Fenster aus Abbildung 18.21 das gewünschte Backendsystem und die zu erweiternde Fiori-App aus.

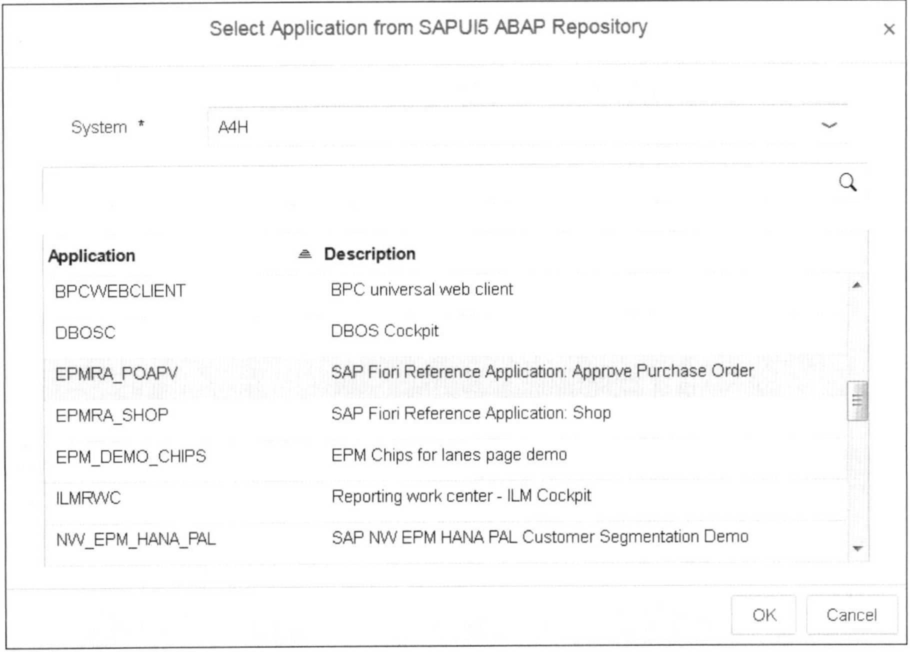

Abbildung 18.21 Auswahl der zu erweiternden Fiori-App

Backendsystem anbinden

Damit Sie hier Ihr gewünschtes Backendsystem auswählen können, muss dieses in der SAP Cloud Platform angebunden worden sein. Diese Anbindung erfolgt dort im Bereich der Verbindungen (**Destinations**).

4. Durch das Bestätigen mit **OK** kehren Sie zurück zum Auswahlfenster. Über die Checkbox **Import original application** haben Sie die Möglichkeit, die komplette Fiori-App als separates Projekt herunterzuladen. Das ist insbesondere dann erforderlich, wenn Sie den originalen Quelltext umfassend analysieren und gegebenenfalls Quelltext kopieren wollen.

   Ansonsten wird nur das Erweiterungsprojekt als eigenständiges Projekt angelegt, das selbst noch ohne Implementierung ist, aber bereits die Dateien **Index.html** und **Component.js** besitzt.

5. Klicken Sie anschließend auf **Next**, wodurch Sie zum Abschlussfenster des Anlage-Wizards aus Abbildung 18.22 gelangen. Hier können Sie über die Checkbox **Open extension project in extensibility pane** die Erweiterungsansicht der SAP Web IDE aufrufen. Klicken Sie anschließend auf **Finish**.

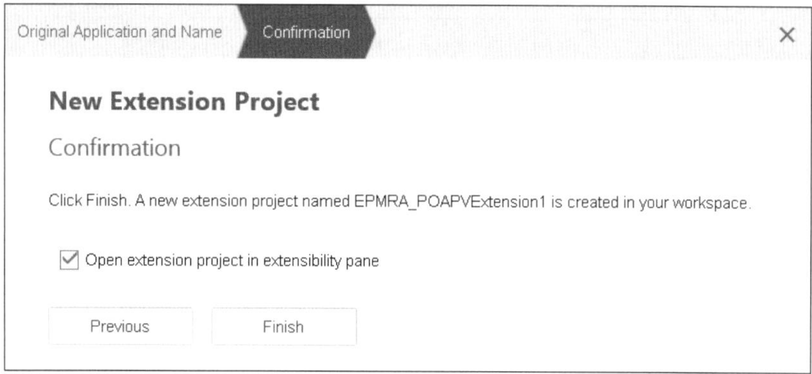

Abbildung 18.22 Bestätigung zur Anlage des Erweiterungsprojekts

Angelegtes Projekt

Im Hintergrund wird ein neues Projekt mit dem originalen Namen der Fiori-App mit dem Suffix `Extension` angelegt, wie in Abbildung 18.23 zu sehen. Haben Sie zusätzlich die originale Fiori-App importiert, wird für diese ebenfalls ein Ordner im Workspace angelegt (hier `EPMRA_POAPV`).

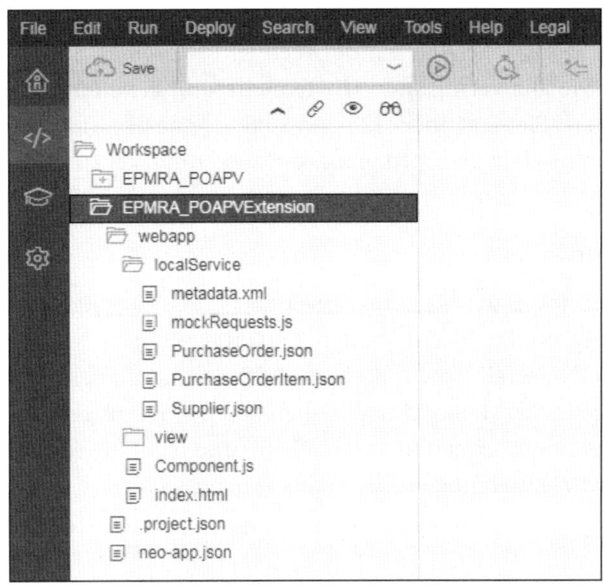

Abbildung 18.23 Die Projektstruktur des angelegten Erweiterungsprojekts

Extensibility Pane

Wenn Sie bei der Anlage eines Erweiterungsprojekts im letzten Schritt die Option **Open extension project in extensibility pane** angeklickt haben, öffnet sich direkt die Erweiterungsumgebung der SAP Web IDE, die *Extensibility Pane*, und zeigt Ihnen auf der Startseite die Fiori-App an (siehe Abbildung 18.24). Alternativ können Sie diese über das Hauptmenü unter **Tools • Extensibility Pane** aufrufen.

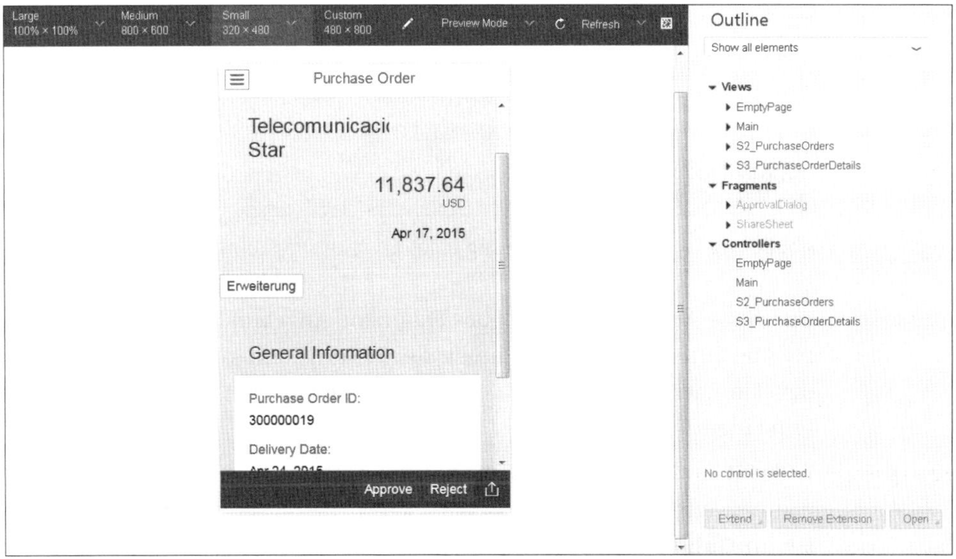

Abbildung 18.24 Die Extensibility Pane

Die Extensibility Pane zeigt Ihnen auf der linken Seite die Anwendung in der Vorschau an. Im **Outline**-Bereich auf der rechten Seite sehen Sie die Struktur der App sowie alle verfügbaren UI-Elemente und Erweiterungspunkte. Wenn Sie ein UI-Element auf der linken Seite markieren, wird dieses UI-Element automatisch in der Outline markiert und umgekehrt.

18.2.2 Einen View erweitern

Um den View einer Fiori-App zu erweitern, verwenden Sie die eingangs vorgestellten Erweiterungspunkte. Diese werden im **Outline**-Bereich jeweils unterhalb des Views dargestellt und mit einem Schraubenschlüssel markiert. Wird ein solcher Schraubenschlüssel neben einem View angezeigt, können Sie auf dieses Icon klicken und anschließend unten auf die Schaltfläche **Extend • Extend View/Fragment** (siehe Abbildung 18.25).

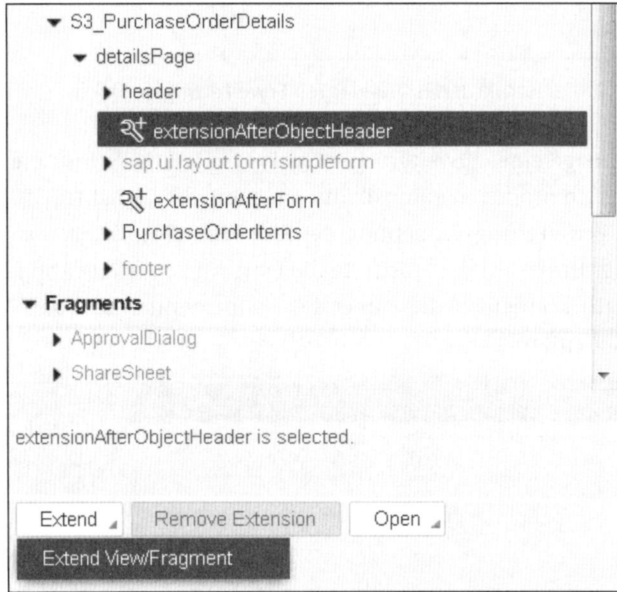

Abbildung 18.25 Implementierung eines Erweiterungspunktes

Durch die Anlage wird ein neues Fragment eingebunden, in dem Sie nun die App durch beliebige UI-Elemente erweitern können. Das Fragment können Sie nach der Anlage über die Schaltfläche **Open** öffnen und so zur Implementierung gelangen.

Einen View ersetzen

Wird für einen View kein Erweiterungspunkt angeboten, können Sie diesen nicht erweitern, sondern müssen ihn gegebenenfalls ersetzen. Dazu klicken Sie im **Outline**-Bereich mit der rechten Maustaste auf den gewünschten View und wählen eine der folgenden Optionen (siehe Abbildung 18.26):

- **Replace with empty view** ersetzt den View durch einen leeren View.
- **Replace with a copy of the original View** fügt eine Kopie des originalen Quellcodes ein.

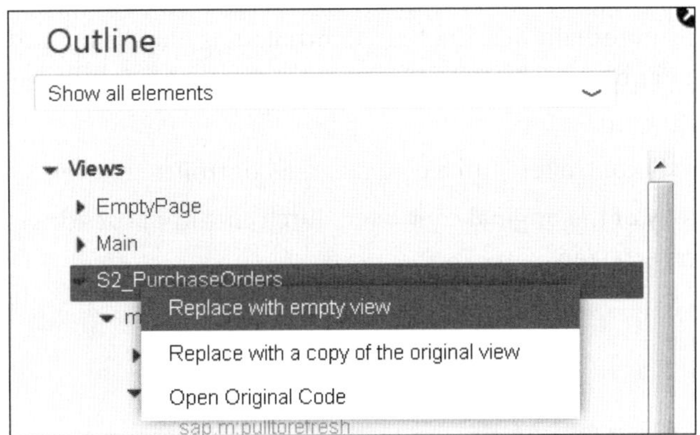

Abbildung 18.26 Ersetzen eines Views

Letztlich gehen Sie hier also so ähnlich vor, als hätten Sie ein Standard-Dynpro kopiert und könnten dies nun nachträglich anpassen. Führen Sie die App aus, wird der neue View automatisch dem ursprünglichen View vorgezogen und angezeigt.

Ein UI-Element ausblenden

Um ein UI-Element auf einem View auszublenden, müssen Sie lediglich im **Outline**-Bereich mit der rechten Maustaste auf das UI-Element klicken. Wählen Sie dann aus dem Kontextmenü den Eintrag **Hide Control** aus, wie in Abbildung 18.27 gezeigt.

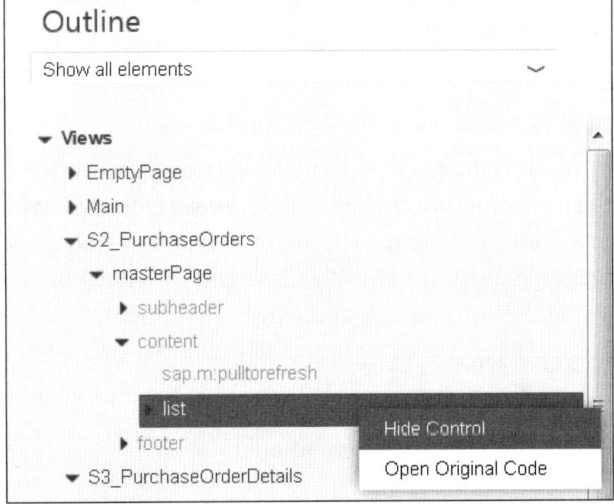

Abbildung 18.27 Ausblenden eines UI-Elements

Das Einblenden eines UI-Elements muss ebenfalls wieder über die Extensibility Pane erfolgen. Es reicht nicht, die Eigenschaft des UI-Elements auf **Sichtbar** zu stellen.

Controller ersetzen

Um den Controller eines SAP-Fiori-Views zu ersetzen, markieren Sie diesen im **Outline**-Bereich unterhalb des Knotens **Controllers** (siehe Abbildung 18.28). Wählen Sie dann über die Schaltfläche **Extend** eine der folgenden Optionen:

- **Extend with empty controller**: durch einen leeren Controller ersetzen
- **Extend with a copy of the original controller**: durch eine Kopie des originalen Controllers ersetzen

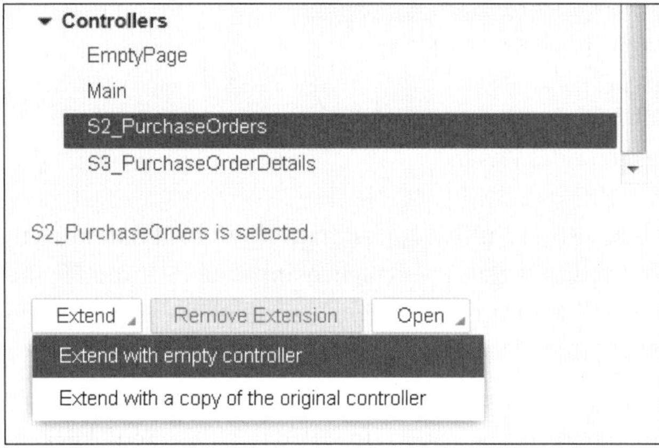

Abbildung 18.28 Controller erweitern

Auch hier wird dann bei einer Ausführung der App der neue Controller dem ursprünglichen Controller vorgezogen.

18.2.3 Erweiterung über den Erweiterungs-Wizard anlegen

Zusätzliche Erweiterungsfunktionen

Alternativ zu den Erweiterungsmöglichkeiten in der Extensibility Pane gibt es auch die Möglichkeit, eine Erweiterung über einen Erweiterungs-Wizard anzulegen. Diesen Erweiterungs-Wizard erreichen Sie über den Pfad **File • New • Extension** im Hauptmenü der SAP Web IDE. Dieser Wizard bietet gegenüber der Extensibility Pane folgende zusätzliche Funktionen:

- einen OData-Service ersetzen
- die i18n-Übersetzungen modifizieren
- Hook-Methoden eines Controllers implementieren

In Abbildung 18.29 sehen Sie die Einstiegsseite dieses Erweiterungs-Wizards. Die wichtigsten Optionen beschreibe ich im Folgenden.

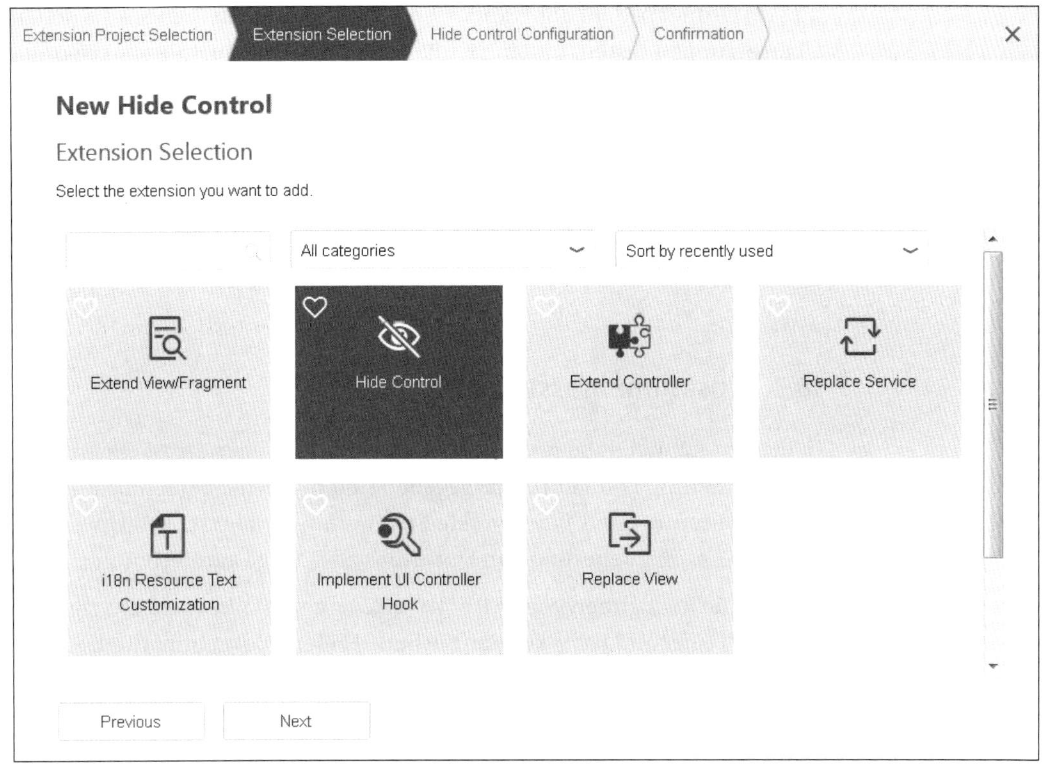

Abbildung 18.29 Anlage einer neuen Erweiterung

OData-Service ersetzen

Um einen OData-Service zu ersetzen, klicken Sie auf die Kachel **Replace Service** und anschließend auf die Schaltfläche **Next**. Achten Sie hier darauf, dass Sie einen OData-Service auswählen, der auf dem originalen Service der Fiori-App basiert, da sonst die Funktionsweise der originalen Fiori-App nicht sichergestellt werden kann.

[«]

Weiterleitung des OData-Service-Aufrufes

Wenn Sie beim Erweitern des OData-Service eine Umleitung auf die Erweiterung eingerichtet haben, wie in Kapitel 17, »Erweiterung von OData-Services«, beschrieben, müssen Sie den originalen OData-Service nicht extra ersetzen, da Ihre Änderungen bei einer Anfrage an den originalen OData-Service bereits berücksichtigt werden.

Übersetzungen ersetzen

Um eine i18n-Übersetzung zu ändern, klicken Sie auf die Kachel **i18 Resource Text Customization** und anschließend auf **Next** sowie **Finish**. Dadurch wird der **i18n**-Ordner der originalen App zusammen mit allen Ressource-Bundles in das Erweiterungsprojekt kopiert. Sie können die Texte in diesem Ordner bedenkenlos anpassen. Anschließend können Sie die neuen Übersetzungen testen, indem Sie die erweiterte App ausführen. Die originale Anwendung bleibt von diesen Änderungen unberührt.

Hook-Methode implementieren

Um eine Hook-Methode eines Controllers zu implementieren, klicken Sie auf die Kachel **Implement UI Controller Hook** und anschließend auf die Schaltfläche **Next**. Wählen Sie im Folgedialog den entsprechenden View und die zu implementierende Hook-Methode aus. Dadurch gelangen Sie in den Editor, in dem Sie Ihre Implementierung eingeben können.

18.3 Zusammenfassung

In diesem Kapitel habe ich Ihnen einen Überblick über die Möglichkeiten zur Erweiterung von Fiori-Apps gegeben und Ihnen die beiden Begriffe In-App-Erweiterung und Side-by-Side-Erweiterung erläutert. Prinzipiell stehen Ihnen zur Erweiterung von Fiori-Apps zwei Wege zur Verfügung:

- Über die im Rahmen von SAP S/4HANA bereitgestellte App *Benutzerdefinierte Felder und Logik* können Sie neue Felder anlegen und für die Oberflächen und Schnittstellen aktivieren. In der App *Benutzerdefiniertes Business-Objekt* können Sie eigene Geschäftsobjekte neu anlegen und für diese Geschäftsobjekte auch neue Fiori-Apps erzeugen.
- In der SAP Web IDE können Sie ein Erweiterungsprojekt anlegen, das sich auf eine bestehende Fiori-App bezieht. Hier können Sie vordefinierte Erweiterungspunkte (Extension-Points) nutzen, UI-Elemente ausblenden und Views, Controller oder OData-Services ersetzen.

Während sich die erste Option insbesondere für einfache Erweiterungen eignet, also um z. B. neue Felder bestehenden Geschäftsobjekten und damit auch den Oberflächen hinzuzufügen, hat die zweite Option den Charme, dass Sie gleichzeitig auch die zu einem Geschäftskontext gehörigen Schnittstellen (OData-Services, BAPIs, SOAP-Webservices, IDocs) automatisch erweitern können. Sie sollten diese erste Erweiterungsoption im Rahmen von SAP S/4HANA daher ausschließlich für neue Erweiterungsfelder benutzen und eine dahingehende manuelle Erweiterung der Erweiterungsobjekte vermeiden.

Die zweite Option benötigen Sie dagegen immer dann, wenn Sie komplexe Erweiterungen an der Oberfläche von Fiori-Apps vornehmen wollen. Dies erhöht den Implementierungs- und Administrationsaufwand deutlich, da hier viele einzelne manuelle Schritte an den beteiligten Entwicklungsobjekten (Datenbanktabellen, CDS Views, Geschäftsobjekten, OData-Services) erforderlich sind. Auch müssen Sie die neue App nachträglich noch in das SAP Fiori Launchpad einbinden.

[«]

Weitere Informationen zur Erweiterung von SAP S/4HANA

Weitere Informationen zu den neuen Erweiterungsmöglichkeiten für SAP S/4HANA, z. B. dazu, wie Sie Ihre Erweiterungen im SAP Fiori Launchpad bereitstellen und den Anpassungsmodus einer Fiori-App nutzen, finden Sie in dem Buch »Erweiterungen für SAP S/4HANA« von Thomas Schneider und Werner Wolf (SAP PRESS 2018).

TEIL IV
Weiterführende Themen

In diesem Teil des Buches möchte ich auf einige Anwendungsfälle und Techniken rund um das Thema Erweiterungen eingehen, die in der Praxis häufiger benötigt werden. Dazu gehört insbesondere die Möglichkeit, Erweiterungen in Ihren eigenen Anwendungen bereitzustellen, die dann von Ihren Kunden implementiert werden können, um Ihre Anwendungen anzupassen. Ein weiteres Thema ist die Implementierung eigener Quellcodeprüfungen mit dem Code Inspector, um die Qualität der Eigenentwicklungen zu überprüfen.

Auch mit BAPIs sollten Sie bei der Erweiterung von Standardanwendungen vertraut sein, damit Sie aus dem ABAP-Quellcode heraus kundeneigene Fehler über BAPI-Funktionsbausteine verarbeiten können. Diese Technik ist auch für die Migration von zusätzlichen Kundenfeldern in der Legacy System Migration Workbench (LSMW) und für die Erweiterung von IDocs notwendig.

Auch den Standardimplementierungsleitfaden von SAP (Transaktion SPRO) können Sie erweitern, um eigene Knoten mit Ihren eigenen Unterpunkten anzubieten und so die Einrichtungsschritte für Ihre Eigenentwicklungen abzubilden.

Zusätzlich beschreibe ich in diesem Teil auch die Erweiterung von Web-Dynpro-Komponenten, der Vorgängertechnologie von SAPUI5. Diese Erweiterungen sind insbesondere in SAP ERP Human Capital Management (HCM) für die ESS- und MSS-Anwendungen (Employee und Manager Self-Services) noch häufig notwendig.

Kapitel 19
Erweiterungen in eigenen Anwendungen bereitstellen

In diesem Kapitel gebe ich Ihnen einen Überblick über die verschiedenen Möglichkeiten, Erweiterungen in Ihre eigenen Anwendungen zu integrieren.

Wenn in Unternehmen mit ABAP entwickelt wird, ist die Anpassung von SAP-Standardtransaktionen der häufigste Anwendungsfall. Je nach Unternehmensgröße und -philosophie werden aber auch komplett neue Transaktionen entwickelt, um einen bestimmten Geschäftsprozess im SAP-System abzubilden. Daneben gibt es auf dem Markt eine nicht zu vernachlässigende Zahl von Unternehmen, die eigene SAP-ERP-Lösungen und Add-ons mit ABAP entwickeln und diese an andere Unternehmen vertreiben.

Hier erwartet der einzelne Kunde – analog zum SAP-Standard – eine für ihn maßgeschneiderte Lösung. Das Produkt muss daher häufig noch an den kundeneigenen Unternehmensprozess angepasst werden. Im einfachsten Fall geschieht dies – wie bei den SAP-Standardprodukten – über bereitgestellte Customizing-Tabellen. In komplexeren Fällen muss die ursprüngliche Programmierung angepasst werden.

Kundenindividuelle Produktversionen

Viele Anbieter lösen dieses Problem, indem sie ihre Entwicklung für jeden Kunden einmal kopieren und dann kundenindividuell und unter einem neuen Namen (oder in einem neuen Namensraum) anpassen. Je mehr Kunden ein Anbieter bedient, desto höher wird der Aufwand, die einzelnen Lösungen für jeden Kunden synchron zu halten und zu warten, bis dies schlichtweg nicht mehr mit einem vertretbaren Aufwand zu handhaben ist. Tritt beispielsweise ein Fehler in der Lösung des Kunden A auf, ist zu prüfen, ob dieser Fehler auch in der angepassten Lösung aller anderen Kunden auftritt.

Dieses Kapitel zeigt zwei Grundtechniken, mit denen Sie dieses Problem in einer angemessenen Art und Weise lösen können:

- Im ersten Teil des Kapitels zeige ich Ihnen, wie Sie Ihre Entwicklungen so mit Erweiterungsoptionen und Business Add-ins (BAdIs) anreichern können, dass Ihre Kunden (natürlich auch Sie selbst) die Möglichkeit haben, beispielsweise die Oberfläche oder die dahinterliegende Programmlogik ohne Modifikation anzupassen.

- Der zweite Teil des Kapitels beschäftigt sich mit der Frage, wie Sie Ihre Programme mit einer flexiblen Softwarearchitektur versehen können, damit Sie die verschiedenen Kundenlösungen besser handhaben und warten können.

In allen Abschnitten sind die Beispiele bewusst so gewählt, dass Sie diese in Ihrem kundeneigenen Namensraum im lokalen Paket nachvollziehen können. So können Sie sich erst einmal mit der Technik der Bereitstellung von Erweiterungen vertraut machen, bevor Sie diese in Ihre produktiven Entwicklungen einbinden.

Schaltbarkeit Ihrer Erweiterungen

In Kapitel 12, »Das Switch Framework«, zeige ich Ihnen, wie Sie die angelegten Erweiterungsoptionen und BAdIs mithilfe des Switch Frameworks schalten, d. h. aktivieren oder deaktivieren können.

19.1 Explizite Erweiterungspunkte bereitstellen

Eigenen Erweiterungspunkt anlegen

In Abschnitt 10.1, »Erweiterungspunkte«, habe ich Ihnen gezeigt, wie Sie die von SAP bereitgestellten expliziten Erweiterungspunkte implementieren können. An diesen explizit im Code vorgesehenen Stellen kann ein Kunde den Standardquellcode anpassen. In diesem Abschnitt zeige ich Ihnen, wie Sie selbst an Stellen in Ihrem Quellcode solche expliziten Erweiterungspunkte für Ihre Kunden bereitstellen können:

1. Öffnen Sie hierzu ein eigenes Programm, und wählen Sie sich dort eine Zeile aus, in der Sie den Erweiterungspunkt einbinden wollen.
2. Klicken Sie dort mit der rechten Maustaste auf den Quellcode, und wählen Sie aus dem Kontextmenü den Pfad **Erweiterungsoperationen • Option anlegen**. In Abbildung 19.1 wird dies beispielhaft für die Zeile 13 eines lokalen Reports gezeigt.
3. In dem sich öffnenden Pop-up-Fenster aus Abbildung 19.2 können Sie nun im Feld **Enhancement-Point** einen Namen für Ihren Erweiterungspunkt eingeben (hier `ZEP_MEIN_ERWEITERUNGSPUNKT`). Als Namenskonvention empfiehlt es sich, die Abkürzung EP zu verwenden, damit Sie später anhand des Namens direkt erkennen können, dass es sich um einen Erweiterungspunkt handelt.

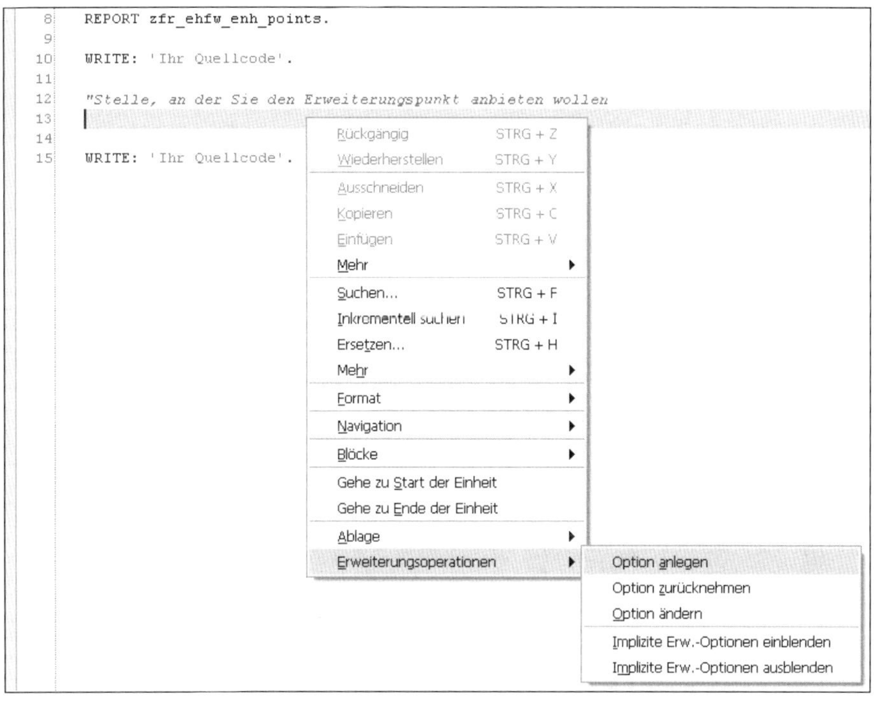

Abbildung 19.1 Erweiterungsoption anlegen

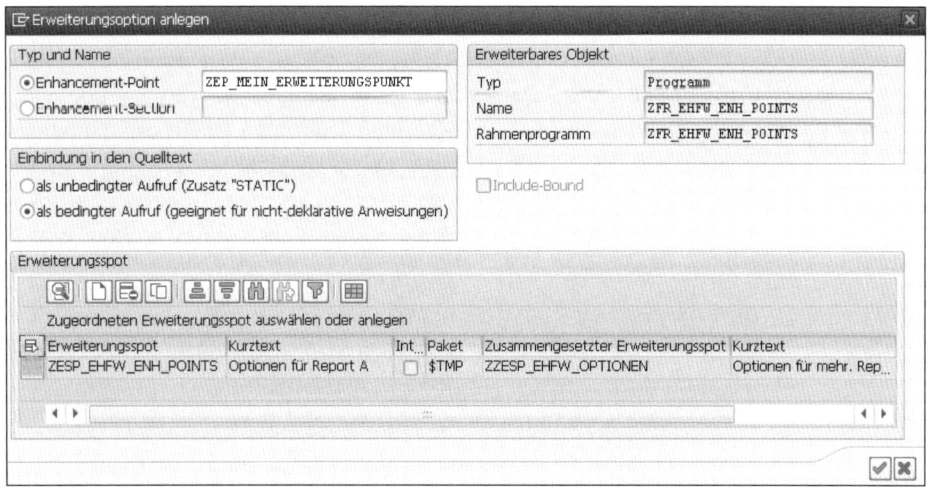

Abbildung 19.2 Anlagedialog für einen expliziten Erweiterungspunkt

4. Als Art der **Einbindung in den Quelltext** werden Sie hier in fast allen Fällen die Option **als bedingter Aufruf** auswählen. Diese Auswahl bedeutet, dass Sie Ihre Erweiterung über das Switch Framework aktivieren bzw. deaktivieren.

5. In der Tabelle **Erweiterungsspot** müssen Sie mindestens einen Erweiterungsspot auswählen, dem Sie den Erweiterungspunkt zuordnen. Falls keiner vorhanden ist, müssen Sie einen Erweiterungsspot anlegen.
6. Dazu tragen Sie den Namen des neuen Erweiterungsspots in eine neue Zeile der Tabelle in der Spalte **Erweiterungsspot** ein (hier `ZESP_EHFW_ENH_POINTS`). Als Namenskonvention empfiehlt sich das Kürzel ESP als Abkürzung für Erweiterungsspot, damit Sie später anhand des Namens erkennen können, dass es sich um einen Erweiterungsspot handelt.
7. Geben Sie zusätzlich in der Spalte **Kurztext** eine kurze Beschreibung und in der Spalte **Paket** einen Paketnamen (hier `$TMP` für das lokale Paket) für Ihren Erweiterungsspot ein.

[+]

Zusammengesetzten Erweiterungsspot zuordnen

Wie in der Abbildung 19.2 in den rechten Spalten erkenntlich, können Sie den so angelegten Erweiterungsspot zusätzlich einem zusammengesetzten Erweiterungsspot zuordnen (hier `ZZESP_EHFW_OPTIONEN`). Gegebenenfalls müssen Sie auch diesen erst in Transaktion SE20 neu anlegen. Als Namenskonvention empfiehlt sich dann das Kürzel ZESP, damit auch hier wieder anhand des Namens erkannt werden kann, dass es sich um einen kundeneigenen Erweiterungsspot handelt.

Durch die Zuordnung von Erweiterungsspots können Sie Ihre Erweiterungsoptionen für einen Report kapseln, durch die Zuordnung eines zusammengesetzten Erweiterungsspots können Sie sie nochmals reportübergreifend kapseln. Der Einsatz eines zusammengesetzten Erweiterungsspots empfiehlt sich immer, wenn Ihre Entwicklung aus mehreren Reports, Funktionsgruppen oder Klassen besteht und Sie die angebotenen Erweiterungsoptionen organisatorisch zusammenfassen wollen. Dies erleichtert es Ihnen bzw. Ihren Kunden später, die entwicklungsobjektübergreifenden Erweiterungsoptionen zu finden.

Die einzelnen Elemente des Enhancement Frameworks – z. B. die Erweiterungsspots und zusammengesetzten Erweiterungsspots – werden in Kapitel 8, »Das Enhancement Framework«, beschrieben.

8. Bestätigen Sie Ihre Eingaben mit **Weiter** (✔). Dadurch wird an der ausgewählten Stelle im Quellcode die in Abbildung 19.3 dargestellte Anweisung `ENHANCEMENT-POINT` mit dem Zusatz `SPOTS` eingefügt.
9. Aktivieren Sie abschließend Ihren Quellcode.

```
REPORT zfr_ehfw_enh_points.

WRITE: 'Ihr Quellcode'.

"Stelle, an der Sie den Erweiterungspunkt anbieten wollen
ENHANCEMENT-POINT ZEP_MEIN_ERWEITERUNGSPUNKT SPOTS ZESP_EHFW_ENH_POINTS .


WRITE: 'Ihr Quellcode'.
```

Abbildung 19.3 Angelegter expliziter Erweiterungspunkt

Erweiterungspunkt bearbeiten

Ein direktes Ändern dieses Erweiterungspunktes im Quellcode ist nicht möglich. Wenn Sie ihn bearbeiten wollen, müssen Sie mit einem Rechtsklick auf das Schlüsselwort `ENHANCEMENT-POINT` das Kontextmenü öffnen und den Eintrag **Erweiterungsoperationen • Option ändern** auswählen.

Die Anweisung `ENHANCEMENT-POINT` markiert nun die Stelle, die Sie oder der Kunde nutzen können, um Ihre Anwendung mit eigenem Quellcode zu erweitern. Beachten Sie, dass nach dem Ausrollen der Anwendung die Zeilen vor und nach dieser Anweisung nicht mehr änderbar sind.

Auf die hier demonstrierte Art und Weise hat SAP alle im System vorhandenen expliziten Erweiterungspunkte angelegt und für Sie bereitgestellt.

19.2 Erweiterungssektionen bereitstellen

In Abschnitt 10.2, »Erweiterungssektionen«, habe ich Ihnen gezeigt, wie Sie die von SAP bereitgestellten expliziten Erweiterungssektionen implementieren können. Im Gegensatz zu den expliziten Erweiterungspunkten wird hier der Quellcode an der angegebenen Stelle nicht nur erweitert, sondern durch einen neu eingegebenen Quellcode ersetzt.

Beispiel: Ersetzen einer Anweisung ermöglichen

Abbildung 19.4 zeigt ein einfaches Beispiel für einen kundeneigenen Code: Die Zeile 12 soll mit einer Erweiterungssektion durch anderen Quellcode ersetzt werden können.

```
8  REPORT zfr_ehfw_enh_sections.
9
10 WRITE: 'Ihr Quellcode'.
11
12 WRITE: 'Ihr zu ersetzender Quellcode'.
13
14 WRITE: 'Ihr Quellcode'.
```

Abbildung 19.4 Positionierung einer expliziten Erweiterungssektion

Gehen Sie wie folgt vor, um so eine Erweiterungssektion anzulegen:

1. Markieren Sie eine der zu ersetzenden Zeilen (Sie müssen nicht den gesamten Block markieren, sondern können später die Zeilen beliebig verschieben), führen Sie einen Rechtsklick aus, und wählen Sie im Kontextmenü den Eintrag **Erweiterungsoperationen • Option anlegen**.
2. Wählen Sie in dem sich öffnenden Pop-up-Fenster aus Abbildung 19.5 die Option **Enhancement-Section** über den Auswahlknopf aus. Tragen Sie einen Namen für die Erweiterungssektion in das Feld **Enhancement-Section** ein (hier `ZES_MEINE_ERWEITERUNGSSEKTION`). Als Namenskonvention empfiehlt sich das Kürzel ES.
3. Wählen Sie in der darunterliegenden Tabelle einen Erweiterungsspot aus, oder legen Sie einen neuen Erweiterungsspot an, indem Sie einen Namen für den Erweiterungsspot, einen Kurztext sowie ein Paket in eine neue Zeile schreiben.

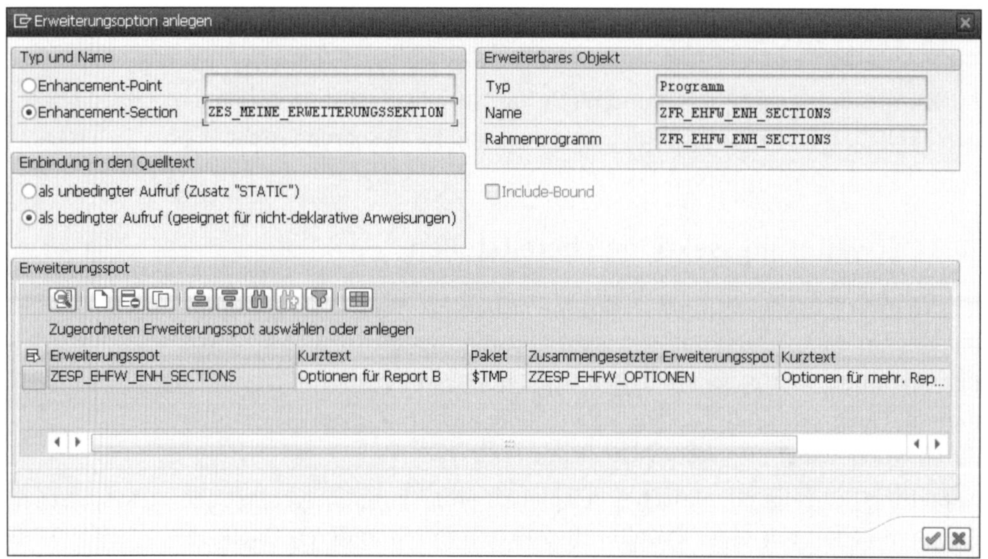

Abbildung 19.5 Anlagedialog für eine Erweiterungsoption

4. Wie bei den Erweiterungspunkten haben Sie auch hier wieder die Möglichkeit, die ausgewählte Erweiterungssektion einem zusammengesetzten Erweiterungsspot zuzuordnen. In diesem Beispiel ist dies derselbe, den wir auch bei der Anlage des expliziten Erweiterungspunktes verwendet haben (`ZZESP_EHFW_OPTIONEN`). Wenn Sie sich an die hier vorgeschlagene Namenskonvention gehalten haben, ist dieser an dem Präfix `ZESP_` erkennbar.

5. Bestätigen Sie Ihre Eingaben mit **Weiter** (✔). Dadurch werden an der ausgewählten Quellcodestelle die beiden Anweisungen `ENHANCEMENT-SECTION` und `END-ENHANCEMENT-SECTION` eingefügt (siehe Abbildung 19.6).
6. Aktivieren Sie abschließend Ihren Quellcode.

```
 8 REPORT zfr_ehfw_enh_sections.
 9
10 WRITE: 'Ihr Quellcode'.
11
12 ENHANCEMENT-SECTION ZES_MEINE_ERWEITERUNGSSEKTION SPOTS ZESP_EHFW_ENH_SECTIONS .
13   WRITE: 'Ihr zu ersetzender Quellcode'.
14 END-ENHANCEMENT-SECTION.
15
16 WRITE: 'Ihr Quellcode'.
```

Abbildung 19.6 Angelegte explizite Erweiterungssektion

Diese Anweisungen müssen den zu ersetzenden Quellcode (hier die Zeile 13) umklammern. Solange Sie sich im Änderungsmodus befinden, können Sie aber nachträglich die dem Block zugeordneten Zeilen frei ändern, d. h. Zeilen hinzuprogrammieren oder entfernen.

19.3 Erweiterungsspot verwalten

Transaktion SE20

In den beiden vorherigen Abschnitten hatten Sie jeweils die Möglichkeit, einen Erweiterungsspot anzulegen bzw. diesen einem zusammengesetzten Erweiterungsspot zuzuordnen. Um diese Spots später zu verwalten (also um weitere anzulegen, zu ändern, zu löschen oder anzuzeigen), können Sie Transaktion SE20 verwenden, deren Startbild Sie in Abbildung 19.7 sehen können. Dies ist die allgemeine Transaktion zur Verwaltung des Enhancement Frameworks. Insbesondere werden Sie diese Transaktion aber zur Verwaltung von Erweiterungsspots verwenden.

Abbildung 19.7 Die Startseite der Transaktion SE20

Zusammengesetzter Erweiterungsspot

Beispielhaft habe ich die Erweiterungsspots des in Abschnitt 19.1, »Explizite Erweiterungspunkte bereitstellen«, angelegten Erweiterungspunktes und der in Abschnitt 19.2, »Erweiterungssektionen bereitstellen«, angelegten Erweiterungssektion dem zusammengesetzten Erweiterungsspot `ZZESP_EHFW_OPTIONEN` zugeordnet. Abbildung 19.8 zeigt diesen zusammengesetzten Erweiterungsspot in der Anzeige der Transaktion SE20. Um diese Ansicht aufzurufen, geben Sie den Namen des zusammengesetzten Erweiterungsspots in dem gleichnamigen Eingabefeld der Startseite der Transaktion ein, und klicken Sie auf **Anzeigen** (![]).

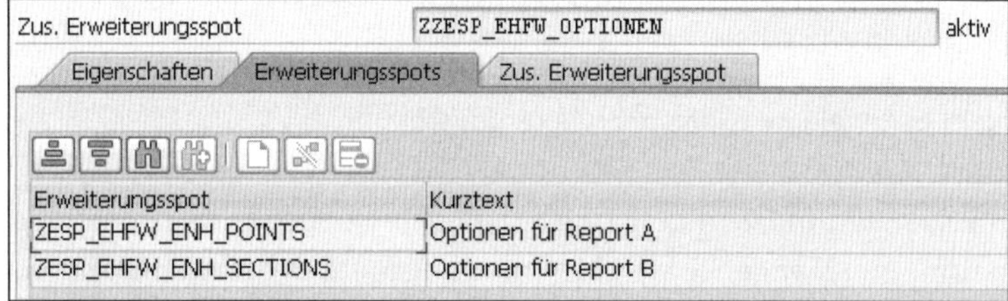

Abbildung 19.8 Die Erweiterungsspots eines zusammengesetzten Erweiterungsspots

Durch einen Doppelklick auf einen der Erweiterungsspots haben Sie die Möglichkeit, in den Quellcode direkt zu den Erweiterungsoptionen abzuspringen. Auch können Sie hier die Zuordnung eines Spots ändern, indem Sie in der Funktionsleiste über der Tabelle auf die Schaltfläche **Zuordnung** (![]) klicken. Dadurch erscheint das in Abbildung 19.9 angezeigte Pop-up-Fenster. Aber auch das Anlegen (![]) oder das Löschen (![]) der Zuordnung ist möglich. Klicken Sie hierzu auf die Schaltflächen, die sich oberhalb der Tabelle befinden.

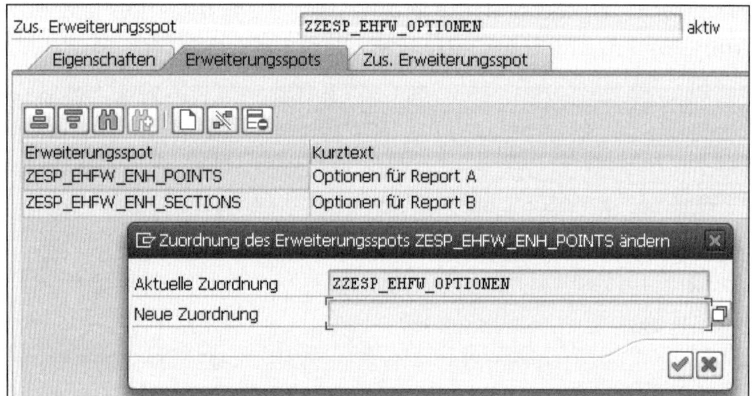

Abbildung 19.9 Ändern der Zuordnung eines Erweiterungsspots

19.4 Neue Business Add-ins bereitstellen

Die Anlage von eigenen BAdIs geschieht nicht im Quellcode selbst, sondern über die Transaktion SE18. Erst nach der Anlage des BAdIs in dieser Transaktion müssen Sie in Ihrem Quellcode dafür sorgen, dass das BAdI instanziiert und die von Ihnen gewünschte Methode an der richtigen Stelle aufgerufen wird.

In diesem Abschnitt zeige ich Ihnen zunächst die grundlegende Vorgehensweise bei der Anlage eines BAdIs. Anschließend können Sie frei entscheiden, was das BAdI enthalten soll:

- In Abschnitt 19.4.2 zeige ich Ihnen die klassische Anlage von Quelltext-BAdIs.
- In Abschnitt 19.4.3 zeige ich Ihnen, wie Sie eine Fallback-Klasse und Beispielklassen für Ihr BAdI bereitstellen können.
- In Abschnitt 19.4.4 und 19.4.5 zeige ich Ihnen, wie Sie mit Filtern im Allgemeinen und Filterklassen im Speziellen arbeiten können.
- In Abschnitt 19.5 zeige ich Ihnen, wie Sie eine Menüerweiterung in einem BAdI definieren können.
- In Abschnitt 19.6 erfahren Sie, wie Sie eine Screenerweiterung in einem BAdI definieren können.

19.4.1 BAdI anlegen

Bei der Anlage eines BAdIs müssen Sie auf dem in Abbildung 19.10 dargestellten Startbildschirm der Transaktion SE18 einen Erweiterungsspot auswählen. Dies kann ein bestehender Erweiterungsspot sein. Alternativ können Sie einen neuen Erweiterungsspot anlegen.

[!]

Nur gleichartige Erweiterungen

Beachten Sie, dass ein Erweiterungsspot immer nur *eine* Art von Erweiterungen beinhalten kann, also entweder nur BAdIs oder nur explizite Erweiterungsoptionen (d. h. explizite Erweiterungspunkte und Erweiterungssektionen).

In diesem Abschnitt zeige ich Ihnen Folgendes:

1. wie Sie einen neuen Erweiterungsspot anlegen können
2. wie Sie diesem eine neue BAdI-Definition zuordnen
3. wie Sie das dazugehörige BAdI-Interface anlegen
4. wie Sie den grundlegenden Aufruf im Quellcode integrieren

Erweiterungsspot anlegen

Um den Erweiterungsspot anzulegen, gehen Sie wie folgt vor:

1. Geben Sie den gewünschten Namen des Erweiterungsspots ein, und klicken Sie auf die Schaltfläche **Anlegen** (siehe Abbildung 19.10).

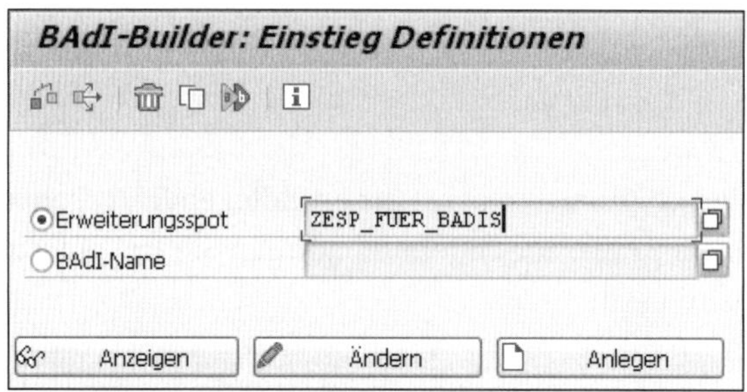

Abbildung 19.10 Neuen Erweiterungsspot anlegen

2. Geben Sie im sich öffnenden Pop-up-Fenster einen **Kurztext** zur Beschreibung des Erweiterungsspots ein (siehe Abbildung 19.11).

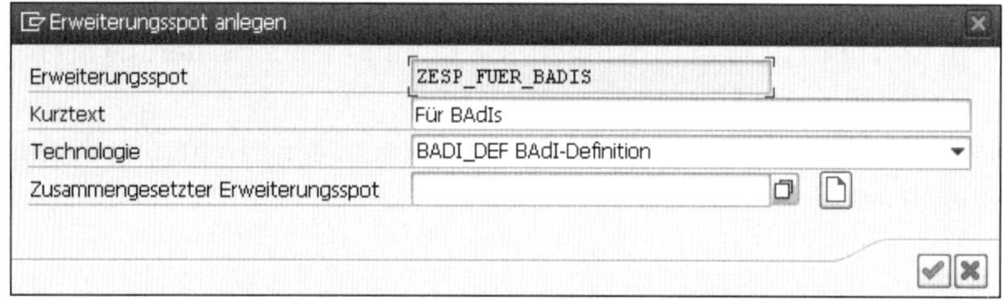

Abbildung 19.11 Erweiterungsspot für BAdI-Definitionen anlegen

3. Die Technologie **BADI_DEF BAdI-Definition** sollte hier vorausgewählt sein.
4. Wie schon bei der Anlage einer expliziten Erweiterungsoption haben Sie auch hier die Möglichkeit, den Erweiterungsspot einem zusammengesetzten Erweiterungsspot zuzuordnen. Bestätigen Sie abschließend Ihre Eingabe mit **Weiter** (✔).
5. Ordnen Sie den Erweiterungsspot einem Paket zu (beispielsweise dem lokalen Paket `$TMP`).

BAdI-Definition zuordnen

Dadurch gelangen Sie in die Übersichtsmaske des Spots. Auf der Registerkarte **Erw.spot-Elementdefinitionen** können Sie dem Spot eine neue BAdI-Definition zuordnen. Das Zuordnen von bestehenden Definitionen ist hier nicht möglich.

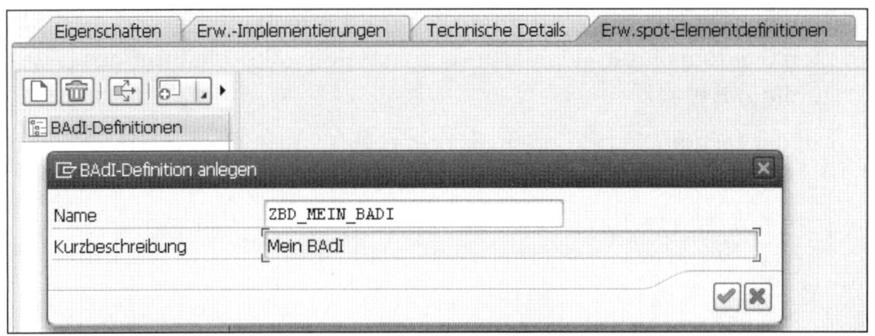

Abbildung 19.12 Anlegen einer neuen BAdI-Definition

1. Klicken Sie hierzu auf die Schaltfläche **BAdI-Definition anlegen** (), die sich oberhalb des Baumes der BAdI-Definitionen befindet (siehe Abbildung 19.12).
2. Vergeben Sie einen Namen sowie einen Kurztext für die neue BAdI-Definition. Bestätigen Sie Ihre Eingabe mit **Weiter** ().
3. Dadurch wird die BAdI-Definition links als Knoten eingetragen, und auf der rechten Seite werden die Grundeinstellungen der BAdI-Definition geöffnet (siehe Abbildung 19.13).

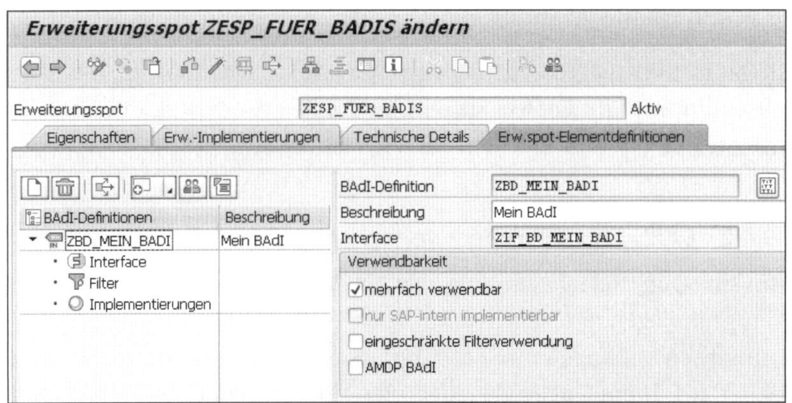

Abbildung 19.13 Grundlegende Einstellungen einer BAdI-Definition

4. Hier können Sie nun die grundlegenden Einstellungen Ihres neu angelegten BAdIs ändern. Für ein normales BAdI können Sie es bei den vorausgewählten Einstellungen belassen.

BAdI-Interface anlegen

Bevor das BAdI aktiviert und im Quellcode eingebunden werden kann, muss im nächsten Schritt das grundlegende Interface für die BAdI-Definition angelegt werden:

1. Klappen Sie hierzu den Knoten für Ihre BAdI-Definition aus, und klicken Sie doppelt auf den darunter angezeigten Eintrag **Interface** (siehe Abbildung 19.14).
2. Auf der rechten Seite können Sie nun in das Eingabefeld **Interface** einen Namen für das BAdI-Interface eintragen.

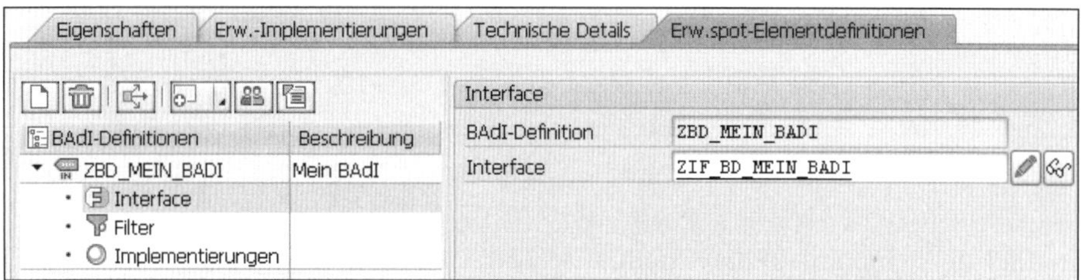

Abbildung 19.14 Anlage des BAdI-Interface für eine BAdI-Definition

3. Durch einen Doppelklick auf den Namen des Interface oder über die Schaltfläche **Bearbeiten** () können Sie das Interface anlegen. Das System wird Sie fragen, ob das noch nicht vorhandene Interface angelegt werden soll. Bestätigen Sie dies.
4. Aktivieren () Sie anschließend das neu angelegte Interface und die gesamte BAdI-Definition.

Damit ist die Anlage des grundlegenden BAdIs abgeschlossen. Der nächste Abschnitt zeigt Ihnen, wie Sie eine Quellcodeerweiterung innerhalb Ihrer neu erstellten BAdI-Definition anbieten können.

19.4.2 BAdIs für Quellcodeerweiterungen

Methoden im BAdI-Interface

Um eine Quellcodeerweiterung über ein BAdI anzubieten, müssen Sie nach den grundlegenden Schritten zur Anlage des BAdIs als nächsten die gewünschten Methoden im BAdI-Interface anlegen. Diese Methoden werden später aus Ihrem Quellcode aufgerufen und können über die BAdI-Implementierungen (und die Klassen, die das Interface implementieren) mit dem hinzuzufügenden Quellcode gefüllt werden.

Beispiel: erweiterbare Ausgabe

In dem folgenden Beispiel demonstriere ich Ihnen den Implementierungsprozess anhand einer Beispielmethode. Als Ergebnis der BAdI-Definition soll die Ausgabe aus Abbildung 19.15 erreicht werden. Die Zeile »Kundeneigene Programmlogik« ist hierbei über das implementierte BAdI hinzugefügt worden. Wird das BAdI nicht implementiert, also nicht verwendet, dann fehlt diese Zeile in der Ausgabe.

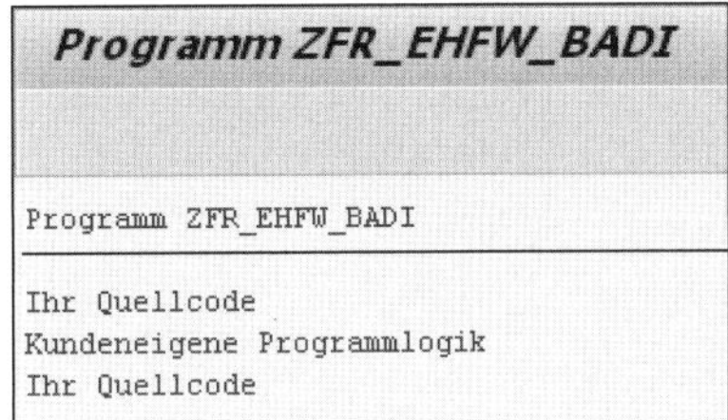

Abbildung 19.15 Aufgabe als Ergebnis des Beispiels

Der Quelltext des Beispielreports ist in Listing 19.1 dargestellt.

```
REPORT zfr_ehfw_badi.

DATA: lo_mein_badi TYPE REF TO zbd_mein_badi.
WRITE: / 'Ihr Quellcode'.

GET BADI lo_mein_badi.
CALL BADI lo_mein_badi->meine_badi_methode.

WRITE: / 'Ihr Quellcode'.
```

Listing 19.1 Beispiel für einen erweiterbaren Quellcode

Interface-Methode anlegen

Die Methode MEINE_BADI_METHODE muss dazu in der BAdI-Definition angelegt werden:

19

1. Wechseln Sie dazu in das BAdI Interface. Klicken Sie dazu doppelt auf den Namen des BAdI-Interface in Abbildung 19.14.
2. Tragen Sie anschließend einen Namen für die Methode ein, definieren Sie sie in der Spalte **Art** als **Instance Method**, und ergänzen Sie eine Beschreibung (siehe Abbildung 19.16).

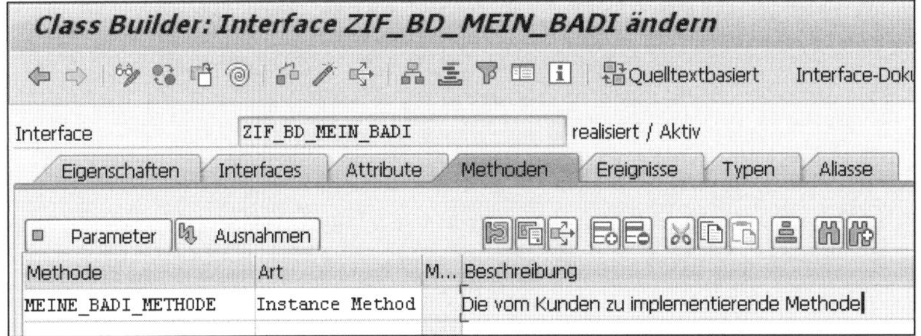

Abbildung 19.16 BAdI-Interface-Methode anlegen

3. Aktivieren (☐) Sie das Interface, und wechseln Sie zurück zur BAdI-Definition.

Prüfen Sie hier auch noch einmal, ob die BAdI-Definition aktiv ist. Damit ist die grundlegende Definition für eine Quellcodeerweiterung abgeschlossen, und Sie können die Beschaffung des BAdIs sowie den Aufruf der Methode, wie in Listing 19.1 gezeigt, in Ihren Quelltext integrieren.

Das Einbinden Ihres BAdIs in Ihren Quellcode und das Aufrufen der angebotenen BAdI-Methode erfolgt in drei Schritten:

1. Definition der BAdI-Variablen mit der Anweisung `badivariable TYPE REF TO badidefinition` mit Bezug auf die BAdI-Definition
2. Beschaffung einer BAdI-Instanz mit den dahinterliegenden Implementierungen über die Anweisung `GET BADI badivariable`
3. Aufruf der gewünschten BAdI-Methode mit der Anweisung `CALL BADI badivariable->methodenname( parameter )`

Implementierung der BAdI-Definition

In Abbildung 19.17 ist eine Implementierung der gerade vorgestellten BAdI-Definition skizziert. Eine beispielhafte Implementierung der bereitgestellten Methode finden Sie in Abbildung 19.18.

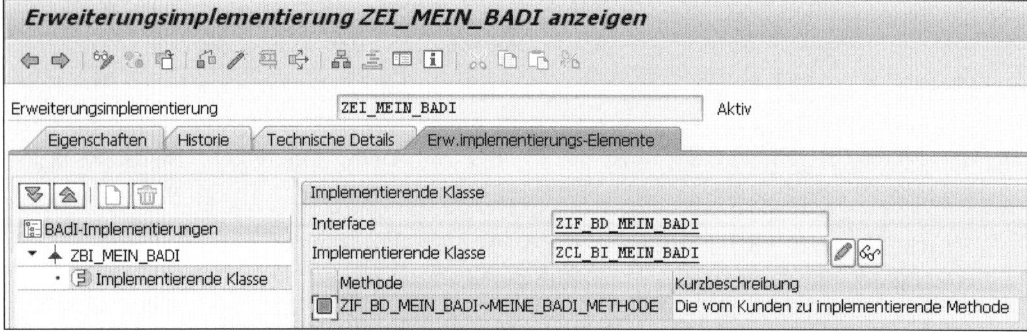

Abbildung 19.17 Eine beispielhafte BAdI-Implementierung

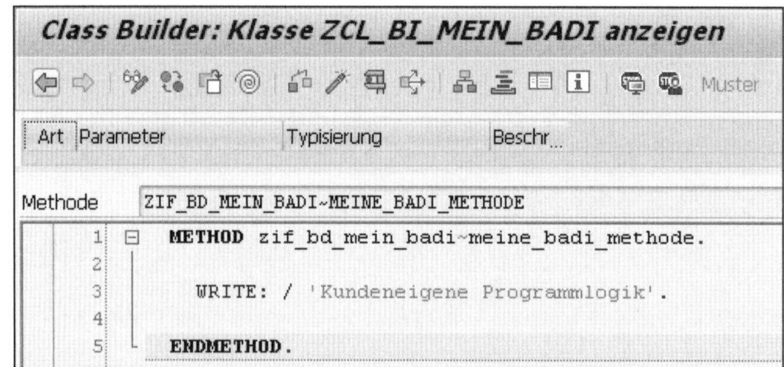

Abbildung 19.18 Eine beispielhafte Implementierung der BAdI-Interface-Methode

Eine solche Implementierung kann beliebig oft geschehen, abhängig davon, ob in den Grundeinstellungen in Abbildung 19.13 die Option **mehrfach verwendbar** ausgewählt wurde. Wenn das BAdI mehrfach implementiert wurde, wird die konkrete Implementierung jeder Methode einer jeden BAdI-Implementierung durchlaufen. Es kann also (anders als bei klassischen Erweiterungen) zur Laufzeit mehr als eine Implementierung aktiv sein. Abbildung 19.19 zeigt die Ausgabe einer zweiten aktiven BAdI-Implementierung für unser Beispiel.

Mehrfachimplementierung

Programm ZFR_EHFW_BADI

```
Programm ZFR_EHFW_BADI

Ihr Quellcode
Kundeneigene Programmlogik
Kundeneigene Programmlogik - zweite BAdI-Implementierung
Ihr Quellcode
```

Abbildung 19.19 Eine mehrfache Implementierung eines BAdIs

In Abschnitt 19.4.4, »Filter bereitstellen«, zeige ich Ihnen, wie Sie noch einen Schritt weitergehen und mithilfe von Filtern und speziellen Filterwerten bestimmen können, welche der aktiven Implementierungen beim Aufruf zur Laufzeit ausgeführt werden.

19.4.3 Fallback- und BeispielkKlassen verwenden

In diesem Abschnitt zeige ich Ihnen, wie Sie dafür sorgen können, dass Ihr BAdI eine vorimplementierte Fallback-Klasse mit einer Basislogik vorsieht, die immer dann ausgeführt wird, wenn das BAdI noch nicht implementiert wurde. Auch zeige ich Ihnen, wie Sie dem Entwickler, der das BAdI implementieren wird, eine Beispielklasse als Vorlage für seine Implementierung bereitstellen können.

Eine Fallback-Klasse anlegen

Übersichtsseite der BAdI-Definition

Eine Fallback-Klasse können Sie auf der in Abbildung 19.20 dargestellten Übersichtsseite einer BAdI-Definition anlegen. Diese Übersichtsseite können Sie aufrufen, indem Sie innerhalb des Erweiterungsspots links im Navigationsbaum doppelt auf den Namen der BAdI-Definition klicken. Wählen Sie hier auf der Registerkarte **Erw.spot-Elementdefinitionen** rechts die Option **Rufe Fallback, falls keine Implementierung ausgeführt wird** aus (in Abbildung 19.20). Dadurch wird das darunterliegende Eingabefeld **Fallback-Klasse** freigeschaltet.

Abbildung 19.20 Fallback-Klasse für eine BAdI-Definition anlegen

Tragen Sie hier einen Namen für die Fallback-Klasse ein. Die Namenskonvention sollte der für normale Klassen entsprechen, d. h., in der Regel verwenden Sie Ihren Namensraum sowie das Kürzel CL. Durch einen Doppelklick auf den eingegebenen Namen bzw. einen Klick auf **Bearbeiten** (✎) können Sie diese Klasse vom System anlegen lassen.

Automatisch angelegte Klasse

Die so angelegte Klasse wird Ihnen dann im Class Builder – der Transaktion SE24 – angezeigt. Wie in Abbildung 19.21 zu erkennen, implementiert die erzeugte Klasse automatisch das Interface des BAdIs.

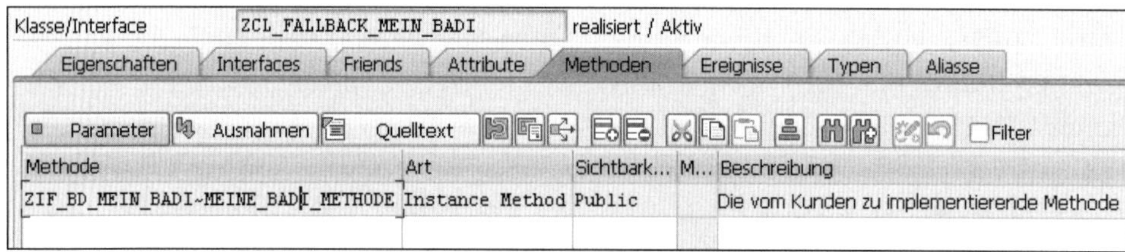

Abbildung 19.21 Implementierung der Fallback-Klasse

Wichtig ist, dass Sie jede Methode in der Methodenliste der Fallback-Klasse per Vorwärtsnavigation implementieren, indem Sie doppelt auf den Namen der Methode klicken. Der Quellcode der Methoden selbst kann leer bleiben.

Abbildung 19.22 zeigt die Implementierung der Methode `MEINE_BADI_METHODE` für unser Beispiel. Aktivieren Sie Ihre Klasse abschließend.

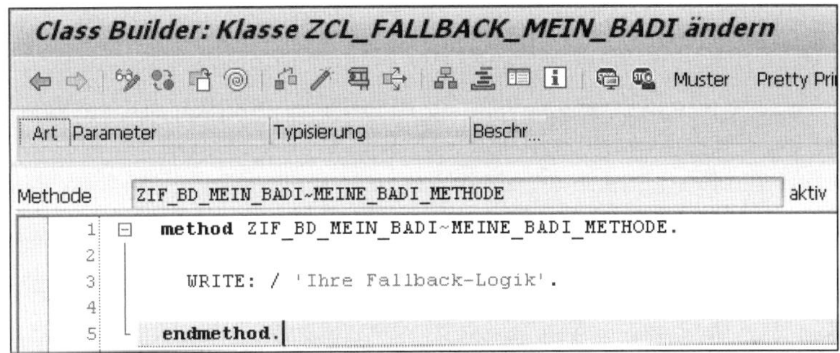

Abbildung 19.22 Beispielhafte Implementierung der BAdI-Interface-Methode für die Fallback-Klasse

Ausführung der Fallback-Klasse

Führen Sie den Quellcode mit der BAdI-Definition aus, ohne dass eine Implementierung angelegt ist, wird nun automatisch auf die Logik der Fallback-Klasse zurückgegriffen. Abbildung 19.23 zeigt dies anhand unseres Ausgabebeispiels.

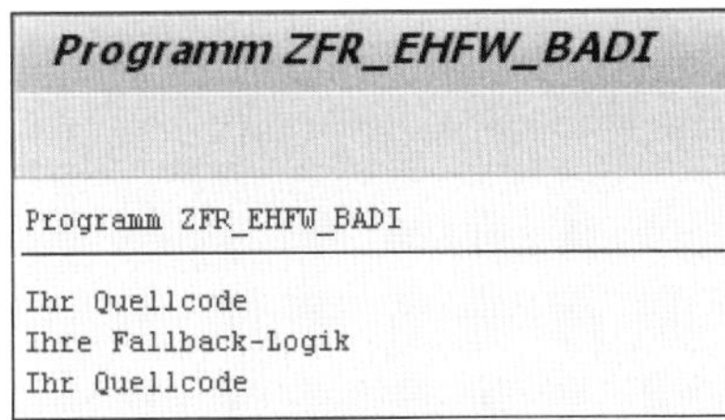

Abbildung 19.23 Ausgeführte Fallback-Logik, wenn keine BAdI-Implementierung vorhanden ist

19

Beispielklasse

Wenn Sie zurück in die BAdI-Definition wechseln, werden Sie jetzt unterhalb des Eingabefeldes für die Fallback-Klasse Ihre Klasse in der Liste **Implementierungs-Beispielklassen** sehen (siehe Abbildung 19.24). Das bedeutet, dass Ihre Fallback-Klasse vom System gleichermaßen als Beispielklasse angeführt wird.

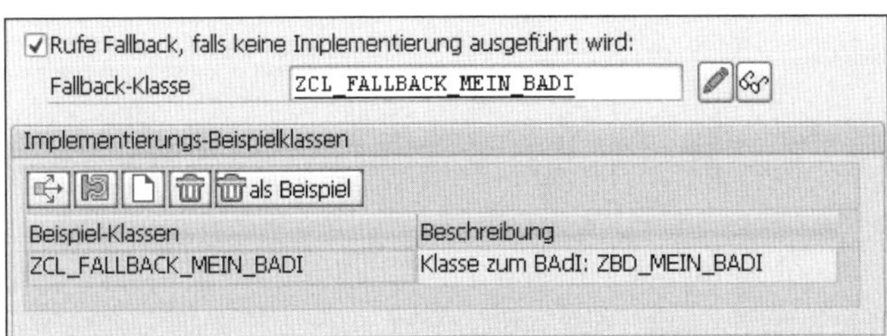

Abbildung 19.24 Die Implementierungsbeispielklassen einer BAdI-Definition

Eine Beispielklasse anlegen

Anbieten der Beispielklasse

Beispielklassen können einen Entwickler bei der Implementierung eines BAdIs unterstützen. Legt dieser eine neue Implementierung für ein BAdI samt der implementierenden Klasse an, wird ihm das System das Pop-up-Fenster aus Abbildung 19.25 anzeigen, in dem eventuell vorhandene Beispielimplementierungen angeboten werden.

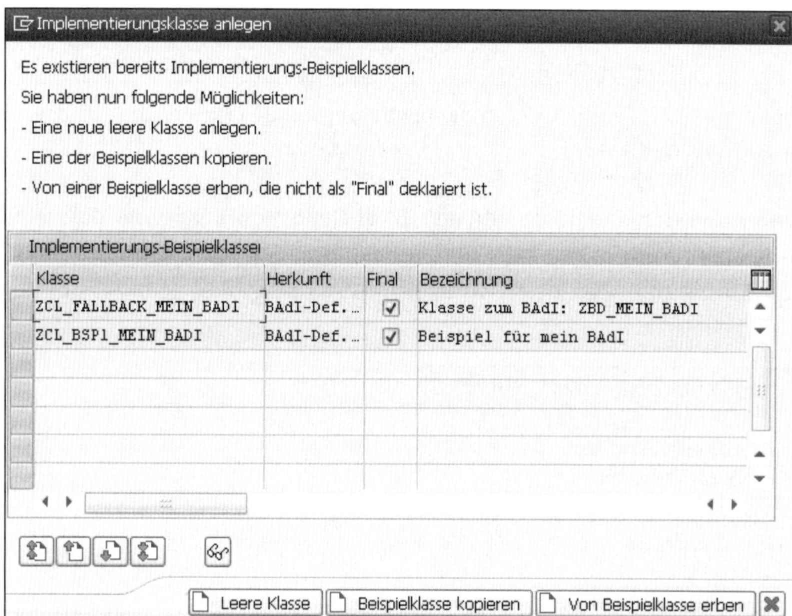

Abbildung 19.25 Auswahlfenster zur Arbeit mit Beispielklassen bei der Anlage einer BAdI-Implementierung

Der Entwickler kann sich hier nun für eine der folgenden Optionen entscheiden:

- eine leere Klasse anlegen
- eine der Beispielklassen kopieren
- von einer der Beispielklassen erben

Beispielklasse anlegen

Eine neue Beispielklasse können Sie auf der Übersichtsseite einer BAdI-Definition anlegen. Klicken Sie hierzu auf die Schaltfläche **Impl.-Beispielklasse anlegen** (). Tragen Sie in dem sich öffnenden Pop-up-Fenster aus Abbildung 19.26 einen Namen sowie eine Beschreibung für die Klasse ein, und bestätigen Sie Ihre Eingaben mit **Weiter** ().

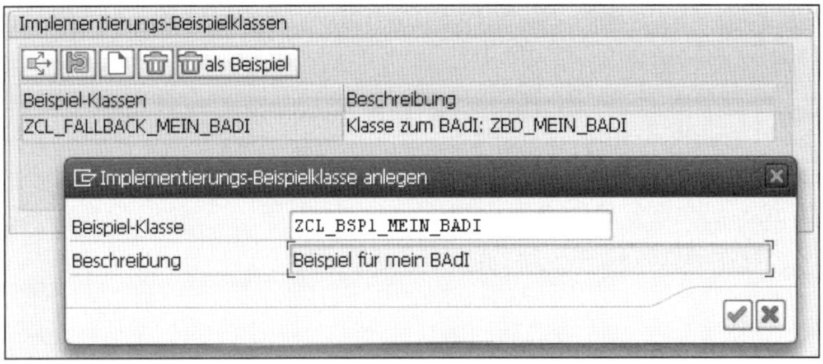

Abbildung 19.26 Anlage einer Implementierungsbeispielklasse

Anschließend können Sie die so angelegte Klasse wie gewohnt im Class Builder implementieren. Vergessen Sie nicht, Ihre Klasse zu aktivieren. Dadurch wird diese Klasse bei der Anlage einer Implementierung für Ihre BAdI-Definition im Hilfe-Pop-up-Fenster aus Abbildung 19.25 angeboten.

19.4.4 Filter bereitstellen

Mithilfe von Filtern können Sie dafür sorgen, dass zu einem BAdI zwar mehr als eine Implementierung angelegt werden kann, aber zur Laufzeit nur die Implementierungen geladen und ausgeführt werden, auf die beim Aufruf die konkreten Filterwerte zutreffen.

Filter implementieren

Listing 19.2 zeigt die Implementierung im Quelltext. Bei der Anweisung `GET BADI` wurde zusätzlich über `FILTERS` der Filter `filter_country` angegeben und der Ländercode »DE« für Deutschland übergeben. Damit soll erreicht werden, dass die BAdI-Implementierung nur für die Systeme in Deutschland und für kein anderes Land ausgeführt werden soll. Hier ließe sich beispielhaft »FR« angeben, damit die betreffende BAdI-Implementierung in einem System für Frankreich ausgeführt wird.

```
DATA: lo_mein_badi TYPE REF TO zbd_mein_badi.

GET BADI lo_mein_badi
   FILTERS
    filter_country = 'DE'.

CALL BADI lo_mein_badi->meine_badi_methode.
```

Listing 19.2 Angabe von Filtern bei der Beschaffung der BAdI-Instanz

Solche Filter können Sie auch für BAdIs definieren, bei denen die Option **mehrfach verwendbar** in den Grundeinstellungen ausgewählt ist, wie in

Abbildung 19.27. In diesem Fall wird immer nur genau die Implementierung geladen und ausgeführt, die mit den Filtern exakt übereinstimmt.

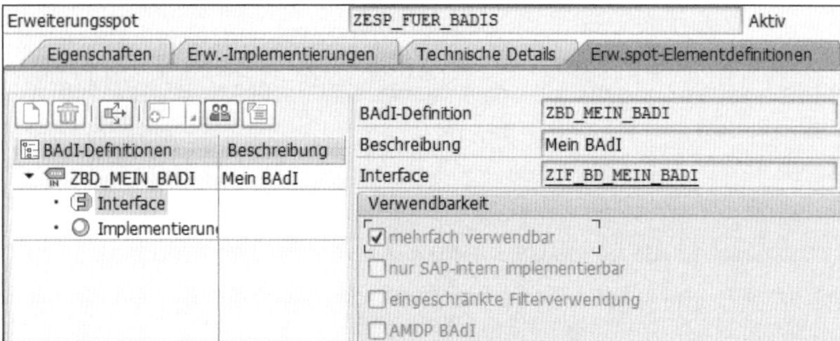

Abbildung 19.27 Die Option »mehrfach verwendbar«

Das System kontrolliert beim Aktivieren aller Implementierungen, ob mehrere Implementierungen dieselben Filterkriterien erfüllen. Ist dies der Fall, wird eine Fehlermeldung ausgegeben. Pro BAdI-Definition können beliebig viele Filter mit Filterkriterien definiert werden. Möchten Sie dies nicht, haben Sie die Möglichkeit, die Option **eingeschränkte Filterverwendung** auszuwählen. Dadurch können Entwickler höchstens einen Filter für Ihre BAdI-Definition anlegen. Die Filterkriterien sind darüber hinaus nur mit dem Gleichheitszeichen oder der Oder-Kombination definierbar. Dies kann zu einem Performancegewinn führen, da zur Laufzeit nicht erst mehrere Filter und ihre Filterkriterien ausgewertet werden müssen.

Filter anlegen

Einen Filter können Sie anlegen, indem Sie in der Anzeige des Erweiterungsspots, die Sie in Abbildung 19.28 sehen, auf die Schaltfläche **BAdI-Teilobjekt anlegen** ( ) klicken (oder mit der rechten Maustaste auf den Namen der BAdI-Definition) und anschließend aus dem sich öffnenden Untermenü den Eintrag **Filter anlegen** auswählen.

Abbildung 19.28 Anlage eines Filters für eine BAdI-Definition

Vergeben Sie in dem sich öffnenden Pop-up-Fenster aus Abbildung 19.29 einen Namen für den Filter, einen Filtertyp (den Datentyp) sowie eine Beschreibung.

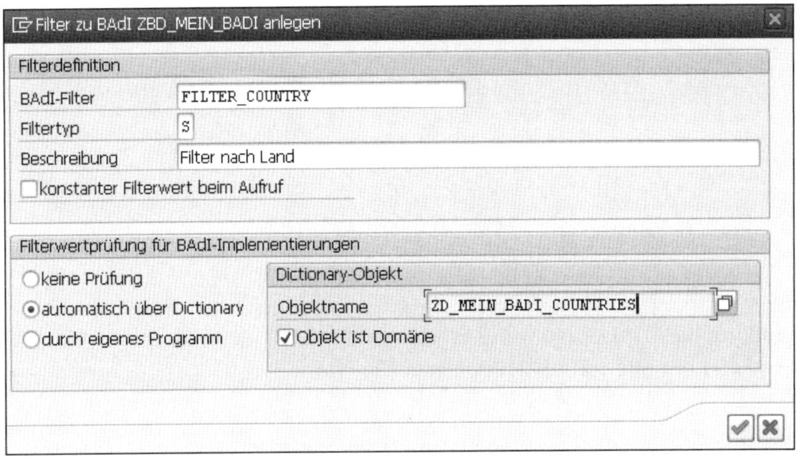

Abbildung 19.29 Definition des anzulegenden Filters

Markieren Sie die Option **konstanter Filterwert beim Aufruf**, muss der Wert für den Filter beim Aufruf mit der Anweisung `GET BADI` (siehe Listing 19.2) als Konstante und nicht als Variable angegeben werden. Dadurch kann bereits beim Aktivieren ermittelt werden, welche Implementierung zur Laufzeit ausgeführt werden soll. Bei performancekritischen Anwendungen führt dies zu einer Verbesserung der Performance.

Filterwerte prüfen

Zusätzlich haben Sie die Möglichkeit, die erlaubten Filterwerte zu definieren und Eingaben daraufhin zu prüfen. Wählen Sie die Option **keine Prüfung** aus, werden die Filter aber ebenso funktionieren. Diese Einstellung reicht insbesondere aus, wenn die BAdIs später von Ihnen selbst oder Ihrem Team implementiert werden. Sollen Ihre Kunden später die BAdIs implementieren, ist es allerdings ratsam, eine Prüfungsart auszuwählen. Damit verhindern Sie, dass falsche Filterwerte angegeben werden können.

In dem Beispiel in Abbildung 19.29 ist für die Filterwertprüfung die Option **automatisch über Dictionary** ausgewählt. Dadurch wird der Filterwert mit einem Objekt des ABAP Dictionarys abgeglichen. Sie können auf der rechten Seite beispielsweise den Namen eines Datenelements oder einer Domäne (Checkbox **Objekt ist Domäne**) angeben. Als Beispiel habe ich hier die Domäne `ZD_MEIN_BADI_COUNTRIES` ausgewählt. Deren Wertebereich sehen Sie in Abbildung 19.30. Eine solche Domäne müssen Sie manuell in Transaktion SE11 anlegen.

Implementiert der Kunde diese BAdI-Definition und möchte den Filter `filter_country` ausprägen, kann er in diesem Fall nur die Werte DE oder FR aus der Domäne angeben. Gibt er einen anderen Wert an, wird beim Aktivieren der BAdI-Implementierung ein Fehler ausgegeben.

Abbildung 19.30 Ausprägung des Wertebereichs für einen Filter mithilfe von Festwerten einer Domäne

Option »durch eigenes Programm«

Die dritte Option im Bereich der Filterwertprüfungen, die Option **durch eigenes Programm**, beschreibe ich in Abschnitt 19.4.5, »Implementierung einer Filterklasse«. Der Unterschied zur Prüfung anhand der Domäne besteht darin, dass Sie über die [F4]-Hilfe eine Auswahl von Filterwerten anbieten können. Außerdem können Sie eine komplexe Prüflogik in ABAP programmieren.

Übersicht der Filter

Bestätigen Sie die Anlage Ihres Filters abschließend mit **Weiter** (✔), gelangen Sie zu der in Abbildung 19.31 dargestellten Übersicht der angelegten Filter. Hier können Sie weitere Filter über die Schaltfläche **Filter anlegen** (🗋) hinzufügen oder einen Filter über die Schaltfläche **Filter löschen** (🗑) wieder entfernen.

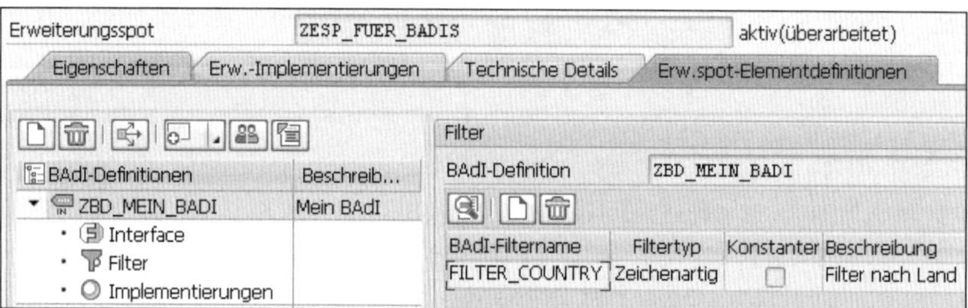

Abbildung 19.31 Der angelegte Filter innerhalb einer BAdI-Definition

Filter ausprägen

Wird Ihr BAdI später implementiert, lassen sich für den definierten Filter `filter_country` beliebige Werte in beliebiger Kombination hinterlegen, wie in Abbildung 19.32 gezeigt.

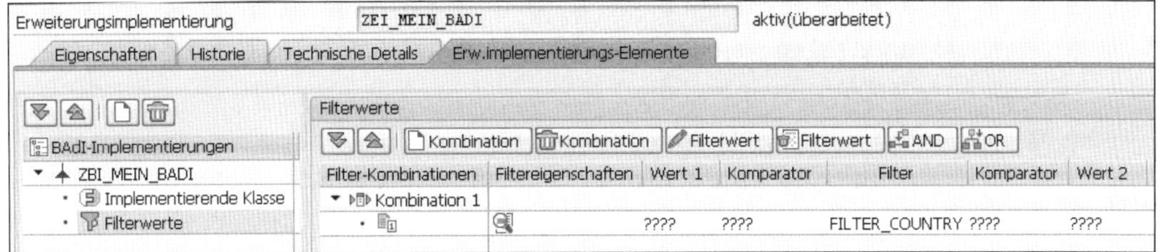

Abbildung 19.32 Ausprägung des angelegten Filters in einer BAdI-Implementierung

[!]

Anlage und Änderung von Filtern

Nachdem das BAdI mindestens einmal implementiert wurde, sollten Sie nur mit Vorsicht weitere Filter anlegen oder bestehende Filter ändern, da sonst die Beschaffung der BAdI-Implementierung mit `GET BADI` syntaktisch fehlerhaft werden kann. Dies kann dazu führen, dass die Programme, die auf die BAdI-Definition zurückgreifen, mit einem Laufzeitfehler abbrechen. Achten Sie daher darauf, nach einer Änderung der Filter die Beschaffung mit `GET BADI` sowie die einzelnen Implementierungen mit den Ausprägungen der Filterwerte synchron zu halten.

19.4.5 Implementierung einer Filterklasse

Im vorangegangenen Abschnitt habe ich Ihnen gezeigt, wie Sie Filterwerte mithilfe einer Domäne prüfen können. In diesem Abschnitt zeige ich Ihnen als Alternative, wie Sie Filterwerte mithilfe eines eigenen Programms prüfen können. Dadurch erreichen Sie, dass dem Programmierer beim Ausprägen der Filter (bei der Implementierung des BAdIs) eine [F4]-Hilfe angeboten wird (über ein Pop-up-Fenster wie in Abbildung 19.33).

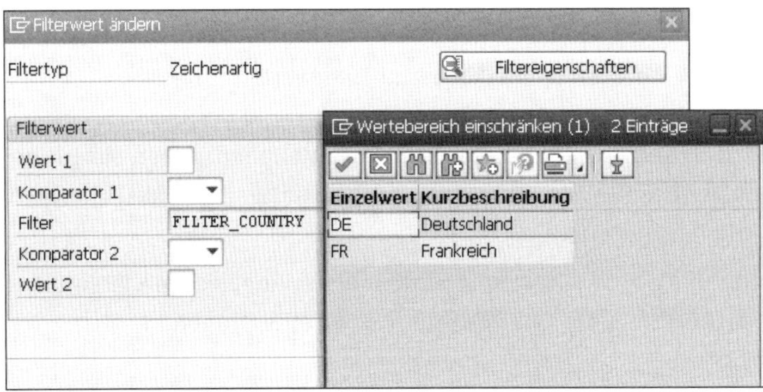

Abbildung 19.33 Angebotene F4-Hilfe einer Filterklasse für die Auswahl der Filterwerte

Außerdem können die eingegebenen Werte einer komplexeren Prüflogik unterzogen werden. Dies ist insbesondere bei dynamisch zu bestimmenden Werten notwendig.

Implementierungsschritte

Um eine solche Prüfung der Filterwerte zu implementieren, sind die folgenden Schritte erforderlich:

1. Anlage der Klasse, die die Prüfung durchführen soll
2. Aktivieren der [F4]-Wertehilfe
3. Beschaffen und Anzeige der [F4]-Wertehilfe
4. Prüfung der Eingabe

Prüfungsklasse anlegen

Wählen Sie im Rahmen der BAdI-Implementierung für die Filterwertprüfung die Option **durch eigenes Programm**. Legen Sie dann die Prüfklasse an:

1. Tragen Sie auf der rechten Seite im Feld **Klasse** einen Namen für die neue Prüfklasse ein, wie in Abbildung 19.34 gezeigt.
2. Darunter können Sie eingeben, welche Länge der als Filter eingegebene Wert haben darf.

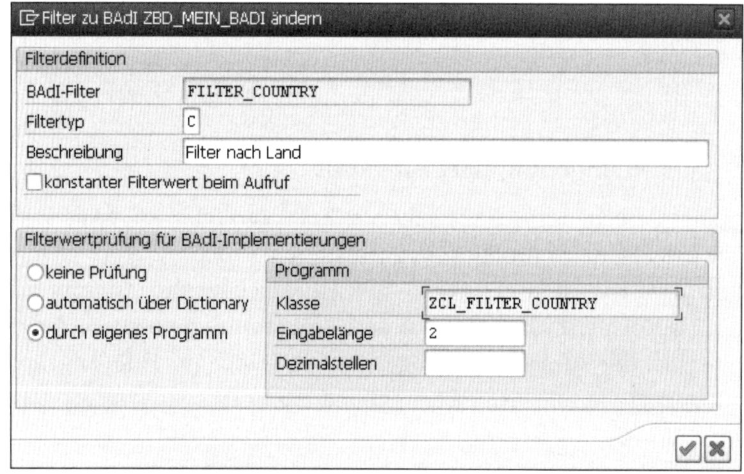

Abbildung 19.34 Anlage der Filterklasse zur Filterwertprüfung

3. Wenn Sie als Filtertyp P (gepackte Zahl) gewählt haben, geben Sie außerdem die gewünschten Dezimalstellen an. Bestätigen Sie abschließend Ihre Eingaben mit **Weiter** (✔).
4. Wie in Abbildung 19.35 dargestellt, wird in der so angelegten Klasse automatisch das Interface `IF_FILTER_CHECK_AND_F4` eingetragen.

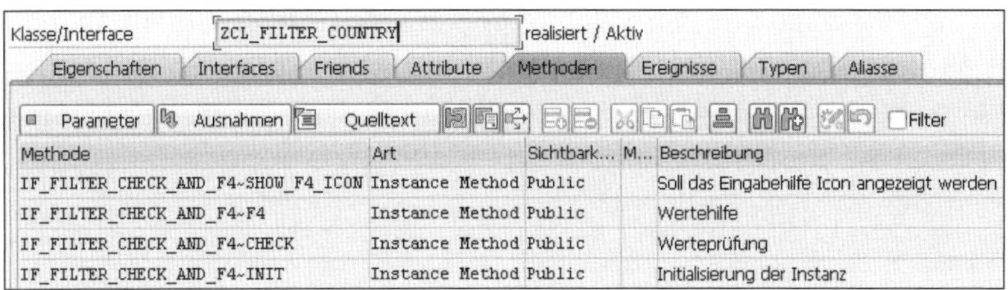

Abbildung 19.35 Die angelegte Filterklasse mit dem Interface IF_FILTER_CHECK_AND_F4

[«]

Filtertyp S

Für den Filtertyp S (String) funktioniert die Prüfung durch ein eigenes Programm nicht, da die dahinterliegende Methode `IF_FILTER_CHECK_AND_F4~F4` für die Wertehilfe nicht angelaufen wird. Wählen Sie in einem solchen Fall also den Filtertyp C (zeichenartig) aus, und wählen Sie die Länge der Eingabe ausreichend groß.

Methoden implementieren

Hier müssen nun die zuvor beschriebenen Schritte durchgeführt werden:

- Aktivieren Sie in der Methode `SHOW_F4_ICON` die Wertehilfe über den gleichnamigen Parameter mit der Belegung `abap_true`.
- Lassen Sie in der Methode `F4` die Wertehilfe über den Funktionsbaustein `F4IF_INT_TABLE_VALUE_REQUEST` anzeigen.
- Gleichen Sie in der Methode `CHECK` die Eingabe mit dem gewünschten Wert ab.
- Laden Sie in der Methode `INIT` die Prüfwerte (im Vergleich zur Methode `F4` wird diese Methode nur einmalig beim Start aufgerufen und nicht bei jeder Anfrage der Wertehilfe). Das Laden kann abhängig vom Namen der Erweiterung geschehen, den Sie in Form von mehreren Importparametern in der Methode zur Verfügung gestellt bekommen. So steht im Parameter `IMPL_NAME` beispielsweise die aktuell ausgeführte BAdI-Implementierung.

Je nachdem, welchen Filtertyp Sie ausgewählt haben, steht der Filterwert in den Methoden `F4` und `CHECK` in unterschiedlichen Parametern:

- für den Filtertyp C im Parameter `FILTER_CHAR_VALUE`
- für den Filtertyp I im Parameter `FILTER_INT_VALUE`
- für den Filtertyp N im Parameter `FILTER_NUMERIC_VALUE`
- für den Filtertyp P im Parameter `FILTER_PACKED_VALUE`
- für den Filtertyp S im Parameter `FILTER_STRING_VALUE`

Listing 19.3 zeigt eine beispielhafte Implementierung für die in Abbildung 19.33 dargestellte Wertehilfe, inklusive des Abgleichs der eingegebenen Werte. Da hier der Filtertyp C gewählt wurde, wird jeweils der Parameter FILTER_CHAR_VALUE verwendet.

```
CLASS zcl_filter_mein_badi DEFINITION PUBLIC FINAL CREATE PUBLIC.
  PUBLIC SECTION.
    TYPES: BEGIN OF ty_countries,
             ctry TYPE land1,
             name TYPE landx,
           END OF ty_countries.
    DATA: mt_countries TYPE TABLE OF ty_countries.
    INTERFACES if_filter_check_and_f4.
ENDCLASS.

CLASS zcl_filter_mein_badi IMPLEMENTATION.
  METHOD if_filter_check_and_f4~check.
    "Prüfung ob Eingabe im Wertebereich liegt
    READ TABLE me->mt_countries
      WITH KEY table_line = filter_char_value
      TRANSPORTING NO FIELDS.
    IF sy-subrc <> 0.
      RAISE EXCEPTION TYPE cx_enh_badi_fltr_value_invalid.
    ENDIF.
  ENDMETHOD.

  METHOD if_filter_check_and_f4~f4.
    DATA lv_help_info TYPE help_info-dynprofld.
    DATA lt_return    TYPE STANDARD TABLE OF ddshretval.
    DATA lr_return    TYPE REF TO ddshretval.

    lv_help_info = filter_char_value.

    "Anzeige der F4-Wertehilfe
    CALL FUNCTION 'F4IF_INT_TABLE_VALUE_REQUEST'
      EXPORTING
        retfield        = 'CTRY'
        dynpprog        = sy-repid
        dynpnr          = sy-dynnr
        dynprofield     = lv_help_info
        value_org       = 'S'
      TABLES
        value_tab       = me->mt_countries
        return_tab      = lt_return
      EXCEPTIONS
```

```
      OTHERS          = 0.

    "Rückname des ausgewählten Wertes
    READ TABLE lt_return REFERENCE INTO lr_return INDEX 1.
    IF sy-subrc = 0.
      filter_char_value = lr_return->fieldval.
    ENDIF.
  ENDMETHOD.

  METHOD if_filter_check_and_f4~init.
    DATA: ls_country LIKE LINE OF me->mt_countries.

    "Aufbau des Wertebereichs; auch Selektionen und Aufrufe
    "von Methoden und Funktionsbausteinen wären denkbar
    ls_country-ctry = 'DE'.
    ls_country-name = 'Deutschland'.
    APPEND ls_country TO me->mt_countries.

    ls_country-ctry = 'FR'.
    ls_country-name = 'Frankreich'.
    APPEND ls_country TO me->mt_countries.
  ENDMETHOD.

  METHOD if_filter_check_and_f4~show_f4_icon.
    show_f4_icon = 'X'. "Damit die F4-Hilfe angezeigt wird
  ENDMETHOD.
ENDCLASS.
```

Listing 19.3 Eine beispielhaft ausgeprägte Filterklasse

19.5 Menüerweiterungen ermöglichen

In Abschnitt 19.4.2, »BAdIs für Quellcodeerweiterungen«, habe ich Ihnen gezeigt, wie Sie mithilfe eines BAdIs Quelltext-Plug-ins bereitstellen können. In diesem Abschnitt möchte ich Ihnen zeigen, wie Sie mithilfe von BAdIs einen Schritt weitergehen und auch Menüerweiterungen bereitstellen können.

Eigenschaften von BAdI-Menüerweiterungen

Eine BAdI-Menüerweiterung funktioniert nur in einfach implementierbaren BAdIs. Die Option **mehrfach verwendbar** muss daher in den Grundeinstellungen abgewählt sein. Darüber hinaus ist es nicht möglich, mit einer solchen Menüerweiterung Filter hinzuzufügen.

Beispiel: Erweiterbarkeit des Menüs »Bearbeiten«

In Abbildung 19.36 sehen Sie ein Standardmenü, das über einen GUI-*Status* entwickelt wurde. Der Menüeintrag lautet hier **Standard-Funktion**. Für dieses Menü soll eine Erweiterung angeboten werden.

Abbildung 19.36 Ein nicht erweitertes SAP-Menü

Der Quelltext des Standardmenüs ist in Abbildung 19.37 dargestellt. Es handelt sich hier um einen Report mit einem Dynpro mit der Nummer 2000 und einem GUI-Status S2000, der nur den Menüeintrag **Standard-Funktion** definiert.

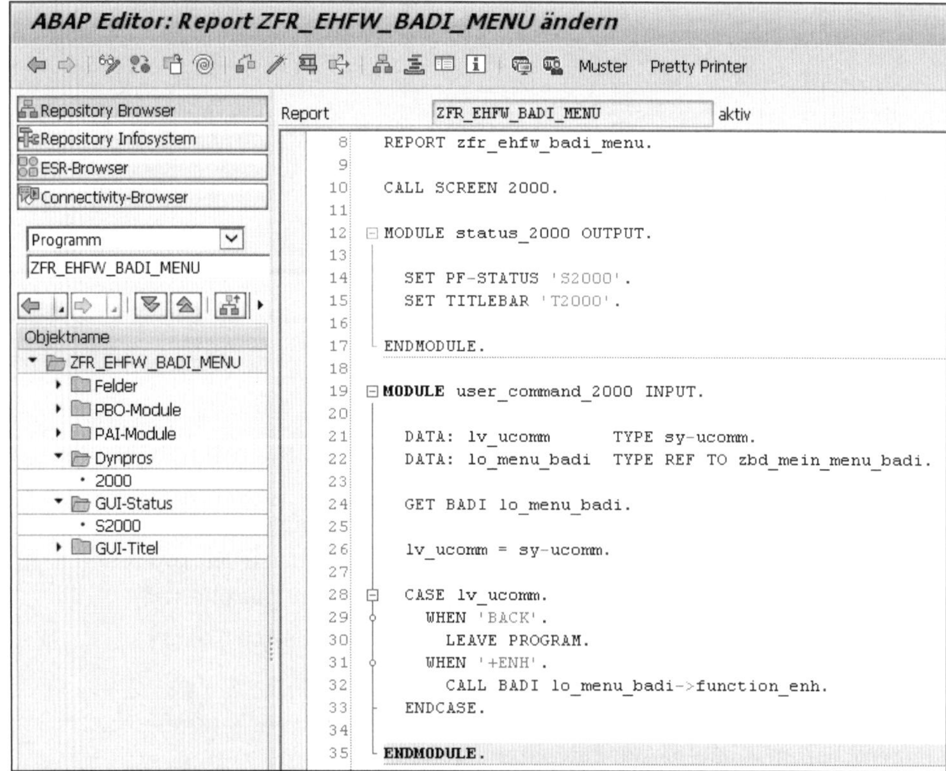

Abbildung 19.37 Der grundlegende Quellcode für das Beispiel

Ziel des in diesem Abschnitt beschriebenen Beispiels soll es sein, das Menü mit einer BAdI-Menüerweiterung erweitern zu können. In Abbildung 19.38

ist das erweiterte Menü bereits dargestellt. Natürlich ist hier anstelle des Eintrags **Hinzugefügte Funktion** jede andere vom Kunden implementierte Funktion denkbar.

Abbildung 19.38 Das um einen Eintrag erweiterte SAP-Menü

Explizite Erweiterungsoption

Bei einer solchen Menüerweiterung handelt es sich wie bei den Quelltext-Plug-ins ebenfalls um explizit bereitgestellte Erweiterungen. Das bedeutet, dass Sie als Entwickler der Standardlösung vorsehen müssen, dass eine Funktion in das Menü eingehängt werden kann.

GUI-Status-erweiterung bereitstellen

Abbildung 19.39 zeigt den erweiterten GUI-Status. Der Entwickler trägt hier als Platzhalter einen Funktionscode, beginnend mit »+«, ein. Der danach folgende Name des Funktionscodes kann frei gewählt werden. In diesem Beispiel wurde der Funktionscode +ENH als Platzhalter eingetragen. Sie können beliebig viele solcher Platzhalter eintragen. Jeder Platzhalter kann später einer Menüerweiterung zugewiesen werden.

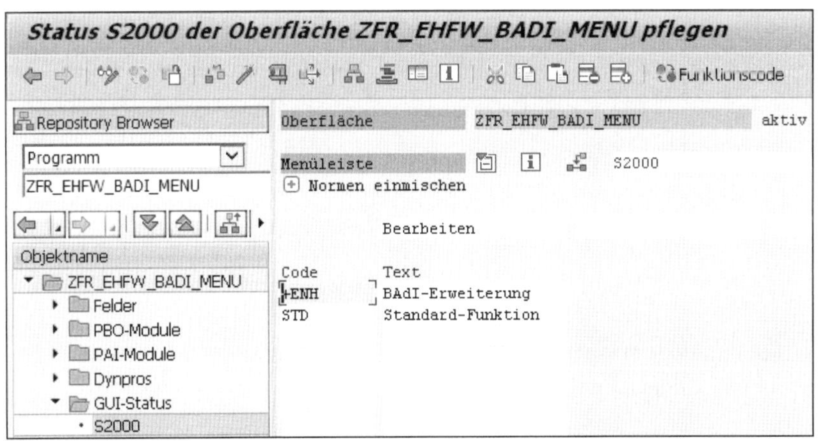

Abbildung 19.39 Angabe des Platzhalters für den Menüeintrag

Menüerweiterung hinzufügen

Eine Menüerweiterungsoption können Sie wie folgt anlegen:

1. Klicken Sie in der Anzeige der BAdI-Definition in Transaktion SE18 auf die Schaltfläche **BAdI-Teilobjekt anlegen** (), oder führen Sie einen Rechtsklick auf den Namen der BAdI-Definition aus.

2. Wählen Sie anschließend aus dem sich öffnenden Kontextmenü den Eintrag **Menü-Erweiterung hinzufügen** (siehe Abbildung 19.40).

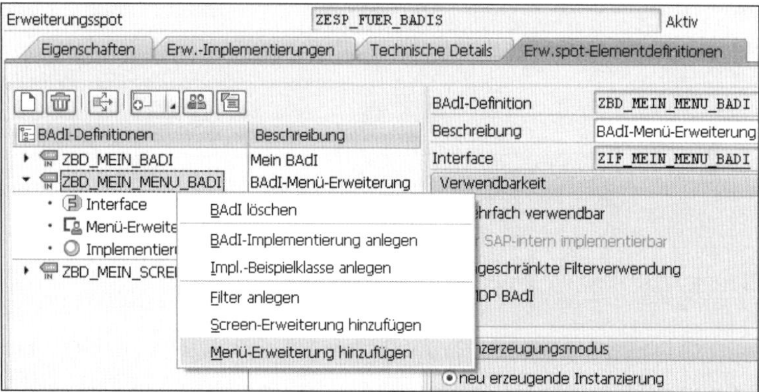

Abbildung 19.40 Anlage einer Menüerweiterung für eine BAdI-Definition

3. Geben Sie nun in dem sich öffnenden Fenster den Namen des Programms oder der Funktionsgruppe ein, in dem sich der GUI-Status befindet. Ergänzen Sie die Angabe um den Platzhalterfunktionscode sowie eine Beschreibung (siehe Abbildung 19.41).

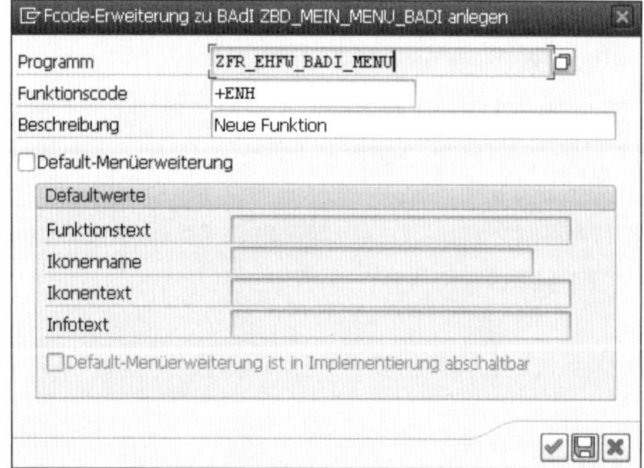

Abbildung 19.41 Anlagefenster einer Menüerweiterung für eine BAdI-Definition

4. Ähnlich der Fallback-Klasse, die eine grundlegende Implementierung für eine BAdI-Definition bereitstellt, haben Sie auch hier die Möglichkeit, eine *Default-Menüerweiterung* zu definieren. Über die Einstellung **Default-Menüerweiterung ist in Implementierung abschaltbar** ermöglichen Sie es dem Kunden, Ihre Default-Vorgabe mithilfe einer Implementierung zu überschreiben.
5. Bestätigen Sie abschließend Ihre Eingaben mit **Weiter** (✔).

Default-Menüerweiterung

Die Option **Default-Menüerweiterung ist in Implementierung abschaltbar** bedeutet, dass der Menüeintrag immer angezeigt wird, egal, ob das BAdI tatsächlich implementiert wurde oder nicht. Das bedeutet aber auch, dass Ihr BAdI eine Fallback-Klasse benötigt, sodass immer eine Basisimplementierung beim Aufruf des Menüeintrags existiert. Letztlich soll hinter dem Menüeintrag ja auch eine Anwendungslogik stehen. Sonst erhält der Endanwender beim Aufruf des Menüeintrags den Laufzeitfehler `CX_BADI_NOT_IMPLEMENTED`.

Platzhaltermethode definieren

Dadurch ist die Menüerweiterung im BAdI definiert. Zusätzlich müssen Sie sich jetzt noch darum kümmern, dass der Kunde die Möglichkeit bekommt, für den von ihm aktivierten Funktionscode auch eine eigene Implementierung zu hinterlegen. Dazu müssen Sie im BAdI-Interface eine entsprechende Platzhaltermethode definieren, die Sie zusätzlich noch im PAI-Modul (Process After Input) des Dynpros aufrufen – falls der Funktionscode ausgelöst wurde. Abbildung 19.42 zeigt eine solche Platzhaltermethode. Listing 19.4 zeigt den Aufruf dieser Methode im PAI-Modul des Dynpros.

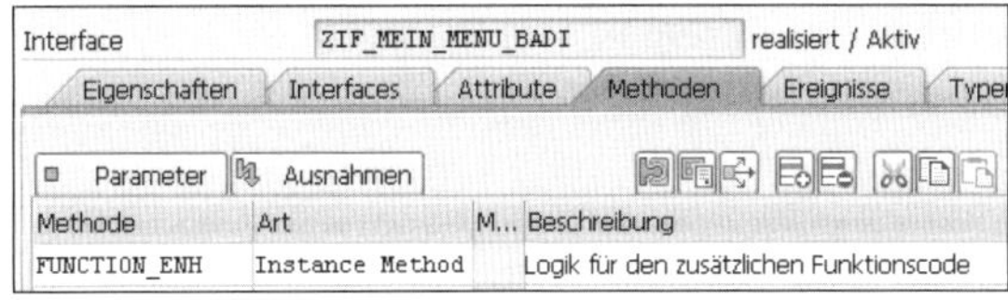

Abbildung 19.42 Eine Methode für den Platzhalter-Funktionscode im BAdI-Interface

```
MODULE user_command_2000 INPUT.
  DATA: lv_ucomm      TYPE sy-ucomm.
  DATA: lo_menu_badi  TYPE REF TO zbd_mein_menu_badi.

  GET BADI lo_menu_badi.
  lv_ucomm = sy-ucomm.

  CASE lv_ucomm.
    WHEN 'BACK'.
      LEAVE PROGRAM.
    WHEN '+ENH'.
      CALL BADI lo_menu_badi->function_enh.
  ENDCASE.
ENDMODULE.
```

Listing 19.4 Der Aufruf der Methode für den Platzhalterfunktionscode im PAI des Dynpros

Aktivieren Sie Ihr Programm sowie Ihre BAdI-Definition. Damit ist die Definition Ihrer Menüerweiterung abgeschlossen. Nun kann das BAdI implementiert und die Menüerweiterung ausgeprägt werden. Abbildung 19.43 zeigt dies für unser Beispiel. Der Platzhalter wurde hier durch die Funktion **Hinzugefügte Funktion** ersetzt.

Abbildung 19.43 Beispielhafte Implementierung der angelegten Menüerweiterung

19.6 Screenerweiterungen ermöglichen

In Abschnitt 11.4, »Screenerweiterungen«, habe ich Ihnen gezeigt, wie Sie eine von SAP bereitgestellte Screenerweiterung implementieren können. In diesem Abschnitt möchte ich Ihnen zeigen, wie Sie selbst in Ihrer BAdI-Definition eine solche Screenerweiterung bereitstellen können.

Eigenschaften von Screenerweiterungen

Eine BAdI-Screenerweiterung funktioniert nur in einfach implementierbaren BAdIs. Die Option **mehrfach verwendbar** muss daher in den Grundeinstellungen abgewählt sein.

Subscreenbereich

Letztlich handelt es sich bei einer Screenerweiterung um einen Subscreenbereich, der als Platzhalter agiert und später durch die BAdI-Implementierung des Kunden mit einem neu angelegten Subscreen beladen werden kann. Diesen Subscreenbereich können Sie beliebig auf der Oberfläche platzieren, z. B. auf einem Hauptdynpro, einem Subscreen oder auf einer Registerkarte. Sie benötigen also mindestens ein Dynpro in einem Report oder einer Funktionsgruppe, die einen Subscreenbereich enthält.

Beispiel: Erweiterbarkeit eines Reports und Dynpros

Abbildung 19.44 stellt einen solchen (rudimentären) Report dar, während Abbildung 19.45 das Dynpro im Screen Painter zeigt. Wie Sie in Abbildung 19.45 sehen, enthält das Dynpro einen Subscreenbereich mit dem Namen `SC_4_CUSTOMER` sowie einige Textfelder als Platzhalter, die die Originaloberfläche nur demonstrativ markieren. Sie können hier beliebig viele Subscreenbereiche anlegen. Jeder Platzhalter kann später einer Screenerweiterung zugewiesen werden.

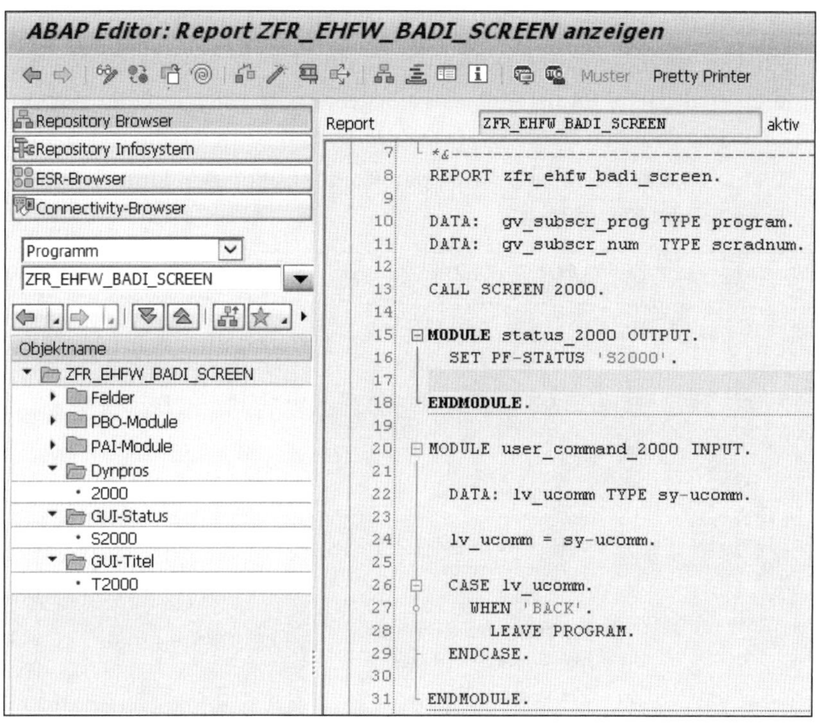

Abbildung 19.44 Beispiel für einen Ausgangsreport für eine Screenerweiterung

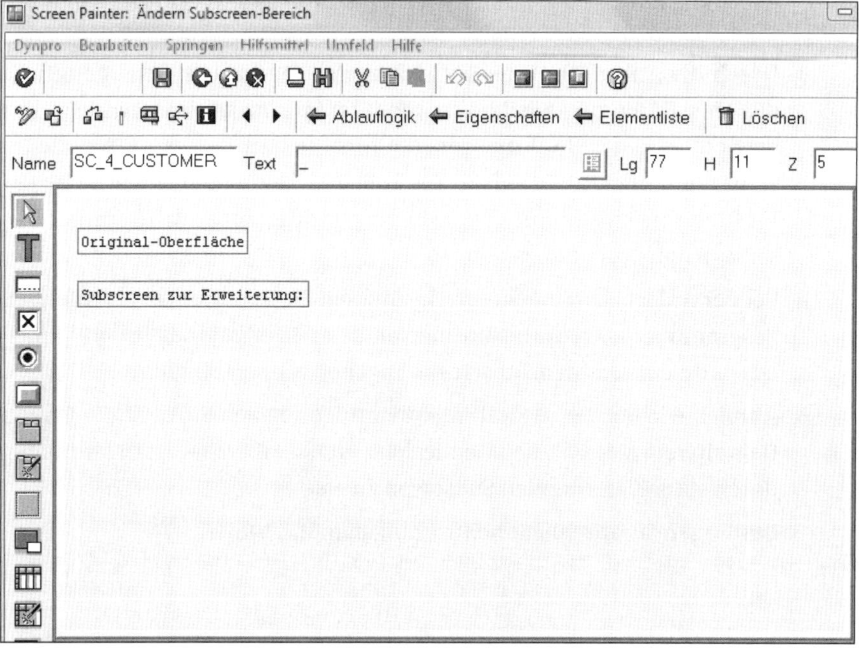

Abbildung 19.45 Das Dynpro mit dem Subscreenbereich im Screen Painter

Screenerweiterung anlegen

Eine Screenerweiterungsoption können Sie wie folgt anlegen:

1. Klicken Sie in der Anzeige der BAdI-Definition in Transaktion SE18 auf die Schaltfläche **BAdI-Teilobjekt anlegen** (![]) oder mit der rechten Maustaste auf den Namen der BAdI-Definition (siehe Abbildung 19.46).
2. Wählen Sie aus dem sich öffnenden Kontextmenü den Eintrag **Screen-Erweiterung hinzufügen**.

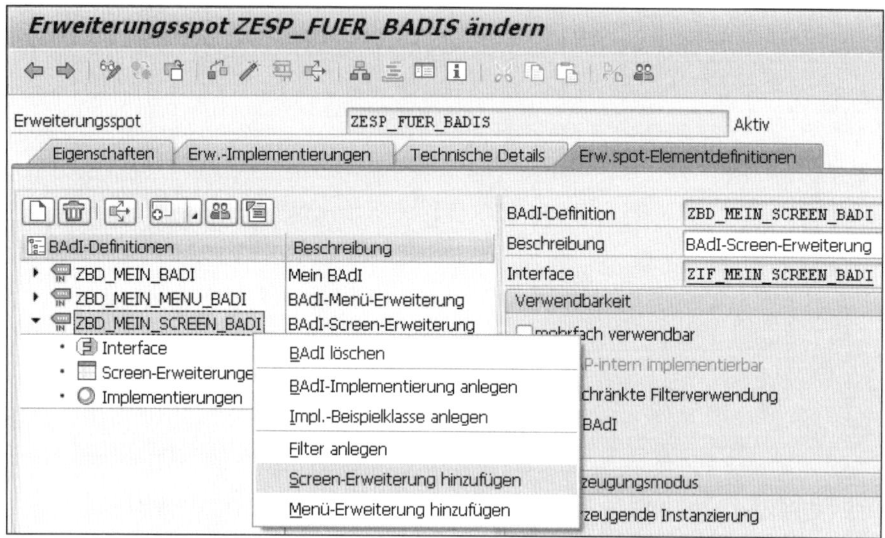

Abbildung 19.46 Anlegen einer Screenerweiterung für eine BAdI-Definition

3. Durch die Anlage wird die Kontexteinstellung für den Erzeugungsmodus des BAdIs auf **wieder verwendete Instanziierung** geändert. Das bewirkt, dass das BAdI nur genau einmal instanziiert wird und die Instanz zur kompletten Laufzeit des Rollbereichs erhalten bleibt. Wird das BAdI beispielsweise mit `GET BADI` erneut aufgerufen, wird immer dieselbe Instanz zurückgegeben.
4. Bei der Anlage des Screenbereichs müssen Sie den Namen des rufenden Programms, die Dynpro-Nummer, eine Beschreibung sowie den Namen des darin enthaltenen Subscreens angeben (siehe Abbildung 19.47).
5. Ähnlich wie bei den Default-Menüeinträgen haben Sie über die Option **Defaultwert** wieder die Möglichkeit, den Platzhalter standardmäßig durch einen bestehenden Subscreen zu ersetzen.
6. Bestätigen Sie abschließend Ihre Eingaben mit **Weiter** (![]).

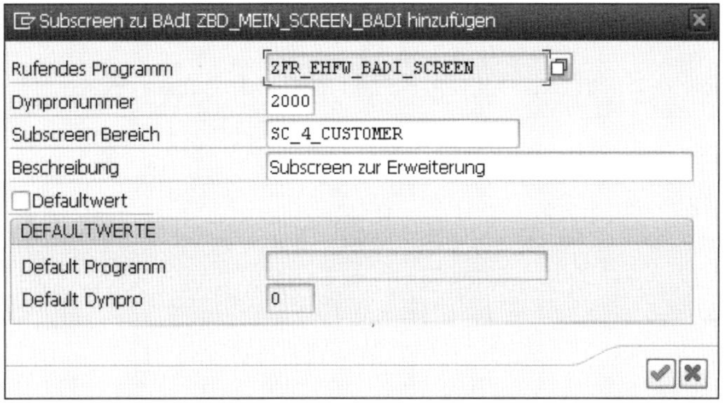

Abbildung 19.47 Anlagefenster für eine Screenerweiterung

[«]

Default-Screenerweiterung

Die Option **Defaultwert** bedeutet, dass der angegebene Subscreen immer angezeigt wird, egal, ob das BAdI tatsächlich implementiert wurde, oder nicht. Das bedeutet aber auch, dass Ihr BAdI eine Fallback-Klasse benötigt, sodass immer eine Basisimplementierung beim Aufruf des Subscreens existiert. Ansonsten erhält der Endanwender beim Aufruf der Oberfläche den Laufzeitfehler `CX_BADI_NOT_IMPLEMENTED`.

Laden des Subscreens vorbereiten

Nun ist die Screenerweiterung angelegt. Sie müssen sich jetzt darum kümmern, dass der Platzhalter zur Laufzeit mit einem Subscreen beladen werden kann. Zur Laufzeit geschieht dabei Folgendes:

1. Im PBO (Process before Output) des Dynpros wird über ein Modul geprüft, welcher Subscreen in den Subscreenbereich geladen werden soll.
2. Anschließend wird der so bestimmte Subscreen mit der Anweisung `CALL SUBSCREEN ... INCLUDING` geladen.

Dies geschieht über das in Listing 19.5 dargestellte Modul, das im PBO des Dynpros (das den Subscreenbereich hält) hinzugefügt werden muss. Die Methode `GET_PROG_AND_DYNP_FOR_SUBSCR` der Klasse `CL_ENH_BADI_RUNTIME_FUNCTIONS` beschafft hier den Namen des Programms sowie die Dynpro-Nummer des Subscreenbereichs aus der aktiven BAdI-Implementierung des Kunden. Falls es keine BAdI-Implementierung gibt, wird der Default-Screen beschafft. Existiert weder eine Implementierung noch ein Default-Screen, ist die Rückgabe in den Parametern `CALLED_DYNPRO` und `CALLED_PROGRAM` leer, was aber zu keinem Laufzeitfehler führt. Darum müssen Sie sich an dieser Stelle also nicht kümmern.

```
MODULE get_subscreen OUTPUT.
TRY.
cl_enh_badi_runtime_functions=>get_prog_and_dynp_for_subscr(
  EXPORTING
    badi_name       = 'ZBD_MEIN_SCREEN_BADI'
    calling_dynpro  = '2000'
    calling_program = 'ZFR_EHFW_BADI_SCREEN'
    subscreen_area  = 'SC_4_CUSTOMER'
    "FILTER_VALUES  = "eventuelle Filterwerte
  IMPORTING
    called_dynpro   = gv_subscr_num
    called_program  = gv_subscr_prog
).
CATCH
  cx_enh_badi_inconsistent
  cx_enh_badi_no_such_extension
  cx_enh_badi_not_found
  cx_enh_badi_mulitple_impls
  cx_enh_badi_filter_missing.
ENDTRY.
ENDMODULE.
```

Listing 19.5 Das Modul GET_SUBSCREEN

Sie müssen allerdings die EXPORTING-Parameter der Methode mit Ihren Werten füllen. Die Parameter bedeuten Folgendes:

- BADI_NAME: der Name Ihrer BAdI-Definition
- CALLING_DYNPRO: die Nummer des Dynpros, das den Subscreenbereich hält
- CALLING_PROGRAM: das Programm, in dem sich das Dynpro befindet
- SUBSCREEN_AREA: der Name des Subscreenbereichs, der sich auf dem Dynpro befindet
- FILTER_VALUES: eventuelle Filterwerte, die steuern, welche BAdI-Implementierung geladen werden soll

Zusätzlich müssen Sie die beiden globalen Variablen GV_SUBSCR_PROG und GV_SUBSCR_NUM (die in dem Modul aus Listing 19.5 benutzt werden) in Ihrem Report oder Ihrer Funktionsgruppe hinzufügen. Diese beiden Variablen enthalten später den Namen sowie die Nummer des Subscreens, der in den Platzhaltersubscreenbereich geladen werden soll.

```
DATA:  gv_subscr_prog TYPE program.
DATA:  gv_subscr_num  TYPE scradnum.
```

Aufruf des Subscreens

Abbildung 19.48 zeigt letztlich den Aufruf des so bestimmten Subscreens im PBO des Dynpros, das den Subscreenbereich trägt. Der Befehl CALL SUBSCREEN greift auf den angelegten Subscreenbereich zu (mit dem zuvor vergebenen Namen SC_4_CUSTOMER) und lädt das in den globalen Variablen GV_SUBSCR_PROG und GV_SUBSCR_NUM stehende Programm und das Dynpro. Das Modul GET_SUBSCREEN muss sich hierbei vor der Anweisung CALL SUBSCREEN befinden.

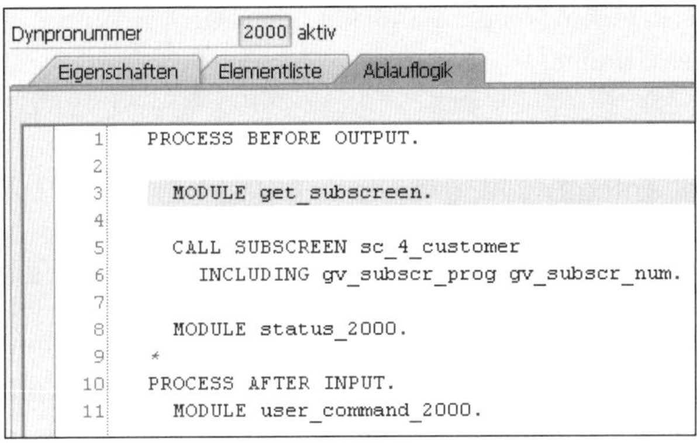

Dynpronummer 2000 aktiv

Eigenschaften | Elementliste | Ablauflogik

```
PROCESS BEFORE OUTPUT.

  MODULE get_subscreen.

  CALL SUBSCREEN sc_4_customer
    INCLUDING gv_subscr_prog gv_subscr_num.

  MODULE status_2000.
*
PROCESS AFTER INPUT.
  MODULE user_command_2000.
```

Abbildung 19.48 Aufruf des BAdI-Subscreens im PBO des Dynpros

Bereitstellung von Kontextdaten

Damit ist die grundlegende Implementierung einer Screenerweiterung in einer BAdI-Definition abgeschlossen. Sie sollten in diesem Zusammenhang immer genau im Blick haben, wie die Problemstellung lautet. Soll der Kunde auf den Subscreenbereich nur Daten zur Anzeige bringen, braucht er mitunter Daten aus Ihrem Hauptprogramm. Zeigt Ihr Programm beispielsweise Daten eines Materials an, muss der Kunde zumindest wissen, zu welcher Materialnummer diese Daten gehören. Hierzu empfiehlt es sich, im BAdI-Interface eine Methode anzubieten, die Sie an einer bestimmten Stelle vor der Anzeige des Subscreens aufrufen und an die Sie Daten aus Ihrem Programm übergeben. Eine solche Methode nennt sich in der Regel IMPORT_DATA oder SET_DATA. Der Kunde hat dann die Möglichkeit, diese Methode im Rahmen der BAdI-Implementierung auszuprägen, die Daten entgegenzunehmen und sie beispielsweise durch Aufruf eines Funktionsbausteins an die Funktionsgruppe zu übertragen, die das konkrete Subscreen hält.

Auf der anderen Seite sollen die angezeigten Daten auch von Ihrer Anwendung gespeichert werden. In diesem Zusammenhang müssen Sie sich noch darum kümmern, dass der Kunde die Möglichkeit bekommt, die auf dem

Subscreen eingegebenen Daten entgegenzunehmen und innerhalb einer Methode zu verarbeiten, d. h. zu speichern. Das kann so weit gehen, dass Sie die Daten mithilfe einer BAdI-Methode selbst entgegennehmen und automatisch in Ihrer Datenbanktabelle speichern (zu der der Kunde über eine Append-Struktur die notwendigen Felder hinzufügen müsste). Hier empfiehlt es sich, eine Methode im BAdI-Interface anzubieten, die Sie an einer bestimmten Stelle nach der Verarbeitung des Subscreens aufrufen und die die Daten vom Kunden entgegennimmt. Eine solche Methode nennt sich in der Regel `EXPORT_DATA` oder `GET_DATA`. Im einfachsten Fall ist der Aufruf dieser Methode vor dem Speichern Ihres Hauptprogramms platziert. Ein Beispiel dieser Mechanik in einem Standard-BAdI können Sie in Abschnitt 11.4, »Screenerweiterungen«, finden.

19.7 AMDP-BAdI anlegen

In diesem Abschnitt möchte ich Ihnen zeigen, wie Sie ein AMDP-BAdI anlegen und in einer Ihrer Anwendungen bereitstellen können. Diese speziellen BAdIs werden benötigt, damit Ihre Kunden ABAP Managed Database Procedures (AMDPs) mithilfe eines BAdIs erweitern können. Mehr Informationen dazu, wie Sie solche AMDP-BAdIs implementieren können, finden Sie in Kapitel 15, »Erweiterung von ABAP Managed Database Procedures«.

Schritte zur Anlage

Zur Anlage eines neuen AMDP-BAdIs müssen Sie die folgenden Schritte ausführen:

1. Legen Sie einen Erweiterungsspot und eine BAdI-Definition in Transaktion SE18 an.
2. Definieren Sie das AMDP-BAdI-Interface.
3. Implementieren Sie die Fallback-Klasse.
4. Implementieren Sie eine neue Methode, die die AMDP-Methode mit `USING` und `CALL` aufruft.
5. Rufen Sie diese Methode aus Ihrem ABAP-Programm heraus auf.

Diese Schritte beschreibe ich in diesem Abschnitt.

Erweiterungsspot und BAdI-Definition anlegen

Im ersten Schritt müssen Sie, wie bei einer normalen BAdI-Definition auch, in Transaktion SE18 einen neuen Erweiterungsspot anlegen und diesem Erweiterungsspot Ihre neue BAdI-Definition hinzufügen:

1. Gehen Sie hierzu in Transaktion SE18, und geben Sie einen neuen Namen für den Erweiterungsspot ein (siehe Abbildung 19.49).

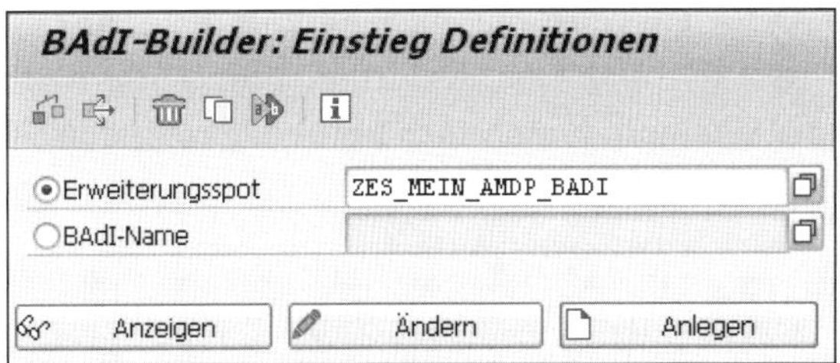

Abbildung 19.49 Einen Erweiterungsspot in Transaktion SE18 anlegen

Klicken Sie anschließend auf **Anlegen**, und geben Sie in dem sich öffnenden Pop-up-Fenster aus Abbildung 19.50 einen Kurztext zur Beschreibung des Erweiterungsspots ein, und wählen Sie als Technologie **BADI_DEF BAdI-Definition** aus. Bestätigen Sie Ihre Eingabe anschließend mit Weiter (✔).

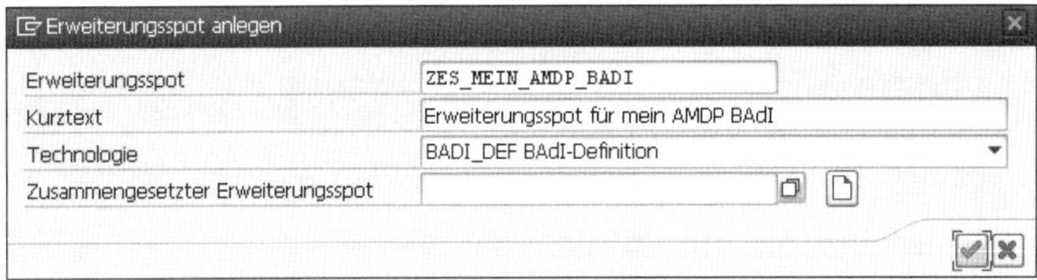

Abbildung 19.50 Angaben zum Erweiterungsspot

2. Dadurch wird der Erweiterungsspot angelegt. Nun muss diesem Erweiterungsspot eine neue BAdI-Definition zugeordnet werden. Klicken Sie hierzu, wie in Abbildung 19.51 dargestellt, auf die Schaltfläche **BAdI anlegen** (🗋), und geben Sie in dem sich öffnenden Pop-up-Fenster einen Namen sowie eine Kurzbeschreibung für die neue BAdI-Definition ein.

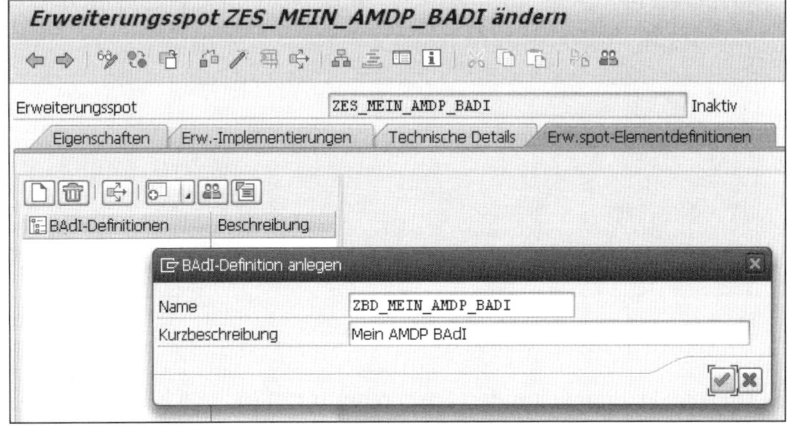

Abbildung 19.51 Zuordnen einer BAdI-Definition zu einem Erweiterungsspot

3. Dadurch wird diese BAdI-Definition, wie in Abbildung 19.52 zu sehen, angelegt und in der Liste der BAdI-Definitionen geführt. Entfernen Sie hier den Haken für die Eigenschaft **mehrfach verwendbar**, und aktivieren Sie die Eigenschaft **AMDP BAdI**.

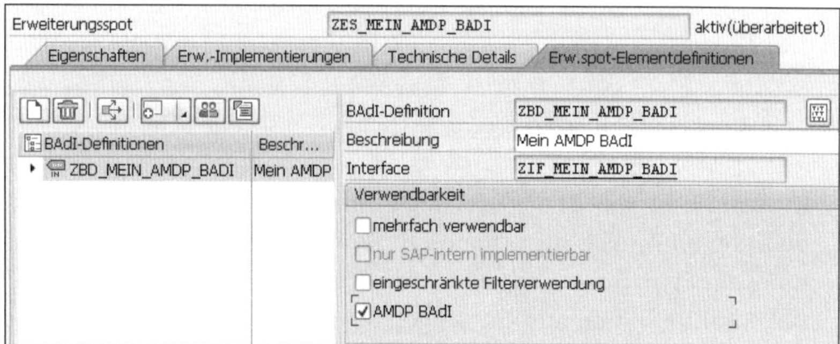

Abbildung 19.52 Aktivieren der AMDP-BAdI-Eigenschaft

4. Speichern (💾) und aktivieren (✏) Sie Ihre neuen BAdI-Definition und den neuen Erweiterungsspot.

Eigenschaften eines AMDP-BAdIs

Wenn Ihr AMDP-BAdI mehrfach verwendbar sein soll, können Ihre BAdI-Methoden nur Importing- und Changing-Parameter definieren.

AMDP-BAdI-Interface definieren

Im nächsten Schritt gilt es, das BAdI-Interface auszuprägen und dieses als AMDP-Interface zu markieren:

1. Navigieren Sie hierzu in der hierarchischen Anzeige der BAdI-Definitionen unterhalb Ihrer BAdI-Definition zum Eintrag **Interface**. Tragen Sie auf der rechten Seite im Eingabefeld **Interface** einen Namen für das neue BAdI-Interface ein (siehe Abbildung 19.53).

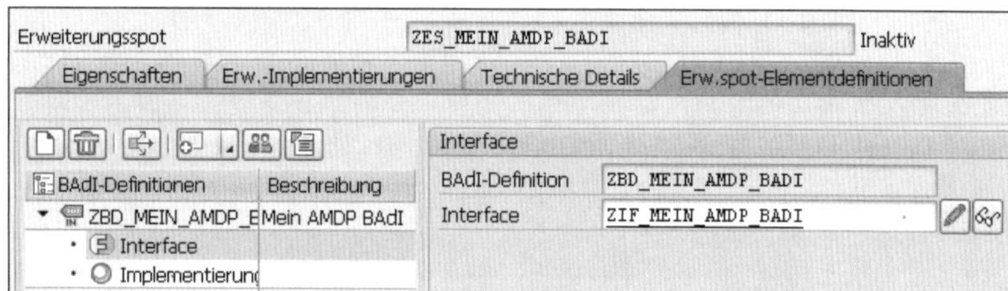

Abbildung 19.53 Anlage des BAdI-Interface

2. Klicken Sie doppelt auf den Namen des Interface, und bestätigen Sie die Frage, ob dieses angelegt werden soll, mit **Ja**.

3. Das Interface müssen Sie, wie in Abbildung 19.54 gezeigt, in den ABAP Development Tools (ADT) in Eclipse ausimplementieren. Würden Sie das Marker-Interface `IF_AMDP_MARKER_HDB` in Transaktion SE24 eintragen, würde der Editor die Eingabe sperren und Sie auf Eclipse verweisen.

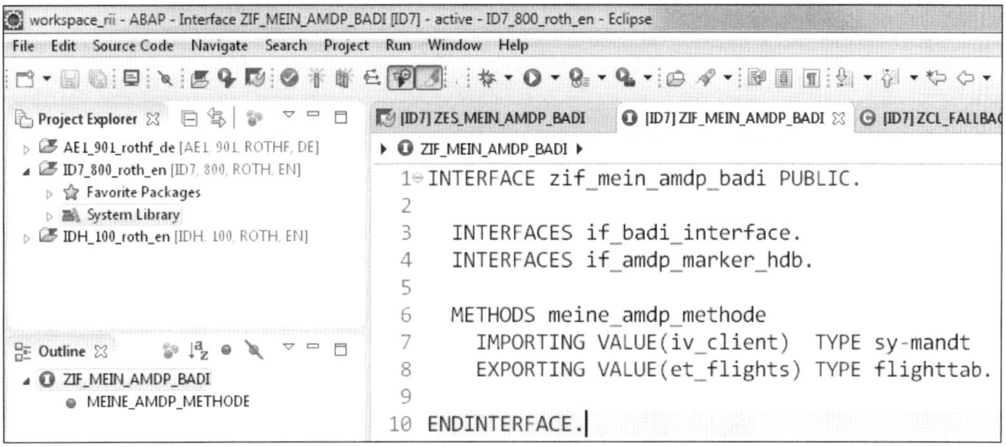

```
INTERFACE zif_mein_amdp_badi PUBLIC.

  INTERFACES if_badi_interface.
  INTERFACES if_amdp_marker_hdb.

  METHODS meine_amdp_methode
    IMPORTING VALUE(iv_client)  TYPE sy-mandt
    EXPORTING VALUE(et_flights) TYPE flighttab.

ENDINTERFACE.
```

Abbildung 19.54 Implementierung des AMDP-BAdI-Interface

4. Legen Sie zusätzlich eine neue Methode `MEINE_AMDP_METHODE` an, die den aktuellen Mandanten entgegennimmt, denn AMDP haben keine automatische Mandantenbehandlung. Diese Methode gibt in unserem Beispiel eine Rückgabetabelle vom Typ der Demo-Datenbanktabelle `SFLIGHT` zurück (hier über den Tabellentyp `FLIGHTTAB`).
5. Speichern und aktivieren Sie das so angelegte Interface.

Fallback-Klasse implementieren

Ihre BAdI-Definition können Sie noch nicht aktivieren. Würden Sie dies tun, erhielten Sie die folgende Fehlermeldung:

»Für AMDP-BAdIs wird eine Fallback-Implementierung benötigt«

Diese Fallback-Klasse gilt es, im nächsten Schritt anzulegen und zu implementieren:

1. Rufen Sie hierzu die Eigenschaften der BAdI-Definition auf, indem Sie im Navigationsbaum auf der linken Seite doppelt auf den Namen der BAdI-Definition klicken (siehe Abbildung 19.55).
2. Aktivieren Sie hier die Eigenschaft **Rufe Fallback, falls keine Implementierung ausgeführt wird**, und tragen Sie im Eingabefeld **Fallback-Klasse** einen Namen für die neue Fallback-Klasse ein.
3. Klicken Sie anschließend doppelt auf den Namen, und bestätigen Sie die Frage nach der Anlage der Fallback-Klasse mit **Ja**.

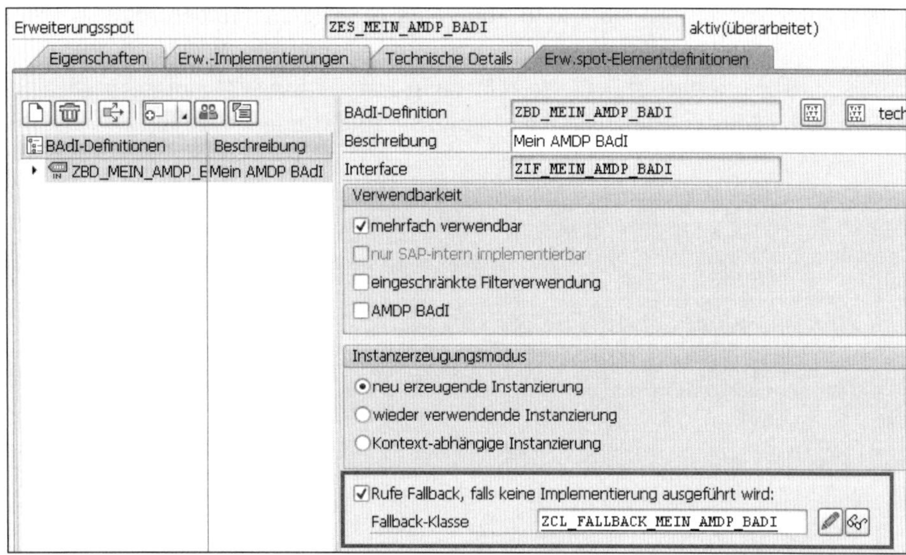

Abbildung 19.55 Fallback-Klasse für die AMDP-BAdI-Implementierung aktivieren

4. Prägen Sie diese Klasse anschließend aus, wie in Listing 19.6 gezeigt. Auch diese Implementierung muss aufgrund des Marker-Interface IF_AMDP_MARKER_HDB wieder in Eclipse erfolgen. Die Implementierung der Methode MEINE_AMDP_METHODE ist hierbei denkbar einfach gehalten: Es werden lediglich alle Flüge von der Tabelle SFLIGHT für den aktuellen Mandanten gelesen.

```
CLASS zcl_fallback_mein_amdp_badi DEFINITION
  PUBLIC FINAL CREATE PUBLIC.
  PUBLIC SECTION.
    INTERFACES if_amdp_marker_hdb.
    INTERFACES if_badi_interface.
    INTERFACES zif_mein_amdp_badi.
  PROTECTED SECTION.
  PRIVATE SECTION.
ENDCLASS.

CLASS ZCL_FALLBACK_MEIN_AMDP_BADI IMPLEMENTATION.
  METHOD zif_mein_amdp_badi~meine_amdp_methode
    BY DATABASE PROCEDURE FOR HDB LANGUAGE SQLSCRIPT
    OPTIONS READ-ONLY
    USING sflight.

    et_flights = SELECT * FROM sflight
```

```
        WHERE client = :iv_client;
    ENDMETHOD.
  ENDCLASS.
```

Listing 19.6 Implementierung der Fallback-Klasse für die AMDP-BAdI-Implementierung

5. Speichern (💾) und aktivieren (✎) Sie anschließend die neue Fallback-Klasse.

Damit ist Ihre BAdI-Definition fertig. Das heißt, Sie können die BAdI-Definition nun aktivieren, und der Kunde könnte eine BAdI-Implementierung anlegen und Ihre Fallback-Klasse dadurch ersetzen.

Aufruf der AMDP-BAdI-Methode

Das AMDP-BAdI wird bisher allerdings noch nicht aufgerufen und verwendet. Diesen Aufruf zeige ich Ihnen im Folgenden. Sie benötigen dazu eine neue Klasse mit einer Methode, die Ihre BAdI-Methode wird. Listing 19.7 zeigt eine solche Klasse mit der Methode AUFRUF. Das BAdI ist mit dieser Methode über die Anweisung USING verknüpft, und innerhalb der Methode wird die BAdI-Methode mit der Anweisung CALL aufgerufen. Die Methode AUFRUF funktioniert hierbei als Proxy, d. h., sie nimmt dieselben Parameter (hier IV_CLIENT und ET_FLIGHTS) entgegen und gibt diese Parameter 1 : 1 an den Aufrufer zurück.

```
CLASS zcl_aufruf_amdp_badi DEFINITION
  PUBLIC FINAL CREATE PUBLIC.
  PUBLIC SECTION.
    INTERFACES: if_amdp_marker_hdb.
    METHODS: aufruf
      IMPORTING VALUE(iv_client)  TYPE sy-mandt
      EXPORTING VALUE(et_flights) TYPE flighttab.
ENDCLASS.
CLASS zcl_aufruf_amdp_badi IMPLEMENTATION.
  METHOD aufruf BY DATABASE PROCEDURE FOR HDB
    LANGUAGE SQLSCRIPT OPTIONS READ-ONLY
  USING zbd_mein_amdp_badi=>meine_amdp_methode.

    CALL "ZBD_MEIN_AMDP_BADI=>MEINE_AMDP_METHODE"(
     iv_client => :iv_client,
     et_flights => et_flights
    );
  ENDMETHOD.
ENDCLASS.
```

Listing 19.7 Implementierung einer neuen Klasse für den Aufruf der AMDP-BAdI-Methode

Die so angelegte Klasse können Sie nun wie gewohnt an einer beliebigen Stelle im ABAP-Code aufrufen. Listing 19.8 zeigt dies beispielhaft in einem Report. Dafür wird lediglich eine Instanz der Klasse erzeugt und die Methode `AUFRUF` aufgerufen. Dabei werden die Daten entgegengenommen und über die Klasse `CL_DEMO_OUTPUT` auf der Oberfläche ausgegeben.

```
REPORT zaufruf_amdp_badi.
DATA(lo_aufruf_amdp_badi) = NEW zcl_aufruf_amdp_badi( ).
lo_aufruf_amdp_badi->aufruf(
  EXPORTING
    iv_client  = sy-mandt
  IMPORTING
    et_flights = DATA(lt_flights)
).
"Ausgabe zum Test
cl_demo_output=>display_data(
  EXPORTING
    value = lt_flights
).
```

Listing 19.8 Report zum Aufruf des AMDP-BAdIs

Ausgabe des AMDP-BAdI-Aufrufes

Die Ausgabe des Reports ist in Abbildung 19.56 dargestellt. Wenn der Kunde nun das BAdI implementiert und seine eigene Implementierung für die AMDP-Methode `MEINE_AMDP_METHODE` angibt, werden die dort selektierten Daten wie in Abbildung 19.56 ausgegeben. Zur Implementierung des AMDP-BAdIs müssen Sie vorgehen wie in Kapitel 15, »Erweiterung von ABAP Managed Database Procedures«, beschrieben.

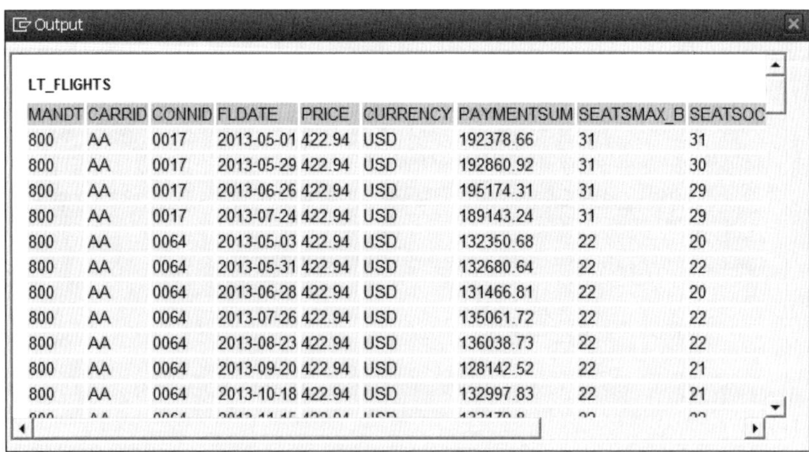

Output

LT_FLIGHTS

MANDT	CARRID	CONNID	FLDATE	PRICE	CURRENCY	PAYMENTSUM	SEATSMAX_B	SEATSOC
800	AA	0017	2013-05-01	422.94	USD	192378.66	31	31
800	AA	0017	2013-05-29	422.94	USD	192860.92	31	30
800	AA	0017	2013-06-26	422.94	USD	195174.31	31	29
800	AA	0017	2013-07-24	422.94	USD	189143.24	31	29
800	AA	0064	2013-05-03	422.94	USD	132350.68	22	20
800	AA	0064	2013-05-31	422.94	USD	132680.64	22	22
800	AA	0064	2013-06-28	422.94	USD	131466.81	22	20
800	AA	0064	2013-07-26	422.94	USD	135061.72	22	22
800	AA	0064	2013-08-23	422.94	USD	136038.73	22	22
800	AA	0064	2013-09-20	422.94	USD	128142.52	22	21
800	AA	0064	2013-10-18	422.94	USD	132997.83	22	21

Abbildung 19.56 Ausgabe der AMDP-BAdI-Methode

19.8 Zusammenfassung

In diesem Kapitel habe ich Ihnen gezeigt, wie Sie eigene Erweiterungsoptionen in Ihren Eigenentwicklungen anbieten können. Dazu stehen Ihnen insgesamt drei Optionen zur Verfügung:

- explizite Erweiterungspunkte zum Hinzufügen von Quellcode
- Erweiterungssektionen zum Ersetzen von Quellcode
- BAdIs zum Hinzufügen von Quellcode sowie zum Erweitern von Menüs und Oberflächen

In allen drei Fällen arbeiten Sie mit dem Enhancement Framework und müssen daher für alle Erweiterungsoptionen Erweiterungsspots anlegen, die die Erweiterungsoptionen zusammenfassen.

Wenn Sie solche Erweiterungsoptionen an Ihre Kunden ausliefern, haben diese letztlich die Möglichkeit, ihre Erweiterungen wie gewünscht zu implementieren. Die Implementierung auf Kundenseite erfolgt hierbei, wie in Teil II, »Erweiterungstechniken des Enhancement Frameworks«, beschrieben.

Kapitel 20

Erweiterung von Web-Dynpro-Anwendungen

In diesem Kapitel zeige ich Ihnen, wie Sie Web-Dynpro-Komponenten beliebig nach Ihren neuen Anforderungen erweitern können.

Die Erweiterung von Web-Dynpro-Komponenten erfolgt technisch gesehen über das Enhancement Framework, das in Teil II behandelt wird. Im Gegensatz zu den Dynpro-Desktopanwendungen des SAP-Systems, für die SAP Subscreenbereiche für die Erweiterung definiert haben muss, können Sie Weboberflächen, die mit Web Dynpro ABAP erstellt wurden, nach Belieben ändern. Prinzipiell können Sie so ziemlich jeden Bestandteil einer Web-Dynpro-Komponente erweitern und so aus einer bestehenden Anwendung eine komplett neue Anwendung entwickeln.

In Abschnitt 20.1 erläutere ich Ihnen dazu die grundlegende Vorgehensweise, um eine Erweiterungsimplementierung in einer Web-Dynpro-Komponente anzulegen. Dieser Abschnitt bildet daher die Voraussetzung für alle folgenden Abschnitte dieses Kapitels.

Danach zeige ich Ihnen Schritt für Schritt, wie Sie jeden Bestandteil einer Web-Dynpro-Komponente erweitern können. Dazu gehören die Controller in Abschnitt 20.2, die Views in Abschnitt 20.3 und die Windows in Abschnitt 20.4. In Abschnitt 20.5, zeige ich Ihnen die Erweiterung einer Standard-Web-Dynpro-Komponente an einem konkreten Beispiel.

Weitere Informationen zu Web Dynpro ABAP

Dieses Kapitel setzt Kenntnisse in Web Dynpro ABAP voraus. Mehr zu dieser Technologie finden Sie dem Buch »Web Dynpro ABAP. Das umfassende Handbuch« von Roland Schwaiger und Dominik Ofenloch (SAP PRESS 2014).

20.1 Erweiterungsimplementierung anlegen

Um eine Web-Dynpro-Komponente zu erweitern, müssen Sie zuerst eine Erweiterungsimplementierung anlegen:

1. Öffnen Sie hierzu in Transaktion SE80 die zu erweiternde Web-Dynpro-Komponente, z. B. die mit dem System ausgelieferte Beispielkomponente `DEMO_FLASH_FLIGHT`, und wählen Sie den Bestandteil, den Sie erweitern wollen. In Abbildung 20.1 ist dies beispielsweise der View `SEARCH`.

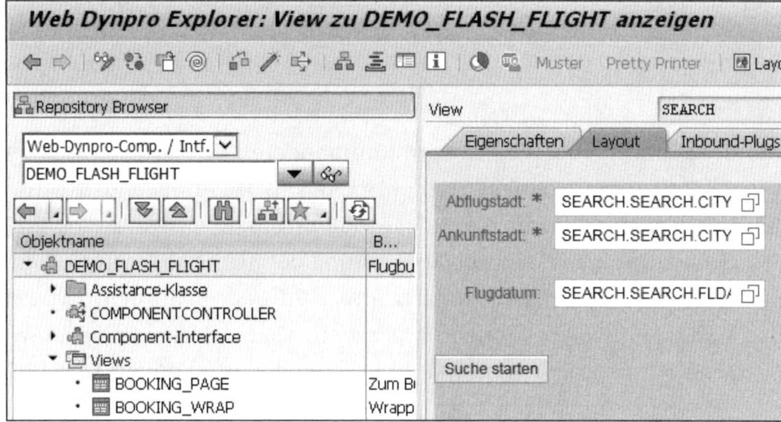

Abbildung 20.1 Die Web-Dynpro-Komponente DEMO_FLASH_FLIGHT

2. Klicken Sie anschließend in der Funktionsleiste auf die Schaltfläche **Erweitern** (⊚).
3. Vergeben Sie in dem sich öffnenden Pop-up-Fenster (siehe Abbildung 20.2) einen Namen für die Erweiterungsimplementierung sowie einen Kurztext. Bestätigen Sie Ihre Eingabe mit **Weiter** (✔).

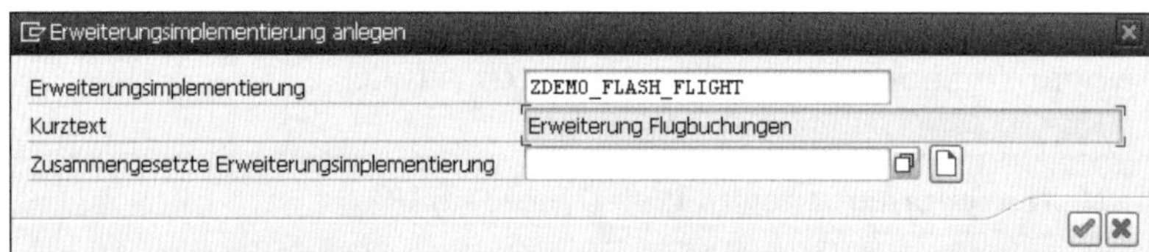

Abbildung 20.2 Anlage einer Erweiterungsimplementierung

4. Dadurch wechselt der Editor in den Erweiterungsmodus. Erkennen können Sie dies nur an der Titelzeile. Dort wird, wie in Abbildung 20.3 dargestellt, der Titel mit dem Zusatz »... erweitern« angezeigt. Zusätzlich ist die Schaltfläche **Erweitern** (⊚) in der Funktionsleiste inaktiv.

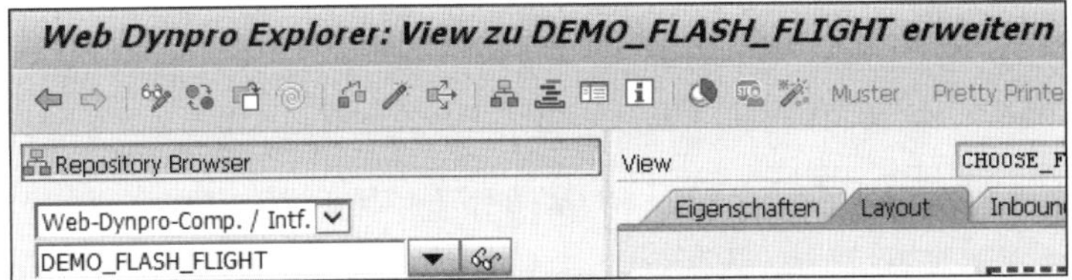

Abbildung 20.3 Anzeige des Erweiterungsmodus

5. In diesem Erweiterungsmodus können Sie nun den ausgewählten Bestandteil (hier den View) beliebig erweitern. Wie das für die einzelnen Bestandteile geht, erfahren Sie in den folgenden Abschnitten.

Anzeige der Erweiterungsimplementierung

Die eben angelegte Erweiterungsimplementierung wird in dem neuen Ordner **Erweiterungsimplementierungen** innerhalb des Komponentenbaumes geführt (siehe Abbildung 20.4).

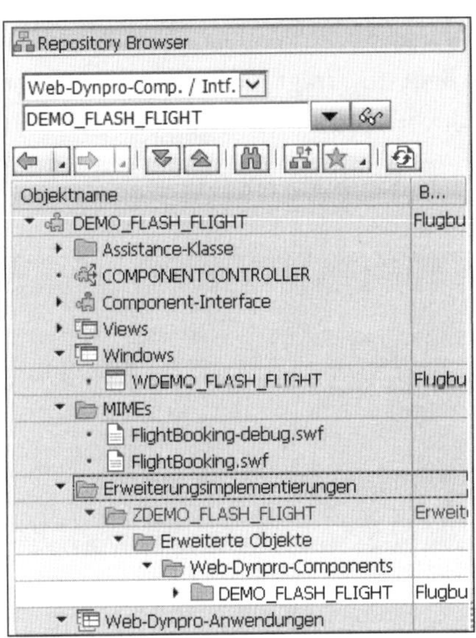

Abbildung 20.4 Der Ordner »Erweiterungsimplementierung« innerhalb der Web-Dynpro-Komponente

Anhand dieses Ordners können Sie direkt erkennen, ob eine Web-Dynpro-Komponente erweitert wurde. Sie können hier auch die neu angelegten Bestandteile einsehen und die Erweiterungsimplementierung, falls erforderlich, auch wieder löschen.

[!]

Deaktivierung des Erweiterungsmodus bei der Navigation

Wenn Sie über den Navigationsbaum zu einem Bestandteil wechseln, d. h. beispielsweise von einem View zu einem Window navigieren, verlässt der

Editor den eben aktivierten Erweiterungsmodus wieder. Das können Sie daran erkennen, dass der Titel wieder mit »...anzeigen« endet und die Schaltfläche **Erweitern** (◎) in der Funktionsleiste aktiviert ist (siehe Abbildung 20.5).

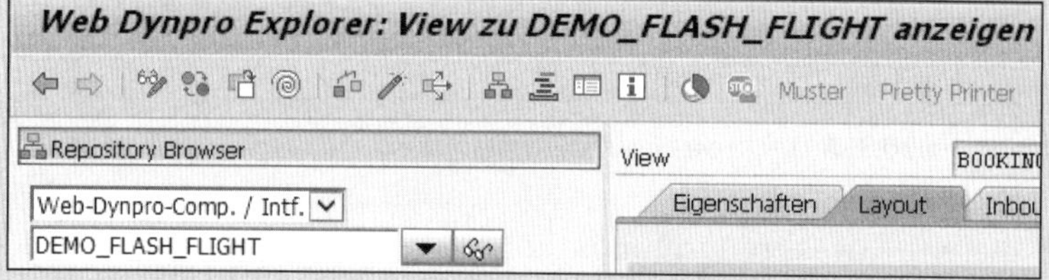

Abbildung 20.5 Überprüfen, ob der Erweiterungsmodus aktiv ist

Sie müssen also nach einer Navigation wieder aufs Neue über die Schaltfläche **Erweitern** (◎) in den Erweiterungsmodus wechseln. Dieses Verhalten des Editors kann mitunter ziemlich mühsam sein, ist aber leider nicht abstellbar.

Erweiterungsimplementierung bearbeiten

Rufen Sie den Erweiterungsmodus erneut auf, fragt Sie das System nicht nach der Anlage einer neuen Erweiterungsimplementierung, sondern zeigt Ihnen die bereits vorhandenen Erweiterungsimplementierungen an (siehe Abbildung 20.6).

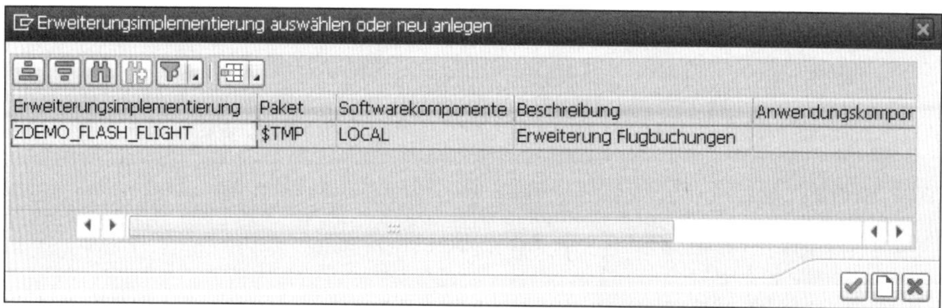

Abbildung 20.6 Auswahl einer bestehenden Erweiterungsimplementierung

Wählen Sie hier Ihre zuvor angelegte Erweiterungsimplementierung durch einen Doppelklick aus. Dadurch wechselt der Editor wieder in den Erweiterungsmodus.

20.2 Controller erweitern

Erweiterbare Elemente

Innerhalb der Controller einer Web-Dynpro-Anwendung (d. h. Component-Controller, Windows-Controller, View-Controller und Custom-Controller) können Sie folgende Dinge ändern:

- Context
- Attribute
- Aktionen und Ereignisse
- Methoden

Diese Erweiterungsmöglichkeiten beschreibe ich in diesem Abschnitt. Zusätzlich können Sie beim Windows- und beim View-Controller Inbound- und Outbound-Plugs hinzufügen und Navigationslinks anlegen. Dies wird in Abschnitt 20.4, »Windows erweitern«, beschrieben.

Controller-Verwendung anlegen

Prinzipiell können Sie in jeden Controller eine neue Controller-Verwendung über die Schaltfläche **Controller-Verwendung anlegen** (□) eintragen, um zwei Controller miteinander bekannt zu machen und ihnen so gegenseitig zu erlauben, auf ihre jeweiligen Komponenten zuzugreifen. Abbildung 20.7 zeigt dies beispielsweise für einen View-Controller. Hier wurde eine neue Verwendung für den Window-Controller `WDEMO_FLASH_FLIGHT` eingetragen. Erkennen können Sie das daran, dass in der letzten Spalte **Erweiterung-Impl.** der Name der Erweiterungsimplementierung eingetragen ist.

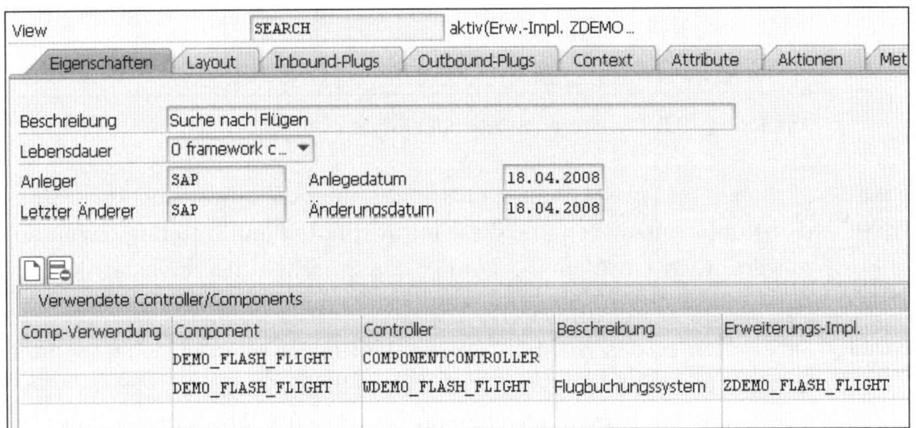

Abbildung 20.7 Erweitern der verwendeten Controller/Components

[«]

Löschen von Controller-Verwendungen

Auch das Löschen einer Controller-Verwendung ist über die Schaltfläche **Controller-Verwendung löschen** (▤) möglich, die Sie oberhalb der Tabelle finden. Dies sollten Sie aber nur mit Vorsicht tun, da ansonsten unter Umständen die komplette Web-Dynpro-Komponente nicht mehr aktiviert werden kann.

Context Auf der Registerkarte **Context**, der Datenhaltungsschicht eines Controllers, können Sie im Erweiterungsmodus keine bestehenden Knoten ändern. Abbildung 20.8 zeigt dies beispielsweise für den Knoten SEARCH. Falls der Knoten auf eine Struktur verweist, hätten Sie höchstens die Möglichkeit, diese Struktur in Transaktion SE11 über eine Append-Struktur zu erweitern.

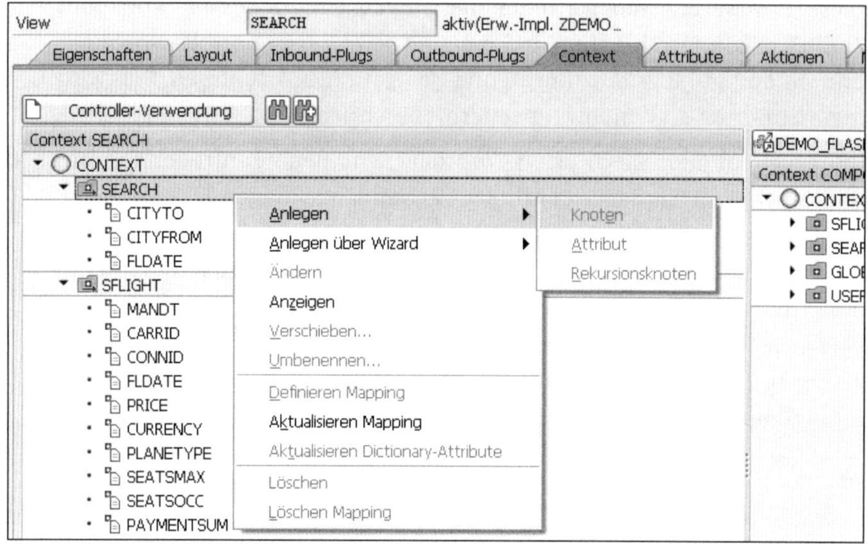

Abbildung 20.8 Erweitern bestehender Knoten ist nicht erlaubt.

Neue Context-Knoten anlegen Sie haben im Erweiterungsmodus aber immer die Möglichkeit, neue Context-Knoten anzulegen und diese mit Attributen und Unterknoten auszuprägen. Auch ein Mapping können Sie zwischen diesen neuen Knoten durchführen, ganz analog zum normalen Entwicklungsmodus.

Attribute Sie können zu den Attributen eines Controllers jederzeit neue Attribute hinzufügen. Abbildung 20.9 stellt beispielhaft die Attribute eines View-Controllers dar. Bestehende Attribute oder deren Eigenschaften können Sie jedoch nicht ändern.

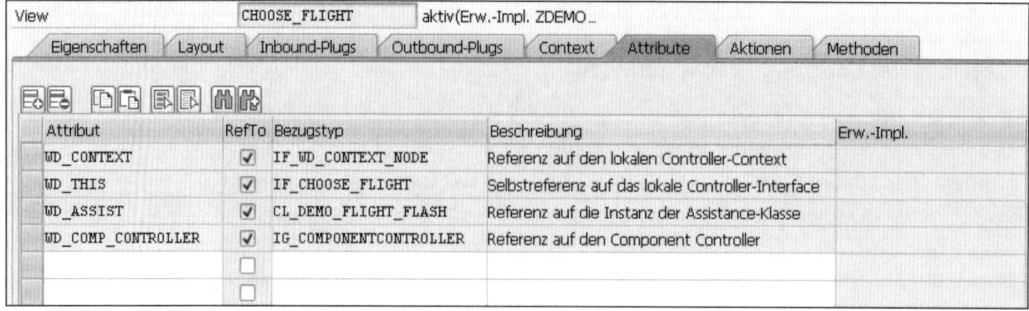

Attribut	RefTo	Bezugstyp	Beschreibung	Erw.-Impl.
WD_CONTEXT	☑	IF_WD_CONTEXT_NODE	Referenz auf den lokalen Controller-Context	
WD_THIS	☑	IF_CHOOSE_FLIGHT	Selbstreferenz auf das lokale Controller-Interface	
WD_ASSIST	☑	CL_DEMO_FLIGHT_FLASH	Referenz auf die Instanz der Assistance-Klasse	
WD_COMP_CONTROLLER	☑	IG_COMPONENTCONTROLLER	Referenz auf den Component Controller	
	☐			
	☐			

Abbildung 20.9 Erweitern der Attribute eines Controllers

Wenn Sie hier neue Attribute hinzufügen, wird in der Spalte **Erw.-Impl.** die entsprechende Erweiterungsimplementierung eingetragen. Dadurch erkennen Sie, dass das betreffende Attribut über eine Erweiterung hinzugefügt wurde.

Aktionen und Ereignisse

Zu den Aktionen und Ereignissen eines Controllers (als Synonym für Aktionen) können Sie jederzeit neue Aktionen hinzufügen. Abbildung 20.10 zeigt dies beispielhaft für die Aktionen eines View-Controllers. Bestehende Aktionen oder deren Eigenschaften (z. B. die Parameter) können Sie jedoch nicht ändern.

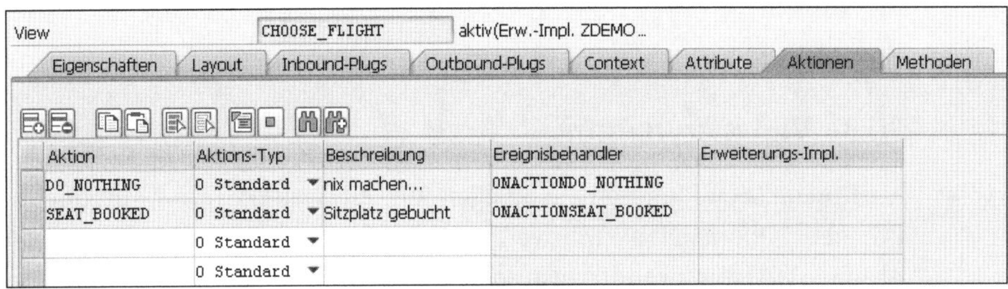

Abbildung 20.10 Erweitern der Aktionen und Ereignisse eines Controllers

Wenn Sie hier neue Aktionen hinzufügen, wird in der Spalte **Erw.-Impl.** die entsprechende Erweiterungsimplementierung eingetragen. Dadurch erkennen Sie, dass die betreffende Aktion über eine Erweiterung hinzugefügt wurde.

Methoden

Auch auf der Registerkarte **Methoden** können Sie jederzeit neue Methoden hinzufügen. Abbildung 20.11 stellt dies beispielhaft für die Methoden eines View-Controllers dar.

20

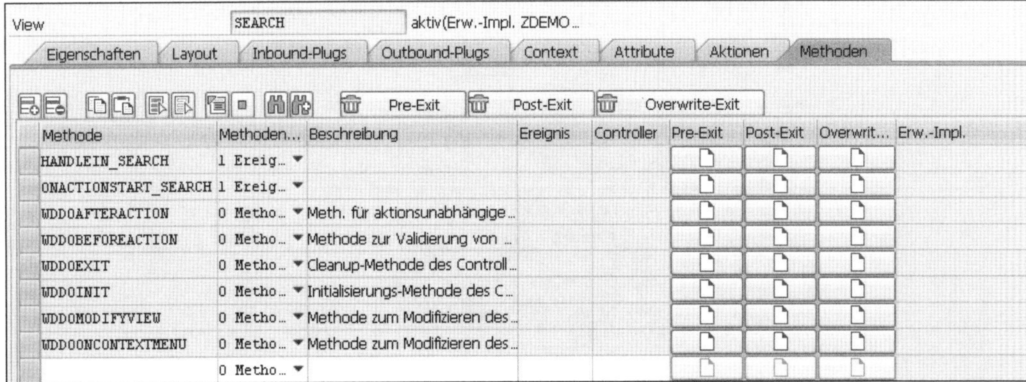

Abbildung 20.11 Erweitern von Methoden eines Controllers

Bestehende Methoden können Sie durch Pre-, Post- und Overwrite-Exits überschreiben, deren Parameter können Sie allerdings nicht ändern. Die Exits können Sie über die entsprechenden Schaltflächen in den gleichnamigen Spalten hinter den Methodennamen anlegen. Diese Exits verhalten sich genauso wie die Methoden-Exits normaler Klassen (siehe Abschnitt 9.2, »Erweiterungen von globalen Klassen«).

Wenn Sie hier neue Methoden hinzufügen, wird in der Spalte **Erw.-Impl.** die entsprechende Erweiterungsimplementierung eingetragen. Dadurch erkennen Sie, dass die betreffende Methode über eine Erweiterung hinzugefügt wurde.

20.3 Views erweitern

Neuen View anlegen

Auch neue Views können Sie anlegen, um die Web-Dynpro-Komponente um neue Oberflächen zu erweitern. Dazu müssen Sie zunächst, wie in Abschnitt 20.1, »Erweiterungsimplementierung anlegen«, beschrieben, in den Erweiterungsmodus wechseln. Anschließend können Sie über einen Rechtsklick auf den Knoten **Views** im Navigationsbaum das Kontextmenü öffnen. Wählen Sie hier den Eintrag **Als Erweiterung anlegen** aus (siehe Abbildung 20.12). Dies ist der einzige Weg, um einen View einer Web-Dynpro-Komponente hinzuzufügen, auch wenn das normale Anlegen eines Views ebenfalls als Eintrag im Kontextmenü aktiv ist.

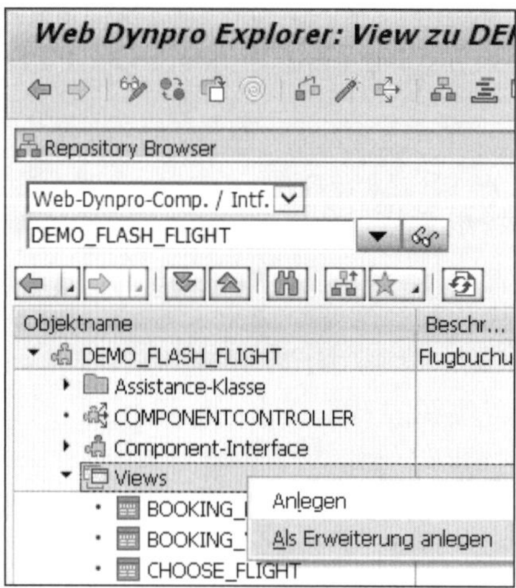

Abbildung 20.12 Neuen View anlegen

Wenn Sie den Eintrag für das normale Anlegen auswählen, müssen Sie einen Namen für den View angeben und werden anschließend nach einem Zugangsschlüssel gefragt. Da dies eine Modifikation darstellt, sollten Sie stattdessen immer den Eintrag **Als Erweiterung anlegen** benutzen.

Nach der Anlage können Sie den neuen View mit all seinen Bestandteilen wie im normalen Editor-Modus ausimplementieren.

Erweiterungs-View anzeigen

Ein so neu angelegter View wird nicht in dem originalen Ordner **Views** angezeigt, sondern in dem Ordner **Erweiterungsimplementierungen • Views** (siehe Abbildung 20.13).

Objektname	Beschreibung
DEMO_FLASH_FLIGHT	Flugbuchung mit FlashIsland
Assistance-Klasse	
COMPONENTCONTROLLER	
Component-Interface	
Views	
Windows	
MIMEs	
Erweiterungsimplementierungen	
ZEI_DEMO_FLASH_FLIGHT	Erweiterung zur Buchung von Flügen
Views	
BOOKED	Gebucht

Abbildung 20.13 Neu angelegte Views einer Web-Dynpro-Komponente

Layout ändern

Zusätzlich haben Sie die Möglichkeit, das Layout eines bereits existierenden Views zu ändern. Das bedeutet, Sie können:

- neue UI-Elemente hinzufügen
- bestehende UI-Elemente entfernen
- komplexe bestehende UI-Elemente (z. B. Tabellen) erweitern

Neue UI-Elemente hinzufügen

Neue UI-Elemente fügen Sie genauso hinzu wie zu eigenen Views im normalen Editor-Modus:

1. Öffnen Sie hierzu den entsprechenden View im Erweiterungsmodus.
2. Klicken Sie mit der rechten Maustaste auf den Container, in dem Sie das UI-Element hinzufügen wollen, und wählen Sie aus dem Kontextmenü den Eintrag **Element einfügen** aus. Alternativ ziehen Sie das UI-Element per Drag & Drop an die gewünschte Stelle auf der Oberfläche.

Nach dem Hinzufügen des UI-Elements erkennen Sie in den Eigenschaften des UI-Elements, dass es sich um eine Erweiterung handelt (siehe Abbildung 20.14). Hier ist ein neuer Eintrag **Erweiterung** mit dem Namen der Erweiterungsimplementierung zu finden.

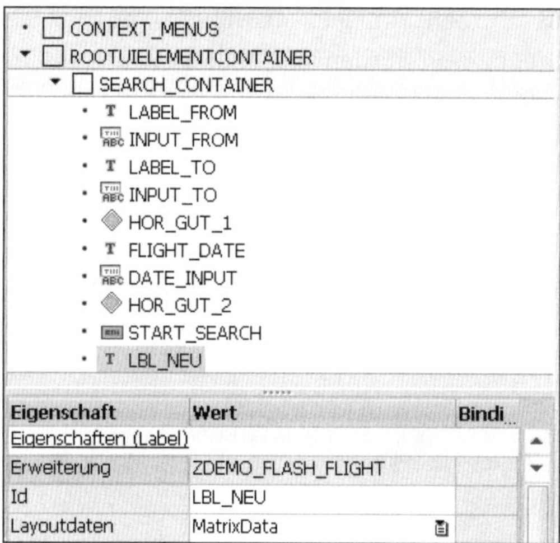

Abbildung 20.14 Hinzufügen von neuen UI-Elementen in einem bestehenden View

Bestehende UI-Elemente entfernen

Sie können auch bestehende UI-Elemente entfernen. Klicken Sie hierzu, wie in Abbildung 20.15 gezeigt, mit der rechten Maustaste auf das entsprechende UI-Element, und wählen Sie aus dem Kontextmenü den Eintrag **Element entfernen** aus.

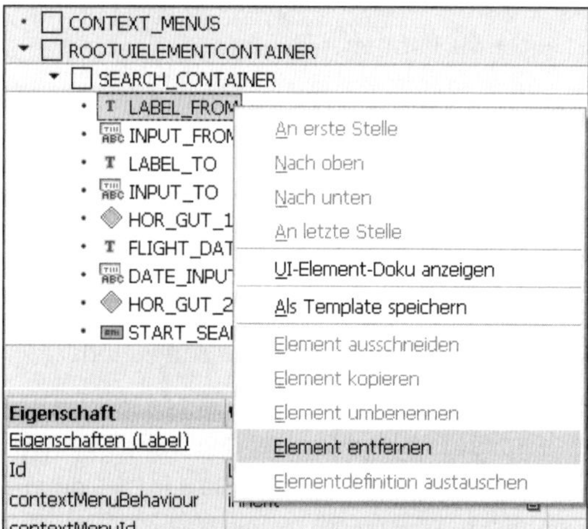

Abbildung 20.15 Entfernen von UI-Elemente in einem bestehenden View

Nach dem Entfernen wird das UI-Element immer noch in der Liste der UI-Elemente geführt, wie in Abbildung 20.16 zu sehen ist (und wie es auch immer noch im Layout-Editor angezeigt wird). Der Unterschied zu einem aktiven UI-Element ist, dass in den Eigenschaften ein neuer Eintrag **Erwei-**

terung mit dem Namen der Erweiterungsimplementierung (hier ZDEMO_FLASH_FLIGHT) hinzugefügt wurde. Dahinter wird ein rotes Kreuz (✖) angezeigt, was bedeutet, dass das UI-Element entfernt wurde.

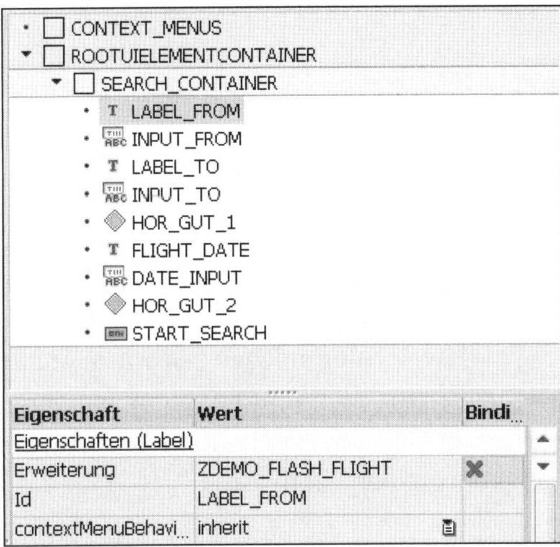

Abbildung 20.16 Ein entferntes UI-Element in einem bestehenden View

UI-Element wieder hinzufügen

Dadurch können Sie das Entfernen auch sehr einfach wieder rückgängig machen. Klicken Sie hierzu erneut mit der rechten Maustaste auf das entsprechende UI-Element, und wählen Sie aus dem Kontextmenü den Eintrag **Löschung zurücknehmen** aus, wie in Abbildung 20.17 gezeigt.

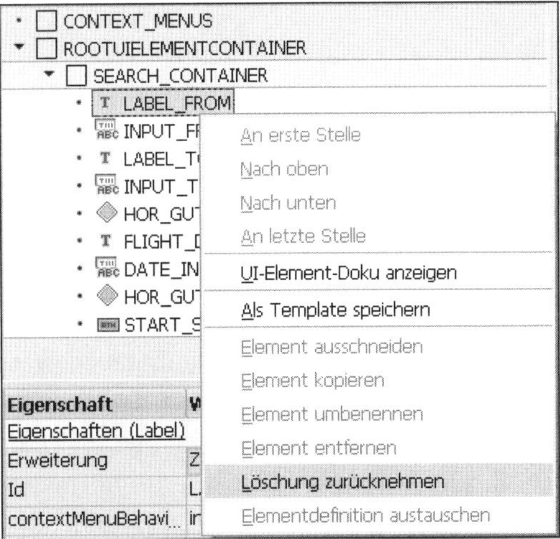

Abbildung 20.17 Löschung eines UI-Elements in einem bestehenden View zurücknehmen

Dadurch verschwindet in den Eigenschaften das rote Kreuz (✖) hinter dem Feld **Erweiterung** wieder. Wenn Sie die Anwendung ausführen, wird das UI-Element auf der Oberfläche wieder angezeigt.

20.4 Windows erweitern

Window als Erweiterung anlegen

Auch neue Windows können Sie nach Belieben anlegen, um z. B. neue und bestehende Views zu kapseln und eine Navigation zwischen diesen Views einzurichten. Dazu müssen Sie zunächst, wie in Abschnitt 20.1 beschrieben, in den Erweiterungsmodus wechseln. Anschließend klicken Sie mit der rechten Maustaste auf den Ordner **Windows** im Navigationsbaum. Wählen Sie im Kontextmenü den Eintrag **Als Erweiterung anlegen** aus, wie in Abbildung 20.18 gezeigt. Dies ist der einzige Weg, ein Window einem Standard-View hinzuzufügen, auch wenn – wie bei Views – die normale **Anlegen**-Funktion ebenfalls als Eintrag im Kontextmenü aktiv ist.

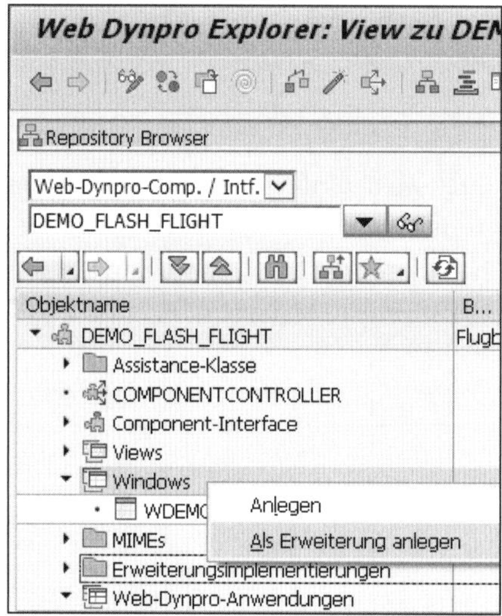

Abbildung 20.18 Neues Window anlegen

Nachdem Sie den Eintrag **Als Erweiterung anlegen** ausgewählt haben, werden Sie gebeten, einen Namen für das Window einzugeben und werden nach einem Zugangsschlüssel gefragt. Nach der Anlage können Sie den neuen Window-Controller mit all seinen Bestandteilen wie im normalen Editor-Modus implementieren. Insbesondere können Sie Inbound- und Outbound-Plugs anlegen, Views einbetten und Navigationslinks zwischen Plugs anlegen.

Neues Window anzeigen

Ein so neu angelegtes Window wird nicht in dem originalen Ordner **Windows** angezeigt, sondern, wie in Abbildung 20.19 dargestellt, im Ordner **Erweiterungsimplementierungen • Windows**.

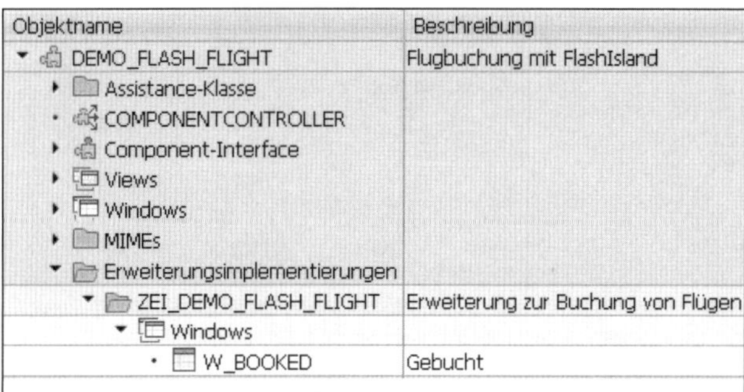

Abbildung 20.19 Neu angelegte Windows innerhalb einer Web-Dynpro-Komponente

Plugs

Ähnlich, wie das bei anderen Bestandteilen von Web-Dynpro-Komponenten auch der Fall ist, können Sie die bestehenden Plugs zur Navigation nicht ändern, aber jederzeit neue Plugs hinzufügen, um eine neue Navigation zwischen Views einzurichten. Wechseln Sie hierzu auf die entsprechende Registerkarte (**Inbound Plugs** oder **Outbound-Plugs**), und tragen Sie die neuen Plugs ein (siehe Abbildung 20.20). Sie können für View-Controller ebenfalls neue Plugs anlegen.

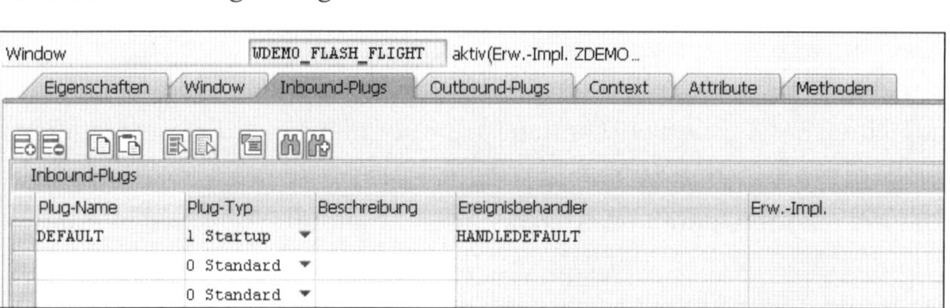

Abbildung 20.20 Hinzufügen von neuen Navigations-Plugs

Wenn Sie neue Plugs hinzugefügt haben, wird in der Spalte **Erw.-Impl.** die entsprechende Erweiterungsimplementierung eingetragen. Dadurch erkennen Sie, dass das betreffende Plug über eine Erweiterung hinzugefügt wurde.

Navigationslinks bearbeiten

Auf der Registerkarte **Window** haben Sie anschließend die Möglichkeit, die neuen Plugs über Navigationslinks miteinander zu verbinden, um eine Navigation zwischen Views zu ermöglichen bzw. Views in UI-Container einzubetten, damit diese in dem UI-Container auf der Oberfläche angezeigt werden können. Sie können aber auch bereits existierende Navigationslinks löschen, wie in Abbildung 20.21 gezeigt.

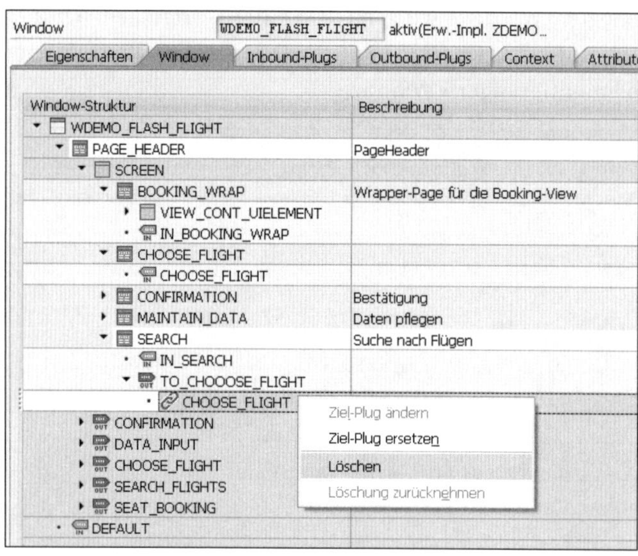

Abbildung 20.21 Bestehende Navigationslinks entfernen

20.5 Eine Web-Dynpro-Komponente erweitern

Beispiel: Demo-Komponente erweitern

In diesem Abschnitt zeige ich Ihnen an einem Beispiel, wie Sie die Erweiterung einer Web-Dynpro-Komponente, zu der ich Ihnen in den vorangegangenen Abschnitten verschiedene Möglichkeiten beschrieben habe, praktisch umsetzen können. In diesem Beispiel soll die Web-Dynpro-Komponente `DEMO_FLASH_FLIGHT` erweitert werden, die als Demo-Anwendung auf jedem SAP-System vorhanden ist. Sie können daher die hier vorgestellten Schritte an Ihrem System problemlos nachstellen.

Flugbuchungsanwendung

Die Anwendung, deren Oberfläche Sie in Abbildung 20.22 sehen können, simuliert das Buchen eines Fluges. Dazu werden die gewünschte Abflugstadt und Ankunftsstadt sowie das Flugdatum eingetragen.

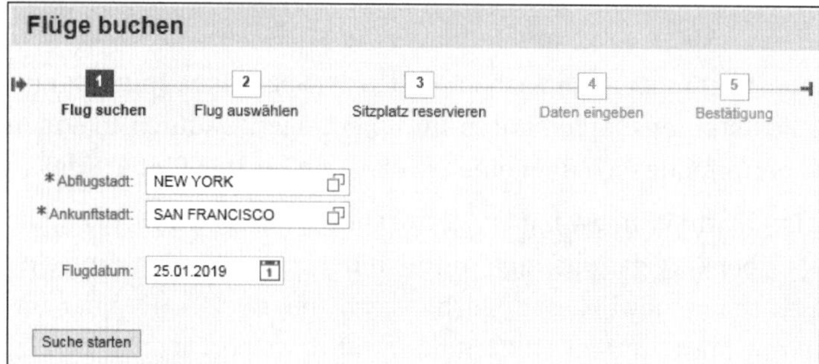

Abbildung 20.22 Die Startoberfläche der WebDynpro-Komponente DEMO_FLASH_FLIGHT

Nach einem Klick auf die Schaltfläche **Suche starten** wird nach passenden Flügen gesucht. Die gefundenen Flüge werden Ihnen in einer Ergebnisliste wie in Abbildung 20.23 angezeigt.

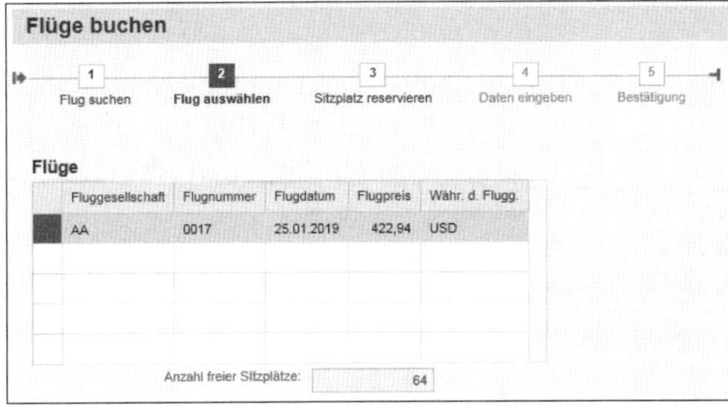

Abbildung 20.23 Die Flugauswahl im zweiten Schritt

Wählen Sie einen Flug aus und klicken auf die Schaltfläche **Sitzplatz reservieren** in der Roadmap am Kopf der Anwendung, gelangen Sie zur Sitzplatzreservierung aus Abbildung 20.24. Dies ist eine Flash-Anwendung, in der Sie interaktiv einen Sitzplatz aussuchen können.

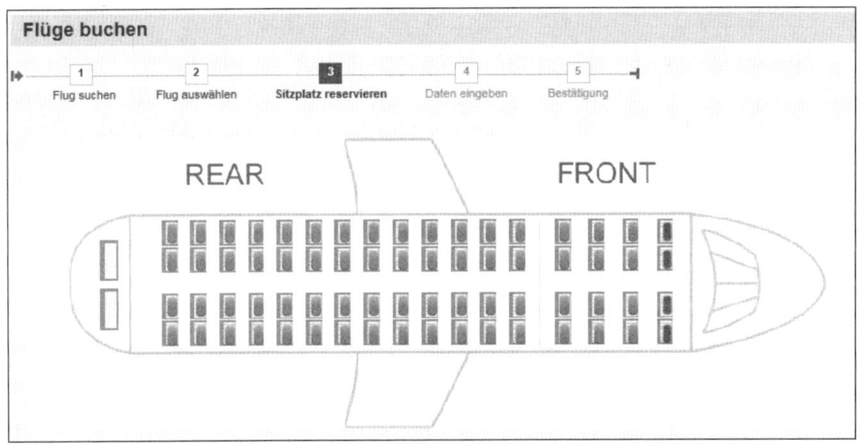

Abbildung 20.24 Die Sitzplatzreservierung im dritten Schritt

[«]

Neugenerierung von Flugdaten

Die Anwendung nutzt als Testdaten das Schulungsdaten-Flugmodell rund um die Tabelle `SFLIGHT` (Flüge). Diese Daten generieren Sie durch die Transaktion BC_DATA_GEN. Ist die letzte Generierung etwas länger her, existieren keine Daten zu Flügen, die in der Zukunft liegen, die für das Funktionieren der Anwendung aber vorausgesetzt werden. Sie sollten daher den Generator über die Transaktion BC_DATA_GEN erneut ausführen und sich einen Beispielflug aus der Tabelle `SFLIGHT` aussuchen, z. B. für die Verbindung New York – San Francisco an einem bestimmten Datum in der Zukunft.

Neue Schaltfläche zur Buchungsanzeige

Ziel der Erweiterung dieser Anwendung bzw. der dahinterliegenden Web-Dynpro-Komponente soll es sein, den zweiten Schritt **Flug auswählen** um eine Schaltfläche **Zu den Buchungen** zu ergänzen, die unterhalb der Flügetabelle angezeigt wird, wie in Abbildung 20.25 gezeigt.

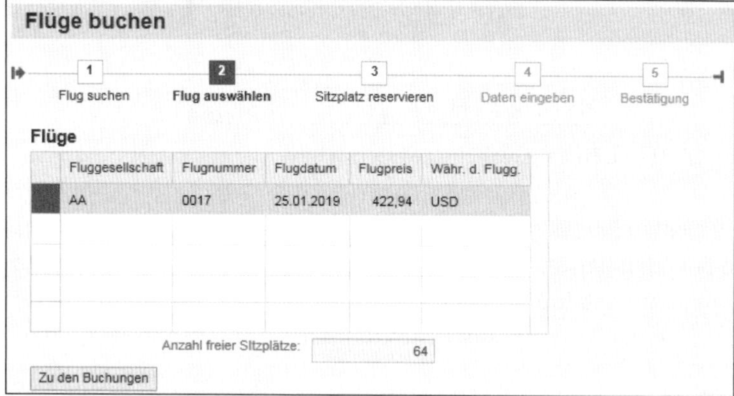

Abbildung 20.25 Der erweiterte zweite Schritt zur Flugauswahl

Durch einen Klick auf diese neue Schaltfläche **Zu den Buchungen** soll die Anwendung zu der Oberfläche aus Abbildung 20.26 navigieren und in einer Liste alle Buchungen zu dem ausgewählten Flug anzeigen. Diese Buchungsdaten stammen aus der Tabelle `SBOOK`. Diese Oberfläche wird durch die Erweiterung komplett neu hinzugefügt und implementiert.

Flüge buchen

1 Flug suchen – 2 Flug auswählen – 3 Sitzplatz reservieren – 4 Daten eingeben – 5 Bestätigung

Mandant	Fluggesellschaft	Flugnummer	Flugdatum	Buchungsnummer	Kundennummer	G/P-Kunde	Raucher
100	AA	0017	25.01.2019	00003759	00000230	☑	☐
100	AA	0017	25.01.2019	00003751	00000279	☑	☐
100	AA	0017	25.01.2019	00003760	00000273	☑	☐
100	AA	0017	25.01.2019	00003744	00001627	☑	☐
100	AA	0017	25.01.2019	00003752	00004048	☑	☑

Zurück

Abbildung 20.26 Neu hinzugefügte Oberfläche zur Standard-Web-Dynpro-Komponente

Implementierungsschritte

Folgende Schritte sind hierfür notwendig:

1. eine Erweiterungsimplementierung für die Web-Dynpro-Komponente DEMO_FLASH_FLIGHT anlegen
2. Einen neuen View zur Anzeige der Buchungen anlegen, wozu folgende Unterschritte durchgeführt werden müssen:
   - den bestehenden Knoten der Flugliste mit dem Context des Views verknüpfen
   - einen neuen Context-Knoten zum Abbilden der Flugbuchungen auf Basis der Tabelle SBOOK anlegen
   - eine Tabelle im Layout des Views anlegen, um die Flugbuchungen aus dem neu angelegten Context-Knoten anzuzeigen
   - eine Schaltfläche im Layout des Views anlegen, über die zur Flugliste zurücknavigiert werden kann
   - einen Inbound- und einen Outbound-Plug für den neuen View anlegen, über die man zwischen dem bestehenden und dem neuen View hin- und zurücknavigieren kann
3. einen neuen Outbound-Plug für den bestehenden View CHOOSE_FLIGHT (Flugliste) anlegen
4. den bestehenden View CHOOSE_FLIGHT um eine neue Schaltfläche **Zu den Buchungen** erweitern, über die man zu dem neuen View mit der Buchungsliste navigieren kann
5. den neuen View im bestehenden Window WDEMO_FLASH_FLIGHT im View-Container SCREEN des Views PAGE_HEADER einbetten
6. zwei Navigationslinks zwischen dem View der Flugliste (CHOOSE_FLIGHT) und dem neu angelegten View anlegen, über die man hin- und zurücknavigieren kann (auf Basis der in Schritt 2 angelegten Inbound- und Outbound-Plugs
7. Aktionen für beide Schaltflächen auf beiden Views anlegen, um die Navigations-Plugs anzustoßen
8. WDDOMODIFYVIEW-Methode des neuen Views implementieren, die beim Aufruf des Views die Buchungen zu dem aktuellen Flug ausliest und den Context-Knoten SBOOK befüllt

Diese Schritte zeige ich Ihnen in den folgenden Abschnitten.

20.5.1 Erweiterungsimplementierung anlegen

Erweiterungsimplementierung

Im ersten Schritt müssen Sie für die Web-Dynpro-Komponente eine Erweiterungsimplementierung anlegen:

1. Öffnen Sie hierzu die Web-Dynpro-Komponente `DEMO_FLASH_FLIGHT`, und klicken Sie doppelt auf den Komponenten-Controller () mit demselben Namen.

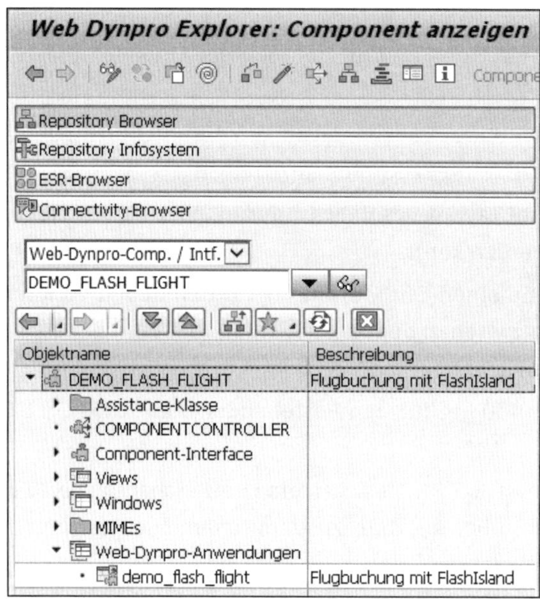

Abbildung 20.27 Anlage einer Erweiterungsimplementierung

2. Klicken Sie anschließend in der Funktionsleiste auf die Schaltfläche **Erweitern** (), und geben Sie in dem sich öffnenden Pop-up-Fenster den Namen »ZEI_DEMO_FLASH_FLIGHT« für die Erweiterungsimplementierung sowie einen Kurztext »Erweiterung zur Buchung von Flügen« ein.
3. Durch das Bestätigen Ihrer Eingabe mit **Weiter** () wechselt der Editor in den Erweiterungsmodus, und Sie können die Web-Dynpro-Komponente innerhalb der Erweiterungsimplementierung erweitern.

20.5.2 Neuen View anlegen

View für die Buchungstabelle

Im nächsten Schritt legen Sie den neuen View an, der die Buchungstabelle für den ausgewählten Flug anzeigen soll:

1. Klicken Sie dazu mit der rechten Maustaste auf den Ordner **Views**, und wählen Sie aus dem Kontextmenü den Eintrag **Als Erweiterung anlegen** aus (siehe Abbildung 20.28).

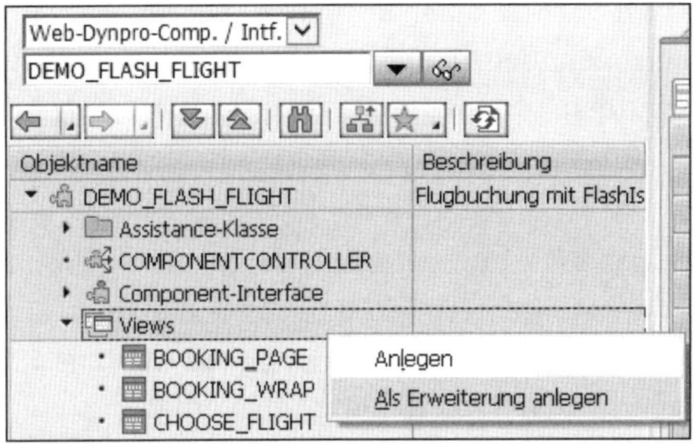

Abbildung 20.28 Anlegen des neuen Views

2. Da Sie zu einem anderen Bestandteil der Web-Dynpro-Komponente gewechselt sind, müssen Sie die eben angelegte Erweiterungsimplementierung erneut auswählen. Das System erkennt, dass bereits eine Erweiterungsimplementierung für die Web-Dynpro-Komponente angelegt wurde, und bietet Ihnen diese an (siehe Abbildung 20.29). Klicken Sie doppelt auf Ihre Erweiterungsimplementierung `ZEI_DEMO_FLASH_FLIGHT`.

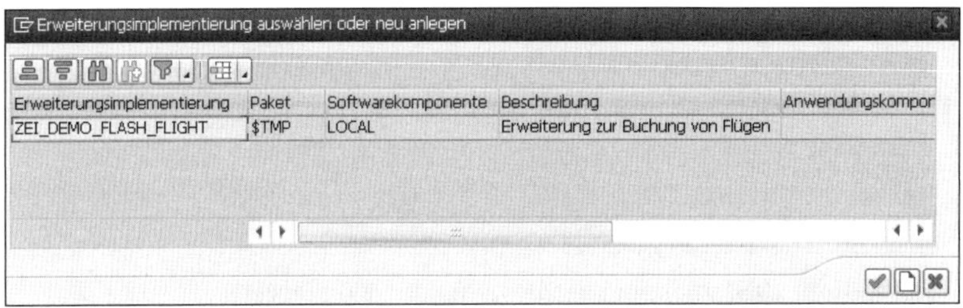

Abbildung 20.29 Auswahl der bestehenden Erweiterungsimplementierung

3. Dadurch wechselt der Editor wieder in den Erweiterungsmodus und öffnet den Anlegen-Dialog aus Abbildung 20.30. Geben Sie hier einen Namen für den neuen View (hier »BOOKED«) sowie eine Beschreibung ein, und bestätigen Sie die Anlage mit **Weiter** (✔).

Abbildung 20.30 Anlage des neuen Views

Diesen View können Sie jetzt nach Belieben ausprägen, wie Sie auch einen normalen View in Ihren eigenen Web-Dynpro-Komponenten im Kundennamensraum ausprägen würden.

View-Context ausprägen

Context-Mapping und neuer Knoten

Im nächsten Schritt gilt es, den View-Context auszuprägen. Dazu gehört das Mapping des originalen Context-Knotens `SFLIGHT`, der den aktuell ausgewählten Flug enthält. Außerdem müssen Sie einen neuen Knotens `SBOOK` anlegen, der die Buchungen zu dem ausgewählten Flug vorhalten wird:

1. Rufen Sie hierzu die Registerkarte **Context** auf (siehe Abbildung 20.31). Ziehen Sie den Context-Knoten `SFLIGHT` des Komponenten-Controllers auf den Knoten `CONTEXT` auf der linken Seite. Dadurch wird dieser Knoten mit Ihrem Context verknüpft, und Sie haben nun aus dem View-Controller heraus Zugriff auf diesen Context-Knoten.

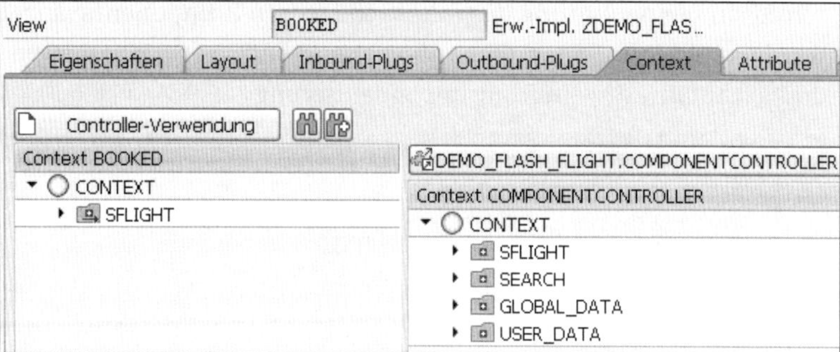

Abbildung 20.31 Mapping des bestehenden Flugknotens in den neuen View-Context

2. Klicken Sie mit der rechten Maustaste auf den `CONTEXT` links, und wählen Sie aus dem Kontextmenü den Pfad **Anlegen • Knoten**, um den neuen Knoten anzulegen.
3. Tragen Sie in dem sich öffnenden Pop-up-Fenster aus Abbildung 20.32 einen Namen für den neuen Knoten (hier »SBOOK«) ein, und wählen Sie als Kardinalität die Option **0..n** aus.
4. Klicken Sie anschließend auf die Schaltfläche **Attribute aus Struktur hinzufügen**, die sich unten im Pop-up-Fenster befindet.
5. Wählen Sie in dem sich öffnenden Pop-up-Fenster über die Schaltfläche **Alles markieren** (▤) alle Felder der Struktur `SBOOK` aus (siehe Abbildung 20.33). Bestätigen Sie die Auswahl mit **Weiter** (✔).

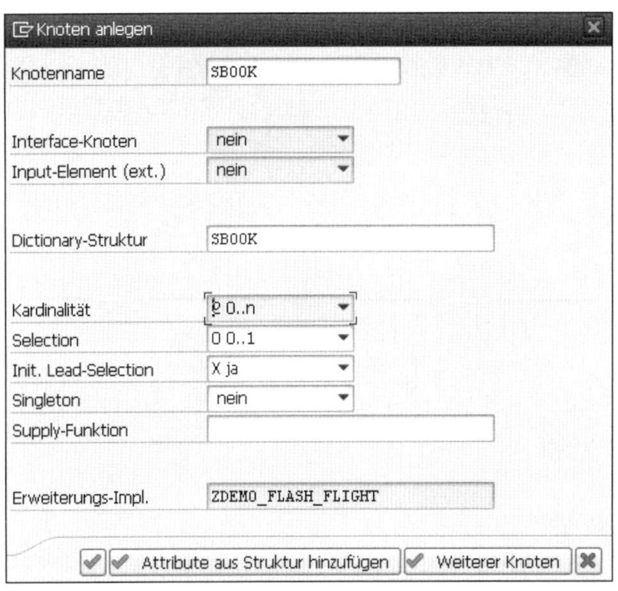

Abbildung 20.32 Anlage eines neuen Knotens für die Buchungen

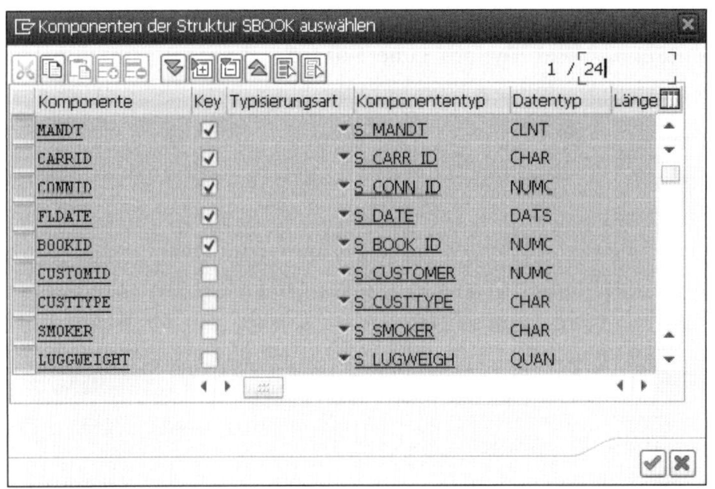

Abbildung 20.33 Auswahl der gewünschten Komponenten aus der Struktur SBOOK

6. Dadurch ergibt sich der fertig ausgeprägte Context aus Abbildung 20.34. Kontrollieren Sie hier nochmals, ob Sie die Kardinalität **0..n** ausgewählt haben, da der Knoten ansonsten keine Menge von Buchungen aufnehmen kann.

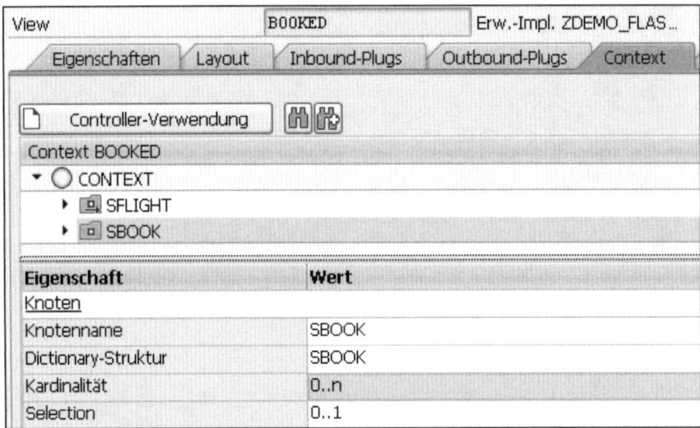

Abbildung 20.34 Ausgeprägter Kontext im neu angelegten View

View-Layout ausprägen

Tabelle anlegen

Sie können jetzt auf der Registerkarte **Layout** des Views eine Tabelle anlegen, die den Inhalt dieses Knotens auf der Oberfläche anzeigen wird:

1. Wechseln Sie hierzu auf die Registerkarte **Layout** innerhalb desselben Views.
2. Klicken Sie auf **Web Dynpro Code Wizard** (icon) in der Funktionsleiste. Wählen Sie im Wizard den Eintrag **Table** durch einen Doppelklick aus.
3. Dadurch öffnet sich das Pop-up-Fenster aus Abbildung 20.35, in dem Sie jetzt ein Context-Binding für die neu zu generierende Tabelle definieren müssen.

   Klicken Sie hierzu auf die Schaltfläche **Context**, und wählen Sie den eben angelegten Knoten SBOOK aus. Bestätigen Sie anschließend die Generierung der Tabelle mit **Weiter** (icon).

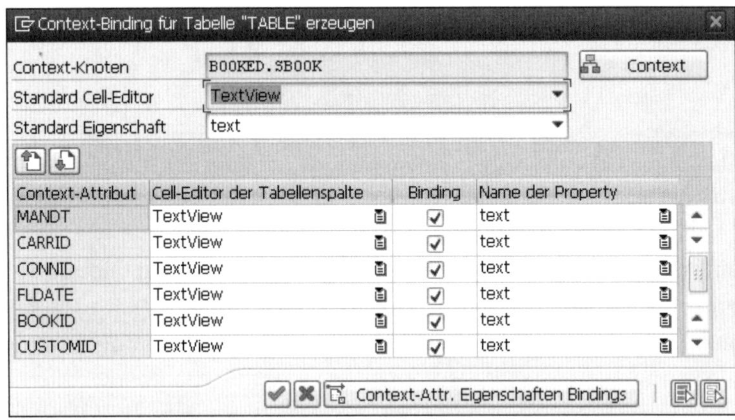

Abbildung 20.35 Context-Binding für die zu generierende Tabelle definieren

4. Dadurch wird auf der Oberfläche eine neue Tabelle TABLE angelegt, die die Spalten der Struktur SBOOK anzeigt (siehe Abbildung 20.36).

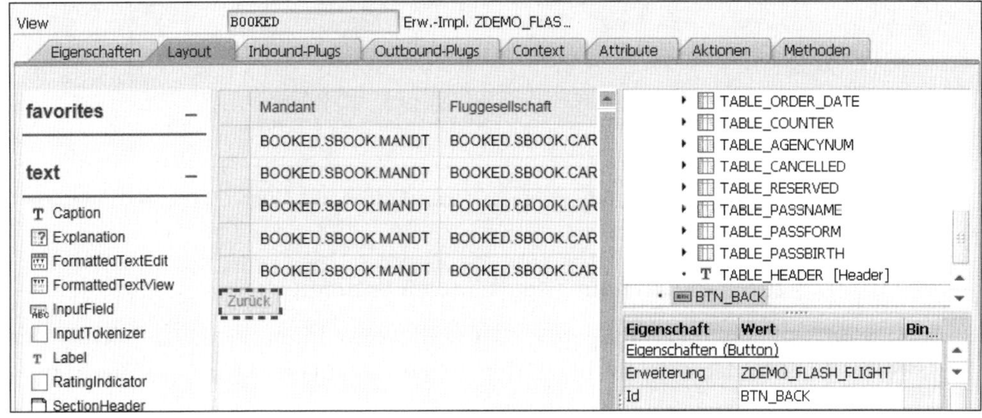

Abbildung 20.36 Layout des neuen Views für die Buchungen

5. Legen Sie unter der Tabelle eine neue Schaltfläche BTN_BACK an, die später dazu dienen wird, wieder zur ursprünglichen Flugliste zurückzunavigieren.

Damit ist die Oberfläche des neuen Views bereits fertig.

View-Navigations-Plugs anlegen

Als Nächstes müssen Sie die Navigations-Plugs des Views anlegen:

Inbound- und Outbound-Plugs

20

1. Wechseln Sie auf die Registerkarte **Inbound-Plugs**, und legen Sie hier einen neuen Plug FROM_CHOOSE_FLIGHT an, indem Sie diesen in die Tabelle eintragen (siehe Abbildung 20.37). Dieser Plug wird dazu dienen, von der Flugliste zu den Buchungen zu navigieren.

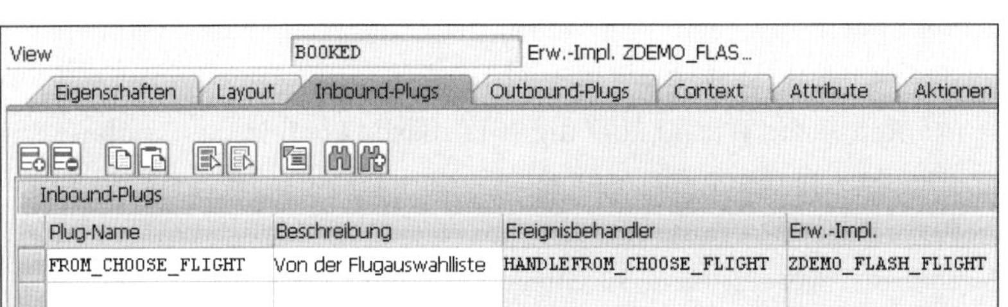

Abbildung 20.37 Anlage eines neuen Inbound-Plugs

2. Wechseln Sie danach auf die Registerkarte **Outbound-Plugs**, und legen Sie hier einen neuen Plug TO_CHOOSE_FLIGHT an (siehe Abbildung 20.38). Dieser Plug wird dazu dienen, von den Buchungen zurück zur Flugliste zu navigieren.

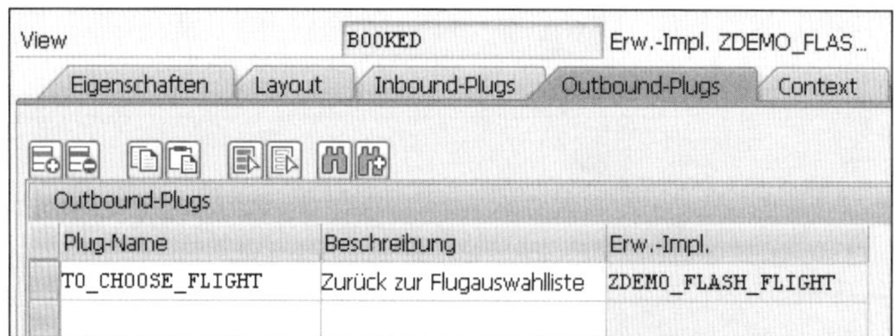

Abbildung 20.38 Anlage eines neuen Outbound-Plugs

20.5.3 Anwendungslogik implementieren

Selektion der Buchungen

In diesem Schritt geht es darum, die Anwendungslogik zu implementieren. Für den ausgewählten Flug sollen die zugehörigen Buchungen aus der Tabelle SBOOK selektiert werden:

1. Wechseln Sie hierzu auf die Registerkarte **Methoden**.
2. Klicken Sie doppelt auf die Methode WDDOMODIFYVIEW, um sie zu implementieren. Diese Methode wird anders als die Methode WDDOINIT bei jeder Navigation zum View aufgerufen und nicht nur bei der erstmaligen Navigation. Dieses Verhalten werden wir uns zunutze machen. Jedes Mal, wenn die Anwendung zum Buchungs-View navigiert, wurde vorher in der Flugliste ein Flug ausgewählt und anschließend auf die Schaltfläche **Zu den Buchungen** angeklickt. Daher müssen als Erstes die Daten zum ersten Flug selektiert werden. Diese werden zu diesem Zeitpunkt im Context-Knoten SFLIGHT gehalten, dessen Lead-Selection die aktuell ausgewählte Zeile der Flugliste enthält.
3. Diese Lead-Selection können Sie sich über den Wizard auslesen lassen. Klicken Sie hierzu zwischen den Anweisungen METHOD ... und ENDMETHOD auf eine leere Zeile (in Abbildung 20.39 die Zeile 3), und wählen Sie aus der Funktionsleiste die Schaltfläche **WebDynpro Code Wizard** ( ) aus.
4. Wählen Sie im Wizard über die Schaltfläche **Context** den Knoten SFLIGHT und die Operation **Auslesen** aus. Bestätigen Sie diese Auswahl anschließend mit **Weiter** ( ).
5. Dadurch werden rund 30 Quellcodezeilen in die Methode WDDOMODIFY-VIEW eingefügt. Scrollen Sie zur letzten Zeile (wo die Methode GET_STATIC_ATTRIBUTES aufgerufen wird), und wählen Sie *danach* eine leere Zeile mit einem Linksklick aus (in Abbildung 20.40 ist dies Zeile 28).

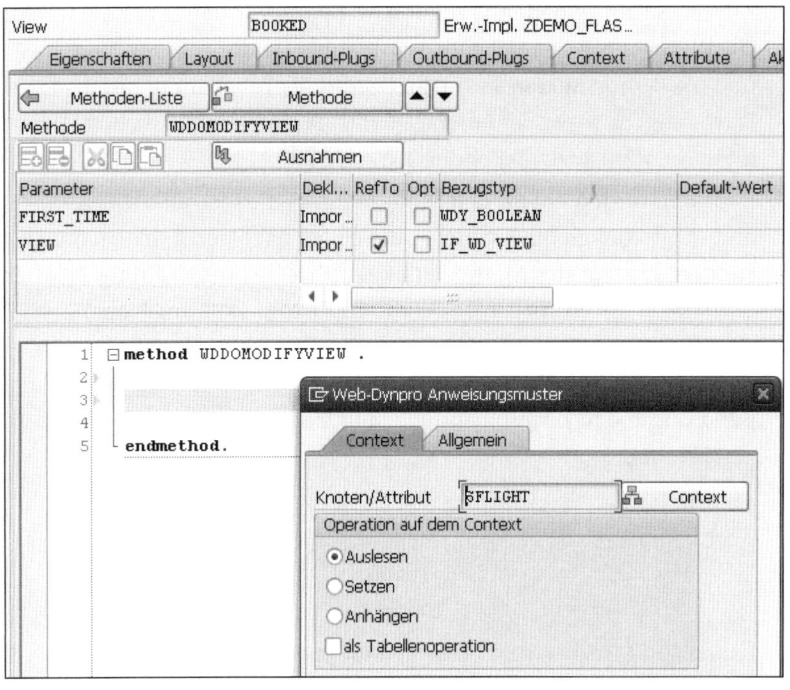

Abbildung 20.39 Auslesen des aktuell ausgewählten Fluges mithilfe des Wizards

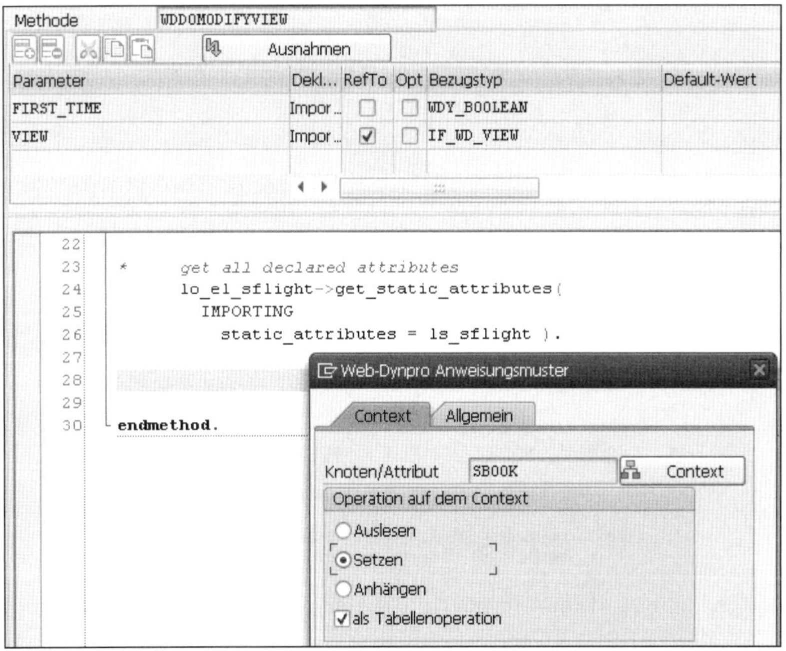

Abbildung 20.40 Buchungstabelle mithilfe des Wizards setzen

6. Klicken Sie anschließend erneut in der Funktionsleiste auf die Schaltfläche **Web Dynpro Code Wizard** (). Wählen Sie diesmal den Knoten SBOOK und die Option **Setzen** sowie die Option **Als Tabellenoperation** aus (dies ist wichtig, da sonst der falsche Quellcode generiert wird). Bestätigen Sie diese Auswahl anschließend mit **Weiter** ().
7. Dadurch werden erneut Quellcodezeilen in die Methode WDDOMODIFYVIEW eingefügt. Navigieren Sie hier in die Zeilen nach den beiden DATA-Anweisungen und vor der Methode GET_CHILD_NODE (in Abbildung 20.41 Zeile 31). Fügen Sie an dieser Stelle die in Listing 20.1 angegebene SELECT-Anweisung ein. Diese Anweisung füllt die interne Tabelle LT_SBOOK für den aktuellen Flug in der Struktur SFLIGHT. Diese Tabelle wird abschließend durch den nachfolgenden Quelltext zurück in den Context SBOOK geschrieben.

```
SELECT * FROM sbook INTO TABLE lt_sbook
  WHERE carrid = ls_sflight-carrid
    AND connid = ls_sflight-connid
    AND fldate = ls_sflight-fldate.
```

Listing 20.1 Selektion der Buchungen zum aktuellen Flugdatum

Abbildung 20.41 stellt die fertige Änderung mit der eingefügten SELECT-Anweisung dar.

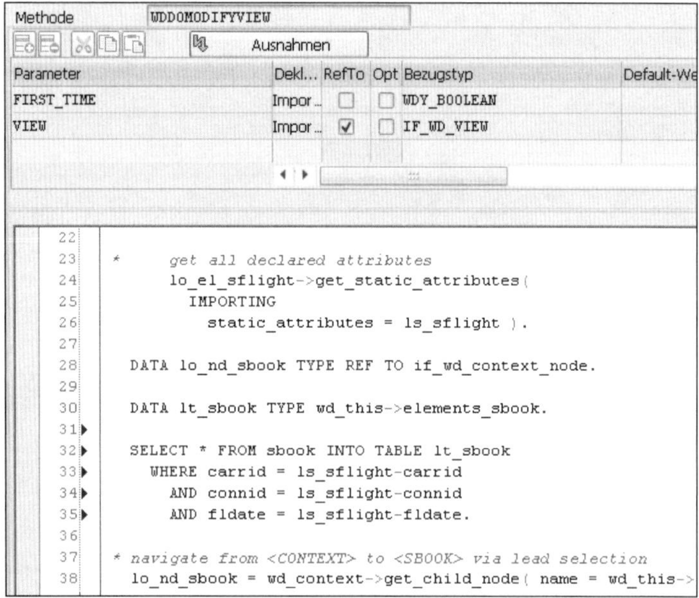

Abbildung 20.41 Implementierte Selektion zum Lesen der Buchungen

8. Speichern () und aktivieren () Sie die bisherigen Änderungen.

Damit sind alle Änderungen an dem neuen View abgeschlossen. Im nächsten Schritt geht es darum, den originalen View um eine Schaltfläche zu erweitern und die Navigation auf den neuen View an diese Schaltfläche zu binden.

20.5.4 Originalen View erweitern

Neue Schaltfläche anlegen

Nun geht es darum, den originalen View aus Abbildung 20.25 um eine neue Schaltfläche **Zu den Buchungen** zu erweitern, die auf den eben angelegten neuen View navigiert:

1. Wechseln Sie hierzu per Doppelklick auf den View `CHOOSE_FLIGHT`, der sich unterhalb der Komponente im Ordner **Views** befindet, in diesen View.
2. Denken Sie daran, erneut über die Schaltfläche **Erweitern** () in den Erweiterungsmodus zu wechseln und dann die bereits verwendete Erweiterungsimplementierung `ZDEMO_FLASH_FLIGHT` auszuwählen.
3. Dadurch ist der originale View zur Erweiterung freigegeben. Wechseln Sie nun auf die Registerkarte **Layout**, und fügen Sie hier eine neue Schaltfläche hinzu (siehe Abbildung 20.42).
4. Nennen Sie diese Schaltfläche »BTN_BOOKED«. Setzen Sie zusätzlich die Eigenschaft **Layoutdaten** auf die Option `MatrixHeadData`, was bewirkt, dass die neue Schaltfläche in einer neuen Zeile angezeigt wird.

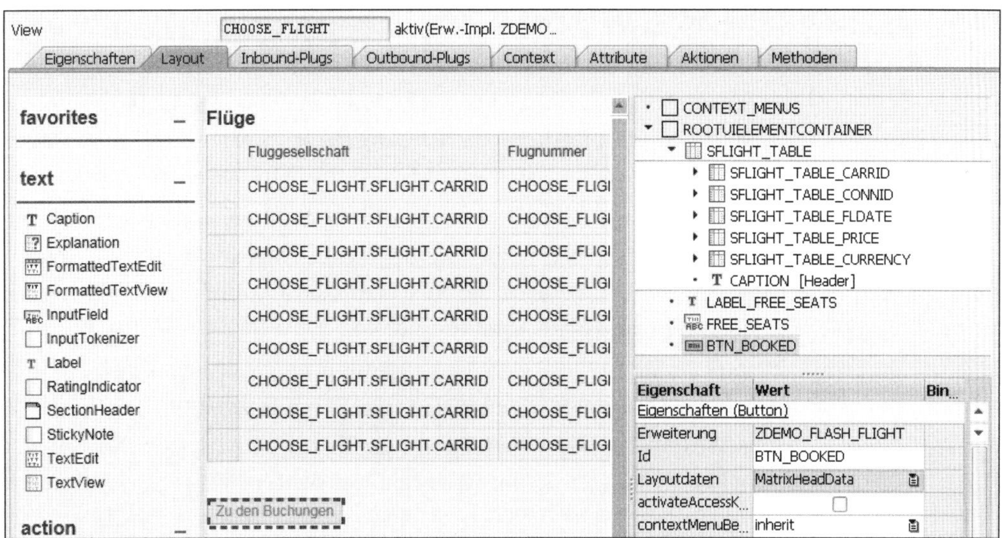

Abbildung 20.42 Neue Schaltfläche auf dem bestehenden View hinzufügen

5. Damit diese Schaltfläche später die Navigation anstoßen kann, muss dem View noch ein neuer Outbound-Plug zugeordnet werden. Gehen Sie hierzu auf die Registerkarte **Outbound-Plugs**, und tragen Sie in der Liste einen neuen Outbound-Plug (hier »TO_BOOKED«) ein, wie in Abbildung 20.43 gezeigt.

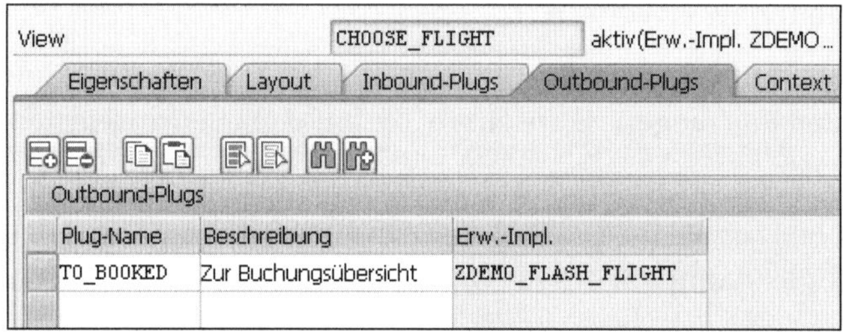

Abbildung 20.43 Einen neuen Outbound-Plug für den bestehenden View anlegen

20.5.5 Navigation im Window ausprägen

Navigationslinks anlegen

Im nächsten Schritt konfigurieren Sie die Navigation, durch die alle bisher angelegten neuen Plugs über Navigationslinks miteinander verbunden werden:

1. Wechseln Sie hierzu per Doppelklick auf das Window WDEMO_FLASH_FLIGHT, das sich unterhalb der Komponente im Ordner **Windows** befindet, in dieses Window.
2. Denken Sie daran, erneut über die Schaltfläche **Erweitern** (◎) in den Erweiterungsmodus zu wechseln. Wählen Sie dabei die bereits verwendete Erweiterungsimplementierung ZDEMO_FLASH_FLIGHT aus. Dadurch wird das originale Window zur Erweiterung freigegeben.
3. Wechseln Sie hier auf die Registerkarte **Window**, und klicken Sie unterhalb des Views PAGE_HEADER mit der rechten Maustaste auf den View-Container SCREEN. Wählen Sie aus dem Kontextmenü den Eintrag **View einbetten** aus (siehe Abbildung 20.44).
4. Verwenden Sie in dem sich öffnenden Pop-up-Fenster aus Abbildung 20.45 die F4-Hilfe für das Feld **Einzubettende View**, um den View BOOKED auszuwählen, also jenen View, den Sie im vorherigen Schritt angelegt haben. Bestätigen Sie Ihre Auswahl mit **Weiter** (✓).

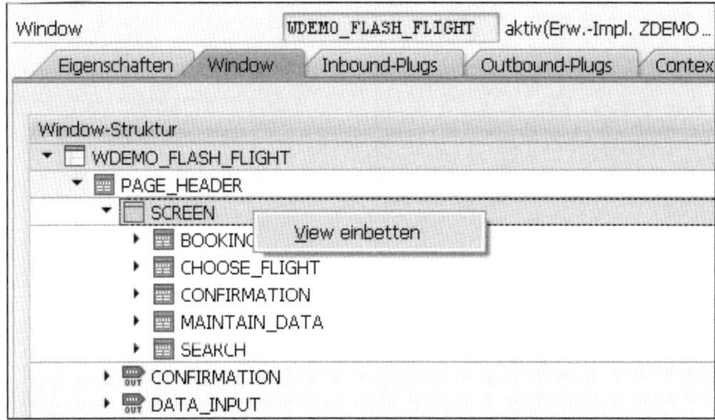

Abbildung 20.44 Den neuen View in das bestehende Window einbetten

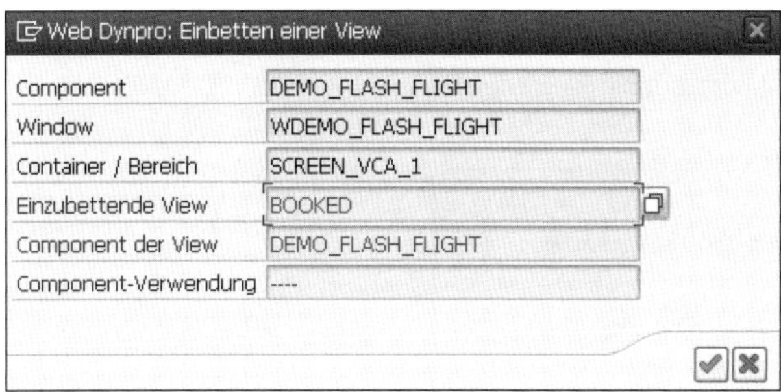

Abbildung 20.45 Auswahl des einzubettenden Views

5. Dadurch wird der View BOOKED nun ebenfalls unter dem View-Container SCREEN geführt. Klappen Sie sowohl den View BOOKED als auch den View CHOOSE_FLIGHT auf, und ziehen Sie die Plugs per Drag & Drop (wie in Abbildung 20.46 dargestellt) wie folgt:
   - TO_BOOKED auf FROM_CHOOSE_FLIGHT
   - TO_CHOOSE_FLIGHT auf CHOOSE_FLIGHT

   Bestätigen Sie das sich dabei jeweils öffnende Pop-up-Fenster mit der Schaltfläche **Weiter** (✔).
6. Sie erhalten daraufhin die Meldung, dass der jeweilige Navigationslink angelegt wurde.
7. Überprüfen können Sie das, indem Sie, wie in Abbildung 20.47 dargestellt, die beiden Outbound-Plugs TO_BOOKED und TO_CHOOSE_FLIGHT aufklappen. Darunter müssten Sie nun die beiden Navigationslinks FROM_CHOOSE_FLIGHT und CHOOSE_FLIGHT sehen können.

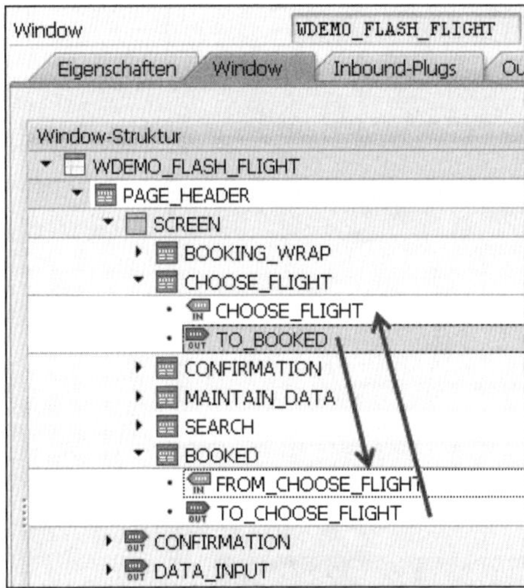

Abbildung 20.46 Navigationslinks erzeugen

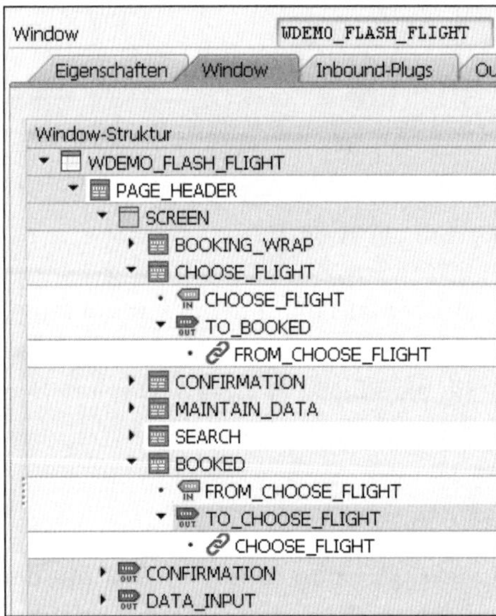

Abbildung 20.47 Erzeugte Navigationslinks

Aktion der Schaltflächen

Damit ist die Navigation zwischen den beiden Views eingerichtet. Im letzten Schritt gilt es nun noch, die beiden Schaltflächen auf den beiden Views so zu implementieren, dass diese jeweils den Plug aufrufen und damit die Navigation angestoßen wird:

1. Wechseln Sie hierzu in den View BOOKED, und gehen Sie erneut über **Erweitern** (◎) in den Erweiterungsmodus.

2. Rufen Sie die Registerkarte **Layout** auf, und navigieren Sie hier zur Schaltfläche BTN_BACK.
3. Klicken Sie hinter dem Ereignis onAction auf die Schaltfläche **Neu** (), siehe Abbildung 20.48).

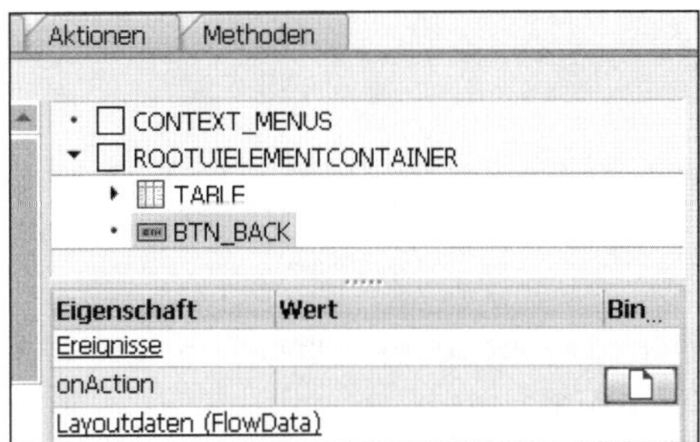

Abbildung 20.48 Ereignisbehandler-Methode für die Aktion »onAction« anlegen

4. Tragen Sie in dem sich öffnenden Pop-up-Fenster, das Sie in Abbildung 20.49 sehen, einen Namen (hier »TO_CHOOSE_FLIGHT«) und eine Beschreibung für die Aktion sowie den Outbound-Plug (»TO_CHOOSE_FLIGHT«) ein. Bestätigen Sie Ihre Eingaben mit **Weiter** (✔).

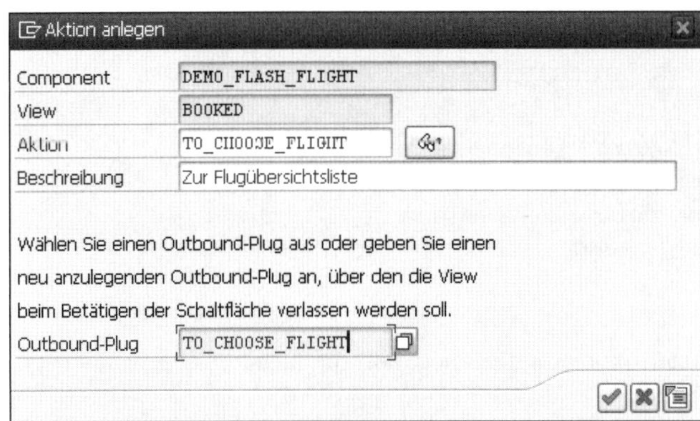

Abbildung 20.49 Aktion für die Navigation zur Flugübersichtsliste anlegen

5. Wenn Sie anschließend in die Methode ONACTIONTO_CHOOSE_FLIGHT auf der Registerkarte **Methoden** wechseln, wird diese Ereignisbehandler-Methode wie in Listing 20.2 implementiert sein.

```
METHOD onactionto_choose_flight.
  wd_this->fire_to_choose_flight_plg( ).
ENDMETHOD.
```

Listing 20.2 Die implementierte Aktion zur Navigation zur Flugübersichtsliste

[»]

Methode ist leer

Wenn die Implementierung der Methode bei Ihnen fehlt, haben Sie vergessen, im Pop-up-Fenster aus Abbildung 20.49 einen Outbound-Plug einzutragen. Implementieren Sie in diesem Fall die Methode ONACTION_CHOOSE_FLIGHT mit dem Quellcode aus Listing 20.2 händisch.

6. Wiederholen Sie diese Schritte für den View CHOOSE_FLIGHT. Wechseln Sie hierzu in den View CHOOSE_FLIGHT, gehen Sie erneut über **Erweitern** () in den Erweiterungsmodus.
7. Klicken Sie auf der Registerkarte **Layout** auf die Schaltfläche BTN_BOOKED, und klicken Sie anschließend hinter dem Ereignis onAction auf die Schaltfläche **Neu** ().
8. Tragen Sie in dem sich öffnenden Pop-up-Fenster aus Abbildung 20.50 einen Namen (hier »TO_BOOKED«) und eine Beschreibung für die Aktion sowie den Outbound-Plug (»TO_BOOKED«) ein. Bestätigen Sie Ihre Eingaben abschließend mit **Weiter** ().

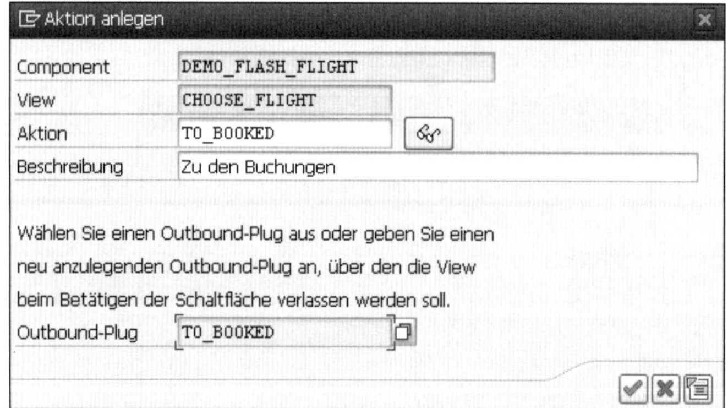

Abbildung 20.50 Aktion für die Navigation zur Buchungsübersicht anlegen

9. Kontrollieren Sie auch hier wieder, ob die Ereignisbehandler-Methode ONACTIONTO_BOOKED wie in Listing 20.3 implementiert ist. Ergänzen Sie diese Implementierung entsprechend, falls sie fehlen sollte.

```
METHOD onactionto_booked.
  wd_this->fire_to_booked_plg( ).
ENDMETHOD.
```

Listing 20.3 Die implementierte Aktion zur Navigation zur Buchungsübersicht

Damit ist die Erweiterung der Anwendung erfolgreich abgeschlossen. Wenn Sie die Anwendung jetzt, wie am Anfang dieses Abschnitts beschrieben, aufrufen und nach Flügen suchen, können Sie sich für einen ausgewählten Flug über die Schaltfläche **Zu den Buchungen** die zum Flug gehörigen Buchungen anzeigen lassen.

20.6 Zusammenfassung

In diesem Kapitel habe ich Ihnen gezeigt, wie Sie so ziemlich jeden Bestandteil einer Web-Dynpro-Komponente im Rahmen des Enhancement Frameworks erweitern können. Zu den Erweiterungsmöglichkeiten zählen z. B.:

- das Erweitern von bestehenden Controllern um neue Attribute, Methoden und Ereignisse
- das Hinzufügen von neuen Knoten in den Kontexten der Controller
- das Anlegen von neuen Views, Windows und Controllern
- das Hinzufügen und Entfernen von UI-Elementen in bestehenden Views
- das Hinzufügen von neuen Plugs und Navigationslinks in bestehenden Windows-Controllern
- das Anlegen von Controller-Verwendungen in bestehenden Controllern

Um diese Erweiterungen durchzuführen, müssen Sie lediglich über die Funktion **Erweitern** (◎) in den Erweiterungsmodus wechseln und eine Erweiterungsimplementierung für die Web-Dynpro-Komponente anlegen. Hierbei ist es wichtig zu verstehen, dass Sie beim Wechseln zwischen den Komponenten, z. B. von einem View-Controller zum Komponenten-Controller, den Erweiterungsmodus wieder verlassen. Daher müssen Sie über die Funktion **Erweitern** (◎) stets wieder neu in den Erweiterungsmodus wechseln.

Kapitel 21

Erweiterung des Code Inspectors

In diesem Kapitel stelle ich Ihnen den Code Inspector vor und zeige Ihnen, wie Sie diesen um Ihre eigenen Prüfungen erweitern können.

In diesem Kapitel geht es nicht um eine spezielle Erweiterungstechnik, sondern darum, wie Sie ein für die Entwicklung nützliches SAP-Standardwerkzeug erweitern können: den *Code Inspector*. Der Code Inspector kann Ihren Quellcode nach gewissen vordefinierten Kriterien überprüfen. Ziel dieser Prüfungen ist es, automatisiert Fehler aufzudecken und so die Qualität Ihrer Entwicklungen zu verbessern.

Abbildung 21.1 zeigt das Ergebnis einer solchen Prüfung für die Entwicklungsobjekte eines großen SAP-Entwicklungsprojekts.

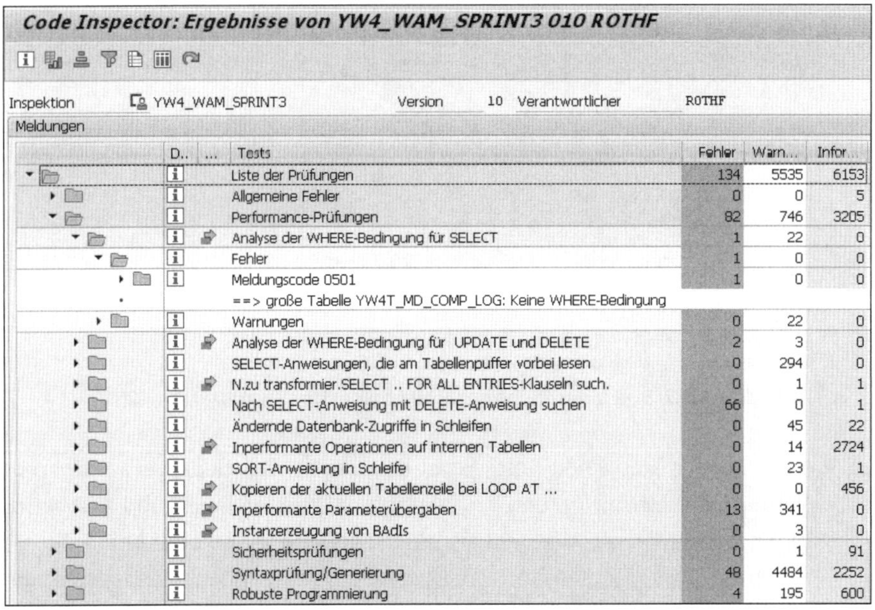

Code Inspector: Ergebnisse von YW4_WAM_SPRINT3 010 ROTHF

Inspektion YW4_WAM_SPRINT3 Version 10 Verantwortlicher ROTHF

Meldungen

Tests	Fehler	Warn...	Infor...
Liste der Prüfungen	134	5535	6153
Allgemeine Fehler	0	0	5
Performance-Prüfungen	82	746	3205
Analyse der WHERE-Bedingung für SELECT	1	22	0
Fehler	1	0	0
Meldungscode 0501	1	0	0
==> große Tabelle YW4T_MD_COMP_LOG: Keine WHERE-Bedingung			
Warnungen	0	22	0
Analyse der WHERE-Bedingung für UPDATE und DELETE	2	3	0
SELECT-Anweisungen, die am Tabellenpuffer vorbei lesen	0	294	0
N.zu transformier.SELECT .. FOR ALL ENTRIES-Klauseln such.	0	1	1
Nach SELECT-Anweisung mit DELETE-Anweisung suchen	66	0	1
Ändernde Datenbank-Zugriffe in Schleifen	0	45	22
Inperformante Operationen auf internen Tabellen	0	14	2724
SORT-Anweisung in Schleife	0	23	1
Kopieren der aktuellen Tabellenzeile bei LOOP AT ...	0	0	456
Inperformante Parameterübergaben	13	341	0
Instanzerzeugung von BAdIs	0	3	0
Sicherheitsprüfungen	0	1	91
Syntaxprüfung/Generierung	48	4484	2252
Robuste Programmierung	4	195	600

Abbildung 21.1 Eine exemplarische Ergebnisliste des Code Inspectors

Beispiel für die Vererbung von Klassen

Mit der Vorstellung der Erweiterungsmöglichkeiten für den Code Inspector demonstriere ich Ihnen in diesem Kapitel an einem praktischen Beispiel die Verwendung der Vererbung von Klassen im Kontext von Erweiterungen. Der Code Inspector ist ein offenes Framework, dessen Standardtestklassen Sie mittels Vererbung erweitern können, um Ihre eigenen Prüfungen zu implementieren. Mit diesen Prüfungen können Sie später Ihren Quellcode automatisiert analysieren.

21.1 Einführung in den Code Inspector

Startoberfläche

Die Haupttransaktion zur Arbeit mit dem Code Inspector ist die Transaktion SCI, deren Startoberfläche Sie in Abbildung 21.2 sehen können. In dieser Eingabemaske haben Sie die Möglichkeit, die Menge der zu prüfenden Repository-Objekte festzulegen. Zusätzlich legen Sie den gewünschten Prüfumfang fest und speichern diesen in einer eigenen *Prüfvariante*. Die so definierte Prüfvariante und die Objektmenge kombinieren Sie zu einer *Inspektion*. Über eine solche Inspektion können Sie letztlich eine Prüfung ausführen.

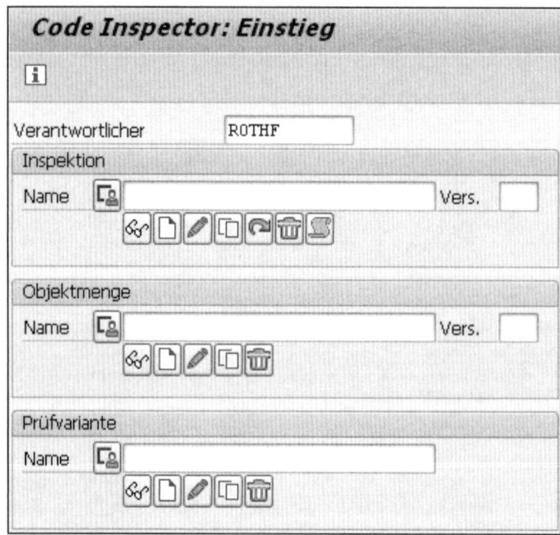

Abbildung 21.2 Startoberfläche des Code Inspectors (Transaktion SCI)

Ad-hoc-Prüfung

Neben dieser statischen (und damit beliebig häufig wiederverwendbaren) Variante der Definition von Prüfvarianten, Objektmengen und Inspektionen gibt es noch die Möglichkeit, eine sogenannte *Ad-hoc-Prüfung* durchzuführen. Dies geschieht in Transaktion SCII. Diese Möglichkeit beschreibe ich im folgenden Abschnitt. Für diese Ausführungsmöglichkeit zeige ich Ihnen in diesem Kapitel ein Erweiterungsbeispiel. Im Gegensatz zur Transaktion SCI werden die hier ermittelten Ergebnisse nicht für eine spätere Analyse gespeichert, sondern nach dem Schließen der Transaktion wieder verworfen.

Transaktion SCII

Zur direkten Ausführung des Code Inspectors rufen Sie Transaktion SCII auf. In Transaktion SCII können Sie auch innerhalb verschiedener Anwendungen der ABAP Workbench (Transaktion SE80) über den Menüpfad **Programm • Prüfen • Code Inspector** abspringen. Wenn Sie diese Transaktion direkt aufrufen, haben Sie noch die Möglichkeit, die durchzuführenden Prüfungen sowie die zu prüfenden Objekte zu definieren, während bei einem Absprung aus Transaktion SE80 einfach die im System voreingestellte Prüfvariante ausgeführt wird. Abbildung 21.3 zeigt die Startoberfläche der Transaktion SCII.

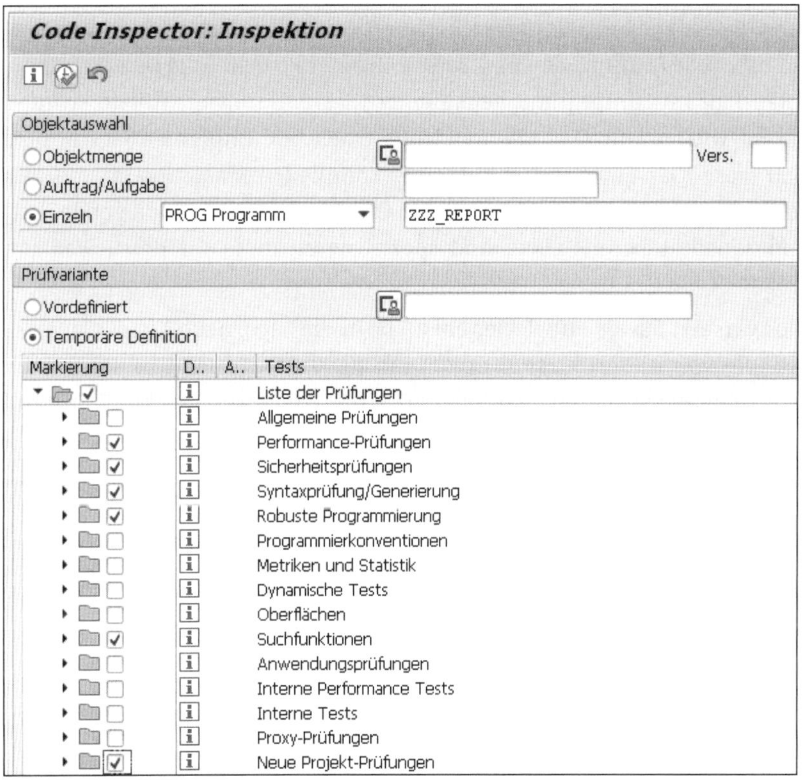

Abbildung 21.3 Die Schnelltestoberfläche der Transaktion SCII

Direkte Ausführung

Die Anwendung dieser Transaktion ist denkbar einfach: Tragen Sie im Bereich **Objektauswahl** das zu prüfende Objekt ein. In Abbildung 21.3 wurde beispielsweise die Option **Einzeln** ausgewählt (um ein einzelnes Objekt zu überprüfen) und das Programm `ZZZ_REPORT` eingetragen. Wählen Sie hier einen beliebigen Report aus. Wählen Sie zusätzlich in dem Navigationsbaum im Bereich **Prüfvariante** die gewünschten Prüfungen aus. Diese sind standardmäßig auch schon vorausgewählt. Führen Sie abschließend die

Prüfungen über einen Klick auf die Schaltfläche **Ausführen** () aus. Dadurch gelangen Sie zu einer Ergebnisübersicht ähnlich der in Abbildung 21.1.

21.2 Code Inspector um eigene Prüfungen erweitern

Anwendung des Vererbungsmechanismus

Sie können für den Code Inspector auch selbst geschriebene Prüfungen implementieren. Das heißt, Sie können die in Abbildung 21.3 verfügbaren Prüfungen um weitere Ordner und Prüfungen erweitern. Dies ist möglich, weil alle Kategorien und Prüfungen, die Sie innerhalb des Code Inspectors zur Auswahl haben, auf Klassen basieren. Mit anderen Worten: Jeden Ordner bzw. jede Prüfung, den bzw. die Sie in einer Prüfvariante sehen können, entspricht im Hintergrund genau einer Klasse. Damit nicht jede Prüfung immer wieder aufs Neue den gleichen Quellcode implementieren muss, sind diese Klassen mitunter Teil einer komplexen Klassenhierarchie. Das heißt, die einzelnen Klassen erben von Oberklassen, die grundlegende Testfunktionalität bereitstellen, und spezialisieren diese für den jeweiligen Test.

Implementierungsschritte

Dies versetzt Sie als Entwickler ebenfalls in die Lage, neue Klassen anzulegen, die von diesen Klassen erben, um neue Kategorien und Prüfungen dem Code Inspector hinzuzufügen. Um dies zu bewerkstelligen, sind folgende Schritte notwendig:

1. Anlegen einer Kategorienklasse, die von der Hauptkategorienklasse erbt
2. Aktivieren der neuen Kategorie
3. Anlegen einer Prüfklasse, die von der gewünschten Hauptprüfklasse erbt
4. Aktivieren der neuen Prüfung
5. Implementierung der auszuführenden Prüflogik

Alle Schritte erläutere ich in den folgenden Abschnitten anhand eines einfachen und beispielhaften Szenarios. Zunächst stelle ich Ihnen dieses Szenario kurz vor

21.2.1 Das Beispielszenario

Neue Prüfungsanforderungen

In Ihrem Unternehmen wurde eine neue Programmierkonvention eingeführt. Nach kurzer Zeit stellt die Projektleitung fest, dass diese nicht von allen Entwicklern eingehalten wird, und einigt sich darauf, nur noch Entwicklungen transportieren zu lassen, die diese Anforderung komplett erfüllen. Die Projektleitung plant dafür den Einsatz des Code Inspectors, stellt aber fest, dass die von SAP bereitgestellten Standardprüfungen die neuen

Programmierkonventionen nicht zu 100% überprüfen können. Sie erhalten daher den Auftrag, den Code Inspector zu erweitern.

Insbesondere existiert eine Richtlinie, die aussagt, dass am Kopf eines jeden Reports eine Dokumentation stehen soll, die Informationen über die jeweilige Entwicklung preisgibt. In diesem Kopf soll vor allem die Implementierungsnummer angegeben werden. Durch diese Implementierungsnummer soll die Entwicklung eindeutig identifiziert werden können. Dadurch soll eine eindeutige Zuordnung zu einem Ticket bzw. zu einem Implementierungsauftrag gewährleistet werden.

Der in Listing 21.1 gezeigte Dokumentationskopf wurde hierzu für die Entwickler vorgegeben.

```
**********************************************************************
* Report Name: <REPORT>                                              *
* Report Title: <DESCRIPTION>                                        *
* Author's Name: <SAP USER ID>                                       *
* Create Date: <MM/DD/YYYY>                                          *
* Called from: <Report where used information>                       *
* Implementation Order: <ID>                                         *
*                                                                    *
* Description: <DESCRIPTION EXPLAINING FUNCTIONALITY>                *
* <DESCRIPTION EXPLAINING FUNCTIONALITY>                             *
*--------------------------------------------------------------------*
* Development / Modification History                                 *
*--------------------------------------------------------------------*
* Ver. # | Date | Author | Description / Transport                   *
*--------------------------------------------------------------------*
```

Listing 21.1 Beispielhafte Definition eines Dokumentationskopfes

Ihre Aufgabe soll es sein, zu überprüfen, ob die Implementierungsnummer von den Programmierern auch wirklich in diesem Schema hinterlegt wurde. Die Angabe der Implementierungsnummer hat den folgenden Aufbau:

```
Implementation Order: IO<6-stellige Nummer>
```

Testreport

Als Testreport soll der in Listing 21.2 dargestellte Report dienen. Der Programmierer hat hier alle wichtigen Details eingetragen, er hat aber aus Versehen anstelle einer insgesamt achtstelligen ID nur eine siebenstellige eingetragen.

```
***********************************************************************
* Report Name: ZZZ_REPORT                                             *
* Report Title: Beispiel                                              *
* Author's Name: ROTHF                                                *
* Create Date: 23/07/2018                                             *
* Called from: -                                                      *
* Implementation Order: I012345                                       *
*                                                                     *
* Description: Beispiel für Erweiterung des Code Inspectors           *
* Hier wurde die Implementierungsnummer aus Versehen falsch hinterlegt *
* Sie müsste eigentlich die Länge 8 haben                             *
*---------------------------------------------------------------------*
* Development / Modification History                                  *
*---------------------------------------------------------------------*
* Ver. # | Date | Author | Description / Transport                    *
*---------------------------------------------------------------------*
```

Listing 21.2 Beispielhaft falsch ausgefüllter Dokumentationskopf

Neuer Prüfungsordner

Ziel ist es, dass der Code Inspector mit einer neuen Prüfung diesen Fehler automatisiert findet und eine Fehlermeldung ausgibt. Dazu soll ein neuer Ordner für diese neue Prüfung angelegt werden. In Abbildung 21.4 ist diese Prüfung zu sehen, während in Abbildung 21.5 die auszugebende Fehlermeldung dargestellt ist.

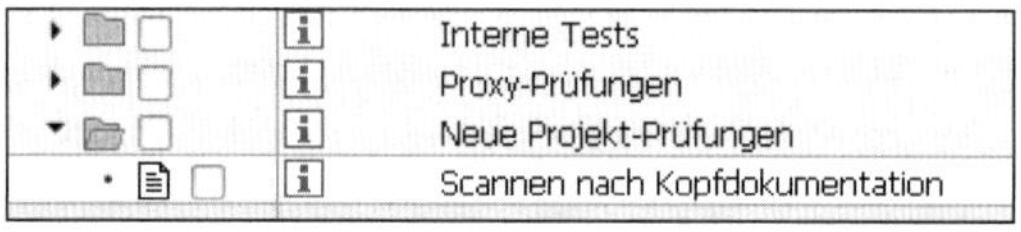

Interne Tests
Proxy-Prüfungen
Neue Projekt-Prüfungen
Scannen nach Kopfdokumentation

Abbildung 21.4 Eine neue Prüfung unter einem neuen Ordner

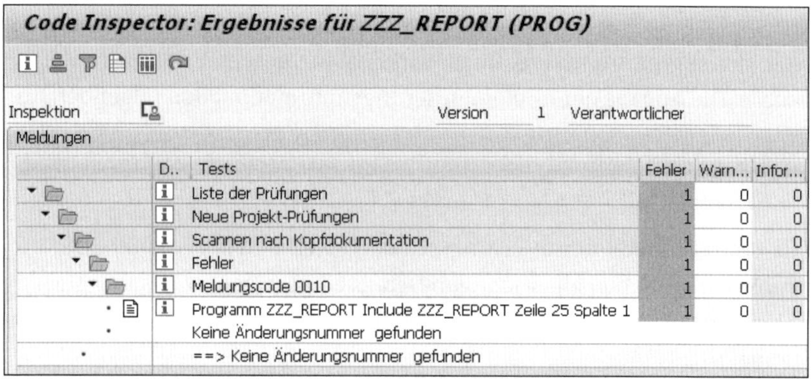

Code Inspector: Ergebnisse für ZZZ_REPORT (PROG)

Inspektion | Version 1 | Verantwortlicher

Meldungen

D..	Tests	Fehler	Warn...	Infor...
	Liste der Prüfungen	1	0	0
	Neue Projekt-Prüfungen	1	0	0
	Scannen nach Kopfdokumentation	1	0	0
	Fehler	1	0	0
	Meldungscode 0010	1	0	0
	Programm ZZZ_REPORT Include ZZZ_REPORT Zeile 25 Spalte 1	1	0	0
	Keine Änderungsnummer gefunden			
	==> Keine Änderungsnummer gefunden			

Abbildung 21.5 Erwartete Ergebnisliste für den falschen Dokumentationskopf

Das Szenario wäre natürlich beliebig erweiterbar. Zum Beispiel könnte anhand einer kundeneigenen Tabelle geprüft werden, ob die Implementierungsnummer auch wirklich existiert oder nur frei erfunden wurde. Auch eine Synchronisierung mit einem weiteren Werkzeug wie dem SAP Solution Manager oder einem anderen Tickettool wäre denkbar. Dies würde für das hier skizzierte Beispiel allerdings zu weit führen.

Weitere mögliche Szenarien

Da letztlich jedes Unternehmen spezifische Anforderungen hat, sind hier viele Szenarien möglich. Nachfolgend finden Sie ein paar Beispiele:

- Wurde beim Update bestimmter kundeneigener Tabellen darauf geachtet, auch eine zweite, zwingend notwendige Tabelle anzupassen?
- Wurde ein Update für eine Tabelle vorgenommen, für die nur ein bestimmter Funktionsbaustein verwendet werden soll?
- Wurde eine Tabelle gelesen, die besser mit einer Methode gelesen werden sollte, um performancekritisches Nachladen von Daten zu vermeiden?
- Wurde eine Programmänderung in einem anderen externen Tool ebenfalls dokumentiert?
- Wird eine Standard-SAP-Klasse verwendet, an deren Stelle es jedoch eine kundeneigene Klasse gibt, die wichtige Sonderfunktionen enthält?
- Wurde bei einer BSP-Applikation (Business Server Pages) die Page Directive für das Encoding gesetzt?
- Befinden sich noch To-do-Kommentare im Quellcode – und wenn ja, wo?

21.2.2 Neue Prüfkategorie anlegen

Kategorie »Neue Projekt-Prüfungen«

Zuerst wollen wir uns darum kümmern, dass der Code Inspector um eine neue Prüfkategorie erweitert wird. Diese neue Kategorie soll »Neue Projekt-Prüfungen« heißen.

1. Gehen Sie dazu in den Class Builder (Transaktion SE24), und erstellen Sie eine neue Kopie der bestehenden Klasse `CL_CI_CATEGORY_TEMPLATE`, indem Sie auf die Schaltfläche **Klasse/Interface kopieren** (⧉) klicken (siehe Abbildung 21.6).
2. Nennen Sie die neue Klasse zum Beispiel »ZCL_CI_NEW_CHECKS«. Der Name dieser Klasse ist frei wählbar, Sie müssen sich später nur an diesen Namen erinnern. Ein Erben von der Template-Klasse ist an dieser Stelle nicht möglich, da diese als finale Klasse gekennzeichnet ist. Aufgabe dieser neuen Klasse wird es sein, die Position und den Text der Kategorie im Code Inspector (wie in Abbildung 21.4) vorzugeben.

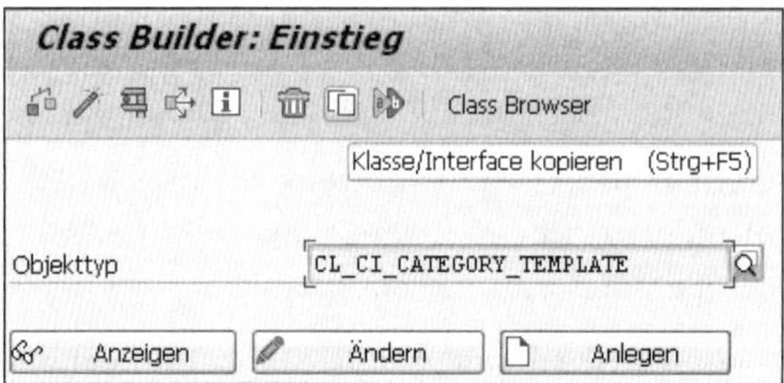

Abbildung 21.6 Kopieren einer Klasse in Transaktion SE24

3. Rufen Sie den Konstruktor der Klasse auf, indem Sie auf der Registerkarte **Methoden** doppelt auf die Methode CONSTRUCTOR aus Abbildung 21.7 klicken.

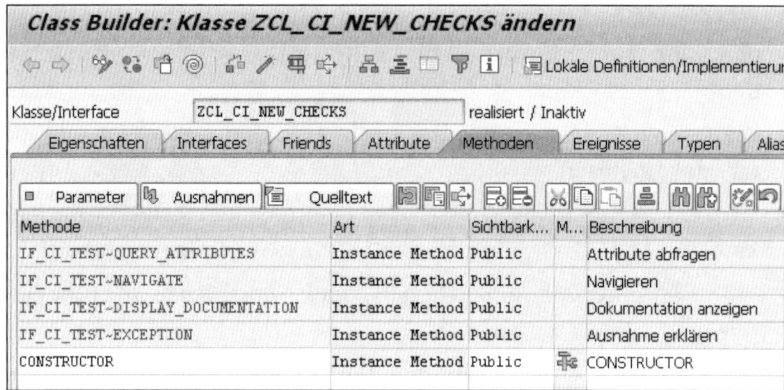

Abbildung 21.7 Kopierte Klasse mit dem anzupassenden Konstruktor

4. Ändern Sie anschließend den Code in der Methode CONSTRUCTOR so, dass sie die Zeilen aus Listing 21.3 enthält.

```
METHOD constructor.
  super->constructor( ).
  description = 'Neue Projekt-Prüfungen'. "EC NOTEXT
  category    = 'CL_CI_CATEGORY_TOP'.     "EC NOTEXT
  position    = '999'. "Ordner soll am Ende angezeigt werden
ENDMETHOD.
```

Listing 21.3 Angepasster Konstruktor für einen neuen Prüfordner

5. Wir wollen die neue Kategorie direkt unter der Hauptkategorie **Liste der Prüfungen** einfügen. Deshalb wählen Sie hier für das Attribut category die Klasse CL_CI_CATEGORY_TOP. Das Attribut position gibt die Position in diesem Ordner an. Der Wert »999« führt dazu, dass unser neuer Ordner ganz am Ende der in diesem Ordner aufgeführten Kategorien eingefügt wird.

6. Aktivieren (🖉) Sie abschließend die komplette Klasse. Dies ist wichtig, da das SAP-System sonst nicht auf die Klasse zugreifen kann und somit auch der Ordner nicht angezeigt werden kann.

[«]

Komplexe Prüfungshierarchien

Möchten Sie in diesem Ordner später komplexe Prüfungshierarchien anlegen, ist dies möglich, indem Sie in den weiteren (von Ihnen kopierten) Ordnerklassen im Attribut `category` auf Ihre erste Klasse verweisen. Dieses Vorgehen können Sie beliebig oft wiederholen.

Kategorienklasse aktivieren

Damit der Code Inspector Kenntnis von dieser neuen Ordnerklasse erhält, müssen Sie diese in der Verwaltung der Tests aktivieren:

1. Rufen Sie hierzu die Transaktion SCI auf, und wählen Sie im Menü den Eintrag **Springen • Verwaltung von • Tests** (siehe Abbildung 21.8).

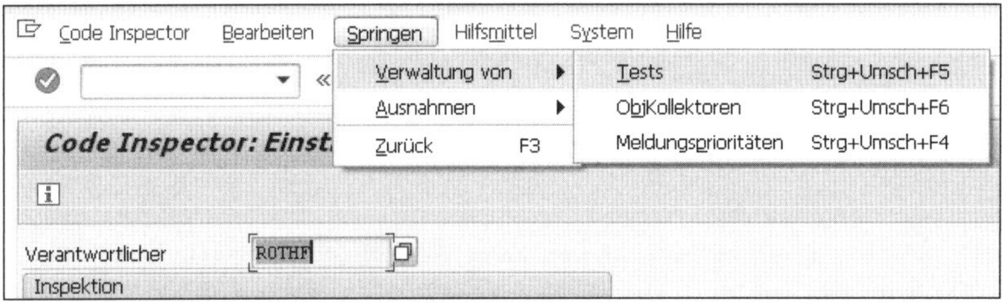

Abbildung 21.8 Verwaltung von Tests aufrufen

2. Scrollen Sie im nächsten Dialogfenster, das eine Liste der Prüfungen ausgibt, bis ans Ende der Liste. Hier werden Sie Ihre eben neu angelegte Klasse wiederfinden (siehe Abbildung 21.9).
3. Aktivieren Sie die Klasse, indem Sie den Haken davorsetzen, und klicken Sie abschließend auf **Speichern** (💾).

☑ CL_SAUNIT_LEGACY_CI_CHECK	i	ABAP Unit	SAP	Dynamische Tests
☑ CL_SAUNIT_LEGACY_CI_CHECK_CONV	i	Testkonventionen von ABAP Unit	SAP	Programmierkonventionen
☑ CL_WDY_CI_TEST_COMPONENT_DEF	i	Web Dynpro Component - Standard Prüfung	SAP	Oberflächen
☑ CL_WDY_CI_TEST_CONVENTIONS	i	Web Dynpro Programmierkonventionen	SAP	Oberflächen
☐ CL_ZDM_CC_ZDM_ENABLEMENT_CI	i	CI-Test für ZDM-Fähigkeit	SAP	Performance-Prüfungen
☑ ZCL CI NEW CHECKS	i	Neue Projekt-Prüfungen	ROTHF	Liste der Prüfungen

Abbildung 21.9 Aktivieren des neuen Testordners

4. Bestätigen Sie hier das Pop-up-Fenster mit der Meldung *»Wollen Sie die Liste der Prüfungen wirklich sichern?«* mit **Ja**.

Wenn Sie nun Transaktion SCI neu starten (oder in Transaktion SCII wechseln) und eine Prüfvariante aufrufen, werden Sie feststellen, dass die neue Kategorie hinzugefügt wurde. Wie in Abbildung 21.10 zu erkennen, enthält diese Kategorie allerdings noch keine Inhalte, und auch wenn Sie auf das Dokumentations-Icon (i) klicken, wird sich keine Dokumentation öffnen. Im nächsten Schritt müssen Sie daher diese Kategorie eine neue Prüfung hinzufügen.

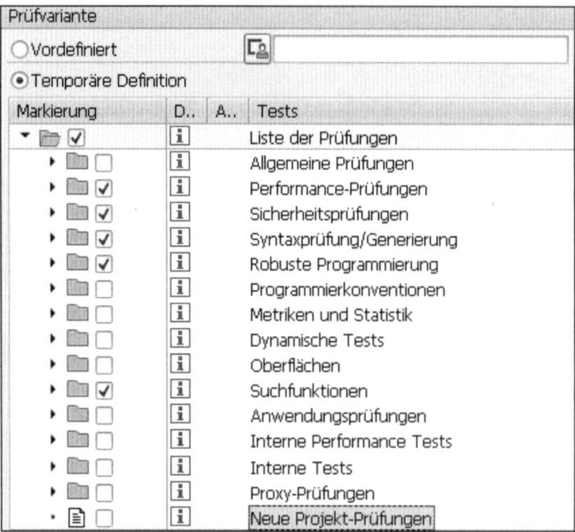

Abbildung 21.10 Neu hinzugefügter, aber leerer Testordner

[»]

Dokumentation hinterlegen

Eine Dokumentation zur Kategorie können Sie in Transaktion SE61 hinzufügen. Wählen Sie hierzu aus der F4-Hilfe des Feldes **Dokumentenklasse** den Eintrag **Klassen-Attribut** aus, und tragen Sie im Bereich **Dokument** als Namen für das Klassenattribut Ihre Klasse ein (hier »ZCL_CI_TEST_DOCU_SCAN«, siehe Abbildung 21.11). Darunter tragen Sie die Versionsnummer »0000« ein). Klicken Sie anschließend auf **Anlegen**, und definieren Sie den gewünschten Dokumentationstext.

Abbildung 21.11 Dokumentation für den Testordner anlegen

21.2.3 Neue Prüfung anlegen

Um eine neue Prüfung anzulegen, müssen Sie, ähnlich wie bei einer neuen Kategorie, auf bestehende Klassen zurückgreifen. Diesmal können Sie allerdings den Vererbungsmechanismus nutzen und müssen keine Kopie einer Klasse erstellen. Alle vorhandenen Prüfklassen erben von der Klasse CL_CI_TEST_ROOT. Abhängig davon, welche Daten Sie für welche Prüfung benötigen, können Sie eine relevante Unterklasse dieser Wurzelklasse heraussuchen und diese entsprechend erweitern.

Vorhandene Prüfklassen

Jede Klasse enthält unterschiedliche Attribute, auf die Sie zurückgreifen können. Eine Prüfung, die darauf abzielt, den Quelltext zu überprüfen, könnte zum Beispiel die Klasse CL_CI_TEST_SCAN erweitern, da diese Klasse eine interne Tabelle enthält, die nacheinander die einzelnen Zeilen eines Reports einliest und in Statements und Tokens aufspaltet. Soll Ihre neue Prüfung dagegen SQL-Statements untersuchen, könnten Sie die Klasse CL_CI_TEST_SELECT erweitern. Insgesamt gibt es über 70 solcher definierter Suchklassen. Abbildung 21.12 gibt einen Überblick über die wichtigsten vorhandenen Klassen.

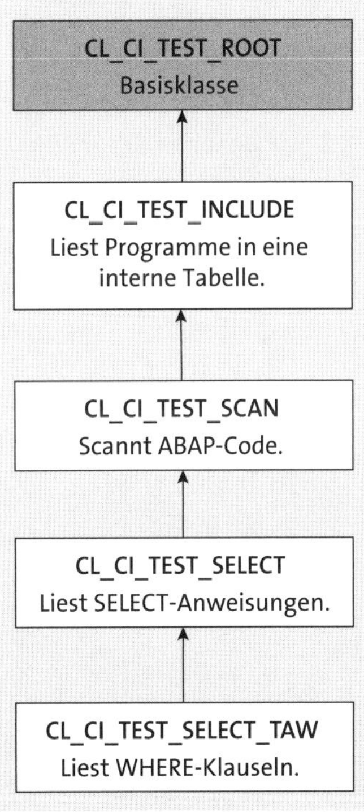

Abbildung 21.12 Überblick über die wichtigsten Prüfklassen

Beispielimplementierungen zu den Prüfklassen

Wenn Sie eine dieser Prüfklassen für Ihre eigenen Tests implementieren wollen, haben Sie jederzeit die Möglichkeit, sich bereits bestehende Prüfklassen anzuschauen, die von den in Abbildung 21.12 aufgeführten Klassen erben. Führen Sie hierzu einen Verwendungsnachweis für die entsprechende Prüfklasse durch.

Prüfklasse als erbende Klasse anlegen

Um in unserem Beispiel zu überprüfen, ob im Kopf eines Reports die Implementierungsnummer enthalten ist, können Sie die Klasse `CL_CI_TEST_SCAN` verwenden:

1. Rufen Sie hierzu Transaktion SE24 auf, und legen Sie eine neue Klasse mit den in Abbildung 21.13 gezeigten Eigenschaften an.
2. Tragen Sie hier insbesondere die Klasse `CL_CI_TEST_SCAN` als **Oberklasse** ein, indem Sie nach der Eingabe der Kurzbeschreibung auf die Schaltfläche **Vererbung anlegen** (⊡) klicken. Diese Schaltfläche wird nach dem Klick ausgeblendet, sodass Sie das Eingabefeld **Oberklasse** aus Abbildung 21.13 sehen.

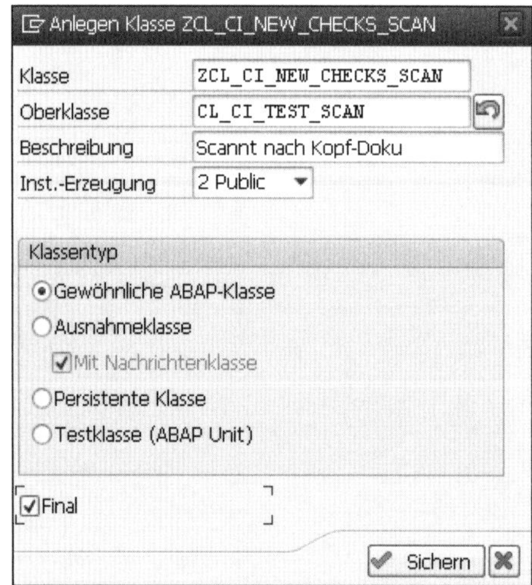

Abbildung 21.13 Neuen Prüfklasse als Unterklasse der Klasse CL_CI_TEST_SCAN anlegen

3. Bestätigen Sie die Anlage über die Schaltfläche **Sichern**. Klicken Sie danach in der Änderungsanzeige der Klasse in der Menüleiste auf die Schaltfläche **Konstruktor**, um einen neuen Konstruktor hinzuzufügen (siehe Abbildung 21.14). Lassen Sie sich nicht davon irritieren, dass

bereits ein vererbter Konstruktor existiert. Dieser wird durch Ihren neuen ersetzt, da eine Redefinition bei Konstruktoren nicht möglich ist.

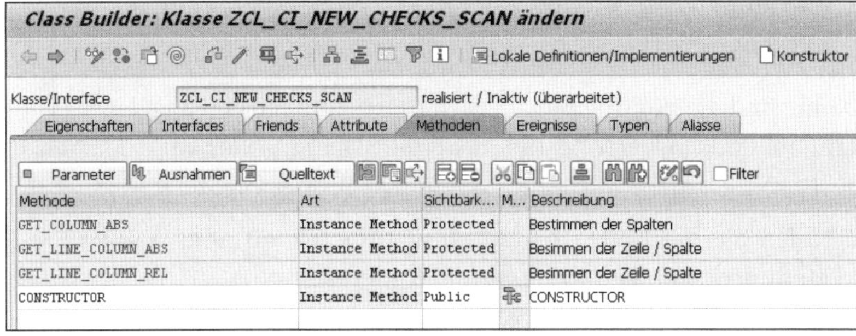

Abbildung 21.14 Anlage eines neuen Konstruktors

4. Klicken Sie doppelt auf den neuen Konstruktor, der am Ende der Methodenliste hinzugefügt wurde. Ersetzen Sie dessen Quellcode mit dem aus Listing 21.4.

```
METHOD constructor.
  super->constructor( ).
  description = 'Scannen nach Kopfdokumentation'.
  category    = 'ZCL_CI_NEW_CHECKS'.
  position    = '001'.

  DEFINE fill_message.
    CLEAR SMSG.
    SMSG-TEST = 'ZCL_CI_NEW_CHECKS_SCAN'.
    SMSG-CODE = &1.  "message code
    SMSG-KIND = &2.  "message priority
    SMSG-TEXT = &3.  "message text
    SMSG-PCOM = &4.  "pseudocomment
    INSERT SMSG INTO TABLE SCIMESSAGES.
  END-OF-DEFINITION.

  fill_message '0010' 'E' 'Keine Änderungsnummer
  gefunden' ' '.
ENDMETHOD.
```

Listing 21.4 Definition des Konstruktors für den neuen Test

Achten Sie hierbei darauf, als `category` Ihre zuerst angelegte Kategorienklasse anzugeben (hier `ZCL_CI_NEW_CHECKS`). Für den Parameter `SMSG-TEXT` geben Sie Ihre aktuelle Klasse ein (hier `ZCL_CI_NEW_CHECKS_SCAN`).

Das Literal `'Keine Änderungsnummer gefunden'` können Sie natürlich auch als Textelement anlegen. Dies ist für die grundlegende Funktionalität allerdings nicht notwendig.

5. Aktivieren (🖉) Sie abschließend die gesamte Klasse.

Neue Prüfung aktivieren

Damit sind die Vorarbeiten abgeschlossen, und die neu angelegte Prüfung kann im Code Inspector aktiviert werden. Damit wollen wir erreichen, dass die Prüfung in dem vorhin hinzugefügten Ordner angezeigt wird:

1. Rufen Sie dazu wieder die Transaktion SCI auf, und wählen Sie den Menüpfad **Springen • Verwaltung von • Tests**.
2. Scrollen Sie im nächsten Dialogfenster ans Ende der angezeigten Liste der Prüfklassen. Hier werden Sie Ihre eben angelegte Prüfklasse finden (siehe Abbildung 21.15).
3. Aktivieren Sie die Klasse, indem Sie den Haken davor setzen und abschließend speichern (💾).

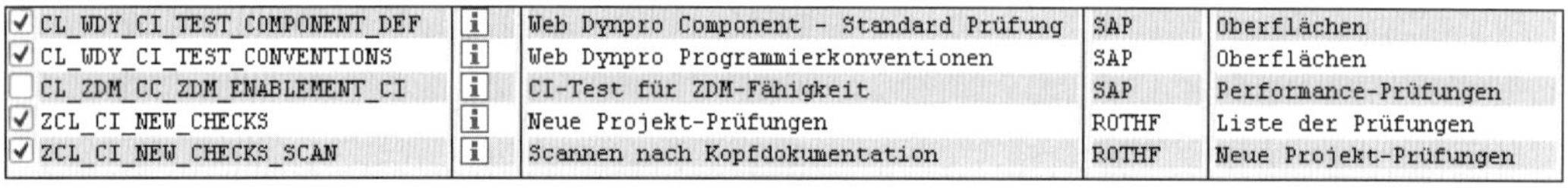

☑ CL_WDY_CI_TEST_COMPONENT_DEF	i	Web Dynpro Component - Standard Prüfung	SAP	Oberflächen
☑ CL_WDY_CI_TEST_CONVENTIONS	i	Web Dynpro Programmierkonventionen	SAP	Oberflächen
☐ CL_ZDM_CC_ZDM_ENABLEMENT_CI	i	CI-Test für ZDM-Fähigkeit	SAP	Performance-Prüfungen
☑ ZCL_CI_NEW_CHECKS	i	Neue Projekt-Prüfungen	ROTHF	Liste der Prüfungen
☑ ZCL_CI_NEW_CHECKS_SCAN	i	Scannen nach Kopfdokumentation	ROTHF	Neue Projekt-Prüfungen

Abbildung 21.15 Aktivieren der neuen Testklasse

4. Bestätigen Sie hier das Pop-up-Fenster mit der Meldung *»Wollen Sie die Liste der Prüfungen wirklich sichern?«* mit **Ja**.

Wenn Sie nun die Transaktion SCI neu starten (oder in Transaktion SCII wechseln) und in eine Prüfvariante gehen, werden Sie feststellen, dass unterhalb der neuen Kategorie ein Eintrag für die neue Prüfung hinzugefügt wurde, wie in Abbildung 21.16 zu sehen.

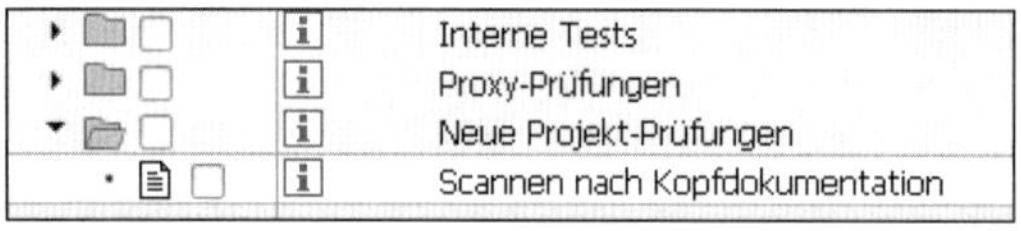

▸ ☐	i	Interne Tests
▸ ☐	i	Proxy-Prüfungen
▾ ☐	i	Neue Projekt-Prüfungen
• ☐	i	Scannen nach Kopfdokumentation

Abbildung 21.16 Neue aktivierte Prüfung in dem neuen Kategorieordner

21.2.4 Prüflogik programmieren

Neue Implementierung einfügen

Nun können Sie sich darum kümmern, die kopierte Prüfklasse so umzuprogrammieren, dass sie prüfen kann, ob die Implementierungsnummer im Reportkopf wirklich eingegeben wurde:

1. Navigieren Sie dazu in Transaktion SE24 zu Ihrer Testklasse. Rufen Sie den Änderungsmodus auf, und markieren Sie auf der Registerkarte **Methoden** die Methode RUN.
2. Klicken Sie in der Funktionsleiste über der Tabelle auf die Schaltfläche **Methode neu definieren**.

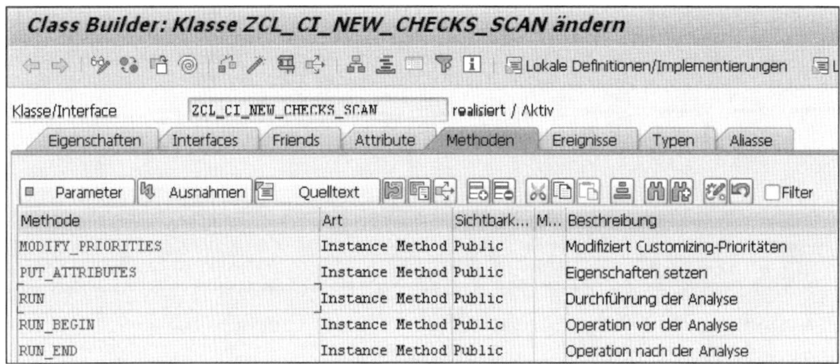

Abbildung 21.17 Geerbte Methoden der Haupttestklasse

3. Dadurch wird die Methode RUN neu definiert, und Sie gelangen zum Editor (siehe Abbildung 21.18). Die Methode RUN ist die Methode, die den eigentlichen Quellcodescan ausführt. In dieser Methode steht Ihnen zur Laufzeit die Referenz REF_SCAN zur Verfügung, die auf das aktuell gescannte Objekt zeigt. Dieses Objekt wiederum enthält die beiden wichtigen internen Tabellen STATEMENTS und TOKENS.

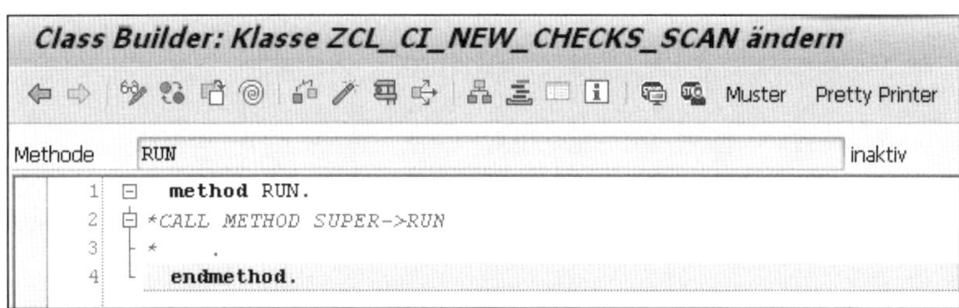

Abbildung 21.18 Die redefinierte Methode RUN

[«]

Zugriff auf interne Tabellen zur Umsetzung der Prüflogik

Die Tabelle TOKENS, die Sie in Abbildung 21.19 sehen können, enthält das komplette Programm (den Report, eine Klasse ...), zerlegt in Tokens. Das bedeutet, dass eine Anweisung, wie z. B. REPORT zzz_report, in ihre Bestandteile (hier zwei) zerlegt wird. Pro Token gibt es eine Zeile in der Tabelle TOKENS.

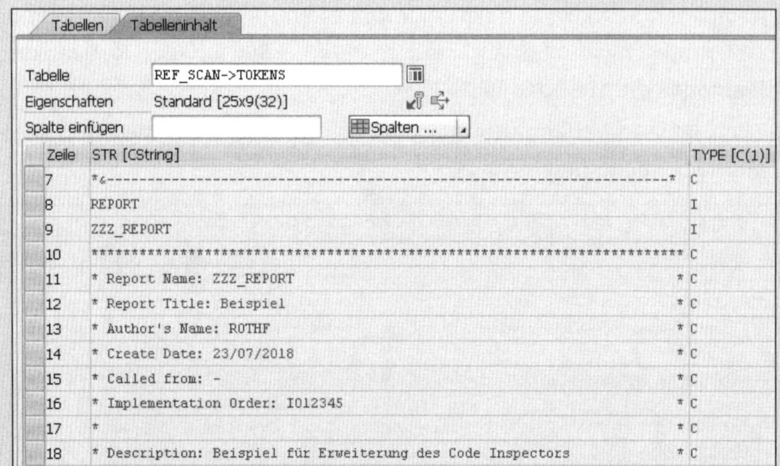

Tabelle: REF_SCAN->TOKENS
Eigenschaften: Standard [25x9(32)]

Zeile	STR [CString]	TYPE [C(1)]
7	*&---*	C
8	REPORT	I
9	ZZZ_REPORT	I
10	***	C
11	* Report Name: ZZZ_REPORT *	C
12	* Report Title: Beispiel *	C
13	* Author's Name: ROTHF *	C
14	* Create Date: 23/07/2018 *	C
15	* Called from: - *	C
16	* Implementation Order: I012345 *	C
17	* *	C
18	* Description: Beispiel für Erweiterung des Code Inspectors *	C

Abbildung 21.19 Der eingelesene Report in der Tabelle TOKENS

Die interne Tabelle STATEMENTS, die Sie in Abbildung 21.20 sehen können, enthält dagegen die Information, welche Tokens im ursprünglich eingelesenen Programm in einer Zeile standen, also zu einer Anweisung gehörten. So ist beispielsweise in der zweiten Zeile erkenntlich, dass die Zeilen 8 (Spalte **FROM**) bis 9 (Spalte **TO**) aus der Tabelle TOKENS zusammengehören.

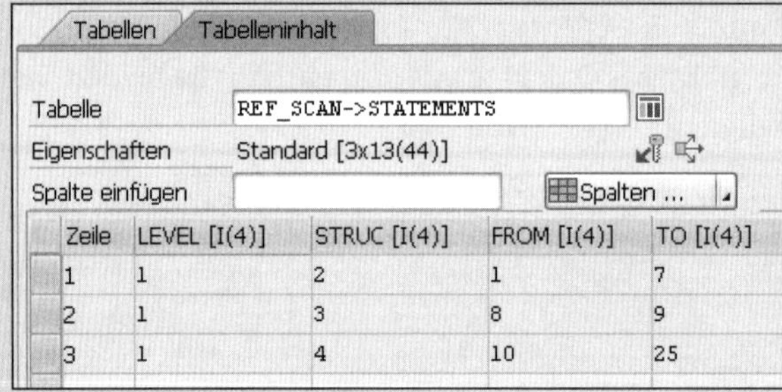

Tabelle: REF_SCAN->STATEMENTS
Eigenschaften: Standard [3x13(44)]

Zeile	LEVEL [I(4)]	STRUC [I(4)]	FROM [I(4)]	TO [I(4)]
1	1	2	1	7
2	1	3	8	9
3	1	4	10	25

Abbildung 21.20 Die interne Tabelle STATEMENTS

Diese beiden internen Tabellen können wir uns zunutze machen, indem wir darin nachlesen, ob der Text Implementation Order in den geprüften Reportköpfen in einer Zeile steht. Finden wir diese Zeile, muss nur noch überprüft werden, ob danach eine achtstellige Zeichenkette folgt, die mit IO anfängt. Ist dies nicht der Fall, müssen wir im nächsten Schritt eine Meldung ausgeben, um dem Anwender mitzuteilen, dass diese Nummer fehlt oder unvollständig ist.

4. Listing 21.5 zeigt eine beispielhafte Implementierung der Methode RUN, um die erforderliche Prüfung durchzuführen.

```
METHOD run.
  DATA: lv_number   TYPE string,
        lv_gefunden TYPE boolean.
  IF ref_scan IS INITIAL.
    CHECK me->get( ) = 'X'.
  ENDIF.
  LOOP AT ref_scan->statements INTO statement_wa.
    LOOP AT ref_scan->tokens INTO token_wa
      FROM statement_wa-from TO statement_wa-to
      WHERE type = 'C'.

      IF to_lower( token_wa-str ) CS 'implementation order'.
        lv_number = to_lower( token_wa-str ).
        "Entferne den gesuchten String
        REPLACE 'implementation order:' IN lv_number WITH ''.
        "Entferne alle Sterne
        REPLACE ALL OCCURRENCES OF '*' IN lv_number WITH ''.
        "Entferne Leerzeichen
        CONDENSE lv_number.
        IF strlen( lv_number ) = 8. "Rest genau 8 Zeichen?
          IF lv_number+0(2) = 'io'.
            lv_gefunden = 'X'. "Nummer wurde gefunden
            EXIT.
          ENDIF.
        ENDIF.
      ENDIF.
    ENDLOOP.
  ENDLOOP.
  "Meldung, dass keine Implementierungsnummer gefunden wurde
  IF lv_gefunden IS INITIAL.
    inform( p_sub_obj_type = 'PROG'
      p_sub_obj_name = me->get_include( )
      p_line = token_wa-row
      p_column = 1
      p_errcnt = 1
      p_kind = c_error
      p_test = 'ZCL_CI_NEW_CHECKS_SCAN'
      p_code = '0010'
      p_param_1 = space
      p_param_2 = space
      p_param_3 = space
      p_param_4 = space
```

```
    ).
  ENDIF.
ENDMETHOD.
```

Listing 21.5 Implementierung der Methode RUN

5. Speichern (Icon) und aktivieren (Icon) Sie die Methode RUN sowie die gesamte Klasse. Kontrollieren Sie dann noch einmal, ob wirklich alles aktiv ist. Sollte dies nicht der Fall sein, wird die Prüfung nicht funktionieren.

Redefinition rückgängig machen

Sollten Sie aus Versehen eine andere Methode redefiniert haben, können Sie das Überschreiben über die Schaltfläche **Redefinition aufheben** (Icon) rückgängig machen.

Prüfung ausführen

Wechseln Sie nun in Transaktion SCII, und führen Sie die eben programmierte Prüfung (siehe Abbildung 21.21) für einen Beispielreport aus, der in seinem Kopf die Vorgabe erfüllen sollte.

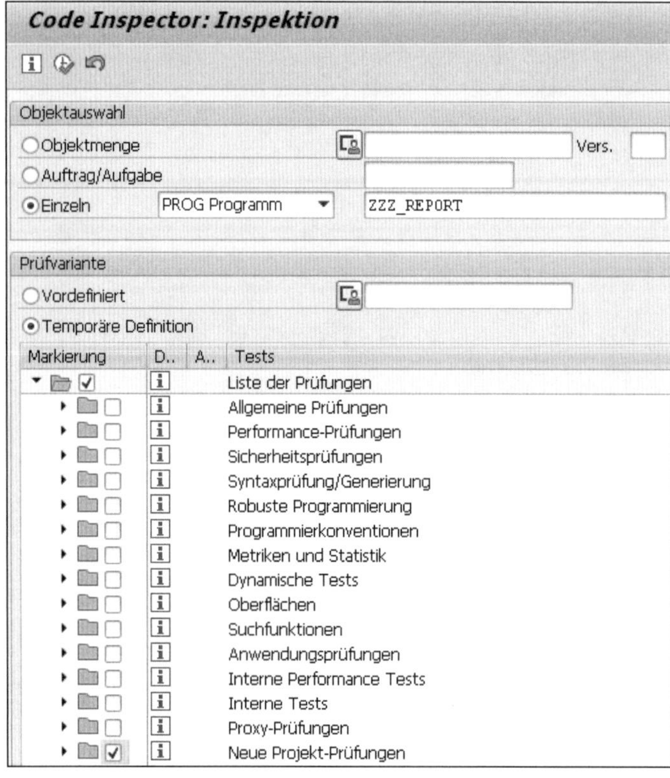

Abbildung 21.21 Testen der neu implementierten Prüfung

Wenn in diesem Report die Nummer falsch angegeben wurde, sollten Sie nun die Meldung aus Abbildung 21.22 erhalten.

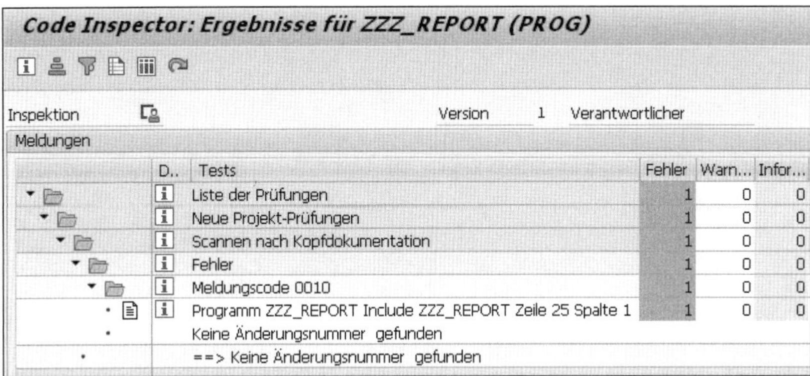

Abbildung 21.22 Ausgabe der Fehlermeldung für den falschen Dokumentationskopf

Durch einen Doppelklick auf die Zeile mit dem Dokument (📄) springt der Code Inspector direkt in dem Report zum fehlerhaften Kopf. Dies funktioniert, weil Sie bei der Erzeugung der Meldung das Programm über die Referenz `me->get_include( )` sowie die Zeilennummer über die Angabe `token_wa-row` mitgegeben haben.

21.3 Zusammenfassung

In diesem Kapitel habe ich Ihnen vorgeführt, wie Sie eigene Prüfungen für den Code Inspector implementieren können, um Ihren Quellcode nach individuellen Gesichtspunkten zu bewerten. Dazu war es wichtig zu verstehen, dass der Code Inspector objektorientiert aufgebaut ist und dass Sie die Möglichkeit haben, durch Vererbung neue Prüfordner einzufügen. Auch können Sie von speziellen vordefinierten Prüfklassen erben, um Ihre Prüfungen zu implementieren. Ihre so angelegten Prüfklassen können Sie anschließend im Code Inspector registrieren, wodurch sie zur Verwendung zur Verfügung stehen.

Kapitel 22
Erweiterung von BAPIs

In diesem Kapitel zeige ich Ihnen, wie Sie zusätzliche kundeneigene Felder über die Schnittstelle eines BAPI-Funktionsbausteins verarbeiten können.

Die Erweiterung von BAPI-Funktionsbausteinen (BAPI = Business Application Programming Interface) ist wichtig, damit Ihre Zusatzfelder von der Standard-SAP-Logik verarbeitet werden und Sie diese Felder nicht manuell in den einzelnen Datenbanktabellen ändern müssen (z. B. mit der Anweisung `MODIFY`). Generell lautet eine der wichtigen Richtlinien: Vermeiden Sie einen direkten Zugriff auf die Standarddatenbanktabellen. Nutzen Sie stattdessen die BAPI-Funktionsbausteine, da diese zusätzliche Daten von anderen Datenbanktabellen beschaffen und außerdem Berechtigungsprüfungen sowie logische Prüfungen zu den Daten umsetzen.

Um kundeneigene Felder übergeben zu können, stellen die BAPI-Funktionsbausteine eigene Übergabeparameter auf der Registerkarte **Tabellen** in Transaktion SE37 bereit. Diese Übergabeparameter heißen für eingehende Parameter in der Regel `EXTENSIONIN` und für ausgehende Parameter `EXTENSIONOUT`. Nicht jeder BAPI-Funktionsbaustein besitzt diese Parameter, und manchmal wird auch nur eine Richtung angeboten. Schreibende BAPIs zum Speichern bieten etwa meist nur den Parameter `EXTENSIONIN` an, lesende BAPIS meist nur den Parameter `EXTENSIONOUT`.

Anwendungsfälle: IDocs und LSMW

Die hier vorgestellten Erweiterungsstrukturen sind insbesondere für IDoc-Schnittstellen (Intermediate Documents) wichtig, da hinter den meisten IDocs ein BAPI-Funktionsbaustein steckt, der die Übernahme der Daten in das System implementiert. Aber auch für die Migration von Daten aus Altsystemen mit der Legacy System Migration Workbench (LSMW) sind diese Erweiterungsstrukturen wichtig, da hier häufig BAPI-Funktionsbausteine verwendet und häufig auch kundeneigene Felder migriert werden sollen.

22.1 Übergabe kundeneigener Felder mit EXTENSIONIN

EXTENSIONIN und EXTENSIONINX

In Abbildung 22.1 sehen Sie die Registerkarte **Tabellen** zu dem exemplarischen BAPI-Funktionsbaustein BAPI_MATERIAL_SAVEDATA, mit dem Sie ein Material anlegen oder ändern können. Für diesen Funktionsbaustein wird der Parameter EXTENSIONIN angeboten, was bedeutet, dass dieses BAPI eine Erweiterung der Eingabeparameter ermöglicht. Zusätzlich existiert mit EXTENSIONINX eine weitere Struktur, die als Ankreuzstruktur dient. Über diese Struktur wird bestimmt, welche zusätzlichen Kundenfelder aktualisiert werden sollen. Denn es sollen nur die Zusatzfelder aktualisiert werden, für die in der Schnittstelle Werte übergeben werden.

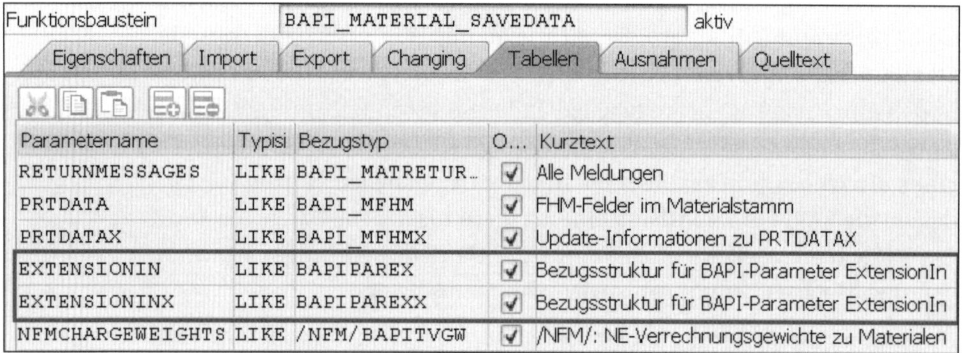

Abbildung 22.1 Ein Funktionsbaustein mit einer EXTENSIONIN-Struktur

Beide Strukturen basieren auf der Struktur BAPIPAREX und haben den in Tabelle 22.1 gezeigten Aufbau.

Komponente	Typ
STRUCTURE	CHAR30
VALUEPART1	CHAR240
VALUEPART2	CHAR240
VALUEPART3	CHAR240
VALUEPART4	CHAR240

Tabelle 22.1 Komponenten der Erweiterungsstruktur

Datenversorgung kundeneigener Tabellenfelder

Das Prinzip ist hierbei Folgendes: Über die beiden Strukturen EXTENSIONIN und EXTENSIONINX können kundeneigene Tabellenfelder mit Daten versorgt werden. In der ersten Struktur werden die einzelnen Werte in den VALUEPART-Feldern angegeben, während in der zweiten Struktur für das jeweilige Feld ein Update-Kennzeichen (X) gesetzt wird. Der Name des Feldes wird allerdings nicht als Parameter mitgegeben, sondern die Werte werden anhand ihrer Position der Reihenfolge nach den kundeneigenen Feldern zugeordnet.

Dem BAPI-Funktionsbaustein wird dabei durch das Erweitern von speziellen Erweiterungsstrukturen mitgeteilt, in welcher Reihenfolge er die Felder lesen muss. Die Reihenfolge der zusätzlich definierten Felder inklusive deren Länge in den Strukturen bestimmt, wo welches Feld anfängt und wo es aufhört. Die Verknüpfung zur Wertetabelle dieser Erweiterungsstruktur wird über das Feld STRUCTURE aus Tabelle 22.1 hergestellt. Eine solche Erweiterungsstruktur existiert für jede durch den BAPI-Funktionsbaustein gekapselte Datenbanktabelle.

Erweiterungsstrukturen für Standardtabellen

Die Erweiterungsstrukturen für jede Standardtabelle setzen sich nach dem folgenden Muster zusammen:

- BAPI_TE_<TABELLE> für die Felddefinition
- BAPI_TE_<TABELLE>X für die Ankreuzstruktur

Der Platzhalter <TABELLE> muss hier jeweils durch den Namen der Datenbanktabelle ersetzt werden. Im Fall der Tabelle MARA (Standardtabelle für Materialien) lauten die Strukturnamen also:

- BAPI_TE_MARA für die Felddefinition (siehe Abbildung 22.3)
- BAPI_TE_MARAX für die Ankreuzstruktur (siehe Abbildung 22.4)

Ziel in dem folgenden Beispiel soll es sein, dass ein neues Feld in der Tabelle MARA über den BAPI-Funktionsbaustein BAPI_MATERIAL_SAVEDATA mit Daten versorgt werden kann. Mit anderen Worten: Der Wert für das Feld ZZUSATZ soll vom SAP-System in der Datenbanktabelle MARA gespeichert werden. Dazu wurde diese Tabelle MARA, wie in Abbildung 22.2 dargestellt, um das Feld ZZUSATZ (CHAR der Länge 10) erweitert. Wie dieses Feld über eine Append-Struktur hinzugefügt wurde, habe ich in Abschnitt 2.1, »Strukturerweiterungen«, beschrieben.

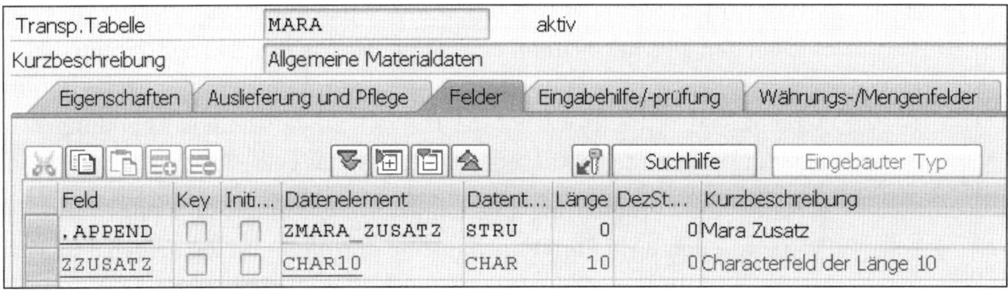

Abbildung 22.2 Erweiterte Materialtabelle MARA

Erweiterungsstruktur erweitern

Damit die Datenversorgung funktioniert, muss die Erweiterungsstruktur BAPI_TE_MARA des BAPIs für die Tabelle MARA ebenfalls mithilfe einer Append-Struktur um ein gleichnamiges Feld ZZUSATZ erweitert werden. Auch dieses Feld hat den Datentyp CHAR, und zwar mit exakt derselben Feldlänge wie das zusätzliche Feld der Tabelle MARA (hier 10 Zeichen). Abbildung 22.3 bildet die erweiterte Struktur für dieses Feld ab. Zusätzlich muss eine neue Zeile in der EXTENSIONIN-Tabelle übergeben werden, die den Wert für das Feld ZZUSATZ sowie die Verknüpfung zur Erweiterungsstruktur BAPI_TE_MARA im Feld STRUCTURE enthält.

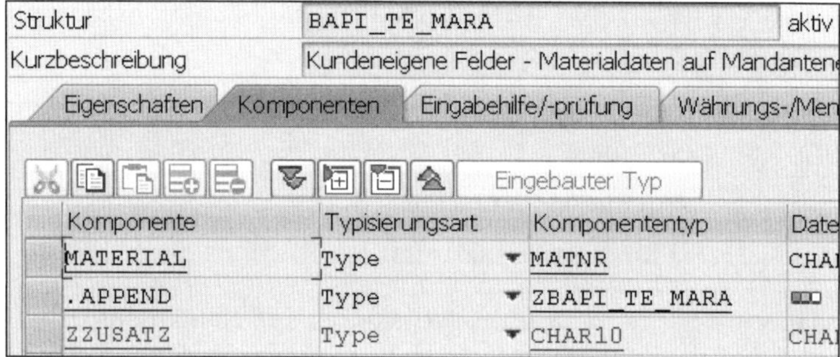

Abbildung 22.3 Erweiterte Erweiterungsstruktur für die Tabelle MARA

Der BAPI-Funktionsbaustein wird dann versuchen, die EXTENSIONIN-Tabelle nach dem beschriebenen Schema dynamisch zur Laufzeit zu lesen. Er erwartet nach der Angabe des Schlüssels für das Material (18 Zeichen lang) von der Stelle 19 bis zur Stelle 29 den Wert des Feldes ZZUSATZ. Hätten Sie ein zweites Feld hinzugefügt, würde dessen Wert ab Stelle 30 in der angegebenen Länge erwartet werden.

Diese so angegebenen Felder werden aber nur verarbeitet, wenn in der zugehörigen Ankreuzstruktur EXTENSIONINX für dieselbe Struktur festgelegt wurde, dass das Feld verarbeitet werden soll, d. h., wenn ein X für dieses Feld gesetzt wurde.

Ankreuzstruktur erweitern

Bei der Aufnahme neuer Felder in diese Strukturen ist zu beachten, dass so ein Feld den gleichen Namen besitzen muss wie das Feld der Datenbanktabelle (z. B. Beispiel ZZUSATZ). Für die Felder der Ankreuzstruktur ist das Datenelement BAPIUPDATE (bzw. CHAR der Länge 1) zu verwenden. Abbildung 22.4 bildet die so erweiterte Ankreuzstruktur für das Feld ZZUSATZ ab.

Nachdem die Vorbereitung abgeschlossen ist, können Sie in einem ABAP-Programm den BAPI-Funktionsbaustein aufrufen und die beiden Tabellen EXTENSIONIN und EXTENSIONINX mit dem Wert für das neue Feld ZZUSATZ befüllen. In Listing 22.1 ist dies ausprogrammiert.

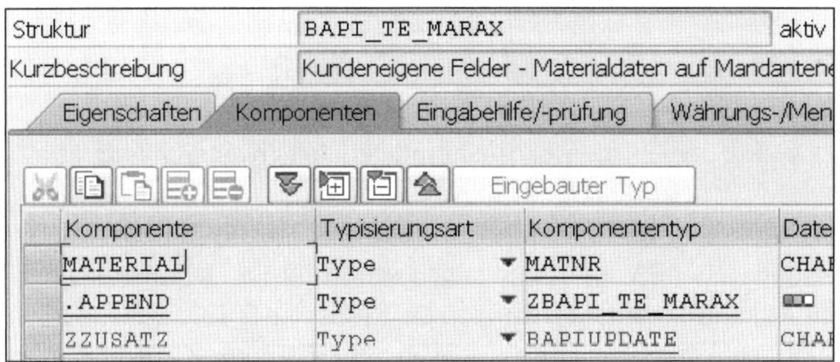

Abbildung 22.4 Erweiterte Ankreuzstruktur für die Tabelle MARA

```
DATA  ls_head   TYPE bapimathead.
DATA: lt_extin  TYPE STANDARD TABLE OF bapiparex,
      ls_extin  TYPE bapiparex.
DATA: lt_extinx TYPE STANDARD TABLE OF bapiparexx,
      ls_extinx TYPE bapiparexx.
DATA: ls_return TYPE bapiret2.
DATA: lv_zusatz TYPE char10.

*Schlüssel des Materials
ls_head-material = '501-300-01'.
*Angabe der Struktur und des hinzuzufügenden Wertes
ls_extin-structure = 'BAPI_TE_MARA'.

"Wert für das Zusatzfeld
lv_zusatz = 'Zusatzwert'.
CONCATENATE ls_head-material lv_zusatz INTO ls_extin-valuepart1
RESPECTING BLANKS.
APPEND ls_extin TO lt_extin.

*Angabe der Ankreuzstruktur, um die Übergabe zu aktivieren
ls_extinx-structure = 'BAPI_TE_MARAX'.
CONCATENATE ls_head-material 'X' INTO ls_extinx-valuepart1
RESPECTING BLANKS.
APPEND ls_extinx TO lt_extinx.

*Aufruf des BAPI-Funktionsbausteins mit den beiden Tabellen
CALL FUNCTION 'BAPI_MATERIAL_SAVEDATA'
  EXPORTING
    headdata     = ls_head
  IMPORTING
    return       = ls_return
  TABLES
```

22

```
    extensionin  = lt_extin
    extensionix = lt_extinx.
CALL FUNCTION 'BAPI_TRANSACTION_COMMIT'.
```

Listing 22.1 Aufruf des Funktionsbausteins mit gefüllter Erweiterungsstruktur

Feldgruppe definieren

Nach der Ausführung des Quellcodes aus Listing 22.1 würde bei den meisten BAPIs der angegebene Wert 'Zusatzwert' schon in der Datenbanktabelle stehen. Im Fall von Materialien müssen Sie für das neue Feld ZZUSATZ noch in der Transaktion OMSR einstellen, zu welcher *Feldgruppe* das Feld gehört. Eine Feldgruppe definiert für jedes Feld, ob es ein Pflichtfeld oder ein optionales Feld ist. Dies ist ein Spezialfall, da es hier Unterschiede je nach SAP-Komponente und Transaktion gibt. Leider wird darauf nicht explizit in der Dokumentation des BAPI-Funktionsbausteins hingewiesen, sodass hier eventuell zusätzliche Recherche notwendig ist.

Um das Feld der Feldgruppe zuzuweisen, gehen Sie wie folgt vor:

1. Rufen Sie die Transaktion OMSR auf, und wählen Sie in der Funktionsleiste die Schaltfläche **Neue Einträge**.
2. Tragen Sie das neue Feld in das Feld **Feldname** ein, wie in Abbildung 22.5 gezeigt.

Abbildung 22.5 Neues Feld einer Feldgruppe hinzufügen

3. Speichern Sie (), und kehren Sie zum Startbildschirm zurück ().
4. Vergeben Sie zum Schluss eine Feldgruppen-ID in der Spalte **AuswGrp**. Als SAP-Kunde können Sie IDs von 111 bis 120 (außer 115 und 118) benutzen (siehe Abbildung 22.6).

Datenverarbeitung testen

Wenn Sie jetzt den Quellcode aus Listing 22.1 erneut ausführen, wird auch das Zusatzfeld in die Tabelle MARA geschrieben. Dies können Sie überprüfen, indem Sie sich in Transaktion SE11 oder SE16N die Daten für das Material anzeigen lassen. In Abbildung 22.7 ist dargestellt, wie der neue Wert `'Zusatzwert'` in das Feld `ZZUSATZ` geschrieben wurde.

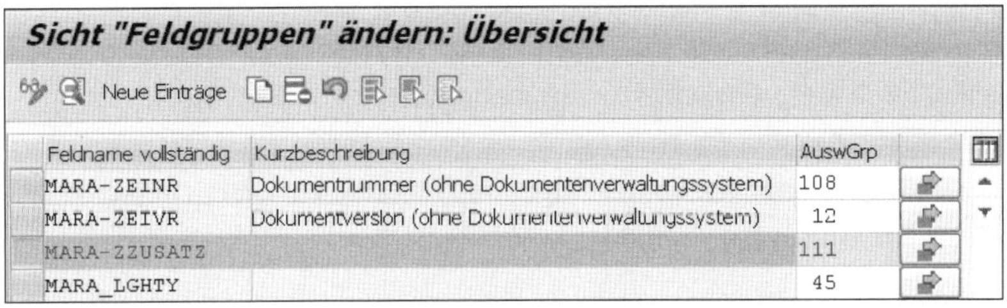

Abbildung 22.6 Zuweisen der Feldgruppen-ID zum hinzugefügten Feld

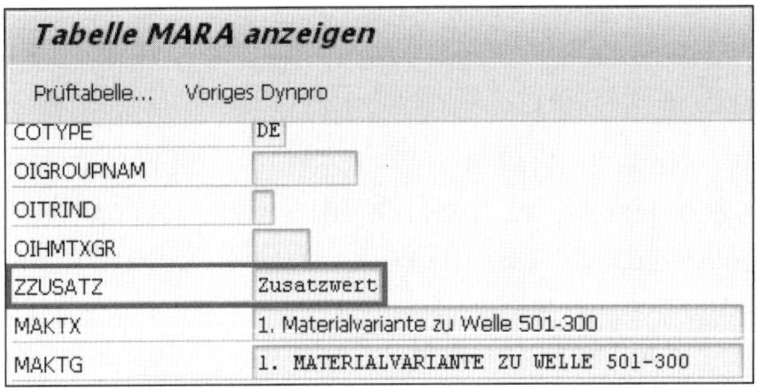

Abbildung 22.7 Geschriebener Wert für das neue Zusatzfeld

Über Business Add-ins (BAdIs) und passende Bildschirmerweiterungen könnten Sie jetzt dafür sorgen, dass dieses Feld auch in Transaktion MM03 angezeigt wird (siehe Kapitel 11, »Neue Business Add-ins«).

Werte für EXTENSIONIN und EXTENSIONINX

Wichtig ist zu verstehen, dass bei `EXTENSIONIN` und `EXTENSIONINX` die Reihenfolge der angegebenen Werte für die einzelnen Felder eine elementare Rolle spielt. Wurde die Tabelle `MARA` beispielsweise um die drei Felder aus Tabelle 22.2 erweitert (und damit auch die Erweiterungsstruktur `BAPI_TE_MARA`) und sollen nur die Felder `COBJID` und `ZZUSATZ` aktualisiert werden, dann müssen die Parameter `EXTENSIONIN` und `EXTENSIONINX` wie in Listing 22.2 befüllt werden.

Feld	Datenelement	Typ und Länge
`MATERIAL`	`MATNR`	CHAR, Länge 18
`COBJID`	`HROBJID`	NUMC, Länge 8

Tabelle 22.2 Erweiterungsstruktur mit mehreren Feldern

Feld	Datenelement	Typ und Länge
COTYPE	OTYPE	CHAR, Länge 2
ZZUSATZ	CHAR10	CHAR, Länge 10

Tabelle 22.2 Erweiterungsstruktur mit mehreren Feldern (Forts.)

Für EXTENSIONIN entsteht so der folgende Wert (die Unterstriche verdeutlichen jeweils ein Leerzeichen, hier acht Leerzeichen):

```
501-300-01________12345678ABZUSATZFELD
```

Für EXTENSIONINX entsteht der folgende Wert (Leerzeichen vor dem letzten X beachten):

```
501-300-01X X
```

Da das Feld COTYPE (als zweites Feld mit dem Wert »AB«) nicht aktualisiert werden soll, ist kein X angegeben, d. h., es wurde für EXTENSIONINX ein Leerzeichen an zweiter Stelle (nach der Materialnummer als Primärschlüssel) angegeben. Das Einhalten der Leerzeichen können Sie insbesondere durch die Anweisung CONCATENATE mit dem Zusatz RESPECTING BLANKS erreichen, da diese Anweisung die Länge der angegebenen Variablen berücksichtigt.

Es empfiehlt sich daher immer, die Werte vorher in Variablen zu speichern, die entsprechenden Datenelemente aus der Append-Struktur besitzen, wie in Listing 22.2 gezeigt.

```
DATA: lv_matnr  TYPE matnr,
      lv_cobjid TYPE hrobjid,
      lv_cotype TYPE otype,
      lv_zusatz TYPE char10.

lv_matnr  = '501-300-01'. "Länge 18
lv_cobjid = '123456'.     "Länge 8
lv_cotype = 'A'.          "Länge 2
lv_zusatz = 'Zusatz'.     "Länge 10

CONCATENATE
   lv_matnr
   lv_cobjid
```

```
   lv_cotype
   lv_zusatz
INTO ls_extin-valuepart1 RESPECTING BLANKS.
```

Listing 22.2 Aufbereiten der Werte für die Erweiterungsstruktur

Das Ergebnis aus Listing 22.2 wäre der folgende Wert für den Parameter `LS_EXTIN-VALUEPART1` (die Unterstriche verdeutlichen wieder jeweils ein Leerzeichen):

```
501-300-01________123456__A_ZUSATZ____
```

22.2 Auslesen kundeneigener Felder mit EXTENSIONOUT

Sie können den Wert eines kundeneigenen Feldes natürlich auch wieder über einen BAPI-Funktionsbaustein auslesen lassen. Dazu dient die Struktur `EXTENSIONOUT`. In Abbildung 22.8 ist beispielsweise der BAPI-Funktionsbaustein `BAPI_MATERIAL_GET_ALL` dargestellt. Auf der Registerkarte **Tabellen** sehen Sie hier den Parameter `EXTENSIONOUT`.

Function Builder: BAPI_MATERIAL_GET_ALL anzeigen

Muster | Einfügen | Ersetzen

Funktionsbaustein: BAPI_MATERIAL_GET_ALL aktiv

Eigenschaften | Import | Export | Changing | Tabellen | Ausnahmen | Quelltext

Parametername	Typisierung	Bezugstyp	Optional	Kurztext	Langtext
MATERIALDESCRIPTION	LIKE	BAPI_MAKT_GA	☑	Materialkurztexte	Anze...
UNITSOFMEASURE	LIKE	BAPI_MARM_GA	☑	Mengeneinheiten	Anze...
INTERNATIONALARTNOS	LIKE	BAPI_MEAN_GA	☑	Europäische Artikelnummern (EAN)	Anze...
MATERIALLONGTEXT	LIKE	BAPI_MLTX_GA	☑	Langtexte	Anze...
TAXCLASSIFICATIONS	LIKE	BAPI_MLAN_GA	☑	Steuerdaten	Anze...
EXTENSIONOUT	LIKE	BAPIPAREX	☑	Bezugsstruktur für BAPI-Parameter Exte...	Anze...
RETURN	LIKE	BAPIRETURN	☑	Returnparameter	Anze...
NFMCHARGEWEIGHTS	LIKE	/NFM/BAPITVGW	☑	/NFM/: NE-Verrechnungsgewichte zu Ma...	
NFMSTRUCTURALWEIGHTS	LIKE	/NFM/BAPITKGW	☑	/NFM/: NE-Konstruktionsgewichte	

Abbildung 22.8 Funktionsbaustein mit einer EXTENSIONOUT-Struktur

Nach dem Aufruf dieses Funktionsbausteins für eine Materialnummer werden die Werte der Zusatzfelder innerhalb dieser Tabelle mit ausgegeben. In Abbildung 22.9 ist dies für unser Beispiel dargestellt. Hier müssen Sie beim Aufruf keine weiteren Informationen mitgeben (zum Beispiel keine Kennzeichen setzen); das Auslesen geschieht hier automatisch. Bei manchen Funktionsbausteinen kann aber mitunter das Anfragen der Zusatzdaten notwendig sein.

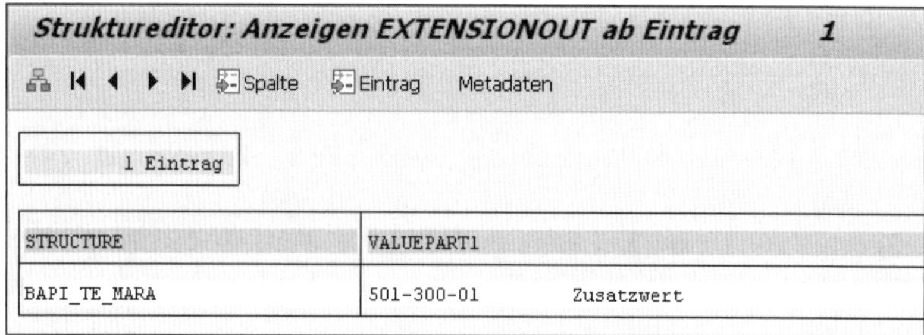

STRUCTURE	VALUEPART1
BAPI_TE_MARA	501-300-01 Zusatzwert

Abbildung 22.9 Inhalt der EXTENSIONOUT-Struktur

22.3 Zusammenfassung

In diesem Kapitel habe ich Ihnen gezeigt, wie Sie kundeneigene Felder in den Standarddatenbanktabellen über die zugehörigen BAPI-Funktionsbausteine auslesen und aktualisieren können. Dies wird nicht von jedem BAPI-Funktionsbaustein unterstützt. Der BAPI-Funktionsbaustein muss für das Aktualisieren einen Parameter `EXTENSIONIN` und für das Auslesen einen Parameter `EXTENSIONOUT` anbieten.

Es reicht es nicht aus, die Strukturen mit den geforderten Werten zu befüllen, sondern es müssen zusätzlich weitere zum BAPI-Funktionsbaustein gehörige Strukturen erweitert werden, damit dieser Kenntnis von den erweiterten Feldern erhält. Diese Strukturen heißen für jeden BAPI-Funktionsbaustein anders. Wie sie heißen, lässt sich durch die Dokumentation zu den Erweiterungsparametern in Erfahrung bringen.

Kapitel 23
Erweiterung des Einführungsleitfadens

In diesem Kapitel zeige ich Ihnen, wie Sie den Standard-IMG-Leitfaden von SAP um eigene Knoten und Customizing-Aktivitäten erweitern können.

Mitunter kommt es vor, dass in Projekten viele neue Programme und Transaktionen programmiert werden, die durch Customizing-Tabellen gesteuert werden. Damit diese Customizing-Tabellen nicht nur über Pflege-Views in Transaktion SM30 (der Tabellensichtpflege) oder über eigene Transaktionscodes erreichbar sind, bietet es sich an, sie für den Anwender in einem kundeneigenen Einführungsleitfaden anzubieten. Dadurch wird der Prozess der Einführung Ihrer Neuentwicklungen transparenter, und alle einzustellenden Customizing-Tabellen sowie Transaktionen befinden sich an einer Stelle, im besten Fall einschließlich der Dokumentation.

Kundeneigener Einführungsleitfaden

Abbildung 23.1 zeigt einen in die Transaktion SPRO integrierten kundeneigenen Einführungsleitfaden für ein größeres Projekt. Hier sind ca. 200 Customizing-Tabellen und ca. 100 Transaktionen eingehängt.

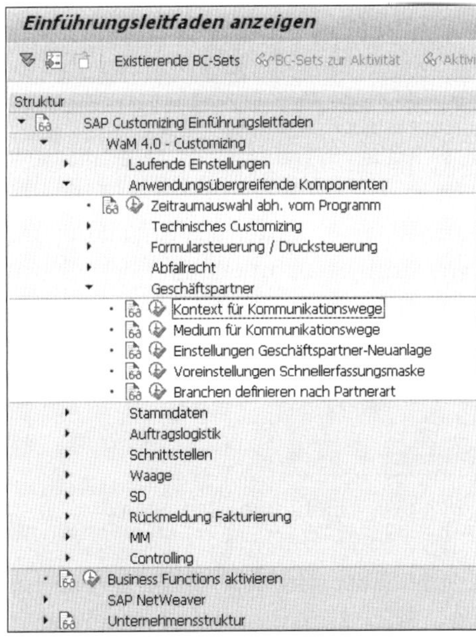

Abbildung 23.1 Ein bereits erweiterter Standardeinführungsleitfaden

In diesem Kapitel möchte ich Ihnen zeigen, wie Sie einen solchen Einführungsleitfaden anlegen und in den Standardeinführungsleitfaden von SAP (Implementation Guide, kurz IMG) einfügen können. Dies geschieht normalerweise in zwei Schritten:

- Anlegen eines eigenen Einführungsleitfadens, der die Knoten und Aktivitäten definiert
- Einhängen dieses neuen Einführungsleitfadens in den SAP-Standardeinführungsleitfaden über eine Erweiterung

23.1 Eigenen Einführungsleitfaden anlegen

Struktur für den Einführungsleitfaden

Im ersten Schritt legen Sie eine separate Struktur für einen eigenen Einführungsleitfaden an, die einen Unterknoten sowie zwei Aktivitäten enthält: eine eigene Customizing-Tabelle sowie eine SAP-Standardaktivität:

1. Öffnen Sie hierzu Transaktion SIMGH, und klicken Sie auf der in Abbildung 23.2 dargestellten Startoberfläche auf die Schaltfläche **IMG-Struktur anlegen** (□).

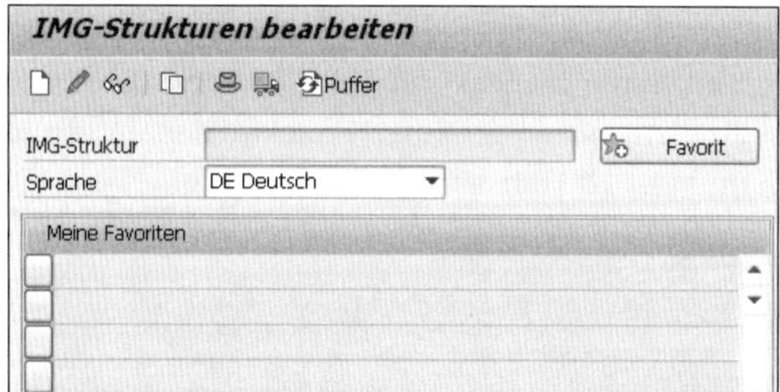

Abbildung 23.2 Neuen Einführungsleitfaden in Transaktion SIMGH anlegen

2. Geben Sie in dem sich öffnenden Pop-up-Fenster aus Abbildung 23.3 einen Namen für die neue Customizing-Struktur ein (hier beispielhaft »Mein Projekt-Customizing«). Bestätigen Sie die Eingabe mit **Weiter** (✔).

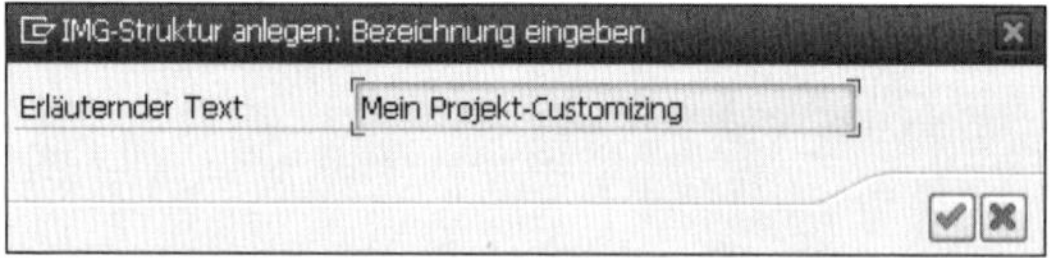

Abbildung 23.3 Beschreibung für den neuen Einführungsleitfaden

3. Dadurch wird dieser Einführungsleitfaden angelegt. Er sieht zunächst etwa so aus wie in Abbildung 23.4. Diese Struktur können Sie nun nach Belieben ändern, d. h. Knoten und Aktivitäten hinzufügen.

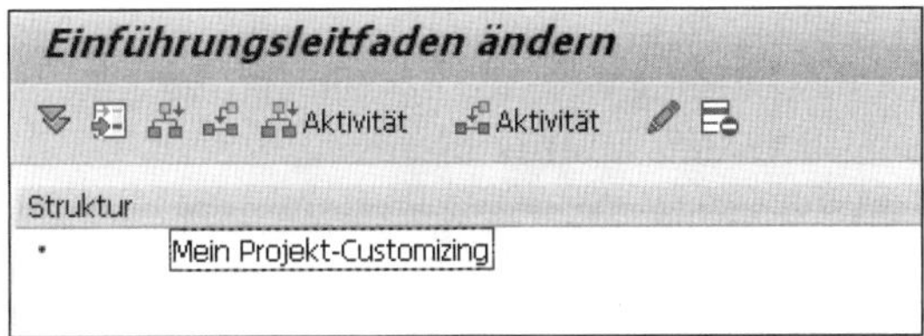

Abbildung 23.4 Angelegter Einführungsleitfaden

Knoten hinzufügen

Um das Vorgehen zu verdeutlichen, zeige ich Ihnen im Folgenden, wie Sie einen neuen Knoten in diese Struktur einfügen können und wie Sie unter diesem Knoten eine Aktivität hinzufügen können. Diese Aktivität soll auf eine Tabelle in Transaktion SM30 zeigen.

1. Klicken Sie hierzu auf Ihren Hauptknoten **Mein Projekt-Customizing** und anschließend in der Menüleiste auf die Schaltfläche **Gliederungsknoten Ebene tiefer einfügen** (▦).
2. Dadurch öffnet sich das in Abbildung 23.5 dargestellte Pop-up-Fenster. Geben Sie hier einen **Knotentext** ein (hier beispielhaft »Mein Unterknoten zur Strukturierung«), und bestätigen Sie Ihre Eingabe anschließend mit **Weiter** (✔).

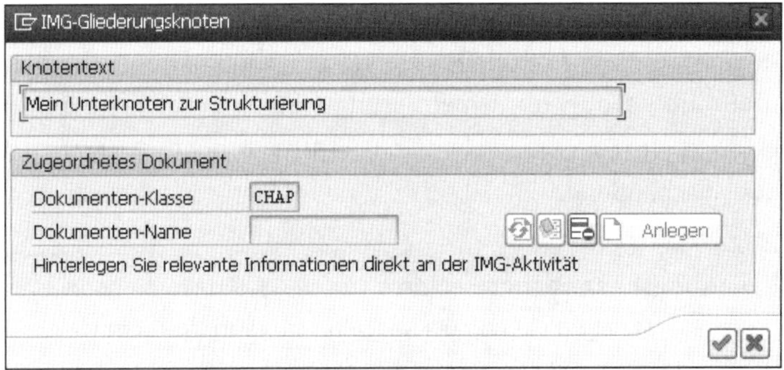

Abbildung 23.5 Gliederungsknoten für den Einführungsleitfaden anlegen

3. Dadurch wird, wie in Abbildung 23.6 sichtbar, dieser Knoten unter dem Hauptknoten hinzugefügt.

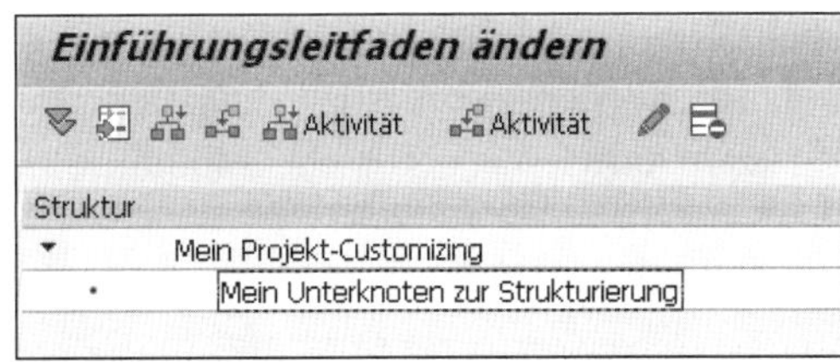

Abbildung 23.6 Hinzugefügter Unterknoten im Einführungsleitfaden

Dieser Knoten ist ein reiner Gliederungsknoten, d. h., er hat sonst keine weiteren Funktionen. Sie können beliebig viele solcher Gliederungsknoten anlegen, um Ihren Einführungsleitfaden zu strukturieren.

Aktivität hinzufügen

Unterhalb dieses Gliederungsknotens können Sie nun eine Aktivität hinzufügen:

1. Klicken Sie hierzu auf den Unterknoten, und klicken Sie anschließend in der Menüleiste auf die Schaltfläche **Aktivität eine Ebene tiefer einfügen** (Aktivität, die linke der beiden Schaltflächen).
2. Dadurch öffnet sich die in Abbildung 23.7 gezeigte Oberfläche. Tragen Sie hier im Eingabefeld **ID** eine frei wählbare ID ein (hier »ZMY_CUST«) sowie im Feld **Bezeichnung** eine Kurzbeschreibung (hier »Meine Customizing-Tabelle«). Bestätigen Sie Ihre Eingaben anschließend mit [↵].
3. Nun können Sie auf der Registerkarte **Pflegeobjekte** die Verknüpfung zu einer beliebigen Tabelle in Transaktion SM30 herstellen. Tragen Sie hierzu die folgenden Werte in den Spalten der Tabelle **zugeordnete Objekte** ein:
   - **Customizing-Objekt**: Name der Tabelle aus Transaktion SM30
   - **Typ**: S für Tabelle (bzw. auch V für Views oder VC für Viewcluster)
   - **Transaktion**: SM30 (bzw. SM34 für Viewcluster)

   Wie Sie in Abbildung 23.7 sehen können, ist es durchaus auch möglich, BAdI-Definitionen oder Implementierungen als Aktivität zu hinterlegen.
4. Bestätigen Sie Ihre Eingaben mit [↵], und speichern (💾) Sie die IMG-Aktivität abschließend.

[»]

Protokollierungskennzeichen setzen

Wenn Sie eine Tabelle als Aktivität eintragen, sollte für diese Tabelle das Protokollierungskennzeichen gesetzt sein, damit Änderungen an den Datensätzen nachvollzogen werden können. Diese Eigenschaft **Datenänderungen protokollieren** finden Sie in den technischen Einstellungen der Tabelle.

5. Wenn Sie nun über die Schaltfläche **Zurück** («) zu Ihrem neu angelegten Einführungsleitfaden navigieren, werden Sie unterhalb des neuen Unterknotens nun Ihre eben angelegte Aktivität sehen (siehe Abbildung 23.8).

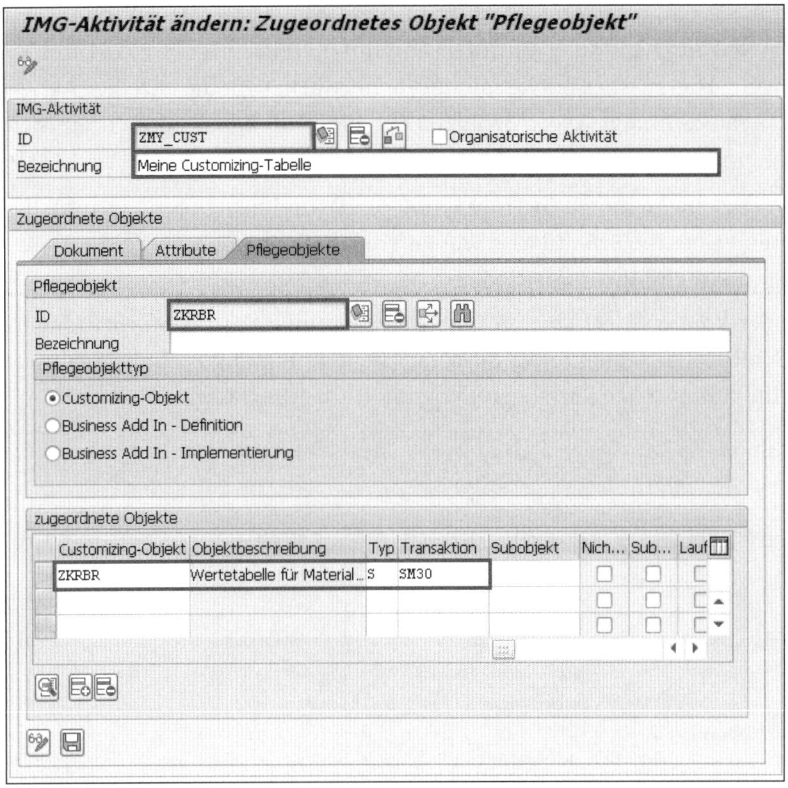

Abbildung 23.7 Neue Aktivität für den Einführungsleitfaden bearbeiten

Abbildung 23.8 Hinzugefügte Aktivität zum Einführungsleitfaden

Aktivität ausführen

Sie kann an dieser Stelle beliebig viele verschiedene Aktivitäten hinzufügen, die für Ihr Projekt relevant sind. Wenn Sie hier auf die Schaltfläche **IMG-Aktivität** () vor der Aktivität **Meine Customizing-Tabelle** klicken, wird sich die eingestellte Transaktion (hier Transaktion SM30) öffnen.

Standardaktivitäten hinterlegen

Neben dem Verweis auf eigene Customizing-Tabellen haben Sie aber auch die Möglichkeit, auf bestehende Aktivitäten aus dem Standardeinführungsleitfaden zu verweisen. So können Sie beispielsweise einen Knoten anlegen, der wichtige Customizing-Aktivitäten nochmals zusammenfasst, damit Sie einen direkten Zugriff auf diese Aktivitäten haben, ohne sich jedes Mal durch die doch mitunter sehr umfangreichen Baumstrukturen zu hangeln. Hierzu ist es notwendig, den Schlüssel (ID) für die jeweilige Aktivität herauszufinden. Diese Schlüssel für die Aktivitäten können Sie sich direkt in Transaktion SPRO anzeigen lassen:

1. Wechseln Sie hierzu in Transaktion SPRO, und navigieren Sie anschließend über die Schaltfläche **SAP Referenz-IMG** in der Menüleiste in den Standardeinführungsleitfaden.
2. Hier können Sie sich nun über den Menüpfad **Zusatzinformationen • Schlüssel anzeigen • IMG-Aktivität** (siehe Abbildung 23.9) die Schlüssel direkt hinter den jeweiligen Aktivitäten anzeigen lassen.

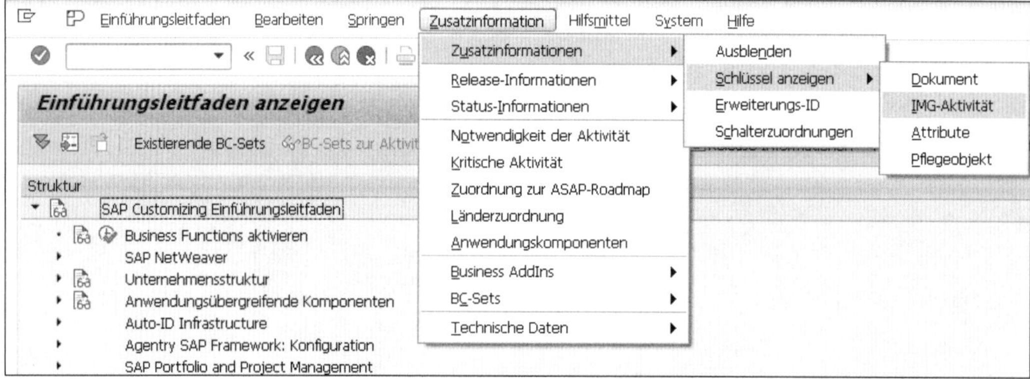

Abbildung 23.9 Anzeige der Schlüssel für die Aktivitäten aktivieren

3. Abbildung 23.10 zeigt diese Anzeige für einige Aktivitäten. Die Schlüssel sind in der Spalte **Zusatzinformationen** zu finden.

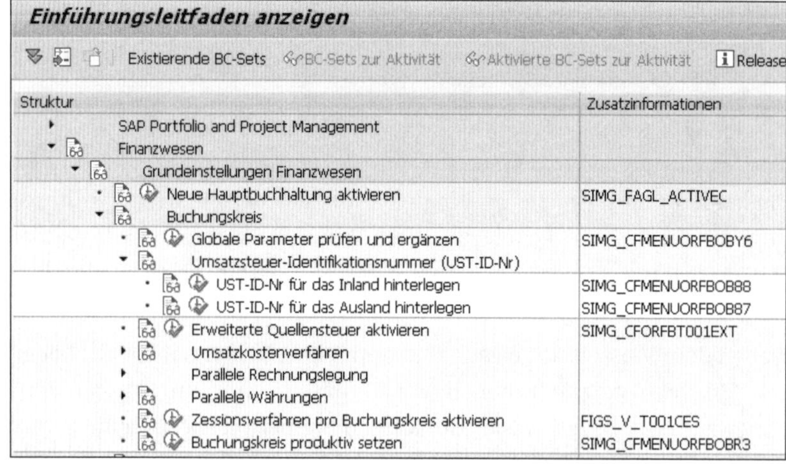

Abbildung 23.10 Anzeige der Schlüssel für die Aktivitäten

4. Kopieren Sie hier beispielhaft einen Schlüssel (z. B. `SIMG_CFMENUORFBOB88`), und kehren Sie zurück in Transaktion SIMGH in Ihren eben angelegten Einführungsleitfaden.
5. Wählen Sie hier den angelegten Unterknoten (**Mein Unterknoten zur Strukturierung** in Abbildung 23.8) aus, und klicken Sie erneut auf die Schaltfläche **Aktivität eine Ebene tiefer einfügen** (Aktivität), die sich in der Menüleiste befindet.
6. Tragen Sie den kopierten Schlüssel in das Eingabefeld **ID** ein, und bestätigen Sie Ihre Eingabe direkt mit ↵ (siehe Abbildung 23.11). Dadurch werden alle anderen Felder automatisch vorbelegt. So werden Sie unter anderem auf der Registerkarte **Pflegeobjekte** die dahinterliegende Tabelle aus Transaktion SM30 sehen können.

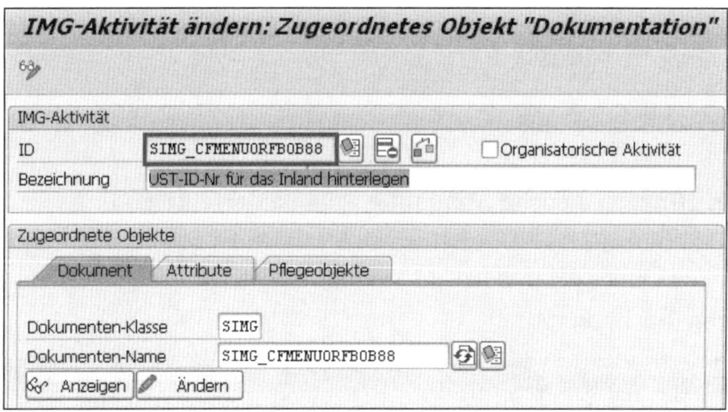

Abbildung 23.11 Verweis auf eine Standard-IMG-Aktivität

7. Wenn Sie nun speichern () und über die Schaltfläche **Zurück** () zurück in Ihren Einführungsleitfaden wechseln, werden Sie die so eingefügte Aktivität unterhalb Ihres Unterknotens sehen (siehe Abbildung 23.12).

Abbildung 23.12 Hinzugefügte Standard-IMG-Aktivität

8. Auch hier können Sie wieder über die Schaltfläche **IMG-Aktivität** () zum Pflege-View in die Transaktion SM30 springen.

Mit diesen einfachen Grundschritten können Sie sich einen eigenen umfangreichen Einführungsleitfaden aufbauen.

23.2 Eine Erweiterung des Standardeinführungsleitfadens anlegen

Eigenen Einführungsleitfaden integrieren

Im folgenden Schritt gilt es nun, den so angelegten Einführungsleitfaden mit in den Standardeinführungsleitfaden von SAP zu hängen. Dazu müssen Sie eine Erweiterung für diesen Einführungsleitfaden anlegen:

1. Öffnen Sie hierzu die Transaktion S_IMG_EXTENSION, deren Startseite Sie in Abbildung 23.13 sehen.
2. Öffnen Sie hier die [F4]-Hilfe (□) des Eingabefeldes **IMG-Struktur**.

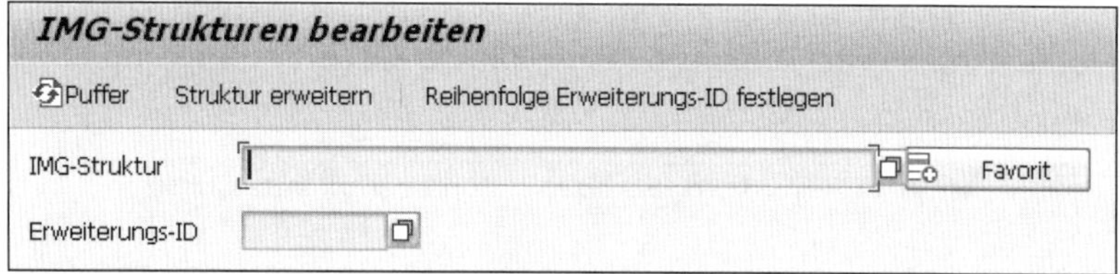

Abbildung 23.13 Erweitern einer IMG-Struktur

3. Dadurch öffnet sich das in Abbildung 23.14 dargestellte Pop-up-Fenster. Suchen Sie hier nach »SAP Customizing Einführungsleitfaden«, indem Sie diesen Suchbegriff in das Feld **Titel** eintragen und anschließend auf **Ausführen** (⊕) klicken.

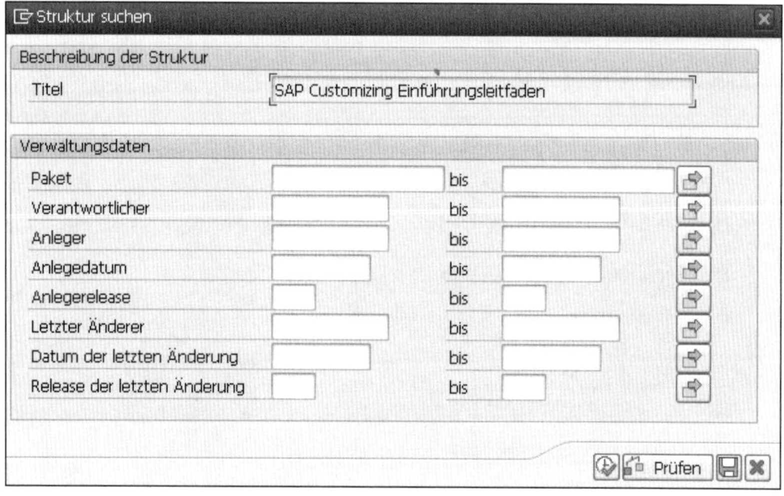

Abbildung 23.14 Finden des Standardeinführungsleitfadens

4. Wählen Sie aus den gefundenen Treffern den Treffer **SAP Customizing Einführungsleitfaden** durch einen Doppelklick aus.

5. Dieser wird nun, wie in Abbildung 23.15 zu erkennen, in das Eingabefeld **IMG-Struktur** eingetragen. Für diesen so ausgewählten Einführungsleitfaden gilt es nun, eine Erweiterungs-ID anzulegen.
6. Öffnen Sie hierzu die F4-Hilfe (□) des Eingabefeldes **Erweiterungs-ID**, die Sie ebenfalls in Abbildung 23.15 sehen können.

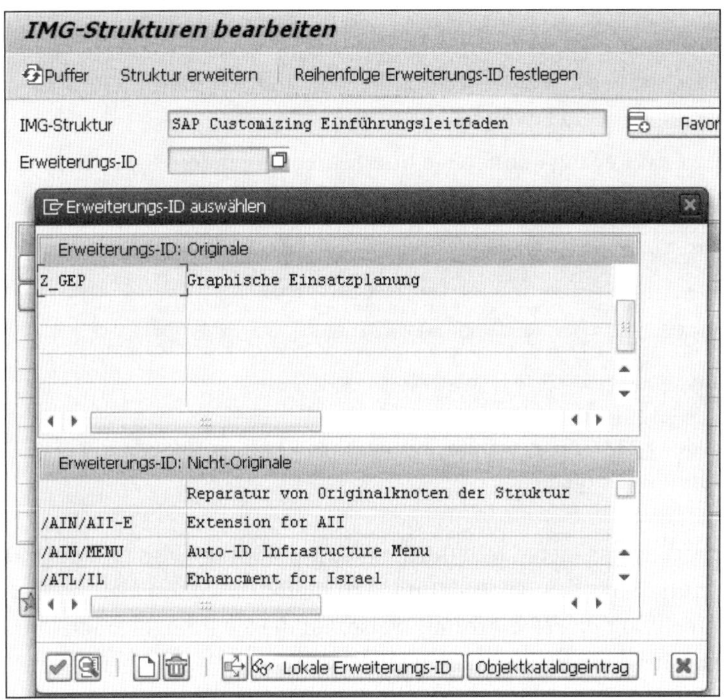

Abbildung 23.15 Anlage einer neuen Erweiterungs-ID

7. Klicken Sie hier auf die Schaltfläche **Erweiterungs-ID anlegen** (□), die sich am Fuß des Pop-up-Fensters befindet.
8. Vergeben Sie in dem sich öffnenden Eingabefenster aus Abbildung 23.16 eine Erweiterungs-ID (hier »ZSAP_EXT«) sowie einen Kurztext (hier »Erweiterung des SAP Cust.-Leitfadens«). Bestätigen Sie Ihre Eingabe mit **Weiter** (✔).

Abbildung 23.16 Anlage einer Erweiterungs-ID

[!]

Paketzuordnung der IMG-Erweiterung

Die Erweiterung darf nicht dem lokalen Paket `$TMP` zugeordnet werden, da sie dann nicht als Erweiterung für den Einführungsleitfaden verwendet werden kann. Ordnen Sie die Erweiterung daher einem normalen Entwicklungspaket zu.

9. Dadurch wird diese Erweiterung angelegt und, wie in Abbildung 23.17 zu sehen, in das Feld **Erweiterungs-ID** eingetragen.
10. Diese Erweiterung können Sie nun bearbeiten, indem Sie in der Menüleiste auf die Schaltfläche **Struktur erweitern** klicken.

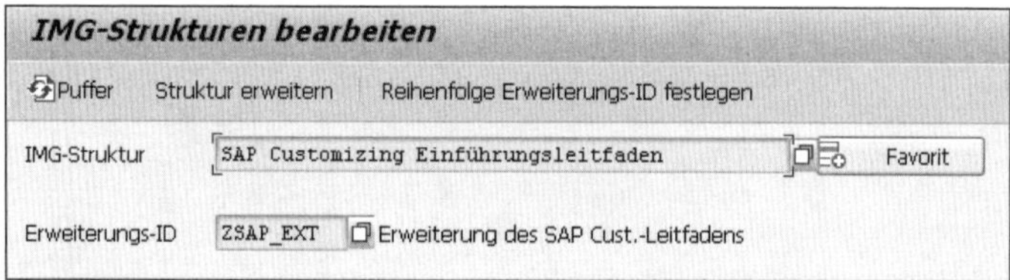

Abbildung 23.17 Ausgewählte Erweiterungs-ID für den Standardeinführungsleitfaden

11. Dadurch öffnet sich die Definition des SAP-Einführungsleitfadens, den Sie nun um neue Knoten und Aktivitäten erweitern können. Dies geschieht auf dieselbe Art und Weise, auf die Sie Ihren eigenen Einführungsleitfaden angelegt haben (siehe Abschnitt 23.1, »Eigenen Einführungsleitfaden anlegen«).
12. Anstatt diese Schritte zu wiederholen, haben Sie nun aber die Möglichkeit, Ihren eigenen Einführungsleitfaden komplett hier einzufügen. Klicken Sie hierzu auf den Hauptknoten **SAP Customizing Einführungsleitfaden**, und folgen Sie anschließend dem Menüpfad **Bearbeiten • Knoten • IMG-Struktur einfügen • Eine Ebene tiefer** (siehe Abbildung 23.18).

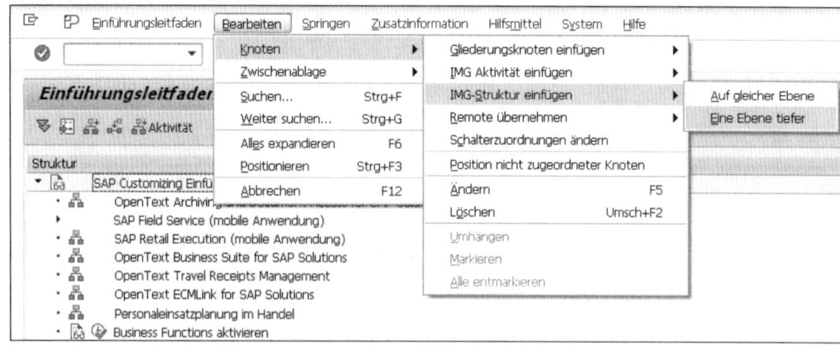

Abbildung 23.18 Einfügen einer bestehenden IMG-Struktur in die Erweiterung

13. Tragen Sie in dem sich öffnenden Pop-up-Fenster aus Abbildung 23.19 die Bezeichnung des einzufügenden Knotens ein (hier »Mein Projekt-Customizing«), und suchen Sie nach Ihrer Struktur über die Schaltfläche **Struktur suchen** (🔍).
14. Diese Auswahl wird in das Eingabefeld **Der Knoten verweist auf die Struktur** eingetragen. Bestätigen Sie Ihre Eingabe mit **Weiter** (✔).

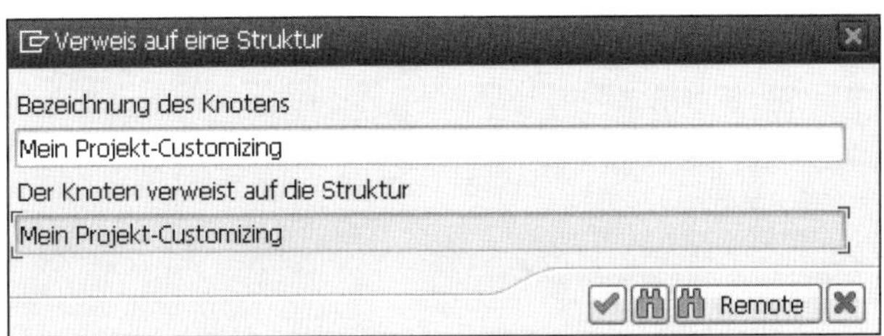

Abbildung 23.19 Verweis auf eine bestehende IMG-Struktur

15. Dadurch wird Ihre Struktur **Mein Projekt-Customizing** in den Standardeinführungsleitfaden eingehängt, wie in Abbildung 23.20 zu sehen.

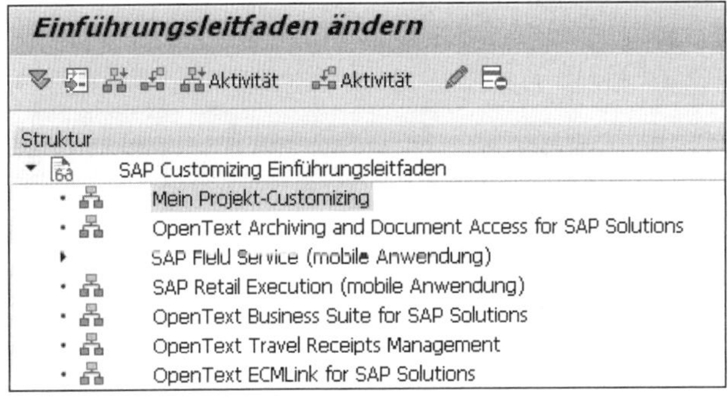

Abbildung 23.20 In den bestehenden SAP-Einführungsleitfaden eingehängte IMG-Struktur

Erweiterung testen

Auch wenn dieser Knoten nicht aufklappbar ist, befinden sich dahinter Ihre Knoten und Aktivitäten. Das können Sie sehen, nachdem Sie die Erweiterung des Einführungsleitfadens gespeichert haben (💾) und in Transaktion SPRO gewechselt sind. Wenn Sie hier nun den Standardeinführungsleitfaden über die Schaltfläche **SAP Referenz-IMG** in der Menüleiste aufrufen, wird auch Ihre Struktur in diesem Einführungsleitfaden wie in Abbildung 23.21 angezeigt.

Damit haben Sie erfolgreich den Standardeinführungsleitfaden von SAP um eine eigene Projektstruktur mit eigenen Aktivitäten erweitert.

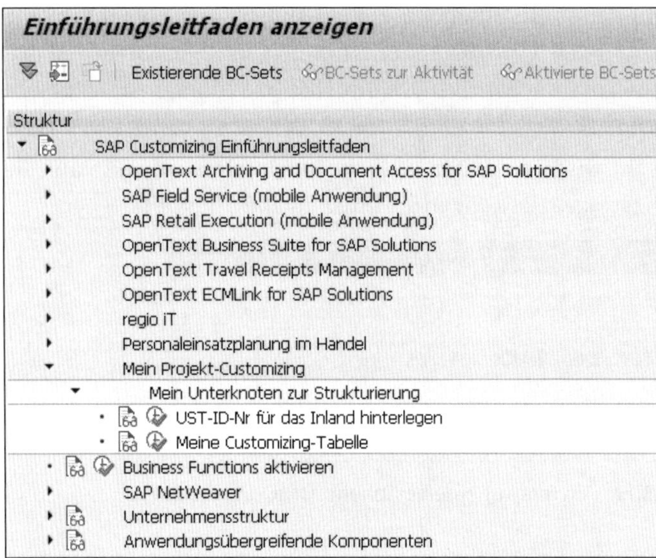

Abbildung 23.21 Erweiterter Standardeinführungsleitfaden

23.3 Zusammenfassung

In diesem Kapitel habe ich Ihnen gezeigt, wie Sie einen eigenen Knoten mit Ihren eigenen Customizing-Schritten in den Standardeinführungsleitfaden von SAP (Transaktion SPRO) einhängen können. Dazu müssen Sie im ersten Schritt einen eigenen Einführungsleitfaden in Transaktion SIMGH anlegen. In einem zweiten Schritt können Sie diesen über Transaktion S_IMG_EXTENSION in den Standardleitfaden integrieren.

Kapitel 24
Erweiterung von IDocs

In diesem Kapitel zeige ich Ihnen, wie Sie Standard-IDocs erweitern können.

Bei IDocs (Intermediate Document) handelt es sich um das zentrale Format, das von SAP zum Datenaustausch zwischen Geschäftsbelegen in mehreren SAP-Systemen verwendet wird. Es kommt vor, dass die Hauptstruktur eines Standard-IDocs, das einen Geschäftsbeleg abbildet, nicht alle Felder beinhaltet, die für Ihren Geschäftsprozess gebraucht werden. In diesem Kapitel möchte ich Ihnen daher zeigen, wie Sie ein Standard-IDoc um zusätzliche Felder erweitern können und wie Sie dafür sorgen können, dass diese zusätzlichen Felder anschließend auch im System verarbeitet, d. h. in der zugehörigen Datenbanktabelle gespeichert werden.

Beispiel: IDoc für Kundendaten erweitern

Die Vorgehensweise möchte ich Ihnen an einem konkreten Beispiel verdeutlichen. Das IDoc zur Übertragung von Kundendaten soll dazu um ein zusätzliches Feld `VISITOR` erweitert werden, das einen Namen aufnehmen kann, z. B. den Namen eines Vertreters, der für den Kunden agiert. Natürlich sind hier viele zusätzliche Felder denkbar.

Das für die Kundendaten verwendete Standard-IDoc hat den Nachrichtentyp `DEBMAS` sowie den IDoc-Typ `DEBMAS07`. Der Nachrichtentyp wird insbesondere genutzt, um über Debitorenstammdaten *Application Link Enabling* (ALE) zu verteilen.

Um ein IDoc zu erweitern, sind die folgenden Schritte notwendig, die ich Ihnen in den folgenden Abschnitten zeigen werde:

1. Die dem IDoc zugrunde liegende Datenbanktabelle (hier `KNA1`) muss um die zusätzlichen Felder erweitert werden.
2. Ein neues Kundensegment mit dem neuen Feld muss in Transaktion WE31 angelegt werden.
3. Eine neue IDoc-Erweiterung mit dem IDoc-Basistyp muss in Transaktion WE30 angelegt werden.
4. In dieser Erweiterung muss das zuvor neu angelegte Segment in der Struktur hinzugefügt werden.
5. Das Segment muss in Transaktion WE31 freigegeben werden.

6. Die Erweiterung muss in Transaktion WE82 dem Nachrichtentyp und Basistyp zugeordnet werden.
7. Die Erweiterung muss in Transaktion WE57 dem Funktionsbaustein zugeordnet werden.
8. Es muss eine Quellcodeerweiterung (in der Regel ein Customer Exit oder BAdI) gefunden werden, die das zusätzliche Feld beim Empfangen in die Datenbanktabelle schreibt.

Anschließend können Sie das erweiterte IDoc mit Bordmitteln oder einem eigenen Report testen.

Weitere Informationen zu IDocs

Dieses Kapitel setzt Kenntnisse zu IDocs voraus. Mehr zu dieser Technologie finden Sie in dem Buch »IDoc-Entwicklung für SAP« von Sabine Maisel (3. Auflage, SAP PRESS 2016).

24.1 Erweiterung für ein IDoc anlegen

Datenbanktabelle erweitern

Im ersten Schritt zur Erweiterung eines IDocs muss die hinter dem IDoc liegende Datenbanktabelle erweitert werden. Für den Nachrichtentyp `DEBMAS` ist dies die Datenbanktabelle `KNA1`. Erweitern Sie diese Datenbanktabelle über eine Append-Struktur um ein zusätzliches Feld `VISITOR` mit dem Datenelement `NAMEVI`, wie in Abbildung 24.1 dargestellt. Wie Sie eine Append-Struktur für eine Datenbanktabelle anlegen, beschreibe ich in Abschnitt 2.1, »Strukturerweiterungen«. Vergessen Sie nicht, die neu angelegte Append-Struktur samt Datenbanktabelle zu aktivieren (✎).

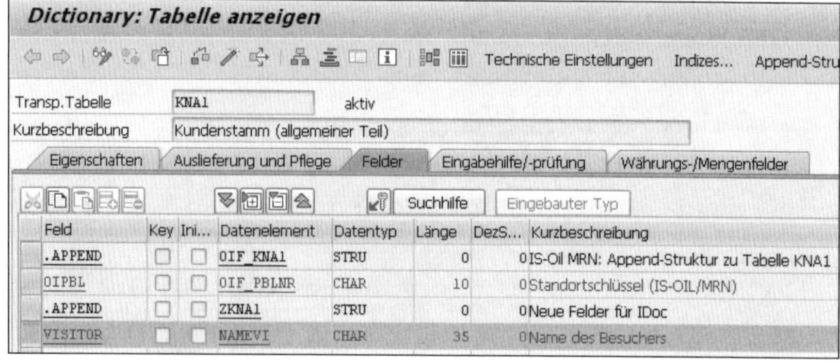

Abbildung 24.1 Die um ein neues Zusatzfeld VISITOR erweiterte Tabelle KNA1

Segmentdefinition anlegen

Im nächsten Schritt muss eine neue Segmentdefinition für das IDoc angelegt werden. Segmentdefinitionen definieren den Aufbau eines IDocs. In einer Segmentdefinition wird immer eine Struktur definiert, in der letztlich die Daten abgelegt werden. So muss Ihre neue Segmentdefinition das zusätzliche Feld definieren und später in der IDoc-Erweiterung referenziert werden:

1. Wechseln Sie dazu in die Transaktion WE31, und geben Sie auf der Startoberfläche, die Sie in Abbildung 24.2 sehen, einen Namen für das neue Kundensegment ein (hier »ZE1KNA11«).

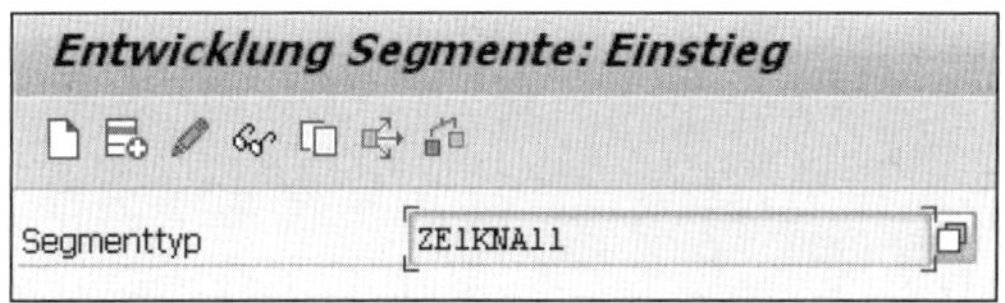

Abbildung 24.2 Anlage eines neuen Segmenttyps in der Transaktion WE31

2. Klicken Sie anschließend auf **Anlegen** (). Die Meldung zur Länge der Segmentdefinition können Sie in neueren Systemen ignorieren (mehr Informationen hierzu erhalten Sie im Langtext der Meldung).
3. Sie gelangen zur Oberfläche der Segmentdefinition in Abbildung 24.3. Tragen Sie hier eine **Kurzbeschreibung** ein. Tragen Sie außerdem in der Tabelle **Felder im Segment** das zusätzliche Feld `VISITOR` vom Datentyp `NAMEVI` ein.

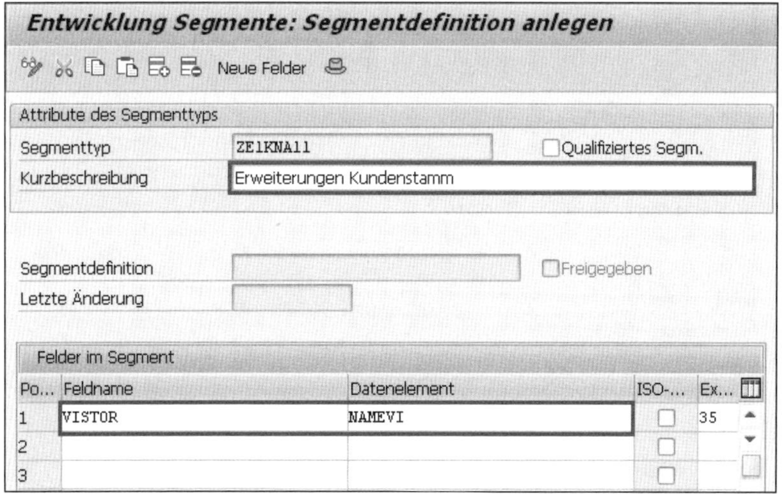

Abbildung 24.3 Ausprägung der Segmentdefinition

4. Speichern (💾) Sie anschließend die Segmentdefinition, und wechseln Sie in Transaktion WE30, wo diese Definition jetzt in einer IDoc-Erweiterung verwendet werden soll.
5. Tragen Sie hierzu einen Objektnamen für die IDoc-Erweiterung ein (hier »DEBMASEXT«), und wählen Sie als Entwicklungsobjekt **Erweiterung** aus (siehe Abbildung 24.4). Klicken Sie anschließend auf **Anlegen** (🗋).

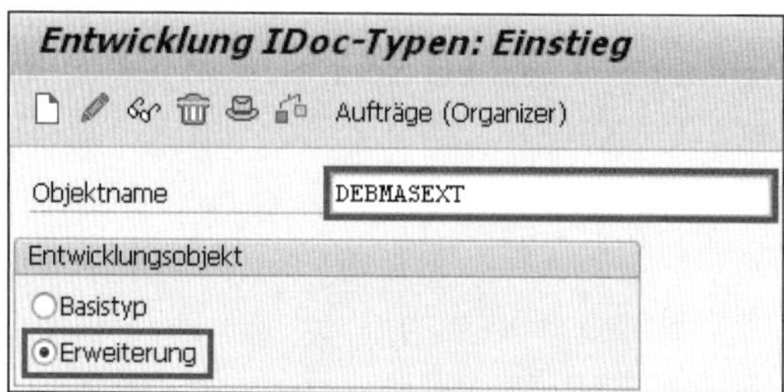

Abbildung 24.4 Neue IDoc-Erweiterung in Transaktion WE30 anlegen

6. Tragen Sie in dem sich öffnenden Pop-up-Fenster aus Abbildung 24.5 im Eingabefeld **verknüpfter Basistyp** den Wert »DEBMAS07« ein. Ergänzen Sie eine Kurzbeschreibung, und bestätigen Sie die Eingaben mit der Schaltfläche **Weiter** (✔).

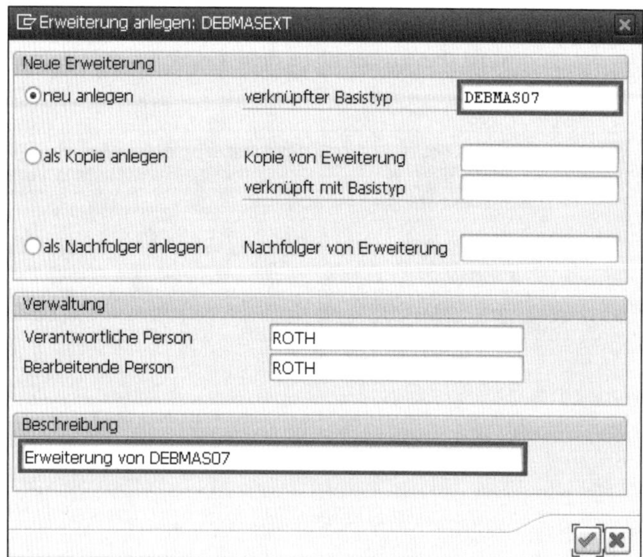

Abbildung 24.5 Definition der neuen IDoc-Erweiterung

7. Aufgrund der Verknüpfung zum Basistyp `DEBMAS07` werden alle Segmente dieses Basistyps, wie in Abbildung 24.6 sichtbar, übernommen. Hier gilt es jetzt, das zuvor angelegte Kundensegment hinzuzufügen.

8. Selektieren Sie hierzu den Namen des Segments `E1KNA11`, und klicken Sie in der Menüleiste auf **Segment anlegen** (📄).

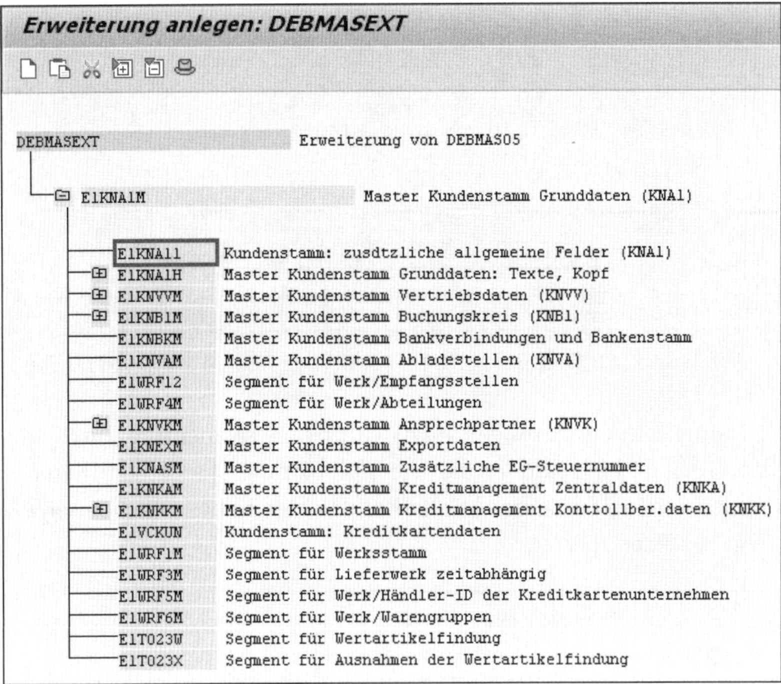

Abbildung 24.6 Übernommene Segmente aus dem verknüpften IDoc-Basistyp

9. Tragen Sie in dem sich öffnenden Pop-up-Fenster aus Abbildung 24.7 den Namen des zuvor angelegten Segmenttyps ein (hier »ZE1KNA11«), und geben Sie als Mindest- und Maximalanzahl jeweils »1« ein. Bestätigen Sie Ihre Angabe mit **Weiter** (✔).

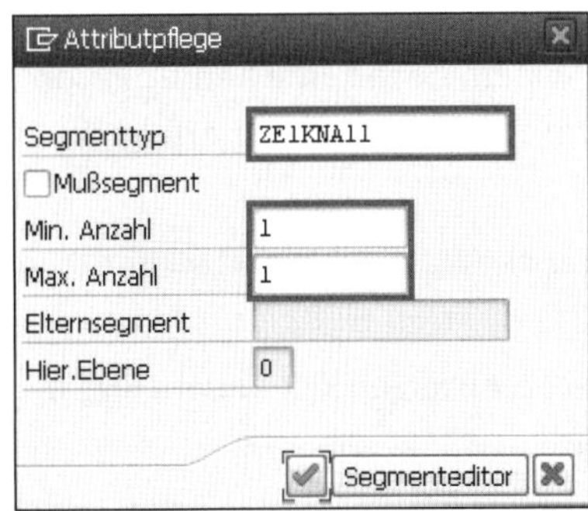

Abbildung 24.7 Kundensegment zur IDoc-Erweiterung hinzufügen

10. Dadurch wird, wie in Abbildung 24.8 zu sehen, das zusätzliche Segment `ZE1KNA11` (weiß hinterlegt) unterhalb des Segments `E1KNA11` eingefügt.

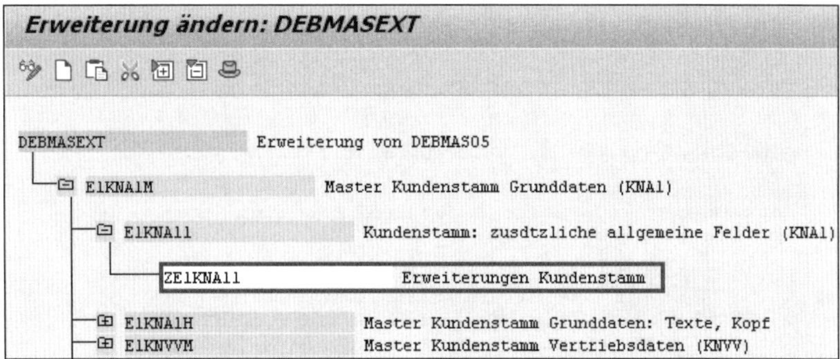

Abbildung 24.8 Das hinzugefügte Kundensegment in der IDoc-Erweiterung

11. Damit keine Änderungen mehr an diesem Segmenttyp durchgeführt werden können, können Sie, wie in Abbildung 24.9 gezeigt, diesen Segmenttyp in Transaktion WE31 über den Menüeintrag **Bearbeiten • Freigabe setzen** sperren.

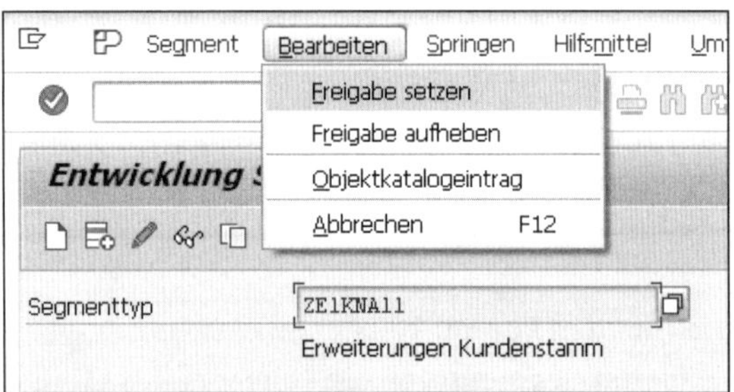

Abbildung 24.9 Den Segmenttyp freigeben

Verknüpfung mit Nachrichtentyp

Nun gilt es, die so angelegte IDoc-Erweiterung mit dem Nachrichtentyp `DEBMAS` zu verknüpfen. Aktuell hat das System noch keine Kenntnis von der eben angelegten IDoc-Erweiterung. Die Bekanntmachung erfolgt in zwei Customizing-Tabellen:

1. Öffnen Sie die erste Customizing-Tabelle **Nachrichtenarten und Zuordnung zu IDoc-Typen**, indem Sie die Transaktion WE82 aufrufen.
2. Wechseln Sie hier über die Schaltfläche **Anzeigen <-> Ändern** (icon) in der Menüleiste in den Änderungsmodus.
3. Nun können Sie über die Schaltfläche **Positionieren**, die sich unterhalb der Tabelle befindet, zum Nachrichtentyp `DEBMAS` springen.

4. Markieren Sie hier, wie in Abbildung 24.10 dargestellt, den Eintrag für den Nachrichtentyp `DEBMAS` sowie den Basistyp `DEBMAS07`, und kopieren Sie diese über die Schaltfläche **Kopieren als** (⎘).
5. Tragen Sie in die kopierte Zeile in der Spalte **Erweiterung** Ihre Erweiterung `DEBMASEXT` ein, und bestätigen Sie Ihre Eingabe abschließend mit der [↵]-Taste.

Sicht "Nachrichtenarten und Zuordnung zu IDoc-Ty

Neue Einträge

Nachrichtenarten und Zuordnung zu IDoc-Typen

Nachrichtentyp	Basistyp	Erweiterung	Release
DEBMAS	DEBMAS04		46A
DEBMAS	DEBMAS05		46C
DEBMAS	DEBMAS06		470
DEBMAS	DEBMAS07		604
DEBMAS_CFS	DEBMAS01		30A

Abbildung 24.10 Kopieren der Zuordnung von Nachrichtenart und IDoc-Typ

6. Markieren und löschen Sie anschließend die originale Zeile ohne den Erweiterungstyp über die Schaltfläche **Löschen** (🗑) aus der Tabelle der Nachrichtentypen, und speichern (💾) Sie Ihre Änderungen anschließend.
7. Das Ergebnis sollte nun wie in Abbildung 24.11 aussehen.

Sicht "Nachrichtenarten und Zuordnung zu IDoc-Typ

Nachrichtenarten und Zuordnung zu IDoc-Typen

Nachrichtentyp	Basistyp	Erweiterung	Release
DEBMAS	DEBMAS04		46A
DEBMAS	DEBMAS05		46C
DEBMAS	DEBMAS06		470
DEBMAS	DEBMAS07	DEBMASEXT	604
DEBMAS_CFS	DEBMAS01		30A

Abbildung 24.11 Zugeordneter IDoc-Basistyp zur angelegten IDoc-Erweiterung

Funktionsbaustein verknüpfen

In der zweiten Customizing-Tabelle muss der Funktionsbaustein, der die Daten entgegennimmt und verarbeitet, mit der Erweiterung verknüpft werden:

1. Öffnen Sie hierzu die zweite Customizing-Tabelle, indem Sie die Transaktion WE57 aufrufen.

2. Wechseln Sie hier über die Schaltfläche **Anzeigen <-> Ändern** in der Menüleiste in den Änderungsmodus.
3. Nun können Sie über die Schaltfläche **Positionieren**, die sich unterhalb der Tabelle befindet, zum Funktionsbaustein `IDOC_INPUT_DEBITOR` springen.
4. Markieren Sie hier, wie in Abbildung 24.12 dargestellt, den Eintrag für diesen Funktionsbaustein sowie den Basistyp `DEBMAS07`, und kopieren Sie diese über die Schaltfläche **Kopieren als**.
5. Tragen Sie in die kopierte Zeile in der Spalte **Erweiterung** Ihre Erweiterung `DEBMASEXT` ein, und bestätigen Sie Ihre Eingabe mit [Enter].

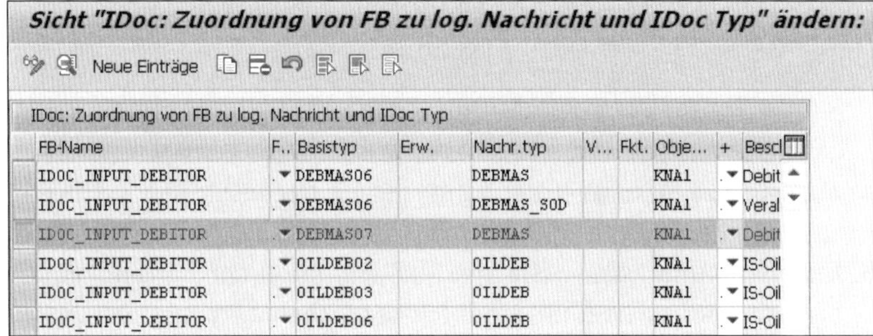

Sicht "IDoc: Zuordnung von FB zu log. Nachricht und IDoc Typ" ändern:

IDoc: Zuordnung von FB zu log. Nachricht und IDoc Typ

FB-Name	F..	Basistyp	Erw.	Nachr.typ	V...	Fkt.	Obje...	+	Besc
IDOC_INPUT_DEBITOR	.	DEBMAS06		DEBMAS			KNA1	.	Debit
IDOC_INPUT_DEBITOR	.	DEBMAS06		DEBMAS_SOD			KNA1	.	Veral
IDOC_INPUT_DEBITOR	.	DEBMAS07		DEBMAS			KNA1	.	Debit
IDOC_INPUT_DEBITOR	.	OILDEB02		OILDEB			KNA1	.	IS-Oil
IDOC_INPUT_DEBITOR	.	OILDEB03		OILDEB			KNA1	.	IS-Oil
IDOC_INPUT_DEBITOR	.	OILDEB06		OILDEB			KNA1	.	IS-Oil

Abbildung 24.12 Kopieren der Zuordnung des Funktionsbausteins zur IDoc-Erweiterung

6. Markieren und löschen Sie anschließend die originale Zeile ohne den Erweiterungstyp über die Schaltfläche **Löschen** aus der Tabelle der zugeordneten Funktionsbausteine, und speichern Sie die Änderungen anschließend.
7. Das Ergebnis sollte nun wie in Abbildung 24.13 aussehen.

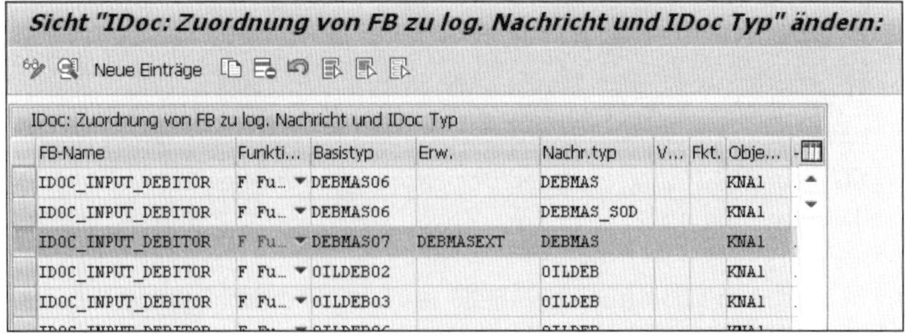

Sicht "IDoc: Zuordnung von FB zu log. Nachricht und IDoc Typ" ändern:

IDoc: Zuordnung von FB zu log. Nachricht und IDoc Typ

FB-Name	Funkti...	Basistyp	Erw.	Nachr.typ	V...	Fkt.	Obje...
IDOC_INPUT_DEBITOR	F Fu...	DEBMAS06		DEBMAS			KNA1
IDOC_INPUT_DEBITOR	F Fu...	DEBMAS06		DEBMAS_SOD			KNA1
IDOC_INPUT_DEBITOR	F Fu...	DEBMAS07	DEBMASEXT	DEBMAS			KNA1
IDOC_INPUT_DEBITOR	F Fu...	OILDEB02		OILDEB			KNA1
IDOC_INPUT_DEBITOR	F Fu...	OILDEB03		OILDEB			KNA1

Abbildung 24.13 Zugeordneter Funktionsbaustein zur IDoc-Erweiterung

Datenverarbeitung

Nun sind die Arbeiten zur Erweiterung des IDocs abgeschlossen. Im nächsten Schritt müssen Sie sich darum kümmern, dass das zusätzliche Feld in der

Eingangsverarbeitung verarbeitet und in die Datenbanktabelle geschrieben wird. Dazu werden innerhalb des Funktionsbausteins IDOC_INPUT_DEBITOR der Customer Exit VSV00001 und der Funktions-Exit EXIT_SAPLVV02_001 aufgerufen.

Innerhalb dieses Funktionsbausteins haben Sie nun die Möglichkeit, das zusätzliche Feld VISITOR aus dem empfangenen IDoc (das an das System gesendet wird) auszulesen und den übergebenen Wert in den entsprechenden Kundendatensatz in der Datenbanktabelle zu speichern.

Customer Exit implementieren

Dazu implementieren Sie den Customer Exit EXIT_SAPLVV02_001. Legen Sie hierzu in Transaktion CMOD ein neues Erweiterungsprojekt an, und fügen Sie die Erweiterung VSV00001 diesem Erweiterungsprojekt hinzu. Wechseln Sie anschließend in die Komponenten des Funktions-Exits EXIT_SAPLVV02_001 und dort in das Include ZXVSVU02, und fügen Sie den Quellcode aus Listing 24.1 in diesem Include ein.

```
DATA: ls_kna1m    LIKE e1kna1m,
      ls_ze1kna11 LIKE ze1kna11,
      lv_kunnr    TYPE kna1-kunnr.

LOOP AT idoc_data.
  CASE idoc_data-segnam.
    WHEN 'E1KNA1M'.
      ls_kna1m = idoc_data-sdata.
    WHEN 'ZE1KNA11'.
      ls_ze1kna11 = idoc_data-sdata.

      "Existiert der Kunde
      SELECT SINGLE kunnr FROM kna1
        INTO lv_kunnr WHERE kunnr = ls_kna1m-kunnr.
      IF sy-subrc EQ 0. "Wenn ja Zusatzfeld updaten
        UPDATE kna1 SET visitor = ls_ze1kna11-visitor
         WHERE kunnr = ls_kna1m-kunnr.
      ENDIF.

  ENDCASE.
ENDLOOP.
```

Listing 24.1 Aktualisierung des Zusatzfeldes VISITOR in der IDoc-Eingangsverarbeitung

Aktivieren (✎) Sie anschließend Ihr Erweiterungsprojekt.

[»]

Implementierung eines Customer Exits

Wie Sie einen Customer Exit implementieren und ein Erweiterungsprojekt in der Transaktion CMOD anlegen, beschreibe ich in Kapitel 4, »Customer Exits«.

Damit sind alle wichtigen Schritte zur Erweiterung des IDocs abgeschlossen. Die Erweiterung wurde angelegt, um das zusätzliche Feld erweitert und anschließend im System für den Nachrichtentyp DEBMAS bekannt gemacht. Abschließend haben wir im verarbeitenden Funktionsbaustein über ein Customer Exit dafür gesorgt, dass dieses zusätzliche Feld auch in die über eine Append-Struktur erweiterte Datenbanktabelle geschrieben wird. Im nächsten Schritt kann diese Erweiterung nun getestet werden.

24.2 IDoc-Erweiterung testen

In diesem Abschnitt geht es darum, die Erweiterung des IDocs aus dem letzten Abschnitt zu testen. Damit dies auf demselben System geschehen kann, wird mit einem ABAP-Programm ein IDoc erzeugt und an dasselbe System geschickt, wo es anschließend automatisch verarbeitet werden soll. In diesem IDoc ist das zusätzliche Segment, das das zusätzliche Feld enthält, mit einem Wert gefüllt. Nach der erfolgreichen Verarbeitung des IDocs kann geprüft werden, ob der Wert für das zusätzliche Feld VISITOR auch wirklich in die Tabelle KNA1 geschrieben wurde.

Partnervereinbarung anlegen

Dazu muss für Ihren Benutzer eine neue Partnervereinbarung angelegt werden, die definiert, wohin das erzeugte IDoc geschickt werden soll und dass Sie dies auch entgegennehmen dürfen:

1. Wechseln Sie hierzu in Transaktion WE20, und klicken Sie im Navigationsbaum auf der linken Seite auf den Ordner **Partnerart US** (US steht hier für User, also Benutzer).
2. Klicken Sie in der Funktionsleiste auf die Schaltfläche **Anlegen** (). Tragen Sie im Eingabefeld **Partnerart** sowie im Eingabefeld **Art** den Wert »US« und im Eingabefeld **Bearbeiter** sowie im Eingabefeld **Partnernummer** Ihren SAP-Benutzer ein (siehe Abbildung 24.14).
3. Bestätigen Sie die Eingabe mit [↵], und speichern () Sie die Partnervereinbarung.

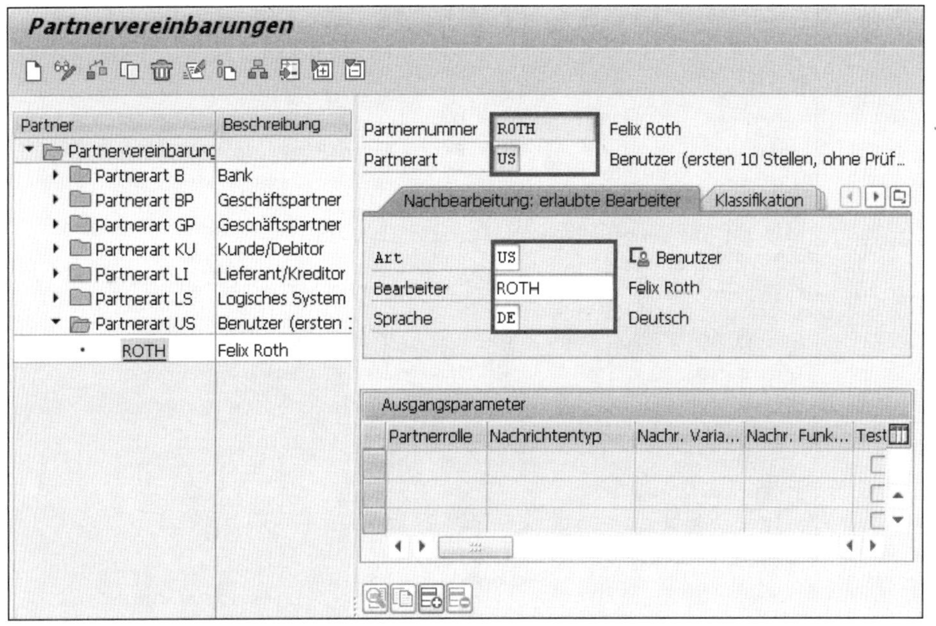

Abbildung 24.14 Neue Partnervereinbarung anlegen

Ausgangs-parameter für den Nachrichtentyp

Nun können Sie über die Schaltfläche **Ausgangsparameter anlegen** (), die sich unterhalb der Tabelle **Ausgangsparameter** in Abbildung 24.14 befindet, für Ihren Benutzer einen neuen Nachrichtentyp für ausgehende Nachrichten definieren. Geben Sie hierzu, wie in Abbildung 24.15 dargestellt, die folgenden Werte an:

- **Empfängerport**: ein Port Ihres eigenen Systems (dies kann, falls erforderlich, in Transaktion WE21 als transaktionale Remote-Function-Call- oder kurz RFC-Verbindung eingestellt werden, die auf eine ABAP-Verbindung aus Transaktion SM59 zeigt)
- **Paketgröße**:1
- **Ausgabemodus**: **IDoc sofort übergeben**
- **Basistyp**: DEBMAS07
- **Erweiterung**: DEBMASEXT

Speichern () Sie die so eingestellten Ausgangsparameter, und wechseln Sie anschließend über die Schaltfläche **Zurück** () wieder in die Hauptübersichtmaske der Partnervereinbarungen.

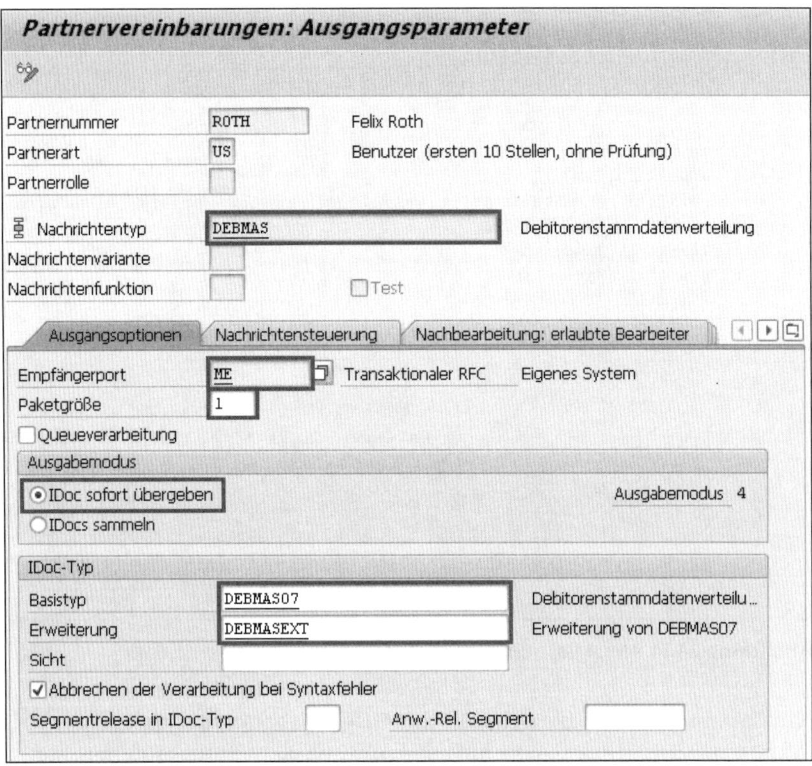

Abbildung 24.15 Definition eines neuen Ausgangsparameters

Eingangsparameter für den Nachrichtentyp

Hier müssen Sie für Ihre neue Partnervereinbarung jetzt einen Eingangsparameter für den Nachrichtentyp DEBMAS anlegen. Klicken Sie dazu auf die Schaltfläche **Eingangsparameter anlegen** (), die sich unter der Tabelle **Eingangsparameter** befindet. Geben Sie die folgenden Werte an, wie in Abbildung 24.16 gezeigt:

- **Nachrichtentyp**: DEBMAS
- **Vorgangscode**: DEBM
- **Verarbeitung durch den Funktionsbaustein**: **Anstoß sofort**

Speichern () Sie die so eingestellte Partnervereinbarung abschließend.

Wenn Sie nun wieder über die Schaltfläche **Zurück** () in die Hauptübersichtmaske der Partnervereinbarungen wechseln, sollten die Ein- und Ausgangsparameter wie in Abbildung 24.17 dargestellt werden.

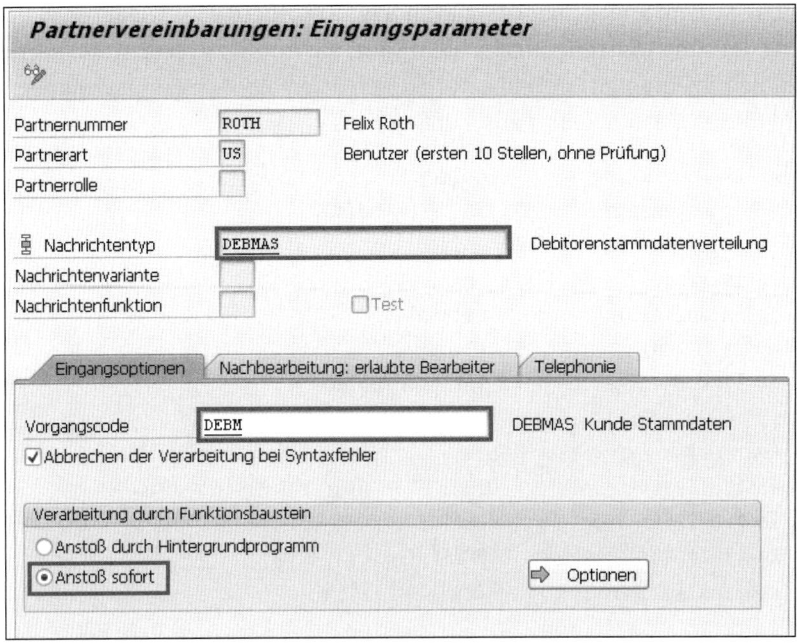

Abbildung 24.16 Definition eines neuen Eingangsparameters

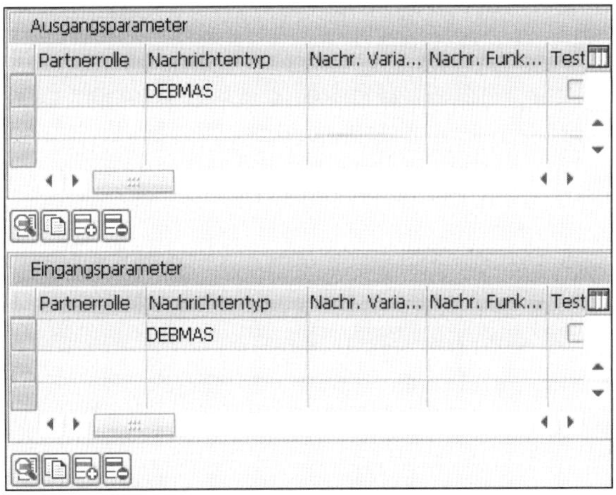

Abbildung 24.17 Fertig definierte Ein- und Ausgangsparameter der Partnervereinbarung

Testreport anlegen

Damit ist alles für den Test vorbereitet. Legen Sie nun einen neuen Report mit dem Quelltext aus Listing 24.2 an. In diesem Report wird ein IDoc vom Nachrichtentyp `DEBMAS` und dem IDoc-Basistyp `DEBMAS07` mit der Erweiterung `DEBMASEXT` erzeugt und anschließend über den Funktionsbaustein `MASTER_IDOC_DISTRIBUTE` versendet. Da in Ihrer Partnervereinbarung das eigene System angegeben ist, kommt das so erzeugte IDoc wieder am Eingang desselben Systems an, von dem Sie es abschicken. Ersetzen Sie hierzu den Benutzernamen im Feld RCVPRN durch Ihren eigenen Benutzernamen, und führen Sie den Report anschließend aus.

```
DATA: ls_kontrollsatz  TYPE edidc,
      lt_datensatz     TYPE TABLE OF edidd,
      ls_datensatz     TYPE edidd,
      ls_kunde         TYPE kna1,
      ls_ze1kna11      TYPE ze1kna11,
      ls_e1kna1m       TYPE e1kna1m,
      lt_kommunikation TYPE TABLE OF edidc.

ls_kontrollsatz-rcvprt = 'US'.
ls_kontrollsatz-rcvprn = 'ROTH'. "<-- hier Ihr Benutzername
ls_kontrollsatz-idoctp = 'DEBMAS07'.
ls_kontrollsatz-cimtyp = 'DEBMASEXT'.
ls_kontrollsatz-mestyp = 'DEBMAS'.

"Aufbau des Hauptsegments E1KNA1M
ls_datensatz-segnam = 'E1KNA1M'.

"Testdaten für einen Kunden selektieren
SELECT SINGLE * FROM kna1
  INTO CORRESPONDING FIELDS OF ls_kunde.
"Kundendaten zu Segmentstruktur kopieren
"(Ein direktes Selektieren ist wegen der Datentypen
"nicht möglich)
MOVE-CORRESPONDING ls_kunde TO ls_e1kna1m.

"Füllen der Segmentstruktur mit richtiger Länge
CALL METHOD cl_abap_container_utilities=>fill_container_c
  EXPORTING
    im_value     = ls_e1kna1m
  IMPORTING
    ex_container = ls_datensatz-sdata
  EXCEPTIONS
    OTHERS       = 2.

APPEND ls_datensatz TO lt_datensatz.

"Segment E1KNA11
"Hier leer, muss aber für die Hierarchie eingefügt werden
```

```
ls_datensatz-segnam = 'E1KNA11'.
CLEAR ls_datensatz-sdata.
APPEND ls_datensatz TO lt_datensatz.

"Erweitertes Zusatzsegment ZE1KNA11 unter dem Segment E1KNA11
ls_datensatz-segnam = 'ZE1KNA11'.
ls_ze1kna11-visitor = 'Felix'.
ls_datensatz-sdata = ls_ze1kna11.
APPEND ls_datensatz TO lt_datensatz.

CALL FUNCTION 'MASTER_IDOC_DISTRIBUTE'
  EXPORTING
    master_idoc_control         = ls_kontrollsatz
  TABLES
    communication_idoc_control = lt_kommunikation
    master_idoc_data            = lt_datensatz.

COMMIT WORK. "Wichtig, sonst wird das IDoc nicht erzeugt
```

Listing 24.2 Anlage und Absenden eines neuen IDocs

Bei jeder Ausführung dieses Reports wird genau ein IDoc erzeugt und abgeschickt. Sie können damit also beliebig viele IDocs erzeugen.

Erzeugung des IDocs prüfen

Nach der Ausführung des Reports können Sie in Transaktion WE02 prüfen, ob das IDoc am Systemausgang erzeugt wurde. Wenn es bereits verarbeitet und gesendet wurde, können Sie wiederum am Eingang des Systems nachschauen, ob das IDoc wieder angekommen ist (siehe Abbildung 24.18). Ansonsten hat die Partnervereinbarung mitunter nicht funktioniert. Es kann allerdings durchaus bis zu 1 Minute dauern, bis das IDoc am Ausgang und am Eingang verarbeitet wurde.

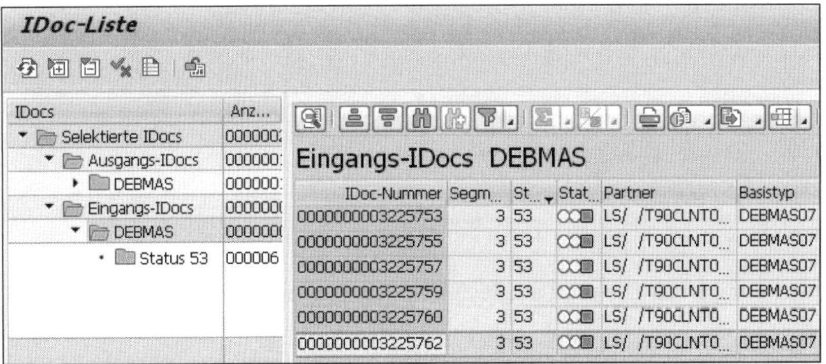

Abbildung 24.18 IDoc-Liste in Transaktion WE02

Segmente überprüfen

Durch einen Doppelklick auf eine IDoc-Nummer können Sie auch die vom Programm erzeugten Datensätze kontrollieren. Wie in Abbildung 24.19 ersichtlich, wurden hier die drei Segmente `E1KNA1M`, `E1KNA11` und `ZE1KNA11` (das erweiterte Segment) erzeugt. Durch einen Doppelklick auf das Segment `ZE1KNA11` können Sie den Wert sehen, der im Feld `VISITOR` in das IDoc-Segment geschrieben wurde.

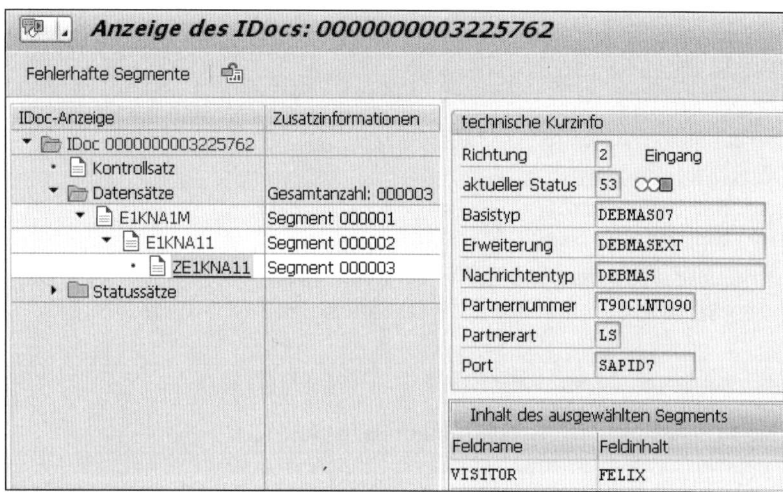

Abbildung 24.19 Anzeige der Segmente eines IDocs

Erweiterten Datensatz prüfen

Abschließend können Sie noch kontrollieren, ob der Wert des Feldes `VISITOR` (hier »FELIX«) auch wirklich in der Datenbanktabelle `KNA1` angekommen ist. Öffnen Sie hierzu in Transaktion SE11 oder SE16N den Datensatz für den Kunden (im Kopf des IDocs finden Sie die Kundennummer). Ganz am Ende des Datensatzes können Sie nun wie in Abbildung 24.20 den Wert sehen.

Tabelle KNA1 anzeigen

Prüftabelle...

PSOO3	
PSOO4	
PSOO5	
OIDRC	
OID POREQD	
OIPBL	
VISITOR	FELIX

Abbildung 24.20 Der Wert des Feldes VISITOR in der Tabelle KNA1

Damit haben Sie erfolgreich ein Standard-IDoc erweitert und produktiv eingesetzt.

[«]

Erweiterung für ALE

Wenn Sie dieses IDoc für ein ALE-Szenario (Application Link Enabling), also zur Verteilung von Stammdaten, verwenden möchten, müssten Sie sich im Senden-Fall noch darum kümmern, dass dieser Wert für jeden Kunden automatisch aus der Tabelle KNA1 gelesen und in das IDoc geschrieben wird. Dazu können Sie ebenfalls das Customer Exit VSV00001 verwenden, allerdings dieses Mal den Funktions-Exit EXIT_SAPLVV01_001.

24.3 Zusammenfassung

In diesem Kapitel habe ich Ihnen gezeigt, wie Sie Standard-IDocs um eigene Segmente erweitern können, um Zusatzfelder innerhalb des IDocs abbilden zu können. Eine solche Erweiterung ist immer dann wichtig, wenn Sie SAP-Standardtabellen erweitert haben und wollen, dass die zusätzlichen Felder ebenfalls über IDocs übertragen werden können, sei es lesend oder schreibend.

Anhang

Anhang A
Beschaffung von Daten: Arbeitsspeicher

Ab und zu haben Sie eine Situation, in der Sie Daten aus der aktuellen Verarbeitung einer nachfolgenden Verarbeitung bereitstellen wollen, in der die Programme allerdings unabhängig voneinander ausgeführt werden und keine Übergabe durch eine Schnittstelle möglich ist. Gerade im Umfeld von Erweiterungen spielt die Weitergabe der Daten eine große Rolle, um in einer Erweiterung (sei es in einem User Exit, einem Customer Exit, einem Business Add-in, kurz BAdI, oder einem Erweiterungspunkt) auf die Daten einer anderen Erweiterung zuzugreifen.

Auslagerung in den SAP-Speicher

In der angesprochenen Situation können Sie Datenobjekte gezielt in Bereiche des Arbeitsspeichers des SAP NetWeaver Application Server ABAP (AS ABAP) auslagern. Von einer anderen Stelle aus können Sie auf diesen Speicher zugreifen und die benötigten Datenobjekte dort auslesen. Auf diese Weise können Sie Variablen, Strukturen oder interne Tabellen von einem Programm in ein anderes übertragen, ohne die Daten explizit auf eine Datenbank schreiben zu müssen. Im klassischen Fall werden dazu die beiden Anweisungen `EXPORT` und `IMPORT` verwendet. Mit der Anweisung `EXPORT` können Daten im *ABAP Memory* abgelegt und mit der Anweisung `IMPORT` wieder ausgelesen werden.

ABAP Memory

Der ABAP Memory ist ein an den Benutzer, dessen aktive Sitzung und die aktuelle Ausführung (Workprozess) gebundener Speicherbereich, der zur Ausführung eines ABAP-Programms bereitgestellt wird. Die Daten bleiben so während der gesamten Ausführung des Programms erhalten (auch wenn dieses Programm ein weiteres Programm aufruft). Das aufgerufene Programm kann dadurch auf die zuvor im Speicher abgelegten Daten zugreifen. Der Speicherbereich ist also an eine interne Sitzung gebunden. Nachdem die interne Sitzung beendet ist, gehen auch die Daten verloren.

Voraussetzung hierfür ist, dass die beiden Programme hintereinander in derselben internen Sitzung durchlaufen werden (`CALL TRANSACTION`, `SUBMIT`, `CALL DIALOG`), damit der ABAP Memory erhalten bleibt. Wenn Sie also ein

Programm aufrufen, dieses komplett durchlaufen und anschließend ein zweites Programm aufrufen, kann dieses zweite Programm nicht mehr auf die Daten zugreifen.

Exportieren mit EXPORT

Die Parameter können Sie nach der Anweisung `EXPORT` einzeln mit `p1`, `p2` usw. angeben. Die Namen für die Parameter `p` sind hierbei frei wählbar. Die Datenobjekte werden unter den angegebenen Namen im ABAP Memory abgelegt und können so beim Auslesen wieder identifiziert werden.

Die Parameter können auch als zweispaltige interne Tabelle übergeben werden, wobei die Namen der Spalten egal sind. In der ersten Spalte müssen die Namen der Parameter und in der zweiten Spalte der Name der Datenobjekt stehen.

Nach dem Zusatz `TO MEMORY ID` kann ein eindeutiger Name `id` angegeben werden, der die Menge von Parametern im Speicher identifiziert (siehe Listing A.1). Dieser eindeutige Name wird zum Auslesen der Daten benötigt. Die Schreibweise ohne den Zusatz `ID` ist hingegen obsolet.

```
EXPORT {p1 = dobj1 p2 = dobj2 ...}
       | (paratab) TO MEMORY ID id.
```

Listing A.1 Syntax zur EXPORT-Anweisung

Importieren mit IMPORT

Die Syntax für den Import der Parameter ist sehr ähnlich. Nach der Anweisung `IMPORT` müssen wieder die Parameter (mit den gleichen Namen) sowie die Zieldatenobjekte angegeben werden. Alternativ kann auch hier eine Parametertabelle benutzt werden. Hinter dem Zusatz `FROM MEMORY ID` muss die ID des Exports angegeben werden (siehe Listing A.2).

```
IMPORT {p1 = dobj1 p2 = dobj2 ...}
       | (paratab) FROM MEMORY ID id.
```

Listing A.2 Syntax zur IMPORT-Anweisung

Beispiel Listing A.3 zeigt den Export der Daten aus einem Programm, das anschließend ein zweites Programm aufruft. Dieses Programm importiert die Daten wieder und gibt sie anschließend aus. Der Parametername `SFLIGHT` muss sowohl bei der Anweisung `EXPORT` als auch bei der Anweisung `IMPORT` gleich sein.

```
REPORT zprogramm1.
DATA: lt_sflight TYPE TABLE OF sflight.
SELECT carrid connid fldate FROM sflight INTO TABLE lt_sflight.
EXPORT sflight = lt_sflight TO MEMORY ID 'SFLIGHT'.
SUBMIT zprogramm2.
...
REPORT  zprogramm2 "Importieren der Daten
DATA: lt_sflight_imp TYPE TABLE OF sflight.
START-OF-SELECTION.
IMPORT sflight = lt_sflight_imp FROM MEMORY ID 'SFLIGHT'.
LOOP AT lt_sflight INTO ls_sflight.
 WRITE: / ls_sflight-carrid,
          ls_sflight-connid,
          ls_sflight-fldate.
ENDLOOP.
```

Listing A.3 Übertragung einer internen Tabelle in den ABAP Memory

Anhang B
Beschaffung von Daten: Dirty Assign

Mit einer nicht vorgesehenen Zuweisung, einem sogenannten *Dirty Assign*, haben Sie die Möglichkeit, mithilfe eines *Zeigers* auf die Variablen eines anderen (übergeordneten) Programms und dessen Speicherbereich zuzugreifen, da dieses Programm in den Hauptspeicher (ABAP Memory) geladen wurde. Diese Möglichkeit besteht ausschließlich für die globalen Daten des Programms, da alle lokalen Variablen beim Verlassen einer Programmeinheit gelöscht werden.

Diese Technik wird vor allem in Erweiterungen wie Customer Exits oder Business Add-ins (BAdIs) benutzt, da hier nur die Daten der Importparameter des Funktionsbausteins (des Customer Exits) bzw. der Methode (des BAdIs) zur Verfügung stehen, häufig aber mehr Daten aus dem ursprünglich aufrufenden Programm (also dem Programm, das die Erweiterung aufruft) gebraucht werden.

Verwendung in Customer Exits

Abbildung B.1 zeigt beispielhaft einen solchen Customer Exit V45A0002 zur Vorbelegung des Auftraggebers in einem Verkaufsbeleg im Debugger. Dieser Customer Exit wurde in Abschnitt 4.1, »Customer Exits implementieren«, vorgestellt und implementiert.

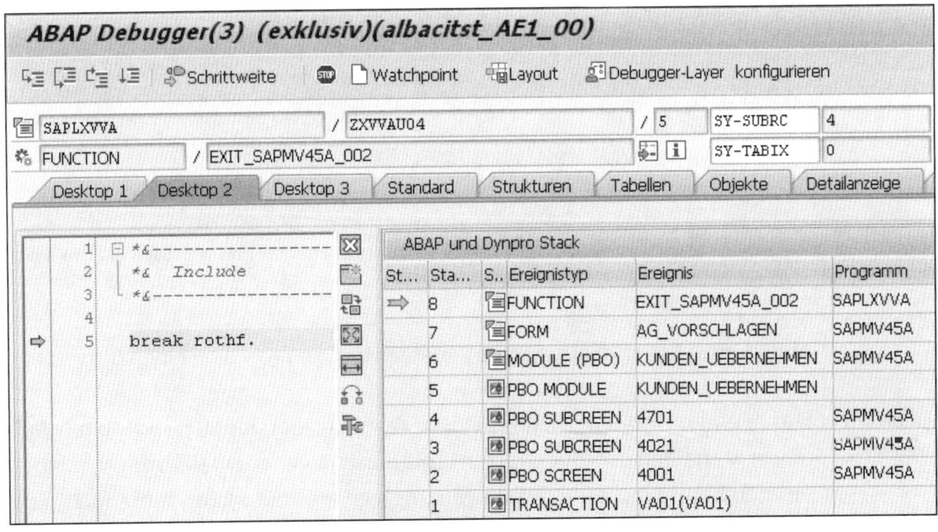

Abbildung B.1 Aufruf des Funktions-Exits SAPMV45A

Im Aufrufstack (dem ABAP- und dem Dynpro-Stack, hier auf der Registerkarte **Desktop 2**) erkennen Sie, dass der Funktions-Exit `EXIT_SAPMV45A_002` aus dem Hauptprogramm `SAPMV45A` aufgerufen wurde. Zu diesem Hauptprogramm kehrt die Programmlogik nach Aufruf des Funktions-Exits auch wieder zurück. Das bedeutet, dass Sie mit einem Dirty Assign auf den Speicherbereich des Programms `SAPMV45A` und dessen globale Daten zugreifen können. Beispielsweise werden hier alle Daten des Verkaufsbelegs in den globalen Variablen `XVBAK` (Kopfdaten) und `XVBAP` (Positionsdaten) vorgehalten.

Syntax des Datenzugriffs

Der Zugriff auf diese Daten erfolgt mit der folgenden Schreibweise. Das gewünschte Programm wird in Klammern angegeben, direkt gefolgt vom Namen der globalen Variablen:

- **Für die Kopfstruktur**
  `(SAPMV45A)XVBAK`
- **Für die Positionstabelle**
  `(SAPMV45A)XVBAP[]`

  Die Angabe der beiden eckigen Klammern [] ist nötig, da es sich um eine Tabelle mit einer Kopfzeile handelt.

Diese Zuweisungen können Sie, wie in Abbildung B.2 gezeigt, direkt im ABAP Debugger in der Schnellanzeige der Variablen eintragen.

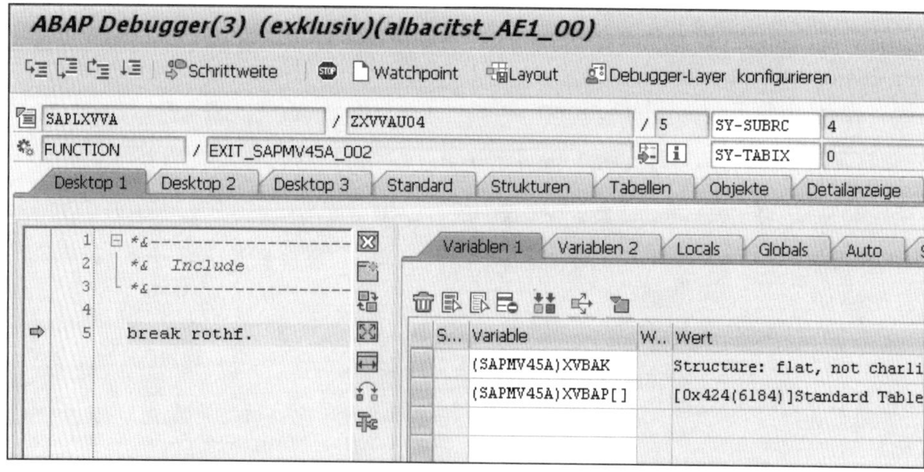

Abbildung B.2 Zugriff auf globale Variablen im Debugger über einen Dirty Assign

Inhalt dieser Variablen anzeigen

Durch einen Doppelklick auf die Variablen können Sie sich jetzt den Inhalt dieser Variablen anzeigen lassen und diese gegebenenfalls ändern. Haben Sie sich beim Eintragen der Zuweisung vertippt oder kann diese nicht aufgelöst werden, wird vor der Zuweisung ein Blitz (⚡) angezeigt. Dieses Icon steht für **Ungültige Variable**. Es kommt hier also (zum Glück) nicht zu einem Laufzeitfehler.

Anweisung ASSIGN

Aus einem ABAP-Programm können Sie ebenfalls auf die globalen Variablen zugreifen, indem Sie die Zuweisung nach der Anweisung ASSIGN angeben und den Zeiger einem Feldsymbol zuweisen. Listing B.1 zeigt dies für eine Struktur sowie für eine interne Tabelle.

```
"Zugriff auf die interne Tabelle XVBAP
"Definition des Zeigers vom selben Datentyp
FIELD-SYMBOLS: <xvbap> TYPE STANDARD TABLE.
DATA: ls_xvbap TYPE vbapvb.

ASSIGN ('(SAPMV45A)XVBAP[]') TO <xvbap>.
IF sy-subrc EQ 0.
"Prüfung, ob Zuweisung geklappt hat
"(Laufzeitfehler, falls Zuweisung fehlgeschlagen)
"Arbeit mit den Daten, hier z. B. mit einem LOOP
  LOOP AT <xvbap> INTO ls_xvbap.

  ENDLOOP.
ENDIF.

"Zugriff auf die Struktur XVBAK
"Definition des Zeigers vom selben Datentyp
"(hier existiert kein eigener Typ im ABAP Dictionary,
"dieser wurde im Programm SAPMV45A lokal definiert)
TYPES: BEGIN OF xvbak.
         INCLUDE TYPE vbak.
TYPES: agupda    LIKE rv02p-agupd,
       weupda    LIKE rv02p-weupd,
       auartupda,
       END OF xvbak.

FIELD-SYMBOLS: <xvbak> TYPE xvbak.
ASSIGN ('(SAPMV45A)XVBAK') TO <xvbak>.
IF sy-subrc EQ 0.
  "Arbeit mit den Daten
ENDIF.
```

Listing B.1 Zugriff mit ABAP auf globale Variablen eines anderen Programms mithilfe eines Dirty Assigns

[!]

Änderungen durch den Zeiger

Da es sich bei der Zuweisung mit einem Dirty Assign um einen Zeiger handelt, können Sie die Daten dieser Variablen nicht nur lesen, sondern auch beliebig ändern. Wenn Sie also die zugewiesenen Feldsymbole ändern, wird im Hintergrund letztlich derselbe Speicherbereich der ursprünglich zugewiesenen Variablen angepasst.

Das ist der Grund, aus dem die hier vorgestellte Technik mit Vorsicht zu genießen ist, da sich die ganze Transaktion durch einen falsch geänderten Wert falsch verhalten kann. So sollten Sie beispielweise niemals die internen Tabellen einer SAP-Transaktion sortieren, da es sein kann, dass im Hintergrund ein bestimmter Zugriff auf diese internen Tabellen z. B. über die Zeilennummern geschieht.

Anhang C
Mögliche Konfliktfälle beim Abgleich von Erweiterungen in Transaktion SPAU_ENH

In diesem Anhang möchte ich Ihnen einen Überblick über die Konfliktmeldungen geben, die beim Abgleich von Erweiterungen mit Transaktion SPAU_ENH häufig in der Konfliktliste angezeigt werden. Ich habe diese Meldungen nach den betroffenen Entwicklungsobjekten sortiert und jeweils passende Lösungsansätze notiert.

C.1 Quelltext-Plug-ins

Folgende Änderungen können im Rahmen eines Updates von SAP am Quelltext durchgeführt worden sein, die einen Abgleich und gegebenenfalls eine Anpassung Ihrer Erweiterungen erforderlich machen:

- *»Ein Objekt (Klasse, Funktionsgruppe, Programm) mit Erweiterungsoptionen wurde gelöscht.«*
  Entfernen Sie Ihre Erweiterungsimplementierung, und versuchen Sie, diese an einer anderen Stelle über eine andere Erweiterung umzusetzen,
- *»Eine Prozedur (Methode, Funktionsbaustein, Unterprogramm) mit Erweiterungsoptionen wurde gelöscht.«*
  Entfernen Sie Ihre Erweiterungsimplementierung, und versuchen Sie, diese an einer anderen Stelle über eine andere Erweiterung umzusetzen.
- *»Die Definition einer Erweiterungsoption mit ENHANCEMENT-POINT oder ENHANCEMENT-SECTION wurde gelöscht.«*
  Entfernen Sie Ihre Erweiterungsimplementierung, und versuchen Sie, diese an einer anderen Stelle über eine andere Erweiterung umzusetzen.
- *»Der Quelltext einer zwischen ENHANCEMENT-SECTION und END-ENHANCEMENT-SECTION definierten expliziten Erweiterungsoption hat sich geändert.«*

Überprüfen Sie, ob der geänderte Quelltext der Sektion mit Ihrer Quelltextversion in Ihrer Erweiterungsimplementierung korrespondiert oder ob Sie gegebenenfalls Änderungen durchführen müssen.

- *»In einem Verarbeitungsblock, der eine Erweiterungsoption enthält, hat sich der Quelltext vor der Erweiterungsoption verändert.«*
  Überprüfen Sie, ob der geänderte Quelltext vor der Option mit Ihrer Quelltextversion in Ihrer Erweiterungsimplementierung korrespondiert oder ob Sie gegebenenfalls Änderungen durchführen müssen. So könnten Sie beispielsweise prüfen, ob dieselben Variablen noch vorhanden sind und ob diese die von Ihnen erwarteten Werte enthalten.
- *»Ein Verarbeitungsblock mit Erweiterungsoptionen wurde innerhalb seines Programms in ein anderes Include-Programm verschoben.«*
  Prüfen Sie, ob Sie in Ihrer Erweiterungsimplementierung auf globale Variablen aus anderen Includes zugreifen und ob diese nach der Verschiebung noch erreichbar sind.
- *»Ein Konflikt zwischen zwei Quelltext-Plug-Ins für mit ENHANCEMENT-SECTION definierten Erweiterungen ist aufgetreten.«*
  Diese Meldung tritt in der Regel auf, wenn SAP eine Erweiterungssektion für sich beansprucht, Sie diese aber vor dem Update schon selbst implementiert haben. Entfernen Sie in diesem Fall Ihre Erweiterungsimplementierung, überprüfen Sie, welche Implementierung der Sektion wirklich ausgeführt wird, und erweitern Sie diese Sektion gegebenenfalls über einen impliziten Erweiterungspunkt am Ende der Sektion. Alternativ finden Sie eine neue Stelle für Ihre Erweiterung.
- *»Aus einer programmgebundenen Erweiterungsoption (die auf das Rahmenprogramm bezogen war) wurde eine Include-gebundene Erweiterungsoption (die auf ein Include mit Mehrfachverwendung bezogen ist) oder umgekehrt.«*
  Da sich Ihre Erweiterungsimplementierung jetzt in einem Include befindet, ist zu prüfen, ob Ihre Erweiterungsimplementierung semantisch auch für andere Programme Sinn ergibt.
- *»Aus einer statischen wurde eine dynamische Erweiterungsoption oder umgekehrt.«*
  Überprüfen Sie, ob der dahinterliegende Schalter und damit die dahinterliegende Business Function aktiv ist oder nicht. So kann es mitunter sein, dass Ihre Erweiterungsimplementierung nicht mehr ausgeführt wird.

C.2 Funktionsbausteine

Folgende Änderungen können im Rahmen eines Updates von SAP an Funktionsbausteinen durchgeführt worden sein, die einen Abgleich und gegebenenfalls eine Anpassung Ihrer Erweiterungen erforderlich machen:

- *»Es wurde ein neuer Parameter deklariert, der den gleichen Namen wie ein durch eine Erweiterung eingeführter Parameter hat.«*
  Benennen Sie den durch Ihre Erweiterung eingeführten Parameter um.
- *»Ein erweiterter Funktionsbaustein wurde gelöscht.«*
  Entfernen Sie Ihre Erweiterungsimplementierung, und versuchen Sie, diese an einer anderen Stelle über eine andere Erweiterung umzusetzen.
- *»Ein erweiterter Funktionsbaustein wurde in eine andere Funktionsgruppe umgezogen.«*
  Prüfen Sie, ob Sie in Ihrer Erweiterungsimplementierung auf globale Variablen der alten Funktionsgruppe zugreifen, und ändern Sie diese Variablen gegebenenfalls so, dass sie auf die neue Funktionsgruppe verweisen.
- *»Ein erweiterter Funktionsbaustein ist nicht RFC-kompatibel.«*
  Überprüfen Sie, ob bei allen durch die Erweiterung hinzugefügten Parametern die Werteübergabe aktiviert ist. Dies ist Grundvoraussetzung für die Fähigkeit eines Funktionsbausteins, über einen Remote Function Call (RFC) aufgerufen zu werden.

C.3 Klassen und Interfaces

Folgende Änderungen können im Rahmen eines Updates von SAP an Klassen und Interfaces durchgeführt worden sein, die einen Abgleich und gegebenenfalls eine Anpassung Ihrer Erweiterungen erforderlich machen:

- *»Eine erweiterte Klasse/ein erweitertes Interface wurde gelöscht.«*
  Entfernen Sie Ihre Erweiterungsimplementierung, und versuchen Sie, diese an einer anderen Stelle über eine andere Erweiterung umzusetzen.
- *»Eine erweiterte Methode/ein erweitertes Ereignis wurde gelöscht.«*
  Entfernen Sie Ihre Erweiterungsimplementierung, und versuchen Sie, diese an einer anderen Stelle über eine andere Erweiterung umzusetzen.
- *»Es gibt Namenskollisionen mit importierten Klassen oder Interfaces oder anderen importierten Erweiterungsimplementierungen bei: Attributnamen, Methodennamen, Methodenparameternamen, Ereignisnamen, Ereignisnamen einer Methode, Namen eines Typs.«*
  Lösen Sie die Namenskollisionen durch eine Umbenennung der betroffenen Klassen und Interfaces auf.

C.4 Web-Dynpro-Komponenten

Folgende Änderungen können im Rahmen eines Updates von SAP an Web-Dynpro-Komponenten durchgeführt worden sein, die einen Abgleich und gegebenenfalls eine Anpassung Ihrer Erweiterungen erforderlich machen:

- Namenskollisionen bei folgenden Objekten:
  - *In einem Controller:* Kontextknoten, Kontextattribute, Controller-Attribute und Methoden
  - *In einem View:* UI-Elemente, Aktionen
  - *In einer View oder einem Window:* Inbound- und Outbound-Plugs
  - *In einer Komponente:* Komponentenverwendungen

  Lösen Sie diese Namenskonflikte durch eine Umbenennung Ihrer Elemente.
- Referenz auf ein im Original gelöschtes Element:
  - *In einem Controller:* Pre-/Post-Exits von gelöschten Methoden, gelöschte Vaterknoten (für Context-Knoten und Attribute)
  - *Context-Mapping:* gelöschtes Mapping-Target, gelöschte Controller-Verwendung
  - *In einem View:* gelöschte Vater-UI-Elemente, gelöschte Context-Attribute im Binding, gelöschte Aktion (Event-Binding)
  - *In einem Window:* bei Navigationslinks: Plug gelöscht, Einbettung gelöscht, beim Löschen eines kompletten Controllers/Views/Windows oder einer kompletten Komponente

  Entfernen Sie Ihre Erweiterung, und suchen Sie eine andere Stelle, an der Sie Ihre Anforderung umsetzen können.

C.5 BAdI-Implementierungen

Folgende Änderungen können im Rahmen eines Updates von SAP an BAdIs durchgeführt worden sein, die einen Abgleich und gegebenenfalls eine Anpassung Ihrer Implementierungen erforderlich machen:

- *»Das BAdI wurde gelöscht.«*
  Damit sind alle von Ihnen getätigten Implementierungen hinfällig. Löschen Sie Ihre Implementierung, und versuchen Sie Ihre Anforderungen durch eine andere Erweiterung umzusetzen.

- *»Die Implementierungsklasse implementiert das BAdI-Interface nicht.«*
  Tragen Sie das im BAdI hinterlegte Interface in der in der Implementierung angegebenen Klasse ein, und implementieren Sie alle Methoden.
- *»Die Implementierungsklasse implementiert nicht alle Methoden des BAdI-Interface.«*
  In diesem Konfliktfall müssen Sie dafür sorgen, dass Sie alle Methoden des BAdI-Interface implementieren, auch wenn Sie diese Methoden nachträglich leer lassen.
- *»Ein BAdI-Filter wurde gelöscht.«*
  In diesem Konfliktfall müssen Sie alle angegebenen Werte innerhalb der BAdI-Implementierung löschen und dafür sorgen, dass nur die richtige BAdI-Implementierung aktiv ist. Haben Sie beispielsweise zwei Implementierungen für zwei verschiedene Länder angelegt, müssen Sie diese jetzt zusammenfassen und anhand eines anderen Kriteriums unterscheiden.
- *»Die Art des BAdI-Filters wurde geändert.«*
  Passen Sie die Werte für den Filter in der BAdI-Implementierung an den neuen Datentyp an. Überprüfen Sie insbesondere alle Aufrufstellen.
- *»Die Werteprüfung eines BAdI-Filters wurde geändert.«*
  Überprüfen Sie hier, ob der in der BAdI-Implementierung angegebene Filterwert der neuen Wertemenge, den Festwerten oder der Wertetabelle der Domäne entspricht.
- *»Die Verwendung eines BAdI-Filters wurde eingeschränkt.«*
  Überprüfen Sie, ob mehr als ein Wert für den existierenden Filter angegeben, das Gleichheitszeichen als Komparator verwendet und nur Oder-Kombinationen verwendet wurden. Mehr Informationen zu diesen Themen erhalten Sie in Abschnitt 11.2, »Filtersteuerung«.
- *»Ein BAdI kann nur von SAP implementiert werden.«*
  Löschen Sie Ihre Implementierung, und versuchen Sie, Ihre Anforderungen durch einen anderen BAdI oder eine andere Erweiterung abzudecken.
- *»Eine implementierende Klasse ist syntaktisch nicht korrekt.«*
  Dies liegt vermutlich daran, dass sich das BAdI-Interface (z. B. die Parameter einiger Methoden) geändert hat. Korrigieren Sie die implementierende Klasse in Ihrer BAdI-Implementierung, und versuchen Sie, diese zu aktivieren.

Anhang D
Fragen und Antworten zum Verständnis dieses Buches

In diesem Anhang finden Sie die Antworten auf die in Kapitel 1, »Erweiterungstechniken von SAP im Überblick«, gestellten Verständnisfragen zu den einzelnen Themen dieses Buches.

D.1 Modifikationen

- **Warum sollten Modifikationen vermieden werden?**
  Gerade Modifikationen, die ohne Modifikationsassistenten durchgeführt werden, müssen nach einem Upgrade manuell durch die Versionsverwaltung abgeglichen werden. Eine Änderung wird selten lokal an einer Stelle, sondern häufig entwicklungsobjektübergreifend durchgeführt. Dieser Zusammenhang ist bei Modifikationen oft nicht erkennbar und führt zu einem hohen und schwer schätzbaren Folgeaufwand.
- **Sollten Sie den Modifikationsassistenten ausschalten?**
  Nein, da dieser bei einem Abgleich (halb-)automatisch die Änderungen erkennt und prüfen kann, ob diese Änderungen mit der neuen SAP-Version verträglich sind. Änderungen ohne Modifikationsassistenten werden vom System nicht automatisch erkannt und kommentarlos mit der neuen Version überschrieben. Bei einem Abgleich muss daher mit der Versionshistorie gearbeitet werden.

D.2 User Exits

- **Sind User Exits Modifikationen?**
  Ja, da im separat bereitgestellten Programm der kundeneigene Quelltext als Modifikation hinzugefügt werden muss.
- **Sollten User Exits weiterhin verwendet werden?**
  Die Nachfolgetechnologien Customer Exits, Business Add-ins (BAdIs) und explizite Erweiterungspunkte sollten Sie bevorzugen. Als Alternative bietet sich eine Erweiterung der Formroutine über einen impliziten

Erweiterungspunkt an. Auf diese Weise kann der Abgleich zentral mit allen anderen Erweiterungen in der Transaktion SPAU_ENH stattfinden. Wenn Sie den User Exit klassisch implementieren, müssen Sie dagegen Transaktion SPAU hinzuziehen.

D.3 Customer Exits

- **Sind Customer Exits Modifikationen?**
  Nein, da im Standardfunktionsbaustein ein Z-Include angeboten wird, dessen Aufruf (Einbindung) bereits von SAP platziert wurde. Dieses Include können Sie per Doppelklick anlegen und im Kundennamensraum implementieren.
- **Wird ein Customer Exit in jedem Fall vom System ausgeführt?**
  Nein, dazu muss der Customer Exit in der Transaktion CMOD einem Projekt zugeordnet werden, und das Projekt muss aktiviert werden, nur dann wird der Customer Exit auch durchlaufen. Sie haben durch das Deaktivieren des Projekts also immer die Möglichkeit, den Aufruf des Customer Exits (z. B. für einen Test) zu unterbinden.

D.4 Klassische Business Add-ins

- **Wird ein klassisches BAdI in jedem Fall vom System ausgeführt?**
  Nein, es muss mindestens eine BAdI-Implementierung existieren und aktiv sein. Sie haben durch das Deaktivieren einer BAdI-Implementierung immer die Möglichkeit, den Aufruf (z. B. für einen Test) zu unterbinden.
- **Was ist der Unterschied zu Customer Exits?**
  Der Hauptunterschied zu Customer Exits ist, dass BAdIs (falls erlaubt) mehrfach implementiert werden können und somit zur Laufzeit mehrere Erweiterungen nacheinander ausgeführt werden können. Ein zusätzlicher Filtermechanismus kann die Selektion der auszuführenden Erweiterungsimplementierungen steuern.
- **Was ist der Unterschied zu den neuen BAdIs?**
  Die Hauptunterschiede zu neuen BAdIs ist, neben der schlechteren Performance, dass klassische BAdIs nicht Teil des neuen Erweiterungs-Frameworks (Enhancement Frameworks) sind und dass sie über die Transaktion SPAU abgeglichen werden müssen. Darüber hinaus wurde für die neuen BAdIs insbesondere das Filterkonzept überarbeitet. Die Fil-

terwerte werden nun bereits bei der Beschaffung der BAdI-Instanzen mit der Anweisung `GET BADI` übergeben.

D.5 Business Transaction Events

- **Ist der Aufruf eines BTEs immer aktiv?**
  Nein, der von Ihnen implementierte Funktionsbaustein muss für das Business Transaction Event (BTE) registriert werden. Zusätzlich muss das dazugehörige (von Ihnen angelegte) Kundenprodukt aktiviert sein (in Transaktion BF24, Spalte **Aktiv**).
- **Können Prozess-BTEs und Publish-&-Subscribe-BTEs dieselben Nummern haben?**
  Es kann zwei BTEs mit derselben Nummer geben. Anhand der Nummer ist also nicht zu erkennen, ob es sich um ein Prozess-BTE oder ein Publish-&-Subscribe-BTE handelt. Passen Sie daher auf, wenn Sie bei der Recherche auf eine BTE-Nummer stoßen.
- **Handelt es sich bei BTEs um Modifikationen?**
  Nein, Ihre kundeneigene Implementierung wird durch von Ihnen neu angelegte Funktionsbausteine implementiert. Dadurch passen Sie den Standardquellcode nicht direkt an.

D.6 Enhancement Framework

- **Mit welchen Funktionen aktivieren und deaktivieren Sie den Erweiterungsmodus?**
  - aktivieren mit der Schaltfläche **Erweitern** ()
  - deaktivieren mit der Schaltfläche **Anzeigen <-> Ändern** ()
- **Woran können Sie erkennen, dass für ein SAP-Entwicklungsobjekt eine Erweiterung im Rahmen des Enhancement Frameworks angeboten wird?**
  Ist ein Entwicklungsobjekt erweiterbar, wird in Transaktion SE80 in der Objektliste ein Ordner **Erweiterungsimplementierungen** bzw. ein Ordner **Erweiterungsspots** angezeigt.
- **Werden Erweiterungsimplementierungen immer durchlaufen?**
  Eine Erweiterungsimplementierung kann über einen Schalter mit dem Switch Framework verknüpft sein und abhängig vom Status einer Business Function (aktiv/inaktiv) ausgeführt werden. Dies ist in den Eigenschaften einer Erweiterungsimplementierung erkennbar.

- **Können Sie für Ihre eigenen Entwicklungen eigene BAdIs und Erweiterungsoptionen anlegen, damit Ihre Kunden Ihre Produkte erweitern können?**
  Ja, das ist möglich und wird in Kapitel 19, »Erweiterungen in eigenen Anwendungen bereitstellen«, beschrieben.
- **Sehen Sie die Implementierungen zu einer Erweiterung im Debugger?**
  Der Quelltext wird nicht direkt angezeigt. Stattdessen deutet ein Erweiterungs-Icon in der linken Leiste an, dass eine Erweiterungsimplementierung existiert. Erst durch das schrittweise Ausführen springt der Debugger in den Quelltext der Erweiterungsimplementierung.

D.6.1 Explizite Erweiterungspunkte

- **Wie können Sie einen expliziten Erweiterungspunkt implementieren?**
  Wechseln Sie über die Schaltfläche **Erweitern** (◎) in den Erweiterungsmodus, und klicken Sie mit der rechten Maustaste auf die Anweisung `ENHANCEMENT-POINT`. Wählen Sie im Kontextmenü den Menüpfad **Erweiterungsoperationen • Implizite Erw.-Optionen implementieren**.
- **Wie können Sie eine Erweiterungsimplementierung zu einem expliziten Erweiterungspunkt wieder entfernen?**
  Wechseln Sie über die Schaltfläche **Erweitern** (◎) in den Erweiterungsmodus, und klicken Sie mit der rechten Maustaste auf die Anweisung `ENHANCEMENT-POINT`. Wählen Sie im Kontextmenü den Menüpfad **Erweiterungsoperationen • ... zurücknehmen**. Die Erweiterungsimplementierung können Sie nun z. B. löschen, indem Sie ihren Namen in Transaktion SE20 eingeben.
- **Kann ein expliziter Erweiterungspunkt mehrfach implementiert werden?**
  Ja, ein expliziter Erweiterungspunkt kann mehrfach implementiert werden. Die Erweiterungsimplementierungen werden in der angezeigten Reihenfolge ausgeführt, nachdem Sie Ihre Erweiterung aktiviert haben. Die alphabetische Reihenfolge richtet sich nach den Namen der Erweiterungsimplementierungen. Sie haben auch die Möglichkeit, die Erweiterungsimplementierung durch einen impliziten Erweiterungspunkt (am Kopf oder am Fuß der betreffenden Erweiterungsimplementierung) erneut zu erweitern.

D.6.2 Explizite Erweiterungssektionen

- **Kann eine explizite Erweiterungssektion mehrfach implementiert werden?**
  Ja, eine explizite Erweiterungssektion kann mehrfach implementiert werden. Es werden allerdings nicht alle Implementierungen, sondern nur die erste durchlaufen. Das System priorisiert dabei alphabetisch nach dem Namen der Erweiterungsimplementierung (der Kundennamensraum Z ist hierbei also denkbar ungünstig). Aus diesem Grund sollten Sie eine Sektion nicht mehrfach erweitern. Sie haben stattdessen die Möglichkeit, die Erweiterungsimplementierung durch einen impliziten Erweiterungspunkt (am Kopf oder am Fuß der betreffenden Erweiterungsimplementierung) erneut zu erweitern.

D.6.3 Implizite Erweiterungspunkte

- **Wie können Sie sich die impliziten Erweiterungspunkte im Quelltext anzeigen lassen?**
  Wechseln Sie über die Schaltfläche **Erweitern** () in den Erweiterungsmodus, und klicken Sie mit der rechten Maustaste in den Quelltext. Wählen Sie im Kontextmenü den Menüpfad **Erweiterungsoperationen • Implizite Erw.-Optionen einblenden**. Dadurch wird am linken Rand des Editors mit Pfeilen () angezeigt, welche Stellen für eine implizite Erweiterung geeignet sind.
- **Worauf müssen Sie achten, wenn Sie einen Funktionsbaustein erweitern möchten?**
  Achten Sie darauf, dass Sie sich beim Aktivieren des Erweiterungsmodus auf der richtigen Registerkarte befinden. Für Quelltexterweiterung ist dies die Registerkarte **Quelltext**, für die Erweiterung der Parameter eine der Parameterregisterkarten (**Import**, **Export**, **Changing**, **Tabellen**).
- **Wie können Sie die Methoden einer globalen Klasse erweitern?**

  Wechseln Sie ausgehend von der Anzeige der Klasse (in Transaktion SE80 oder Transaktion SE24) über die Schaltfläche **Erweitern** () in den Erweiterungsmodus. Wechseln Sie dann auf die Registerkarte **Methoden**, und wählen Sie die zu erweiternde Methode aus. Folgen Sie im Hauptmenü dem Pfad **Bearbeiten • Erweiterungsoperationen**. Wählen Sie dann einen der folgenden Einträge aus:

  - **Pre-Methode hinzufügen**
  - **Post-Methode hinzufügen**
  - **Overwrite-Methode hinzufügen**

Über die entsprechenden Spalten auf der Registerkarte **Methoden** (**Pre-Exit**, **Post-Exit**, **Overwrite-Exit**) gelangen Sie zur Implementierung der Erweiterung.

- **Warums sollten Sie sparsam mit impliziten Erweiterungen umgehen?**
  Jede Erweiterung erhöht den Abgleichaufwand nach einem Upgrade. Da implizite Erweiterungspunkte nicht direkt von SAP vorgesehen sind, handelt sich dabei nur um »besser verwaltete Modifikationen«. Daher ist ein hoher manueller Aufwand für den Abgleich erforderlich.
- **Wann sollten Sie zusammengesetzte Erweiterungsimplementierungen einsetzen?**
  Zusammengesetzte Erweiterungsimplementierungen sollten Sie immer dann einsetzen, wenn sich mehrere Erweiterungsimplementierungen über unterschiedliche Entwicklungsobjekte erstrecken. Verwenden Sie keine zusammengesetzte Erweiterungsimplementierung, ist nicht erkenntlich, dass die Erweiterungen zusammengehören, wodurch bei fehlender Dokumentation der Abgleich nach einem Upgrade unnötig erschwert wird.

D.6.4 Neue Business Add-ins

- **Können Sie jedes BAdI implementieren?**
  Sie können nur BAdIs implementieren, bei denen die Eigenschaft **nur SAP-intern implementierbar** nicht aktiviert ist.
- **Können Sie BAdIs mehrfach implementieren?**
  Sie können alle BAdIs mehrfach implementieren, bei denen die Eigenschaft **mehrfach verwendbar** aktiviert ist. Ist das nicht der Fall, erhalten Sie beim Aktivieren einer neuen Implementierung eine Fehlermeldung, dass bereits eine Implementierung aktiv ist. Diese Einschränkung könnten Sie mit einer separaten Implementierung umgehen.

D.6.5 Switch Framework

- **Wofür kann das Switch Framework eingesetzt werden?**
  Sie können das Switch Framework einsetzen, um Ihre eigenen Erweiterungen des Enhancement Frameworks zu schalten, d. h. um die Erweiterungen zu aktivieren oder zu deaktivieren. Sind die Erweiterungen deaktiviert, verhalten sich die Entwicklungsobjekte, als wären Sie nie erweitert worden.

- **Können Sie einen Schalter im Switch Framework direkt aktivieren oder deaktivieren?**
  Schalter können Sie nicht direkt aktivieren oder deaktivieren. Sie müssen die zugehörigen Business Functions schalten, worauf die zugeordneten Schalter reagieren.

D.7 Abgleich von Erweiterungen

- **Werden alle ABAP-Dictionary-Objekte in der Transaktion SPDD aufgeführt?**
  Nein, es werden nur solche Objekte aufgeführt, die zu einem Datenverlust führen (fehlende Felder, unterschiedliche Längen bei Datenelementen etc.). Alle anderen Objekte werden in der Transaktion SPAU aufgelistet.
- **Warum ist ein Abgleich so schwierig?**
  Ziel eines Abgleichs ist immer die Entscheidung, ob eine Erweiterung zur neuen SAP-Version passt. Dazu muss bekannt sein, was (welche Entwicklungsobjekte) und warum etwas erweitert wurde. Diese Informationen fehlen sehr häufig. Hinzu kommt, dass nicht zwingend bekannt ist, welche Stellen des Codes SAP mit einem neuen Release eigentlich geändert hat. Durch die neu eingeführten (zusammengesetzten) Erweiterungsimplementierungen besteht die Möglichkeit, eine technische Dokumentation im System zu hinterlegen und so wichtige Informationen für den Abgleich bereitzustellen.

D.8 Vererbung und Redefinition von Klassen

- **Wie können Sie die geerbte Logik erweitern und nicht nur komplett überschreiben?**
  Durch den Aufruf der gleichnamigen Methode nach der Anweisung `super->Methodenname( )` können Sie die Implementierung der Oberklasse aufrufen. Danach können Sie beliebigen neuen Quelltext hinzufügen und so die originale Methode erweitern.
- **Können Sie Konstruktoren redefinieren?**
  Konstruktoren können Sie nicht redefinieren, Sie können aber in der vererbten Klasse einen neuen Konstruktor anlegen. In diesem müssen Sie aber zwingend die Anweisung `super->constructor( )` aufrufen.

D.9 CDS View erweitern

- **Können CDS-Erweiterungs-Views aufeinander aufbauen?**
  Ja, es können beliebig viele CDS-Erweiterungs-Views aufeinander aufbauen.
- **Können Sie mit CDS-Erweiterungs-Views mehr als die Selektionsliste erweitern?**
  Nein, es kann nur die Selektionsliste erweitert werden.
- **Können Sie CDS Views erweitern, die eine GROUP-BY- oder UNION-Klausel enthalten?**
  Ja, das ist ab ABAP 7.51 möglich.
- **Was sollte beachtet werden, wenn ein CDS View erweitert werden soll, der Bestandteil eines CDS-View-Stacks ist?**
  Wenn Sie jeden CDS View eines CDS-View-Stacks erweitern (also von CDS Views, die aufeinander aufbauen), kann diese Erweiterungskette durch ein von SAP ausgeliefertes Upgrade durchbrochen werden. Dies kann manuelle Nacharbeiten erfordern. Daher bietet SAP für die meisten CDS Views im Rahmen des virtuellen Datenmodells (VDM) sogenannte *Extension Include Views* zur indirekten Erweiterung an, die als Datenquelle für Ihre erweiterten Felder dienen sollen. Diese Extension Include Views sind über eine Assoziation `_EXTENSION` in jedem der CDS Views eines Stacks integriert. Sie können durch eine zusätzliche CDS-View-Erweiterung von Ihnen exponiert werden.

D.10 Geschäftsobjekte erweitern

- **Warum sollte in einem Geschäftsobjekt für jeden angelegten Knoten auch eine transiente Struktur definiert sein?**
  Existiert keine definierte transiente Struktur, kann diese im Fall einer Erweiterung nicht über eine Append-Struktur erweitert werden und muss gegebenenfalls über einen neuen Knoten simuliert werden.
- **Kann jedes Standardgeschäftsobjekt erweitert werden?**
  Ja, es gibt keine Einschränkung und keine Eigenschaft, die das »Erben« von den Geschäftsobjekten untersagt (wie es die Eigenschaft final bei Klassen tut).

D.11 ABAP Managed Database Procedures erweitern

- **Wo müssen die Methoden des AMDP-BAdIs aufgerufen werden?**
  Der Aufruf der Methoden muss innerhalb einer separaten AMDP-Methode (AMDP = ABAP Managed Database Procedures) über die Anweisung `CALL` geschehen. Die BAdI-Definition, die diese Methode enthält, muss hierbei in der Methodensignatur nach dem Schlüsselwort `USING` angegeben werden.
- **Wie können Sie die zugehörigen Aufrufstellen im Quelltext finden?**
  Die Aufrufstellen erkennen Sie an einem Verwendungsnachweis für das BAdI-Interface bzw. dessen Methoden.

D.12 OData-Services erweitern

- **Welche Möglichkeiten existieren, um OData-Services zu erweitern?**
  - Wenn der OData-Service aus einem CDS View generiert wurde, können Sie diesen über eine CDS-View-Erweiterung erweitern.
  - Wenn der OData-Service in Transaktion SEGW angelegt wurde, können Sie diesen mit einem neuen OData-Projekt überschreiben. In diesem neuen OData-Projekt können Sie nun beliebige neue Entitätssets, Assoziationen und Funktionsimporte hinzufügen. Die vorhandenen Entitätssets können Sie erweitern, indem Sie die dahinterliegenden Strukturen mithilfe von Append-Strukturen erweitern und die neuen Felder anschließend importieren. Ist hinter einem Entitätsset keine Struktur hinterlegt, müssen Sie die Felder manuell dem Entitätstyp hinzufügen und anschließend die generischen Dispatch-Methoden der DPC-Klasse redefinieren.
- **Müssen Sie einen in Transaktion SEGW erweiterten OData-Service jedes Mal neu als eigenständigen Service veröffentlichen?**
  Nein, beim Generieren der neuen Laufzeitartefakte für Ihr neues OData-Projekt können Sie definieren, dass alle Anfragen an den originalen OData-Service automatisch an Ihre Erweiterung umgeleitet werden. Diese Umleitung können Sie nachträglich über die Transaktion /IWBEP/REG_SERVICE ändern.

D.13 Fiori-Apps erweitern

- **Können Sie eine Fiori-App beliebig anpassen, oder sind die Erweiterungsmöglichkeiten eingeschränkt?**
  Wenn Sie eine Fiori-App modifikationsfrei erweitern möchten, sind Sie darauf angewiesen, dass SAP innerhalb der App Erweiterungspunkte definiert hat.
- **Welche Wege existieren, um eine Fiori-App anzupassen?**
  - Erweitern des eventuell hinter dem OData-Service liegenden CDS Views mit einer CDS-View-Erweiterung
  - Anlegen eines Erweiterungsprojekts in der SAP Web IDE
  - Anpassen über eigenständige Fiori-Apps, in denen neue Felder hinzugefügt werden können

D.14 BAPI-Funktionsbausteine erweitern

- **Woher erhalten Sie die notwendigen Informationen, wie Sie diese Struktur befüllen müssen und welche Strukturen Sie erweitern müssen?**
  Dies ist in der Funktionsbaustein-Dokumentation beschrieben. Hier finden Sie auch alle weiteren Strukturen, die Sie gegebenenfalls erweitern müssen, damit das BAPI die neuen Zusatzfelder und deren Länge kennt und diese dynamisch zur Laufzeit aus den `EXTENSION`-Parametern lesen kann.

D.15 IDocs erweitern

- **Verarbeitet der dahinterliegende Funktionsbaustein die dem IDoc hinzugefügte Struktur automatisch?**
  Nein, Sie müssen eine entsprechende Quellcodeerweiterung (z. B. einen Customer Exit oder ein BAdI) finden, die die zusätzlichen empfangenen Felder in die gewünschte Datenbanktabelle schreibt bzw. in einem Folgeprozess verarbeitet. Dies ist von allem dann notwendig, wenn das IDoc im ALE-Verfahren (Application Link Enabling) zur Synchronisierung von Stammdaten zwischen zwei SAP-Systemen eingesetzt werden soll.
- **Kann das System automatisch das erweiterte IDoc empfangen?**
  Nein, es muss für den Sender eine neue Partnervereinbarung in Transaktion WE20 angelegt werden. In dieser Partnervereinbarung muss die Erweiterung eingetragen werden.

Anhang E
Der Autor

Felix Roth ist Trainer, Entwickler und Berater mit Herzblut und im kompletten ABAP-Technologie-Umfeld zu Hause. Aktuell ist er als selbstständiger Berater tätig (LOOP AT Consulting, *www.loop-at.de*). In seiner Position berät er Kunden in den verschiedensten Entwicklungsprojekten und beschäftigt sich maßgeblich mit den neuesten SAP-Technologien. Seit 2014 hält Felix Roth darüber hinaus regelmäßig SAP-Schulungen für die Integrata AG. Er ist Autor der folgenden Bücher:

- »ABAP Objects – Das umfassende Handbuch« (SAP PRESS 2017)
- »BOPF – Business-Objekte mit ABAP entwickeln« (SAP PRESS 2018)

Index

B

C

D

E

F

G

H

I

V

W

X

Z

- Das Erweiterungskonzept für die neue Business Suite
- Praktische Beispiele für In-App- und Side-by-Side-Erweiterungen
- SAP-Fiori-Oberflächen, Formulare, Schnittstellen u.v.m.

Thomas Schneider, Werner Wolf

Erweiterungen für SAP S/4HANA

Das Praxishandbuch

Auch SAP S/4HANA können Sie individuell anpassen! Erfahren Sie in diesem Buch, wie Sie z. B. Felder auf der Benutzeroberfläche ein- und ausblenden, die SAP-Datenmodelle erweitern oder benutzerdefinierte Business-Objekte erstellen. Die Autoren erklären Ihnen den Unterschied zwischen In-App- und Side-by-Side-Erweiterbarkeit und verdeutlichen, welche Methode für welche Anforderung eingesetzt werden kann. Egal, ob Sie Ihr S/4HANA-System On-Premise betreiben oder in der Cloud nutzen.

510 Seiten, gebunden, 79,90 Euro
ISBN 978-3-8362-6204-0
erschienen September 2018
www.sap-press.de/4613

- Einfacher entwickeln mit dem Business Objects Processing Framework
- Business-Objekte verwenden, anlegen und erweitern
- Entwickler-Know-how für SAP S/4HANA

Felix Roth, Stefan Stöhr

BOPF – Business-Objekte mit ABAP entwickeln

Entwickeln Sie eigene ABAP-Anwendungen, ohne sich um die zeitraubende Implementierung der Hintergrundlogik kümmern zu müssen. In diesem Buch erfahren Sie, wie das mit dem Business Object Processing Framework (BOPF) von SAP möglich wird. Lernen Sie, wie Business-Objekte aufgebaut sind und wie Sie Ihre Anwendung in diese Objekte strukturieren. Verwenden Sie bestehende Business-Objekte, oder entwickeln Sie Ihre eigenen. Dank der praktischen Beispiele läuft Ihre Entwicklung mit dem Framework bald wie geschmiert!

364 Seiten, gebunden, 79,90 Euro
ISBN 978-3-8362-5972-9
erschienen Dezember 2017
www.sap-press.de/4520

Jetzt als Buch, E-Book und Bundle: www.sap-press.de